Gabe und Gestalt

ratio fidei

Beiträge zur philosophischen Rechenschaft der Theologie

Herausgegeben von
Klaus Müller und Thomas Pröpper

Band 48

Ilkamarina Kuhr

Gabe und Gestalt

Theologische Phänomenologie
bei Hans Urs von Balthasar

Verlag Friedrich Pustet
Regensburg

Gedruckt mit freundlicher Unterstützung
der Boehringer Ingelheim Stiftung für Geisteswissenschaften
in Ingelheim am Rhein

sowie der
Johanna und Fritz Buch Gedächnisstiftung
in Hamburg

Bibliografische Information der Deutschen Nationalbibliothek

Die Deutsche Nationalbibliothek verzeichnet diese Publikation in der
Deutschen Nationalbibliografie; detaillierte bibliografische Daten
sind im Internet über http://dnb.d-nb.de abrufbar.

www.verlag-pustet.de

ISBN 978-3-7917-2465-2
© 2012 by Verlag Friedrich Pustet, Regensburg
Umschlaggestaltung: Martin Veicht, Regensburg
Druck und Bindung: Friedrich Pustet, Regensburg
Printed in Germany 2012

Meinen Eltern

Inhalt

Vorwort

Die vorliegende Studie ist die leicht überarbeitete Fassung meiner Dissertation, die im Sommersemester 2011 von der Katholisch-Theologischen Fakultät der Westfälischen Wilhelms-Universität Münster angenommen wurde. Ihr ursprünglicher Untertitel lautete: „Theologische Phänomenologie bei Hans Urs von Balthasar. Chancen und Grenzen eines Oxymorons".

Am Gelingen dieser Arbeit hatten viele Menschen einen wichtigen Anteil. Ihnen möchte ich an dieser Stelle ausdrücklich und von Herzen danken.

Mein Doktorvater, Prof. Dr. Dr. Klaus Müller hat die Arbeit von Anfang an mit hoher Fachkompetenz und Geduld begleitet. Sein großzügiges Vertrauen in den wissenschaftlichen Nachwuchs und seine persönliche Ermutigung waren mir stets ein Ansporn, mich an dieses Projekt heranzuwagen. Ihm sowie Prof. Dr. Thomas Pröpper danke ich für die Aufnahme meiner Dissertation in die Reihe *ratio fidei*. Dank schulde ich auch Prof. Dr. Reinhard Hoeps, der freundlicherweise das zweite Gutachten erstellte.

Inspiriert wurde die Arbeit in zahlreichen Gesprächen von Prof. Dr. Elmar Salmann OSB. Mit wohlwollend-kritischem Interesse und mit einer beeindruckenden Kenntnis der Geistesgeschichte verfolgte er ihren Entstehungsprozess. Er verstand es, die Arbeit sowohl wissenschaftlich zu begleiten als auch lebensgeschichtlich einzuordnen. Dafür sei ihm herzlich gedankt.

Ein Forum der lebhaften argumentativen Auseinandersetzung war auch das Oberseminar „Works in Progress". Danken möchte ich allen TeilnehmerInnen für ihr engagiertes Mitdenken und -reden, das mich immer wieder dazu veranlasst hat, meine eigenen Gedanken und Thesen noch präziser zu fassen und zu entfalten.

Sr. Dr. Regina Pacis Meyer und Sr. Dr. Katharina Kluitmann OSF haben mit großer Sorgfalt den vorliegenden Text Korrektur gelesen und ihm so den letzten Feinschliff gegeben. Ihnen sei Dank gesagt für alle hilfreichen Anregungen, ebenso Dr. Rudolf Zwank vom Pustet-Verlag für seine editorische Unterstützung.

Der Kommunität und den Mitarbeitern des Bischöflichen Priesterseminars Borromaeum in Münster gilt mein aufrichtiger Dank für ihre Rücksicht und Anteilnahme. Sie haben es mir ermöglicht, diese Arbeit neben meiner Tätigkeit als Theologische Referentin für die Studienbegleitung zu erstellen. Stellvertretend danke ich dem ehemaligen Regens Dr. Andreas Tapken, der mir den nötigen Freiraum zum konzentrierten Studium gewährte und im alltäglichen Miteinander für eine förderliche, kollegiale Atmosphäre sorgte.

Auch jenen bin ich zu großem Dank verpflichtet, die meine Arbeit finanziell gefördert haben. Die erste Phase der Promotion hat die Hanns-Seidel-Stiftung e.V. durch ein Graduiertenstipendium ermöglicht. Gedruckt werden konnte das Buch mit der freundlichen Unterstützung der Geschwister Boeringer Ingelheim Stiftung für

Geisteswissenschaften in Ingelheim am Rhein sowie der Johanna und Fritz Buch Gedächtnis-Stiftung in Hamburg.

Meiner Familie und vielen Freunden und Weggefährten im Studium, die hier ungenannt bleiben, danke ich dafür, dass sie mich auf unterschiedliche Weise so treu begleitet und mir immer wieder den Rücken gestärkt haben.

Münster, im Sommer 2012   *Ilkamarina Kuhr*

1 Einleitung:

Eine phänomenologische Wende der Theologie?

1.1 Fragestellung und Dynamik der Arbeit

„Was wir im Auge haben, das prägt uns,
dahinein werden wir verwandelt.
Und wir kommen, wohin wir schauen."[1]

In seinem Meditationsbüchlein *Orientierung am Kinde* schildert Heinrich Spaemann eine biblische und doch ganz natürliche Erfahrung. Worauf jemand seinen Blick richtet, was jemand mit dem Auge und dem Herzen sucht, das schreibt sich in sein Angesicht, das prägt sich ihm ein. Es ergreift ihn, es führt ihn über sich hinaus. Der moderne Mensch macht so die Erfahrung, dass sein Inneres mit den Gegebenheiten der Welt untrennbar verwoben ist. Er entscheidet zwar durch seine Blickrichtung subjektiv, was er sieht; aber zugleich wirkt das Gesehene auf ihn selbst zurück und entwickelt mitunter eine Kraft, die ihn innerlich verwandelt.

Das Zusammenspiel von Welt und Bewusstsein, von wahrnehmendem Subjekt und wahrgenommenem Objekt gehört wesentlich zum Menschsein. Es ist eine anthropologische Grundgegebenheit. Auch unsere gegenwärtige und künftige Begegnung mit Gott ist davon bestimmt, wie der Erste Johannesbrief bezeugt. „Wir wissen aber, dass wir ihm ähnlich werden, wenn er erscheint, weil wir ihn schauen, wie er ist" (1 Joh 3,2).[2] Gott schenkt sich dem, dessen Auge empfänglich ist für die Gestalt seiner Erscheinung, der sich absichtslos dem Geschauten zuwendet, um es in sich aufzunehmen. Die offene Erwartung ist insofern die Grundhaltung aller geistlichen Erkenntnis.

Die unvoreingenommene Schau, die auch der phänomenologischen Wissenschaft als Ideal gilt, ist in der Theologie jedoch keineswegs selbstverständlich. Die Theologie des 20. und des beginnenden 21. Jahrhunderts versteht sich im Wesentlichen als Denken der Offenbarung. Sie sucht sich unablässig zwischen der anthropologischen Herausforderung der Moderne und der theozentrischen Vorgabe der Tradition zu verorten. In diesem Prozess bilden sich unterschiedliche Denktypen heraus, die das Verhältnis zwischen Immanenz und Transzendenz auf je eigene Weise ausloten und definieren. Sie treten in Konkurrenz zueinander, sobald sie die eine oder andere Richtung mehr betonen. Dass Gott nur durch Gott erkannt und Offenbarung nur durch sich selbst wahrgenommen werden könne, wird zur gemeinsamen Grundüberzeugung und Kennmelodie all jener Denker, welche die neuzeitliche Selbstverpflichtung auf eine

---

[1] SPAEMANN: Orientierung am Kinde. 29.
[2] Übersetzung nach SPAEMANN: Orientierung am Kinde. 27.

transzendentale Vergewisserung des Glaubens zurück zu drängen beabsichtigen. Wird das Verhältnis jedoch nach einem Pol hin aufgelöst, entsteht das Zerrbild einer autoritären Forderung nach Glaubensgehorsam einerseits oder einer subjektivistischen Vereinnahmung des göttlichen Wortes andererseits.

Die vorliegende Arbeit möchte das Offenbarungsdenken Hans Urs von Balthasars in dieses Spannungsfeld einbringen. Ihre These bestimmt jenes Denken im Kern als *theologische Phänomenologie.* Damit rekurriert sie auf eine eigene Einschätzung Balthasars, die dieser wiederholt in Bezug auf seine philosophischen und theologisch-ästhetischen Studien zum Ausdruck bringt.[3] Um seine Denkform umfassend zu rekonstruieren, sucht sie die bislang wenig untersuchten frühen philosophischen Weichenstellungen konsequent in die Interpretation einzubeziehen.

In der Diskussion um eine angemessene Beschreibung der Begegnung von Gott und Mensch unterstreicht diese Arbeit die empfangende Dimension des menschlichen Geistes, die schon jede natürliche Wahrnehmung und jede echte zwischenmenschliche Beziehung voraussetzt, sowie die Gratuität der göttlichen Selbstmitteilung als Liebe, welche mit keinerlei Notwendigkeit zu verrechnen ist, durch kein verfügendes Wissen bewältigt und von keiner Existenz postuliert werden kann. Obwohl sie die damit verbundenen subjektkritischen Implikationen nicht verschweigt, sondern zu ergründen sucht, beansprucht sie zugleich, das Werk Balthasars in ein anderes Licht als dasjenige der anti-neuzeitlichen Ressentiments zu rücken. Dass sie es als einen bedeutsamen Beitrag im Ringen um eine katholische Moderne wertet, mag zunächst überraschen, wird es gewöhnlich doch eher als ein „erratischer Block" gesehen, der „inkommensurabel und unkoordinierbar"[4] im Raum der Gegenwartstheologie herum steht. Balthasar selbst gilt vielen als konservativer Zeitkritiker, als „Relikt eines untergegangenen Verständnisses von Kirchlichkeit"[5] oder gar als der „große Nonkonformist moderner katholischer Theologie"[6]. Seine Offenbarungstheologie sei „eo ipso Neuzeitkritik"[7]. Solche Aussagen erstaunen schon dann, wenn bedacht wird, dass Henri de Lubac, selbst einer der wichtigsten Wegbereiter des Dialogs der Kirche mit der Moderne, mutmaßt: „Dieser Mann ist vielleicht der Gebildetste seiner Zeit. Und wenn es noch so etwas wie eine christliche Kultur gibt, hier ist sie!"[8] Sollte der „universalste Denker unseres Jahrhunderts [...], dessen überdimensionales und unglaublich vielseitiges Werk zu den größten und bleibendsten Leistungen der gegenwärtigen Theologie und Geistesgeschichte zu zählen ist"[9], keine fruchtbare Beziehung zu den Errungenschaften

---

[3] Vgl. etwa BALTHASAR: Theologik I. XX, 23. Ich verwende den Begriff der ‚theologischen Phänomenologie' vor allem im Blick auf Balthasars Offenbarungstheologie, sehe mich aber aufgrund des theologischen Aprioris seines *gesamten* Denkens auch dazu berechtigt, ihn auf seine Philosophie auszuweiten.

[4] Beide Zitate: BISER: Das göttliche Spiel. 267.

[5] STRIET: Wahrnehmung der Offenbarungsgestalt. 54.

[6] EICHER: Offenbarung 300f.

[7] EICHER: Offenbarung. 64.

[8] LUBAC: Ein Zeuge Christi in der Kirche: Hans Urs von Balthasar. 392.

[9] BAUER: Hans Urs von Balthasar (1905-1988). 285.

des neuzeitlichen Geistes aufzubauen imstande gewesen sein?[10] Doch nicht nur die integrationsfähige Weite des balthasarschen Denkens *im Allgemeinen* spricht für dessen Annäherung an die Moderne, sondern auch eine geistige Verwandtschaft, die in der wissenschaftlichen Forschung nur marginal wahrgenommen wird: Balthasars Affinität zu Goethe.

Die beiden einzigen mir bekannten Rezipienten, die über den reinen Bezug zur Ästhetik hinaus die von Goethe beeinflusste phänomenologische Denkform Balthasars in den Blick nehmen und explizit darlegen, sind Peter Eicher[11] und Jean Greisch[12]. Doch auch in ihren Darstellungen herrscht eine merkwürdige Windstille der Reflexion über den eigentlichen Herkunftskontext jener Denkform.[13] Greisch artikuliert eine Deutung, deren Bezüge zu Henry, Gadamer, Ricoeur und Rosenzweig weit hergeholt scheinen. Eicher unterbreitet in den 70er Jahren eine scharfe Analyse des Offenbarungsprinzips der neueren katholischen und protestantischen Theologie, die mittlerweile als Standardwerk gilt. Wenn er jedoch die Offenbarungstheologie Balthasars „geradezu als die Antinomie christlichen Denkens zum aufgeklärten Selbstverständnis der Neuzeit"[14] versteht, die entscheidende neuzeitliche Paradigmen wie Subjektivität, Geschichtlichkeit und Wissenschaft prinzipiell ausklammere,[15] so scheint er einer fragwürdigen oder mindestens verkürzten Interpretation des balthasarschen Phänomenologie-Begriffs zu folgen. Er führt jenen auf die überzeitliche Wesensschau Husserls zurück und stilisiert die von Balthasar entworfene Offenbarungsgestalt von dort ausgehend „zum Eidos einer letztlich geschichts- und weltlosen Anschauung"[16]. Auch die Grenze zur Theologie Rahners zieht er auf dieser Linie:

„Die Differenz liegt – von den philosophischen Voraussetzungen her gesehen – letztlich darin, dass Balthasar der husserlschen Epoché verpflichtet bleibt, während Rahner, durch die Husserl-Kritik Heideggers bestimmt, den Entwurfscharakter menschlichen Seinsverstehens und damit auch den zeitlichen Sinn des Seins zu thematisieren vermag, wenn auch in der ihm eigenen anthropologischen Wendung, welche durch die Christologie bedingt ist."[17]

Ich bin der Meinung, dass sowohl Balthasars Verhältnis zur Neuzeit als auch die Voraussetzungen seiner Phänomenologie differenzierter betrachtet werden müssen. Dies kann nur gelingen, wenn dessen *eigene* Hinweise auf seine Methode ernst genommen werden. Während Husserl in den zahlreichen Einzelstudien Balthasars gar nicht und sein Name im Autorenverzeichnis der Trilogie verhältnismäßig selten auftaucht, nimmt Goethe eine herausgehobene Stellung ein. Ihm widmet Balthasar zwei ausführliche Rezeptionen und macht mehrfach auf die methodische Bedeutung des Dichters

---

10 Einen Überblick über die umstrittene Beurteilung Balthasars gibt LÖSER: Unangefochtene Kirchlichkeit – universaler Horizont. 478.
11 Vgl. EICHER: Offenbarung. 293-343.
12 Vgl. GREISCH: Eine phänomenologische Wende der Theologie? In diesem Aufsatz ist die Überschrift meiner Einleitung vorformuliert.
13 Die Problematik wird in Abschnitt 8.2.1 ausführlicher behandelt.
14 EICHER: Offenbarung. 64.
15 Vgl. EICHER: Offenbarung. 64.
16 EICHER: Offenbarung. 557.
17 EICHER: Offenbarung. 580.

für seine Denkform – und darin eingeschlossen für seine Abgrenzung zu Rahner – aufmerksam.

„Ich halte Karl Rahner, aufs Ganze gesehen für die stärkste theologische Potenz unserer Zeit. Und es ist evident, dass er mir an spekulativer Kraft weit überlegen ist. [...] Aber unsere Ausgangspositionen waren eigentlich immer verschieden. Es gibt ein Buch von Georg Simmel, das heißt ‚Kant und Goethe'. Rahner hat Kant oder, wenn Sie wollen, Fichte gewählt, den transzendentalen Ansatz. Und ich habe Goethe gewählt – als Germanist. Die Gestalt, die unauflöslich einmalige, organische, sich entwickelnde Gestalt – ich denke an Goethes ‚Metamorphose der Pflanzen' –, diese Gestalt, mit der Kant auch in seiner Ästhetik nicht wirklich zu Rande kommt...“[18]

Balthasar, der von 1923 bis 1928 in Zürich, Berlin und Wien Germanistik und Philosophie studiert, ist es immer wichtig zu betonen, dass er „von Haus aus Germanist“[19] sei. Noch ein Jahr vor seinem Tod erinnert er sich in einer Dankesrede anlässlich der Verleihung des Wolfgang Amadeus Mozart-Preises durch die Stadt Innsbruck:

„[...] ich studierte in Wien nicht Musik, sondern vor allem Germanistik, und was ich dort lernte, war das, was ich später in meinem theologischen Schrifttum ins Zentrum stellte: das Erblicken-, Werten- und Deutenkönnen einer *Gestalt*, sagen wir: den synthetischen Blick (im Gegensatz zum kritischen Kants, zum analytischen der Naturwissenschaft), und dies Gestaltdenken verdanke ich dem, der nicht abließ, aus dem Chaos von Sturm und Drang auftauchend, lebendige Gestalt zu sehen, zu schaffen, zu werten: Goethe. Ihm danke ich dieses für alles Hervorgebrachte entscheidende Werkzeug.“[20]

Die von Goethe in Dichtung und Forschung angewandte Methode des *ganzheitlichen Gestaltdenkens* erscheint Balthasar geeignet, um eine Integration wie eine Korrektur der neuzeitlichen Denkentwicklungen zu leisten. Schon der Titel seines Werkes *Schau der Gestalt* verweist darauf, dass sie eng mit seinem ästhetischen Anliegen verwoben ist. „Das Hauptpostulat meines Werkes ‚Herrlichkeit' war die Fähigkeit, eine ‚Gestalt' in ihrer zusammenhängenden Ganzheit zu sehen: der goethesche Blick sollte auf das Phänomen Jesu und die Konvergenz der neutestamentlichen Theologien angewendet werden.“[21]

   Die Gestalt avanciert in Balthasars theologischer Ästhetik zur systematischen und hermeneutischen Grundkategorie. Sie unterstützt sowohl deren Sachanliegen, den Glanz der Herrlichkeitsgestalt Gottes *in* seiner Entäußerung am Kreuz aufstrahlen zu lassen und als phänomenale Mitte der Offenbarung in Welt und Geschichte auszuweisen, als auch deren hermeneutischen Zugang, sich kontemplativ auf jenes von sich selbst her erscheinende Phänomen einzustimmen. In ihr fallen Inhalt und Methode der Offenbarungstheologie zusammen.

   Goethes Phänomenologie inspiriert Balthasar jedoch nicht nur in seinem theologischen, sondern vorausgehend bereits in seinem philosophischen Denken. Im Raum

---

[18]   BALTHASAR: Geist und Feuer. 75f.
[19]   BALTHASAR: Geist und Feuer. 73. Zu den Stationen seines ordensinternen Studiums als Jesuit vgl. Punkt 4.1 dieser Arbeit.
[20]   BALTHASAR: Dank des Preisträgers an der Verleihung des Wolfgang Amadeus Mozart-Preises am 22. Mai 1987 in Innsbruck. 420f.
[21]   BALTHASAR: Unser Auftrag. 32.

der anhebenden Neuzeit sucht sie einen Ausweg aus der Befangenheit des Erkennens in den von ihm selbst ins Spiel gebrachten Bedingungen, um zu den Dingen an sich zurück zu kehren. Sie erinnert an die Grundpolarität zwischen Subjekt und Objekt, zwischen Welt und Bewusstsein, die jedes menschliche Erkennen durchzieht. Damit erhellt sie den Gabecharakter der Wirklichkeit, aus der sich erst das Selbstsein des Menschen, die Begegnung zwischen Ich und Du und eine ganze Welt ergeben. Balthasar knüpft an diese Perspektive an und entwickelt eine christliche Phänomenologie und Ontologie der Gabe, die den denkbar weitesten Horizont eröffnet, vor dem der universale Anspruch des christologischen und trinitätstheologischen Bekenntnisses verantwortet werden soll.

Zwei ineinander verschränkte Motive leiten also das Denken Balthasars: die *Gabe* und die *Gestalt*. Dass gerade sie Gewähr und Ausdruck einer *theologischen Phänomenologie* sind, bestätigt sich auf unvermutete Weise, wenn ein Blick über den deutschen Tellerrand hinaus in die französische Gegenwartsphilosophie gewagt wird. Dort nämlich ist eine Konzeption prominent geworden, die aus genau jenen Quellen schöpft: Jean-Luc Marions *phénoménologie de la donation*. Marion, derzeit als Professor in Chicago und Paris tätig, unternimmt es, auf der Grundlage einer universalen *Gebung* und einer Vernunftform der *Ikone* alle herkömmlichen Rationalitätsformen einschließlich der metaphysischen Dimension des Seins zu transzendieren und einen ‚Gott ohne das Sein‘ zu postulieren. Wenngleich er mit der Verabschiedung der Metaphysik *die* wesentliche Rahmenbedingung der christlichen Tradition aufgibt, artikuliert er hinsichtlich seiner theologischen Prägung immer wieder den Einfluss Balthasars. Vieles von dem, was er in seinem theologischen Selbststudium als bedeutsam erachtet und sich angeeignet habe, habe er von Balthasar gelernt.[22] Daher rührt jedoch auch die Zweideutigkeit seines Denkens. Marion verfolgt konsequent postmoderne Fragestellungen, greift aber zugleich christliche Intuitionen auf, um sie unter nachmetaphysischen Bedingungen zu bewahrheiten.

Unter Berücksichtigung dieser Wahlverwandtschaften gewinnt die vorliegende Studie eine dreifache Dynamik. *Erstens* sucht sie das Seins- und Offenbarungsdenken Balthasars als phänomenologisch zu erweisen, indem sie dessen Rückbezüge auf Goethe einerseits und dessen Wiederaufnahme bei Marion andererseits darlegt. In einer vergleichenden Lektüre will sie die strukturellen Parallelen im Denken jener Autoren hervorheben. Wenn Balthasar nun zwischen einem modernen Dichter und einem postmodernen Philosophen zu stehen kommt, erscheint dessen (anti-neuzeitliche?) Denkform in einem neuen Licht. Zugleich kann jedoch die kritische Rückfrage nicht ausbleiben, welche Akzentsetzungen und -verschiebungen, welche Partikularitäten und Verschärfungen der Motive innerhalb dieser Konstellation auftreten.

In systematischer Hinsicht liegt das Hauptaugenmerk – *zweitens* – auf den Leitmotiven der Gabe und der Gestalt, die den Entwurf einer *Ontologie der Vor-gabe/der Gegebenheit* und einer *Phänomenologie des christlichen Mysteriums* begründen. Beide Motive sol-

---

22 Vgl. MARION – WOHLMUTH: Ruf und Gabe. 37, 39.

len in der Doppelperspektive des geschöpflichen und des göttlichen Seins untersucht werden, denn im Sinne der *analogia entis* haben all ihre innerweltlichen Ausprägungen eine sie letztlich begründende Entsprechung im göttlichen Sein. Balthasars Phänomenologie der weltlichen Wahrheit zielt dahin, alle Formen des Erlebens und Interpretierens von Wirklichkeit auf die ursprünglichere – auf das Sein als Gabe und als dialogische Beziehung zum Schöpfer – zurückzuführen. Das moderne Verständnis des Menschen seiner selbst und seiner Lebenswelt kehrt sich somit um: Es ist nicht so, dass der Mensch autonom auf sich gestellt ist und sich seine Welt selbst entwirft, sondern vielmehr so, dass all das, was er als seine Welt und als ‚Wirklichkeit überhaupt‘ erlebt, eine bereits abgeleitete und oftmals unkenntlich gewordene Ausdrucksweise der Seinsmitteilung und des Beziehungswillens Gottes ist. Der sich selbst entäußernde Gott ist der Grund und letzte Horizont der Gabe des Seins, so wie er sich in Christus, der konkreten Kreuzesgestalt des Sich-Gebens, auf unübertreffliche Weise der Welt geschenkt hat. Die Gestalt seiner Offenbarung ist die sichtbare Außenseite seiner Liebe, die analog zum ästhetischen Phänomen dem begreifen wollenden Verstand immerzu voraus liegt und jegliches Vorverständnis des Menschen nochmals überbietet. Sie kann nur als Ganze und von sich selbst her wahrgenommen werden. Damit wird deutlich, dass die Motive der Gabe und der Gestalt untrennbar ineinander verwoben sind. Die Gestalt (bei Marion: die Ikone) ist die stärkste sichtbare Erscheinung einer transzendenten Gabe. Sie gewinnt durch die Gabe Dynamik und Relationalität, während die Gabe selbst in der Gestalt eine konkret erfahrbare Form und Präsenz annimmt.

Glaubhaft ist nur Liebe – in dieser Grundüberzeugung wurzelt Balthasars Offenbarungslogik. Sie begründet und vollzieht nicht zuerst eine anthropologische, sondern eine phänomenologische Wende der Theologie, welche die anthropologische Grundorientierung ihrerseits im Rahmen einer Ontologie der Gabe einbezieht. Doch mit welcher Selbstverständlichkeit darf überhaupt von einer ‚theologischen Phänomenologie‘ gesprochen werden? Sind Theologie und Phänomenologie nicht zweierlei?[23] Im Jahr 1991 veröffentlicht Dominique Janicaud eine kleine Streitschrift mit dem Titel: *Le tournant théologique de la phénoménologie française* (‚Die theologische Wende der französischen Phänomenologie‘), in welcher er der französischen Phänomenologie der letzten zwanzig Jahre vorwirft, der Versuchung theologischer Modelle erlegen zu sein und damit die methodologische Neutralität und Sachgenauigkeit aufzugeben, auf die Husserl die von ihm begründete Philosophie eingeschworen hatte. Für die Phänomenologie stelle diese ‚theologische Wende‘ eine gefährliche Bedrohung dar, insofern das „ungeduldige Streben nach dem Jenseits" die „Widerständigkeit der Dinge und der Seienden"[24] verkenne. „Phänomenologie und Theologie sind zweierlei"[25], lautet das Fazit dieser kritischen Untersuchung. Unter ihren Angeklagten befindet sich auch Jean-Luc Marion.[26]

---

[23] Zum Folgenden vgl. GREISCH: Eine phänomenologische Wende in der Theologie? 372f.
[24] JANICAUD: Le tournant théologique de la phénoménologie française. 37.
[25] JANICAUD: Le tournant théologique de la phénoménologie française. 87.
[26] Janicauds Kritik richtet sich des Weiteren gegen Emmanuel Levinas, Jean-Louis Chrétien und Michel Henry.

Wie stellt sich also – aus umgekehrter Perspektive – Balthasars theologischer Anspruch im Licht dieser Fragestellung dar? Kann es überhaupt gelingen, die Maxime ‚zu den Sachen selbst' auf dem Gebiet der Theologie umzusetzen? Eine Besinnung auf das spannungsvolle Verhältnis zwischen Phänomenologie und Theologie macht den *dritten* Akzent dieser Arbeit aus. Indem sie den originären Denktypus einer ‚theologischen Phänomenologie' nachzeichnet, sucht sie Chancen und Grenzen eines Oxymorons[27] auszumachen, das für Balthasar selbst Zeichen seiner Öffnung für die Moderne ist.

Innerhalb dieser dreifachen inhaltlichen Spannung: des Wechselspiels der Motive Gabe und Gestalt, der Bezüge Balthasars zurück auf Goethe und voraus auf Marion sowie der Vermittlung von Phänomenologie und Theologie bewegt sich diese Arbeit.

1.2   Aufbau und Grenzen der Arbeit

Der formale Aufbau der Darstellung und der Kritik orientiert sich chronologisch an den genannten Autoren. Er gliedert sich in fünf Hauptkapitel, denen jeweils eine Einführung vorangestellt und eine ausführliche Zwischenreflexion der erreichten Ergebnisse und des Überhangs an Fragen (vgl. Kapitel III, V, VII, IX) angefügt ist.

Die Goethe-Rezeptionen Balthasars bestimmen von Anfang an die Blickrichtung. Sie stellen in Kapitel II jedoch nur die motivische Ausgangsbasis für eine eigene sachliche Einführung dar, die noch andere Goethe-Interpretationen der germanistischen Forschung einbezieht. Ziel ist es, dem theologischen Leser Einblick in die weitläufigen Landschaften des Denkens Goethes zu geben. Die spezifischen Fragestellungen und Kritikpunkte Balthasars werden in Kapitel IV berücksichtigt.

Kapitel VI und VIII beschäftigen sich mit den Grundzügen der Phänomenologie Balthasars in philosophischer und theologisch-ästhetischer Hinsicht. Sie wollen zeigen, inwiefern diese an goetheschen Begriffen orientiert sind. Zugleich tragen sie dem Umstand Rechnung, dass Balthasars Denkform erst im Gespräch mit den Zeitgenossen und dem gemeinsamen Versuch einer Erneuerung des christlichen Denkens ihr eigentliches Profil und Gewicht gewinnt. Seine Ontologie der Gabe ist in ihrer Endgestalt nicht denkbar ohne den richtungweisenden Einfluss Ferdinand Ulrichs. Daher wird sich ein eigener kurzer Abschnitt mit jenem Philosophen befassen, der aufgrund der spekulativen Schwierigkeit und der eigenwilligen Diktion seines Werkes weitgehend unbekannt geblieben ist. Eine Phänomenologie des Sehens und des Erscheinens der Offenbarungsgestalt entwickelt Balthasar als Alternative zu den transzendentalen und historisch-kritischen Ansätzen der Christologie seiner Zeit. Im Blick auf das weite Feld der möglichen Varianten einer modernen Theologie der Erfahrung treten Karl Rahner und Rudolf Bultmann deshalb als die vielleicht signifikantesten Vertreter konkurrierender Ansätze auf. Auf die Bedeutsamkeit der spirituellen Prägung Balthasars

---

[27]   Ein Oxymoron ist eine rhetorische Figur, die einen scheinbaren Widerspruch beinhaltet.

macht eine Bezugnahme auf Ignatius von Loyola aufmerksam und setzt diese in Verbindung zur goetheschen Grundlinie. So kann die Entdeckung seiner durch Goethe und Ignatius gestützten Phänomenologie Balthasar selbst neu im Raum der Moderne verorten. Gleichwohl bleibt abschließend zu zeigen, dass dessen theozentrische Ausrichtung auf die johanneische *doxa* das bestimmende inhaltliche Element seiner Offenbarungstheologie ist.

Das letzte Kapitel ist der postmodernen Reprise der dargelegten Motive durch Jean-Luc Marion gewidmet. Es gliedert sich in zwei Abschnitte, welche der Früh- und Spätphase und der dazwischen liegenden Wende der Philosophie Marions folgen. Wenngleich hier keine Abhängigkeit des einen von dem anderen Denker behauptet werden soll, so sind die strukturellen Ähnlichkeiten ihrer Konzeptionen doch frappierend.

Die vorgelegte Studie hat unvermeidliche Grenzen, auf die ich kurz hinweisen möchte. Eine erste ergibt sich schon von der Auswahl der Autoren her. Die hier behandelten Denker hinterlassen allesamt großangelegte und enorm vielschichtige Werke. Diese in ihrer Komplexität erschöpfend zu besprechen, kann keine einzelne Doktorarbeit leisten. Ich werde mich daher auch innerhalb des abgesteckten Rahmens meiner Fragestellung auf einige Schwerpunkte und Kernaussagen konzentrieren müssen. Solcher Beschränkung mag man aber auch etwas Positives abgewinnen können. Die notwendig werdende Zusammenschau soll – phänomenologisch gesprochen – die ‚Typik' der Autoren zum Vorschein bringen. Auf diese Weise können die ansonsten als inhomogen empfundenen und in unterschiedlichen geistesgeschichtlichen Horizonten aufgekommenen Denkformen einander angenähert werden.

Eine besondere Herausforderung stellt das Werk Marions dar. Nicht nur der Umstand, dass bisher keines seiner Hauptwerke auf Deutsch übersetzt ist,[28] erschwert die Zugangsweise und Auseinandersetzung. Es muss auch berücksichtigt werden, dass es sich um das Schrifttum eines lebenden Autors handelt, das sich noch im Status einer möglichen Entwicklung befindet. Auch hier möge der Hinweis genügen, dass ‚nur' der Typus dieses Denkens herausgearbeitet werden soll, welcher in Beziehung zum eigentlichen Gegenstand dieser Arbeit, zur Phänomenologie Balthasars, gesetzt wird.

Mit der durch die Primärliteratur gegebenen Grenze verbindet sich eine weitere. Das Interesse an den genannten Autoren hat bereits eine unübersehbare Fülle an Sekundärliteratur hervorgebracht. Sie im Einzelnen zu berücksichtigen und aufzurufen, ist schier unmöglich. Ich werde meiner Studie daher keine Auflistung der schon vorliegenden Forschungsbeiträge vorausschicken,[29] sondern darf darauf hoffen, dass sich die nötige Abgrenzung aus der Eigenart meiner Versuchsanordnung von selbst ergibt. Bedeutsame Unterschiede, Anregungen und Überschneidungen werde ich selbstverständlich im fortlaufenden Text oder in Fußnoten markieren.

---

[28] Ausgenommen sind die philosophisch noch wenig rezipierten Übersetzungen von *Le croisée du visible* (‚Die Öffnung des Sichtbaren') und von *Le phénomène érotique* (‚Das Erotische: ein Phänomen').

[29] Einen ausführlichen Überblick zum Forschungsstand in Deutschland bis zum Jahr 2005 bietet HARTMANN: Zum Gang der Balthasar-Rezeption im deutschen Sprachraum.

Durch ihre literarischen, philosophischen und theologischen Bezüge hat die Arbeit fächerübergreifende Anteile; sie versteht sich jedoch nicht im eigentlichen Sinne als interdisziplinäre Studie. Die germanistische Forschung wird, wo es von der Sache her möglich und geboten ist, einbezogen, ohne aber ihre fachspezifische Diskussion aufzugreifen. Darüber hinaus halte ich es für angemessen, den fruchtbaren Dialog von Philosophie und Theologie hier selbstverständlich fortzusetzen.

Eine (vorläufig) letzte Grenze sei genannt. Für alle drei Autoren gilt, dass Biographisches die Struktur ihres Denkens prägt und umgekehrt. Leben und Werk bringen sich wechselseitig hervor und geben so einander Gestalt. Die lebensgeschichtliche Genese und die einzelnen Stationen dieses Weges können jedoch nur im großen Zusammenhang angedeutet werden. Besonders in Bezug auf Goethe und Balthasar werden gewisse Vorkenntnisse des Lesers vorausgesetzt.

2 Gestalt – Erscheinung – erfahrenes Auge: Landschaften des Denkens bei Johann Wolfgang von Goethe

Die Landschaften des Denkens bei Goethe sind, dies muss nicht eigens betont wer-den, weitläufig und vielschichtig. Sich mit ihnen zu befassen bedeutet immer aus einer unübersehbaren Fülle auszuwählen, das Einzelne vor dem Hintergrund der ganzen Gestalt zu deuten, ein originales Profil nachzubilden. Doch entspricht dieses Vorge-hen schon ganz und gar dem goetheschen Blick. Das Bestreben, eine ganzheitliche Gestalt phänomenologisch wahrzunehmen, zeichnet die Poesie und Naturforschung Goethes in besonderer Weise aus. Diese grundlegende Motivation hebt den Dichter auch philosophisch vom geistesgeschichtlichen Mainstream seiner Zeit ab. „Goethes Werk steht, von außen her gesehen, völlig innerhalb des geschichtlichen Horizonts des achtzehnten Jahrhunderts; aber die eigentlichen geistigen Normen für sein Ver-ständnis lassen sich aus diesem Umkreis nicht gewinnen."[1] Goethe ist Kronzeuge einer philosophisch höchst bedeutsamen Epochenschwelle und tief von ihr geprägt, ohne jedoch seine Originalität und Unabhängigkeit zu verlieren, die ihn zur kritischen Wachsamkeit gegenüber den ambivalenten Erscheinungen der Neuzeit befähigt.

Die Ausbildung einer eigenen Position innerhalb der neuzeitlichen Aufbrüche, die Skepsis vor den Ansprüchen eines absoluten Geistes, die Neigung zum Geheimnis, das nie anders denn als Verhülltes offenbar sein kann, und das außergewöhnliche Gespür für die ganzheitliche Gestalt einer Erscheinung sind es, die Balthasar in seiner Rezeption Goethes in den Mittelpunkt stellt. Doch während die in frühen Jahren entstandene ‚Apokalypse der goetheschen Seele'[2] ein hoffnungsfrohes Bild zeichnet, das auch die religiösen Gehalte des goetheschen Denkens umfasst, wirft eine zweite Darstellung ein eher kritisches Licht auf den Dichter einer ‚säkularen Herrlichkeit'[3].

Das folgende Kapitel sucht beiden Perspektiven gerecht zu werden. Es hebt die Fragwürdigkeiten hinsichtlich Goethes Haltung gegenüber dem Christentum ebenso hervor wie dessen positive Errungenschaften hinsichtlich einer Phänomenologie der Gestalt. Ein besonderes Augenmerk fällt auf all jene Aspekte, die Balthasar umkreist. Da sich die balthasarsche Rezeption aber einerseits als knapp und assoziativ, anderer-seits als überaus voraussetzungsreich präsentiert, werden weitere Studien anerkannter Goethe-Interpreten in die Darstellung miteinbezogen. Das Anfangskapitel dieser Arbeit zielt – unter Einbezug der einschlägigen Texte Balthasars – eine möglichst

---

1   CASSIRER: Goethe und die geschichtliche Welt. 371.
2   Vgl. das Goethe-Kapitel in BALTHASAR: Apokalypse I. 407-514.
3   Vgl. das Goethe-Kapitel in BALTHASAR: Herrlichkeit III-1-2. 682-748.

objektive und ausgewogene Darstellung der Denkformen Goethes an, während die spezifische Eigenart und die Fragestellungen Balthasars erst im zweiten Kapitel zur Sprache kommen sollen.[4]

2.1 Offenbares Geheimnis:
Die gefühlte Präsenz des Göttlichen in Natur und Kunst

2.1.1 Naturfrömmigkeit

Die Forschung ist sich darin einig, dass der hermeneutische Schlüssel zu Goethes Weltanschauung in seinem Verhältnis zur Natur liegt, das von Anfang an religiöse Züge trägt.[5] Seine ‚Privatreligion‘, die sich allein dem großen Gott der Natur zuwendet und die er meist schweigend und ‚im Stillen‘ ausübt, gibt Goethe in einer zusammenhängenden Schilderung in *Dichtung und Wahrheit* der Öffentlichkeit preis.[6] Hier betrachtet er die Entwicklung seiner Naturfrömmigkeit, die von der pietistischen Bewegung ausgeht und sich dann ohne Bindung an eine bestimmte Konfession oder Dogmatik frei entfaltet. Ein religiös-künstlerisches Verlangen ist in ihm schon seit seiner Kindheit lebendig. Als Knabe errichtet er einen Altar aus Früchten, um dem Schöpfergott „in seinen Werken"[7] unmittelbar zu begegnen. Später gilt ihm das Naturstudium als die zuverlässigste Form der Gottes- und Wahrheitserkenntnis, sodass es schließlich den Platz einer Religion einnimmt. Bis ins hohe Alter bekennt sich Goethe zu der Überzeugung, dass sich Gott in der Natur offenbare. Der Glaube an die Immanenz des Göttlichen in der Natur veranlasst ihn sogar, sich in die philosophischen Debatten seiner Zeit einzuschalten. In einer Kontroverse mit Jacobi etwa verteidigt er Schellings Identitätssystem, das Geist und Natur als die Ausprägungen eines einheitlichen Weltprinzips postuliert.[8] Während Jacobi auf dem Dualismus dieser beiden Prinzipien besteht, artikuliert Goethe einen mystischen Pantheismus, der davon ausgeht, dass dem Universum „eine Idee zum Grund liegt, wonach Gott in der Natur, die Natur in Gott, von Ewigkeit zu Ewigkeit schaffen und wirken"[9]. Er vereint

---

4   Die kontroverse germanistische Diskussion wird jedoch ausgespart, da nur die Hauptmerkmale des goetheschen Denkens in den Blick genommen werden sollen und eine erschöpfende Behandlung des Themas den Rahmen dieser Arbeit sprengen würde. Vgl. zur ersten Orientierung Staigers mehrbändige Goethe-Biographie, die als Standardinterpretation gilt: DERS.: Goethe.

5   In diesem Sinne nennt auch Balthasar das ursprünglichste, alle Altersphasen umgreifende Lebensgefühl Goethes die „Welthaftigkeit des Daseins" (DERS.: Apokalypse I. 409) und bezieht sich auf die goethesche „Existenz in der Natur" (DERS.: Apokalypse I. 407) als Ausgangspunkt seiner Analysen. In *Herrlichkeit III-1-2* greift er die Naturfrömmigkeit Goethes nochmals explizit auf (vgl. 706-710).

6   Vgl. GOETHE: WA I. 26. 63-66.

7   Vgl. GOETHE: WA I. 26. 63.

8   Vgl. dazu GOETHE: WA IV. 22. 300-303; IV. 23. 242. – MEHRA: Die Bedeutung der Formel ‚Offenbares Geheimnis‘ in Goethes Spätwerk. 112f.

9   GOETHE: WA II. 11. 56.

Gott und Natur im Sinne des offenbaren Geheimnisses.[10] Gott verbirgt und offenbart sich in der Erscheinungswelt der Natur, um sich den Menschen sinnlich erfahrbar zu machen. Hinter dem Schleier der Natur ist sein Wesen geheimnisvoll-offenbar gegenwärtig.[11]

Goethes ehrfurchtsvolle Erforschung der Natur einerseits und seine Dichtung andererseits erhellen sich wechselseitig. Sie machen dabei tiefgreifende Wandlungen durch, die ein Ringen mit der Moderne widerspiegeln. Wachsmuth unterscheidet zwei Stadien: das Jahrzehnt vor 1780, dem die Nachwelt immerhin „die gefühlsgewaltigste Naturlyrik unserer Sprache auf religiöser Grundlage"[12] verdankt, und die folgenden fünfzig Jahre des ernsthaften, systematischen Naturstudiums.[13]

Der frühe Goethe „des titanischen Aufbruchs und Anspruchs"[14] nimmt teil an der gärenden Grundstimmung der Sturm-und-Drang-Zeit, aus der heraus junge Intellektuelle unter Berufung auf die Natur gegen gesellschaftlich-politische Missstände rebellieren.[15] In seiner vorwissenschaftlichen Jugendzeit sieht er die Kraft des Gefühls als höchste Geistesgabe an. Schöpferisches Tun und sichere Naturerkenntnis sind ihm durch sein eigenes Herz verbürgt. Es ist die Zeit, da „ein reicher jugendlicher Mut sich noch mit dem Universum identifizierte, es auszufüllen, ja, es in seinen Teilen wieder hervorzubringen glaubte"[16]. So rechtfertigt Prometheus sein Aufbegehren gegen die Götter mit der stolzen Frage: „Hast Du nicht alles selbst vollendet, heilig glühend Herz?"[17] Werther weiß sich der Natur so innig verbunden, als bewegten sich „die herrlichsten Gestalten der unendlichen Welt [...] allbelebend"[18] in seiner Seele. In der „unaussprechliche[n] Schönheit" seiner Umgebung gewahrt er den Schöpfergott:

„Wenn [ich] fühle die Gegenwart des Allmächtigen, der uns nach seinem Bilde schuf, das Wehen des Allliebenden, der uns in ewiger Wonne schwebend trägt und erhält [...]; dann sehne ich mich oft und denke: ach könntest du das wieder ausdrücken [...], dass es würde der Spiegel deiner Seele, wie deine Seele ist der Spiegel des unendlichen Gottes!"[19]

10 Erstmals wird dieser Ausdruck verwendet in GOETHE: WA I. 18. 235.
11 Vgl. GOETHE: WA I. 26. 218.
12 WACHSMUTH: Die Entwicklung von Goethes naturwissenschaftlicher Denkweise und Weltanschauung von den Anfängen bis zur Reife. 7.
13 Vgl. WACHSMUTH: Die Entwicklung von Goethes naturwissenschaftlicher Denkweise und Weltanschauung von den Anfängen bis zur Reife. 5. – SCHMIDT: Art. Natur. Zu Goethes Denkentwicklung vor dem Hintergrund der deutschen Spätaufklärung vgl. DERS.: Goethes herrlich leuchtende Natur. – CASSIRER: Freiheit und Form. 181-284.
14 WACHSMUTH: Goethes naturwissenschaftliche Lehre von der Gestalt. 57.
15 Vgl. SCHMIDT: Art. Natur. 759. Besonders Rousseaus Schriften mit ihrem kulturkritischen Kennwort ‚Natur' werden um 1770 gegen Leibeigenschaft, konventionelle Zwänge und Despotie in Anspruch genommen.
16 GOETHE: WA IV. 41. 36.
17 GOETHE: WA I. 2. 77.
18 GOETHE: WA I. 19. 74.
19 GOETHE: WA I. 19. 6f.

Diesen Gott nennt Goethe ehrfurchtsvoll „sturmatmende Gottheit"[20], „allheilend"[21], „Urquell"[22] und „aller Meister Meister"[23], um ihn als eine reale Macht zu kennzeichnen, die der Natur immanent ist, sie aber auch unendlich übersteigt.

Während Goethe in jugendlicher Leidenschaft die Wirklichkeit noch phantasievoll antizipiert, wird er sich später vor allem der Gefahren eines irrationalen Subjektivismus bewusst. Im zweiten Buch des *Werther* schildert er die Haltlosigkeit eines modern-introvertierten Subjekts, das angesichts des Furchteinflößenden der Natur, des Unverfügbaren menschlicher Liebe und der Enge der feudalen Gesellschaft jegliche Sinninstanzen verliert. Was bleibt, ist die technische Bewältigung des Lebens und der Freitod. „Handwerker trugen ihn. Kein Geistlicher hat ihn begleitet."[24] Der 1774 fertig gestellte Roman spiegelt die seelische Krise eines Genies, das eine grenzenlose Kraft in sich fühlt, aber doch nirgends eine Möglichkeit findet, sie im realen Leben wirksam werden zu lassen. So wird Werther hin und her geworfen zwischen dem hohen schwärmerischen Geistesflug und der Verzweiflung an der enttäuschenden Wirklichkeit. Es ist wiederholt darauf hingewiesen worden, dass Goethe hier seine eigene Lebensproblematik während der Jahre des zermürbenden Wartens auf berufliche Erfüllung bis zur äußersten Konsequenz zu Ende denkt.[25] Sein jugendlicher Versuch, den Sentimentalismus und Geniekult der 70er Jahre zu überwinden, ist deshalb nicht nur Anklage der Umwelt, sondern vor allem Selbstgericht. Goethe empfindet es zunehmend als Anmaßung, von der Wirklichkeit in prächtigen, aber unrealistischen Bildern des Innenlebens etwas auszusagen, ohne sie wirklich zu kennen oder zu bestehen.

Im Eingangsmonolog des *Urfaust* (1773) legt er dem Helden sein persönliches Bekenntnis in den Mund: „Geheimnisvoll am lichten Tag / lässt sich Natur des Schleiers nicht berauben."[26] Seine Ohnmacht des Nichtwissens mangels angemessener Methode geht einher mit dem Verlangen nach umfassender Wahrheit: „Dass ich erkenne, was die Welt / Im Innersten zusammenhält."[27] Faust scheitert in dieser frühen Begegnung mit dem Erdgeist, doch in der späteren Szene *Wald und Höhle* äußert er sich überaus beglückt: „Erhabner Geist, du gabst mir, gabst mir alles, / Worum ich bat [...] / Gabst mir die herrliche Natur zum Königreich." Dankbar verkündet er die Wesensverwandtschaft des Menschen mit allen übrigen Seienden, die ihm Einsicht in die Naturgeheimnisse gewährt: „Nicht / Kalt staunenden Besuch erlaubst du nur, [...] / Du führst die Reihe der Lebendigen / Vor mir vorbei, und lehrst mich meine Brüder /

---

20 GOETHE: WA I. 2. 70.
21 GOETHE: WA I. 2. 74.
22 GOETHE: WA I. 16. 153.
23 GOETHE: WA I. 16. 144.
24 GOETHE: WA I. 19. 191.
25 Vgl. z.B. MOMMSEN: Goethe warum? 350f. Zum Subjektivismus im *Werther*-Roman vgl. auch DOKE: Subjekt-Objekt-Problem in Goethes Dichten und Denken. 1078-1080. Auch Cassirer macht darauf aufmerksam, dass im *Werther* und *Tasso* „die Lösung eines innern Konflikts, die Befreiung aus einem seelischen Kampf" mitschwingt (CASSIRER: Freiheit und Form. 242).
26 GOETHE: WA I. 14. 39.
27 GOETHE: WA I. 39. 220.

Im stillen Busch, in Luft und Wasser kennen."[28] Offenbar spiegelt die 1788 entstandene Fortschreibung des Dramas einen entscheidenden Wendepunkt in Goethes Denkentwicklung wider. Was ist geschehen?

In Weimar und insbesondere auf seiner ersten Italienreise vollzieht Goethe einen Sinneswandel. Während er in seinen frühen Schriften noch ein unbestimmtes religiöses Naturgefühl ausspricht, das die göttliche Offenbarung in der Gesamtheit der Natur empfindet, wendet er sich nach 1784 immer mehr den Einzelerscheinungen in der Natur zu. Angeregt durch seine geologischen und morphologischen Studien schreibt er nun an Jacobi, dass er „das göttliche Wesen" nur „in und aus den rebus singularibus" erkenne. Erklärend fügt er noch hinzu, dass er es „in herbis et lapidibus"[29] suche. In der direkten Anschauung der Phänomene selbst will er dem göttlichen Mysterium auf die Spur kommen. Dabei setzt er voraus, dass sich die Phänomene zeigen, wie sie sind, sich in ihrer Erscheinung ihr Wesen ausspricht – und dass deshalb eine neue Geisteshaltung gefordert ist, die auf Sachtreue und objektiver Wahrnehmung beruht.

Was Goethe in der zweiten Phase seiner Beschäftigung mit der Natur anstrebt, ist „eine gewisse ruhige Reinheit des Innern", ein unverstellter, „von gar nichts gestört[er] oder präokkupiert[er]" Blick.[30] „Da werden wir denn im Ganzen bemerken, dass das Objekt immer mehr hervortritt, dass, wenn wir uns früher an den Gegenständen empfanden, Freud' und Leid, Heiterkeit und Verwirrung auf sie übertrugen, wir nunmehr bei gebändigter Selbstigkeit ihnen das gebührende Recht widerfahren lassen"[31]. Diese Enthaltung von allen subjektiven Empfindungen und Vormeinungen und der sich dem Wesen der Dinge anvertrauende Blick sind die Grundlegung der von nun an praktizierten phänomenologischen Methode. Durch die Phänomenologie gelingt es Goethe, die Spuren des Ewigen in der Schöpfung wahrzunehmen. Jene geht einher mit dem intuitiven Gedanken der All-Einheit der Natur und ihrer inneren Entsprechung zum erkennenden Subjekt. Auch wenn sich der Dichter nie ganz auf die Schulstreitigkeiten der deutschen Spätaufklärung einlässt, schimmern doch die Grundintuitionen Spinozas in seinen Überzeugungen immer wieder durch, so etwa, wenn er die Anschauung Gottes in der Natur als Grund seiner ganzen Existenz angibt.[32] Spinozas Lehre und deren Wirkungsgeschichte von Herder bis Schelling ermöglicht ihm eine Distanz zum kirchlich-theistischen Weltbild, die sowohl dessen aufgeklärt-deistische Variante als auch die pietistische Frömmigkeit elegant hinter sich lässt, aber dennoch am Enthusiasmus des Pietismus und an der Rationalität der Aufklärung teilhat. Wenn Goethe die Natur mit Gott gleichsetzt, so lässt sich dieser Gott

---

28 Beide Zitate: GOETHE: WA I. 14. 163.
29 Alle vorausgehenden Zitate: GOETHE: WA IV. 7. 62.
30 Alle vorausgehenden Zitate: GOETHE: WA V. 5. 86.
31 GOETHE: WA I. 35. 244. Vorsicht ist besonders beim Übergang von der Erfahrung zum Urteil geboten, „wo den Menschen gleichsam wie an einem Passe alle seine inneren Feinde auflauern, Einbildungskraft, Ungeduld, Vorschnelligkeit, Selbstzufriedenheit, Steifheit, Gedankenform, vorgefaßte Meinung, Bequemlichkeit, Leichtsinn, Veränderlichkeit und wie die ganze Schar mit ihrem Gefolge heißen mag" (GOETHE: WA II. 11. 28; vgl. auch BALTHASAR: Apokalypse I. 420).
32 Vgl. GOETHE: WA I. 36. 72.

erleben, anders als ein persönlicher, aber doch abstrakter und außerweltlicher Gott. In diesem Sinne dient Goethes ehrfurchtsvolle Versenkung in die Naturphänomene letztlich dem hohen Ziel der eigenen geistigen Erbauung. Eine seiner bevorzugten Maxime lautet: „Gott anerkennen, wo und wie er sich offenbare, das ist eigentlich die Seligkeit auf Erden."[33]

Um das „Buch der Natur"[34] zu lesen, bedarf es eines Standpunktes der „Mitte": „Ich wenigstens finde mein Heil nur in der Anschauung, die in der Mitte steht", schreibt Goethe an Schiller, zwischen „den Naturphilosophen, die von oben herunter, und den Naturforschern, die von unten hinauf leiten wollen"[35]. In dieser Anschauung des Lebendigen widersetzt er sich der mechanischen, seit Descartes, Galilei und Newton paradigmatischen Erklärungsweise der Natur ebenso hartnäckig wie der idealistischen Spekulation und dem romantischen Gefühlsdrang, und steht dabei, so Balthasar,

„allein gegen seine Zeit. Worauf es ihm ankam, war die Verbindung von nüchtern-exakter Forschung mit einem stetigen Blick auf die Totalität, die sich nur dem ehrfürchtigen, dichterisch-religiösen Auge, dem antiken Kosmosblick erschließt. Aber die Naturwissenschaftler haben sich seinem Erzfeind Newton angeschlossen, die Idealisten ihrerseits deduzierten das System der Natur apriori oder fühlten sie, als Romantiker, irrational in Bausch und Bogen. Goethe ist in seiner Zeit ebenso widerständig allein wie einst Thomas von Aquin, wenn er die Einheit exakter Forschung und Denkleistung mit ehrfürchtig-frommer Wahrnehmung des göttlichen Anwesens im Kosmos zu verbinden sucht: nur beides in Einheit ist sachliche Haltung im Sein."[36]

In einer aufschlussreichen Schrift hebt Cassirer[37] den erkenntnistheoretischen Gegensatz zwischen Goethe und der mathematischen Physik hervor. Das, was dem gewöhnlichen Betrachter als empirisches Einzelphänomen erscheint, zerlegt die exakte Naturwissenschaft in rationale, quantitative Ausdrücke. Sie reduziert es auf ein Schema von Größen- und Zahlenbestimmungen, die mit allen übrigen Seinselementen in funktionaler Abhängigkeit gedacht werden. So ist der Fortgang vom Besonderen zum Allgemeinen an begriffliche Grundeinheiten gebunden, welche die zunächst unübersehbare Mannigfaltigkeit des Gegebenen unter eine festgefügte Ordnung stellen. Die nunmehr berechenbaren Konstanten eines lebendigen Organismus sind durch Beziehungen zu anderen Reihengliedern gekennzeichnet, wodurch aber die Individualität der Anschauung verloren geht. Während für den Physiker alle Eigenschaften, die nicht in die Form der Kausalgleichung eingehen, aus dem Begriff des Seins herausfallen, geht es Goethe gerade um das Erfassen einer individuellen Gestalt, die der Daseinsschicht der Formgesetzlichkeit angehört. Er ist weit davon entfernt, die gänzliche Verzichtbarkeit analytischer Prinzipien beweisen zu wollen, doch fordert er nachdrücklich die Beschränkung ihres Geltungsanspruchs. Die exakte Naturwissenschaft gerät in eine Einseitigkeit, sobald sie alle qualitativen Werte in quantitative Gesetze

33 GOETHE: WA I. 42ii. 211.
34 GOETHE: WA IV. 7. 229.
35 GOETHE: WA IV. 13. 198.
36 BALTHASAR: Herrlichkeit III-1-2. 705f.
37 CASSIRER: Goethe und die mathematische Physik.

auflöst und in fremde Idiome übersetzt. Ein solches zergliederndes und atomistisches Denken steht der Maxime Goethes entgegen, „dass Quantität und Qualität als die zwei Pole des erscheinenden Daseins gelten müssen"[38].

Goethes erbitterter wie vergeblicher Kampf gegen das ‚Unheil' der Physik weist in die Sphäre geistig-ethischer Grundentscheidungen zurück. Seine Mahnungen im Hinblick auf die Unbedingtheit der Natur, die sich gegen alle mechanischen ‚Herrschaftsinstrumente', vor allem aber gegen Newtons Farbenlehre richten, sind nur vor dem Hintergrund seiner naturreligiösen Gesinnung verständlich. Auf der wissenschaftlichen Ebene setzt Goethe der These Newtons, das Licht sei aus den durch prismatische Brechung sichtbar gemachten Spektralfarben zusammengesetzt und so auch wieder zerlegbar, seine eigene Theorie entgegen, dass die Farben Ergebnis eines Zusammenspiels von Licht, Finsternis und einem trüben Mittel sind. Dieses Phänomen lässt sich unmittelbar bei der Entstehung der Himmelsfarben durch das helle Sonnenlicht, das finstere Weltall und die graduelle Trübe der Erdatmosphäre beobachten.[39] Doch liegt der eigentliche Grund für Goethes Einspruch nicht in einer bloßen Meinungsverschiedenheit bezüglich der Eigenschaften der Farben, sondern in der Bedeutung des Sonnenlichts überhaupt, welches für Goethe die höchste Manifestation des Göttlichen darstellt.[40] „Diese Disputation nahm die Züge einer kontrovers-theologischen Polemik an. Denn dem Farbenlehrer ging es offensichtlich um mehr als um eine wissenschaftliche Auseinandersetzung im Bereich der Optik: in, mit und unter ihr führte er einen Glaubenskampf, mit solcher Leidenschaft, als ginge es um die Frage des menschlichen Heils."[41] Tatsächlich verehrt Goethe die Sonne als „eine Offenbarung des Höchsten [...]. Ich anbete in ihr das Licht und die zeugende Kraft Gottes, wodurch allein wir leben, weben und sind."[42] Bestärkt durch Plotins Vorstellung vom intelligiblen Licht als dem *einen* Grund und Ursprung alles Seienden[43] sowie durch die johanneische Rede von Gott als dem Licht, in dem keine Finsternis ist, verurteilt er die Spaltung des *reinen* Lichts als gotteslästerlichen Irrtum, Newton selbst als folternden Inquisitor der Gott-Natur.[44] „Ich erkannte das Licht in seiner Reinheit und Wahrheit, und ich hielt es meines Amtes, dafür zu streiten."[45] Die mechanische Bemächtigung der Natur gilt ihm als Wurzel und Symptom des neuzeitlichen Atheismus, der „das Unmessbarste, welches wir Gott nennen, [...] mitzuerfassen glaubt und daher dessen [...] vorzügliches Dasein aufzugeben scheint"[46]. Damit wird deutlich,

---

38 GOETHE: WA II. 11. 97.

39 Goethe macht außerdem auf die Mitwirkung des Auges an der Farbwahrnehmung aufmerksam. Vgl. die insgesamt recht prägnante Darstellung von SCHRIMPF: Goethe. 24-34. Zur Bedeutung der Farbenlehre vgl. HOFMANN: Goethes Theologie. 188-283.

40 In dieser Einschätzung stimmen Schöne (DERS.: Goethes Farbentheologie) und Staiger (DERS.: Goethe und das Licht. 9-35) überein.

41 SCHÖNE: Goethes Farbentheologie. 40.

42 GOETHE: WA V. 8. 148. Vgl. die Anspielung auf die Areopag-Rede des Paulus über den „unbekannten Gott": „Denn in ihm leben wir, bewegen wir uns und sind wir" (Apg 17,28).

43 Vgl. SCHÖNE: Goethes Farbentheologie. Anm. 250 und 241.

44 Vgl. SCHÖNE: Goethes Farbentheologie. 84-93.

45 GOETHE: WA V. 5. 10.

46 GOETHE: WA II. 11. 97.

welch hohen Stellenwert die Gottesverehrung in der Natur in Goethes Leben und Denken einnimmt. Sie ist das Leitmotiv seines Dichtens, der Quellgrund seines geduldigen Beobachtens, seines Selbst- und Weltverständnisses und seiner persönlichen Entwicklungsfähigkeit.

Wenige Tage vor seinem Tod spricht Goethe noch einmal das Wort vom Innersten der Natur aus, so als wolle er den Bogen zurück schlagen zur einstigen Jugendsehnsucht des Urfaust, nun aber bereichert durch den gefundenen methodischen Zugang: „[...] wenn wir durch Anschauung des Äußern zur Einsicht in das Innerste gelangen"[47], dann offenbart sich uns das göttliche Mysterium. Innerhalb dieser naturreligiösen Anschauung sind es vor allem zwei Grundbegriffe, die Goethe faszinieren.

2.1.2 Typus und Gestalt

Von 1784 bis 1790 konzentriert sich Goethes Naturwissenschaft auf vergleichende Morphologie. Hier sind es die Begriffe des Typus und der Gestalt, die eine leitende Funktion einnehmen, da Goethe in ihnen „die gottgedachte Spur"[48] selbst entdeckt zu haben glaubt. In der einheitlichen Struktur oder Form, die den einzelnen Erscheinungen zugrunde liegen, tritt für ihn das Innerste der Natur an die Oberfläche und damit das Göttliche.

Schon früh bemerkt Goethe, dass die Natur von einer inneren, strukturierten Ordnung durchdrungen ist, dass sie nach und in Formen schafft. Mit dem Formproblem greift er ein spekulatives Thema seiner Zeit auf. Leclerc de Buffon hat bereits die Hypothese formuliert, dass die Gestalten aller Lebewesen nach einem gemeinsamen Grundplan gebildet werden. Im intensiven Gedankenaustausch mit Herder gelingt es Goethe, dieser Behauptung einen wissenschaftlichen Stellenwert zu verschaffen, indem er vergleichend die Gestaltungsprinzipien im Stein-, Pflanzen- und Tierreich aufsucht. Er unterscheidet zwei Verhältnisse: die wechselseitige Bezogenheit aller Geschöpfe aufeinander und die Übereinstimmung der Teile im Körperganzen eines Einzelgeschöpfs und in Gruppen verwandter Lebewesen, die naturgeschichtlich systematisiert werden können.[49] In einem langwierigen Prozess des sinnlichen Experimentierens und der übersinnlichen Anschauung nähert er sich seinem Ziel, dem „Gewahrwerden der wesentlichen Form, mit der die Natur gleichsam immer nur spielt und spielend das mannigfaltige Leben hervorbringt"[50]. Da die vielen Einzelerscheinungen der Natur trotz ihrer individuellen Variation und Verschiedenheit diese

[47] WACHSMUTH: Goethes Naturforschung und Weltanschauung in ihrer Wechselbeziehung. 144, 150.
[48] GOETHE: WA. I. 3. 93.
[49] Die Vorstellung einer *Harmonia naturae* kann er durch stattliche wissenschaftliche Leistungen stützen, etwa durch die Entdeckung des Zwischenkieferknochens beim Menschen, den Geistesblitz, die Schädelknochen seien umgebildete Wirbelknochen, die Darstellung der Pflanzenmetamorphose und die erste methodische Grundlegung der vergleichenden Anatomie.
[50] GOETHE: WA IV. 7. 242.

einheitliche Grundstruktur durchblicken lassen, offenbart sich in ihnen die göttliche Idee oder Wahrheit.

Ein bekanntes Beispiel dieser ‚wesentlichen Form‘, auch ‚charakteristischer Typus‘ oder ‚inneres Gesetz‘ genannt, ist die in den Gärten von Palermo und Padua entdeckte ‚Urpflanze‘. Nachdem sich Goethe mit der verwirrenden Fülle der Blumenwelt und dem Reichtum der verschiedenen Arten beschäftigt hat, wird ihm schließlich die „*ursprüngliche Identität* aller Pflanzenteile"[51] zur Gewissheit. Er erkennt, dass das Organisationsprinzip des Ganzen bereits in jedem seiner Teile angelegt ist. Damit stellt die Urpflanze eine ideelle virtuelle Größe dar, die als „Regel, die sich aus der Anschauung selbst entwickelt und an ihr darstellt"[52], exemplarisch für Goethes Gestaltdenken ist. Sie findet in der bekannten Elegie *Die Metamorphose der Pflanzen* (1798) ihren dichterischen Ausdruck. Goethe demonstriert hier den Gestaltwandel einer einjährigen Blütenpflanze von der Samenkapsel bis zur Frucht, der sich in rhythmischer Ausdehnung (Diastole) und Zusammenziehung (Systole) steigert und einem Höhepunkt der Formgebung in der Blüte zustrebt, um schließlich angesichts der „hohe[n], volle[n] Erscheinung"[53] nicht nur die Schönheit einer Pflanze, sondern auch das geheime Gesetz ihrer inneren Bildung zu verkünden. Dieses ist, weil es göttlichen Ursprungs ist, ein ‚offenbares Geheimnis‘.

„Alle Gestalten sind ähnlich, und keine gleichet der andern;
Und so deutet das Chor auf ein geheimes Gesetz,
Auf ein heiliges Rätsel."[54]

Mit der morphologischen Methode glaubt Goethe den „Schlüssel zu allen Zeichen der Natur"[55] gefunden zu haben. Sie zielt auf die *Gestalt* als die Wesenserscheinung des Inneren im Äußeren, welche einen statischen und einen dynamischen Aspekt impliziert: Der *Typus* stellt in der großen Artenvielfalt ihr beständiges, regelhaftes und verharrendes Moment dar, während das Prinzip der *Metamorphose* die Gestalt in ihrer zeitlichen Abfolge und Bewegung als werdend kennzeichnet. Beide befinden sich in stetiger Wechselwirkung, sodass eine „lebendige Regel"[56] entsteht. In *Urworte. Orphisch* (1817) erklärt der Dichter feierlich dieses doppelte Gesetz des Lebens:

„Und keine Zeit und keine Macht zerstückelt,
Geprägte Form, die lebend sich entwickelt.
Die Strenge Grenze doch umgeht gefällig,
Ein Wandelndes, das mit und um uns wandelt."[57]

Die Gestalt selbst kennzeichnet eine Polarität von Sein und Werden, Geprägtheit und Entwicklung, Notwendigkeit und Zufall: Sie ist „die wirksame Potenz in allem Ge-

---

51 GOETHE: WA II. 6. 446.
52 CASSIRER: Goethe und die mathematische Physik. 49.
53 GOETHE: WA I. 1. 291.
54 GOETHE: WA I. 1. 290.
55 GOETHE: WA II. 6. 446.
56 GOETHE: WA I. 3. 95.
57 GOETHE: WA I. 3. 95.

schehen"[58] und lässt auf den Grad der Vollkommenheit schließen. „Je vollkommener das Geschöpf wird, desto unähnlicher werden die Teile einander."[59] Phänomenologisch gesehen deutet sich das innere Wesen in seiner äußeren Erscheinung an. Das Einzelne muss deshalb in Beziehung zum Ganzen gesehen werden.

„Müsset im Naturbetrachten
Immer eins wie alles achten;
Nichts ist drinnen, nichts ist draußen:
Denn was innen, das ist außen.
So ergreifet ohne Säumnis
Heilig öffentlich Geheimnis.

Freuet euch des wahren Scheins,
Euch des ernsten Spieles:
Kein Lebendiges ist ein Eins,
Immer ist's ein Vieles."[60]

Mit dem Gedicht *Epirrhema* wird nochmals deutlich, worin der Unterschied zwischen der goetheschen Morphologie und physikalischen Analyse liegt. Während die exakte Wissenschaft die Einheit von Allgemeinem und Besonderen auf eine abstrakte Ebene überträgt, dabei vor der Totalität eines Gegenstandes aber notwendig versagt, entwickelt Goethe aus der Anschauung selbst jene universelle Regel, die beständig mit sich selbst identisch bleibt und doch in jeder ihrer individuellen Äußerungen ein Eigenes ist. Die Dinge besitzen nicht nur einen stellvertretenden Wert, sondern ein individuelles Sein, das ihr Wesen offenbart. „Das Seiende selbst formt sich dem synthetischen Blick des Forschers zu Lebensreihen, die stetig ineinandergreifen und höher und höher aufsteigen."[61] In diesem Sinne schließt Cassirers Vergleich: „Die mathematische Formel geht darauf aus, die Erscheinungen *berechenbar*, die Goethesche, sie vollständig *sichtbar* zu machen. Alle Gegensätze zwischen Goethe und der Mathematik erklären sich aus diesem *einen* Punkt heraus."[62]

Goethes Anschauung orientiert sich am geschichtlichen Zusammenhang und am realen Prozess der Wirkungen eines Seienden. Dennoch bleibt sie nicht am Sinnlichen haften. Sie rechnet mit ideellen Elementen, die über die Natur hinaus liegen.

„Was kann der Mensch im Leben mehr gewinnen,
Als dass sich Gott-Natur ihm offenbare,
Wie sie das Feste lässt zu Geist zerrinnen,
Wie sie das Geisterzeugte fest bewahre."[63]

Die Polarität einer Gestalt, die stets mehr ist als die Summe ihrer atomistischen Einzelteile, steht im Zentrum der Goethe-Rezeption Balthasars in der *Apokalypse der deutschen Seele*. Balthasar bildet sie zunächst auf eine metaphysische Grundstruktur hin ab,

58 SIMMEL: Goethe. 135.
59 GOETHE: WA II. 6. 10.
60 GOETHE: WA I. 3. 88.
61 CASSIRER: Goethe und die mathematische Physik. 49.
62 CASSIRER: Goethe und die mathematische Physik. 78.
63 GOETHE: WA I. 3. 94.

die er der griechischen Philosophie entnimmt. Im Hinblick darauf, dass Goethe Geist und Materie, Körper und Seele als die „Doppelingredienzien des Universums"[64] bezeichnet, setzt er dessen ontologische Grundprinzipien ‚Polarität und Steigerung'[65] in Beziehung zu den aristotelischen Kategorienpaaren Akt – Potenz und Form – Materie sowie zum platonischen Teilhabegedanken, um das Verhältnis von realem und idealem Werden tiefer zu beleuchten. Die von Aristoteles konzipierte Akt-Potenz-Lehre besagt, dass alles endliche Sein aus Wirklichkeit und Möglichkeit zusammengesetzt ist. Allerdings zeigt schon Goethes Auffassung vom Werden als Aktuierung, dass es für ihn innerweltlich weder reine Potenz noch reinen Akt gibt. Diese Pole sind unlöslich ineinander verwoben. Das Werden „ist als Potenz je schon Akt, als Akt immer noch Potenz"[66]. So basiert der Übergang der Potenz zum Akt weder auf einer vorausliegenden Präformation noch auf einem äußerlichen Hinzutreten des zu Aktuierenden als Epigenese.[67] Die alten Kategorien erweisen sich als unzulänglich, da sie letztlich den ontologischen Tiefencharakter des ideal-realen Geheimnisses nicht zu fassen vermögen.

Auch in Bezug auf Materie und Form und die entsprechenden Begriffe der Einheit und Vielheit ist eine Zerlegung unmöglich. „Es gibt nur sich formende Materie, sich materialisierende Form."[68] Die goethesche Lehre zeichnet sich gerade dadurch aus, dass sie bei aller Hochschätzung der Formgesetzlichkeit (des Wesens) einen Sinn für das Materielle (das Sein) behält und dabei keinem Pol den Primat zuschreibt.[69] Unter dieser Voraussetzung wendet sich Goethe Platon zu, um deutlich zu machen, dass die Dinge an Materie und Form, Einheit und Vielheit *teilhaben*, wie endliche Existenzen überhaupt am Unendlichen teilhaben, aber nicht dessen Teile sind. Die platonisch-dynamische Teilhabestruktur erlaubt, den „zweidimensionalen Raum der ‚Idee'", welcher die aristotelische Teilstruktur kennzeichnet, zugunsten eines „dreidimensional-existentialen" Raumes zu überwinden. „Denn die aristotelische Weltschau ruht in der Wahrheit ‚über' *die Dinge*, die platonische Teilnahmestruktur strebt dynamisch empor zur Wahrheit ‚über' *den Dingen*."[70] Im konkreten Werden strebt das Ma-

---

64 GOETHE: WA IV. 22. 321.

65 Die Grundbegriffe *Polarität* und *Steigerung* treten nach 1800 in Goethes Denken zunehmend in den Vordergrund und gelten besonders Balthasar als weitreichende und zentrale Gedanken.

66 BALTHASAR: Apokalypse I. 426.

67 Besonders die Theorie des Präformismus erfährt im 17. und 18. Jahrhundert durch Leibniz eine weitreichende Wirkungsgeschichte. Sie besagt: Jedes Lebewesen geht aus einem Keim hervor, in dem es eingeschachtelt, d.h. in allen Teilen bereits fertig vorgebildet ist. Entwicklung besteht allein in der Ausdehnung des in Miniaturform Vorhandenen. Die Seele verliert dabei ihre diesseitige Bedeutung. Goethe setzt nun dagegen, dass nur die Bedingung der künftigen Gestalt, nicht sie selbst in verkleinerter Form im Keim enthalten sei. Vgl. hierzu WENZEL: Art. Naturwissenschaften. 782-784. – WACHSMUTH: Goethes naturwissenschaftliche Lehre von der Gestalt. 66-69.

68 BALTHASAR: Apokalypse I. 429.

69 Goethe vermeidet eine Unterordnung des Sinnlichen gegenüber dem Geistigen, so dass der Sinn der sichtbaren Welt nicht außerhalb ihrer selbst gesucht werden muss.

70 Alle vorausgehenden Zitate: BALTHASAR: Apokalypse I. Der Autor geht hier nicht weiter darauf ein, dass die Parallele in Goethes und Platons Denken bezüglich der Teilhabestruktur keineswegs auf eine vollständige Übernahme der platonischen Ideenlehre seitens Goethes hindeutet. Im Verlauf meiner Arbeit tritt die Differenz beider Denker jedoch deutlich hervor.

terielle und Vielfache über sich hinaus ins Formhafte und Einfache. Dieses Streben zeigt sich Goethe als eine komplexe Einheit, die durch die ontologischen Prinzipien Polarität und Steigerung bestimmt sind. Polarität als Ausdruck für die fundamentale Nicht-Identität alles Werdenden, deren Pole wie zwei Zentren einer Ellipse eine Einheit bilden, weist auf den dynamisch-materiellen Aspekt eines Seienden hin.[71] Als unaufhebbare Basis der Steigerung belässt sie das Seiende in seiner grundsätzlichen Mannigfaltigkeit. Steigerung hingegen meint die Empor-Bewegung des Werdenden aus der Vielheit auf die Einheit zu, welche jedoch als absolute immer unerreichbar bleibt. Sie ist die beständige „Formtendenz", „alle Vielheit über sich in die integrierende Einheit zu heben"[72]. Beide Bestimmungen beziehen sich sowohl auf materielle als auch auf geistig-ideelle Prozesse.

Vor diesem Hintergrund lässt sich Goethes Verständnis einer individuellen Gestalt näher beschreiben. Ein einzelnes Seiendes wird zwar je schon numerisch von allen anderen Individuen unterschieden, strebt einer qualitativen Einheit in ihrer endgültigen Form jedoch erst zu. Diese Form ist auf Allgemeinbestimmungen nicht rückführbar und kann daher als singulär und objektiv nicht gänzlich mitteilbar aufgefasst werden. Sie entzieht sich der begrifflichen Festschreibung, da sie in die Dimension des ‚Esoterischen' hineinreicht. Sie erwächst aus einem lebendigen ‚Empor' und ist „das „*Gestaltende*, das die Gestalt schafft. Auf *diesen* einheitgebenden, esoterischen Kern zielt die morphologische Methode Goethes."[73]

Literaturwissenschaftler haben wiederholt gezeigt, dass sich Goethes Formgesetze nicht nur auf das vegetative Leben, sondern auch auf die höchste Daseinsebene, den Menschen beziehen und in der allgemeinen Organisation eines Kunstwerks eine analoge Entsprechung finden. Der Dichter führt sie immer wieder an seinen Hauptfiguren vor. Zum einen sind sie inhaltlich ablesbar etwa an Wilhelm Meisters seelisch-geistiger Entwicklung, die sich zwischen Notwendigkeit und Zufall, zwischen angeborener Individualität und mitmenschlicher Umwelt vollzieht[74] und dabei einer höheren Bestimmung folgt: „Wirst du doch immer aufs neue hervorgebracht, herrlich Ebenbild Gottes!"[75] Zum anderen überträgt Goethe seine Überzeugung, nur gestaltete Natur sei von höherer Qualität, auf die Dichtkunst selbst und ersetzt den freien

---

[71]   Vgl. BALTHASAR: Apokalypse I. 430.

[72]   BALTHASAR: Apokalypse I. 437.

[73]   BALTHASAR: Apokalypse I. 432. In seiner Habilitationsschrift *Metaphysik der Singularität* wirft Disse Balthasar eine „fragwürdige Interpretation der Ontologie Goethes" (132) vor, weil jener aus der lebendigen Regel und der Emporbewegung des Seienden auf das „einmalige, sich offenbarende Wunder" (BALTHASAR: Apokalypse I. 442) zu allzu eilig ein singuläres Moment ableite. Während Goethe doch nur „zwischen begrifflich Allgemeinem und phänomenal Allgemeinem" (132) unterscheide, nehme Balthasar irrigerweise an, dass kein Einzelwesen vollständig unter Allgemeinbestimmungen zu subsumieren sei. Disse beachtet m.E. aber nicht genug, wie sehr Goethe die qualitative Bedeutung und den ontologischen Status der Dinge als Einmaliges betont. Erst im Blick auf die fundamentale Zwei-Einheit von Allgemeinem und Konkretem lässt sich nachträglich eine allgemeine Regel abstrahieren. Disses Kritik irritiert deshalb, weil sie keine eindeutigen Begründungen und Belege aus der Goethe-Literatur angibt.

[74]   Vgl. WACHSMUTH: Goethes naturwissenschaftliches Denken im Spiegel seiner Dichtungen seit 1790. 260f.

[75]   Goethe: WA I. 25i. 297f.

Rhythmus der Prosa durch den bestimmten Rhythmus des Verses. Dies gilt ihm als würdige Auslegung der Natur.

2.1.3 Die Kunst als würdigste Auslegerin der Natur

„Wem die Natur ihr offenbares Geheimnis
zu enthüllen anfängt, der empfindet eine
unwiderstehliche Sehnsucht nach ihrer
würdigsten Auslegerin, der Kunst."[76]

Spätestens auf seiner Reise durch Italien im Herbst 1786 bemerkt Goethe die fundamentale Analogie zwischen Natur und Kunst. In seiner *Geschichte der Farbenlehre* berichtet er, wie er, nach Richtlinien für die Dichtkunst suchend, sich zunächst der bildenden Kunst und ihren klassischen Formgesetzen zuwendet, bis er schließlich, von der reichen Vegetation der Mittelmeerlandschaft beeindruckt, eben jene Formung auch in der Natur entdeckt. Die Kompositionsweise von Kunstwerken und die schöpferische Kraftquelle der Natur drängen gleichermaßen nach einer Form, die als Notwendigkeit bereits in ihnen liegt. „Die Natur war für Goethe das Reich der Gestaltung, und Künstlertum bedeutete die Gnade und Gabe, den Gestaltungsdrang der Natur auf anderer Ebene fortzusetzen. Man kann daher wohl sagen, der Künstler in Goethe habe dem Naturforscher das Thema seines Lebens gestellt."[77]

Goethes Naturstudium und sein Künstlertum begegnen sich im Gestaltbegriff. Durch seine morphologische Methode erkennt der Dichter das Wesen des Typus und wendet eine solche Typisierung auch bei der Gestaltung seiner klassischen Figuren an. So entsteht ein enger Zusammenhang zwischen der verborgenen Gesetzlichkeit der Natur und ihrer künstlerischen Nachbildung etwa in der strengen poetischen Form. Die Darstellung des inneren Wesens eines Phänomens in seiner äußeren Gestalt, das Hervorkehren seiner Bedeutung oder ,Idee' in der sichtbaren Erscheinung und die Auslegung des Naturschönen im Kunstschönen gehört für Goethe zu den vornehmsten Aufgaben der dichterischen und bildenden Kunst. Wenn sie dieses hohe Ziel erreicht, ist die Kunst wie die Natur ein ,offenbares Geheimnis'. Indem die Gestalt Natur- und Kunstschaffen einander vermittelt, muss sie selbst nicht erst durch Wertattribute zu einem ästhetischen Begriff erhoben werden, sondern kann für sich genommen schon als schön gelten.[78] In ihr liegt die Garantie des sichtbar gewordenen Lebens, des Seins. Damit rückt sie in den Rang eines Leitmotivs der goetheschen Dichtung auf.

---

[76] GOETHE: WA I. 48. 179.
[77] WACHSMUTH: Die Entwicklung von Goethes naturwissenschaftlicher Denkweise und Weltanschauung von den Anfängen bis zur Reife. 14.
[78] Vgl. NAUMANN-BEYER: Art. Ästhetik. – SCHÄRTL: Art. Gestalt. 170. – JURGENSEN: Symbol als Idee. – MEHRA: Die Bedeutung der Formel ,Offenbares Geheimnis' in Goethes Spätwerk. 104-158.

Um die Beziehung zwischen Natur und Kunst weiter zu erforschen, befasst sich Goethe eingehend mit der 1790 erschienenen *Kritik der Urteilskraft* von Kant und findet viele seiner eigenen Überzeugungen darin bestätigt.

„Nun aber kam die Kritik der Urteilskraft mir zuhanden und dieser bin ich eine höchst frohe Lebensepoche schuldig. Hier sah ich meine disparatesten Beschäftigungen nebeneinander gestellt, Kunst- und Naturerzeugnisse eins behandelt wie das andere, ästhetische und teleologische Urteilskraft erleuchteten sich wechselweise. [...] Das innere Leben der Kunst so wie der Natur, ihr beiderseitiges Wirken von innen heraus war im Buche deutlich ausgesprochen. [...] Mich freute, dass Dichtkunst und vergleichende Naturkunde so nah miteinander verwandt seien, indem beide sich derselben Urteilskraft unterwerfen. Leidenschaftlich angeregt ging ich auf meinen Wegen nur desto rascher fort.“[79]

Goethes Bezugnahme auf die subjektive Urteilskraft zeugt von einer zunehmend philosophischen Vertiefung des Erkenntnisproblems. Er reflektiert jene immer wieder als seelisch-geistige Fähigkeit der Empfindung, des gefühlsbetonten Erlebens und der intuitiven Auffassungsgabe, welche aus der Hingabe an die Sache resultiert. Auch nach Kant löst das Schöne, das durch sein bloßes Erscheinen gefällt, ein „uninteressiertes und freies Wohlgefallen“[80] aus. Diese Absichtslosigkeit der Schau bleibt, so Goethe, stets entwicklungsbedürftig: „Das beste Kunstwerk spricht auch zur Empfindung, aber eine höhere Sprache, die man freilich verstehen muss; es fesselt die Gefühle und die Einbildungskraft; es nimmt uns unsere Willkür, [...] wir sind genötigt uns ihm hinzugeben, um uns selbst von ihm, erhöht und verbessert, wieder zu erhalten.“[81] Die immanente Forderung des Schönen, sich von ihm ergreifen zu lassen, bewirkt eine innere Umwandlung im Betrachter selbst. Entscheidend aber ist, dass Goethe das Schöne als Selbstzweck, als etwas Gesetzliches und damit Objektives erklärt, das zunächst unabhängig von der Konstitutionsleistung des Subjekts besteht. Schönheit gehört dem ursprünglichen Ordnungsprinzip der Welt an, sie ist eine Naturgröße und nicht nur Ergebnis des guten Geschmacks. „Das wahre Schöne besteht aber darin, dass eine Sache bloß sich selbst bedeute, sich selbst bezeichne, sich selbst umfasse, ein in sich vollendetes Ganzes sei.“[82] „Das Gesetz, das in die Erscheinung tritt, in der größten Freiheit, nach seinen eigensten Bedingungen, bringt das objektiv Schöne hervor, welches freilich würdige Subjekte finden muss, von denen es aufgefasst wird.“[83] Jene ‚Würdigkeit‘ der Urteilskraft bildet sich aus, „je mehr sich die Seele erhebt zu dem Gefühl der Verhältnisse, die allein schön und von Ewigkeit sind“[84]. Denn: „Das Schöne ist eine Manifestation geheimer Naturgesetze, die uns ohne dessen Erscheinung ewig wären verborgen geblieben.“[85] Es zeichnet sich durch innere

---

79 GOETHE: WA II. 11. 50f.
80 KANT: Kritik der Urteilskraft. 47.
81 GOETHE: WA I. 47. 21f.
82 MORITZ: zit. nach SCHRIMPF: Auswahl aus Moritzens Schriften zur Ästhetik und Poetik. 113. Balthasar gibt an, dass sich Goethe in ästhetischen Fragen u.a. auf Moritz beruft. Vgl. DERS.: Herrlichkeit III-1-2. 719f.
83 GOETHE: WA I. 48. 205; zit. in BALTHASAR: Herrlichkeit III-1-2. 711.
84 GOETHE: WA I. 37. 149.
85 GOETHE: WA I. 48. 179.

Stimmigkeit, Proportion, Ordnung und Klarheit aus. Goethe bringt hier die Formeln „Vollkommenheit mit Freiheit" und „vollkommenes Gleichgewicht"[86] ins Spiel, um zu verdeutlichen, dass im Schönen eine Wohlgeratenheit und Harmonie zum Ausdruck kommt, die im Inneren wurzelt. Etwas ist so geworden, wie es seinem tiefsten Wesen entspricht. Daher ruht der Stil als „der höchste Grad" der Kunst „auf den tiefsten Grundfesten der Erkenntnis, auf dem Wesen der Dinge, insofern uns erlaubt ist, es in sichtbaren und greiflichen Gestalten zu erkennen"[87]. Erneut kommt Goethes phänomenologisches Grundprinzip zum Tragen: Weder der gute Geschmack allein noch *alles* natürlich Gewordene ist normatives Ziel der Kunst. Nur die *Einheit von Wesen und Erscheinung*, die mit geistigem Auge wahrnehmbare gesetzliche Form, die selbst das rechte Maß verbürgt und die Kunst in unmittelbaren Kontakt mit dem Göttlichen bringt, soll dem Künstler Vorbild sein. Solche Schönheit ist ein Phänomen, das erscheint, das sich selbst anzeigt und nie ganz begriffen oder hinreichend erklärt werden kann. In dieser Hinsicht gleicht sie den Urphänomenen der Natur, denen auch etwas Unerforschliches anhaftet.

Zwischen Natur und Kunst herrscht eine Analogie in dem Sinne, dass sie auch Alterität einschließt. Goethe und Kant heben übereinstimmend hervor, dass das krönende Merkmal der Kunst darin besteht, die Wirklichkeit überhöht und veredelt erscheinen zu lassen. „So gibt der Künstler, dankbar gegen die Natur, die auch ihn hervorbrachte, ihr eine zweite Natur, aber eine gefühlte, eine gedachte, eine menschlich vollendete zurück."[88] Es ist gerade sein Genius, über die bloße Nachahmung lebendiger Geschöpfe hinauszugehen und die frei bewegliche Bindung an die Form stets neu zu erzeugen. Während sich im Alter seine frühe Überzeugung von der fundamentalen Gleichheit zwischen Natur und Kunst endgültig durchsetzt, betont Goethe während des Klassik-Jahrzehnts häufig die ungeheure Kluft, die jene voneinander trennt, denn „jede wahrhafte Schöpfung stellt etwas Eigenes und Unvergleichliches, stellt eine neue Möglichkeit, eine neue Gestalt und ein neues Sein dar"[89].

Goethes Sympathie für die *Kritik der Urteilskraft* darf jedoch nicht über die grundsätzliche Verschiedenheit der Erkenntnisweisen Goethes und Kants hinweg täuschen. Denn *erstens* geht der Dichter im Gegensatz zur kantischen Dreiteilung der Vernunftvermögen von deren wechselseitiger Ergänzung aus. Theoretische Reflexion, ethische Tätigkeit und ästhetische Einfühlung bedürfen einander, sie durchdringen sich, sodass derjenige, der sich in der Anschauung dem Schönen hingibt, einen Ausgleich zwischen rationalem Erkenntnis- und strebendem Willensakt findet. Goethes Weg geht „vom Nützlichen durchs Wahre zum Schönen"[90], denn: „Es ist in der Natur nichts

---

86 Beide Zitate: GOETHE: *Inwiefern die Idee: Schönheit sei Vollkommenheit mit Freiheit, auf organische Naturen angewendet werden könne.* Dem Formenreichtum der italienischen Landschaft und der großen antiken Baukunst verdankt Goethe die Einsicht, dass „die *Form* zuletzt alles einschließe, der Glieder Zweckmäßigkeit, Verhältnis, Charakter und Schönheit" (WA I. 32. 317).
87 Beide Zitate: GOETHE: WA I. 47. 80.
88 GOETHE: WA I. 45. 261.
89 CASSIRER: Goethe und die geschichtliche Welt. 380.
90 GOETHE: WA I. 24. 94, 95.

schön, was nicht naturgesetzlich als wahr motiviert wäre."[91] Im *Epilog zu Schillers Glocke* heißt es:

„Indessen schritt sein Geist gewaltig fort
Ins Ewige des Wahren, Guten, Schönen,
Und hinter ihm, in wesenlosem Scheine,
Lag, was uns alle bändigt, das Gemeine."[92]

Die gegenseitige Verwobenheit der transzendentalen Eigenschaften des Seins, der Wahrheit, Vollkommenheit und Schönheit liegt dem spezifischen Humanitätsverständnis der Weimarer Klassik überhaupt zugrunde. Daher bedeutet die hier ausgesprochene klassische Einheit des Seins zwar ein wichtiges, jedoch nicht das markanteste Charakteristikum der goetheschen Ontologie in ihrem Unterschied zur Philosophie Kants. Zu benennen ist eine *zweite* Differenz, die im größeren Zusammenhang der betont eigenständigen Haltung Goethes gegenüber Aufklärung, Idealismus und Christentum dargestellt werden soll.

2.2 Rose und Kreuz:
Goethes Verhältnis zu Aufklärung, Idealismus und Christentum

2.2.1 Kants transzendentales Selbstbewusstsein und Goethes wirkliche Welt

Goethe ist Zeuge historisch bedeutsamer und folgenreicher Debatten um den Erkenntnisbegriff. Die Philosophie ist – obwohl sie jenseits seiner akademischen Profession steht – für ihn mehr als nur ein Nebenschauplatz seiner Interessen. Sie hält Herausforderungen bereit, die er in eigener Reflexion in sein dichterisches und naturwissenschaftliches Schaffen integriert. Mehrfach bezieht er Stellung gegenüber Kant, dessen Kritiken ihm von Schiller empfohlen wurden. Doch fühlt er sich in seinem „objektiven Bestreben" gegenüber dem Subjektivismus der Aufklärung und der Romantik „völlig allein"[93]. Der folgende Vergleich, der Goethe und Kant in ein Verhältnis zueinander setzt, konzentriert sich auf das zentrale Problem der Erkenntnis.[94] Er zielt keine Exegese, sondern eine Typologie zweier Autoren an, die den Geist der Neuzeit je unterschiedlich aufnehmen und in je eigener Prioritätensetzung vorantreiben.

---

[91] GOETHE: WA V. 5. 214.
[92] GOETHE: WA I. 16. 166.
[93] Beide Zitate: GOETHE: WA V. 5. 66.
[94] Vgl. u.a. LAMBRECHT: Anschauende und begriffliche Erkenntnis. 16-38. – DISSE: Kleine Geschichte der abendländischen Metaphysik. 216-244.

Während Kant bestrebt ist, den *begrifflichen* Rahmen abzustecken, in dem Erscheinung und Ding an sich, empirische und reine Erkenntnis, analytische und synthetische Urteile *a priori* bzw. *a posteriori* zu unterscheiden sind, geht es Goethe um die vorgängige Einheit all jener Trennungen, die allein im *anschauenden* Denken zur Geltung kommt. Er schlägt eine „Kritik der Sinne und des Menschenverstands"[95] vor, die in der Tradition der Antike noch zum Objekt und damit zur *wirklichen Welt* vorzudringen vermag. „Man spricht immer vom Studium der Alten; allein was will das anders sagen als: richte dich auf die wirkliche Welt und suche sie auszusprechen."[96]

In der *Kritik der reinen Vernunft* trägt Kant sein transzendentales Anliegen vor. Seine Reflexion auf die Bedingungen der Möglichkeit von Erkenntnis bindet die Welt der ‚Erscheinungen' an die Regeln der Vernunft zurück. Sinnliche Anschauung ist zwar rezeptiv bestimmt. Indem der Mensch von den Dingen affiziert wird, empfängt er sinnliche Vorstellungen, die er durch den Gebrauch seines Begriffsapparates zur Erkenntnis (Erfahrung) verarbeitet. Diese Erfahrung entspricht aber nur Erscheinungen (Phänomenen), deren Ursachen (Dinge an sich) nicht sinnlich wahrnehmbar und somit unerkennbar sind. Die Erscheinungswelt als Vorstellungswelt im Subjekt besitzt nicht die Seinsqualität der wirklichen Welt, sie ist gleichsam nur der Effekt der wirkenden Ding-an-sich-Welt und weist auf jene als ihr ‚übersinnliches Substrat' zurück. Anders gesagt: Das erkennende Subjekt richtet sich nicht auf ein extramentales Sein, sondern nimmt lediglich eine auf Erscheinungen beschränkte Welt wahr.

Von der sinnlichen Anschauung sind die reinen Denkformen zu unterscheiden, die ihrem Inhalt nach dem Verstand selbst entspringen und aller Erfahrung voraus liegen. Allein jene Kategorien gewährleisten objektive, also allgemein gültige und notwendige Erkenntnis. Das Zusammentreffen von Sinnlichkeit und Vernunftkategorien leistet der synthetische Verstand, der die Mannigfaltigkeit der Erscheinungen unter Allgemeinbegriffe subsumiert. Als ein Vermögen der Begriffe und der Urteile verknüpft er die Vielzahl der Eindrücke, die sich in der Anschauung darbieten, zu einer Einheit. Die Voraussetzung für all diese Verbindungen ist das transzendentale Selbstbewusstsein, das zu allen Zeiten mit sich identisch ist und als „transzendentale Einheit der Apperzeption"[97] den Ursprung aller objektbezogenen Erkenntnis darstellt.

Nach Kant besteht die Spontaneität des Verstandes darin, dass sie von den Gegebenheiten der Welt abstrahiert und sich so des Seins bemächtigt. Demgegenüber wirkt das eingangs zitierte Wort Goethes geradezu wie ein Appell. Wer sich in das Unternehmen der Erkenntnis begibt, möge den Blick auf ‚die wirkliche Welt' und ihre individuellen Ausgestaltungen richten. In profilierter Weise besitzt Goethe selbst diesen „Sinn für das Individuelle"[98]. Sein unverstellter Blick gewahrt die Erscheinungen der Welt als Ausdruck eines sich selbst anzeigenden Wesens. Mit kantisch introvertierter

---

[95] GOETHE: WA V. 7. 20.
[96] GOETHE: WA V. 5. 266.
[97] KANT: Kritik der reinen Vernunft. B 140: „Die transzendentale Einheit der Apperzeption ist diejenige, durch welche alles in einer reinen Anschauung gegebene Mannigfaltige in einem Begriff vom Objekt vereinigt wird." Vgl. B 69, 131f, 134.
[98] LAMBRECHT: Anschauende und begriffliche Erkenntnis. 21.

Geisteshaltung ist solche Wahrnehmung unvereinbar. Sie wird zwar durch den Empfang von Sinneseindrücken zum Denken aktiviert. Doch stellt sie eine Verbindung von Rezeptivität und Spontaneität in der Weise dar, dass sie die Dinge im Sinne der aristotelischen ‚tätigen Vernunft', d.h. durch die Kraft des lebendigen Anschauens als etwas *Seiendes* gewahrt. Auch Goethes Aufmerksamkeit richtet sich auf ein Allgemeines, doch setzen seine als reale Wesenheiten geschauten Urphänomene keine Allgemeinbegriffe als bloße Denkmittel voraus, sondern allgemeine Bilder, die für etwas *ontisch Gegebenes* stehen. Diese sind insofern mit den platonischen Urbildern zu vergleichen, als sie der Wortbedeutung nach das ursprünglich Gebildete sind, das der Vielfalt der Erscheinungen als göttliche Idee zugrunde liegt. Sie existieren außerhalb des denkenden Ichs und weisen auf einen ideenreichen Urheber zurück. Wir schauen sie „in ihrer unerforschlichen Herrlichkeit von Angesicht zu Angesicht"[99]. Somit beansprucht Goethe den „intellectus archetypus"[100], der eine Totalität in Urbildern intuitiv erfasst und den Kant allein dem Göttlichen zuschreibt, für sich selbst und bestimmt die ‚anschauende Urteilskraft' als unmittelbare, geistige Anteilnahme am Schaffen der Natur. Insofern er das Individuelle mit einem ursprünglich seienden Typus, einer Idee, einem Urphänomen zusammenschaut, kann seine Methode im Vergleich zu Kants schemenbildendem und begrifflichem Denken als ein „typensuchendes und -findendes Denken"[101] bezeichnet werden, welches religiöse Wurzeln hat. Denn während Kant das denkende Ich in den Weltmittelpunkt stellt und die Welt als teleologische Verwirklichung einer höchsten Intelligenz ansieht, ist Goethes Perspektive theozentrisch. Mit ihren individuellen Gestalten in Natur und Geschichte gilt ihm die Wirklichkeit als Gottes Werk: „Soweit das Ohr, soweit das Auge reicht, / Du findest nur Bekanntes, das ihm gleicht."[102]

Die unterschiedlichen erkenntnistheoretischen Prämissen eröffnen demnach gegensätzliche metaphysische Perspektiven. Die sich auf die apriorische Begriffsstruktur der menschlichen Vernunft konzentrierende Kritik Kants gelangt mit innerer Logik dahin, die synthetische Einheit der Apperzeption als unhintergehbares „Beziehungszentrum"[103] anzusehen. Da die Gegenstände ihren Denkgesetzen unterworfen werden, befasst sie sich nicht mit den ersten Prinzipien und Gründen des sich darbietenden Seins, sondern mit den Bedingungen der Möglichkeit aller Erkenntnis und ist insofern Erkenntnismetaphysik. Die goethesche Phänomenologie hingegen weist auf ein höchstes Seiendes, ein allumfassendes Wesen zurück. Ihr absolutes Beziehungszentrum ist jenes verstandesbegabte Wesen, dem alle realen Gestaltungen der Schöpfung und alle ihnen zugrundeliegenden und in ihnen wirkenden Ideen als Schöpfungsgedanken angehören. Sie richtet sich auf die Wirklichkeit als solche und versteht

---

[99] GOETHE: WA II. 9. 194. Vgl. die Anspielung auf 1 Kor 13,12f: „Jetzt schauen wir in einen Spiegel / und sehen nur rätselhafte Umrisse, / dann aber schauen wir von Angesicht zu Angesicht."
[100] KANT: Kritik der reinen Vernunft. B 68, 72, 135, 145, 159. Gemeint ist die schöpferische Vernunft des Göttlichen.
[101] LAMBRECHT: Anschauende und begriffliche Erkenntnis. 30.
[102] GOETHE: WA I. 3. 73.
[103] LAMBRECHT: Anschauende und begriffliche Erkenntnis. 31.

das Sein als gegliedertes Ganzes, das in Gott aufruht. „Um an die Gottheit zu rühren, die sich in Urphänomenen, physischen wie sittlichen, offenbart, hinter denen sie sich hält und die von ihr ausgehen", muss sich der Mensch „zur höchsten Vernunft erheben"[104]. Diese Optik kann mit gutem Grund als „natürliche Theologie"[105] bezeichnet werden.

Für Balthasars Bewertung der Phänomenologie Goethes ist deren Frontstellung zu Kants *Kritik der reinen Vernunft* fundamental. Sie wird sich noch in Balthasars eigener Theologie durchhalten. Zunächst aber macht die *Apokalypse* auf eine Untersuchung von Weinhandl aus dem Jahre 1932 aufmerksam.[106] Weinhandl führt die Denkformen Goethes und Kants auf zwei wesentliche Differenzen zurück, die in der je eigenen Beurteilung der Unterscheidung von synthetischen und analytischen Urteilen in ihrer Übertragung auf das Subjekt-Objekt-Verhältnis und in der daraus resultierenden Einschätzung des Apriorischen und Aposteriorischen liegen. Er bezieht sich dabei auf eine Überlegung, die Goethe zur Einleitung der *Kritik der reinen Vernunft* notiert:

> „Mir kommt vorerst *gefährlich* vor, dass Kant das, was unsere Seele den Erkenntnissen gleichsam entgegenbringt, worin sie die Erkenntnisse aufnimmt, wieder *Erkenntnis* nennt.
> p. 11. Die Ausdehnung eines Körpers wird eigentlich nur früher erkannt, weil das Auge früher ist als das Gefühl. Ausdehnung, Undurchdringlichkeit, Schwere, Schall sind doch alles Prädikate, die zum Subjekt notwendig gehören und nur daraus entwickelt werden, die Erfahrung findet sie ja nicht damit *verbunden*, sondern sie wird nur am Subjekt *gewahr*. Und zusammen macht's den Begriff von Körper.
> Hier liegt überhaupt auf eine sehr zarte Weise etwas Falsches verborgen, das mir daher zu kommen scheint, weil er das subjektive Erkenntnisvermögen nun selbst als Objekt betrachtet und den Punkt, wo subjektiv und objektiv zusammentreffen, zwar scharf, aber nicht ganz richtig sondert."[107]

Kant rechnet lediglich das Prädikat der Ausdehnung als analytisches und somit apriorisches Merkmal dem Begriff des Körpers zu, während die Prädikate der Schwere oder des Schalls als erfahrungsabhängig, zufällig und aposteriorisch gelten. Nach Goethe kommt eine solche Verlagerung ins Nichtapriorische bzw. Empirische dadurch zustande, dass sich Kant nur an den visuellen Erfahrungen des Gesichtssinns orientiert, während er die Erfahrungen des Tastsinns bzw. des Gefühls ausschließt.[108] *Alle* Prädikate der Wahrnehmung seien jedoch apriorisch im Begriff des Subjekts enthalten. Den Grund für Kants Irrtum sieht Goethe darin, dass jener die Einheit von Subjekt und Objekt zugunsten reiner Verstandeskategorien aufgibt.[109] Diesem atomistischen Ansatz, der von einer verobjektivierten Subjektivität abhängig ist, setzt er ein

---

104 GOETHE: WA V. 7. 17.
105 LAMBRECHT: Anschauende und begriffliche Erkenntnis. 35. Vgl. HOFMANN: Goethes Theologie. 75-79, 431-468. Die theozentrische Weltperspektive verbindet Goethe mit Spinoza, der freilich das höchste Wesen als allumfassende ‚Substanz' und nicht als ideenreichen Urheber ansieht, weshalb bei ihm Urphänomene keine Rolle spielen.
106 Vgl. WEINHANDL: Die Metaphysik Goethes. 136-171, hier bes. 145-165. – BALTHASAR: Apokalypse I. 435.
107 GOETHE: WA II. 11. 376; zit. in WEINHANDL: Die Metaphysik Goethes. 145. Vgl. KANT: Kritik der reinen Vernunft. B 11f.
108 Vgl. WEINHANDL: Die Metaphysik Goethes. 147.
109 Vgl. KANT: Kritik der reinen Vernunft. B 1f. – WEINHANDL: Die Metaphysik Goethes. 151.

dynamisch-ganzheitliches Denken entgegen. Durch ein reines, rezeptives Gewahr-werden soll das Objekt in seinem Eigenwert erkannt und nicht in falscher Weise von der Synthetisierung des Subjekts abhängig sein.

Die Kritik des Dichters ist jedoch differenziert zu betrachten: Kant spricht der Konstitutionsleistung des erkennenden Subjekts objektive Gültigkeit zu, d.h. das Subjekt stiftet die objektive Ordnung der Erkenntnis gesetzgebend selbst. Er begrün-det seine These damit, dass alle Erkenntnis sich nur auf Vorstellungen von Gegen-ständen bezieht, welche selbst „unter gar keinem Gesetz der Verknüpfung"[110] stehen. Eine Einheit des Vielfältigen vermag nur die transzendentale Apperzeption herzustel-len, die aus „de[m] Mannigfaltigen aller unserer Anschauung, mithin auch der Begriffe der Objekte überhaupt, folglich auch aller Gegenstände der Erfahrung"[111] eine Syn-these schafft. Gegen die Bestimmung der transzendentalen Apperzeption als Identität des Bewusstseins, von dem jedes Element der Welt gleichermaßen erfasst wird, ist auch aus goethescher Sicht nichts einzuwenden. Dass Kant die in der transzendenta-len Einheit der Apperzeption erzeugten Verbindungen jedoch als *einzige* Quelle aller objektiven Ganzheit ansieht, kann Goethe nicht akzeptieren, denn so besäße ein Phänomen keine eigenständige Gestalt und bliebe ein Konglomerat atomistischer Einzelteile. Anders als Kant setzt Goethe Ganzheiten ebenso wie deren Elemente als ursprüngliche Gegebenheiten voraus, wobei sich die Eigengesetzlichkeit der Gestalt sowohl auf geistige als auch auf naturhafte Bereiche beziehen kann. Phänomene sind morphologisch betrachtet Einheiten eines gegliederten Gestaltzusammenhangs, der mehr ist als die Summe seiner atomistischen Teile und dessen Notwendigkeit in der einheitgebenden Idee und der Unendlichkeit verwandter Bestimmungen wurzelt. Nur im Zusammentreffen von Subjekt und Objekt, von Analyse und Synthese kann ihnen nachgespürt werden.[112] Ein solches Anschauen, das sich seinen Maßstab von der Ordnung der Dinge selbst aufgeben lässt, beruht auf einem Subjekt-Objekt-Verhältnis, das eine polare, aber geschlossene Ganzheit darstellt und dessen zusam-mengehörige und einander bedingenden Pole nicht isoliert werden dürfen. Nur inner-halb dieser *vorgängigen* Einheit verortet Goethe das kantische Subjekt; in ihr liegen „zugleich die Möglichkeit und die Grenze seiner Aneignung transzendentalphiloso-phischer Reflexion"[113].

---

[110] KANT: Kritik der reinen Vernunft. B 164; zit. in WEINHANDL: Die Metaphysik Goethes. 157.

[111] KANT: Kritik der reinen Vernunft. A 107.

[112] In seinem Aufsatz *Einwirkung der neuern Philosophie* kommentiert Goethe: „Denn hatte ich doch in meinem ganzen Leben, dichtend und beobachtend, synthetisch, und dann wieder analytisch verfahren; die Systole und Diastole des menschlichen Geistes war mir, wie ein zweites Atemholen, niemals ge-trennt, immer pulsierend" (WA II. 11. 49). Ähnlichen Kriterien ist es geschuldet, dass Goethe auch Newtons vorkritischen Realismus als Anmaßung betrachtet, insofern dieser empirische Messwerte sub-jektiv-theoretisch verknüpft, unter vorab gefasste Axiome bringt und aus analytisch zerlegten Teilen Rückschlüsse auf das Ganze zieht.

[113] HOFMANN: Goethes Theologie. 295.

2.2.2 Hegels Begriff des Absoluten und Goethes Anschauung der Urphänomene

Trotz seiner bahnbrechenden Leistungen bleiben im kantischen Konzept Lücken, die bereits seine Zeitgenossen veranlassen, „mit Kantischen Mitteln gegen Kant über Kant hinaus zu kommen"[114]. Ebenso wie Goethe suchen die Vertreter des Idealismus nach einem Ausweg aus der Befangenheit des Erkennens in den von ihm selbst ins Spiel gebrachten Bedingungen. Das *Älteste Systemprogramm des Deutschen Idealismus*, jenes berühmte Manifest, dessen Urheberschaft bis heute umstritten ist,[115] bezeugt schon um 1796 deren Ansinnen, mittels der Ästhetik den Bereich der bloßen Erscheinungen zu überschreiten und zu den Dingen an sich zu kommen. „Der Philosoph muss ebensoviel ästhetische Kraft besitzen als der Dichter"[116], heißt es dort. Der Philosoph und der Dichter, Hegel und Goethe, so könnte man präzisieren, streben beide eine ganzheitliche Empfindung von Welt und Natur gegenüber deren Objektivierung im kopernikanischen Denken an. Sie stehen einander nahe, ohne die Entfernung aufzugeben, die sie zugleich voneinander trennt. Ihr Lebenswerk ist weder voneinander abhängig, noch greift es unmittelbar ineinander, und doch weist es Verbindungslinien auf, die in der gemeinsamen Überwindung des kantischen Dualismus gesehen werden können.[117]

„Goethe bildete die deutsche Literatur zur Weltliteratur und Hegel die deutsche Philosophie zur Weltphilosophie."[118] Mit diesen Worten leitet Karl Löwith sein Buch zur Philosophie des 19. Jahrhunderts ein und kennzeichnet damit jene bedeutende Epochenschwelle, die gemeinhin ‚Sattelzeit' genannt wird.[119] Das Verhältnis zwischen Goethe und Hegel selbst, das sich über drei Jahrzehnte erstreckt und anhand einiger Tagebuchaufzeichnungen, Briefe und mündlicher Äußerungen dokumentieren lässt,[120] kommt ihm unscheinbarer vor als dasjenige zwischen anderen deutschen Dichtern und Denkern, etwa zwischen den Romantikern und Fichte/Schelling oder zwischen Kant und Schiller. Goethes Dichtkunst bedarf keines philosophischen Rückhalts. Und dennoch steht sie in einer tiefgründigen Beziehung zu jenen Prinzipien, die auch Hegel leiten.

Goethe und Hegel zollen einander Anerkennung und Respekt. So teilt Hegel Goethe am 24. April 1825 die näheren Motive seiner „Anhänglichkeit und selbst Pietät" mit: „[...] denn wenn ich den Gang meiner geistigen Entwicklung übersehe, sehe ich Sie überall darein verflochten und mag mich einen ihrer Söhne nennen; mein Inneres hat gegen die Abstraktion Nahrung zur widerhaltenden Stärke von Ihnen erhalten"[121].

114 MÜLLER: Glauben – Fragen – Denken. Bd. II. 556.
115 In Frage steht, ob es Hegel oder Hölderlin zuzuschreiben ist, wobei jedoch mehr für Ersteren zu sprechen scheint. Vgl. MÜLLER: Glauben – Fragen – Denken. Bd. II. 555.
116 HEGEL: Das älteste Systemprogramm des deutschen Idealismus. 235.
117 Zum Folgenden vgl. LÖWITH: Von Hegel zu Nietzsche. 17-28. – NAUMANN-BEYER: Art. Anschauung.
118 LÖWITH: Von Hegel zu Nietzsche. 17.
119 Vgl. MÜLLER: Glauben – Fragen – Denken. Bd. III. 279, 372.
120 So sind etwa im Goethe-Jahrbuch XVI (1895) *Acht Briefe Hegels an Goethe* erschienen (56-79).
121 HEGEL: zit. in: Goethe-Jahrbuch XVI (1895). 68.

Dem entspricht ein Wort Goethes, durch das er sein Bedauern über den Tod Hegels ausdrückt. „Das Fundament seiner Lehre lag außer meinem Gesichtskreise, wo aber sein Tun an mich heranreichte oder auch wohl in meine Bestrebungen eingriff, habe ich immer davon wahren geistigen Vorteil gehabt."[122] Goethe fühlt sich zeitlebens von Hegels Denken zugleich angezogen und abgestoßen. Was ihm zusagt, ist das *Prinzip* der hegelschen Phänomenologie, das in der Vermittlung zwischen Selbst- und Anderssein liegt. Während Schelling die Breite der Natur und Fichte die Höhe der Subjektivität hervorheben, geht es Hegel vom ersten Systemfragment an um Ganzheitlichkeit: „Wo Objekt und Subjekt sich berühren, da ist Leben; wenn Hegel mit seiner Identitätsphilosophie sich mitten zwischen Subjekt und Objekt hineinstellt und diesen Platz behauptet, so wollen wir ihn loben."[123] Die Übereinstimmung zwischen Für-sich- und An-sich-Sein, zwischen Innerlichkeit und Äußerlichkeit zu finden und zu begründen ist die eigentliche Motivation der hegelschen Philosophie, „durch welche die Substanz zum Subjekt und das Subjekt substanziell werden sollte"[124]. Daher muss auch Hegel seinerseits den Weltgehalt des goetheschen Selbstseins empfinden.[125] Seine scharfe Kritik an der innerlichen Schwärmerei der Romantiker trifft sich aufs Genaueste mit Goethes Diagnose der „allgemeinen Krankheit der jetzigen Zeit"[126]: dass man unfähig geworden sei, sich von sich selbst zu lösen und sich produktiv einzulassen auf die gegenständliche Welt.

Goethe und Hegel wollen sich weder auf ein irrationales Gefühl noch auf ein bloß diskursives Denken beschränken. Beide deuten die *Kritik der Urteilskraft*, welche Vernunft und sinnliche Anschauung zur Einheit bringt, als produktive Ausgangsbasis, die eine Vermittlung zwischen Natur- und Freiheitsbegriff erlaubt. Indem Kant die objektiv vor Augen stehende und hinreißende Schönheit in der Kunst und die verwunderliche Organisation in der Natur reflektiert, habe er die Urbildlichkeit und damit die wahre Idee der Vernunft bereits ausgesprochen.[127] Der nachkantische Weg führt in die Phänomenologie: Goethe und Hegel interessieren sich nicht mehr *nur* dafür, was die Dinge für uns sind, sondern suchen (an)zuerkennen, was sie an und für sich sind. Bezeichnend hierfür ist das *gegenständliche* oder *anschauende Denken*, das, so Goethe, darin besteht, „dass mein Denken sich von den Gegenständen nicht sondere, dass die Elemente der Gegenstände, die Anschauungen in dasselbe eingehen und von ihm auf das innigste durchdrungen werden, dass mein Anschauen selbst ein Denken, mein Denken ein Anschauen sei"[128]. Die Anschauung der Gegenstände erschließt dem Dichter zugleich sein eigenes Wesen, weshalb er eine bloß reflektierende und introvertierte Selbsterkenntnis als unwahr und unfruchtbar zurück weist. „Der Mensch kennt

---

[122] GOETHE: WA IV. 49. 193.
[123] GOETHE: WA V. 6. 183.
[124] LÖWITH: Von Hegel zu Nietzsche. 20.
[125] Von der Übereinstimmung zwischen Selbst und Welt handeln die bekannten Aufsätze Goethes: *Der Versuch als Vermittler zwischen Subjekt und Objekt, Einwirkung der neueren Philosophie, Anschauende Urteilskraft* und *Bedenken und Ergebung*.
[126] GOETHE: WA V. 5. 264.
[127] Vgl. LÖWITH: Von Hegel zu Nietzsche. 22.
[128] GOETHE: WA II. 11. 58.

sich nur selbst, insofern er die Welt kennt, die er nur in sich und sich nur in ihr gewahr wird. Jeder neue Gegenstand, wohl beschaut, schließt ein neues Organ in uns auf."[129] Aus demselben Grund verneint auch Hegel „ein selbstgefälliges Sichherumwenden des Individuums in seinen ihm teuren Absonderlichkeiten"[130], d.h. in dem, was es als ein je besonderes Einzelwesen vom allgemeinen Wesen des Geistes und der Welt trennt. Der für beide Denker zentrale Bildungs- und Existenzbegriff zielt demnach auf eine aus sich heraustretende welthafte Existenz.[131]

Die Gemeinsamkeit des *Prinzips*, Empfindung und Begriff zur Einheit zu bringen und damit das Konkrete als solches adäquat zu fassen und philosophisch anschlussfähig zu machen, geht einher mit einer Divergenz in der Art der *Auslegung*. Während Goethe die Vermittlung von der Anschauung der *Natur* her anzielt, begreift sie Hegel *vom geschichtlichen Geist* her.

„Denn wenn Goethe von der *Natur* spricht – im Vertrauen, dass sie auch durch ihn spricht – so bedeutet sie ihm zugleich die *Vernunft* alles Lebendigen, so wie die Urphänomene schon selber eine Vernunft sind, welche alle Geschöpfe mehr oder minder durchdringt. Und wenn Hegel vom Geist spricht – im Vertrauen, dass er auch durch ihn spricht – so begriff er damit zugleich die Natur als das Anderssein der Idee, während der Geist eine ‚zweite Natur' ist."[132]

Die Phänomenologie Hegels ist eine Entwicklungsgeschichte des erscheinenden Geistes und der fortschreitenden Bildungsstufen des Wissens, an deren Ziel das ‚absolute Wissen' steht. Was ihr zufolge „die Welt im Innersten zusammenhält" (Faust)[133], ist das Absolute als Weltgeist, der zuinnerst Bewegung und Geschichtlichkeit ist. Als ein dialektisch sich entäußernder und erinnernder Geist ist er nur, indem er auch wird. Er vollendet sich „im Sinne der höchsten Fülle, worin sich alles bisher Geschehene und Gedachte zur Einheit zusammenfasst"[134]. Indem die gesamte Wirklichkeit in der Vielfalt der Erscheinungsformen auf den Begriff gebracht wird, erfasst sich der Geist selbst und vollendet sich seine Geschichte. Das alles bestimmende Prinzip, das die hegelsche Philosophie über die kantische Enge hinausführen soll, ist somit das Wesen des absoluten Geistes, das in der Freiheit seines Selbstbewusstseins liegt.

Von dieser Grundperspektive her wird deutlich, warum Hegel gegenüber Schelling beklagt, Goethe halte sich „ganz ans Empirische, statt über jenen [den Grundgedanken Newtons; I.K.] hinaus zu der andern Seite von diesem, zum Begriffe, überzugehen, welcher etwa nur zum Durchschimmern kommen wird"[135]. Goethe erwidert, es sei unangebracht, „vom Absoluten in theoretischem Sinne"[136] zu reden. Was jener als bloßes Durchschimmern des Begriffs bezeichnet, bedeutet für diesen ein unverfälschtes Sich-Offenbaren der Urphänomene, die an der „Grenze des Schauens"[137] liegen.

---

129 GOETHE: WA II. 11. 59.
130 HEGEL: Enzyklopädie der philosophischen Wissenschaften im Grundrisse. 3. Teil. 10.
131 Vgl. LÖWITH: Von Hegel zu Nietzsche. 24.
132 LÖWITH: Von Hegel zu Nietzsche. 23.
133 GOETHE: WA I. 39. 220. Vgl. S. 28 dieser Arbeit.
134 LÖWITH: Von Hegel zu Nietzsche. 45.
135 HEGEL: zit. nach Löwith: Von Hegel zu Nietzsche. 27.
136 GOETHE: WA I. 42ii. 142.
137 GOETHE: WA II. 1. 73; vgl. 72.

Im Urphänomen, das zunächst naturwissenschaftlich relevant ist, tritt die innere Einheit und somit das Wesen einer Reihe von verwandten Phänomenen in Erscheinung. Logisch gesehen fallen in ihm Allgemeingültigkeit und individuelle Anschaulichkeit zusammen, metaphysisch ist es die unerreichbare, aber im Besonderen gegenwärtige ideale Einheit aller möglichen Gegebenheitsweisen eines Phänomens. Es anschauen heißt, den Erscheinungen auf den Grund sehen. Während der Typusbegriff auf vergleichende Morphologie beschränkt bleibt, weitet sich das Urphänomen auf unterschiedliche Bereiche des Lebens aus und zeigt den metaphysischen Ort der gegenständlichen Welt an. Es steht sowohl im Gegensatz als auch in Analogie zu Hegels Begriff des absoluten Wissens, weil es die *Gotterfülltheit der Welt* anzeigt, welche von Anfang an das wichtigste Leitmotiv des goetheschen Denkens ist.

Was Goethe seit früher Jugend bewegt, weiß er erst in seinem Alterswerk bewusst und bildhaft-tiefsinnig auszusprechen: Die uns gegebene Welt ist gleichnishaft verfasst, ist Abglanz des Unendlichen. Besonders eindrücklich kommt diese Überzeugung im Faust-Monolog zu Beginn des zweiten Teils der Tragödie zum Ausdruck, der dem platonischen Höhlengleichnis nachgestaltet ist. Faust erwartet zur Stunde der Morgendämmerung die aufgehende Sonne, die sich langsam über dem Gebirge erhebt. Sie ist ihm Sinnbild des Göttlichen, und er möchte sie in vollem Glanze schauen. Doch kann er ihre Strahlen nicht ertragen und wendet seine geblendeten Augen ab, wobei sein Blick auf die hell erleuchtete Landschaft fällt. Dort, wo zuvor nur Dunkelheit und Öde war, erspäht er nun über dem Wasserfall das Farbenspiel eines Regenbogens. Er erkennt: Die farbige Manifestation der Sonne deutet auf das göttliche Urlicht, dessen unmittelbare Anschauung dem menschlichen Geist versagt ist. Sein Blick wendet sich zurück zur Erde und symbolisiert damit eine Umkehrung der platonischen Lehre mit ihrer dualistischen Gegenüberstellung von Sonne und Schatten an. Auch das Bild des Regenbogens ist symbolisch: „Ihm sinne nach und du begreifst genauer: / Am farbigen Abglanz haben wir das Leben."[138] Diese anti-idealistische Grundhaltung kehrt vielfach, etwa in Goethes Altersweisheit *Prooemium* wieder: „Und deines Geistes höchster Feuerflug / Hat schon am Gleichnis, hat am Bild genug."[139] Der Geist strebt nach Erfassung des Absoluten, doch dazu ist er nicht gemacht, er ist „bestimmt, Erleuchtetes zu sehen, nicht das Licht"[140]. Am glänzenden Widerschein in der Natur ist ihm das Göttliche als Bild und Gleichnis gegeben.

Die Gleichnishaftigkeit alles Vergänglichen wird immer wieder in Opposition zu den Absolutheitsansprüchen des Geistes in Aufklärung und Idealismus gebracht. In diesem Sinne deutet Goethe nicht nur das äußere Sonnensystem, sondern auch das sittliche Gewissen als Offenbarung des Allmächtigen, da es den ordnenden Mittelpunkt im Inneren des Menschen darstellt:

---

[138] GOETHE: WA I. 15. i7. Vgl. auch HOFMANN: Goethes Theologie. 190. – BALTHASAR: Herrlichkeit III-1-2. 730f.
[139] GOETHE: WA I. 3. 73.
[140] GOETHE: WA I. 50. 340.

„Sofort nun wende dich nach innen,
Das Zentrum findest du da drinnen,
Woran kein Edler zweifeln mag.
Wirst keine Regel da vermissen:
Denn das selbständige Gewissen
Ist Sonne deinem Sittentag."[141]

Bei der Betrachtung des Sternenhimmels gelangt Wilhelm Meister zu der Einsicht, dass er nur durch rechte Pflichterfüllung vor den unendlichen Weiten des Universums, Sinnbild für Ordnung und Schönheit, bestehen könne. Die Forderung des Tages gilt ihm als Gleichnis einer allgemeinen Norm und Idee. Diese Szene erinnert an Kants berühmten Satz, der „bestirnte Himmel über mir und das moralische Gesetz in mir" erfülle ihn mit „Bewunderung und Ehrfurcht"[142]. Und doch deduziert Goethe die Gottheit nicht als Postulat der praktischen Vernunft und die Motivation zum Handeln nicht aus dem kategorischen Imperativ des Sittengesetzes, sondern erkennt im Ideal der uneigennützigen Tätigkeit die edelste Bestimmung des Menschen, die ihn dem Göttlichen entgegen führt. Die Tat verbindet sich mit der Liebe, denn erst die Liebe rundet den Kreis. Da die „irdische Liebe ein Gleichnis himmlischer Liebe sei und das Göttliche stets als Liebendes erscheine"[143], sind „die schönsten Gestalten von Tätigen in Goethes Werk [...] die liebend Tätigen"[144].

An insgesamt vier Dimensionen zeigt Trunz auf, dass Urphänomene inmitten der bedingten Welt auf ein Unbedingtes verweisen: die Natur, die uns gegeben ist, ist Gleichnis höchster Ordnung; das Gewissen ist Widerschein einer sittlichen Idee; die Tat ist Gleichnis einer kosmischen Kraft bzw. der Tätigkeit des Weltschöpfers; die irdische Liebe ist Symbol einer höheren Liebe. Diese nicht weiter rückführbaren Urphänomene des Lebens gehören zu den großen Themen der goetheschen Dichtung.[145]

Auch Balthasar erkennt in ihnen und in den in ihnen angelegten metaphysischen Prinzipien der Polarität und Steigerung die tiefsten weltanschaulichen Einsichten Goethes, da sie „die Sphäre der idealistischen ‚mystischen Potentialität'" zu überwinden vermögen. Gegenüber jener „Zwischenform von göttlicher, reiner Aktualität und geschöpflicher Potentialität", die das Paradox versucht, „ein Identisches, Unbedürftiges, Ewiges in eine *notwendige* Beziehung zu einer *nicht*identischen, bedürftigen, zeitlichen Basis zu setzen", verzichtet Goethe von vornherein darauf, den transzendenten Pol als Ewigen und Absoluten zu fassen.[146]

Urphänomene zeigen sich nur an; sie können nicht erklärt, sondern nur intuitiv geschaut werden. Insofern sie die zu akzeptierende Grenze des Wissens sind, fügt Goethe zwei weitere Grundbegriffe seinem Repertoire des anschauenden Denkens hinzu: die *Resignation* und das *Aperçu*.

---

141 GOETHE: WA I. 3. 82.
142 Beide Zitate: KANT: Kritik der praktischen Vernunft. A 289.
143 TRUNZ: Das Vergängliche als Gleichnis in Goethes Dichtung. 50.
144 TRUNZ: Das Vergängliche als Gleichnis in Goethes Dichtung. 48.
145 Vgl. TRUNZ: Das Vergängliche als Gleichnis in Goethes Dichtung. 52.
146 Alle vorausgehenden Zitate: BALTHASAR: Apokalypse I. 435.

Resignation umfasst in gotheschem Sprachgebrauch sowohl das tiefe Grunder-
lebnis menschlicher Endlichkeit als auch den erkenntnistheoretischen Verzicht, ein
System von einem absoluten göttlichen Wissen herzuleiten. Goethes Bindung an
sinnliche Erfahrung geht einher mit der Einsicht, dass sich der Ur- und Vollendungs-
zustand des werdenden Seins dem denkerischen Zugriff entzieht.[147] Somit ist Resignation keine selbstgenügsame Beschränkung auf das diskursiv eindeutig Bestimmbare,
sondern „Beruhigung *in* der Unruhe, ‚nur meist zu unvollständigen Begriffen zu gelangen‘“[148]. Sie ist, so analysiert Balthasar in der *Apokalypse*, charakteristisch für den
„erwachsenen" Prometheus-Dichter, der nach seinen kühnen Ausgriffen ins Unendliche ein Bewusstsein des „Je-schon-in-Natur-sein"[149] und eine „Bescheidung des Geistes zugunsten der Natur"[150] erlangt. Die nunmehr erkannte Gebrochenheit der Idee
ins Existenziale – die scholastisch mit der Differenz von Sein und Seiendem und
phänomenologisch mit der heideggerischen ‚Geworfenheit‘ des Daseins[151] vergleichbar ist – lässt eine vollkommene existenziale Verwirklichung der Idee nicht zu.

> „Der Weg im Raum ideal-realen Werdens zur Existenzfülle ist selbst unvollendbar. [...] Ja, mehr
> noch: die Bescheidung betrifft nicht nur die Unvollendbarkeit des Weges (wie etwa bei Kant
> und Fichte), sie wird zum inneren Mitbegründen der menschlichen Wahrheit selbst: sofern es
> des Menschen Wahrheit ist, sich nicht vollenden zu können, sofern tiefer an dieser Erkenntnis
> seine Person-werdung selber haftet: die bewusste Beschränkung auf einen ‚Teil‘ der Wahrheit *ist*
> des Menschen ‚ganze‘ Wahrheit."[152]

Durch die Unerreichbarkeit weltlicher Vollendung ist die gelebte Resignation einerseits die „einzige Quelle echter, dauerhafter Daseinsbejahung"[153] und andererseits der
einzige Weg des Menschen zu „allem ‚Höheren‘"[154]. Eine Synthese von Idee und
Existenz, von unendlichem und endlichem Sein bleibt unüberschaubar, weil sie Anschauung der Unendlichkeit Gottes wäre.[155] Goethes Dasein bleibt offen ins Geheimnis. „Gott ist das superlativische Wunder, Kreatur das komparativische, das *als* Teilhabe sowohl in-sich-gelichtet ist" und so zu sich selbst kommt, als auch „teilnehmend
ekstatisch auf das ‚Wunder‘ blickt"[156], welches Gott ist.
      Menschliche Bescheidung ist aber nur die Negativseite jener Aneignung der
Wahrheit, die Balthasar als „Entfaltung einer rein objektiven Noesis zur umfassenden,
vollen Wahrheitshaltung von Denken-Tun-Fühlen"[157] hervorhebt. Die gegenseitige
Durchdringung von theoretischer Schau, praktischer Tätigkeit und ästhetischer Einfühlung gipfelt im sogenannten ‚Aperçu‘, das als Schlüsselbegriff der gotheschen

---

[147]   BALTHASAR: Apokalypse I. 425.
[148]   BALTHASAR: Apokalypse I. 418.
[149]   Beide Zitate: BALTHASAR: Apokalypse I. 408.
[150]   BALTHASAR: Apokalypse I. 407.
[151]   HEIDEGGER: Sein und Zeit. 180.
[152]   BALTHASAR: Apokalypse I. 413f.
[153]   SCHMITZ: Goethes Altersdenken im problemgeschichtlichen Zusammenhang. 368.
[154]   BALTHASAR: Apokalypse I. 414.
[155]   Vgl. BALTHASAR: Apokalypse I. 417.
[156]   BALTHASAR: Apokalypse I. 418.
[157]   BALTHASAR: Apokalypse I. 415.

Wahrnehmungslehre gilt. Vom Dichter selbst nicht eindeutig definiert lässt es sich vor allem durch seine etymologische Herleitung (lat.: *ad-/appercipere*, franz.: *apercevoir*) und seine häufige Verwendung klar umschreiben. In der Wissenschafts- und Farbenlehre bezieht es sich auf das für Goethe so bezeichnende plötzliche Gewahrwerden von Sach- und Denkfragmenten in ihren Zusammenhängen bzw. von morphologischen Reihen in der Natur.[158] Es hat den Charakter eines genialen Einfalls, einer blitzschnellen Einsicht in eine gesetzmäßige Evidenz. „Alles in der Wissenschaft kommt auf das an, was man Aperçu nennt, auf ein Gewahrwerden dessen, was eigentlich den Erscheinungen zum Grunde liegt. Und ein solches Gewahrwerden ist bis ins Unendliche fruchtbar."[159] In moralischer Hinsicht meint das Aperçu „das Gewahrwerden einer großen Maxime" und einer „moralischen Kraft, die im Glauben ankert und so in stolzer Sicherheit mitten auf den Wogen sich empfinden wird. Ein solches Aperçu gibt dem Entdecker die größte Freude, weil es auf originelle Weise nach dem Unendlichen hindeutet."[160] So kann Balthasar es als vorübergehende Annäherung an die Idee bzw. als Erhebung der Erfahrung zur Idee verstehen. Er beschreibt es als „das augenblickliche Berühren des Höchsten, ein erblickendes, personales Berühren", das sich einem „Zusammenblitzen der Subjekts- und Objekts-*Tiefe*"[161] verdankt. Ein Zitat aus den *Wanderjahren* ist ihm hierfür besonders aufschlussreich:

„Alles, was wir Erfinden, Entdecken im höhern Sinne nennen, ist die bedeutende Ausübung, Betätigung eines originalen Wahrheitsgefühles, das, im Stillen längst ausgebildet, unversehens mit Blitzesschnelle zu einer fruchtbaren Erkenntnis führt. Es ist eine aus dem Innern am Äußern sich entwickelnde Offenbarung, die den Menschen seine Gottähnlichkeit vorahnen lässt. Es ist die Synthese von Welt und Geist, welche von der ewigen Harmonie des Daseins die seligste Versicherung gibt."[162]

Das Aperçu ist also jener höchste Punkt des Zusammenwirkens von Innen- und Außenwelt, „wo Subjekt und Objekt sich in höchster Steigerung zueinander neigen"[163] und die göttliche Harmonie von Geist und Natur „zur rechten Zeit"[164] hervorblitzt.

---

[158] Vgl. HOFMANN: Goethes Theologie. 286-306, bes. 286f, 302. – Goethe-Wörterbuch. Bd. I: Art. Aperçu. 766f. – SCHMITZ: Goethes Altersdenken im problemgeschichtlichen Zusammenhang. 168-179. Besonders das Phänomen der Gestalt tritt Goethe im Aperçu vor Augen. Berühmt geworden ist sein Ausruf angesichts Schillers Reliquien:
„Und niemand kann die dürre Schale lieben,
Welch edlen Kern sie auch bewahrte.
Doch mir Adepten war die Schrift geschrieben,
Die heilgen Sinn nicht jedem offenbarte. [...]
Wie mich geheimnisvoll die Form entzückte!
Die gottgedachte Spur, die sich erhalten!
Ein Blick, der mich an jenes Meer entrückte,
Das flutend strömt gesteigerte Gestalten."
(GOETHE: WA I. 3. 93; zit. in BALTHASAR: Herrlichkeit I. 615).

[159] GOETHE: WA II. 3. 246f.

[160] Beide Zitate: GOETHE: WA I. 29. 28f.

[161] Beide Zitate: BALTHASAR: Apokalypse I. 441.

[162] GOETHE: WA II. 11. 127; zit. in BALTHASAR: Apokalypse I. 441. – HOFMANN: Goethes Theologie. 293.

[163] SCHMITZ: Goethes Altersdenken im problemgeschichtlichen Zusammenhang. 169.

[164] GOETHE: WA II. 11. 163.

Die Offenbarung der geheimnisvollen Tiefe der Welt stützt sich auf eine Korrespondenz von subjektiver und objektiver Erkenntnis, d.h. sie setzt sowohl die objektive Gesetzmäßigkeit der Erscheinungen als auch deren subjektive Mitkonstitution im erkennenden Beobachter voraus. „Es ist etwas unbekanntes Gesetzliches im Objekt, welches dem unbekannten Gesetzlichen im Subjekt entspricht"[165], lautet eine Maxime Goethes.

So führt das Aperçu geradewegs zur Ausgangsfrage zurück. Während die Verwandtschaft der phänomenologischen Grundprinzipien Goethes und Hegels in ihrem Vermittlungsversuch zwischen Subjekt und Objekt, Geist und Welt liegt, ergibt sich deren Entfernung aus der unterschiedlichen Haltung vor dem Absoluten. „Das schönste Glück des denkenden Menschen ist, das Erforschliche erforscht zu haben und das Unerforschliche ruhig zu verehren"[166], sagt Goethe.

2.2.3 Die Dogmatik des Christentums und Goethes Sinn für Humanität

Bedenkt man, dass Hegel den Geist des *Christentums* als das Absolute in der Geschichte des Geistes ansieht, so wird deutlich, dass der eigentliche Dissens zwischen ihm und Goethe in ihrer je unterschiedlichen Stellung zum Christentum wurzelt.[167] Die „Einheit der philosophischen Vernunft mit dem christlichen Kreuz" bildet die Mitte der philosophischen Theologie Hegels. Es gehört zu ihren zentralen Eigenschaften, dass sie „eine Philosophie des Geistes auf dem Standpunkt des christlichen Logos"[168] ist. Ein bekanntes Gleichnis für diese Verbindung zwischen philosophischer Vernunft und Kreuzestheologie enthält ein Satz zu Hegels Vorrede der Rechtsphilosophie, der die Vernunft als eine „Rose im Kreuze der Gegenwart"[169] bezeichnet. Dieses Sinnbild ist mehrfach entschlüsselt worden;[170] nach Löwith und Ottmann steht es für die Vereinigung der höchsten Gegensätze, des Schmerzes und der Versöhnung, sowie für die Gegenwärtigkeit der Philosophie, die in allem Schmerz und in aller Entzweiung die Präsenz der Vernunft zu erkennen vermag.

Das Bild eines Rosenkreuzes begegnet auch in einem Gedicht Goethes, das die Idee des Humanen veranschaulicht. Das Jugendgedicht *Die Geheimnisse* aus dem Jahr 1784 schildert die Pilgerfahrt eines jungen Ordensbruders, der sich in der Karwoche bei sinkender Sonne im Gebirge verirrt und vor ein Kloster gelangt, über dessen Eingangstor sich das Symbol eines von Rosen umwundenen Kreuzes befindet. Im Saal des Klosters sind zwölf ritterliche Mönche versammelt, deren geistliches Oberhaupt

---

[165] GOETHE: WA I. 48. 204.
[166] GOETHE: WA II. 11. 159.
[167] Vgl. LÖWITH: Von Hegel zu Nietzsche. 28. – Zum Folgenden: 28-43.
[168] Beide Zitate: LÖWITH: Von Hegel zu Nietzsche. 30.
[169] HEGEL: Grundlinien der Philosophie des Rechts. 26.
[170] Vgl. LASSON: Kreuz und Rose. Ein Interpretationsversuch. – Hierzu in kritischer Replik: LÖWITH: Von Hegel zu Nietzsche. 30f.

ein geheimnisvoller Weiser namens ‚Humanus' ist. Die Mönche repräsentieren die verschiedenen Religionen und Nationen mit ihren je eigenen Überzeugungen, Humanus aber die reine und allgemeine Menschlichkeit. Er teilt den Brüdern nun mit, dass er sie verlassen wird. Sie bedürfen seiner Leitung nicht mehr, nachdem sich sein umfassender Geist allen eingebildet hat.

Goethes Gedicht verleiht dem Symbol des Rosenkreuzes damit eine andere Bedeutung als jene der hegelschen Verbindung von Theologie und Philosophie. Die das Kreuz umrankenden Rosen mildern die dogmatische Härte des christlichen Kreuzes und erheben es zum Sinnbild der reinen Humanität, welche die Religionen und Nationen vereint. Bei Goethe sind die Rosen nicht Zeichen eines ‚spekulativen', sondern eines ‚humanitären' Karfreitags. Schon der goethesche Titel „Die Geheimnisse" markiert eine Distanz zum philosophischen Begreifen des Christentums. Das Gedicht lässt in der Schwebe, was es offenbaren und was es geheim halten will. Ist das Kreuz die welthistorische Bedingung für das Aufkommen der Humanität? Oder ist es ein bereits abgestorbenes ‚schroffes Holz', an dem allein die Rose der allgemeinen Menschlichkeit noch blüht? Das Symbol des Rosenkreuzes ist nur geheimnisvoll sichtbar, es bleibt ein ‚offenes Rätsel'.[171] Dennoch vermag es die Differenz zu Hegel präzise auf den Punkt zu bringen. Löwith schreibt:

„[...] bei Goethe bleibt das Sinnbild ein in Worten nicht fassbares Geheimnis; bei Hegel ist es nur die Versinnlichung eines in Begriffen erfassbaren Verhältnisses. Goethe hebt das Christentum in der Humanität auf und die Geheimnisse offenbaren, was das ‚Rein-Menschliche' ist; Hegel hebt das Christentum in der Vernunft auf, die als christlicher Logos das Absolute ist. Goethe lässt die Rose der Humanität das Kreuz frei umwinden und die Philosophie der Theologie gegenüber bleiben; Hegel versetzt die Rose der Vernunft in die Mitte des Kreuzes, und der philosophische Gedanke soll sich die dogmatischen Vorstellungen der Theologie einverleiben. In Goethes Erklärung seines Gedichts wird das Ereignis zwar in die Karwoche verlegt, aber die Feier des Kreuzestodes und die Auferstehung von Christus bedeuten ihm nur die ‚Besiegelung' erhöhter menschlicher Zustände. Hegels Philosophie will das historische Ereignis der Karwoche entsiegeln, indem sie aus ihm einen ‚spekulativen Karfreitag' und aus der christlichen Dogmatik eine Religionsphilosophie macht, worin das christliche Leiden mit der Idee der höchsten Freiheit und die christliche Theologie mit der Philosophie identisch werden."[172]

Eine solche Vermittlung von Theologie und Philosophie lehnt Goethe grundsätzlich ab. Da er die Religion einerseits in Humanität auflöst und andererseits das christliche Kreuz zu ehren weiß, widerstrebt ihm der Umweg Hegels, der weder dem christlichen Glauben noch der menschlichen Vernunft gerecht werde.

So wenig sich das Gedicht *Die Geheimnisse* in seinem Sinn festlegen lässt, so sehr bewegen sich auch Goethes Äußerungen zum Christentum und zur Christusgestalt in einem auffallenden Für und Wider, das seiner Abneigung gegen jede Form von religiöser Dogmatik entspricht. Goethe kann sich als entschiedenen Nichtchristen bezeichnen und zugleich dagegen verwahren, als Heide angesehen zu werden.[173] Die Spannung seiner christologischen Urteile reicht von seinem pietistisch gefärbten Ju-

---

171 Vgl. OTTMANN: Die „Rose im Kreuze der Gegenwart". 144.
172 LÖWITH: Von Hegel zu Nietzsche. 32.
173 Vgl. GOETHE: WA IV. 6. 20.

gendbekenntnis zum göttlichen „Heiland"[174] über seine Zweifel am „Mährchen"[175] der wahren Gottessohnschaft Christi bis hin zu den späten Sätzen: „Christus steht allein im geistigen Bezug zu seinem himmlischen Vater."[176] „Mir bleibt Christus immer ein höchst bedeutendes, aber problematisches Wesen."[177] Die „reine christliche Lehre im Sinne des Neuen Testamentes"[178] zeichnet Goethe durch „das höchste Lob"[179] aus, jedoch nur solange es von dogmatischen Monopolansprüchen und missionarischem Bekehrungseifer freigehalten wird. Harte Themen wie Erbsünde oder Erlösungsbedürftigkeit bleiben stets ausgeblendet.[180] Pietistischer Ernst, aufgeklärte Toleranz und Naturfrömmigkeit verbinden sich zu einer Skepsis gegenüber der zeitgenössisch-konfessionellen Kirche, gilt doch im Katholizismus die „Lehre von den guten Werken, dass nämlich der Mensch durch Gutestun, Vermächtnisse und milde Stiftungen eine Sünde abverdienen"[181] kann, im Protestantismus hingegen „nur eine Art von trockener Moral"[182] ohne Fülle und Konsequenz.

Objektiven Glaubensinhalten misst Goethe nur sekundäre Bedeutung zu. Nicht um den metaphysischen Ausgriff des Menschen gemäß der kantischen Kritiken zu begrenzen, wendet er sich gegen die spekulativen und dogmatischen Festlegungen überirdischer Inhalte, sondern weil er davon überzeugt ist, dass man dem Göttlichen nur in schweigender Verehrung begegnen kann.

Der Roman *Wilhelm Meisters Wanderjahre* erklärt die dreifache Ehrfurcht zum elementaren Erziehungsziel, das, einmal geweckt, den Menschen wie etwas tief Vertrautes berührt: „Eins bringt niemand mit auf die Welt, und doch ist es das, worauf alles ankommt, damit der Mensch nach allen Seiten zu ein Mensch sei [...]: *Ehrfurcht!*"[183] So entwickeln die Oberen der ‚pädagogischen Provinz' aus deren dreifacher Stufung eine Typologie der Religionen und setzen diese in Beziehung zum Mysterium der Trinität. Sie differenzieren zwischen *erstens* der ethnischen Ehrfurcht vor dem, was *über uns* ist, welche alle großen Religionen einschließlich der heidnischen lehren; *zweitens* der philosophischen Ehrfurcht vor dem, was *neben uns* und damit unserem Wesen gleich ist; *drittens* der christlichen Ehrfurcht vor dem, was *unter uns* ist, der Verklärung von irdischem Leiden, Entwürdigung und Tod. Diese drei Formen, die erst in ihrem Zusammenspiel die wahre Religion hervorbringen, gipfeln in der Ehrfurcht vor sich selbst, im Bewusstsein der Gottähnlichkeit des Menschen.[184]

Da Gott in allen großen Religionen wirksam ist und keine von ihnen die reine und volle Wahrheit besitzt, gilt es die Andersheit, aber auch das verbindende Gemeinsame

---

174 GOETHE: WA IV. 51. 36.
175 GOETHE: WA IV. 9. 18.
176 GOETHE: WA I. 49ii.
177 GOETHE: WA V. 7.
178 GOETHE: WA II. 3. 140.
179 GOETHE: WA I. 7. 44.
180 Vgl. SCHINGS: Art. Religion/Religiosität. 894.
181 GOETHE: WA V. 6. 143.
182 GOETHE: WA I. 26. 62.
183 GOETHE: WA I. 24. 240.
184 Vgl. GOETHE: WA I. 24. 240-245.

der jeweiligen Weltanschauungen zu verstehen und brüderlich anzuerkennen. In der *Pädagogischen Provinz* gibt es keine kirchliche Institution, wohl aber ein innerstes Heiligtum mit einer Galerie, in der die Idee der Gleichberechtigung der Religionen dargestellt ist. Sinnbilder drücken den Glauben antiker, alt- und neutestamentlicher Überlieferung aus und enden mit dem Letzten Abendmahl. So gilt das Christentum als *‚primus inter pares'*, weil es das Letzte und Höchste ist, wozu die Menschheit gelangen konnte und musste. Erst das Christentum hat uns die göttliche Tiefe des Leidens erschlossen. Es geht über die antike Heiligung des Lebens hinaus, weil es auch noch das scheinbar Lebenswidrige positiv in sich aufnimmt und verwandelt.[185]

„Aber was gehörte dazu, die Erde nicht allein unter sich liegen zu lassen und sich auf einen höheren Geburtsort zu berufen, sondern auch Niedrigkeit und Armut, Spott und Verachtung, Schmach und Elend, Leiden und Tod als göttlich anzuerkennen, ja Sünde selbst und Verbrechen nicht als Hindernisse, sondern als Fördernisse des Heiligen zu verehren und lieb zu gewinnen."[186]

Die Schicksalsrätsel von Widerfahrnis, Schuld und Endlichkeit der menschlichen Existenz lassen sich im Letzten nur vom geschichtlichen Gott der Bibel her einbergen, der in Christus an die Seite der Menschen tritt. Und doch meidet Goethe die explizite Nennung des Leidens Christi. Gerade weil er das Kreuz zu ehren weiß, empfindet er seine Zurschaustellung als frevelmütigen Zugriff auf das Heilige.

„Wir ziehen einen Schleier über diese Leiden, eben weil wir sie so hoch verehren. Wir halten es für eine verdammungswürdige Frechheit, jenes Martergerüst und den daran leidenden Heiligen dem Anblick der Sonne auszusetzen, die ihr Angesicht verbarg, als eine ruchlose Welt ihr dieses Schauspiel aufdrang, mit diesen tiefen Geheimnissen, in welchen die göttliche Tiefe des Leidens verborgen liegt, zu spielen, zu tändeln, zu verzieren und nicht eher zu ruhen, bis das Würdigste gemein und abgeschmackt erscheint."[187]

Die tiefste Differenz zwischen Goethe und Hegel liegt in ihrem unterschiedlichen Blick auf das Kreuz. Während Hegel die christliche Lehre vom Leiden und von der Erlösung als maßgeblich auch für seine Spekulation ansieht, umgeht Goethe den eigentlichen Zentralgedanken des Christentums, die Selbsterschließung Gottes im menschgewordenen Logos. Damit unterwandert er ein *personales* Gottesbild, das sich nur schwer mit seiner pantheistischen Vorstellung einer allmächtigen Gott-Natur vereinen lässt. Gott ist für ihn omnipräsent und allumfassend im Sinne Spinozas: Licht, Natur, Sphäre, jene Instanz und jener Fluchtpunkt, vor und in dem alles als Gleichnis konstituiert wird und erscheint. Christus gilt ihm als emblematische Figur der Humanitas, der Souveränität und der Versöhnung, als Verdichtung eines doppelten Symbolgeschehens: Gott in irdischer Präsenz, der Mensch auf sein Urgeheimnis hin ausgelegt.

---

[185] Vgl. LÖWITH: Von Hegel zu Nietzsche. 37.
[186] GOETHE: WA I. 24. 243f.
[187] Alle vorausgehenden Zitate: GOETHE: WA I. 24. 255. Zur christologischen Problematik bei Goethe vgl. auch BALTHASAR: Herrlichkeit III-1-2. 742-748.

Die Dogmatik des Christentums und Goethes Sinn für Humanität: sie stehen in einer inneren Beziehung zueinander, die sowohl eine Nähe wie eine Entfernung bezeichnet. Der hermeneutische Schlüssel für diese Beziehung liegt in der Ehrfurcht. Diese deutet auf den Ort, wo Religion und Humanität übereinstimmen. Denn im Gegensatz zur Furcht beruht sie nicht auf einem Widerstreit zwischen *divinum* und *humanum*, bei dem letzteres unterliegen müsste, sondern lässt den Menschen auf die Höhe seiner selbst kommen. Vor dem Geheimnis zurück zu treten und vor ihm sich zu verneigen gilt Goethe als die eigentliche Bestimmung des Menschen, die ihn nicht zuletzt vor der Knechtschaft und der Überheblichkeit der eigenen Vernunft bewahrt. So wird am Begriff der Ehrfurcht zugleich Goethes Verhältnis zur Religionskritik der Aufklärung deutlich. Die Unantastbarkeit der menschlichen Würde, also das *humanum* selbst, das sich mit der Toleranz gegenüber jeglichen Glaubensweisen verbindet, ist ihr gemeinsames Anliegen. Doch verlässt Goethe zugleich die Eindimensionalität des aufgeklärten Menschenbildes, in dessen Namen alles bekämpft wird, was sich nicht der mündigen Selbstbestimmung unter den Normen der Vernunft und des Gewissens fügt. Während die Aufklärung religiöse Bindungen aufgrund ihrer vermeintlichen geschichtlichen Willkür verdächtigt, das *humanum* zu verkennen oder zu verbiegen, misst Goethe die Relevanz der Religionen nicht primär an deren objektivierbarer Vernünftigkeit, sondern an ihrem Verhältnis zum Heiligen.

Rückblickend lässt sich also festhalten, dass Goethe stets eine freie Reprise von Gedanken der Aufklärung, des Idealismus und des Christentums unternimmt. Was sich ihm als faszinierende Macht der Erschließung von Wirklichkeit erweist, wird in eine humane Logik hinein verfugt. Das Christentum erscheint so nicht mehr als autoritativ auferlegtes Dogma, moralisches Gebot oder übernatürliche Offenbarung, sondern als befreiende und sich gebende Möglichkeit, als Motivreservoir, symbolische Weisheit, Anschauungsform, Rätseloffenbarung und Lebensdynamik – und dies in freier Konkurrenz zu anderen Weltanschauungen. Aus dem Blickwinkel der neuzeitlichen Humanität bleibt der Dichter stets auf Distanz zum Glauben an Christus als den Erlöser der Welt. Wenn ihm Balthasar immer wieder eine Vorbildrolle für sein philosophisch-theologisches Denken und seine Auseinandersetzung mit der Moderne zuspricht, kann es sich bei jener also nicht um Formen der goetheschen Frömmigkeit handeln. Diese vermitteln zwar eindrucksvolle weltliche Ansichten der Analogie des Seins, welche Goethe mit dem Wort von der Gleichnishaftigkeit alles Vergänglichen übersetzt, doch bleiben sie für christlich-konfessionelle Leser ambivalent. Was Balthasar in der *Apokalypse* hingegen aufmerksam verfolgt, ist die spezifische Form der goetheschen Erkenntnis, die aus dem Gegenüber von Schau und Gestalt entsteht. Die Grundaspekte dieser Phänomenologie sollen anhand verschiedener Begriffspaare nochmals hervorgehoben werden.

2.3 Schau der Gestalt:
Phänomenologie unter den Grundgesetzen
von Polarität und Steigerung

2.3.1 Idee und Erscheinung

Das goethesche Verhältnis von *Idee* und *Erscheinung* bzw. *Existenz* ist dem platonischen εἶδος nur analog. Platon versteht unter Idee/Gestalt das Allgemeingültige, woran die Dinge partizipieren und so erst den Status eines Existierenden erhalten:

„Das Allgemeine wird augenfällig in der Form; denn als Gestalt wird nur das erfasst, worin verschiedene Dinge sich gleich sind. Darum wählte Platon die Ausdrücke ‚εἶδος‘ und ‚ἰδέα‘ [...] für das Allgemeine, das die Dinge, die an ihm ‚teilhaben‘, zu dem macht, was sie *sind*. Dies und die Tatsache, dass wir nur geformte Dinge als wirklich ansprechen, erweitert Platon zu der metaphysischen Behauptung, darum seien die Ideen das eigentlich ‚Wirkliche‘."[188]

Idee und Erscheinung bezeichnen hier einen Gegensatz zwischen einer jenseitigen Welt der Vollkommenheit, Ewigkeit und Idealität und einer diesseitigen Welt des vergänglichen, kontingenten Scheins. Platon trennt das Sein und das Werdende, insofern er den konkreten materiellen Ausgestaltungen des Seins die urbildlichen, dem Werden enthobenen Ideen gegenüberstellt. In der Annahme, dass das Sein nicht das je Wahrnehmbare, sondern das nur dem vernünftigen Denken zugängliche Urbild ist, begründet er eine Differenz von Vernunft und Wahrnehmung, welche die gesamte idealistische Ästhetik durchzieht.[189] Auf den ersten Blick steht ihm Goethe durchaus nahe: „Die Idee ist ewig und einzig. [...] Alles, was wir gewahr werden und wovon wir reden können, sind nur Manifestationen der Idee."[190] Doch ist der goethesche Ideenbegriff, der auf den göttlichen Grund des Weltganzen zielt, sicherlich nicht im platonischen Sinne als abgesonderte Lichtquelle hinter den Phänomenen zu verstehen. Er sucht vielmehr die Dialektik von Sein und Erscheinung zu überwinden und das Vergängliche aufzuwerten. „Das Höchste wäre zu begreifen, dass alles Faktische schon Theorie ist. [...] Man suche nur nichts hinter den Phänomenen, sie selbst sind die Lehre."[191] Die Erscheinungswelt ist nicht scheinhafte Täuschung, sondern Manifestation und Aufleuchten der Idee. „Dass die Idee der Erscheinung innewohnt und in ihr anschaulich ist [...] – das ist das zeitlos Prinzipielle der Goetheschen Weltanschauung, ihre ‚Idee‘ selbst"[192].

---

[188] PATZIG: Art. Form. 991f.
[189] Vgl. BUCHWALD: Art. Gestalt. 824f. Eine Gegenüberstellung von Goethe und Platon bietet auch CASSIRER: Goethe und die geschichtliche Welt. 410-434.
[190] GOETHE: WA I. 48. 180.
[191] GOETHE: WA II. 11. 131.
[192] So das Urteil von SIMMEL: Goethe. 129f, an dessen Interpretation sich Balthasar orientiert. Während das Goethe-Handbuch zu diesem Thema keine eigenen Stichworte verzeichnet, widmen sich SCHMITZ (*Goethes Altersdenken im problemgeschichtlichen Zusammenhang*) und WEINHANDL (*Die Metaphysik Goethes*) der Metaphysik Goethes vor dem entsprechenden geistesgeschichtlichen Hintergrund. Weinhandls Interpretation aus den 30er Jahren erwähnt Balthasar ausdrücklich als eine qualifizierte und für ihn selbst

Unter der Idee versteht Goethe die Einheit einer zusammengehörigen Vielfalt und somit die Einsicht in das Wesen der Dinge sowie in deren ontologische Tiefendimension, aus der das unerforschliche, schöpferische Leben entspringt. In der Idee werden Entfaltungsmöglichkeiten und Zusammenhänge angenommen, die gegebenen niedrigeren Gegenständen übergeordnet sind. Von der Erfahrung unterscheidet sich die Idee fundamental durch ihre raumzeitliche Unabhängigkeit, die es ermöglicht, „Simultanes und Sukzessives"[193], Entfaltetes und Unentfaltetes, Vergangenes und Gegenwärtiges zugleich und als eins zu denken. „Das Ideenreich ist nicht dem Stoff, dem Seienden nach vom räumlich-zeitlichen Bezirk verschieden, sondern der Seinsweise nach, die in der gewöhnlichen Erscheinung ein äußerliches Nach- und Nebeneinander, in der Idee aber innigste Sammlung ist."[194] Die Idee garantiert einen ganzheitlichen, übergreifenden Einheitsbezug und zeigt sich dennoch nur in der Erfahrung:

„[Sie] spricht ja vom Empirischen her zunächst einfach die Tatsache aus, dass gesetzliche, dynamische Verknüpfungen, ein Organisiertsein, ein Zusammengehören, Gestaltung durch alle Bereiche des Daseins, des Äußern und Innern, der Natur und des Geistes hindurchgehen und dass so ‚jedes Existierende... ein Analogon alles Existierenden' ist. [...] Dass wir aber dennoch diese eine göttliche Idee grundsätzlich ‚in' jeder beliebigen Erfahrung gewahr werden können, dass das Höchste das Niedrigste nicht aus sich ausschließt, dafür auch die theoretische Vorstellungsart geschaffen zu haben, das ist die große metaphysische Leistung des Metamorphosegedankens."[195]

Balthasar, der bestrebt ist, das goethesche Denken vom Deutschen Idealismus abzuheben, bezieht sich primär auf dessen „existentiale *Intensität*"[196]. Goethes eigentliches Formalobjekt, so fasst er prägnant zusammen, ist „die Welt des Werdenden in seinem Werden, die ideale und reale Genesis des Seins"[197]. Im Unterschied zu Fichte, der die Welt gegenüber dem Geist als zweitrangig ansieht, fasst Goethe den „Weltinnenraum" in Anlehnung an Herder als einen Ort auf, in dem sich das reale Werden zwischen den Polen Natur und Geist entwickelt.[198] Während Herder aber die „Höherentwicklung und Selbstverwirklichung eines existierenden Kraftkeims"[199] annimmt, der in sich bereits die fertige Idee enthält, blickt Goethe konsequent auf die Dimension des idealrealen Werdens: Erst *in* der Entfaltung realer Entelechien (als passives Erleiden und aktives Streben) kommt die Idee nach und nach zum Vorschein. In einer nachträglichen Abstraktion von der Existenz bildet sich die reine Genesis der Idee heraus, so dass sich eine neue Dimension des idealen Werdens eröffnet, die sich zwischen die Pole Idee und Existenz spannt.

---

wichtige Grundlage. Schmitz untersucht das Altersdenken Goethes materialkundig am Leitfaden der Wechselbegriffe Idee und Erscheinung.
[193] GOETHE: WA II. 11. 57.
[194] SCHMITZ: Goethes Altersdenken im problemgeschichtlichen Zusammenhang. 46.
[195] WEINHANDL: Die Metaphysik Goethes. 253.
[196] BALTHASAR: Apokalypse I. 407.
[197] BALTHASAR: Apokalypse I. 445.
[198] Vgl. BALTHASAR: Apokalypse I. 410.
[199] BALTHASAR: Apokalypse I. 411.

„Denn was Goethe leidenschaftlich fesselt, ist keineswegs eine systematische Deduktion der Ideengenesis aus dem göttlichen Ursein, sondern die *Erfahrung* des ideellen Werdens einer Entelechie *in* ihrem realen Werden. [...] Er gelangt so objektiv zu einem Gesamtlebensraum, der selbst zwischen Idee (in der Schelling alles betrachtet) und Existenz (in der Herder alles sieht) ausgespannt ist, subjektiv zu einer Methode, die ebenso zwischen der transzendentalen (die nur Ideen-Zusammenhänge erhellt) und der empirischen (die nur Existenzfakta beschreibt) in der Mitte steht: der morphologischen."[200]

Der so beschriebene ideal-reale Werderaum, in dem das Dasein als beständig Werdend-Strebendes gekennzeichnet ist, bewegt sich zwischen den Polen Idee und Existenz sowie Geist und Natur. Alles Werdende ist auf ein Noch-nicht ausgerichtet, welches aufgrund der Einheit von Idealität und Realität weder eine eindeutige Bewegung von der Existenz zur Idee noch umgekehrt ist. Diesen Richtungssinn, einerseits zur vollen Existenz und andererseits zur vollen Idee, bezeichnet Balthasar als ‚Empor‘ im Sinne einer Umgestaltung des Zeitbedingten zu einem Höheren, die eine ursprüngliche und geheimnisvolle Bewegung alles Seienden ist. Aufgrund ihres komparativischen Charakters, stets mehr zu sein als sie selbst, ist jede endliche Gestalt ‚ekstatisch‘.

In personaler Hinsicht vollzieht sich die ideal-reale Entwicklung, d.h. die existentiale Umsetzung rein objektiven Wissens in der *Tätigkeit* und in der *Bildung*. Denn „Wahrheit ist nur als gelebte und getane volle Wahrheit. Die Mühelosigkeit des theoretischen Systems wird gebrochen in die Geburtsschmerzen der Mensch-werdung."[201] Solche Aneignung der einmaligen Personwahrheit ist identisch mit dem staunenden Wahrnehmen der Idee *über* der Existenz, sodass das Empor als ein alle objektiv begriffliche Wahrheit übersteigender, esoterischer Gehalt bestimmt ist.[202] Hier zeichnet sich erneut die goethesche Tendenz zu einer Ontologie des Lebendig-Konkreten ab.

Ist die Verwirklichung der Idee an die sinnliche Erfahrungsbasis gebunden und mit dem Sein des platonischen εἶδος nicht unmittelbar gleichzusetzen, so sind auch die Pole *Geist und Natur* nicht voneinander zu trennen.

2.3.2 Geist und Natur

Der idealistischen Beschränkung auf den Kreis des Bewusstseins entgegen zu treten gehört zu den grundlegendsten philosophischen Ansprüchen Goethes. Der Geist kann sich nicht auf sich selbst zurück ziehen, um seinen Sinn aus dem eigenen Inneren heraus selbst zu entwerfen, sondern er steht immer schon in einer Bezüglichkeit und Abhängigkeit zur Außenwelt, zur Natur. Diese Korrespondenz von Geist und

---

[200] BALTHASAR: Apokalypse I. 411. Goethe gebraucht den aristotelischen Begriff der Entelechie im Sinne des „In-sich-Ziel-habenden".

[201] BALTHASAR: Apokalypse I. 413. Der Schritt von abstrakter zu gelebter Wahrheit wird am Hinausschreiten Fausts aus seiner Studierstube in die Welt deutlich: „Faust ‚weiß‘ am Anfang seiner Laufbahn schon ‚alles‘ (was man objektiv wissen kann), sehnt sich nun aber, aus diesem präexistenten Wissen, zum existentialen Mitvollzug des Weltwerdens und so zur Tat als zur eigentlichen Wahrheit, Personwerdung und Weltwerdung zugleich" (412f).

[202] BALTHASAR: Apokalypse I. 416f.

Natur, die Goethe mit Vorliebe in der Metapher von Auge und Licht ausspricht, stellt für ihn eine göttliche Harmonie dar.[203]

In seiner Abhandlung *Kant und Goethe*[204], die im Sinne der oben beschriebenen Positionierung Goethe als Antipoden Kants ansieht, bewertet Simmel den phänomenologischen Blick Goethes als bedeutsame Errungenschaft, welche „die Einheit des subjektiven und objektiven Prinzips, der Natur und des Geistes innerhalb ihrer Erscheinung selbst sucht". Für Goethe geht die Natur unmittelbar aus den sie formenden geistigen Ideen hervor. Menschenseele und Natur sind gleichsam parallele Ausgestaltungen des göttlichen Seins, sodass sein spezifisches Weltverhältnis „auf der Geistigkeit der Natur und der Natürlichkeit des Geistes"[205] beruht.

„Fragt man nach dem eigenen Wesen der Natur, so antwortet Kant: sie ist nur Äußeres, da sie ausschließlich aus räumlich-mechanischen Beziehungen besteht; und Goethe: sie ist nur Inneres, da die Idee, das geistige Schöpfungsprinzip, auch ihr ganzes Leben ausmacht. Fragt man aber nach ihrem Verhältnis zum Menschengeist, so antwortet Kant: sie ist nur Inneres, weil sie eine Vorstellung in uns ist; und Goethe: sie ist nur Äußeres, weil die Anschaulichkeit der Dinge, auf der alle Kunst beruht, eine unbedingte Realität haben muss."[206]

Die Entfaltung der eigenen geistigen Persönlichkeit, die Entäußerung des Inneren und die Verinnerlichung des Äußeren, vereinigt Goethe zu einem einheitlichen Prozess, sodass „überall die Natur zum Spiegel der eigenen Vergeistigung"[207] wird. Dabei ist die Annahme einer durchgängigen wechselseitigen Bestimmung von Subjekt und Objekt, Innen und Außen, Auge und Licht leitend. Goethe fasst sie 1815 in ein „allgemeines Glaubensbekenntnis":

„a. In der Natur ist alles, was im Subjekt ist.
y. und etwas drüber.
b. Im Subjekt ist alles, was in der Natur ist.
z. und etwas drüber.
b kann a erkennen, aber y nur durch z geahndet werden. Hieraus entsteht das Gleichgewicht der Welt und unser Lebenskreis, in den wir gewiesen sind. Das Wesen, das in höchster Klarheit alle viere zusammenfasste, haben alle Völker von jeher Gott genannt."[208]

Das Credo versteht sich als Erläuterung der Komplementarität von Subjekt und Objekt in der Konstitution der Phänomene, welche einen esoterischen, unaussprechlichen Sinnüberschuss sowohl auf Seiten des Subjekts als auch auf Seiten der Natur erahnen lässt. Balthasar interpretiert es als vorzüglichen Ausdruck der ganzheitlichen, existentialen Wahrheit Goethes, die immer einer „spontane[n], lebendige[n], quasi-identische[n] Regel"[209] folgt.

[203] Vgl. GOETHE: WA II. 11. 127.
[204] Balthasar erwähnt diese Schrift in dem oben angeführten Zitat, in dem er sich zur Verdeutlichung seines eigenen Ansatzes unter Berufung auf Goethe von Karl Rahner abgrenzt. Vgl. S. 18 dieser Arbeit.
[205] Beide Zitate: SIMMEL: Kant und Goethe. 450.
[206] SIMMEL: Kant und Goethe. 453.
[207] SIMMEL: Kant und Goethe. 456.
[208] GOETHE: WA IV. 25. 311f.
[209] BALTHASAR: Apokalypse I. 433.

In seiner Vorstellung von der Lichthaftigkeit und der Selbsttätigkeit des Auges, die eine Bedingung sowohl der sinnenhaften als auch der metaphysischen Erkenntnis sind, knüpft Goethe an Traditionen an, die in der griechischen Philosophie, besonders durch die Vorsokratiker entfaltet werden, bis zu Plotin und der mittelalterlichen Theologie unter Berufung auf neutestamentliche Quellen[210] reichen und in der Renaissance z.B. von Leonardo da Vinci aufgegriffen werden.[211]

„Wär' nicht das Auge sonnenhaft,
Wie könnten wir das Licht erblicken?
Lebt' nicht in uns des Gottes eigne Kraft,
Wie könnt' uns Göttliches entzücken?"[212]

Gotteserkenntnis beruht – wie Erkenntnis überhaupt – auf einem Akt der Erleuchtung, der durch die Teilhabe des menschlichen Geistes am göttlichen Licht, theologisch formuliert, durch seine Gottebenbildlichkeit zustande kommt. Die visuelle Wahrnehmung hat ihr „Dasein dem Licht zu danken", denn dieses „ruft sich [...] ein Organ hervor, das seines Gleichen werde; und so bildet sich das Auge am Lichte fürs Licht, damit das innere Licht dem äußeren entgegentrete"[213]. Einem inneren ‚ruhenden' Licht entspricht das von außen her einwirkende Licht, was als symbolische Aussage für die Einbildungskraft, aber auch für die Subjekt-Objekt-Totalität zu verstehen ist.

Das Auge gilt Goethe als wichtigstes Organ der Erfahrung von Welt und als Spiegel der Seele: „Das Ohr ist stumm, der Mund ist taub; aber das Auge vernimmt und spricht. In ihm spiegelt sich von außen die Welt, von innen der Mensch. Die Totalität des Innern und Äußern wird durchs Auge vollendet."[214] In Goethes eigenem Blick liegt, so berichten Zeitgenossen, ein ungewöhnliches Leuchten, das Staiger als „ein tiefes Einverständnis mit der Welt"[215] deutet. Literarisch entspricht ihm eine Passage des Faust-Dramas, in welcher der Türmer Lynkeus sein Wohlgefallen an der Natur ausspricht und sich selbst unbefangen in jenes mit einbezieht:

„Zum Sehen geboren,
zum Schauen bestellt,
Dem Turme geschworen,
Gefällt mir die Welt. [...]
So seh' ich in allen
Die ewige Zier,
Und wie mir's gefallen,
Gefall ich auch mir."[216]

---

[210] Vgl. Lk 11,33-36: *Vom Licht und vom Auge.* Vgl. Mt 6,22f.
[211] Vgl. PETERS: Art. Auge. 89f. – SCHÖNE: Goethes Farbentheologie. 102-104.
[212] GOETHE: WA II. 1. XXXI; vgl. I. 3. 268.
[213] GOETHE: WA II. 1. XXXI.
[214] GOETHE: WA II. 5ii. 12.
[215] STAIGER: Goethe und das Licht. 23.
[216] GOETHE: WA I. 15. i302.

2.3.3 Symbol und Bedeutung

In dem um 1820 verfassten Gedicht *Epirrhema* bezeichnet Goethe die Natur als „heilig öffentlich Geheimnis"[217]. Sie steht jedem vor Augen und doch gelingt es nicht leicht, sie zu enträtseln. Wer sie aber unverstellten Blickes wahrzunehmen vermag, schaut sie als Gleichnis des Höchsten. Die Gleichnishaftigkeit alles Lebendigen, die in Goethes Dichtung stets auf das ,*Bedeutende*' als Darstellungsziel dringt, findet im *Symbol* einen sowohl ontologischen wie poetischen Ausdruck.[218] Das Symbol ist eine nie in sich selbst geschlossene, aber bedeutende Gestalt, die als qualitative Einheit das Gesetzmäßige in sich enthält und gleichnishaft über sich hinaus weist. Es macht in seiner Unerschöpflichkeit das Wahre und Ewige zugänglich, das sich nur demjenigen erschließt, der existentiell ganz durchlässig für die intuitive Anschauung geworden ist.

In einem Brief an Schiller aus dem Jahr 1797 teilt Goethe dem Freund mit, gelegentlich überkomme ihn schon bei gewöhnlichen Gegenständen und Vorfällen eine Art von „Sentimentalität":

„Ich habe daher die Gegenstände, die einen solchen Effekt hervorbringen, genau betrachtet und zu meiner Verwunderung bemerkt, dass sie eigentlich symbolisch sind. Das heißt, wie ich kaum zu sagen brauche, es sind eminente Fälle, die, in einer charakteristischen Mannigfaltigkeit, als Repräsentanten von vielen andern dastehen, eine gewisse Totalität in sich schließen, eine Reihe fordern, Ähnliches und Fremdes in meinem Geiste aufregen und so von außen wie von innen an eine gewisse Einheit und Allheit Anspruch machen."[219]

Ein Besonderes steht zugleich repräsentativ für alle Fälle. Verwandte Fälle spiegeln sich in diesem einen bedeutenden Fall. Da die in ihm liegende Gesetzmäßigkeit aber erst nachträglich bestimmt wird, ist der einzelne Gegenstand nicht ein bloßer kontingenter Fall des Allgemeinen, sondern besitzt eine gewisse Dignität und Apriorität vor dem abstrakten Allgemeinen.[220] Das Symbol erschöpft sich also nicht in seiner bloßen Faktizität, sondern ist einerseits in ein Geflecht von universalen Analogien hinein verwoben[221] und reicht andererseits über seine irdische Bedingtheit ins Metaphysische hinauf.

Die Bedeutungserweiterung, die ein Symbol impliziert, erfährt es durch eine andere, ursprünglichere Wirklichkeit. Es gilt damit als die adäquate Vermittlungsgestalt

---

[217] GOETHE: WA I. 3. 88; zit. in BALTHASAR: Apokalypse I. 440.

[218] Zur vielschichtigen Verwendung des goetheschen Symbolbegriffs vgl. HOFMANN: Goethes Theologie. 313-323. Zur allgemeinen Bedeutung des Symbolbegriffs vgl. KREUTZER – NERI: Art. Symbol. 392-394.

[219] Beide Zitate: GOETHE: WA IV. 12. 244.

[220] Goethe überträgt diese Beobachtung auf das dichterische Verhältnis von Allgemeinem und Besonderem: „Es ist ein großer Unterschied, ob der Dichter zum Allgemeinen das Besondere sucht oder im Besonderen das Allgemeine schaut. Aus jener Art entsteht Allegorie, wo das Besondere nur als Beispiel, als Exempel des Allgemeinen gilt; die letztere aber ist eigentlich die Natur der Poesie (d.h. der symbolisch verfahrenden Poesie), sie spricht ein Besonderes aus, ohne ans Allgemeine zu denken oder darauf hinzuweisen. Wer nun dieses Besondere lebendig fasst, erhält zugleich das Allgemeine mit, ohne es gewahr zu werden, oder erst spät" (DERS.: WA I. 42ii. 146).

[221] „Jedes Existierende ist ein Analogon alles Existierenden" (GOETHE: WA II. 11. 126).

einer transzendenten, göttlichen Wirklichkeit, die sich nicht nur ‚über' dem, sondern vor allem innerhalb des Realen selbst kundtut.

„Das Wahre, mit dem Göttlichen identisch, lässt sich niemals von uns direkt erkennen, wir schauen es nur im Abglanz, im Beispiel, Symbol, in einzelnen und verwandten Erscheinungen; wir werden es gewahr als unbegreifliches Leben und können dem Wunsch nicht entsagen, es dennoch zu begreifen."[222]

Für Balthasar eint sich im Symbol „nicht nur Schauen reiner Gestalt (als Objektivität der Hingabe) mit Glauben (als Subjektivität der Aneignung), sondern dies ausdrücklich als Schauen des unschaubar hintergründigen, als verschleiert geheimes Offenbaren"[223]. Die Tiefendimension einer solchen Wahrheit kann nur existentiell erfahren werden: in der Beziehung des einzelnen Subjekts zum ekstatischen Wunder des ‚Empor', welches nie ein Allgemeines wird.[224]

Dieser ontologischen Struktur des Daseins entsprechen auf sprachlicher Ebene die Stilfiguren des Bildes, der Metapher und des Gleichnisses: „Die Potenz der Dinge, einander zu vertreten, und die Verweisungskraft des Irdischen, das Überirdische zu repräsentieren, erzwingt die Doppelnatur des goetheschen Gleichnisses."[225] Umgekehrt gesagt: Durch ihre Gleichnisse vermag die Dichtung an letzte Naturgeheimnisse zu rühren, vor denen die präzise philosophische Prosa notgedrungen versagen muss. „Das ist wahre Symbolik, wo das Besondere das Allgemeine repräsentiert, nicht als Traum und Schatten, sondern als lebendig-augenblickliche Offenbarung des Unerforschlichen."[226] An anderer Stelle bezeichnet Goethe das Symbol als Resultat der Verwandlung einer Erscheinung in die Idee und der Idee in ein Bild.[227] Die Vorstellung von der bildlichen Anzeige der Idee geriert zwei weitere Hauptmerkmale seiner Poesie: „das Paradoxe und das Approximative"[228]. Denn in der Definition des Symbols als „die Sache, ohne die Sache zu sein, und doch die Sache"[229] ist die in sich selbst unterschiedene Einheit von Idealität und Realität, überzeitlichem Sein und zeitlichem Seienden beschrieben. „Die Spannung, die zwischen sinnlicher Gestalt und Bedeutsamkeit herrscht, ist von einer bestimmten Notwendigkeit, da das Bild die

---

[222] GOETHE: WA II. 12. 72; zit. in BALTHASAR: Apokalypse I. 438.

[223] BALTHASAR: Apokalypse I. 440.

[224] Vgl. BALTHASAR: Apokalypse I. 442.

[225] KELLER: Goethes dichterische Bildlichkeit. 207. Zum Symbol- und Gleichnischarakter der Welt vgl. v.a. 189-236.

[226] GOETHE: WA I. 42ii. 151f.

[227] Vgl. GOETHE: WA I. 48. 206: „Die Symbolik verwandelt die Erscheinung in Idee, die Idee in ein Bild, und so, dass die Idee im Bild immer unendlich wirksam und unerreichbar bleibt und, selbst in allen Sprachen ausgesprochen, doch unaussprechlich bliebe." – 205: „Die Allegorie verwandelt die Erscheinung in einen Begriff, den Begriff in ein Bild, doch so, dass der Begriff im Bilde immer noch begrenzt und vollständig zu halten und zu haben und an demselben auszusprechen sei." – Ein analoges kantisches Theorem findet sich in der *Kritik der Urteilskraft*, § 49: Unter der „ästhetischen Idee" versteht Kant jene „Vorstellung der Einbildungskraft, die viel zu denken veranlasst, ohne dass ihr doch irgend ein bestimmter Gedanke, d.i. *Begriff* adäquat sein kann, die folglich keine Sprache völlig erreicht und verständlich machen kann".

[228] KELLER: Goethes dichterische Bildlichkeit. 212.

[229] GOETHE: WA I. 49. 142.

ganze Bedeutung nicht aufnehmen *kann* und die Idee das Medium, in dem sie erscheint, nicht ganz aufnehmen darf."[230] Binder führt den (von Goethe selbst nicht gebrauchten) Begriff des Sinnhorizonts ein, um die Paradoxie für den Bereich der Dichtung zu klären, dass die Idee unendlich wirksam und zugleich unerreichbar und unaussprechlich ist, dass sie einerseits in der Erscheinung gegenwärtig und andererseits Wegzeiger ins unendliche Seinsgeschehen ist.

„Das Licht, in welches eine Dichtung ihre Gegenstände rückt, geht vom Sinnhorizont dieser Dichtung aus, und ist er ein unendlicher, dann zeigt er, wie es um die Bedeutung endlicher Dinge im Licht des Absoluten bestellt ist, ob Maßstäbe, Rangordnungen, Werte und Wichtigkeit noch so bleiben, wie wir meinen, oder sich verändern müssen. Deshalb unendlich wirksam, obwohl nicht zu vergegenständlichen."[231]

Das Symbol ist gleichsam dichte Konzentration und Thematisierung eines Sinnhorizonts. Im Gegensatz zur Allegorie, die einen fassbaren Begriff veranschaulicht, verbildlicht es die nicht greifbare Idee, die ihre Umgebung in das bestimmte Licht ihres Horizonts – ihres Seins – hebt.

Somit wird deutlich, dass die Realsymbolik Goethes eine logische Korrelation – die Repräsentation des Ganzen und Allgemeinen durch das Besondere – und eine metaphysische – die Präsenz der Idee in der Erscheinung – impliziert. Sie basiert auf der gleichnishaften Verfasstheit des Seienden selbst, die von der Dichtung nur nachgeahmt wird, sowie auf der für die goethesche Phänomenologie bezeichnenden Subjekt-Objekt-Polarität. Ausgehend von einem objektiven Wahrnehmungserlebnis wird ein geistiger Bedeutungsgehalt an ein konkretes sinnliches Zeichen geknüpft und diesem innerlich zugeeignet. In diesem Sinne stellt auch die Kunst eine symbolische Form dar. An ihr prägt sich in besonderer Weise die Grundtatsache aus, „dass unser Bewusstsein sich nicht damit begnügt, den Eindruck des Äußeren zu empfangen, sondern dass es jeden Eindruck mit einer freien Tätigkeit des Ausdrucks verknüpft und durchdringt"[232]. Dieses unverbrüchliche Wechselverhältnis zwischen der rezeptiven und der schöpferischen Vernunft erhält durch das Begriffspaar *Gegebenheit und Ehrfurcht* eine weitere Akzentuierung.

---

[230] KELLER: Goethes dichterische Bildlichkeit. 223. Die Eigenschaft der ‚bedeutenden' Gestalt wird wiederholt ausgesprochen, vgl. WA I. 47. 94: „Die auf [symbolische; I.K.] Weise dargestellten Gegenstände scheinen bloß für sich zu stehen und sind doch wieder im Tiefsten bedeutend, und das wegen des Idealen, das immer eine Allgemeinheit mit sich führt."

[231] BINDER: Das „offenbare Geheimnis". 151.

[232] CASSIRER: Der Begriff der symbolischen Form im Aufbau der Geisteswissenschaften. 79. Cassirer erläutert hier seinen eigenen Begriff einer ‚symbolischen Form', jedoch in ausdrücklicher Anlehnung an Goethe.

2.3.4 Gegebenheit und Ehrfurcht

Goethe vollzieht die anthropologische Wende der Neuzeit bewusst und kreativ mit,[233] modifiziert sie aber in einem entscheidenden Punkt. Der Mensch ist nicht vollkommen autonom, weltentwerfend und Herr seiner selbst, sondern im Gegenteil: Sein im Bezug. Er ist auf das von ihm Unterschiedene hin ausgerichtet und geöffnet: zunächst auf die ihn umgebende Außenwelt und ihre Gesetze, in die er eingelassen ist und die er mikrokosmisch widerspiegelt, dann aber auf das Göttliche selbst, welches das kosmische Sein ganz und gar durchdringt. Seine Aufgeschlossenheit gegenüber der Welt ist zugleich seine Öffnung zum Göttlichen hin:

„Was wär' ein Gott, der nur von außen stieße,
Im Kreis das All am Finger laufen ließe!
Ihm ziemt's, die Welt im Innern zu bewegen,
Natur in sich, sich in Natur zu hegen,
Sodass, was in ihm lebt und webt und ist,
Nie seine Kraft, nie seinen Geist vermisst."[234]

In der Verwerfung der deistischen Weltsicht seiner Tage spricht Goethe zugleich seine Überzeugung aus, dass ihm sein Selbstsein von anderswoher, durch das großzügige Wirken der Gott-Natur immerfort *gegeben* ist. Die Ausgerichtetheit des Menschen auf dieses Anderswo ist ihm apriorisch in sein Inneres eingeschrieben, sodass er von seinem Wesen her auf Beziehung und Hingabe hin angelegt ist. Von sich weiß der Mensch niemals durch die unmittelbare Innenschau, sondern nur, indem er aus sich heraustritt und durch den Umgang mit dem Draußen erfährt, wer er ist. Er vermag überhaupt erst durch die Wendung nach außen, insbesondere durch die pflichtgemäße, ja selbstvergessene *Tätigkeit*[235] in den Selbststand zu kommen. So wird der Bezug zu den konkreten Gegebenheiten des Daseins, die in die Dimension des Religiösen hineinragen, zur eigentlichen Bestimmung des Menschen. Zur letzten Wirklichkeit gelangt er nicht durch bloßes Spekulieren, sondern durch das aktive Engagement in der Hingabe seiner selbst einerseits sowie durch göttliche Gnade andererseits.

Der *Faust* kann als Anverwandlung des christlichen Motivs der Gnade und als emblematische Durchführung der oben beschriebenen Stellung Goethes zum Christentum interpretiert werden. Das Drama ist letztlich eine offene theologische Metapher mit freiem Ausblick auf ein spielerisch-ernstes Christentum. Eroberungen, Freiheiten, Schatten und Abgründe der Moderne werden dialektisch herausgearbeitet, während das Christliche gleichsam als Rahmung, Außenbeleuchtung und Verfremdungseffekt über die moderne Welt hinausführt. Goethe zeigt den Triumph ebenso

---

[233] Vgl. GOETHE: WA II. 11. 21: „Sobald der Mensch die Gegenstände um sich her gewahr wird, betrachtet er sie in Bezug auf sich selbst, und mit Recht."
[234] GOETHE: WA I. 3. 73.
[235] Der Begriff begegnet am häufigsten in den Bildungs- und Erziehungsromanen, aber auch in zahlreichen Gesprächs- und Briefäußerungen. So bemerkt Jarno in den *Lehrjahren*, es sei gut für den Menschen, „seiner selbst in einer pflichtmäßigen Tätigkeit zu vergessen. Da lernt er erst sich selbst kennen, denn das Handeln eigentlich vergleicht uns mit andern" (WA I. 23. 120).

wie das Scheitern des aufgeklärten Menschen, „der, aus den alten religiösen und metaphysischen Bindungen gelöst, in einer grenzenlosen Zerstreutheit zu existieren
scheint"[236]. Dessen Erlösung aus allen Schuldzusammenhängen, die metaphorisch
durch Fausts Ablösung von allem Dunklen, Erdverhafteten und durch seinen Aufstieg zum Licht und zur *Visio Dei* dargestellt wird, ist kein reiner Naturvorgang mehr
oder gar menschliches Verdienst, sondern Werk der göttlichen Gnade und Liebe. Die
seligen Knaben kündigen es an:

„Göttlich belehret
Dürft ihr vertrauen,
Den ihr verehret,
Werdet ihr schauen",

worauf die Engel sagen:

„Wer immer strebend sich bemüht,
Den können wir erlösen."[237]

Das ganze Drama bis zur Verklärung Fausts kann somit als Symbol der göttlichen
Gnade aufgefasst werden, die in der *Mater Gloriosa* vollkommen Gestalt angenommen
hat. Vom Unbedingten emporgezogen, strebt der Mensch seiner existenzialen
Ganzwerdung zu, so jedenfalls klingt es feierlich im Schlusschor des Faust-Dramas:

„Geeinte Zwienatur
Der innigen beiden:
Die ewige Liebe nur
Vermag's zu scheiden."[238]

„Alles Vergängliche
Ist nur ein Gleichnis;
Das Unzulängliche,
Hier wird's Ereignis;
Das Unbeschreibliche,
Hier ist's getan;
Das Ewig-Weibliche
Zieht uns hinan."[239]

Die gnadenhafte Rettung des Menschen ist die letzte Konsequenz der Grundüberzeugung Goethes, dass alles Vergängliche Gleichnis des Ewigen sei. Das, was wir als
Wirklichkeit erfahren, ist die für uns oftmals unkenntlich gewordene Anteil-Gabe am
göttlichen Leben – und somit eine Ausdrucksform des *Seins als Gabe*. Der Gabecharakter der Wirklichkeit ist jenes Urphänomen, das die Verwandtschaft des Menschen
mit dem Universum begründet und aus dem sich erst Subjekt und Objekt, die Begegnung zwischen Ich und Du und eine ganze Welt *ergeben*. Goethes ‚phänomenologische

---

[236]   HÜBNER: Eule – Rose – Kreuz. 73.
[237]   Beide Zitate: GOETHE: WA I. 15. i330.
[238]   GOETHE: WA I. 15. i331.
[239]   GOETHE: WA I. 15. i327; zit. in BALTHASAR: Apokalypse I. 514. Zur Faust-Thematik vgl. auch die
        ausführliche Interpretation von STAIGER: Goethe. Bd. I. 204-244. Bd. II. 316-365. Bd. III. 261-472.

Reduktion' – so könnte man aus heutiger Sicht formulieren – besteht also darin, dass er alles, was ist, in seiner ursprünglichen *Gegebenheit* betrachtet. Vor all jenem empfindet er tiefe *Ehrfurcht*.

Die Ehrfurcht, die ihm als die höchste religiöse Tugend gilt, beginnt schon bei der Bereitschaft, sich unvoreingenommen auf ein Gegenüber einzulassen. Sie liegt in der für Goethe so bezeichnenden Art, die Unwägbarkeiten einer Landschaft oder eines Gesprächs, das Konkrete einer Situation aufmerksam wahrzunehmen.[240] In *Dichtung und Wahrheit* bekennt er sich zu seinem Doppelziel:

„Ich suchte mich innerlich von allem Fremden zu entbinden, das Äußere liebevoll zu betrachten, und alle Wesen, vom menschlichen an, so tief hinab als sie nur fasslich sein möchten, jedes in seiner Art auf mich wirken zu lassen. Dadurch entstand eine wundersame Verwandtschaft mit den einzelnen Gegenständen der Natur und ein inniges Anklingen, ein Mitstimmen ins Ganze, sodass ein jeder Wechsel, es sei der Ortschaften und Gegenden, oder der Tags- und Jahreszeiten, oder was sonst sich ereignen konnte, mich aufs innigste berührte."[241]

Auch in dieser Passage macht sich der philosophische Grundton Goethes, seine Distanz zur Kant bemerkbar. Seine sensible Wahrnehmung beruht nicht auf einem unveränderlichen Gefüge von Verstandeskategorien, sondern auf der Entwicklungsfähigkeit seiner Anschauung: „Wir haben uns, wenn wir einigermaßen zum lebendigen Anschauen der Natur gelangen wollen, selbst so beweglich und bildsam zu erhalten, nach dem Beispiele, mit dem sie uns vorgeht."[242]

Die Ehrfurcht ist gleichermaßen ein erkenntnistheoretisches Prinzip, ein Ausdruck des geistigen und religiösen Strebens, ein Element der sprachlichen und dramatischen Gestaltung und eine Grundeigenschaft der persönlichen Lebensführung Goethes. Rückblickend sagt dieser von sich: „Mein Gemüt war von Natur zur Ehrerbietung geneigt"[243]. „Was wäre denn aus mir geworden, [...] wenn ich nicht immer genötigt gewesen wäre, Respekt vor andern zu haben."[244] „Nicht das macht frei, dass wir nichts über uns anerkennen wollen, sondern eben, dass wir etwas verehren, das über uns ist; denn indem wir es verehren, heben wir uns zu ihm hinauf und legen durch unsere Anerkennung an den Tag, dass wir selber das Höhere in uns tragen und wert sind, seinesgleichen zu sein."[245] Nur indem der Mensch ein Größeres verehrt, vor dem er die eigene Relativität annehmen und leben kann, gewinnt er einen aufrechten, wahrhaft auf-geklärten Stand in der Wirklichkeit. Die Ehrfurcht kann deshalb als aktives Element der menschlichen Vernunfttätigkeit bezeichnet werden. Für Balthasar ist sie der „Spitzenbegriff Goethescher Welthaltung"[246]. In ihr verbinden sich die drei Akthaltungen der Vernunft: der Eros der Tätigkeit, die ästhetisch-intuitive Hingabe und die theoretisch-distanzierte Schau, die im Staunen ihren Höhepunkt erreichen.[247]

---

240 Vgl. BALTHASAR: Apokalypse I. 450.
241 GOETHE: WA I. 28. 149f; zit. in BALTHASAR: Apokalypse I. 421f.
242 GOETHE: WA II. 6. 10. Vgl. BUCHWALD: Art. Gestalt. 828.
243 GOETHE: WA I. 26. 72; zit. in BALTHASAR: Herrlichkeit III-1-2. 740.
244 GOETHE: WA V. 3. 199.
245 GOETHE: WA V. 6. 28.
246 BALTHASAR: Apokalypse I. 440.
247 Vgl. BALTHASAR: Apokalypse I. 459.

Der Erosbegriff der antiken Philosophie weicht damit einer ganzheitlichen Haltung: „Liebe als Einheit des distanzierten Schauens des Geliebten (theoretisch), darin aber der Intuition des Urphänomens, der Seinstiefe als Heiligkeit (ästhetisch), welche sich aber nur in der tätigen Emporbewegung aufs Heilige erschließt (praktisch)."[248]

Im Gegenüber von Gegebenheit und Ehrfurcht tritt einmal mehr der Charakter der goetheschen Phänomenologie ans Licht: Sie bewegt sich in einer horizontalen wie vertikalen Spannung und steht damit unter den Grundgesetzen von *Polarität und Steigerung*, die als die „zwei großen Triebräder aller Natur"[249] anzusehen sind.

---

[248] BALTHASAR: Apokalypse I. 441.
[249] GOETHE: WA II. 11. 11. Vgl. weiterführend HUBER: Art. Polarität/Steigerung. – WEINHANDL: Die Metaphysik Goethes. 61-135.

3 In und jenseits der Neuzeit:
Goethes Leben im Spiegel seiner Dichtung
(Zwischenreflexion)

Allein die Ehrfurcht vermag sich dem ,offenbaren Geheimnis' des Lebens anzunähern. Somit schließt sich hier der Kreis: Die Landschaften des Denkens Goethes ließen eine Philosophie erkennen, die im Umfeld der Neuzeit ein Größeres als des Menschen eigene Vernunft zu verehren weiß. Nach der Maxime, die eigentliche Seligkeit auf Erden sei die Anerkennung Gottes, „wo und wie er sich offenbare"[1], verbinden sich in dieser Philosophie humanistische und antike, transzendentale und ontologische Elemente zu einer Weltanschauung, die eine alles durchwaltende *Analogie* zwischen dem Mikrokosmos der Geschöpfe und dem Makrokosmos des Seins annimmt. Aufgrund der Verwandtschaft von Welt und Bewusstsein, von Geschöpf und Gottheit gibt es überhaupt nur die Möglichkeit von Erkenntnis.

Goethes Philosophie kann mit Recht als *phänomenologisch* bezeichnet werden. Sie vereinigt wissenschaftliches Denkvermögen, Künstlersinn und Gefühlstiefe zu einer originalen Erkenntnisweise. Durch ihr Prinzip der Anschauung und ihren dichterischen Stil wird der Leser in eine Objektivität geleitet, die auf dem Boden der Neuzeit zugleich über jene hinaus führt. Gestalt und Erscheinung der Natur werden als ganzheitliches Phänomen geschaut. Davon zeugen insbesondere die Begriffe der Schönheit, des Stils und des Symbols, die Goethe in Italien ausbildet und die verschiedene Facetten seines geistigen Erfassens des Ideellen *im* Realen, des Wesens *in* der Erscheinung, des Gesetzlichen *im* Einzelnen, der inneren Form *in* der äußeren Gestalt darstellen. Sie führen zudem eine religiöse Konnotation mit sich.

Goethes Religiosität, die der konfessionellen Eindeutigkeit entbehrt, ist hinsichtlich ihrer innersten Motivation als Naturfrömmigkeit und hinsichtlich ihres Ausdrucks als dichterisch zu beschreiben. Von der philosophischen Begründung, die auf Vernunftwahrheiten basiert, und von der theologischen Überzeugung, die sich primär auf Offenbarungswahrheiten beruft, unterscheidet sie sich gerade durch ihre dichterische Qualität. Sie ist von dem ontologischen Kernsatz getragen, dass alles Vergängliche Gleichnis des Ewigen ist. Doch ist diese begrifflich fassbare Lehre nur der äußere, gedachte Ausdruck für bestimmte sinnliche Erfahrungen,

„worin das Göttliche eben nicht nur begriffen, sondern auch erlebt und verinnerlicht wird [...]. Die Form aber, in der das Gedachte zum Gefühl, zur inneren Erfahrung wird, womit es, fern allem bloß Abstrakten, überhaupt erst seine eigene Lebendigkeit und Wirklichkeit erreicht, diese Form ist für ihn die Dichtung. Die Dichtung hat demnach eine strenge sinnliche Wahrheit und

---

1 GOETHE: WA I. 42ii. 211.

ist doch andererseits begrifflich unverbindlich. Nicht die religiöse Dogmatik ist ihr eigentlicher Gegenstand, sondern die religiöse Erfahrung, welche dieser korrespondiert."[2]

Die Kunst greift also abstrakte ontologische Erkenntnisse auf und ver-dichtet sie anschaulich in Einzelerlebnissen, die immer offen und unvergleichlich bleiben. Der Glaube kann dementsprechend weder allein aus wissenschaftlicher Metaphysik verifiziert, noch aus theologischen Dogmen und Denkformen abgeleitet werden.

Goethes Glaube ist wie die Ehrfurcht und Hingabe tief in seiner Persönlichkeit und Lebensführung verwurzelt. Eine existentiell bewährte Wahrheit scheint ihm zuweilen sogar wichtiger zu sein als sein gesamtes Schrifttum. „Goethes Leben gehört zu seiner Gesamtleistung wie sein dichterisches Werk. Seine gestaltende Kraft erstreckte sich auf beides, kein Dichter ist ihm darin vergleichbar"[3], urteilt die Literaturwissenschaftlerin Mommsen. Cassirer bemerkt dazu:

> „Goethes Leben kann sich in Goethes Dichtung rein und vollständig widerspiegeln, weil die Kräfte, aus denen es sich formt, sich mit den Kräften, aus denen die dichterische Gestaltung bei ihm quillt, innerlich und ursprünglich durchdringen. Hier gibt es keine ‚Übersetzung' aus der einen Sphäre in die andere, kein äußerliches Hinzufügen und ‚Erdichten' fremder Züge, sondern in der künstlerischen Phantasie erschließt sich unmittelbar der reine Wahrheitsgehalt des eigenen inneren Daseins."[4]

Goethes Dichtung ist der authentische Ausdruck seines persönlichen Lebens und seiner Überzeugungen, die er sich im Gespräch mit den philosophischen Größen seiner Zeit errungen hat. Sie fasziniert Balthasar vor allem in seinen frühen Studienjahren. Zweimal verfasst dieser eine Rezeption, die im Vergleich zum germanistischen Forschungsstand eigene Akzente setzt und einer bestimmten Grundidee folgt.

---

[2] HÜBNER: Eule – Rose – Kreuz. 77.
[3] MOMMSEN: Goethe warum? 339.
[4] CASSIRER: Freiheit und Form. 181.

4 Ganzheitliche Wahrnehmung:
Die Goethe-Rezeption Hans Urs von Balthasars

In Hans Urs von Balthasars Auseinandersetzung mit dem Selbstverständnis der Moderne stellt Goethe eine Schlüsselfigur dar. Sein seltenes Gespür für die Idee des Humanen, aber auch für die Gefährdungen seiner Zeit, die in einem übersteigerten Anspruch auf Rationalität und Fortschritt liegen, macht ihn zu einem wichtigen Wegweiser im Umfeld der philosophischen Sattelzeit. Gegenüber den idealistischen Systemzwängen bewahrt sich Goethe einen Spielraum, eine dichterische Religiosität, die die menschliche Existenz in ihrer Ganzheit wahrzunehmen vermag. In seinem stillen Einvernehmen mit den Dingen der Welt kommt er dem klassischen Geist eines Thomas von Aquin unerwartet nahe. Beide wissen die innere Ordnung des Daseins als Widerschein der Vernunft des Schöpfers zu deuten. Ihr interesseloser Blick „ermutigt alles zu sich selbst"[1]. Wo die Moderne den überkommenen Seinsbegriff an die Funktionen des Bewusstseins und der Erfahrung zurück bindet, übt Goethe den phänomenologischen Blick auf die Eigengesetzlichkeit einer Gestalt, die er nicht durch festgeschriebene Klassifizierungen, sondern aus den Bedingungen ihres Werdens heraus erklärt. Seine Erkenntnisart bleibt prinzipiell diesseits der Spaltung von erkennendem Subjekt und erkanntem Objekt.

Das distanzierte Interesse, das Goethe gegenüber der Philosophie seiner Zeit zum Ausdruck bringt, kennzeichnet auch sein Verhältnis zum Christentum. Frei von aller Dogmatik wird die christliche Religion als Motivreservoir einer symbolischen Weisheit aufgenommen und mit einer humanen Logik verwoben – dies jedoch in freier Konkurrenz zu anderen Weltanschauungen. Goethe erscheint so als *Symbol* und als *Symptom* eines eigenwilligen Denkens unter den Bedingungen der Moderne: eingelassen in die Ganzheit des Seins – unverbindlich der Erlösergestalt Jesu Christi gegenüber.

Diese Zweideutigkeit spiegelt sich in Balthasars Rezeptionen wider, deren anfängliche Wertschätzung dem Dichter gegenüber in nüchterne Kritik umschlägt. Jenseits historisch-kritischer Textanalyse und editorischer Darstellung konzentriert sich Balthasar auf die Mitte des goetheschen Denkens, sucht diese in ihrer exemplarischen Gestalt nachzuzeichnen, nutzt sie aber auch als Folie für die Exponierung eigener theologischer Gedanken. Diese Art der Lektüre reicht bis in seine früheste Studienzeit zurück. Aus seiner germanistischen Dissertation *Geschichte des eschatologischen Problems in der modernen deutschen Literatur* (1928) erwächst die monumentale *Apokalypse der deutschen Seele* (1937 – 1939), deren umfangreichstes Kapitel Goethe gewidmet ist. Die *Sammlung Klosterberg. Europäische Reihe*, an deren Herausgabe Balthasar von 1942 bis 1952 beteiligt ist, greift die Anliegen der *Apokalypse* auf, indem sie „am Ende der Naziwirren Grund-

---

[1] GUARDINI: Von Goethe, und Thomas von Aquin, und vom klassischen Geist. 22.

steine zu einem geistigen Europa"[2] sammelt. Hier engagiert sich Balthasar als Architekt einer christlichen Kultur, die wertvolle Impulse aus der neuzeitlichen Literatur bezieht. In drei kleinen Bänden, den Trauergesängen *Nänie*, den Gedichten *Bilder einer Landschaft* und der Lebensbeschreibung Goethes unter dem Titel *Ein Füllhorn von Blüten,* die er mit einem kurzen Nachwort versieht, möchte er einer tief verunsicherten Nachkriegsgeneration eine Auswahl der „höchsten Kostbarkeiten der deutschen Lyrik" vor Augen führen. „Muss das hier entworfene Bild Goethes nicht die alberne Rede Lügen strafen, dass der erhabenste unserer Dichter der Zeit kein lebendiges Wort mehr zu künden habe?"[3] Die goetheschen Helden, die Balthasar in der *Apokalypse* und in *Nänie* vorstellt, gleichen einander: sie weisen in einem „Offenlassen des Letzten über sich hinweg in die klaglose Ewigkeit"[4]. In dem 1965 erschienenen dritten Band der *Herrlichkeit* wandelt sich diese Einschätzung in kritische Reserviertheit. Während sich Balthasar in seinen frühen Jahren dem weltlichen Denken zuwendet, um es ins Christliche einzubringen und für dieses fruchtbar zu machen, arbeitet er später das Christliche stärker in seinem Unterschied zum Weltlichen heraus. Die Linien seiner Goethe-Rezeption, die immer aus einer bestimmten Fragestellung erwachsen, sollen in diesem Kapitel nachgezeichnet werden. Was heben sie besonders ans Licht, was verschatten sie? Welche ersten Erkenntnisse lassen sich daraus hinsichtlich der balthasarschen Hermeneutik gewinnen?

4.1 Frühe geistige Prägungen

Es steht außer Zweifel, dass Balthasar seine hermeneutische Methode und seine systematische Grundoption nur im Gespräch mit einigen richtungweisenden Lehrern entwickeln konnte. Um die Leitperspektive und das Goethebild seiner jeweiligen Studie angemessen verstehen zu können, sollen diese frühen geistigen Prägungen – ohne auf die einzelnen Positionen im Detail einzugehen – zunächst kurz umrissen werden.

Im Rückblick auf sein Germanistikstudium in Wien, Berlin und Zürich nennt Balthasar selbst eines seiner wichtigsten Vorbilder: *Romano Guardini.* Die Begegnung mit dem für seine Auslegung literarischer Gestalten bekannten Theologen im Wintersemester 1926/27 beeindruckt ihn nachhaltig.[5] Guardini, der in Berlin den eigens für ihn errichteten *Lehrstuhl für Religionsphilosophie und Katholische Weltanschauung* innehat, bewegt sich im Grenzgebiet zwischen Philosophie und Theologie.

---

[2]   BALTHASAR: Zu seinem Werk. 43.
[3]   Beide Zitate: BALTHASAR: Nachwort. 93.
[4]   BALTHASAR: Nachwort. 94.
[5]   Vgl. das Interview *Cento domande a von Balthasar* mit Erwin Koller 1984: „Es war dann grässlich in Berlin. Die Stadt war ein Greuel. Es war nur einer, der ein Trost war. Das war Guardini [...]" (zit. in LOCHBRUNNER: Guardini und Balthasar. 232).

„Es gibt, so erklärte er seinen Hörern, einmal den Bereich der Schöpfung, nach deren letztem Sinn die Philosophie fragt. Dann gibt es den Bereich der biblischen Offenbarung, die Gegenstand der Theologie ist. Was aber erfolgt, wenn der weltliche Bereich vom Licht christlichen Glaubenswissens her angestrahlt wird? Dann leuchten Werte und Tiefen darin auf, die ihm zugehören, aber sonst im Dunkel oder im Halbschatten verblieben wären."[6]

Aufhorchen lässt auch die folgende Passage aus Guardinis Werk:

„Zuerst steht das Dogma ‚vor' dem Menschen, als Gegenstand der Entscheidung und des Gehorsams. Geschieht, was geschehen soll, dann wandert es gleichsam hinter den Menschen, hinter den Geist, hinter das Auge. Es wird zu etwas, von dem her und aus dem heraus alles Übrige betrachtet wird: zu einer Ordnung des Geistes; zu einem Richtungsgefühl für die Bewegung; zu einem Licht, das dem Blick leuchtet."[7]

Über die Darlegung einer katholischen Weltanschauung hinaus ist es vor allem Guardinis Methode, die es Balthasar angetan hat: „von der genauen Deutung des Textes zum Ganzen des Gedankens und der Persönlichkeit vorzudringen und damit grundsätzliche Fragestellungen zu verbinden"[8]. Guardini ermutigt den jungen Studenten zur „Auseinandersetzung mit den großen, nicht systematisierenden schöpferischen Gestalten der Dichtung und des Denkens"[9] und bestätigt ihn insbesondere in seinem „Antikantianismus und seiner entschlossenen Option für die lebendige Gestalt, der er bei Goethe begegnet ist"[10].

Auch *Julius Petersen*, dessen Vorlesungen zu *Goethes Lyrik* Balthasar in Berlin besucht haben wird,[11] spricht sich für eine ganzheitliche Lesart von Literatur aus. Die Herausarbeitung eines ‚Urgedankens', der alles weitere dichterische Schaffen hervorbringt und trägt, zieht er einer isolierten Form- und Stilanalyse vor. In seiner 1926 erschienenen *Einführung in die moderne Literaturwissenschaft* schreibt er mit deutlichen Anklängen an Goethes Morphologie:

„Die Magie des Zeitgeists, der alle Lebensäußerungen eines Zeitalters in gleiche Richtung lenkt, ist die Voraussetzung und Grundlage geistesgeschichtlicher Betrachtung [...]. Geistesgeschichtliche Betrachtung wird also die Form der Dichtung nur als Schale betrachten und wird auf den Kern gehen, um darin dieselbe Wachstumstendenz zu finden wie in anderen Früchten desselben Stammes."[12]

Nachdem Balthasar unmittelbar nach Abschluss seines Doktorexamens 1929 in die Gesellschaft Jesu eingetreten ist, absolviert er von 1931 bis 1933 sein Philosophiestudium in Pullach bei München. Ihm, dem „in der Wüste der Neuscholastik Schmach-

---

[6]   BALTHASAR: Romano Guardini. 21. Vgl. GUARDINI: Welt und Person. 67.
[7]   GUARDINI: Glaubenserkenntnis. 140.
[8]   GUARDINI: Berichte über mein Leben. 45.
[9]   GUERRIERO: Hans Urs von Balthasar. 39.
[10] GUERRIERO: Hans Urs von Balthasar. 38.
[11] Es ist anzunehmen, dass Balthasar Petersens Vorlesungen zu *Goethes Lyrik* (WS 1926/27) und zum Thema *Geschichte der deutschen Literatur vom Ausgang der Romantik bis zur Reichsgründung* (SS 1927) hörte. Vgl. HAUPT: Vom Geist zur Seele. 45, Anm. 24.
[12] PETERSEN: Die Wesensbestimmung der deutschen Romantik. 179f.

tenden" wird nun „*Erich Przywara* ein unvergesslicher Wegweiser"[13]. Przywara hatte sich als Fundamentaltheologe und Redakteur der *Stimmen der Zeit* einen Namen gemacht und mit seinem Hauptwerk *Analogia Entis*[14] entscheidend zur Vermittlung der Lehre von der Seinsanalogie beigetragen. Dieses katholische Grundprinzip formuliert, dass Gott alles in allem ist, in seiner je größeren Unähnlichkeit gegenüber den Geschöpfen aber allen Denkversuchen, das Absolute zu erfassen, voraus liegt. Wenn allem Endlichen das Sein nur in analoger Weise zukommt, so bedeutet dies nicht seine Entwertung, sondern seine eigentliche Bejahung. Die Aussage von der Positivität der geschöpflichen Welt bestätigt für Balthasar, kurz gesagt, das goethesche Diktum von der Gleichnishaftigkeit alles Vergänglichen.[15]

Während seines Theologiestudiums von 1933 bis 1937 in Lyon-Fourvière macht Balthasar die Bekanntschaft mit *Henri de Lubac*, dem er zeit seines Lebens freundschaftlich verbunden sein wird.[16] In einem Kreis begabter Mitstudenten lässt er sich von de Lubac die Theologie der Kirchenväter erschließen[17] und gewinnt daraus bedeutsame Einsichten zur Überwindung der Neuscholastik, insbesondere der Trennung von natürlicher Natur- und übernatürlicher Gnadenordnung. De Lubac selbst gehört jener Jesuitengeneration an, die durch ihre so genannte *Nouvelle Théologie*[18] einen wichtigen Beitrag zur Erneuerung des katholischen Denkens leisten. Einflussreich geworden ist vor allem seine theologische Anthropologie, der zufolge die Natur des geschaffenen Geistes grundlegend auf ihr übernatürliches Endziel, die Begegnung mit dem sich gnädig zuwendenden Gott angelegt ist *(desiderium naturale visionis Dei)*. In seinem Hauptwerk *Surnaturel* vertritt de Lubac die These, dass sich die übernatürliche Finalität des Menschen und die Freiheit und Ungeschuldetheit der Gnade nicht ausschließen: „Paradoxe de l'esprit humain: créé, fini, il n'est pas seulement doublé d'une nature; il est lui-même nature […]. Image de Dieu, mais tiré du néant. Avant donc d'aimer Dieu, et pour pouvoir l'aimer, il désir […]. L' esprit est donc désir de Dieu."[19]

---

[13] Beide Zitate: BALTHASAR: Zu seinem Werk. 76. An anderer Stelle erwähnt er die „unverdiente Freundschaft mit dem größten Geiste, dem ich begegnen durfte: Erich Przywara" (10).

[14] Erschienen 1932. Zur Auseinandersetzung mit Przywara vgl. Balthasars Aufsatz *Die Metaphysik Erich Przywaras*.

[15] Zu Przywara vgl. auch die Abschnitte 4.1.1 und 4.1.2 dieser Arbeit.

[16] In den fünf Reflexionen *Zu seinem Werk* macht Balthasar mehrfach auf die Bedeutung de Lubacs für seine Theologie aufmerksam (vgl. etwa 10, 42, 76).

[17] Vgl. BALTHASAR: Prüfet alles – das Gute behaltet. 9.

[18] Der Ausdruck *Nouvelle Théologie* ist mit Vorsicht zu gebrauchen, da er von den beteiligten Wissenschaftlern selbst kaum zur Bezeichnung ihrer Arbeit verwendet wird und über deren Orientierung an den Kirchenvätern hinweg täuscht. Als Protagonisten dieser französischen Bewegung gelten neben Henri de Lubac u.a. die Jesuiten Jean Daniélou, Henri Bouillard und Yves de Montcheuil sowie die Dominikaner Yves Congar und Marie-Dominique Chenu. Die Jesuitenpatres in Fourvière stehen in regem Dialog mit einigen wichtigen Vertretern der damaligen französischen Kulturszene *(Renouveau Catholique)*, z.B. mit Charles Péguy, Paul Claudel, Jacques Maritain und Etienne Gilson, deren Werke Balthasar ebenso wie die Veröffentlichungen de Lubacs durch seine kongenialen Übersetzungen in den deutschen Sprachraum vermittelt. Zur Verbindung zwischen Balthasar und de Lubac vgl. VODERHOLZER: Die Bedeutung der so genannten „Nouvelle Théologie" (insbesondere Henri de Lubacs) für die Theologie Hans Urs von Balthasars. – FIGURA: Das Geheimnis des Übernatürlichen.

[19] DE LUBAC: Surnaturel. 483.

Balthasar bleibt den Begegnungen aus seiner Studienzeit ein Leben lang verpflichtet. *Analogia entis* und *tendentia naturalis in gratiam*: Dies sind die Grundüberzeugungen, die sich Balthasar in den Gesprächen mit Przywara und de Lubac aneignet und die zur Abfassungszeit der *Apokalypse* das Grundgerüst seines philosophischen und theologischen Denkens ausmachen. Von Guardini lernt er im Wesentlichen eine bestimmte Hermeneutik, die dieser selbst als *phänomenologisch*, als Akt der *Anschauung* versteht. Die Methodik derjenigen Studien, die Balthasar einzelnen Gestalten der Geistesgeschichte widmet, wirkt diesbezüglich wie eine Nachahmung, und das umso mehr, als auch Guardini eine Affinität zu Goethe bekundet. Nichtsdestotrotz stellt sich die Frage, ob Balthasar dem Blick Goethes und Guardinis tatsächlich entspricht, wenn er in seinem Frühwerk eine ‚Phänomenologie‘ geltend machen will, kurz: ob er hält, was er verspricht. Denn insbesondere sein Erstlingswerk kann als nicht unproblematisch gelten. Die folgende Untersuchung will daher über die Goethe-Rezeptionen hinaus die Eigenart der phänomenologischen Denkformen bei Balthasar beschreiben und ergründen.

4.2 Goethe als Symbol: *Apokalypse der deutschen Seele I*

4.2.1 Leitperspektive des Werkes

4.2.1.1 Die existenzielle Eschatologie

In der *Apokalypse der deutschen Seele* – einer ‚Lehre von letzten Haltungen‘ – fragt Balthasar nach der Art und Weise, wie sich die großen Gestalten der modernen deutschen Geistesgeschichte zu ihrem ewigen Schicksal verhalten und welchen Logos sie für ihre Besinnung auf ihr Eschaton finden – in Philosophie, Dichtung oder in der Theo-logie, im Wort Gottes, das ihnen gesagt wird. Sein Grundimpuls ist der Versuch, die einzelne Seele „auf ihre letzte, oft verborgene religiöse Haltung hin zu ‚enthüllen‘, sie gleichsam ‚beichten‘ zu lassen"[20]. In dieser Beichtsituation wird das eschatologische Thema von seiner individuellen Bedeutung her angegangen.[21] Balthasar sucht diese zu erhellen, indem er den jeweiligen Einheitspunkt im Werk unterschiedlicher Denker und Dichter vom ausgehenden Mittelalter bis zur Gegenwart der 30er Jahre aufdeckt und die darin zum Ausdruck kommende Weise der Bezüglichkeit des Denkens auf sein Letztes hin ‚abhört‘.

Apokalypse heißt hier das Ursprungswort. Im alttestamentlichen und urchristlichen Kontext ist es als endzeitlich qualifiziertes literarisches Genre bekannt, während *Escha-*

---

[20] BALTHASAR: Unser Auftrag. 1984. 32.
[21] Vgl. BALTHASAR: Apokalypse I. 3: „‚Apokalypse der Seele‘ ist darum nur ein konkreteres Wort für Eschatologie."

tologie die dogmatische Rede von der Hoffnung auf individuelle und universale Vollendung meint. Balthasar nimmt diese Traditionen auf und modifiziert sie, sodass sein Titelwort verschiedene Motive zum Klingen bringt. Es besagt: die Enthüllung der individuellen Bewegung des Menschen auf einen letzten Sinn zu; die Offenbarung der Wahrheit seines Lebens; das Gefordertsein der individuellen Entscheidung; die Antizipation der christologischen Gerichtsperspektive. Das Werk steht damit unter dem Vorzeichen eines apokalyptisch einbrechenden Endes, zumal Balthasar die von ihm ausgewählten Denker prüfend liest, ja nahezu gewaltsam zu Betroffenen der Endzeit stilisiert – einer Endzeit, die sie selbst herbeiführen und der sie nun entgegentaumeln.

Der Gerichtstopos berührt den heutigen Leser auf seltsame Weise, zumal das Erscheinen der *Apokalypse* auf den Vorabend der größten deutschen Katastrophe datiert ist.[22] Das Werk kommt aber in einer ganzen Landschaft ideengeschichtlich verwandter Publikationen zu stehen, die den Zeitgeist der 30er und 40er Jahre des letzten Jahrhunderts widerspiegeln. Die auffälligste Parallele ist die Züricher Dissertation des jüdischen Religionsphilosophen *Jacob Taubes*[23], die in Thematik und Sprachduktus dem balthasarschen Entwurf nachempfunden ist, das katholische Bild aber um seine jüdisch-messianischen Wurzeln ergänzt.[24]

Nicht nur die kairologische Verortung des Erstlingswerkes Balthasars ist brisant, sondern auch dessen eigenwillige Absetzung von der Neuscholastik durch eine antisystematische Eschatologie, welche die geschichtlich-konkrete Existenz als Ort einer sie transzendierenden Wirklichkeit im Blick hat. „Wahrheit ist für ihn – und damit bezeugt er sich als ein der Moderne verpflichteter Geist – immer zuerst existentiell, sie ist ihm ein geschichtlicher Akt, der sich in einer denkerischen und künstlerischen Einheitsgestalt fassen lässt, wenn er überhaupt geschichtlich fruchtbar geworden ist."[25] Da alle Aussagen über objektive Endmöglichkeiten letztlich in der individuellen Wahrheit mit inbegriffen und im Diesseits nicht anders verfügbar sind, liegt die Absicht des Werkes darin, „das erkennende und dichtende Weltgestalten der Moderne analytisch auf seine religiöse Tauglichkeit hin zu überprüfen und so das im Wesen des Menschen angelegte Transzendieren als eine Bewegung zu fassen, in der deren Ziel –

---

[22] Es besteht zwar kein Anlass, eine Verstrickung Balthasars in faschistische Ideologien zu vermuten (so der Vorwurf von KÖSTER: „Letzte Haltungen"?). Dennoch kann die *Apokalypse* als ein Zeitzeugnis gelten. Vor dem Hintergrund etwa der Reden Joseph Göbbels, die dem deutschen Volk den ‚Endsieg' verheißen, ist zumindest zu fragen, ob Balthasar die Begriffe *Apokalypse* und *deutsche Seele* bloß unvorsichtig, naiv, oder gar als bewusste Provokation gebraucht, welche lautet: Sind nicht letztlich die Irrwege der Moderne für das Versagen der abendländischen Philosophie verantwortlich, die die Ausbreitung des Nationalsozialismus nicht verhindern kann? M.E. liegt jedoch die einfache Erklärung näher, dass nationalsozialistische Sprache in alle Bereiche des öffentlichen und privaten Lebens einsickerte und sogar den Schreibstil vieler damaliger Autoren beeinflusste.

[23] TAUBES: Abendländische Eschatologie.

[24] Haas beurteilt die Studie als „imitatorische Annäherung und Verwertung Balthasarschen Gedankenguts" (DERS.: Zum Geleit. XXXVI), während Baatz die doch eigenständige Grundposition Taubes aufzeigt (vgl. DIES.: Ein Anstoß zur Abendländischen Eschatologie).

[25] HAAS: Zum Geleit. XLII.

die göttlich verfügte und im Glauben gekannte Endgestalt alles Seienden – tatsächlich in den Blick kommt"[26].

Jede Seele steht, so Balthasar, „vor sich selber noch als vor einer verschlossenen Türe"[27]. Seine *existenzielle Eschatologie* beruht damit auf einem „Wissen vom Stehen des konkreten Geistes vor seinem eigenen, ihn vollendenden, aber ihm verhüllten Letzten"[28]. Sie bewegt sich „nicht im abstrakten Raum der Ideen, sondern im geschichtlichen Raum der Existenz", da es „letztlich nur die Situation dieses einzelnen, zeitlichen Menschen vor dem Geheimnis seines Schicksals"[29] gibt. Gleichwohl muss sich der Einzelne zum Objektiven hin öffnen, da ihm alle Begegnungen und Weltverhältnisse Schicksale der Bewährung werden und die Hinordnung auf Gott Vollendung bedeutet.

„Nicht nur die Philosophie Goethes, Schellings, Hegels, Husserls und Heideggers hat dieses ursprünglichste natürliche Offenbarungsgesetz zu ihrem eigentlichen Grunde, nicht nur ist die Zuordnung erscheinender Innerlichkeit im Spiegel des Äußern das Formalste aller Kunst, sondern gerade auch die Theologie behauptet, dass die Enthüllung der Seele nur in einer vorgängigen, einfassenden, ‚inneren‘ und ‚äußeren‘ Apokalypse Gottes möglich ist. So holen wir, trotz des subjektiven Ansatzes doch auch den theologischen Begriff von Eschatologie wieder ein: Offenbarung der Seele und Offenbarung Gottes sind in ihrer strengen Zuordnung nur *eine* Geschichte, als der Funkensprung von Seinsmitte zu Seinsmitte und darin Lichtung der Zentren."[30]

Balthasars Eschatologie bezieht sich auf die individuelle, die soziale und die kosmische Dimension: die schöpferische Freiheit des Einzelnen, die solidarische Schicksalsgemeinschaft und die „Um-Natur", die dem Menschen als „Spiegel und Gleichnis"[31] gegeben ist. Dabei drückt sich die Bewegung des Einzelnen auf sein Letztes zu in einem ‚axiologischen‘ und einem ‚teleologischen‘ Verhältnis aus. *Axiologie* meint Wertorientierung und Ausrichtung auf die Unmittelbarkeit des eigenen Schicksals – anders gesagt: „Schicksalsgegenwart der letzten Dinge", der gegenüber das Subjekt keinen (wert-)neutralen Standpunkt einnehmen kann. *Teleologie* besagt die zielgerichtete Selbstverwirklichung, also den „Weg der Verwandlung von Schicksalsgegenwart in Erfüllungsgegenwart"[32]. Diese Differenzierung nimmt Balthasar unter dem Eindruck einer ungenügenden Schultheologie vor, welche die Eschata als rein zukünftige Ereignisse betrachtet, die von der gegenwärtigen Weltzeit streng geschieden sind. Ihm selbst geht es um die Anerkennung der unauflöslichen Spannung zwischen zeitlicher und überzeitlicher Situation, die eine in sich gekehrte Sinnsuche ebenso verhindert wie eine weltenthobene Jenseitsvertröstung. „Wenn die Wahrheit des Endlichen wirklich in seinem *Wege* liegt, so hat es seine Wahrheit erst im letzten Augenblick, im Tode,

---

26 HAAS: Zum Geleit. XXXIX.
27 BALTHASAR: Apokalypse I. 6.
28 BALTHASAR: Apokalypse I. 12.
29 Beide Zitate: BALTHASAR: Apokalypse I. 4.
30 BALTHASAR: Apokalypse I. 5.
31 BALTHASAR: Apokalypse I. 12.
32 Alle vorausgehenden Zitate: BALTHASAR: Apokalypse I. 13. Balthasar greift hier eine zeitgenössische Diskussion in der protestantischen Theologie zwischen Troeltsch, Althaus, Barth, Traub, Tillich und Hoffmann auf.

erreicht. Und doch steht die Ewigkeit auch senkrecht zu *jedem* Augenblick dieses Lebens und richtet ihn im Gericht über das Leben ebenso sehr, als sie den letzten Augenblick richtet."[33]

Der Gesamtrahmen der Studie ist von einem ignatianischen, aber auch typisch expressionistischen Entscheidungspathos geprägt. Jeder Denker muss sich für die Taten – und vor allem für die Gesinnung seines Lebens verantworten. Die Vielfalt der vorgestellten Figurationen von christlichem und nicht-christlichem Denken soll schließlich den Leser mit der Frage nach seiner eigenen ,Letzthaltung' vor Gott konfrontieren und seinen Blick dafür schärfen, wie es um ihn steht. „Darin bezeugt sich ein genuin jesuitisches Motiv der ignatianischen Exerzitien, das alle Betrachtung der Welt- und Menschheitsdaten einmünden lässt in eine Entscheidungshilfe für das Je-Mehr Gottes, dem gerade wegen seiner Transzendenz die Ehre vor allem gelassen werden muss."[34]

Unter der Annahme, dass die Regungen der individuellen Seele nicht auf den abstrakten Begriff gebracht werden können, dienen alle Geisteswissenschaften als „Werkzeuge der Selbstenthüllung der Seele"[35]. Die *Apokalypse* verbindet nicht nur das theologische ,von oben' mit dem philosophischen ,von unten', sondern ist darüber hinaus von einem germanistischen Erkenntnisinteresse geprägt, das sie als „vollumfängliche Literaturtheologie mit allem methodologischem Zubehör und entsprechenden Fallstudien"[36] qualifiziert. Dieser „Methodensynkretismus"[37] von Philosophie, Theologie und Kunst beruht auf Balthasars Überzeugung, dass Dichtung und Drama erstrangige *loci theologici* sind, d.h. Figuren, die ein christliches Bewusstsein auf kulturellem Gebiet bezeugen. Er soll eine innertheologische Engführung und Ablösung des eschatologischen Problems vom Irdischen verhindern, ist doch alles Weltliche „naturhafter, unentbehrlicher Spiegel des Geistes". Insofern die Kunst Allgemeines im unwiederholbaren Augenblick zu zeigen vermag, erweist gerade sie sich als geeignetes „Bildgewand"[38] der Apokalypse der Seele. Balthasar verzichtet auf jede fachliche Systematisierung um ihrer selbst willen und weitet den Umgang mit den einzelnen Wissenschaftszweigen zu einer Gesamtperspektive, indem er sie sich gegenseitig auf einen Konvergenzpunkt hin überschreiten lässt. „Wie also Literaturwissenschaft für uns in Philosophie übersteigt, so diese wiederum in Kunst; beide aber (wie Theologie) auf die geschichtlich konkrete Existenz. Gerade aber dieser Transzendenzpunkt aller drei soll der geometrische Ort dieser Studien sein."[39]

Ist einmal jeder Seele auf den Grund geschaut, geht es Balthasar bei der Reihung seiner monographischen Einzelstudien doch auch um die umfassendere Enthüllung

---

[33] BALTHASAR: Apokalypse III. 439.
[34] HAAS: Zum Geleit. XXXV.
[35] BALTHASAR: Apokalypse I. 4.
[36] HAAS: Zum Geleit. XXXII.
[37] HAAS: Zum Geleit. XLVf.
[38] Beide Zitate: BALTHASAR: Apokalypse I. 11.
[39] BALTHASAR: Apokalypse I. 10.

der geistigen Grundproblematik einer ganzen Epoche – einer ‚Zeitgestalt‘[40] – und um den Horizont des Menschseins überhaupt.

4.2.1.2 Der geistesgeschichtliche Spannungsbogen

Die Zeitspanne, die in den drei umfangreichen Bänden der *Apokalypse der deutschen Seele* in Augenschein genommen wird, setzt beim ausgehenden Mittelalter an, umfasst die wichtigsten neuzeitlichen Strömungen und endet in der Gegenwart der Abfassungszeit. Indem Balthasar die Komplexität des Denkens vor allem deutscher Repräsentanten auf ihre Kernaussagen und Schwerpunkte hin zusammenzieht, ergeben sich *vier Phasen*, die er jeweils einem für sie charakteristischen Mythos zuordnet. Die Mythen konkurrieren miteinander: *Christus – Prometheus – Dionysos – Christus*.

Der erste Band ist dem *Deutschen Idealismus* gewidmet. In einem einführenden, mit dem Titel *Vorgeschichte* versehenen Abschnitt entwirft Balthasar zunächst ein kurzes Panorama der Geschichte der mittelalterlichen Eschatologie, die vom „Ganzheitsanspruch des scholastischen Weltbildes"[41] her im Zeichen der „transzendenten Heilstatsache"[42] steht. Vollendung wird als unverfügbare Gabe Gottes betrachtet. Zwischen Weltgeschichte und Eschaton liegt ein „absolute[r] Sprung"[43], der gleichzeitig den Konvergenzpunkt der individuellen, allgemeinen und kosmischen Eschatologie bildet. Die unlösliche Verwobenheit dieser Dimensionen fügt sich unter der Prämisse der Allmacht Gottes zu einer innerlich dynamischen Einheit und vertieft das Verhältnis von Axiologie und Teleologie. Die Spannung der Axiologie löst sich durch die Transzendenz des teleologischen Endpunkts. „Und doch führt dies ganze Gewebe schnell zum Dunkel eines unerforschlichen Ratschlusses Gottes, als dem keinem Geschöpf je verliehenen Schlüssel aller Eschata."[44] Vor dem Hintergrund dieser Grundstruktur treten verschiedene Einzelgestalten auf, etwa die chiliastische Weltgerichtserwartung eines Joachim von Fiore oder die Erschütterung des christlichen Glaubens durch die neuplatonische Gnosis, deren Irrlehre in der „Zerstörung der Vollendungstranszendenz durch eine aus den ‚Bedürfnissen‘ der Seele aufgebaute, stufenweise aufsteigende Läuterung durch alle kosmischen Sphären bis zur Rückkehr ins göttliche ‚Pleroma‘"[45] liegt. Mit dem Anbruch modernen Denkens, also in der Zeit des Humanismus und der Reformation, des Barock und der Aufklärung zerbricht die eschatologische Einheit von Geschichte und Übernatur. Der *Christus-Mythos*, der noch die *erste Phase* bestimmt, verliert an Bedeutung.

Die nun folgende *zweite Phase* erstreckt sich bis zur Mitte des 19. Jahrhunderts und erreicht in der Dialektik des Deutschen Idealismus ihren Höhepunkt. Das tiefste Symbol dieser Epoche erkennt Balthasar im *Prometheus-Mythos*, Sinnbild einer neuzeitli-

---

[40] Vgl. LÖSER: Im Geiste des Origenes. 43, 48.
[41] BALTHASAR: Apokalypse I. 21.
[42] BALTHASAR: Apokalypse I. 23.
[43] BALTHASAR: Apokalypse I. 22.
[44] BALTHASAR: Apokalypse I. 23.
[45] BALTHASAR: Apokalypse I. 26.

chen Selbstbehauptung des Geistes, die sich bis zur Rebellion gegen den transzenden-
ten Gott steigert und den schöpferischen Grund im Inneren des Menschen findet.
Der Mensch ist die entscheidende Mitte zwischen Gott und Welt. Über diese Vermitt-
lung kann Gott nicht frei verfügen, sondern ist auf sie zur Verwirklichung seiner
selbst angewiesen. So impliziert die anthropozentrische Wende „jene Letzthaltung des
Menschen [...], die sich als der glorreiche und zugleich tötende Mittelpunkt zwischen
Gott und Welt verstand: als Vermittlung zwischen Gott-Alles zu Welt-Nichts und von
Welt-Alles zu Gott-Nichts und in diesem doppelten δια als Ruhm und Schmerz der
Dialektik"[46].

Als Vorbereiter des Idealismus gilt im Wesentlichen Kant. Er verankert die Moral
in der unbedingten Selbstverpflichtung der Vernunft auf das in ihr vorfindbare Sitten-
gesetz sowie in dessen Kehrseite, der ebenso unbedingt erfahrbaren Freiheit. „Das
Paradox besteht somit darin, dass das Eschaton des Menschen einerseits als absolute
Freiheit der Selbstbestimmung, andererseits als absolutes, über der Existenz aufgerich-
tetes und uneinholbares Gesetz erscheint."[47] In der Autonomie einerseits und der
Selbstbeschränkung der Vernunft gegenüber den Letzten Dingen andererseits sieht
Balthasar eine Tragik, die Gott lediglich als Instanz der eschatologischen Versöhnung
von Glückswürdigkeit und Glückseligkeit zulässt. Als notwendiges Postulat ist Gott
für den Menschen aber nur ein regulatives Prinzip, niemals ein personales Gegenüber
als das Eschaton schlechthin.

Die Denkgebäude Fichtes, Schellings und Hegels bleiben dem transzendentalen
Gedanken Kants verpflichtet, suchen dessen Engführungen aber dadurch zu überwinden, dass sie das gesamte Sein systematisch deduzieren. Die idealistische Ontologie wird von Fichte und Schelling zunächst als reine „Weltschau" entfaltet und erfährt
durch Novalis, Hölderlin, Schiller, Goethe, Jean Paul und Hegel eine wachsende und
unterschiedlich akzentuierte Einbeziehung des „Weltlebens", also der konkreten Existenz.[48] „In der deutschen Klassik wird die einfache idealistische Synthesis zur existentialen Synthesis der Synthesis und Thesis: ‚Melancholie' der reinen Idee und ‚Schmerz'
der zerrissenen Existenz werden eins in der Resignation als der eigentlichen Vollkommenheit des Ewig-Unvollkommenen."[49] Im Zuge des mathematisch-logischen
Wissenschaftsideals wird die Hoffnung auf transzendente Vollendung schließlich
durch den Fortschrittsglauben ersetzt. Das Eschaton erscheint in der paradoxen Einheit von unendlicher Ferne und zeitentrücktem Augenblick.[50] So kommt Balthasar zu

---

[46]   BALTHASAR: Apokalypse II. 5.
[47]   BALTHASAR: Apokalypse I. 99.
[48]   Zu dieser Einteilung und den Zitaten vgl. die Inhaltsübersicht in BALTHASAR: Apokalypse I. VII, X.
[49]   BALTHASAR: Apokalypse II. 5.
[50]   Vgl. schon BALTHASAR: Geschichte des eschatologischen Problems in der modernen deutschen Litera-
       tur. 18: „Die Welt ist ein unendlicher Prozess, der sich dem Göttlichen nähert. Der Mensch seine Spit-
       ze [...]. *Fichtes* Identitätsmystik der scintilla animae treibt fort zu Schellings und Hegels Historisierung
       des Absoluten und Absolutierung des Historischen. Denn die letztere folgt unmittelbar aus der Er-
       kenntnis der Unendlichkeit des Weges. Weil das Ziel unerreichbar bleibt, ist jede Zeit ihm gleich nahe,
       ist in jedem Augenblick das Absolute fassbar. Dieser Übergang von der Teleologie zur Axiologie lässt
       [sich] sowohl als letzte Konsequenz der unendlichen Zeit wie als ‚Fluchtversuch' aus ihr deuten. Als
       Konsequenz erscheint er bei Hegel, wenn dieser die Differenz von Sein und Wesen aufhebt. Als

der pessimistischen Einschätzung, dass die Priorität der Subjektivität bei Luther, Descartes und Kant einerseits und die Herausbildung einer Kultureschatologie andererseits die Trennung von kirchlicher Heilsvermittlung und individueller Moralität zur Folge haben.

Die Epoche mündet schließlich in einen fiktiven Zweikampf zwischen Nietzsche und Kierkegaard um den Letztsinn der Endlichkeit und damit um die entscheidende und viele künftige Denker anregende Grundposition des Existenzialismus.[51] Der Wettstreit ist symptomatisch für die Krise des ausgehenden 19. Jahrhunderts, die nun anbrechende *dritte Phase*, die bis zur Nachkriegszeit der 20er und 30er Jahre des 20. Jahrhunderts reicht. So steht der zweite Band des Frühwerks *Im Zeichen Nietzsches*. Der dritte Band erschließt unter dem Titel *Die Vergöttlichung des Todes* neuere literarische und philosophische Erscheinungsformen, die sich unter dem Eindruck des Ersten Weltkrieges in je eigener Weise mit der Unausweichlichkeit des Todes und der möglichen Nichtigkeit der Welt konfrontiert sehen.

Das Ringen um die wechselnde Vormachtstellung Kierkegaards und Nietzsches stilisiert Balthasar zum Geschick einer ganzen ‚Zeitgestalt‘. „Und wenn Nietzsches Grundwort ‚Leben‘ heißt, Kierkegaards Grundwort ‚Geist‘, so ist die Zeit von Nietzsche bis zum Krieg die vollständige Aufrollung der Problematik von ‚Leben‘, die Zeit vom Krieg bis 1930 dieselbe Aufrollung der Problematik von ‚Geist‘. Beides aber nur im Sinne einer Prävalenz, und so, dass jedes das andere in sich fasst.“[52] Eine philosophische Weltsicht kann nicht mehr aus der Distanz idealistischer Schau entworfen werden, sondern ist unter Einsatz der Existenz zu erstreiten. Objektivierende Elemente in Philosophie und Religion führen zu Verblendung, lässt sich das Leben in Spannung und Wagnis doch niemals vom Denken einholen. Das Prometheus-Prinzip wird vom *Dionysos-Mythos* abgelöst, der seinerseits die Aporie der Lebensphilosophie zum Ausdruck bringt. Er steht für die Letzthaltung jener Denker, die in der Bejahung der Existenz im Widerspruch leben, das Eschaton in die Weltwirklichkeit verlagern und im Problem der Zeit der Frage nach dem Sinn der Grenze begegnen. „Gerade von dieser Höhe der Fragestellung aus, die uns einerseits den unverrückbaren Endgültigkeitsanspruch der realen endlichen Welt, andererseits ihren tragischen Widerspruch

---

‚Flucht‘ bei Schelling und Schleiermacher, wenn sie von der Verzweiflung des Nichterreichenkönnens des Absoluten in der unendlichen Zeit aus aller Zeit herausspringen und das Ewige ‚mitten im Endlichen‘, aber im zeitlosen Augenblick der intellektualen Anschauung, erreichen wollen.“

51 Die Idee zu dieser Gegenüberstellung verdankt Balthasar einem „Wink R. Guardinis“ (DERS.: Geschichte des eschatologischen Problems in der modernen deutschen Literatur. 24, Anm. 11), dessen Veranstaltungen er 1926/27 besucht: „Wir waren sechs oder sieben in seinem Seminar. Wir haben zusammen Kierkegaard gelesen. Es war sehr schön“ (DERS.: zit. nach LOCHBRUNNER: Guardini und Balthasar. 232). Im gleichen Jahr veröffentlicht Guardini einen Aufsatz, in dem es heißt: „Bei Nietzsche [...] wie bei Kierkegaard wird der Kampf am Christlichen ausgetragen. Wenn ich recht sehe, finden sich für alle wichtigen Begriffe Kierkegaards parallele bei Nietzsche, nur dass sie einander antivalent sind. Die beiden stehen wie in unterirdischer Kommunikation. [...] Wo der eine Ja spricht, spricht der andere Nein. Aber es sind nicht absolute, sondern polare Stellungnahmen. Beide waren Menschen, die mit ihrer Existenz dachten, und von Anlage her stand Kierkegaard am Rande des gleichen Abgrundes, der Nietzsche am Ende verschlungen hat“ (DERS.: Der Ausgangspunkt der Denkbewegung Sören Kierkegaards. 23).

52 BALTHASAR: Apokalypse II. 12.

offenbart, wird nun aber auch der geheime Name des Gottes offenkundig, der als der Ewige und doch Gekreuzigte den Kern und Sinn dieser Welt regiert: Dionysos."[53] Balthasar verdeutlicht diesen Mythos auf drei Ebenen: formalontologisch in der Entfaltung der existenzialen Wahrheit gegenüber dem neuzeitlichen Ideenbegriff; inhaltlich als Anthropologie und Kulturphilosophie; konkret als religiöse Problematik. Die vom Kennwort ‚Leben' her geprägte Weltanschauung, die im zweiten Band der *Apokalypse* vorgestellt wird, hat ihre formalontologische Dimension in der Lebensphilosophie Bergsons und Klages und in der Lebensdichtung, ihre anthropologische Komponente u.a. bei George, Spitteler und Rilke und ihre religiöse Entscheidungssituation in der Entlarvung des Dionysischen in der Auseinandersetzung zwischen Nietzsche und Dostojewski. Das vom ‚Geist' her betonte Denken, das im dritten Band thematisiert wird, erhält seine formale Ontologie in der Phänomenologie Schelers und Husserls, seine Anthropologie im Existenzialismus Heideggers und in der Daseinsdichtung Rilkes und seine religiöse Einlösung in der Theologie Karl Barths.[54]

Mit ihrer schroffen Gegenüberstellung von Christus und Dionysos formulieren Kierkegaard und Nietzsche einen radikalen Neuansatz, der jedoch selbst bald an die Grenzen seiner inneren Möglichkeiten stößt. Damit stehen sowohl Prometheus als auch Dionysos letztlich für die Selbstverfehlung und die Gottferne des neuzeitlichen Geistes, der sich übersteigert und an sich zerbricht.

Ein wichtiger Grundzug des Frühwerks ist offenbar der beständige Aufweis der Unzulänglichkeit einer *rein* immanenten Selbstauslegung des Lebens unter Vermeidung transzendenter Setzungen, wie sie auf je eigene Weise der Idealismus, die Lebens- und Existenzphilosophie versucht haben. Da Balthasar beabsichtigt, durch das Scheitern-Lassen der diesbezüglich äußersten Möglichkeiten den Immanenzgedanken überhaupt endgültig zu widerlegen, rücken zuletzt der Philosoph Heidegger und der Dichter Rilke ins Blickfeld, die sich wechselseitig erhellen. Ihre innere Verwandtschaft liegt nicht nur in ihrer gemeinsamen Thematik, die sich um die Geworfenheit des Daseins in eine bedrohliche Umwelt, um Angst und Tod dreht, sondern vor allem darin, dass sie sogar noch angesichts dieser Grenzerfahrungen das Transzendieren als eine innere Struktur des menschlichen Wesens verstehen, „als eine gewissermaßen in sich selber ruhende Bewegung" jedoch, die „nur in ein unaufhellbares Dunkel hineingreift"[55]. Trotz ihrer Prämisse des In-der-Welt-Seins überschätzen Heidegger und Rilke die menschlichen Möglichkeiten, die Widersprüche des endlichen Daseins schöpferisch aus sich selbst bewältigen zu können und führen so zur idealistischen Linie zurück.

Für Balthasar können aber auch diese Ansätze, gerade insofern sie sich nicht selbst vollenden, für die Sache des Christentums fruchtbar gemacht werden, sind doch alle denkerischen und künstlerischen Entwürfe des geschaffenen Geistes durch eine suchende, gnadenhaft geleitete Dynamik auf Transzendenz hin angelegt. Hier wäre mit

---

53 BALTHASAR: Apokalypse II. 11.
54 Vgl. BALTHASAR: Apokalypse II. 7-13.
55 BOLLNOW: Rez. Balthasar, Apokalypse der deutschen Seele, Bd. II+III. 762.

dem Rezensenten Bollnow aber zumindest zu fragen: „Zwingt die Anerkennung dessen, dass das Wesen des Menschen im Transzendieren bestehe, notwendig auch zur Anerkennung eines Transzendenten, zu dem hin transzendiert werde?"[56] Unter dem Eindruck, dass die Selbstverwirklichung des endlichen Geistes permanent an unüberwindliche Grenzen stößt, fragt Balthasar selbst gegen Ende seiner Studien:

„Wenn […] das endliche Wesen so endlich wäre, dass es nicht einmal die Bedingungen der Möglichkeit seiner Voll-Endung in sich trüge? Wenn es diese Bedingungen auch nicht außerhalb oder oberhalb seiner in einer objektiven Werte- oder Ideenwelt zuhanden vorfände, sondern sie von einer absoluten Freiheit erbetteln müsste? […] Das hieße, dass mitten durch den scheinbar lückenlosen Prozess der Enthüllung und Selbstverwirklichung der Seele ein absoluter Riss ginge, eine Diskontinuität, die von keiner objektiven Wissensbetrachtung überbrückt werden kann. Das hieße ferner, dass, wenn es dem Menschen gegeben ist, sich zu vollenden, ja noch mehr: wenn ihm überhaupt der Horizont einer möglichen Vollendung vorgegeben ist, dies nur von der vorgängigen Überbrückung des absoluten Risses her möglich sein kann, also von der absoluten Priorität der Freiheit Gottes her."[57]

Im Sinne der von Barth formulierten *Umkehr* der Bewegungsrichtung[58], die nicht mehr am prometheischen Verfügen, sondern am Glauben an das Gott vorbehaltene Eschaton festhält, kommt Balthasar zu dem Ergebnis, dass die angemessene Letzthaltung des Menschen, nämlich die Anerkennung seiner Erlösungsbedürftigkeit und der Endlichkeit seiner Freiheit, erst vom entscheidenden Tun Gottes her möglich wird. „[...] der Mensch [ist] faktisch, wie wir ihn einzig kennen, aus sich einer letzten Haltung überhaupt nicht fähig [...], sowenig er sich ohne Gottes Offenbarung voll-enden kann"[59].

So erhofft Balthasar zur Zeit der Niederschrift seines Werkes, also Ende der 30er Jahre, den Anbruch einer weiteren *vierten Phase*, die wieder im Zeichen des *Christus-Mythos* steht. In der Fortschreibung der Theologie Barths, welche die Souveränität Gottes vorbehaltlos anerkennt, sieht Balthasar eine fruchtbare Neubesinnung auf die Vollendung des Menschen und der Welt durch Gottes Gnade. Diese Perspektive ist keine einfache Rückkehr zu mittelalterlicher Theologie. „Der Einheitspunkt ist auf unendlichen Umwegen wiedergewonnen. Aber es ist nur formal der gleiche: der ungeheure Inhalt des durchlebten Zeitalters gibt der letzten, eschatologischen Haltung des heutigen Menschen einen Reichtum und eine Spannung, die wir an jenem Ausgang vergeblich suchen würden."[60] In diesem Horizont ist auch Balthasars angekündigtes, aber nie durchgeführtes (!) Vorhaben zu verstehen, eine genuin christliche Eschatologie anzufügen, die sich am Alten und Neuen Testament, dort insbesondere an Paulus und Johannes, sowie an den Schriften des Origenes und Augustinus orientiert. Diese sollte „im biblischen Raum selbst betrachtet werden, wo es nicht um bloße christliche ‚Endlehre' geht, sondern Rede vom Ende her unmittelbar gehört, gelebt und befolgt wird. Alle christliche Eschatologie hat ihren einzigen Mittelpunkt in der

---

[56] BOLLNOW: Rez. Balthasar, Apokalypse der deutschen Seele, Bd. II+III. 762.
[57] BALTHASAR: Apokalypse III. 317f.
[58] Vgl. BALTHASAR: Apokalypse III. 316-346.
[59] BALTHASAR: Apokalypse III. 339.
[60] BALTHASAR: Apokalypse III. 393f; vgl. 441f.

Weise, wie Christus im Ende steht und ins Ende stellt."[61] In *dieser* Mitte laufen die Linien der individuellen, sozialen und kosmischen Eschatologie zusammen.

4.2.1.3 Die Ambivalenz der Methode: phänomenologisch-mythologisch und theologisch-apokalyptisch

Balthasars inhaltlicher Themensetzung entspricht seine methodische Durchführung. Unter der Perspektive und dem Anspruch einer ‚existenziellen' Eschatologie erweist sich diese aber als vielschichtig, ambivalent und sogar widersprüchlich. Die Ambivalenz seiner Hermeneutik kommt dadurch zustande, dass Balthasar zwar einerseits von einer wahr-nehmenden Re-zeption im Sinne der Phänomenologie spricht, andererseits aber die von ihm gelesenen Gestalten vor den Richterstuhl seiner apokalyptischen Theologie zwingt. Seine literarischen Deutungen sind immer schon von einer theologischen Tiefenstruktur und einem christlichen Sendungsbewusstsein getragen. Diese Option legt sich ihm nicht als Ergebnis einer mehr oder weniger voraussetzungslosen Analyse verschiedener Sinnangebote nahe, sondern ist auf augenfällige Weise als *theologisches Apriori* gesetzt und soll sich gegenüber den prometheischen und dionysischen Grundwidersprüchen bewähren. Alfred Delp nennt in seiner 1941 erschienenen Rezension der *Apokalypse* jene Prinzipien, die aus heutiger Sicht als generelles Charakteristikum der balthasarschen Lektüre großer Denker gelten kann: „das Prinzip der mythischen existentiellen Wahrheit und der Satz von der Beschlossenheit des Seins und Denkens im theologischen Apriori"[62]. So treffen in der Hermeneutik des Frühwerkes die Doppelattribute *phänomenologisch-mythologisch* und *theologisch-apokalyptisch* aufeinander.

Wiederholt fasst Balthasar den Vorsatz, seine Darstellung vom Gegenstand her durchformen und bestimmen zu lassen. Er artikuliert ein Prinzip, das fortan seine Art der Wahrnehmung formen soll: ein „geduldiges Hinhorchen auf die ‚geistigen Erfahrungen', in denen das Eschatologische zur Gegebenheit kommt, im Grunde also die nunmehr unverlierbare *phänomenologische* Methode, [...] ein Hinhorchen, das [...] passiv-objektiv gerade dann ist, wenn es zugleich schöpferisch-blickend ist"[63]. Indem Balthasar sich in den Denkrhythmus einiger Repräsentanten des deutschen Geisteslebens am Leitfaden ihrer Werke einfühlen und diese ihr inneres Wort selbst sagen lassen will, sucht er offenbar einer Phänomenologie zu entsprechen, die er bei Goethe schätzen gelernt hat: die Erfassung von Persönlichkeiten in ihrer Eigengestalt, das seinlassende Gewahrwerden des Gegebenen, ohne es projektiv festzulegen oder zu verkürzen. Die Wirklichkeit soll Raum erhalten, in ihrer Vieldimensionalität von sich selbst her zu erscheinen und sich mitzuteilen.

Diese Phänomenologie tritt aber zunächst zugunsten des *Mythosbegriffs* in den Hintergrund. Das Erfassen des Mythos, unter dessen Vorzeichen Balthasar seine gesam-

---

[61] BALTHASAR: Apokalypse I. 8. Vgl. die von Balthasar ebenfalls in den 30er Jahren herausgegebenen Anthologien zu Augustinus (*Über die Psalmen.* 1936) und Origenes (*Geist und Feuer.* 1938).
[62] DELP: Rez. Balthasar, Apokalypse der deutschen Seele, Bd. I-III. 82.
[63] BALTHASAR: Apokalypse I. 10, Anm. 2. Hervorhebung von mir.

ten Studien stellt, steht für die letzte und „einzige Form weltlich-kreatürlicher Wahrheit"[64], die in ihrer Positivität bestätigt wird. Es geht hier im Sinne Heideggers um die Geschichtlichkeit des Seins, um „das faktische, kreatürliche Sein in seiner *faktischen Gestalt*"[65]: „Prinzipiell und innerlich endliche Wahrheit sagt, wie Heidegger richtig sieht, eine ans Sinnliche *endgültig* gebundene Wahrheit, sagt noch tiefer eine an Zeit gefesselte Wahrheit."[66] Darauf aber kommt es an: Gerade die Brüchigkeit und Unvollkommenheit menschlicher Existenz verweist auf das Ewige. Im Endlichen eröffnet sich ein Seinssinn, der nur im Horizont des ewigen Seins verständlich wird. Das relationale Dasein des Menschen ist seiner Natur nach transzendental offenes Sein.

Bilden demnach die seelischen Vorgänge des Menschen eine „immer offene, nie sich schließende Gestalt"[67], bedarf es zu ihrer Beschreibung der Sprache des Mythos, die nicht mehr sein will als Symptom und Hinweis. Schon die eschatologischen Aussagen der allgemeinen Dogmatik haben mythisch-metaphorischen Charakter, da die Bildsprache einerseits konkret und vorstellungsnah ist, andererseits aber auf Transzendenz hin offen bleibt. Balthasar selbst wählt die mythologische Zugangsweise in bewusster Abgrenzung zur traditionellen Schultheologie. Er ist überzeugt, dass sich das tiefste Wahrheitsstreben einer geschichtlich bedeutsamen Person oder Epoche nicht in Begriffen, sondern in Bildern ausdrückt, die sich der Geist als Spiegel seines Selbstverständnisses schafft. „Am eschatologischen Mythus einer Zeitspanne soll sich das eigentliche Wesenswort dieser Zeit offenbaren, im Bilde sich, klarer als in jeder abstrakten Theorie, die Seele der Epoche spiegeln. Dies rechtfertigt es unmittelbar, dass die Bildwerdung im dichterisch-eschatologischen Gleichnis uns besonders beschäftigen wird."[68] Die mythische Gestalt der Wahrheit liegt zwischen Begrifflichkeit und Intuition und ist in unterschiedlichen Akzentsetzungen im Idealismus[69], am My-

---

64 BALTHASAR: Apokalypse I. 394; vgl. 404.
65 BALTHASAR: Apokalypse I. 437.
66 BALTHASAR: Apokalypse I. 436.
67 BALTHASAR: Apokalypse I. 437.
68 BALTHASAR: Apokalypse I. 8.
69 Schon Lessing, Hamann und Herder leiten gegenüber der Eschatologie der Aufklärung eine Umorientierung von der rationalen zur existenziellen Dimension der Wahrheit ein. „Ist aber diese Tiefe der Existenz die Wahrheit, dann geht sie im Begriff nicht auf, dann ist dessen ‚Engelssprache' nichts für Menschen, welche diese Existenzdimension nur indirekt, im Bild, Gleichnis, Mythus andeuten können" (BALTHASAR: Apokalypse I. 56). Es wird eine paradoxe Struktur erkennbar: „Vernunft, scheinbar so geistig, ist ans Sinnliche gebunden, Existenz, als Ganzheit sinnlichen Natur, übersteigt das Sinnliche, weil sie existentielle Wahrheit ist. Denn diese ist Rede des Seins, Logos, und damit Apokalypse des inneren Abgrundes." Doch gerade auf der Basis dieser inneren, dynamischen Verwobenheit von Sinnlichkeit und Geistigkeit beruht die Ganzheit des Menschen, nur „so ist er selbst Bild der höchsten Existenz" (beide Zitate: 57). Im Blick darauf, dass das Bildhafte nicht ein Mangel, sondern ein Gewinn an Klarheit bedeutet, stellt Balthasar fest: „Bild, Mythus als der Ausdruck eines inneren Vorgangs, Gestalt der inneren Kraft, ist überall Herders mittelste Weltwirklichkeit. Bild ist mehr als Begriff, denn in ihm wird das Unsichtbare sichtbar, konkret angeschaut. Aber Bilder wollen *gesehen* werden, sonst bleiben sie Siegel" (80). Auch bei Goethe und Hegel beobachtet Balthasar, dass das uneingeschränkte Vordringen zur Innerlichkeit des Menschen, zu seinem konkreten Stehen vor der letzten Instanz verwerfen. „Nicht im forcierten Abreißen der Hüllen enthüllt sich die Seele, sondern im ehrfürchtigen Schonen des Geheimnisses, das nur in Hüllen sichtbar wird" (449).

thos- und Geschichtsbegriff Nietzsches, Heideggers und Barths[70] und in der Methode der George-Schule zu beobachten.

In einer aufschlussreichen *„Selbstanzeige"*, die Balthasar kurz nach Erscheinen der *Apokalypse* verfasst, heißt es:

> „Er [der Mythos; I.K.] ist die Gestalt der Wahrheit, welche im gleichen Abstand zwischen reinem ‚Begriff' und reiner ‚Anschauung' einer weltanschaulich oder religiös bedeutsamen Idee Ausdruck verleiht. Diese Mitte war von Kant ausdrücklich als die eigentlich menschliche Mitte anerkannt und angezielt worden (zwischen ‚leerem' Begriff und ‚blinder' Anschauung), diese Mitte galt dem denkenden Idealismus wie der deutschen Romantik (in Schellings ‚intellektueller Anschauung') als Ideal, dieselbe Mitte wird wiederum vom Mythusbegriff Nietzsches, vom Symbolbegriff Georges („den Leib vergotten und den Gott verleiben"), von der Lebensphilosophie (Bergsons geistige Anschauung) und der Phänomenologie (der Eidosbegriff Husserls, Schelers und Heideggers) auf immer neue Weise umworben. Das heißt, dass hier überall nicht die begrifflich-abstrakte Wahrheitsform als die höchste gesetzt erscheint, sondern eine von Anschauung genährte und gesättigte, die darum auch mehr oder weniger geschichtlichen Charakter tragen muss."[71]

In der Anschauung der Ideen einiger großer Denker liest Balthasar indirekt und induktiv eine letzte Wahl für oder gegen den christlichen Gott heraus und verobjektiviert diese auf einen der Epoche entsprechenden Mythos. Das Eigentümliche seiner Studien besteht also darin, „aus historischen Weltanschauungsstrukturen wie aus einzelnen Steinen ein Gebäude zu bauen, das einen außerhistorischen Sinn hat"[72]. Diese Optik ist durchaus intentional: sie ist von einem bestimmten Interesse, einem *theologischen Apriori* geleitet. Balthasars Grundanliegen ist die Deutung der Welt, der Geschichte und der Literatur im Licht der Offenbarung, die er als kenotischen „Dienst an der Welt"[73] versteht:

> „Wenn die Menschwerdung Gottes nichts anderes war als die Sendung des Sohnes durch den Vater in die feindliche Welt, so ist das Christentum als ganzes nichts als die Fortsetzung dieser Sendung durch den Sohn: ‚Wie mich der Vater gesandt hat, so sende ich euch.' Und wie die Bibel als Rede Gottes restlos eingegangen ist in die Form und den Inhalt menschlichen Redens und Denkens, so hat alles christliche Reden und Denken restlos ein- und unterzugehen in weltliches Reden und Denken, genauer in das Reden und Denken derjenigen Epoche, in die die Sendung immer neu ergeht."[74]

Von seinem Selbstverständnis des Gesandten her will sich Balthasar auf einen dritten Weg jenseits von Verurteilung und Anpassung an die moderne Welt verpflichten.

> „Der christliche Denker […] wird sich darum ebensosehr vor hochmütigem Richten, ‚Anpredigen' und gewaltsamem ‚Überführen' hüten, wie vor Modernitätssucht und Mimikry […]. Das erstere wird er darum lassen, weil er Ehrfurcht hat vor dem Geheimnis *jeder* Seele, in der die Gottes

---

70   Mit seinem Werk *Von Nutzen und Nachteil der Historie* trägt insbesondere Nietzsche zur Wiederentdeckung des Mythosbegriffs bei. „Für Nietzsche bedeutet Mythus letztlich die Selbstauslegung des Lebens, seine immanente Transzendenz" (BALTHASAR: Apokalypse III. 402). In einer dichten Zusammenfassung am Ende des dritten Bandes der *Apokalypse* erläutert Balthasar die Bedeutung des Mythos „im Anstieg von Nietzsche über Heidegger zu Barth" (vgl. 392-449, bes. 394-406).
71   BALTHASAR: (Selbstanzeige) ‚Apokalypse der deutschen Seele'. 58.
72   Beide Zitate: BALTHASAR: Apokalypse I. 10, Anm. 2.
73   BALTHASAR: (Selbstanzeige) ‚Apokalypse der deutschen Seele'. 58.
74   BALTHASAR: (Selbstanzeige) ‚Apokalypse der deutschen Seele'. 57.

Gnadenwerk schon begonnen ist. Ihm steht hier nur jene anonyme Geduld, jener verschwiege-
ne Knechtsdienst zu, durch sein eigenes Verzichten in die fremde Seele einzugehen und in
ihrem eigenen Denken und Leben jenen Raum zu bereiten, in den der ‚König der Herrlichkeit‘
einziehen kann. Das heißt nun aber gerade nicht ein modernistisches Aufweichen des Christlichen, in einer ‚diplomatisierenden Anpassung‘ an die ‚Welt‘. Gerade *weil* das Fremde, der ‚Heide‘ je schon zum Reiche Christi gehört (da Christus ja einen ‚Namen *über* alle Namen‘ hat, vor
dem ‚sich beugen *alle*, die im Himmel, auf Erden und unter der Erde sind‘), bedarf es hier im
letzten keines Paktierens, sondern nur einer Auf-Klärung (Apo-kalypse) des Weltlichen ins
Christliche, des scheinbar rein Natürlichen ins Übernatürliche, des Vorläufigen und Fragmentarischen ins Endgültige.“[75]

Die von ihm betriebene Aufklärung versteht Balthasar nicht als apologetische Wider-
legung, sondern als Selbstentlarvung der Moderne durch deren eigenes Scheitern.
Dazu bedarf er einer „dem Leben selbst abgelauschte[n] Geduld, den ‚Gegner‘ sich
selbst durch sich selbst überwinden zu lassen, ihn selbst an seine Grenze stoßen zu
lassen, um dann die Grenze als Grenze zu zeigen und das zu ergänzen, was zur Vollendung noch fehlt“. Indem diese Methode aber „das letzte Wesen des Geistes enthüllt, legt sie in ihm selbst jene Seinsform und jenes letzte Weltgeschehen bloß, welches das alles umfassende Gesetz des Weltseins ist: das Kreuz Christi, Sein Tod, Seine
Auferstehung“[76]. Balthasar sieht letztlich jedes weltliche Denken einmünden in die
Menschwerdung Christi, in die Zukunft des bereits Gekommenen, der in einem unab-
lässigen, verborgenen Dialog auch mit der Moderne steht. Damit ist die endgültige
„Auf-Klärung“ der Wahrheit

„[...] unmittelbar gewiss nicht die Wahrheits-Form scholastischer Denkart. Sondern nur der
einzige, zentrale ‚Mythus‘ des Christentums selber: die *fleisch*gewordene, *zeit*gewordene, *Anschauung* gewordene, ewige Wahrheit. Christus als ‚Mythus‘ im besagten Sinn (der natürlich reale
Geschichtlichkeit nicht im mindesten ausschließt) kann darum mit dem mystischen Letztsinn
des deutschen Idealismus und der Lebensphilosophie in ein lebendiges Gespräch treten, er
kann sich als jene konkrete Wirklichkeit ausweisen, welche diese Perioden in ihrem tiefsten
Sehnen meinten.“[77]

So wird deutlich, worin die von einer systematischen Grundüberzeugung getragene
Zielperspektive des hier behandelten Entwurfs liegt: „Die Übernatur und die Gnade
sind die letzte, ontologische Form der gesamten Welt [...]. Unter allen Weltanschau-
ungsformen, Dichtersymbolen, Mythen und Heroen weltlichen Denkens und Dichtens muss ihm [dem christlichen Interpreten; I.K.] an einer letzten Wendung des
Weges das Antlitz Christi erscheinen.“[78]
    In der *Apokalypse* selbst finden sich Parallelen zu diesen programmatischen Aussa-
gen: Die deutsche Geistesgeschichte verbirgt eine Aporie zwischen der „vollen Verklärung der Welt“ einerseits und dem „Weg ins Nichts und ins Gericht“ andererseits,
die sich nur in der Rückführung aller Mythen auf den einen Mythos des Kreuzes auflösen lässt. Die Spannung des Daseins zwischen idealistischer und existenzialer Wahrheit ist ein sich überkreuzender Widerspruch, ist „*mystisch* und konkret das Sich-

---

[75] BALTHASAR: (Selbstanzeige) ‚Apokalypse der deutschen Seele‘. 58
[76] BALTHASAR: (Selbstanzeige) ‚Apokalypse der deutschen Seele‘. 58.
[77] BALTHASAR: (Selbstanzeige) ‚Apokalypse der deutschen Seele‘. 58.
[78] Beide Zitate: BALTHASAR: (Selbstanzeige) ‚Apokalypse der deutschen Seele‘. 57.

Kreuzen der Kreuzesbalken". Doch „Christus gibt der Welt ihre Gestalt und ihr Gesetz, indem Er im Kreuze das *lebt*, was das Kreuz bildhaft ausdrückt. Hier finden deshalb auch der ‚gefesselte Prometheus' und der ‚gekreuzigte Dionysos' ihre Aufklärung."[79] In der Kreuzesgestalt liegt auch für den philosophischen Denker die Antwort auf seine Frage nach letztgültiger Wahrheit und nach dem Sinn des Seins.

„Es gilt darum, nach dieser Rückführung der entscheidenden Mythen der deutschen Geistesgeschichte auf den Mythus des Kreuzes, zu sehen, in welchem Sinne dieser Mythus die letzte Gestalt der Welt ist und darin die letzte Haltung des Menschen vorzeichnet. Denn es scheint ja nicht selbstverständlich, dass ein so ‚zufälliger' geschichtlicher Vorgang wie die Kreuzigung eines ‚Menschen' in einem Winkel des Römerreiches nicht nur den ganzen Gang der Welthistorie, sondern tiefer die Innerlichkeit *jedes* einzelnen Menschen, ja seine ganze ontologische Seinsstruktur im voraus bedinge und bestimme. Wenn sich das aber als richtig erwiese, so wäre eben jedes Sein und jedes mögliche Denken christlich."[80]

An dieser Stelle ist kurz inne zu halten. Balthasar artikuliert deutlich eine theologische *Option* und eine *methodische Intention*, die miteinander verschränkt sind. Theologisch geht es ihm offenbar darum, seine im Diskurs mit Przywara, de Lubac und anderen Zeitgenossen gewonnenen Einsichten von der *analogia entis* und der *tendentia naturalis in gratiam* an konkreten Denkgestalten zu überprüfen und der Bewährung auszusetzen. Die Positivität der existenziellen Wahrheit gilt ihm als Ausdruck der Analogie zwischen Schöpfer und Geschöpf. Schon die Selbstverständigung des Geistes auf einen letzten Sinn weist auf den göttlichen Logos, sodass „die Bewegtheit der Seelenkräfte zum lebendigen Gleichnis und Durchscheinen der höchsten existentiellen Dynamik, der Rede Gottes *im Sein*"[81] wird. Die vollkommene, sinnenfällige und konkrete *analogia entis* ist schließlich Christus in seinem radikalen Offensein für den größeren, ihn sendenden Vater.[82]

Die *Apokalypse* steht damit in einer Linie mit verschiedenen Texten aus den 30er Jahren, die Balthasar in dem Bemühen verfasst, die genannten Formeln „als die Wasserzeichen von Wirklichkeit zu erweisen"[83]. Gott ist das Eschaton, das allem vorweg ist und alles begründet. Er ist es als dreipersonaler Gott, dessen Wesen sich verschenkende und frei-lassende Liebe ist.[84] Die modernen Denk- und Lebensentwürfe, die an den Grenzen des Prinzips der reinen Immanenz notwendig mit Transzendenz konfrontiert werden, dienen als Exempel dafür, dass die eschatologische Bestimmung *jedes* Menschen in der Begegnung mit dem Gott liegt, der sich immer schon gnädig zugewandt hat. An ihnen soll sich die Richtigkeit der christlichen Letzthaltung erweisen. Die Geschichte ihres Ringens um das rechte Denken lässt, so resümiert Löser, „für den, der sie mit gläubigem Blick anschaut und aufdeckt, eine innere Ge-

---

[79] Alle vorausgehenden Zitate: BALTHASAR: Apokalypse III. 434f.
[80] BALTHASAR: Apokalypse III. 435.
[81] BALTHASAR: Apokalypse I. 58.
[82] Vgl. parallel BALTHASAR: Theodramatik II-2. 203. – DERS.: Theologik II. 90, 94, 97, 284-288.
[83] LÖSER: „Prüfet alles und behaltet das Gute". 25.
[84] Schon Ende der 30er Jahre beschreibt Balthasar das Gott-Mensch-Verhältnis auf der Basis des trinitarischen Dogmas. Die davon abgeleitete ‚trinitarische Ontologie' weist ihm den Weg zu einer christlichen Weltbejahung. Vgl. DERS.: Patristik, Scholastik und wir. 71f.

stalt erkennbar werden, die als ganze eine theologische Wahrheit enthält: dass des Menschen Herz unruhig ist, bis er ruht in Gott, und dass Gott diese Ruhe auch dem gewährt, der sich ihr öffnet und überlässt"[85].

Dass Literatur zu einem *locus theologicus* werden kann, ist keineswegs grundsätzlich zu bestreiten. Doch liegen hier die Dinge so einfach? Verbindet sich mit der von Balthasar gezeichneten theologischen Gestalt nicht eine Methode, die als fragwürdig gelten muss? Balthasar will die gesamte Moderne *zurück holen* und *integrieren* in ein christliches Konzept der ‚Letzten Dinge', das von der alles vollendenden Gnade Gottes getragen ist und in dessen Mitte Christus als „das innerste und geheimste Lebensprinzip der gesamten Schöpfung"[86] steht. In dieser Absicht stilisiert er die Moderne vor allem in ihren Irritationen und qualifiziert sie präsentisch als Endzeit. Doch wo liegt die Grenze zur usurpatorischen oder missionarischen Vereinnahmung, die eine solche verengte Sichtweise mit sich bringt?

Hier liegt m.E. der Grundwiderspruch der balthasarschen Hermeneutik. Von seinem Selbstverständnis her gibt der Autor vor, phänomenologisch tätig zu sein, das heißt nach allgemeinem Verständnis: einzelne Gestalten in ihrer Originalität zu erfassen und die rezeptive Schau niemals zugunsten eines verfügenden Wissens zu überschreiten. Doch bleibt er gerade *nicht* beim Erscheinen einer Gestalt, wenn er diese mit theologischen Wertungskriterien konfrontiert, die von außen, d.h. von einem dogmatischen Blickpunkt her angelegt werden. Er lässt sich gerade *nicht* in größtmöglicher Unvoreingenommenheit von jenen Denkern, die er untersucht, Einsichten zuspielen, um mit diesen einen neuen Blick auf die Wirklichkeit zu erhalten. Stattdessen inszeniert er apokalyptische Szenarien, in denen er Gericht hält über die Verfehlungen der Neuzeit. Dabei übt er sich in sehr freier Zitierpraxis, sodass nicht wenige Begriffe aus ihrem Kontext herausgelöst und dem eigenen theologischen Urteil dienstbar gemacht werden. Umstrittene Denker scheinen mitsamt ihrer Zitatenreihe ins Verderben zu stürzen. Schließlich werden sie zusammengerafft und unter vereinheitlichende Mythen gesetzt, die ihnen in ihrer Heterogenität aber nicht wirklich gerecht werden. In diesem apokalyptischen Anspruch geht er selbst noch über Guardinis Hermeneutik hinaus, deren theologisches Apriori vorsichtig formuliert wird als ein „Licht, das dem Blick leuchtet"[87].

Wir stoßen in Balthasars *Apokalypse* also auf verschiedene Perspektiven, die nicht recht zueinander passen. Es geschieht zugleich: „Heimholung ins Christliche bis zur Vereinnahmung; Scheidung der Geister bis zur Verwerfung; Nachbildung der Gestalt in ihrer Eigenheit so, als ob man sie zum ersten Mal sähe."[88] Die Anwendung von Gültigkeitskriterien, die die Wahrnehmung präjudizieren und die sich von der phäno-

---

85 LÖSER: „Prüfet alles und behaltet das Gute". 34. Hier bezeichnet der Autor die *Apokalypse* auch über ihre übliche Einordnung in das Genre der Literaturtheologie hinaus als „ein Werk zur Theologie der Geschichte".
86 BALTHASAR: (Selbstanzeige) ‚Apokalypse der deutschen Seele'. 57.
87 GUARDINI: Glaubenserkenntnis. 140. – Vgl. oben Punkt 4.1 dieser Arbeit.
88 SALMANN: Hans Urs von Balthasar. 36.

menologischen Methode her verbieten, macht das Frühwerk im Ganzen inkonsequent und brüchig.[89]

Balthasar bleibt weitgehend einer katholischen Sicht verpflichtet, die ihr Selbstverständnis aus der Frontstellung zur Aufklärung und Säkularisierung bezieht. Dennoch nimmt er eine interessante Differenzierung vor. Während seine Distanz zur Moderne vor allem aus der kritischen Auseinandersetzung mit der Philosophie Kants und ihrer Nachwirkungen im Deutschen Idealismus erwächst, steht er der Gestalt Goethes erstaunlich wertschätzend gegenüber. In ihrer Zurückhaltung gegenüber den Spekulationen der Zeitgenossen erscheint diese geradezu als das *rettende „Symbol"* der neuzeitlichen Apokalypse.[90]

4.2.2 Faszination an Goethe

4.2.2.1 Prometheus als Sinnbild des Deutschen Idealismus

Innerhalb des von Balthasar entworfenen geistesgeschichtlichen Spannungsbogens, der mit dem ausgehenden Mittelalter anhebt und in der Gegenwart endet, rückt Goethe in das Gefälle der Neuzeit. Dort wird er zwischen Schiller und Jean Paul eingereiht. Doch schon in der Einführung zum Deutschen Idealismus taucht eine goethesche Idee auf. Um die idealistisch-romantischen Weltsicht in einem Sinnbild zusammen zu fassen, bedient sich Balthasar einer mythologischen Gestalt, die aus der griechischen Antike stammt und durch Goethe eine vielbeachtete Deutung erfährt: *Prometheus*.

Das Prometheusgedicht, das Goethe zwischen 1772 und 1774 bei der Arbeit an dem gleichnamigen, Fragment gebliebenen Drama verfasst, ist der eindrucksvolle lyrische Ausdruck eines jugendlichen Lebensgefühls, das die Dichtergeneration des Sturm und Drang erfasst und eine neue kulturhistorische Epoche einläutet. Goethe und seine Mitstreiter verfolgen das Ziel, aus den überkommenen Zwängen religiöser, politischer und familiärer Autorität herauszutreten und in Ablösung von den alten Ordnungsvorstellungen eine neue Gesellschaft zu schaffen. Prometheus, der den Göttern des Olymp das Feuer raubt, wird ihnen zur Identifikationsfigur. Mit trotzigem Stolz gebärdet er sich als Verächter des Tyrannengottes Zeus, demgegenüber er seine Unabhängigkeit als heroischer Selbsthelfer, Menschenbildner und Kulturschöp-

---

[89] Ich teile hier die Einschätzung von KÖSTER: Letzte Haltungen? Ihm missfällt, dass Balthasar „mit geradezu richterlicher Attitüde Umschau hält, was Einlass finden darf und dem katholisch prüfenden Blick standhält" (370). Er will darin einen Ausdruck jener defensiven Selbstbehauptung erkennen, zu der sich der Katholizismus der 30er Jahre unter dem Druck der Moderne immer wieder verleiten ließ. Ungleich positiver äußert sich Haas in seinem Vorwort zur *Apokalypse*. Die theologische Beschäftigung mit Literatur, zu der Balthasar prädestiniert sei, sei insofern zu begrüßen, als sie „ganz einfach ein (oft weithin vergessenes) Datum der christlichen Wahrnehmungspflicht" sei (DERS.: Zum Geleit. XXXI).

[90] Bemerkenswert ist in diesem Zusammenhang, dass Balthasar die Gestalt Goethes tatsächlich behutsam in ihrer Eigenart nachbildet, während er die Irrtümer Hegels, Rilkes oder Nietzsches in dramatischem Stil entlarvt.

fer demonstriert. Damit ist der Auflösungsprozess eines religiös verankerten Selbst- und Weltverständnisses die am deutlichsten greifbare Thematik der goetheschen Ode. Sie spiegelt den Anspruch des neuzeitlichen Menschen wider, der sich als autonomes und schöpferisches Ich, als Zentrum der Welt versteht. „Hast Du nicht alles selbst vollendet, / Heilig glühend Herz?" Dieser provozierende und mitunter als blasphemisch empfundene Grundton wird durch die Übernahme von Gebetssprache und biblischer Schöpfungsformel noch verstärkt: „Hier sitz ich, forme Menschen / Nach meinem Bilde".[91] Seit der skandalösen und unbefugten Veröffentlichung des Gedichtes in Jacobis Schrift *Über die Lehre des Spinoza in Briefen an den Herrn Moses Mendelssohn* (1785), die eine heftige Grundsatzdebatte, den sogenannten Spinozismus- oder Pantheismusstreit auslöst, wird *Prometheus* nur noch in unmittelbarem Zusammenhang mit Goethes religiöser Hymne *Ganymed* publiziert.[92] Später versucht der Dichter den anmaßenden Charakter seiner „Jünglingsgrillen"[93] herabzumildern. Er spricht von der Pflicht des Menschen, „die Absichten der Gottheit dadurch zu erfüllen, dass wir, indem wir von einer Seite uns zu verselbstigen genötigt sind, von der andern in regelmäßigen Pulsen uns zu entselbstigen nicht versäumen"[94].

In der Prometheusdichtung erkennt Balthasar klar Goethes Vorahnung der Gefahren des idealistischen Geistes. „Es ist kaum genug zu staunen über die Hellsichtigkeit des Vierundzwanzigjährigen, der die noch ganz dämmernden Umrisse der kommenden Epoche in ein so vollkommen sich schließendes, allseitiges Symbol zu bannen vermochte, dass alle großen Versuche, die folgen sollten, um dieses Fragment wie ein Variationenkreis um das Thema liegen."[95] *Prometheus* ist das Bild des idealistischen Ausgriffs nach Totalität und Unendlichkeit ebenso wie die Chiffre des selbstherrlichen und in ewiger Strafe endenden Widerstands gegen den Willen des Zeus. Damit liegt Balthasar nicht weit entfernt von der Verwendung des Gedichtes durch Jacobi, die bewusst als Kritik an der Philosophie Kants, Fichtes, Spinozas und Schellings lanciert ist.

Die deutsche Sattelzeit, die in etwa von Fichte bis Novalis, von Schelling bis Hegel reicht, stellt für Balthasar aufgrund der Konvergenz höchster geistiger Kräfte einen einzigartigen *kairos* in der Moderne dar, der mit dem allumfassenden Weltbild des Mittelalters vergleichbar ist. Die Idealisten konstruieren vollständige Systeme, die alle menschlichen Teilrealitäten für die Vernunft durchsichtig und damit zu einem synthetischen Ganzen werden lassen. Das Bewusstsein über die Totalität der Existenz, in dem das Denken innerlich lebendig und das Leben logisch verstehbar wird, entfacht eine apokalyptische Unruhe, welche „die endzeitliche Selbstgenügsamkeit der Aufklä-

91 GOETHE: WA I. 2. 77.
92 Vgl. Goethe-Lexikon. 390. Goethe nimmt *Prometheus* erst 1789 in seine neu edierten Schriften auf. Das von Goethe 1774, zur Zeit des Sturm und Drang, verfasste Gedicht *Ganymed* handelt von der hingebungsvollen Vereinigung des lyrischen Ichs mit der Gott-Natur. Eine ausführliche Interpretation der Prometheusdichtung findet sich bei STAIGER: Goethe. Bd I. 130-146.
93 GOETHE: WA IV. 33. 28.
94 GOETHE: WA I. 27. 222.
95 BALTHASAR: Apokalypse I. 154.

rung ungeduldig überflügelt"[96] und an die Naherwartung der frühen Christen erinnert. Aber „die durchgehende Analogie zwischen Gott und Geschöpf in christlicher Eschatologie ist in den Jahrhunderten von Aufklärung und Protestantismus wachsend einer dialektischen Widerspruchseinheit gewichen"[97]. Zentrum der idealistischen Systeme ist das transzendentale Subjekt, der innere Seelenfunke, die *scintilla animae.*

„Die Grundbewegung des ‚deutschen Idealismus' geht nach innen. Er ist Besitznahme des im ‚Einstieg' eroberten Raums. In diesen Raum Licht zu bringen, oder besser, das in ihm verborgene Licht aufleuchten zu lassen, wird ihm Welt, Natur, Nicht-Ich, Objekt notwendig sein. Aber sie sind nur Spiegel des Innen, Weg zu ihm und so Teil von ihm selbst."[98]

Während die transzendentale Einheit der Apperzeption bei Kant noch „zwischen immanenter Göttlichkeit und Teilhabe an transzendenter Gott-Autonomie"[99] zweideutig schillert, wird sie nun restlos vergöttlicht. Die zunächst nur anthropologische Kategorie rückt auf zum kosmischen Mittelpunkt, sodass der Mensch zum Vollzieher einer doppelten, sich überkreuzenden Bewegung wird. „Mit der Welt ist er je als Ganzer zu Gott hin, mit Gott je als Ganzer zur Welt hin. Sein Wesensinn, sein Logos, *ist* dieses Doppelfluten durch ihn hindurch, dieses doppelte ‚dia', ist ‚Dia-Logos'."[100] Die uneinholbare Freiheit Gottes aber, die eine wahre Dialogik der Liebe zwischen Schöpfer und Geschöpf allererst ermöglicht, ist durch ihre Bindung an die Gesetzlichkeit des Menschen beschnitten. „Gott ist absolut nur in der Ganzheit des Relativen, ist der Ewige durch die Zeit, der Unabhängige durch das Abhängige."[101] Sein eigenes Sein und Werden ist auf das dialektische Wirken des Menschen angewiesen. Die menschlichen Grundbewegungen – die Hingabehaltung zu Gott, dem Ideal oder „Urfeuer", und die Tathaltung als Schaffen in der Welt vom „Gottzentrum" aus – müssen sich gegenseitig aufheben. „Schöpferische Ganzheit muss zum Verrat an der Hingabeganzheit, diese zum Verrat an jener werden. [...] Es ist die Lage der *Schöpferischen Negation.*"[102] Die subjektive Dialektik des Herzens spiegelt sich in einem ambivalenten Gottesbild wider, das Gott selbst als Teil des Systems vorführt und gegenüber dem prometheischen Menschen depotenziert, der als autonomer Weltdemiurg jede geschöpfliche Bedingtheit, Unterordnung und Hingabe verneint. „Das Seelenfünklein ist so sehr absolutes Gesetz und Weltmitte, dass Gott selbst keine Macht dawider hat. Sittlich drückt sich diese absolute, uneinholbare Freiheit des Menschen aus in seiner Möglichkeit, gegen alles außer seinem Gesetz indifferent zu sein, nur auf seinem eigenen Zentrum sich in Schwebe zu halten."[103]

Balthasar kommt zu einem denkbar negativen Fazit. Für ihn hat das Prometheus-Fragment einen Vorläufer in der aus *Dichtung und Wahrheit* bekannten Figur des Luzi-

---

[96]   BALTHASAR: Apokalypse I. 140.
[97]   BALTHASAR: Apokalypse I. 118.
[98]   BALTHASAR: Apokalypse I. 141.
[99]   BALTHASAR: Apokalypse I. 118.
[100] BALTHASAR: Apokalypse I. 142.
[101] BALTHASAR: Apokalypse I. 143.
[102] Alle vorausgehenden Zitate: BALTHASAR: Apokalypse I. 143f.
[103] BALTHASAR: Apokalypse I. 156.

fer, der in ähnlicher Weise seinen höheren Ursprung verleugnet und seine Unabhängigkeit in der eigenen Tathaltung zu finden glaubt. „Es ist die originäre Neuschöpfung des Luzifer-Mythus, der in seiner Gottesidee und seinem primär-moralischen Schuldbegriff sich nicht schmiegsam genug für ein Sinnbild der dialektischen Situation erwiesen hatte."[104]

Angesichts dieser Verabschiedung des Idealismus sieht sich der Leser der *Apokalypse* in eine mehrfache Schwierigkeit gesetzt. Die Rückführung der deutschen Kultur der Sattelzeit auf Prometheus muss als unzulässige, einseitige Nivellierung einer vielschichtigen Epoche erscheinen, die zumindest das Bemühen um eine vernunftgemäße Legitimation des christlichen Wahrheitsanspruchs nicht positiv zu würdigen weiß. Die Ambivalenz der apokalyptischen Methode wird hier besonders augenfällig. In seinem Hegel-Kapitel etwa hebt Balthasar zunächst positiv das Ansinnen des frühen Hegel heraus, sich vom dualistischen Denken der Aufklärung zu emanzipieren. Dessen Botschaft von der trinitarischen Selbstentäußerung Gottes nimmt er zwar positiv auf, doch im Moment größter Annäherung, „Aug in Aug zu Hegel"[105] entlarvt er dessen Rede von Andersheit und Hingabe in ihrem Widerspruch zur wahren Selbstlosigkeit der Liebe. Das treibende Motiv Hegels sei schließlich die selbstgesetzte Finalität einer alles in Besitz nehmenden und überschauenden, ,listigen' Vernunft. Wenn aber alles Mögliche, Notwendige und Wirkliche aus dem Begriff des Absoluten abgeleitet wird, bestünde Gottes Verhältnis zur Welt und zum Menschen letztlich nur noch um seiner eigenen Selbstvermittlung willen und wäre als Fortsetzung der gottimmanenten Differenz reiner Selbstvollzug.

In seinen eigenen Schriften insistiert Balthasar darauf, dass selbstlose Liebe niemals eine deduzierbare Größe sein kann. Das Zusammenspiel der trinitarischen Personen ist in sich selbst vollkommene Beziehung, ist gegenseitiges Schenken und Empfangen, sodass auch Schöpfung und Erlösung nur in der Perspektive einer *mehr* als notwendigen, ja überbordenden Liebe gedacht werden können. Die ureigene Logik der Liebe ist im Gegenüber freier Subjekte zweckfrei, unvordenklich, überraschend. Doch bei aller berechtigten Kritik an Hegels dialektischem Gottesbegriff und seiner Philosophie des absoluten Geistes verdunkelt Balthasars Rezeption den Facettenreichtum des hegelschen Werkes. Sie verschweigt darüber hinaus die Bedeutung, die jenes für die Theologie hat. Selbst Balthasar hat, ohne es zuzugeben, Wesentliches von Hegel gelernt. Erst in der (kritischen) Auseinandersetzung mit jenem entwickelt er seinen Sinn für die Verbindung von Geschichte und Kenosis, von Kreuz und Trinität, von Theologie und Anthropologie.[106]

Auch Goethe muss sich selbst gegenüber der ,Versuchung' der Prometheuswelt, dem Griff nach dem Himmel, verhalten. Was verrät sein Werk über seine existenzielle Letzthaltung?

---

[104] BALTHASAR: Apokalypse I. 147.
[105] HENRICI: Zur Philosophie Balthasars. 247: „Von seinem ersten bis zu seinem letzten Werk denkt Balthasar Aug in Aug zu Hegel."
[106] Vgl. SALMANN: Der geteilte Logos. 291-370. – DERS.: Urverbundenheit und Stellvertretung. 17. – SCHULZ: Die Logik der Liebe und die List der Vernunft. – WALLNER: Gott als Eschaton. 224-262.

4.2.2.2   Goethes Haltung vor den ‚Letzten Dingen'

In der *Apokalypse* praktiziert Balthasar eine Lektüre, die zur innersten Geisteshaltung Goethes vorzudringen sucht, mit seinen Worten ein „Lauschen auf den Pulsschlag Goethescher Existenz"[107]. Er bewegt sich dabei von der Analyse grundsätzlicher erkenntnistheoretischer und metaphysischer Aussagen hin zur Bestimmung der *existenzialen* und *eschatologischen Situation Goethes*, die er zuerst systematisch und quer durch alle Opera hindurch, dann durch die Besprechung einzelner poetischer Hauptwerke vornimmt.[108] Die Themen des ersten Teils der balthasarschen Rezeption[109] sind durch ihre Einbindung in das Eingangskapitel dieser Arbeit schon hinreichend zur Sprache gekommen und sollen nur noch kurz in Erinnerung gerufen werden.

Wenn Goethe sich idealistischer Philosophie auch nicht verschließt, so verkörpert er doch die „Situation der ‚erwachsen'-existentialen Prometheusidee in Bescheidung", die ein „Loslassen des alles regelnden Subjekts im Seelenfünklein" und ein „Sichüberlassen der strömend-ruhenden Naturganzheit" meint, aber „nur darum eine Einbuße an Extensität der ideellen Weltbewältigung sich gestattet, um an existenzialer *Intensität* zu gewinnen"[110]. Balthasar setzt bei der Beschreibung des ideal-realen Lebensraums an, der sich zwischen die Pole Natur und Geist sowie Idee und Existenz spannt und das Endliche als aufstrebende Monade zeigt. Goethes Orientierung an platonischer Metaphysik, die er der aristotelischen Teilstruktur vorzieht, erlaubt es ihm, alles Seiende als komparativisch und am Unendlichen teilhabend zu skizzieren. Die unaufhebbare Basis aller vertikalen Steigerung ist die horizontale Polarität, sodass das transzendente, einheitschaffende Ziel immer unerreichbar bleibt. Die Formeln der Polarität und der Analogie, welche die Mitte zwischen Identität und Widerspruch halten, sind bezeichnend für das goethesche Weltbild. Sie charakterisieren in der horizontalen Ebene die ursprüngliche Einheit von Subjekt und Objekt und die Verwandtschaftsbeziehungen innerhalb des morphologischen Wachstums der Natur, in der vertikalen Ebene die Gleichnishaftigkeit aller Kreaturen vor ihrem göttlichen Schöpfer. Goethes Erkenntnisart bewegt sich dabei zwischen diskursivem und intuitivem Vernunftvermögen, zwischen Rezeptivität und Spontaneität und weitet sich in der Verwobenheit von theoretischer Reflexion, ethischer Verwirklichung und ästhetischer Einfühlung zu einer ganzheitlichen Wahrnehmung. Der Bezug auf sinnliche Erfahrung und der Verzicht, ein System von einem unendlichen Wissen her zu deduzieren, laufen in der Haltung der Resignation zusammen. Diese beruht auf der Anerkennung der geschöpf-

---

[107] BALTHASAR: Apokalypse I. 408.

[108] Bei der Interpretation ganzer Werke handelt es sich um *Die Leiden des jungen Werther*, *Iphigenie auf Tauris*, *Torquato Tasso* und *Faust I+II*. Weitere Quellen Balthasars sind schwer zu bestimmen, da er nicht alle Zitate belegt. Vorwiegend stützt er sich auf Auszüge aus *Maximen und Reflexionen*, den *Wilhelm Meister*-Romanen und den *Gesprächen mit Eckermann*. Die *Schriften zur Naturwissenschaft* setzt er voraus, widmet sich der Farbenlehre aber kaum bzw. erst in der *Herrlichkeit* (vgl. DERS.: Herrlichkeit III-1-2. 712-715). Insbesondere der in dieser Arbeit vorgezogene Einblick in die Religiosität Goethes (vgl. Punkt 2.2.3 des Anfangskapitels dieser Arbeit) kann hier als Verstehensbasis dienen.

[109] Vgl. die ersten beiden Abschnitte des Goethe-Kapitels in der *Apokalypse*: „Der Lebensraum des doppelten Werdens" (407-419) und „Das Erkennen und die Dinge" (419-443).

[110] Alle vorausgehenden Zitate: BALTHASAR: Apokalypse I. 407.

lichen Bedingtheit, die ein vollständiges denkerisches Erfassen des Ursprungs und
Ziels eines Werdenden nicht zulässt.

Innerhalb dieses Rahmens werden nun die religiösen Motive bei Goethe aufgenommen.[111] Balthasar spricht von ‚Existenzialindex‘[112] und meint damit die Frage,
inwieweit sich der Dichter vom existenziellen Ernst der Frage nach Gott und den
‚Letzten Dingen‘ berühren lässt. *Dass* er sich berühren lässt, steht aufgrund einiger
Glaubenszeugnisse außer Zweifel:

> „Der Mensch, wie sehr ihn auch die Erde anzieht mit ihren tausend und abertausend Erschei
> nungen, hebt doch den Blick forschend und sehnend zum Himmel auf, der sich in unermesse
> nen Räumen über ihm wölbt, weil er es tief und klar in sich fühlt, dass er ein Bürger jenes geis
> tigen Reiches sei, woran wir den Glauben nicht abzulehnen noch aufzugeben vermögen. In
> dieser Ahnung liegt das Geheimnis des ewigen Fortstrebens nach einem unbekannten Ziele; es
> ist gleichsam der Hebel unseres Forschens und Sinnens, das zarte Band zwischen Poesie und
> Wirklichkeit.“[113]

Das Religiöse begegnet in Goethes Werk in einer seltsamen Art zwischen zwei chimärischen Größen, die der Dialektik des ideal-realen Werdens entsprechen. Es heftet
sich zum einen an den Seinsgrund, die zeugende Natur, die im *Faust II* durch das
oszillierende Bild der Mütter symbolisiert wird, zum anderen an das ideelle Ziel von
Entelechien, das etwa im Sterben Fausts dramaturgisch umgesetzt wird.

Doch welche Religiosität verbirgt sich hinter diesen halbwirklichen Bildern? Eine
antik-archaische, idealistische oder christliche Gläubigkeit? Verschiedene Assoziationen und Hypothesen legen sich nahe. Goethe scheint den Hiatus zwischen Ursprung
und Entelechie zu betonen, das Zusammenspiel zwischen dem Ewig-Weiblichen und
dem Männlich-Gestaltenden zu interpretieren, aber auch das göttliche Geheimnis
selbst zu umschreiben. Balthasar jedenfalls erwartet sich eine Aufklärung der Gottesfrage, indem er Ursprung und Ziel des Werdens näher qualifiziert. Sind sie als reine
Idealität oder Fülle der Existenz in Gott zu verstehen?

Hinsichtlich Goethes Naturfrömmigkeit beobachtet Balthasar zunächst ein Übergewicht der Axiologie vor der Teleologie. Das Wahre und Ewige ist in jedem Augenblick durch die Unerschöpflichkeit des Symbols zugänglich, das sich demjenigen als
‚heilig öffentlich Geheimnis‘ erschließt, der existenziell durchlässig für die ehrfurchtsvolle Anschauung geworden ist. „So betont sich die Schau der Urwelt *in* der Welt
schon stark als Vision Gottes selber.“[114] Die Verehrung Gottes in der Natur verbindet
sich jedoch mit dem Bewusstsein, dass dem endlichen Geist eine vollkommene Erkenntnis des Absoluten noch verwehrt ist. Goethes Haltung der Resignation entspricht dem Wort Augustins: „Du bist nähergetreten, hast hingeschaut, gezuckt und
bist zurückgetreten. Du weißt, dass sicherlich Dasein hat, was du sehen sollst, aber

---

[111] Vgl. die Abschnitte des Goethe-Kapitels in der *Apokalypse*: „Das Halbwirkliche und die letzten Dinge“
(444-457) und „Die Vollbestimmung der Existentialität“ (458-467).
[112] Vgl. z.B. BALTHASAR: Apokalypse I. 458.
[113] GOETHE: WA V. 3. 309; zit. in BALTHASAR: Apokalypse I. 466f.
[114] BALTHASAR: Apokalypse I. 451.

dass du nicht fähig bist, es zu sehen."[115] In Goethes axiologischem Endzeitbewusstsein ist eine teleologische Ausrichtung gleichwohl angelegt, insofern die im Abglanz erschaute Göttlichkeit ein religiöses Suchen und Fragen nach dem Weltende weckt. „Es ist die Dimension, in der ein reales Begegnen von Eros-empor und Gott-Geheimnis liegt."[116] Obwohl sich Goethe über die individuelle Unsterblichkeit, den Fortschritt der Menschheit und eine mögliche Weltverjüngung meist nur in humoristischem Ton äußert – vorgreifende Spekulationen oder lehrhafte Festlegungen hält er für verfehlt[117] –, ist eine ‚esoterische' Stoßrichtung in seinem Denken durchaus erkennbar. Die Vollendung der Welt und des Einzelnen beruht auf dem sehnsuchtsvoll-tätigen Eros und dem demütigen Blick ‚empor', jedoch nicht auf eigenen Verdiensten. „Gegen ‚Anspruch' steht bei Goethe immer der Gnadencharakter in allem ontologischen Empor, das unverdiente Glück, dem Geheimnis entgegenzuwandern und in es hineingehoben zu werden."[118]

Persönliche Wahrheit und die Gewissheit künftigen Fortlebens sind für Goethe in hohem Maße erst durch die Verbindung von geistiger und sittlicher Tätigkeit gewährleistet: „immer heißt Goethes Apokalypse der Seele ‚Bildung' [...]. ‚Bildung' bezeichnet also den subjektiven symbolischen Mittebegriff Goethes, gerade in der Doppeldeutigkeit des passiv-ästhetischen Bild- und Sinnbild-Werdens des Daseins und aktiv-sittlichen Sich-aus-Bildens, in der Polarität von Gestalt und Gestaltung."[119] Die Vervollkommnung des eigenen Wesens geschieht nicht nur in der Ausbildung der persönlichen Autonomie, sie ist „kein selbsttätiges Verwirklichen eines irreellen Ideals, sondern ebensosehr ein Hineingebildet*werden* vom existierenden Eschaton her"[120]. Aufgrund der Unerreichbarkeit aller innerweltlichen Vollendung ist die gelebte Resignation und die vertrauensvolle Erwartung eines gnadenhaften göttlichen Wirkens der einzige Weg zu allem Höheren. Die Ausrichtung des Einzelnen auf sein Eschaton ist dabei nicht abstrakt beschreibbar, ist sie doch eine Beziehung „zum je-konkret einmaligen, sich offenbarenden Wunder, das nie ein Allgemeines wird"[121]. Goethe vermag seine existenzielle Hoffnung nur metaphorisch auszudrücken:

„Und nun dring' ich aller Orten
Leichter durch die ewigen Kreise,
Die durchdrungen sind vom Worte
Gottes rein-lebendiger Weise.

Ungehemmt mit heißem Triebe
Lässt sich da kein Ende finden,

---

[115] Vgl. BALTHASAR: Apokalypse I. 451f.

[116] BALTHASAR: Apokalypse I. 452.

[117] Jeder trägt zwar „den Beweis der Unsterblichkeit in sich selbst und ganz unwillkürlich. Aber sobald man objektiv aus sich heraustreten wolle, sobald man dogmatisch eine persönliche Fortdauer nachweisen, begreifen wolle, jene innere Wahrnehmung philisterhaft ausstaffiere, so verliere man sich in Widersprüche." (GOETHE: WA V. 4. 294f; zit. in BALTHASAR: Apokalypse I. 456).

[118] BALTHASAR: Apokalypse I. 456.

[119] BALTHASAR: Apokalypse I. 449.

[120] BALTHASAR: Apokalypse I. 415.

[121] BALTHASAR: Apokalypse I. 442.

Bis im Anschaun ewiger Liebe
Wir verschweben, wir verschwinden."[122]

Das natürliche Erstaunen vor dem ‚heilig öffentlich Geheimnis' wandelt sich in eschatologischer Perspektive in eine dynamische Bewegung, worin „die Emporrichtung des Eros eine durch Schau und Hingabe geklärte, zur Ehrfurcht verklärte Vorrangstellung" behält. „Im Wesen des (erblickten) Geheimnisses hat der ‚Aufschwung' ins Esoterische ein Übergewicht über die ‚Darstellung' des Esoterischen in der Gestalt – *und*: Im Wesen des (erblickenden) Geheimnisses hat der tathaft-sehnende Eros ins Esoterische ein Übergewicht über das ästhetische Anschauen des Geheimnisses in den Hüllen der Gestalt."[123] Das Geheimnis des Seins bleibt jedoch an den Grenzen seiner Herkunft und Vollendung in einem doppelten Sinn unfassbar, weder im Vornoch im Rückgriff zu erreichen: „einmal, weil hier fortschreitend das Aufsteigende oder zu seinen Wurzeln Absteigende des geschöpflichen Seins sich in Nichts verflüchtigt, dann aber, weil solches Verschwinden zugleich wachsendes Durchscheinen des Göttlichen ist, und dies doch wieder *im* Geschöpflichen als seiner eigenen Existentialiät"[124].

Eine Annäherung an das Eschaton kann es demnach nur über die ‚Halbrealität' des gegenwärtigen Lebens geben, wo sich „das ästhetisch Zarte" mit dem „religiös Zarten"[125] berührt. Die ästhetisch-immanente Haltung vor dem Eschaton transzendiert ins Religiöse, während die christlich-aufsteigende Bewegung von der Faszination des Ästhetischen angezogen wird.

„In beiden Fällen weiß Goethe, dass das entscheidende Menschliche nur in einer positiven Haltung zur Erde sich verwirklicht. Die dritte, höchste, christliche Ehrfurcht, die in der pädagogischen Provinz gelehrt wird, ist nicht die vor Gott – diese wird als erste selbstverständlich vorausgesetzt –, sondern die Ehrfurcht vor dem, was *unter* uns ist. Wahl besteht nur zwischen einer ästhetischen Ehrfurcht vor dem Geheimnis, das in der Weltlichkeit sich verhüllt offenbart, und einer religiösen Ehrfurcht, die sich durch seine Tiefendimension hindurch zum ‚Überschönen' im Sinne Plotins tätig-liebend hindurchringt."[126]

So will Balthasar Goethes Werk nicht, wie weithin üblich, in ‚christliche' und ‚heidnische' Schriften einteilen, da es sich bei genauem Hinsehen nur um eine stärkere Gewichtung der sinnlichen Schau oder des tätigen Lebens handelt. Zu Goethes Verharren im Sinnlichen ist sicherlich seine Neigung zum Pantheismus, „das Erlebnis des In-Seins in der Natur" und „das prometheische Weltgefühl des Künstlers" zu rechnen, worin das Eschaton in „dionysische[r] All-Auflösung"[127] erscheint. Der (Goethe zugeschriebene und mindestens von ihm beeinflusste) Aufsatz *Die Natur* verweist hingegen auf das in allem Weltlichen verankerte Gesetz, dass „horizontale Polarität nur als Basis aufsteigender Bewegung wirklich, ja möglich ist".

---

[122] BALTHASAR: Apokalypse I. 457.
[123] Beide Zitate: BALTHASAR: Apokalypse I. 459.
[124] BALTHASAR: Apokalypse I. 461.
[125] Beide Zitate: BALTHASAR: Apokalypse I. 466.
[126] Beide Zitate: BALTHASAR: Apokalypse I. 463.
[127] Alle vorausgehenden Zitate: BALTHASAR: Apokalypse I. 464.

„Damit aber wird die gesamte ästhetisch-dionysische Welt *nicht Gegenpol* der christlich-transzendierenden, sondern deren *Basis* und Unterstufe. ‚Leben' steht dem ‚Geist' nicht als Widersacher entgegen, sondern das ‚Empor' des Eros ist ontologisch Potenzierung des ‚Lebens'.

‚Denn das Leben ist die Liebe
Und des Lebens Leben Geist.'
Damit richtet sich die Dynamik ‚über-hinaus' nicht mehr auf den widersprüchlichen Natur-Gott, sondern auf den im Geheimnis existentiell begegnenden Gott-Geist, und weil es der tätig-sehnende Eros ist, der die Dynamik führt, einen Gott, der nicht ‚reine Idee', sondern höchsterfüllte Existenz ist. Es ist das freilich eine ‚Existenz', die nur dialektisch so bezeichnet werden kann, denn als Gegenpol rein faktischer Existenz ist Geist-Gott zugleich höchst erfüllte Idealität."[128]

Die oben gestellte Frage nach der Idealität oder Existenzialität des Eschatons ist damit für Balthasar beantwortet. Das Schöne muss „dorthinein aufgeklärt werden, woher es scheint, nämlich in die existentielle Dimension der ‚höheren Wirklichkeit', welche ontologisch eine über Schein (Idee) und Sein (Existenz) erhabene, wesentlich nur existential als Geheimnis zugängliche Wirklichkeit ist"[129].

Im zweiten Teil seiner Goethe-Rezeption sucht Balthasar in germanistischer Lesart das formal Gesagte auch durch konkrete, literarische Gestalten zu verifizieren und zu veranschaulichen. Nach einer Analyse der Charaktere *Werther*, *Iphigenie* und *Tasso* richtet er seine Aufmerksamkeit vor allem auf *Faust*, da dieser den Existentialindex Goethes am treffendsten widerspiegelt. Faust stellt den goetheschen Menschen prototypisch dar, indem er die Grundpolarität seines Wesens im Bild der zwei Seelen ausdrückt, sowohl das prometheische Streben über das Irdische hinaus als auch die ganymedische Hingabe an die Tiefen des konkreten Daseins kennt und nur in der jeweiligen Bescheidung dieser beiden Haltungen zur existenziellen Ganzheit gelangt. Die Schlussszene des *Faust* entfaltet das Thema des gnadenhaften Aufstiegs hin zu einer höheren Ebene, auf welcher der Mensch auf seine Erlösung hoffen darf. Auffällig ist Balthasars betont konziliante Lesart des Dramas, das durch die „Reue-Ohnmacht"[130] des sterbenden Faust das wahre Eschaton als Gnade aufleuchten lässt. Mit dieser theologischen Einschätzung trägt er gewissermaßen in den Text ein, was sich aus ihm selbst nicht unmittelbar erschließt.

In Balthasars fiktiver Endzeitsituation trifft Goethe ein mildes, nahezu lobendes Urteil. Was den Dichter in den Augen des Theologen rettet, ist der Umstand, dass er nicht der Versuchung eines idealistischen „Bewältigungsdenkens"[131] erliegt. Zu der Frage, ob Goethe tatsächlich bis zum Letzten und Entscheidenden der *christlichen* Hoffnung vordringt, äußert sich Balthasar nochmals in der *Herrlichkeit*.

---

[128] Beide Zitate: BALTHASAR: Apokalypse I. 465.
[129] Beide Zitate: BALTHASAR: Apokalypse I. 466.
[130] BALTHASAR: Apokalypse I. 511.
[131] So Balthasar in seiner späteren, polemischen Schrift *Cordula oder der Ernstfall* (53).

4.3 Goethe als Symptom: *Herrlichkeit III*

4.3.1 Leitperspektive des Werkes

4.3.1.1 Die theologische Ästhetik

Mit der *Herrlichkeit*, dem ersten Teil seiner großangelegten Trilogie, legt Balthasar ein zweites Werk vor, in dem er einen geistesgeschichtlich weiten Bogen spannt, da er nicht nur aus biblischen Quellen, sondern auch aus der Vielfalt abendländischer Denkentwürfe schöpft. In diesem Kontext wird Goethe auf die Fruchtbarkeit seines Schaffens für eine Theologie des Erscheinens Gottes hin geprüft. Da ich mich im theologischen Teil dieser Arbeit ausführlich mit Balthasars *Herrlichkeit* befasse, dürfte es an dieser Stelle genügen, die Leitperspektive des Werkes knapp zu skizzieren.

Als Antwort auf die anthropologischen Reduktionen der Neuzeit setzt Balthasars Offenbarungsdenken *theozentrisch* an. Das Grundmotiv seiner theologischen Ästhetik ist die in der Menschwerdung Jesu Christi offenbar werdende Liebe und Herrlichkeit Gottes und die Erhebung des Menschen zur Teilnahme daran. Es liegt damit in dem Aufweis, dass die Gestalt des Lebenszeugnisses Jesu als die endgültige Selbsterschließung Gottes objektiv vernehmbar ist, die durch ihr Aufleuchten allererst die subjektive Einsicht in die Glaubensmysterien ermöglicht und erhellt. Balthasar müht sich um die Hinführung zu einer konkreten Erfahrungswirklichkeit der Offenbarung, um sie menschlicher Verzweckung und Verfügungsmacht zu entziehen. In einer Art theologischer Phänomenologie sucht er den Inhalt des christlichen Glaubens als glaubwürdig zu rechtfertigen, ohne sich von einem anthropologischen bzw. kosmologischen Erfüllungskriterium bestimmen zu lassen und ohne seine Apologetik allein am menschlich Begreifbaren auszurichten.[132]

Die Prävalenz des Objekts setzt einen im weitesten Sinne ontologischen Rahmen voraus. Für Balthasar fordert sie einen Einsatz bei den Transzendentalien des Seins, zuvorderst beim Transzendentale des *pulchrum*. Die weltliche Schönheit, die eine unabsehbare Tiefe und Fülle des Seins erahnen lässt, verweist analog auf die Herrlichkeit Gottes, die ihrerseits jedes geschöpfliche Maß sprengt und überstrahlt. Denn in der Spannung des Ereignisses von Kreuz und Auferstehung Jesu wird eine Liebe sichtbar, die über alles bloß Harmonische und Notwendige hinaus geht und sogar das Gebrochene, Hässliche unserer Geschichte von innen her verwandelt in das Schönste: das versöhnende Erbarmen Gottes. So bildet die ästhetische Dimension für Balthasar eine unerlässliche Korrektur zur Tendenz der Moderne, die Offenbarung lediglich unter den Gesichtspunkten ihrer (transzendentalen) Wahrheit und Gutheit zu betrachten.

„Gott kommt nicht primär als Lehrer für uns (‚wahr‘), als zweckvoller ‚Erlöser‘ für uns (‚gut‘), sondern um Sich, das Herrliche seiner ewigen dreieinigen Liebe zu zeigen und zu verstrahlen, in jener Interesselosigkeit, die die wahre Liebe mit wahrer Schönheit gemein hat. Zu Gottes Glorie

---

132 Vgl. BALTHASAR: Glaubhaft ist nur Liebe. 6. – DERS.: Herrlichkeit III-1-1. 20.

ward die Welt erschaffen, durch sie und zu ihr wird sie auch erlöst. Und nur wer, von einem Strahl dieser Glorie getroffen, einen anfangenden Sinn dafür hat, was unverzweckbare Liebe ist, kann der Anwesenheit der göttlichen Liebe in Jesus Christus ansichtig werden.“[133]

Während Balthasar im ersten Band der *Herrlichkeit* eine Lehre zur Wahrnehmung der Offenbarungsgestalt entwirft, stellt er im zweiten Band zwölf Zeugen der Schönheit Gottes vor, deren Visionen die Stärke ihres Denkens und ihres theologischen Stils bestimmen.

„In neuen geistesgeschichtlichen Konstellationen brechen jeweils aus der übergeschichtlichen Mitte neue originale Schauungen auf, die zwar, im Fortlauf der Zeiten, aufeinander beziehbar sind, sich an großer Tradition bereichern oder davon absetzen, aber all das eigentlich nie im bloßen Weiterspinnen vorhandener Fäden, sondern in der Kraft einer totalen Vision.“[134]

Es geht also nicht um eine Geschichte oder ein abschließendes System der theologischen Ästhetik, sondern – wie schon aus der *Apokalypse* bekannt – um eine Reihung schöpferischer Gestalten, die innerlich auf einen gemeinsamen Ursprung hin ausgerichtet sind und die Leser ihrer Werke in die ästhetische Schau einstimmen können. Um einer repräsentativen Darstellung willen wählt Balthasar Denker verschiedener Epochen und Regionen der abendländischen Theologie. Die Einteilung in klerikale und laikale Stile ergibt sich dabei nicht aus einer ideologischen Wertung, sondern entspricht der von ihm beobachteten Gegebenheit, dass es im ersten christlichen Jahrhundert vorwiegend amtliche Seelsorger und ab etwa 1300 eher Laien waren, die sich vom Glanz der Offenbarung treffen ließen und selbst „erleuchtend und gestaltend in die Jahrhunderte christlicher Kultur auszustrahlen vermocht [haben]“[135]. Der klerikale ‚Fächer der Stile‘ reicht von den patristischen Theologen Irenäus, Augustinus und Dionysos zu den mittelalterlichen Kirchenlehrern Anselm von Canterbury, dem großen Vermittler zwischen vernünftiger Glaubensbegründung und hingabevollem Gebet, und Bonaventura, dem ekstatischen Betrachter der trinitarischen Liebe. Im zweiten Anlauf interpretiert Balthasar Laien, die dem Weltgeschehen unmittelbar ins Auge sehen: Dante, der die Kühnheit besitzt, die irdische Liebe zwischen Mann und Frau vor den Thron Gottes zu tragen und den Eros in der Agape vollenden zu lassen, Johannes vom Kreuz, den mystischen Reformator des Karmels, Pascal, den glaubenden Wissenschaftler der Neuzeit, Hamann als Repräsentant des Protestantismus und Solowjew als Vertreter des Ostens, den englischen Dichter und Jesuiten Hopkins und schließlich Péguy in seiner Existenz zwischen Kommunismus und Kirche.

Auf diesem Kanon aufbauend wendet sich Balthasar in *Herrlichkeit III* zunächst der abendländischen Metaphysik zu, um darin nach Vorschattungen und Nachwirkungen der Gottesoffenbarung zu suchen. Erst nach einem langen Gang durch die antike, mittelalterliche und moderne Geschichte konzentriert er sich auf die biblischen Schriften, indem er die alttestamentlichen Verheißungen auf ihre Erfüllung in Christus hin deutet und schließlich diese Mitte selbst, die Menschwerdung des Logos in ihrer *doxa*

---

[133] BALTHASAR: Zu seinem Werk. 68.
[134] BALTHASAR: Herrlichkeit II-1. 18.
[135] BALTHASAR: Herrlichkeit III-2-1. 11.

erstrahlen lässt. Es ist der Versuch, „das Christliche zuerst [...] in seiner Solidarität mit dem Menschheitsdenken und in seiner Einsenkung in die allgemeine religiöse Metaphysik darzustellen, ehe wir es [...] in seiner einsamen Isolierung gegenüber allen menschlichen Denkentwürfen zeichnen"[136]. Wenn Balthasar zuletzt eine dogmatische „Entrückungslehre" entwickelt, schlägt er den Bogen zurück zum Anfang, zur fundamentaltheologischen „Erblickungslehre"[137] (Band I), welche die Gestalt der *doxa* Gottes bereits anvisierte.

4.3.1.2 Integration der abendländischen Metaphysik

Im biblischen Zeugnis ist ‚Herrlichkeit' eine allgegenwärtige Grundkategorie, die das Sein Gottes, sein Reden und Handeln in der Geschichte beschreibt. Wenn diese Offenbarung aber einen Anspruch auf Universalität erhebt, dann muss es, so Balthasar, eine Kontinuität zwischen christlicher Verkündigung und dem metaphysischen Denken der Menschheit geben. Die Orientierung *im Raum der Metaphysik* dient der mythisch-philosophisch-religiösen Grundlegung der Offenbarungsthematik[138], aber auch der Bestimmung von Balthasars eigenem Standort, welcher „höchste Kommunikation nach überallhin erlaubt, aber jeden geistigen Kompromiss vermeidet"[139]. So ist Balthasars Umgang mit dem Verhältnis von antikem, modernem und christlichem Herrlichkeitsverständnis durch die Methode der *Integration* oder *Inklusion*, nicht aber der Evolution im Sinne einer Abwendung von Traditionen bestimmt.

Soll die Bedeutungstiefe der biblischen Herrlichkeit zumindest ansatzweise erfasst werden, müssen ihr Gegebenheiten im Raum der natürlichen Erfahrung bzw. des geschaffenen Seins entsprechen.

> „Denn hätte ein biblischer Grundbegriff keinerlei Analogie im gemeinen Geistraum und erweckte er nichts Vertrautes im Menschenherzen, so müsste er das absolut Unverständliche und damit Gleichgültige bleiben. Nur wo zwischen menschlichem Empfinden und göttlicher Offenbarung eine wenn auch noch so entfernte Analogie herrscht, kann die Höhe, der Abstand, die Ferne dessen, was die Offenbarung erschließt, allererst in Gottes Gnade ermessen werden."[140]

Erneut tritt das Analogiedenken als wesentliches Charakteristikum der Theologie Balthasars hervor. Der Gestaltbegriff leistet dabei die Vermittlung der sinnlichen Erfahrung, insofern er für das Aufleuchten der Stimmigkeit und Schönheit des Seins

---

[136] BALTHASAR: Herrlichkeit III-1-1. 15.
[137] Beide Zitate: BALTHASAR: Herrlichkeit I. 118. – Vgl. DERS.: Herrlichkeit III-1-1. 25f.
[138] Vgl. BALTHASAR: Herrlichkeit III-1-1. 220f: „Wir können daher zwar im Brustton der Überzeugung mit Karl Barth verkünden, das Christentum sei keine Religion, mit Kierkegaard, es sei keine Philosophie, und mit Bultmann, es sei kein Mythos: aber Gott wäre nicht Mensch geworden, wenn er mit diesen drei Formen nicht innerlich und positiv in Kontakt gekommen wäre. Den Beweis für diesen Kontakt und diese Kontamination liefert die Bibel, die ihre abschließende und für die Christen verpflichtende Gestalt gerade im Zeitalter der Religion und des Synkretismus gewonnen hat. Sie von Religion, Philosophie und Mythos ‚reinigen' zu wollen, hieße biblischer sein wollen als die Bibel und christlicher als Christus."
[139] BALTHASAR: Herrlichkeit III-1-1. 16.
[140] BALTHASAR: Herrlichkeit III-1-1. 16.

am einzelnen Seienden steht.[141] Schon der antik-griechische Mensch, vielfach durch mythische Kunst inspiriert, ist beeindruckt von der Schönheit des Seins, die sich in der Ordnung des homerischen Kosmos als ein harmonisch proportioniertes Gefüge spiegelt. Er besitzt darüber hinaus ein Bewusstsein für die gegenseitige Verwobenheit der transzendentalen Seinsbestimmungen des Wahren, Guten und Schönen, insofern er die Welt als göttliche Erscheinung *(Epiphaneia)*, Rechtsetzung *(Dike, Themis)* und Gnade *(Charis)* versteht. „Das Aufleuchten der Charis als Anmut-Gnade an der schönen Gestalt lässt den Schauenden aus dem verhüllt Alltäglichen und Zweckhaften blitzhaft inspiriert und entrückt werden zu den Quellen des sich gnadenhaft umsonst schenkenden Seins."[142] Es ist wichtig zu betonen, dass diese metaphysischen Erfahrungen durch das offenbarende, rechtsetzende und begnadende Handeln des biblischen Gottes nicht widerlegt oder übergangen, sondern auf eine Weise bestätigt werden, dass alle menschlichen Vorentwürfe in die endgültige, unübertreffliche Gestalt der christlichen Offenbarung eingeschlossen sind. Auch der Eros der transzendierenden Vernunft, der dem Schönen entgegen strebt (Platon/Plotin), kann christlich bejaht und in der Caritas vollendet werden – solange am Grundsatz der Seinsanalogie festgehalten wird.[143]

Das Erbe der Antike wirkt durch vielfache Implikationen in der patristischen und mittelalterlichen Theologie fort: in der schöpfungstheologischen Reflexion des neuplatonischen Exitus-Reditus-Schemas, im Thema der geistlichen Schönheit und in der christlichen Weltbejahung entgegen allem Anschein der Hinfälligkeit. Indem Thomas von Aquin schließlich das *esse* in seinem Verhältnis zur *essentia* neu bestimmt und als Gleichnis Gottes verstehen lässt, begründet er ein Gott-Welt-Verhältnis, in dem die Geschöpfe durch die freie Seinsgabe des Schöpfers an dessen Wirklichkeit Anteil erhalten. „[...] eben wenn das Geschöpf sich im Sein von Gott abgerückt fühlt, weiß es sich aufs unmittelbarste von Gottes Liebe erdacht, und eben wenn die Beschränktheit seines Wesens ihm sein Ganz-anders-Sein als Gott vorzeigt, weiß es sich als wirkliches überschwänglich beschenkt mit Teilnahme am Wirklich-Sein Gottes"[144]. Thomas' Metaphysik leistet die innere Vollendung der antiken Schönheitsphilosophie, die jedoch in der Folgezeit, im Zuge der nominalistischen Auflösung des Seins und dessen Formalisierung zu einem umfassenden Vernunftbegriff, nicht durchgehalten wird. In der Tradition der Ästhetik der transzendentalen Vernunft eröffnen sich nun drei Wege, die Balthasar als ontologisch ungenügend bewertet: ein erster bewegt sich entlang der Indifferenz der Mystiker, Heiligen und Narren; ein zweiter lässt die Antike bewusst nachwirken (u.a. bei Nikolaus von Kues, Hölderlin und Goethe) und weist mit Heideggers Plädoyer gegen die Seinsvergessenheit den in der Neuzeit vielleicht fruchtbarsten Ansatz für eine mögliche Philosophie der Herrlichkeit auf; ein dritter führt zur Geistmetaphysik, die bei Descartes beginnt und im Deutschen Idealismus

---

[141] Vgl. BALTHASAR: Herrlichkeit III-1-1. 30f.
[142] BALTHASAR: Herrlichkeit III-1-1. 24. Zur Deutung der antiken Autoren vgl. den Aufsatz von ENDERS: „Alle weltliche Schönheit ist für den antiken Menschen die Epiphanie göttlicher Herrlichkeit".
[143] Vgl. BALTHASAR: Herrlichkeit III-1-1. 26.
[144] BALTHASAR: Herrlichkeit III-1-1. 363.

(u.a. bei Kant, Fichte, Hegel, bis hin zu Marx) in die Gefahr der Selbstherrlichkeit des Geistes gerät. Ihn trifft Balthasars härtestes Urteil, da er die staunende Bewunderung der Seinsgabe und damit die Wahrnehmung der Herrlichkeit Gottes verunmöglicht. Während die Vorstellungen der Antike also eher positive Konturen zeigen, verlaufen die Entwicklungen der Moderne für Balthasar erneut im Dunkel der Gottferne.

Im Schlusskapitel entfaltet Balthasar zudem sein eigenes Anliegen einer christlichen Metaphysik des Seins als Gabe, über das noch eigens zu reden sein wird.[145] Aber schon sein kritischer Umgang mit der Philosophiegeschichte lässt seine Position erkennen: Nicht dem platonischen Schema von Auf- und Abstieg, nicht einer Identitäts- oder Geistphilosophie will er sich im Letzten anschließen, sondern er sieht die Positivität des Endlichen, an deren Erweis ihm gelegen ist, in erster Linie durch das Prinzip der *analogia entis* und der thomanischen Lehre von der Realdistinktion zwischen *esse* und *essentia* gewahrt. Diese frühe, durch Przywara vermittelte Einsicht bleibt auch in der *Herrlichkeit* ein wichtiges hermeneutisches Deutungskriterium, mit dem Balthasar Metaphysiker, Kirchenväter und Dichter gleichermaßen liest. Mit dieser freilich sehr verkürzten Darstellung, die sich auf die Nennung einiger Grundgedanken beschränken musste, sind die Koordinaten angezeigt, innerhalb derer die zweite Goethe-Rezeption Balthasars einzuordnen ist.

4.3.2 Kritische Distanzierung von Goethe

4.3.2.1 Die letzte säkulare Verwirklichung der Herrlichkeit

In der Frage, inwieweit das neuzeitliche Denken der Präsenz der Herrlichkeit Gottes in der Welt Raum lässt, geht Balthasar erneut auf Goethe ein. Sein Urteil, das er noch in der *Apokalypse* über den Dichter gefällt und ins Hoffnungsvolle gewendet hat, wird hier ambivalent. Balthasar zeichnet die Umrisse einer Persönlichkeit, die ein außergewöhnliches Gespür für das Seinsmysterium hat, dieses jedoch nicht mehr auf den christlichen Gott hin zu übersteigen vermag.

In *Herrlichkeit* markiert Balthasar deutlicher als in der *Apokalypse* die Gebrochenheit der biographischen und geistigen Entwicklung Goethes. Neben dem *Faust*-Drama, den *Wilhelm-Meister*-Romanen und den autobiographischen Schriften dokumentiert insbesondere der *Tasso* den Übergang vom Früh- zum Spätwerk und zeigt die von Goethe selbst leidvoll erfahrene Dialektik einer dichterischen Existenz.[146] Vordergründig spielt er zwischen Idealität und Realität, zwischen Genie und Wahnsinn, hintergründig verarbeitet Goethe darin seine eigene Rolle am Weimarer Hof und seine melodramatische Beziehung zu Charlotte von Stein. Während Goethe-Tasso, noch ganz im Bann des antik-neuzeitlichen Eros stehend, glaubt, im zeitlosen Augenblick

---

[145] Vgl. die konzise Zusammenfassung in BALTHASAR: Herrlichkeit III-1-2. 943-983. – Abschnitt 4.1.2 dieser Arbeit.
[146] Vgl. BALTHASAR: Herrlichkeit III-1-2. 689-706.

das Absolute erreichen zu können und schließlich doch an seiner überzogenen Sub-jektivität zu zerbrechen droht, findet der späte Goethe zu einer resignierten Mitte-Position, die es ihm etwa im Faust-Schluss erlaubt, „den transzendierenden Eros dantesk zu marianischer Agape (als absteigender Gnade) hinzuverklären"[147]. Der Eros bleibt als schöpferisch-verklärende Liebe stets die Urkraft seines Dichtens und das Medium seiner Seinswahrnehmung. Je mehr Goethe aber die Klarheit einer Subjekt-Objekt-Polarität gewinnt, desto mehr steht der Eros in einem komplementären Ver-hältnis zur ‚Bildung'. Diese umfasst sowohl die Ausbildung vorhandener Talente und Neigungen als auch die selbstvergessene Hingabe. Doch immer ist es „antike Paideia, selbst dort, wo die christliche Religion als dritte, höchste und unüberholbare hinge-stellt wird, denn das Schlusswort heißt ‚Ehrfurcht' (vor dem Unerforschlichen), nicht Liebe (zu Dem, der sich geoffenbart hat)"[148]. In seiner dem Drang nach Wissen ent-sagenden Haltung gewahrt Goethe die Herrlichkeit des Daseins, die etwa den Erleb-niszustand seiner Italien-Reise und seine humanistische Kunstlehre prägt, die ihm in triumphalen Festlichkeiten als Abglanz wieder erscheint, die sich vor allem aber im offenbaren Geheimnis der Natur nahe legt. Im *Phänomen der Gestalt*, welches die göttli-che Idee *in* der Erscheinung anzeigt, liegt für ihn die *Offenbarung von Herrlichkeit*.

„[...] indem Gott ihm in Natur offenbar ist, kann er Mensch sein; indem er durch Gott-Natur als Mensch gebildete Gestalt haben darf, kann er souverän und in seiner Weise auch fromm sein. Natur ist für Goethe der eigentliche Ort der Herrlichkeit, die für ihn genau darin besteht, dass die ‚geprägte Form' *in* sich die unendlich geheimnisvolle Idee herzeigt, die doch – als die eine, einzige – immer das Göttliche *über* aller Erscheinung bleibt."[149]

Schon zu Beginn seiner Rezeption richtet Balthasar den Blick auf Goethes „positive Seinserfahrungen und deren Gestaltwerdungen"[150], die den Dichter einerseits in die Nähe von Bruno, Spinoza, Shaftesbury und Herder rücken, ihn gegenüber der zeitge-nössischen Philosophie aber eine Sonderrolle einnehmen lassen. Goethes Wandel vom prometheischen Daseinsgefühl zur Naturfrömmigkeit und seine Distanz zum Idealismus, zur Romantik und zur technisierten Naturwissenschaft bringen ein Welt-verständnis hervor, dessen Erkenntnisgrundlage nicht allein die Konstitutionsleistung des Subjekts, sondern die denkende Anschauung ist. Jenes setzt ein komplexes Ver-hältnis polarer Strukturen voraus: die Totalität von Subjekt und Objekt, von Sinnlich-keit und Geist, von Quantität und Qualität, die das Steigerungsprinzip und somit die Möglichkeit der Analogie des Seins eröffnet. Indem Goethe vor seinem ‚heilig öffent-lich Geheimnis' ausharrt, „entsteht die paradoxe Situation, dass das ‚Weltkind' Goe-the, das nicht betet, weit stärker als der Beter Hölderlin (mit seiner Identitätsmystik) innerhalb der Analogia Entis lebt"[151]. Neben „der schmalen steilen Flamme Hölder-

---

147 BALTHASAR: Herrlichkeit III-1-2. 694.
148 BALTHASAR: Herrlichkeit III-1-2. 698.
149 BALTHASAR: Herrlichkeit III-1-2. 705. Zu Goethes häufiger Verwendung des Wortes ‚Herrlichkeit' in der *Italienischen Reise* und in den *Schriften zur Naturwissenschaft* vgl. 706-710; zur klassizistischen Ästhetik vgl. 716-723 und zu Goethes Erlebnis der ‚Herrlichkeit als Abglanz' im Fest vgl. 723-728.
150 BALTHASAR: Herrlichkeit III-1-2. 682.
151 BALTHASAR: Herrlichkeit III-1-2. 684.

lin" bedeutet das Schaffen Goethes „eine letzte säkulare Verwirklichung dessen, was im Raum der Metaphysik ‚Herrlichkeit' besagt hat"[152]. Schönheits- und Herrlichkeitsgestalt verbinden sich in Goethes Ästhetik. In Übereinstimmung mit Belloris und Zuccaris Theorie sieht sie es als die Sendung des Künstlers an, „in Nachahmung des höchsten Künstlers eine Vorstellung des höchsten Künstlers in sich zu tragen, nach deren Bild die Natur zu ihrer eigentlichen Intention und Idee hin geklärt und erlöst werden kann". Die Religiosität dieses Auftrags vollendet sich darin, „die wahre Gottähnlichkeit des Menschen, die verborgen paradiesische Natur des Menschen ins Licht zu heben"[153]. Dabei erzeugt die augenblickliche Kraft des Genies noch vor jeder Denkanstrengung, Phantasie oder Sinnlichkeit eine Form echter Schönheit, die ihren Zweck in sich selbst trägt. Die Synthese von transzendentaler Herrlichkeit und Erhabenheit drückt Goethe in den Sätzen aus:

„Eben darum, weil die Denkkraft beim Schönen nicht mehr fragen kann, warum es schön sei, ist es schön [...]. Was gibt es noch für einen Vergleichspunkt für das echte Schöne, als den Inbegriff aller harmonischen Verhältnisse des großen Ganzen der Natur, die keine Denkkraft umfassen kann? Alles einzelne, hin und her in der Natur zerstreute Schöne ist ja nur insofern schön, als sich dieser Inbegriff aller Verhältnisse jenes großen Ganzen mehr oder weniger darin offenbart."[154]

Das Wohlgefallen daran, dass die höchsten Formen von Schönheit gleichzeitig die größtmögliche Wahrheit offenbaren, lässt den Betrachter Goethe Frieden finden. „Ich lebe nun hier mit einer Klarheit und Ruhe, von der ich lange kein Gefühl hatte."[155] Dass er jedoch als „nur immanent Transzendierende[r]"[156] jener Harmonie des ‚großen Ganzen' ansichtig wird, führt zu der irritierenden Situation, dass „Steigerungen der Schönheit bei Goethe eine Verschattung der Wirklichkeit fordern"[157]. Ausdruck dieser Vorliebe für das ‚Halbwirkliche', die Balthasar schon in Bezug auf Goethes eschatologische Haltung feststellte, sind etwa das Traumgepräge des Helena-Akts oder bestimmte Natursymbole: die Morgenröte, der Nebel, die milden Übergänge der Wolkenbildungen, der Regenbogen.[158] Doch während der schöne Schein in der *Apokalypse* noch Anzeichen dafür war, dass das Ästhetische eine aufstrebende Dynamik ins offenbare Geheimnis impliziert, macht Balthasar an ihm nun eine Reduktion des Herrlichkeitsverständnisses Goethes auf die innerweltliche Verbindung von Idee und Realität fest. Herrlichkeit ist nicht mehr als „die Leuchtkraft des Schönen selbst [...]. Sie hängt an der Gestalt, solange sie dauert, und am Eros, solange er dauert. Beide haben ihre Dämmerung, um die Goethe genugsam weiß."[159] Wenn das Schöne verblasst, hinterlässt es nichtige, vergängliche Fragmente des Daseins, die Goethe nur durch

---

152 BALTHASAR: Herrlichkeit III-1-2. 683.
153 Beide Zitate: BALTHASAR: Herrlichkeit III-1-2. 718. Neben Bellori und Zuccari führt Balthasar Winckelmann und Moritz als Gesprächspartner Goethes in kunsttheoretischen Fragen an.
154 GOETHE: WA I. 32. 306f; zit. in BALTHASAR: Herrlichkeit III-1-2. 720f.
155 BALTHASAR: Herrlichkeit III-1-2. 729.
156 BALTHASAR: Herrlichkeit III-1-2. 729.
157 BALTHASAR: Herrlichkeit III-1-2. 728.
158 Vgl. BALTHASAR: Herrlichkeit III-1-2. 728-732. – DERS.: Apokalypse I. 444-457.
159 BALTHASAR: Herrlichkeit III-1-2. 732.

Maß und Entsagung zu beantworten weiß. Er folgt dabei weder dem antiken Stoizismus noch der christlichen Hingabe, sondern identifiziert sich mit Spinozas uneigennütziger *Amor Dei* und mit der in den *Wanderjahren* geschilderten Religion der dreifachen Ehrfurcht.[160] Hier setzt Balthasar seine theologische Kritik fort.

4.3.2.2 Die christologische Problematik

Die humanistische Rückkehr zu antiken Traditionen, die auch Goethe betreibt, setzt sich von wichtigen ‚immanenten' Theologien ab: einerseits von der mystischen Bewegung des Mittelalters, andererseits von der spekulativen Gotteslehre der Moderne. Aber Goethes Weltfrömmigkeit ist Balthasar nicht genug. Sie verhindert zwar eine Flucht aus der Weltwirklichkeit in eine übernatürliche Unmittelbarkeit, bewahrt den Naturforscher vor jeglichen Zweifeln atheistischer Art und weiß die Bibel als großartiges Zeugnis menschlichen Glaubens, sogar als grandiose Weltliteratur anzuerkennen; doch rechtfertigt sie zugleich eine allzu liberale Haltung gegenüber der christlichen Offenbarung und den Traditionen der Kirche. Gott ist „so sehr All-Inbegriff, dass Goethe ihm sowenig wie Plotin, Erigena, Ficino einen Sonderwillen zuschreiben und ihn mit Sondergebeten belästigen mag"[161]. Der Humanist, der Goethe ist, verneigt sich zwar vor der Liebe Gottes, die in der Menschwerdung seines Sohnes in das Elend der Welt hinabsteigt, aber sein zaghafter Ansatz zum Dialog, der noch in den klassischen Gebeten der Iphigenie zu finden ist,[162] verkümmert später zur bloßen Ehrfurchtsgebärde. „Mit dem ‚Herrn der Schöpfung' kommuniziert aber Goethe nicht durch das Gebet, sondern einzig durch die Ehrfurcht und durch das Bewusstsein, dass es mit dem Sein im Ganzen in Ordnung ist."[163] So entsteht die für Balthasar paradoxe und unbefriedigende Situation, dass die goethesche Denkweise zwar mehr oder weniger bewusst das Grundprinzip der *analogia entis* verfolgt, gegenüber der Erlösergestalt Jesu Christi aber über eine kritische Distanz nicht hinauskommt. Bei all seiner Lauterkeit und Menschenfreundlichkeit, durch die er im Christsein mehr als eine bloße Idee oder Gesinnung, nämlich die Sache der Erfahrung, der Tat und der Liebe sieht, betont Goethe dennoch unmissverständlich, er sei „zwar kein Widerchrist, kein Unchrist, aber doch ein dezidierter Nichtchrist"[164].

Eine zu kurz greifende Weltfrömmigkeit, die sich beinahe kritiklos über die Differenz von Welt und Gottesreich hinwegsetzt, muss Balthasar abwehren und kommt daher zu Ergebnissen, die in überraschend radikaler Weise sogar das positive Urteil der *Apokalypse* revidieren. Auf die Frage, wie nun Goethes Herrlichkeitsverständnis definiert werden könnte, lautet seine ernüchternde Antwort:

---

160 Balthasar führt Goethes Haltung der Entsagung und der Ehrfurcht anhand der *Pandora*, den *Wahlverwandtschaften* und den *Wanderjahren* vor Augen; vgl. DERS.: Herrlichkeit III-1-2. 732-742.
161 BALTHASAR: Herrlichkeit III-1-2. 685.
162 Vgl. BALTHASAR: Herrlichkeit III-1-2. 685f.
163 BALTHASAR: Herrlichkeit III-1-2. 748.
164 GOETHE: WA IV. 6. 20.

„Schönheit des Geistes und der Idee in der sinnlichen Gestalt, Aufblick zum Einen durch die Idealität. Aber Goethe fügt eine Warnung hinzu, sich nicht zu verflüchtigen im Idealen, das sich vom äußern und innern Sinn entfernt. Anders als in der Polarität transparent will er das Weltgeheimnis nicht kennen. Eros ist deshalb für ihn nicht eigentlich Aufschwung zu Gott, sondern strebt zum andern Pol: als innerweltlicher, zwischengeschlechtlicher Eros.“[165]

Goethes „Daseinsbewusstsein ist Abhängigkeit im Sinn kosmischer Polarität, nicht im Sinn schlechthinniger Geschöpflichkeit“[166]. Vor der letzten christlichen Konsequenz, der Anerkennung von Schöpfung und Erlösung in allen Weltgestalten, schreckt Goethe zurück und bleibt bei einer ‚resignierten‘ Unentschiedenheit stehen. Obwohl sein Denken gegenüber der zeitgenössischen Aufklärung beharrlich ein *universale concretum* in der Natur bezeugt, weigert er sich, diese Formel auf die Offenbarung Gottes in der Christusgestalt zu beziehen. So fällt Balthasars abschließendes Urteil negativ aus und wirkt gegenüber der Faszination in der *Apokalypse* wie eine nachträgliche Kritik, die sich aus dem Abstand von 30 Jahren entwickelt hat.

Balthasar liest Goethe unter einer bestimmten theologischen Fragestellung, die sich zum einen auf dessen eschatologische Letzthaltung, zum anderen auf dessen Wahrnehmung von Schönheit und Herrlichkeit in der Welt richtet. Seine Rezeption schwenkt von großer Zustimmung zu kritischer Distanz um und spiegelt dabei auf subtile Weise die Zweideutigkeit des goetheschen Charakters selbst. Sie führt den Dichter zunächst als *Symbol* eines gegenüber den Tendenzen der Zeitgeschichte unabhängigen Denkens vor. Goethe ist Kronzeuge der religionsphilosophischen Sattelzeit und tief von ihr geprägt, ohne seinem anfänglichen prometheischen Weltgefühl soweit folgen zu müssen, dass er an der idealistischen Übersteigerung des Geistes zerbricht. In *Herrlichkeit* erscheint er allerdings nicht mehr als Vorbild, sondern selbst als *Symptom* für den ‚Verfall‘ der Neuzeit, weil auch er exemplarisch im Bann des immanenten und anthropozentrischen Denkens steht. Da er bei aller aufscheinenden Glorie an der Leuchtkraft des weltlich Schönen haften bleibt und keine Anbetung Gottes von Angesicht zu Angesicht erlaubt, rückt er nicht in die Reihe derer, die ihr Dichten und Denken von Christus her verstehen und somit auch nicht in die Reihe der Vordenker einer genuin theologischen Ästhetik, wie sie im zweiten Band aufgebaut wird. Wegen Goethes unentschiedener Haltung dem Christusereignis gegenüber distanziert sich Balthasar im Letzten von ihm.

---

[165] BALTHASAR: Herrlichkeit III-1-2. 746f.
[166] BALTHASAR: Herrlichkeit III-1-2. 748.

5 Sachlichkeit – Evidenz – transzendentales Subjekt: Profile der Phänomenologie
(Zwischenreflexion)

Die Bedeutung, die der Dichter und Naturforscher Goethe für Balthasar hat, liegt nicht in der Frage nach seiner Frömmigkeit. Obwohl oder gerade weil jene aus christlicher Perspektive problematisch erscheinen muss, setzt sich Balthasar mit ihr im Vergleich zu den Impulsen, die aus der goetheschen Phänomenologie erwachsen, nur marginal auseinander. Von der ganzheitlichen, gestaltorientierten Wahrnehmungsweise des Dichters lässt er sich jedoch bis hinein in die Konzeption seiner Offenbarungstheologie positiv anregen. Er ist immer als universaler Geist wahrgenommen worden, der das Gespräch nach allen Seiten hin wagt. Und mir scheint, dass gerade seine frühe Affinität und tiefe Verpflichtung Goethe gegenüber, die er nie ganz aufgibt, seine Offenheit für bestimmte Motive der Moderne signalisieren und sein Denken im Kern mit den zentralen Ressourcen der Sattelzeit zusammen schließen. Diese Nähe bewirkt zugleich, dass sich Balthasar auch Goethes Ressentiment gegenüber einseitigen subjektivisitischen Strömungen zu Eigen macht.

Von diesen Ergebnissen her gilt es m.E. die frühen philosophischen Weichenstellungen konsequent in die Interpretation des Werkes Balthasars einzubeziehen. Sie lassen bereits die Charakteristika einer Methode erkennen, die sich in Balthasars philosophisch-theologischem Stil nach und nach durchsetzen. Wenn in dieser Arbeit die These vertreten wird, dabei handle es sich um eine Phänomenologie, so ist diese Bezeichnung mit dem Hinweis auf Goethe jedoch noch nicht hinreichend geklärt oder gerechtfertigt. Vor dem Hintergrund, dass sich das Profil einer Phänomenologie zwar schon bei Goethe und Hegel finden lässt, dieses jedoch erst zu Beginn des 20. Jahrhundert – also kurz bevor Balthasar zu studieren und zu schreiben beginnt – zu einer klassischen philosophischen Disziplin aufrückt, ist die Frage unvermeidlich, in welcher Beziehung Balthasar zu den prominenten Gründervätern sowie zu anderen, primär religionsphilosophisch orientierten Vertretern jener phänomenologischen Bewegung steht. Hat er die phänomenologische Grundausrichtung seines Werkes nicht doch von dorther übernommen – was auf den ersten Blick näher läge als der Rückbezug auf einen ‚heidnischen‘ Dichter? Oder stellt seine Verwandtschaft mit Goethe gerade das Proprium seines Denkens dar? Und ist seine Selbsteinschätzung, phänomenologisch tätig zu sein, von der Selbstdefinition der Phänomenologie her überhaupt berechtigt? Eine kurze Zusammenschau der diesbezüglich wichtigsten Entwicklungen soll dazu verhelfen, Balthasars Werk im weiteren Verlauf der Arbeit angemessen zu beurteilen.

Die Phänomenologie gehört zweifellos zu den prägenden Strömungen der deutschen und französischen Philosophie des 20. Jahrhunderts. Sie umfasst eine Gruppe von bedeutenden Denkern, die Grundüberzeugungen miteinander teilen, welche auf Edmund Husserl[1] zurückgeführt werden. In ihren Anfängen zeigt sie sich noch in relativ klar fassbaren Konturen, um sich später auf bemerkenswert eigenständigen Wegen zu entfalten, zu differenzieren und von ihrem ‚Meister' zu entfernen. Was die Repräsentanten dieser Gruppe zu einer Bewegung eint, ist weniger eine schulmäßige Lehre als eine gemeinsame Einstellung gegenüber den sachlichen Problemen der Philosophie und der Zeitgeschichte. Ihr gemeinsamer Nenner, der die faktischen Ausprägungen der Phänomenologie bis heute verknüpft, liegt in der erklärten Absicht, sich von dem metaphysischen Gerüst der Tradition und ihrem Denkstil abzugrenzen und so der Philosophie zu strenger Wissenschaftlichkeit zu verhelfen. Denn bei aller Zurückweisung der Metaphysik beansprucht die Phänomenologie selbst, die Gesamtwirklichkeit letztverbindlich zu erkennen und daraus eine neue Denk- und Lebensform abzuleiten. Die Kritik an der Auffassung, das Bewusstsein bilde die Wirklichkeit ab, wird für sie zum zentralen Anliegen und eröffnet den Zugang zum Feld der Phänomene, die in unterschiedlichen Gegebenheitsweisen und Dynamiken den Sinn von Sein offenbaren. Dass Sein immer schon erfahren, aufgefasst und verstanden sei, bedeutet für die Philosophie wiederum, dass die herkömmliche Kluft im Verhältnis von Denken und Sein überstiegen ist und das Denken aufhört, eine *Meinung über* die Welt zu sein. Philosophie wird zum *Mitvollzug* der Welt, zur Beschreibung des Sichzeigenden in der Perspektive einer Bewusstseinsweise oder eines Existenzvollzugs. Der Erlebende steht also auch hier mit im Thema, doch unter der Maßgabe strenger Sachlichkeit. Phänomenologie als Erscheinen-Lassen der Wirklichkeit, als Zum-Vorschein-Kommen des Seins in dem, was wirklich ist, steht außerhalb des persönlichen Beliebens und jenseits weit ausgreifender Spekulation. Ihre über das Subjektive hinausgehende Geltung sucht sie dadurch zu beweisen, dass sie aus der methodisch gezügelten Kraft der Wahrnehmung das notwendige Hervortreten des Seins ermöglicht und darin die Quelle aller Sinngewinnung und -vergewisserung erkennt.

Mit der generellen antimetaphysischen Tendenz ist die Grundintuition der Phänomenologie jedoch erst in ihrer allgemeinsten Form benannt. Für ein differenziertes Verständnis müssen mindestens drei formale Bedeutungen[2] sowie eine Pluralität von inhaltlichen Positionen unterschieden werden, die sich zum Teil überlagern.

Im Geflecht der Wissenschaft behauptet die Phänomenologie zunächst den Status einer philosophischen *Disziplin*, welche die Erkenntnistheorie zu einer allgemeinen Theorie der Erfahrung umformt und die Grundtypen von Beziehung überhaupt zu ihrem Gegenstandsgebiet erklärt. Damit gibt sie zugleich eine *Methode* vor, die sich auf

---

[1]   Edmund Husserl (1859-1938) gilt weithin als Begründer der Phänomenologie. Nach seinem Studium der Mathematik, Astronomie und Philosophie (u.a. bei Franz Brentano) veröffentlicht er 1900/01 das epochemachende Werk *Logische Untersuchungen*, in welchem er eine Neubegründung der reinen Logik und der Erkenntnis unternimmt und damit den Durchbruch der phänomenologischen Methode einleitet. Zum Lebenslauf vgl. RENTSCH: Art. Husserl, Edmund.

[2]   Vgl. zu dieser Unterscheidung FELLMANN: Phänomenologie zur Einführung. 25-31.

die Beschreibung anschaulicher Gestalten und den Mitvollzug von Prozessen ihrer Bedeutungsbildung konzentriert. Als ‚Ganzheitswissenschaft' aber erhebt sie den *Anspruch*, nichts Geringeres bieten zu wollen als eine radikale Letztbegründung aller menschlichen Erkenntnisformen – und formuliert damit ein Selbstverständnis, an dessen Ehrgeiz sie schließlich zu scheitern droht. Ihre Breitenwirkung bleibt jedoch nicht aus. Wenn die phänomenologische Bewegung eine bis heute zündende Parole gefunden hat, so in dem vielzitierten husserlschen Motto ‚Zu den Sachen selbst'. Die Aufforderung, aus dem Anblick der Sachen selbst die Gesichtspunkte zu entwickeln, nach denen jene zu behandeln und zu beurteilen sind, wurde um die Jahrhundertwende in Göttingen als wahre Befreiung von den neukantianischen Methodenzwängen gefeiert. Der Vielfalt der zu beobachtenden Lebensbereiche gemäß präsentiert sich diese Blickwendung jedoch in unterschiedlichen Profilen.

In ihrer von Husserl ausgearbeiteten Form[3] begründet die Phänomenologie die universale Geltung philosophischer Urteile, indem sie sich auf die *Selbstgebung* der Sachen als der unhintergehbar ersten Erkenntnisquelle bezieht. Diese Selbstgebung steht unter der Bedingung, Tatsache eines Bewusstseins zu sein. So richten sich Husserls *Logische Untersuchungen* zunächst auf die Frage, wie sich das unserem Bewusstsein unmittelbar Gegebene zu gegenständlichen Bedeutungen formiert. Alles, was es für uns gibt, soll in seiner apriorischen Wesensverfassung beschreibbar werden. Die geforderte *Evidenz* setzt eine methodische *Epoché* voraus: die Enthaltung von allen Vorverständnissen, die unser Weltbild bestimmen, ja selbst von der Annahme des eigenen Seins sowie des Seins oder Nichtseins dessen, was jeweils das Thema der Forschung bildet. Alles, was wir bisher als mehr oder weniger selbstverständlich geltend vorausgesetzt haben, ist einzuklammern. Indem wir uns aus der Befangenheit in einseitige Perspektiven und Sonderwelten befreien, wird eine unmittelbare Begegnung möglich, in der die Sache in unverstellter Nähe als sie selbst gegeben ist und dadurch erst ihre Bedeutung für uns erlangt.

In dieser Formulierung steckt eine wichtige *Beziehungsweise*. Die Einstellung der Epoché bestätigt Husserls Annahme, dass es Bedeutungen gar nicht freischwebend ‚an sich' gibt. Es gibt nichts, was nicht ‚für uns', d.h. in unserem Bewusstsein gegeben wäre – und umgekehrt stellt sich das Erleben von Bewusstsein erst dann ein, wenn uns *etwas* bewusst ist. In Anlehnung an seinen Lehrer Franz Brentano nennt Husserl diese grundlegende Polaritätsstruktur *Intentionalität* (von *intendere*: sich auf etwas richten) und unterläuft damit den kantischen Gegensatz von Subjekt und Objekt, von gegenstandslosem Bewusstsein und Ding-an-sich-Welt. Jeder Akt bewussten Lebens ist intentional gerichtet auf seine Erfüllung. Er ist zudem etwas ganz und gar Dynamisches. Wenn wir etwas aufmerksam betrachten, gelangen ja immer nur bestimmte Ausschnitte oder Züge eines Gegenstandes in unser Gesichtsfeld, die im Bewusstseinsakt als Erkenntnisse derselben Sache synthetisiert werden. Husserl sucht daher in

---

[3] Vgl. MÜLLER: Glauben – Fragen – Denken. Bd. II. 325-330. – ROMBACH: Phänomenologie des gegenwärtigen Bewusstseins. 27-72. – LEMBECK: Einführung in die phänomenologische Philosophie. 23-84.

einem zweiten Schritt, der *eidetischen Reduktion,* die Erkenntnisweisen und Abschattungen, in denen sich ein Phänomen darbietet, zu variieren und zu strukturieren, um schließlich den idealen, invarianten Kern – das *Eidos* des Phänomens – festzuhalten. Nur so, unter Ausschaltung der faktischen Realität, wird die allgemeine Wesenheit der phänomenologischen Anschauung zugänglich. Dabei behält diese Reduktion noch eine ontologische Komponente. Auch im freien Durchspielen der Variationsformen eines Objekts liegen die Möglichkeitsbedingungen der Erfahrbarkeit von Wirklichkeit und Wahrheit keineswegs ursprünglich in der apriorisch organisierten Vernunft eines transzendentalen Ich, sondern zu wesentlichen Teilen im Seinscharakter der ‚Sachen selbst‘.

Erst auf einer dritten Stufe verschärft Husserl die Epoché in Richtung Immanenz. Sein kritischer Anspruch, zu den letzten erreichbaren Ursprüngen unserer Beziehungen zur Welt vorzustoßen, diese rein zu erfassen und den Blick freizuhalten von allem, was ihn trüben könnte, nötigt ihn zu jenem durchgreifenden Schritt, der als *transzendentale Reduktion* eine umstrittene Wende in der Phänomenologie einleitet. Husserl gelangt zu der Überzeugung, dass nicht die Wesensgestalt das Letztgegebene ist, auf das zu reduzieren wäre; denn auch sie trägt noch den Sinn eines transzendenten Geltungsanspruchs an sich. Die letzten Gründe unserer Erkenntnis seien vielmehr in dem von keiner Gegenständlichkeit mehr verstellten Bewusstsein zu suchen, in dem sich die intentionalen Sinngehalte allererst konstituieren. Die transzendentale Subjektivität wird nun als die letzte Quelle der Intentionalität und als der Horizont aller Horizonte angeführt. Sie ist „immer schon vorgängig am Werk, wenn intentionales Bewusstsein entdeckt und beschrieben wird, denn eine reflexive Besinnung auf dieses deckt auf, dass von ihm Seinssinn und Seinsgeltung alles welthaft Seienden abhängen, sodass sich durch die Operation der transzendentalen Reduktion ein Wechsel dessen vollzieht, was Sein besagt“[4]. Sein wird nicht mehr in der Beschreibung von Gegenstandstypen aufgesucht, da unsere Beziehungsweisen zur Welt prinzipiell nicht dergestalt strukturiert sind, dass das Ich die Welt bloß vorfindet und bestenfalls sich aufmachen könnte, sie in passiver Rezeptivität zu erkunden und immer genauer zu ermitteln, wie sie vermeintlich an sich ist. Was wir im gewöhnlichen Hinsehen in der Welt an Sinn finden oder auch abweisen, das ist letztlich unser Part, hervorgebracht aus dem nie versiegenden Strom intentionalen Lebens. Es ist, so wäre zu ergänzen, „ein in vielfältigen *inter*subjektiven Verflechtungen geleisteter, gestifteter Sinn – ein Sinn, welcher gesetzt, sodann in Erfahrungen bewährt, im Erfahrungswiderstreit durchgestrichen, kritisch korrigiert und nur so vernünftiger Ausweisung zugänglich wird“[5].

Mit der Einsicht, dass die Welt immer schon eine von uns konstituierte ist, rückt Husserl in eine ambivalente Nähe zu Kant. Zwar glaubt er wie jener, dass dem Phänomen ein Wahrheitsbezug wesentlich ist, der sich aus der unhintergehbaren Evidenz des Selbstbewusstseins ergibt; doch interpretiert er die ‚kopernikanische Wende‘ zweifellos anders an Kant. Für jenen geht es um den Nachweis, dass synthetische Er-

---

4   JANSSEN: Art. Phänomenologie. 201.
5   STRÖKER: Edmund Husserls Phänomenologie. 23. Hervorhebung von mir.

kenntnis *a priori* die Bedingung der Einheit des Selbstbewusstseins ist, was nur möglich sei, wenn der Verstand aus eigener Mächtigkeit der Natur die Gesetze vorschreibt. Diesem gewagten Satz hätte Husserl sicherlich nicht zugestimmt. Er ist ja gerade mit dem Vorhaben angetreten, den kantischen Dualismus von Sinnlichkeit und Verstand zu überwinden. Er analysiert die Strukturen des *reinen* Bewusstseins, welche die Bedingungen eines bestimmten Erscheinen-Könnens und einer je bestimmten Art von Objektivität ausmachen, gibt aber nie die Grundintuition auf, dass diese von der Außenwelt mitgeprägt sind. Die Macht des Bewusstseins setzt er nicht wie der Deutsche Idealismus absolut. So interpretiert der Husserl-Schüler und Nachfolger auf dem Lehrstuhl Heideggers, Wilhelm Szilasi, die Phänomenologie tiefsinnig als „Lesbarkeit der Welttexte"[6]. Darin findet sich eine schöne Parallele zu Goethes Metapher vom „Buch der Natur"[7], das zu entschlüsseln dem menschlichen Geist aufgegeben ist. Lesbarkeit ist mehr als bloße Aufnahmefähigkeit, sie ist aber auch nicht Machbarkeit. Wenn von einer Macht des Bewusstseins gesprochen werden kann, so liegt diese im Interpretationsmonopol, in der Fähigkeit zur bestimmenden Auslegung der Welttexte, nicht aber in spontaner Seinsschöpfung.

In der Tat zeigen die Phänomenologien Husserls und Goethes einige Berührungspunkte, wie etwa den leidenschaftlichen Willen zur Sachlichkeit, zur Selbstdisziplinierung des Denkens, das sich aus den unerschöpflichen Quellen des Hinsehens die Einsicht in die Gesetze der Natur verspricht. Da Goethe aber auf eine (transzendentale) Letztbegründung verzichtet, weisen seine Studien insgesamt ein höheres Maß an Flexibilität und Offenheit der Anschauungsformen auf, welches das Typische und Gestalthafte gegenüber der gesetzgebenden Vernunft hervorhebt. Anders als Husserls Reduktionen bleibt Goethes Wesensschau stets am Konkreten haften und sucht darin eine symbolisch-ästhetische Evidenz auf, die an der Wirklichkeit Bedeutungen sichtbar macht, die der empirischen Erfahrung ansonsten verborgen blieben.

Die meisten Schüler Husserls distanzieren sich von der Radikalität im Spätwerk ihres Lehrers. Mit großem Nachhall verändert zunächst Heidegger[8] die Idee der Phänomenologie, indem er einen neuen, von ihm als *ontologisch* bezeichneten Fragehorizont eröffnet. Nunmehr geht es darum, das Seiende auf seinen letzten Grund hin zu befragen, indem es auf *das Sein* überstiegen wird. Phänomenologischer Ausgangspunkt ist nicht mehr ein wirklichkeitsenthobenes Ich, das nur in seinen Leistungen aufgewiesen werden könnte, sondern die *konkrete Existenz*, die im praktischen Leben immer schon mit den Dingen vertraut ist. Damit spricht Heidegger der transzendentalen

---

6   SZILASI: Einführung in die Phänomenologie Edmund Husserls. 91.
7   GOETHE: WA IV. 7. 229. Vgl. S. 30 dieser Arbeit.
8   Heidegger (1889-1976) studiert vier Semester Theologie, bevor er sich ab 1913 der Freiburger Phänomenologie zuwendet. 1919 wird er Husserls Assistent, 1922 Dozent in Marburg und kehrt 1928 als Nachfolger Husserls an das Ordinariat für Philosophie der Universität Freiburg zurück. Umstritten bleibt sein (einjähriges) politisches Engagement während des NS-Regimes, das in seiner berüchtigten Rektoratsrede deutlich hervortritt. Zum Lebenslauf: VIETTA: Art. Heidegger, Martin. Zum Folgenden: Müller: Glauben – Fragen – Denken. Bd. II. 323-353. ROMBACH: Phänomenologie des gegenwärtigen Bewusstseins. 73-169. – LEMBECK: Einführung in die phänomenologische Philosophie. 105-118. – PÖGGELER: Martin Heidegger.

Subjektivität die zentrale Stellung ab, die sie seit der neuzeitlichen Wende erlangt hat, und setzt beim faktischen *In-der-Welt-Sein des Daseins* an.[9]

Entsprechend verschiebt sich sein Begriff vom Phänomen. Das Phänomen ist nicht eine Erscheinung im Sinne einer unmittelbaren Gegebenheit des Bewusstseins, sondern das im konkreten Lebensvollzug ‚Sich-an-ihm-selbst-Zeigende‘. Als solches untersteht es nicht der Souveränität des Subjekts, vielmehr ist es Aufgabe des Subjekts, jenes ‚sehen zu lassen‘, es in seiner oft verdeckten Form zu ‚ent-decken‘. „Diese Verdeckung aufzudecken heißt, das Seiende auf das Sein selbst hin, welches sein originärer Grund ist, zu übersteigen, sodass die verschleiernde Differenz zwischen einem Erscheinen und dem dahinterliegenden Erscheinungsgrund, der als solcher nicht erscheint, aufgehoben wird.“[10] Die phänomenologische Frage nach dem Sinn von Sein, der sich allem Seienden anonym zuschickt, kann sich jedoch nur an das Dasein richten, weil dieses sich immer schon verstehend auf seine Möglichkeiten hin entwirft und weltlich Seiendes ‚besorgend‘ auslegt. Die analytische Zergliederung der menschlichen Existenz, zu deren Seinsarten das verstehende Auslegen ebenso gehört wie die Tendenz zur Selbstentfremdung, vermag die verdeckte Anwesenheit des Seins als der letzten, allumfassenden Wirklichkeit zu erforschen.[11]

Die ‚Sorge‘ als Ausdruck der alles durchdringenden Grundstimmung der ‚Angst‘ und der ‚Geworfenheit‘ des menschlichen Daseins ist das grundlegendste ‚Existential‘. Doch ist Sorge selbst noch strukturiert und bedarf deshalb ihrerseits eines tieferen ontologischen Grundes, den Heidegger in der *Zeitlichkeit* erkennt. Der innere Sinn des Daseinsentwurfs um seiner selbst willen ist Zeit, ist Zukunft, denn Zukunft stiftet das Worum-willen allen Entwerfens. Die Zukunft des Daseins aber ist ebenso offen wie endlich, da jenes selbst sterblich ist. Die Sorge, so resümiert Heidegger, bedeutet daher wesentlich ‚Sein zum Tode‘.[12] Erst aus der Perspektive eines solchen Zeitvorgriffs, durch den der Tod seinerseits schon ins Dasein hineinragt, ist das Problem der existenziellen Ganzheit des Menschen letztgültig bestimmt. Das Nichts wird als eigene, unausweichliche Möglichkeit des Daseins erfahrbar, also die Möglichkeit der Unmöglichkeit des eigenen Seins.

Heideggers Phänomenologie stellt den Versuch einer radikalen Selbstverständigung dar, der in der krisenhaften Zeitstimmung der ausgehenden Weimarer Republik mehr sein will als eine Weltanschauung, nämlich eine Aufforderung, Vereinsamung, Resignation und Weltangst durch ‚Entschlossenheit‘ zum ‚eigentlichen Selbst‘ zu überwinden. Sein „Philosophieren aus der Vernunftform des Vernehmens“[13] kann

---

[9]   In der methodischen Vorerörterung von *Sein und Zeit* charakterisiert Heidegger die Philosophie folgendermaßen: „Philosophie ist universale phänomenologische Ontologie, ausgehend von der Hermeneutik des Daseins, die als Analytik der Existenz das Ende des Leitfadens alles philosophischen Fragens dort festgemacht hat, woraus es entspringt und wohin es zurückführt" (51).

[10]   LEMBECK: Einführung in die phänomenologische Philosophie. 109.

[11]   Heideggers Existentialanalyse weist auf, dass das Ziel des besorgenden Umgangs mit Welt letztlich immer die gelungene Auslegung der Möglichkeiten des eigenen Selbst ist. Darum ist Dasein als dasjenige Seiende qualifiziert, dem es in seinem Lebensvollzug um das Sein selbst geht.

[12]   Vgl. HEIDEGGER: Sein und Zeit. 314-354.

[13]   MÜLLER: Glauben – Fragen – Denken. Bd. II. 323.

also zum einen als eine am Vollzug geschichtlichen Verstehens orientierte, *hermeneutische Phänomenologie* bezeichnet werden: „ἑρμενεύειν ist jenes Darlegen, das Kunde bringt, insofern es auf eine Botschaft zu hören vermag."[14] Zum anderen verabschiedet Heidegger bewusst die alte Ordnung der Metaphysik, um jenseits ihrer ein „Andenken an das Sein selbst"[15] zu initiieren. Je später je mehr nimmt diese *ontologische Ausrichtung* aber problematische Züge an, insofern Heidegger das Sein mit Prädikaten einer wirkenden Macht und einer selbständigen ‚Wesenheit‘ versieht, der eine eigene, von der menschlichen verschiedene Geschichte zukommt. Auf diese Weise wird der Mensch zum *Hörenden*, ja zum passiven Medium des in Erscheinung tretenden, ‚sich entbergenden‘ Seins degradiert. Abgesehen von der Ideologieanfälligkeit dieser Konzeption ist anzumerken, dass Heideggers Deutung der ontologischen Differenz eine Philosophie *radikaler Endlichkeit* bleibt, welche die Her- und Zukunft des Seins letztlich unbestimmt lässt.

„Denn obgleich Heidegger versuchte, vom transzendental verstandenen Sein ‚in gewisser Weise weg zu denken‘, hat er dabei nicht [...] von einem Sprecher des Anspruchs oder einem Geber der Gabe reden wollen. Jeder Überschritt zu einem ‚subsistierenden Sein‘ wird von Heidegger deutlich vermieden. Und dies hat zur Folge, dass er zwar abgrenzend von der Unverfügbarkeit des Ereignisses sprechen kann, nicht aber positiv von einer ‚Freiheit‘, aus der diese Gabe hervorgeht."[16]

Indem er das Sein in unterschiedliche Weisen der Zeitigung von Zeit zurückstellt, räumt er dem Dynamischen einen Vorrang vor der statisch gedachten Substanz ein, doch gewährt dieses keinen transzendenten Überstieg in das Ewige. Seine Haltung gegenüber dem Sein ist zwar empfänglich, aber nicht gläubig; sie trägt, so Balthasar, „ein betont gegenchristliches Gesicht"[17], weil sie sich vor einer theologischen Deutung verschließt.[18]

Husserls Fundamental*betrachtung*, die den letzten Grund im Selbstbewusstsein ansetzt, ist einer neuen Fundamental*ontologie* gewichen, die ihren Grund im Seinsverständnis findet. Hier ein erkenntnistheoretischer Begründungsdiskurs, dort eine ontologisch und hermeneutisch geprägte Phänomenologie, die Wahrheit mit dem Sein selbst gleichsetzt und in eine vorprädikative Sphäre des Verstehens zurückverfolgt. Beide Entwürfe stehen für die Grundorientierungen phänomenologischen Fragens und Denkens zu Beginn des 20. Jahrhunderts, welche die Entfremdung des Menschen von und in seiner Welt aufzudecken und zu überwinden suchen, ohne aber einen Schritt über den Bereich des Endlichen hinaus zu erlauben. Ihrem antimetaphysischen Credo fühlen sich die meisten Phänomenologen bis heute verpflichtet. Doch es gibt

---

14 HEIDEGGER: Unterwegs zur Sprache. 115.
15 BALTHASAR: Herrlichkeit III-1-2. 774.
16 SCHAEFFLER: Die Wechselbeziehungen zwischen Philosophie und katholischer Theologie. 259.
17 BALTHASAR: Heideggers Philosophie vom Standpunkt des Katholizismus. 6.
18 Eine erstaunliche Ausnahme bildet das erst posthum veröffentlichte, legendäre Spiegel-Interview *Nur ein Gott kann uns retten* vom 31. Mai 1976, in dem Heidegger sich explizit einer philosophischen Theologie zukehrt, wie sie bereits in *Identität und Differenz* aufzufinden ist. Doch auch dieses unbestimmte ‚nachreligiöse‘ und ‚nachmetaphysische‘ Bekenntnis bleibt für den christlichen Leser letztlich gottloses Denken.

auch wenige Einzelne, die aus religiösen Motiven bestrebt sind, die Dimension des Unbedingten und des Metaphysischen innerhalb der Phänomenologie zurückzugewinnen. An prominenter Stelle gehören zu ihnen der Jude und Holocaust-Überlebende Emmanuel Levinas sowie die katholische Philosophin, Mystikerin und Märtyrerin Edith Stein.

Mit Levinas[19] kommt ein eindringlich mahnender und fremdartiger Ton in die phänomenologische Bewegung, der Ton des unwiderruflichen *ethischen* Aufbruchs und Ausbruchs aus der philosophischen Moderne, die mit ihrem Prinzip der Subjektivität angesichts der Ungeheuerlichkeit des Holocaust versagt hat.[20] Um Humanität und ethische Verantwortung einzuklagen, liest Levinas die prophetischen Bücher des Alten Testamentes als philosophische Texte eigenen Rechts und Ranges und entwickelt ein alternatives Denken, das vor menschenverachtender Unterdrückung schon von seinem Ansatz her gefeit ist. In *Totalität und Unendlichkeit* richtet er sich gegen eine totalitäre Weltanschauung, die dem Einzelnen Gewalt antut, indem sie ihn an seiner Leistung für das Ganze misst. Denn so wird der Egoismus des Einzelnen nicht durchbrochen, sondern gesteigert zum Kampf aller gegen alle. Aufbrechen lässt er sich nur durch ein Unendliches, das unsere Vernunft überschreitet und sich dem verfügenden Zugriff entzieht. Drehpunkt des Überstiegs ist die uneinholbare *Andersheit des Anderen*, also der Gedanke einer fundamentalen Alterität, der in einem unbedingten Primat des Du gegenüber dem Ich wurzelt. Allein der Anblick des Anderen nimmt mich schon in Pflicht, für ihn Verantwortung zu tragen; sein Antlitz konfrontiert mich mit einem moralischen Anspruch, dem ich mich unterwerfen *muss*. So bin ich noch vor aller Selbstbestimmung ‚Geisel‘ des Anderen. Indem ich mich aber von der unverfügbaren Transzendenz des Anderen herausfordern lasse, trete ich ein in eine Beziehung zum Unbedingten – und damit in jene Dimension, die der Phänomenologie husserlscher und heideggerischer Prägung abhanden gekommen ist, sucht sie doch lediglich „die Bedeutung des Endlichen im Endlichen selbst"[21].

Die Begegnung mit dem Anderen, der mir immer zuvor kommt, mir immer überlegen ist, ist bei Levinas radikal assymetrisch konzipiert. Sie ist nicht durch eine Gleichheit der Partner gekennzeichnet, sondern wird als gegenläufig Einbrechendes, Überwältigendes, ja Entmündigendes gedacht. Sie geht in einer „nicht nur ursprünglichen, sondern ‚vor-ursprünglichen‘, dementsprechend das formal-logische Denken fundamental in Frage stellenden Weise jedem Welt- und Selbstverhältnis voraus"[22].

---

19 Durch seinen Studienaufenthalt in Freiburg 1928/29 ist Levinas (1912-1995) in der Phänomenologie Husserls und Heideggers geschult, auf die er in seinem späteren Werk immer wieder Bezug nimmt. Das direkte Erleben von Judenverfolgung und deutscher Kriegsgefangenschaft hinterlässt jedoch tiefe Furchen in seinem Denken, das fortan jüdische Überlieferung und Geschichte stark präsent hält. Vgl. AS-KANI: Art. Levinas, Emmanuel.

20 Aus Levinas' umfangreichem Werk greife ich seine Habilitationsschrift *Totalität und Unendlichkeit* (1961) sowie die bedeutsame Schrift *Die Spur des Anderen* (1959) heraus. Vgl. dazu WALDENFELS: Einführung in die Phänomenologie. 63ff. – CASPER: Angesichts des Anderen. – sowie die kritischen Anfragen bei MÜLLER: Glauben – Fragen – Denken. Bd. II. 163-168. – DERS.: Das etwas andere Subjekt.

21 LEVINAS: Die Spur des Anderen. 125.

22 ASKANI: Art. Levinas, Emmanuel. 507.

Außer Frage steht dabei die Unausweichlichkeit, mit der Levinas die Vernunft vor die Pflicht des moralischen Handelns stellt. Doch lebt seine Phänomenologie vor allem aus einer einseitig verzerrten Kritik am neuzeitlichen Subjektbegriff, welcher mit Machtversessenheit, Egozentrik und Gewalttätigkeit einherzugehen scheint. So verfehlt Levinas nicht nur seinen eigenen Anspruch auf Anerkennung des Anderen, die eben nicht erreicht werden kann, indem Subjektivität annulliert und Freiheit aufgegeben wird, sondern er leistet auch einer letztbegründenden Ethik kein Genüge, da er jene in einem unbefragten Faktum enden lässt: „Die Epiphanie des Anderen trägt ein eigenes Bedeuten bei sich [...]. Der Andere [...] bedeutet durch sich selbst."[23]

Edith Stein[24], die demselben biblischen und phänomenologischen Kontext verpflichtet ist wie Levinas, setzt in ihrer *Lehre vom Wesen der Person* deutlich andere Akzente.[25] Als sie Anfang der 20er Jahre zum katholischen Glauben konvertiert und auf Anregung Erich Przywaras die *Quaestiones disputatae de veritate* des Thomas von Aquin übersetzt, trifft sie im katholischen Raum auf jene Thomas-Renaissance, die zu den Ursprüngen scholastischer Metaphysik zurückzukehren bemüht ist. In ihrem Werk *Endliches und ewiges Sein* von 1936 bringt sie daraufhin Husserls Phänomenologie und christliches Seinsdenken miteinander ins Gespräch[26] und sucht über beide Ansätze hinaus der Möglichkeit der Reflexion personalen Seins im Horizont des trinitarischen Seins auf die Spur zu kommen. Mit dem herausfordernden Untertitel *Versuch eines Aufstiegs zum Sinn des Seins* gerät dieses absichtlich in die Nähe zu Heideggers *Sein und Zeit* und will in einer Art Zusammenschau auf die bisherigen großangelegten Fragen nach dem Sein eine christliche Antwort geben. Im Aufstieg vom zeitlich-endlichen zum wesenhaften Sein rührt Steins letzter Schritt an ein in sich gründendes, schöpferisches, ewiges Sein, das durch den Gottesnamen ‚Ich bin' qualifiziert ist. Damit ist Sein persönlich geformt und bildet den ontologischen Urgrund, von dem her die personale Würde des Menschen garantiert ist. Steins Analyse der trinitarischen Beziehungen stellt sodann ein Denkmodell bereit, durch das die menschliche Person von ihrem Wesen her relational bestimmbar wird. Als erstrangiges Abbild des dreieinen göttlichen Ursprungs der Schöpfung bedeutet Personsein wesentlich Leben in Beziehung, in Hingabe und Hinnahme, das jedoch nicht wie bei Levinas in einseitige Unterwerfung mündet, sondern eine Gleichzeitigkeit von Identität und Sein-beim-Anderen

---

23 LEVINAS: Die Spur des Anderen. 220f.
24 Edith Stein (1891-1942) gehört von 1913 an dem Göttinger Kreis der Phänomenologen an, der sich um Husserl sammelt. 1916 folgt sie ihrem Lehrer nach Freiburg, wo sie für zwei Jahre dessen Assistentin ist. Ihre mehrfachen Bemühungen um eine Habilitation laufen ins Leere, u.a. weil sie Frau und Jüdin ist. Nach ihrer Konversion zum katholischen Glauben 1922 und vor allem nach ihrem Eintritt in den Kölner Karmel 1933 widmet sie sich auch theologischen und spirituellen Themen, zuletzt ihrer unvollendet gebliebenen Studie *Kreuzeswissenschaft*. Zur Verwobenheit von Leben und Werk der am 9. August 1942 in Auschwitz ermordeten und am 11. Oktober 1987 in Köln durch Papst Johannes Paul II. heilig gesprochenen Ordensfrau vgl. IMHOF: Edith Steins philosophische Entwicklung.
25 Ich beziehe mich im Folgenden nur auf Steins Spätwerk, insbesondere auf ihre Anthropologie in *Endliches und ewiges Sein*. Vgl. dazu GERL-FALKOVITZ: Unerbittliches Licht. 134-147. – DIES.: Endliches und ewiges Sein. – DIES.: Freiheit im Blick auf Edith Stein und Emmanuel Levinas.
26 Vgl. bes. STEIN: Husserls Phänomenologie und die Philosophie des hl. Thomas von Aquin.

impliziert.[27] In Gott, dem Ganz-Anderen, geht der Selbstbesitz der Person in seine höchste Seinsvollendung, nämlich die im Tiefsten gewollte (und nicht erzwungene) Selbsthingabe über, um darin ebenso zu sich zurück zu kehren: Liebe „ist ganz Gott zugewendet, aber in der Vereinigung mit der göttlichen Liebe umfasst der geschaffene Geist auch erkennend, selig und frei bejahend, sich selbst. Die Hingabe an Gott ist zugleich Hingabe an das eigene gottgeliebte Selbst und die ganze Schöpfung."[28] Levinas' hartnäckige Verpflichtung zum Sich-nehmen-Lassen wird so von Stein zur freien Freudigkeit des Sich-Gebens korrigiert. Der Sinn von Sein ist im Personsein, und das heißt in der Liebe zu finden.

Indem Stein die menschliche Person von ihrem dreifaltigen Urbild her denkt, entwirft sie eine *trinitarische Anthropologie*, die den rein philosophischen Diskurs verlässt. Auch Levinas' Ethik eröffnet einen Überstieg in die Theologie, denn im Antlitz des Anderen *fällt Gott ins Denken ein*. Damit werden zwei Konzeptionen sichtbar, die im Gefolge von Husserl stehen, aber dennoch die ursprünglich strikte Trennung von Theologie und Phänomenologie aufgeben. Das Vorhaben, auch den Theologen Balthasar auf seine phänomenologischen Denkformen hin zu befragen, scheint nicht mehr abwegig zu sein. Doch welche Stellung nimmt Balthasars Denken gegenüber den hier vorgestellten Grundorientierungen ein? Diese Frage ist zunächst im Blick auf seine wichtigsten philosophischen Werke zu beantworten.

---

[27] Vgl. TAPKEN: Der notwendige Andere. 123-199, bes. 194-199.
[28] STEIN: Endliches und ewiges Sein. 385.

6 Sein als offenbare Gabe:
Die philosophische Phänomenologie
Hans Urs von Balthasars

Hans Urs von Balthasar beginnt sein wissenschaftliches Schaffen im Raum der Literatur und der Philosophie und erbringt dort eigenständige Leistungen, die formgebend in sein nachfolgendes, primär theologisches Werk eingehen. Seine Philosophie des Kreatürlichen und seine Theologie der Inkarnation bedingen einander, ohne ineins zu fallen, erhebt das Gotteswort doch den Anspruch, ‚logos' – und das heißt: für den Menschen verstehbare und vernünftig nachvollziehbare Rede – zu sein. Dieses Ergänzungsverhältnis der Disziplinen ist für Balthasar konstitutiv: Würde eine Theologie, die den Abstieg des Wortes in diese Welt verkündet, nicht mehr in echter philosophischer Offenheit nach dem Sinn von Sein fragen, käme ihr jener Bezugspunkt abhanden, der von jeher Ausgang und Ort christlicher Gottesbeziehung gewesen ist. Eine Philosophie hingegen, die um ihrer vermeintlichen Voraussetzungslosigkeit theologische Implikationen meidet, verfehlte ihr letztes Ziel. Wenn es im folgenden Kapitel also um eine Untersuchung der *philosophischen* Phänomenologie Balthasars geht, muss ihr christlicher Horizont immer mitbedacht werden.

Zwischen den beiden Weltkriegen wogt in Deutschland eine heftige Debatte um die Berechtigung einer solchen ‚christlichen Philosophie', die etwa im Denken Heideggers zu einer radikalen Abspaltung der Seins- von der Gottesfrage führt. Balthasars Philosophie ist als großangelegte Replik auf jene Metaphysikfeindlichkeit seiner Zeit zu verstehen. Sie sucht die ontologische Fragestellung und das sich darin spiegelnde Selbst- und Weltverhältnis des Menschen ins Zentrum der Theologie zurückzuholen, indem sie das Erbe der metaphysischen Tradition mit den kritischen Anfragen der Moderne konfrontiert und in einem Akt ursprünglicher Aneignung neu erschließt. Dieses ehrgeizige Programm, das die scholastische *Seinsmetaphysik* und die moderne *Phänomenologie* miteinander ins Gespräch bringt[1], enthält eine erkenntnistheoretische und eine ontologische Facette: Wird mit der Menschwerdung des Sohnes Gottes „der Mensch als solcher Ausdruck, gültige und authentische Übersetzung des göttlichen Mysteriums"[2], muss eine Korrelation zwischen göttlichem und menschlichem Wort bestehen, deren Bestimmung eine umfassende Ontologie des endlichen Seins voraussetzt, die nur im Licht des ewigen Seins zu erhellen ist. Demnach behandelt Balthasar *sachlich* den in der katholischen Lehre verankerten Problemkreis der *analogia entis*, der

---

[1] Vor allem in seinem Frühwerk will Balthasar eine Begegnung von Tradition und Moderne initiieren, in der beide nur gewinnen können: „jene an Lebendigkeit, diese an Tiefe" (DERS.: Geeinte Zwienatur. 9).

[2] BALTHASAR: Gott redet als Mensch. 74.

die Gottabbildlichkeit des Menschen auf die Gleichnishaftigkeit des Seins überhaupt ausweitet. *Methodisch* wählt er „eine ursprünglich schauende Phänomenologie der weltlichen Wahrheit und des weltlichen Seins"[3], die den Ansprüchen neuzeitlichen Denkens genügen will.

Im Blickpunkt des folgenden Kapitels stehen die m.E. wichtigsten philosophischen Arbeiten Balthasars, in denen eine phänomenologische Denkform Kontur gewinnt, deren Hauptmotive auf ihre Verwandtschaft mit Goethe hin zu untersuchen sind. Ich beziehe mich u.a. auf das frühe systematische Werk *Wahrheit der Welt*, auf einige Schlüsselstellen des ersten und dritten Bandes der *Herrlichkeit* sowie auf die nachträgliche Einführung in die Trilogie, den *Epilog*. In der Frage, inwiefern Balthasars Goethe-Rezeptionen Einfluss auf diese Projekte genommen haben, scheint es mir zunächst aber wichtig zu sein, das bis heute wenig beachtete Profil seiner Frühschriften zu rekonstruieren[4], um von diesen anfänglichen Impulsen der Studienzeit her den Dreh- und Angelpunkt des balthasarschen Seins- und Wahrheitsverständnisses auszumachen und im Kontext einer werkimmanenten Genese zu verorten. Ich verfolge dabei eine kritische Frageperspektive: Befördert die Goethe-Lektüre Balthasars Hinwendung zur Moderne? Auf welche Weise holt er philosophisch jene Vorgaben ein, die der Dichter eines humanistischen und symbolischen Weltbildes hinterlässt? Welche Akzente werden vom christlichen Anspruch her gesetzt? Entstehen daraus Verschärfungen, die Goethes Charme verraten? Mit welchem Gewinn können spätere Gesprächspartner Balthasars die goetheschen Impulse präzisieren? Welchen Standort gewinnt Balthasars Denken gegenüber den vorherrschenden Phänomenologien der Zeit?

6.1 Erste Annäherung

6.1.1 Von der Scholastik zur Moderne

Die unveröffentlichten Frühschriften *Sein als Werden* und *Geeinte Zwienatur* stellen den Auftakt zu Balthasars genuin philosophischer Schaffensperiode dar, doch stehen auch sie schon in einem bestimmten biographischen und geistigen Kontext. Zwei Voraussetzungen müssen bei ihrer Rezeption mitbedacht werden:

Erstens: Die zeitliche Nähe der ordensinternen Ausbildung Balthasars zu seinem unmittelbar vorausgehenden Germanistikstudium lässt vermuten, dass sich seine große Begabung für Dichtung und Dramatik und die Früchte seiner Kenntnisse der Geistesgeschichte besonders in diesen ersten Arbeiten niederschlagen. Balthasar ringt

---

[3] BALTHASAR: Theologik I. 23.
[4] Die fehlende Rezeption dieser Frühschriften ist nicht zuletzt darauf zurück zu führen, dass sie im Volltext derzeit nur an der *Hochschule für Philosophie* der Jesuiten in München allgemein einsehbar sind. In Auszügen sind sie durch die Habilitationsschrift von Disse *(Metaphysik der Singularität)* zugänglich.

darin mit der Trostlosigkeit der Neuscholastik, deren Abstraktheit und Lebensferne im direkten Gegensatz zu jener Dynamik des Lebendigen stehen, die ihm in vielen Werken der Literatur begegnet ist. Richtungweisend bleibt daher der Blick auf die großen Denker und Künstler, die ihm die Einsicht eröffnen, dass die Kirche ihre selbst errichteten Mauern in Theologie und Liturgie einreißen und durch eine neue Dialogbereitschaft mit der Moderne Licht für die Welt sein müsse.[5]

Zweitens: In Pullach lernt Balthasar Erich Przywara kennen,[6] der ihm imponiert, weil er die als überholt empfundene, starre Schultheologie mit modernem ignatiani- schem Geist neu zu beleben sucht. Dadurch soll sich „das Christliche als das unein- holbar Größte, id quo majus cogitari nequit"[7] erweisen. Charakteristisch ist Przywaras formelhafte Begrifflichkeit, wonach die Welt eine Polarität des „Sosein in-über Da- sein" durchzieht, die in der vertikalen Relation „Gott in-über Geschöpf" gründet und sich in der Denkbewegung „Wahrheit in-über Akt" spiegelt.[8] Insbesondere diese Deutung der *analogia entis* nimmt Balthasar wachsam auf,[9] korrigiert sie aber dort, wo sie zum Anlass wird, das fragile Sein des Geschöpflichen in eine Atmosphäre der Nichtigkeit und der Unruhe hineinzustellen:[10] „Nur Gott ist *das* Sein – Welt neben ihn gestellt ‚wie nichts‘, und nur auf den Hintergrund des Nichts gehalten ‚nicht-Nichts‘. Als ‚Sein‘ offenbart sie Gott in sich, als ‚Nichts‘ offenbart sie ihn tiefer als den Unbe- greiflichen über sich."[11] Nur im Erblicken der eigenen Abgründigkeit kann das Ge- schöpf nach Gott fragen, der sich ihm unverfügbar ‚von oben her‘ zuneigt. Przywaras Denken der Analogie ist im letzten eine „*reductio in mysterium*", ein Schritt in die „um- fangende Nacht"[12]. Obwohl auch Balthasar einen ähnlichen Ansatz der ‚Übergäng- lichkeit‘ vertritt – d.h. eine Philosophie, die auf das Seinsmysterium hin offen bleibt und eine Theologie, die im Bewusstsein ihres apriorischen Umgriffenseins vom Ge- heimnis Gottes her steht – sieht er die negativen Formeln seines Lehrers in der Ge- fahr, einen übersteigerten Gegensatz zwischen Gott und Welt aufzurichten und der Tendenz zur Aufhebung der Gestalt ins Gestaltlose nachzugeben. Er selbst will hin- gegen „durch die größere Unähnlichkeit des endlichen und unendlichen Seienden hindurch, das positive Gesicht der Analogia Entis" herausarbeiten, „das das Endliche zu Schatte [sic!], Spur, Gleichnis, Bild des Unendlichen macht"[13]. Es ist nicht das ‚Verschwinden‘ der Welt, welches auf Gott verweist, sondern die kreatürliche Diffe- renz zwischen Dasein und Sosein als „der eigentliche Punkt, an welchem das Je-mehr-

---

5   Besonders deutlich wird dies in seinem progressiven Bändchen *Schleifung der Bastionen* von 1952, in dem er gleichsam sein Bekenntnis zu einer zur Welt hin offenen Kirche ablegt.

6   Vgl. auch Abschnitt 4.1 dieser Arbeit.

7   BALTHASAR: Zu seinem Werk. 43.

8   Alle vorausgehenden Zitate: BAUER: Hans Urs von Balthasar (1905-1988). 302.

9   In einer Interpretation des Denkens Przywaras schreibt er: „Diese Nichtidentität wird zum ersten unerschütterlichen Ausgangspunkt Przywaras. Jedes Endliche ist in seinem Sein ‚gespannt‘: sein Wesen hat eine Notwendigkeit, die sein Dasein nicht hat, Wesen und Existenz sind in ihm nur ‚faktisch‘, nicht ‚wesenhaft‘ eins" (DERS.: Erich Przywara. 15).

10   Vgl. FABER: Künder der lebendigen Nähe des unbegreiflichen Gottes. 392.

11   BALTHASAR: Die Metaphysik Erich Przywaras. 489.

12   Beide Zitate: PRZYWARA: Analogia Entis. 88.

13   BALTHASAR: Herrlichkeit III-1-2. 956.

und Je-reicher-sein des Seins am elementarsten aufleuchtet"[14]. In ihr bietet sich ein
Abglanz des ewigen Seins dar.

Schon diese ersten Andeutungen lassen erkennen, dass sich der junge Balthasar ein
Gespür für den geheimnisvollen Reichtum des Seins bewahren will, für den Goethe
ein so kraftvolles Zeugnis ablegt.

6.1.1.1 *Sein als Werden*

Ein kurzer Blick in die philosophische Abschlussarbeit *Sein als Werden* aus dem Jahr
1933 soll einen Eindruck davon vermitteln, wie sich goethesche Impulse zunächst in
Balthasars Studienzeit durchhalten.[15] Sie verbinden sich mit dem ungeduldigen Auf-
bruchwillen Balthasars und dem expressionistischen Gestus Przywaras zu einer eigenen ‚Sturm-und-Drang-Lyrik‘. Denn in der Auseinandersetzung mit dem Weimarer
Dichter hat sich Balthasar bereits ein denkerisches und begriffliches Repertoire erarbeitet, das die ‚morphologische‘ Struktur des endlichen Seins berücksichtigt und nun
die Notwendigkeit vor Augen führen soll, die traditionelle Auffassung vom Wesen als
ein jenseitig Unzeitliches auf seine zeitlich-teleologische Verfasstheit hin zu revidieren.
Das Wesen soll nicht mehr in statischen Größen, sondern in seiner dynamischen
Aktgestalt nachgezeichnet und als personales Singularitätsprinzip neu entdeckt werden.

Indem Balthasar Individualität und Zeitlichkeit einen Vorrang einräumt, setzt er
ein Gegengewicht zu der in der Philosophiegeschichte zu beobachtenden Tendenz,
das Allgemeine seins- und erkenntnismäßig höher zu werten. Universale Denkinhalte
wurden stets zur höchsten Beschaffenheit des Seins erhoben, weil sie die selbständigen und gesetzmäßigen Konstanten einer vergänglichen Welt repräsentieren. Auch
Thomas von Aquin konnte sich der antiken Individualitätsvergessenheit nicht konsequent erwehren. Will die scholastische Tradition aber, so wendet Balthasar ein, der
Metaphysikkritik des 20. Jahrhunderts standhalten, also „lebendige Auseinandersetzung mit der Gegenwart sein, [...] [muss sie] ihre Stellung zum Werdeproblem überprüfen"[16]. Von diesem Anliegen her versteht sich der zweiteilige Aufbau der Frühschrift. Einer Kritik am antik-scholastischen Wesensbegriff folgt Balthasars Versuch,
eine eigene, an der Moderne orientierte und mit Przywara formalisierte Werdenslehre
zu entfalten, welche die Kategorien klassischer Ontologie – Sein und Wesen, Idealität
und Realität – sozusagen verflüssigt, um der metaphysischen Dignität des Zeitlichen
und des Konkret-Personalen Geltung zu verschaffen.

---

[14] BALTHASAR: Theologik I. 220.
[15] Ich setze mich hier von Disse ab, der dem Einfluss Goethes nur eine untergeordnete Bedeutung
      zumisst, insofern er das Goethe-Kapitel der *Apokalypse der deutschen Seele* lediglich als nachträgliche Ver-
      tiefung oder Bestätigung der vorher dagewesenen Philosophie Balthasars versteht (vgl. DISSE: Meta-
      physik der Singularität). M.E. übersieht er dabei, dass Balthasar die wesentlichen Inhalte und Methoden
      seines dreibändigen Frühwerkes schon im Zuge seiner germanistischen Dissertation bzw. seiner ge-
      staltorientierten Studien (wie die hier zu erörternde) grundgelegt hat.
[16] BALTHASAR: Sein als Werden. IV.

Die Anfangsbeobachtung Balthasars lautet, dass Thomas zwar der platonisch-aristotelischen Entwertung der Leiblichkeit entkomme, sich aber dennoch von der verhängnisvollen Neigung, Begriff und Wesen zu identifizieren, leiten lasse. Auf diese Weise werden unzutreffend noetische Kategorien in der Ontologie angewandt, die wiederum das Prinzip der Individuation durch die Materie bedingen. Balthasar schlägt daher vor, statt vom statischen Materie-Form-Schema primär von der dynamischen Akt-Potenz-Unterscheidung auszugehen. Das Seiende offenbare darin seinen Charakter als „fundamental Werdendes"[17], das hinsichtlich seiner Her- und Zukunft von Möglichkeit/Zeitlichkeit durchdrungen ist. Dem zugleich realen wie idealen Wesen komme nicht nur der Status eines finalen Einheitsprinzips, sondern auch einer noch zu erreichenden, offenen Möglichkeit zu. Dabei bleibt die Differenz von Sein und Wesen als logische Interpretation gültig: „Das ganze konkrete soseiend-daseiende Ding ist in sich selbst nicht mit sich identisch, sondern über sich hinaus auf sich zu. Nicht teilt sich Potenz-Akt auf Wesen-Sein auf, sondern das eine Wesen-Sein ist potential-aktual."[18] Statisch betrachtet „besagt Wesen die Formel (das Gesetz) der Potenzerfüllung", welche „kein rein über dem Dasein schwebendes Idealgesetz [...], sondern auch das ihm einwohnende, immanente Strukturgesetz, sein ‚individuelles Gesetz'" ist. Aus dynamischer Sicht „besagt Wesen dieses gleiche Gesetz als regelndes Prinzip der Seinstendenz und ihrer Aktuierung", das „einerseits die sich unverändert durchhaltende Strukturformel" ist, aber „andererseits durch [die] Veränderung des Materialen (im Sosein und Dasein) die Formel als immer neu und anders sich ausprägende selbst verändert". In der Entfaltung seiner Wesensfülle ist es also selbst- und fremdbestimmt. Es ist „zu erreichendes Ziel (telos als eidos)" wie „das Prinzip der Entfaltung auf ein Ziel (en-tel-echeia)"[19].

Auf diesem Analyseweg entdeckt Balthasar nun über das individuierende Moment der passiv wirkenden Materie hinaus ein zweites Prinzip, die Individuation *ratione formae*. Insofern sich der Grad der Seinsmächtigkeit nach den ansteigenden Stufen des Selbstbesitzes, also der Intellektualität (Dynamik, Spontaneität, Freiheit) richtet[20], ist die Singularität eines Seienden primär auf den selbstbestimmenden (geistigen) Wesensakt zurückzuführen. Dieser gewährt zugleich die Einheit der Art wie einen „Schimmer geistiger Einmaligkeit"[21]. Mit der Gewichtung der aktiven Selbstbestimmung kommt Balthasar moderner Bewusstseinsphilosophie nahe, übernimmt sie jedoch nicht uneingeschränkt. Als Vorbild für das Ineinander von aktiv-wirksamer und passiver Potenz dient vielmehr Goethes ‚Gestalt' als aufstrebendes Individuum:

„Am besten gibt die Bestimmung ‚Grundformel', sinn- und wertgebendes Grundgesetz, das sich real zwar in stets analogen Proportionen darstellt, aber als Richtungsmitte in diesen Proportionen unverändert beharrt, das Unfassbare wieder. Es ist die erste ‚Prägung' des Seins im genuin goetheschen Vers:

---

17 BALTHASAR: Sein als Werden. 30.
18 BALTHASAR: Sein als Werden. 31.
19 Alle vorausgehenden Zitate: BALTHASAR: Sein als Werden. 47.
20 BALTHASAR: Sein als Werden. 60; vgl. 43.
21 BALTHASAR: Sein als Werden. 64.

‚Und keine Zeit und keine Macht zerstückelt,
Geprägte Form, die lebend sich entwickelt.'[22]

6.1.1.2 Geeinte Zwienatur

Goethes Denken bleibt ein wichtiges Leitmotiv auch in der Ende der 30er Jahre verfassten Schrift *Geeinte Zwienatur*. Schon das Faust-Zitat im Titel verrät eine ungebro-
chene Affinität zu dem Dichter. Die Frühschrift selbst, die eine nachträgliche systematische Einführung in die *Apokalypse der deutschen Seele* bieten soll, ist jedoch unvollendet geblieben. Deshalb sollen hier nur ihr programmatischer Schwerpunkt und ihre
wiederholte Rückbindung an Goethe zur Sprache kommen.[23] Wie ein roter Faden
zieht sich auch in ihr der Primat des Lebendig-Konkreten durch – wobei der Gedanke
nun eine christologische Konnotation mit sich führt.

Anliegen und Vorgehensweise der Schrift, die eine Dynamisierung der traditionellen Ontologie verfolgt, gleichen denjenigen von *Sein als Werden*. Die Defizite platonischen Denkens liegen, so Balthasar, im Dualismus von Begriff und Anschauung, der
im religiösen Bereich dazu verleiten kann, „Erlösung nur als Weltflucht und Gott
doch nur als hypostasierte abstrakte Idee, wie sie im menschlichen Denken der Anschauung des Sinnlichen gegenüber steht"[24], zu verstehen. In der von den Spätfolgen
der Antike dominierten scholastischen Tradition hätte die christliche Intuition der
Wertigkeit von Individualität und Personalität deshalb keine rechte Chance gehabt.
Balthasar fragt sich also, wie eine Metaphysik aussehen müsste, die „diese zwei stö-
renden platonischen Motive"[25], die lebensleere Abstraktion in der Erkenntnistheorie
und die mit der Geschiedenheit von Sein und Seiendem einhergehende Weltferne des
Religiösen, überwindet und zugleich dem Individuellen einen legitimen Status in der
Metaphysik zuschreibt. Dies kann nur gelingen, indem das scholastische Axiom der
Realdistinktion von Sein und Wesen „aus seiner erstarrten Unfruchtbarkeit [erweckt
und] die Vielfalt der modernen Polaritätsproblematik mit ihm in Beziehung gesetzt
wird"[26].

Als methodischen Zugang, der ihm angemessen, d.h. frei von jeder begrifflichen
Fixierung erscheint, wählt Balthasar eine ‚Phänomenologie', welche die metaphysische
und die ästhetische Disziplin einander annähert. „Beide sind Auslegung einer bestimmten Grunderfahrung": der „Geöffnetheit des Subjekts in seiner Tiefe und Fülle
für die Seinsbeschaffenheit des Gegenstandes"[27]. Alle Erkenntnis des Seins – die als

---

[22] BALTHASAR: Sein als Werden. 67. Ganz entgegen seiner späteren Gewohnheit ist Balthasar in *Sein als
Werden* außerordentlich sparsam mit der Einstreuung von Dichter-Zitaten. Der zitierte Goethe-Vers
(vgl. WA I. 3. 95) ist der einzige direkte literarische Verweis!

[23] Ich verzichte auf eine detailliertere Besprechung von *Geeinte Zwienatur* auch aus folgenden Gründen:
Zum einen hat die Habilitationsschrift von Disse das Manuskript bereits hinreichend vorgestellt; zum
anderen werden dessen Grundanliegen in *Theologik I* erneut entfaltet.

[24] BALTHASAR: Geeinte Zwienatur. 14.

[25] BALTHASAR: Geeinte Zwienatur. 17.

[26] BALTHASAR: Geeinte Zwienatur. 9.

[27] Beide Zitate: BALTHASAR: Geeinte Zwienatur. 25.

„analoge Teilnahme am Schöpfungsakt selber"[28] gelten darf – muss von der faktischen Individualität des anschaulich Seienden ausgehen und diese nicht in klassifizierendem Subsumieren auflösen. Nur ein unvoreingenommenes „Verweilen beim Seinsphänomen selber"[29], also „das unverstellt offene Auge" vermag der „Seinsqualität alles Seienden"[30] gewahr zu werden: der gesetzmäßigen Struktur der Dinge, die in diesen selbst verankert ist und ihre Ähnlichkeit untereinander ausmacht, sowie den auf Allgemeines irreduziblen, einmaligen Kern der Seienden.

Das Sein ist ausschließlich immanent: im *concretum* erfahrbar. Es west in Formen an, die nicht im Vorgriff auf ein übergeordnetes transzendentes oder immanentes All-Sein zu überwinden sind, sondern als „konkrete, morphologische Gestalten des Universums in einer unaufhebbaren Gültigkeit und Positivität"[31] stehen. Die partikulären Träger der allgemeinen Form werden zwar schon durch die aristotelische Verlagerung der platonischen Idee in die reale Entelechie respektiert, doch die goethesche Sicht weitet den Blick insofern, als sie jedes Seiende in seiner horizontal-vertikalen Polarität beschreibt, in der es einen sich steigernden Werdeprozess vollzieht und seiner endgültig-qualitativen Form beständig zuwächst. Balthasars Sammlung ins Konkrete ist unverkennbar Goethe[32], Mozart[33] und Claudel[34] nachempfunden. Deren meisterhafter Sinn für die Proportionen der „realen Ganzheit des endlichen Daseins"[35] und für die Harmonie einer gleichnishaften Welt weckt in ihm nachhaltig die Achtung vor der symbolischen Welt des Einzelnen.

Doch erst von der christologischen Analogie her klärt sich die Werthaftigkeit des Geschöpflichen vollkommen auf. Als der Menschgewordene offenbart Gott sich nicht nur als der Grund oder das Ziel des Daseins, sondern als der freie, erlösende, drei-persönliche Gott. Ist Gott aber schon in sich Subjekt und Person, ist auch der geschichtliche Stand des Menschen nicht nur ein notwendiger und hinter sich zu lassender Durchgang, sondern das positive Fundament seiner Selbstüberschreitung auf die ihm von Gott her zugedachte Identität und Vollendung:

„Gerade das Christentum mit seiner Botschaft von einem endgültig in eine einzelne, besonderte, aber unaufhebbare Gestalt eingegangenen Gottes, von der persönlichen Unsterblichkeit nicht nur, sondern auch von der Auferstehung des Fleisches, von dem unendlichen Wert der Einzelseele als dieser unersetzbaren Einzelnen, hat uns den Sinn geschärft für die positive philosophische Erfahrung der Grenze. [...] Als letztes Ideal stand nun nicht mehr ein Ver-

---

28 BALTHASAR: Geeinte Zwienatur. 24, Anm. 16.
29 BALTHASAR: Geeinte Zwienatur. 8.
30 BALTHASAR: Geeinte Zwienatur. 26.
31 BALTHASAR: Geeinte Zwienatur. 76.
32 Bei Goethe wird die „geschlossene Gültigkeit der endlichen Gestalt erfahren und entsprechend bejaht" (BALTHASAR: Geeinte Zwienatur. 90).
33 Bei Mozart bewahrheitet sich diese Seinserfahrung durch „die unaufhebbare Endgültigkeit, mit der jene Gestalt in den Raum gestellt wird; nah, sicher, völlig wahrhaft, ohne die Prätention des Pathetischen oder Sehnsüchtigen, das an den Schranken des Wesens oder Daseins rüttelt, mit dem exakten Maß des Abstands von jeder anderen Gestalt" (BALTHASAR: Geeinte Zwienatur. 78).
34 „Hier ist vielleicht am radikalsten das alte griechisch-thomistische Mißverständnis einer Identifizierung (Konkretheit) und Materialität überwunden worden, hier darum auch entsprechend die Gleichsetzung von Streben zur Idee und Ent-Materialisierung" (BALTHASAR: Geeinte Zwienatur. 89).
35 BALTHASAR: Geeinte Zwienatur. 89.

schwinden der Welt in Gott vor dem geistigen Blickfeld, sondern eine von Gott und in Gott erlöste, in ihrer Erlöstheit vollzählige Welt.“[36]

Es wird deutlich, dass die Positivität des Endlichen und ihre Beschreibung in der Kategorie der Gestalt schon in den Frühschriften vage, aber leitende Motive darstellen. Sie werden zwar nicht letztgültig begründet, aber unter Berufung auf eine geistesgeschichtliche Entwicklung nahe gelegt und zugleich theologisch gerechtfertigt. Der von Balthasar verwendete Gestaltbegriff kommt sowohl mit der christologischen Rede vom *universale concretum* als auch mit der ontologischen Vorstellung einer ‚geeinten‘, d.h. ideal-realen ‚Zwienatur‘ überein und zeigt sich unübersehbar verwandt mit der goetheschen Realsymbolik, die im erscheinenden Individuellen die Präsenz des Wesens anzeigt.

Auch in seinem späteren ‚klassischen‘ Gestalt- bzw. Analogiedenken steht Balthasar dem Dichter nahe, dem der Schöpfungsmythos Quellgrund einer reichen Lebensweisheit geworden ist. Wie er selbst gewahrt Goethe überall gottgedachte Spuren, durch die der Höchste seine Gegenwart gewährt und bezeichnet das Endliche als ‚heilig öffentlich Geheimnis‘, das die Fülle des unerforschlichen Seins in sich birgt.

6.1.2 Von der *analogia entis* zur *analogia caritatis*

Balthasar schwebt eine christliche Philosophie vor,[37] deren Inhalt und Methode die Relation von Schöpfer und Geschöpf, die *analogia entis* ist. Diese impliziert zwei Dimensionen: Der zwischen Schöpfer und Geschöpf waltende, unüberwindbare Abstand – in den Worten des IV. Laterankonzils: die in aller Ähnlichkeit noch größere Unähnlichkeit – ist stets vorausgesetzt, doch liegt gerade in diesem Abstand die von Gott geschenkte Möglichkeit wahrhaft positiver Eigenständigkeit alles Geschaffenen, die es ebenso anzunehmen und theologisch zu bejahen gilt. Die Gleichzeitigkeit beider Dimensionen, die sowohl eine dialektische Entgegensetzung als auch ein pantheistisches Ineinandergleiten von Gott und Welt verhindert, thematisiert Balthasar immer wieder unter dem Titel der *vierfachen* ontologischen Differenz.[38]

---

[36]   BALTHASAR: Geeinte Zwienatur. 77.
[37]   Bewusst spreche ich nicht von einer ‚katholischen‘ Philosophie, da Balthasars Auseinandersetzung mit der Analogie als Vermittlungsversuch zwischen Przywaras metaphysischer *analogia entis* und Barths theologischem Begriff der *analogia fidei* gesehen werden muss. Barth hatte die *analogia entis* als „die Erfindung des Antichrist“ und als den einzigen ernsthaften Grund, nicht katholisch werden zu können, bezeichnet (vgl. DERS.: Kirchliche Dogmatik I-1. VIIIf). Seine vehemente Ablehnung beruht auf dem Verdacht, Gott und Welt würden unter eine allgemeine abstrakte Seinsidee subsumiert, die erstens untheologisch ist und zweitens in der Hand des Sünders zum gefährlichen Werkzeug des Ungehorsams werden könnte (vgl. BALTHASAR: Karl Barth. 175f. – KRECK: Analogia fidei oder analogia entis? 273). Gegen Ende seiner Monographie zum Denkweg Barths sieht Balthasar die Differenzen aber soweit ausgeräumt, dass sie zumindest nicht mehr kirchenspaltend sein können (vgl. BALTHASAR: Karl Barth. 393).
[38]   Dieser Ausdruck wird vor allem in dem unten ausgeführten Schlusskapitel von *Herrlichkeit III* verwendet.

Im *Epilog*[39] reicht Balthasar eine „Rechtfertigung"[40] für die außergewöhnliche Konzeption seiner Trilogie nach und verweist dabei auf die transzendentalen Eigenschaften des Seins – das Wahre, das Gute und das Schöne – deren offenbarungstheologische Relevanz erst von einem polaren Seinsverständnis her ins Gespräch gebracht werden kann. Die allem weltlichen Sein zugrunde liegende Polarität wird anschaulich in den Prinzipien *esse* und *essentia*, die jeweils nicht als solche subsistieren, sondern nur zueinander vermittelt in den einzelnen Seienden. Indem sie sich *gegenseitig* fordern und vollenden bzw. nicht in sich selbst stehen, deuten sie auf eine entzogene, absolute Identität als selbstmächtigen Grund und Ursprung, der aus den gegebenen Polen aber nicht deduziert werden kann. Nur dies ist erahnbar, dass in der ‚dialogischen Differenz' der zwischenmenschlichen Liebe das urbildliche Geheimnis aufleuchtet, „da die Liebenden, in denen das umfassende Wirklichsein waltet, sich nie zueinander schließen, sondern in ihrer [...] Fruchtbarkeit zum Urgeheimnis des Seins sich öffnen"[41].

Derselben Logik folgt Balthasar im Auftakt zu *Mysterium Salutis II*[42], in dem er die Frage nach der Erkennbarkeit Gottes unter den Bedingungen der Natur-Gnade-Differenz[43] und der je größeren Unähnlichkeit Gottes stellt. An den Gottesbildern des Polytheismus und der Philosophie weist er zunächst auf, dass weder eine mythische Göttervielfalt mit ihren Anthropomorphismen noch ein bloß intellektuell gewusster und doch ins Unsagbare entzogener Gott dem Menschen genügen kann, weil diese Vorstellungen der menschlichen Grunderfahrung personaler Liebe keinen Raum lassen. Vom ersten Moment des Selbstbewusstseins an erfährt sich der Mensch von einem Du angesprochen, das ihm vorgängig ist. Im Du wird ihm eine unverdiente Liebe zuteil, die auf ein ‚Mehr' verweist, das allein in der biblischen Heilsgeschichte zur Erfüllung gelangt. So lassen sich auf der Ebene der trinitarischen Gottesoffenbarung die Formen natürlicher Theologie, das mythische und das philosophische Gottesbild, zueinander vermitteln sowie jene Urform von Beziehung erahnen, die allein das menschliche Streben nach Freiheit und Liebe heilsam vollendet.

Die metaphysische *conclusio*, mit der Balthasar in *Herrlichkeit III* seinen Durchgang durch die Geschichte der abendländischen Metaphysik beschließt,[44] greift pointiert auf die bisher angedeuteten vier Differenzen zurück: jene zwischen Ich und Du, Sein und Wesen, Sein und Seiendem und schließlich zwischen Gott als Geber allen Seins und dem geschaffenen Sein als Gabe. Sie ordnet diese in einer inneren Logik, die vor allem den *Gabecharakter* der Wirklichkeit und die *Gestalt des Ewigen im Zeitlichen* ontologisch begründet. Ihr Vorgehen ist *phänomenologisch* angelegt: Es geht aus von der Verwunderung vor dem Sein, dem Staunen über die menschliche Existenz und die uns umge-

---

[39]   Vgl. BALTHASAR: Epilog. 38-45.
[40]   BALTHASAR: Epilog. 7.
[41]   BALTHASAR: Epilog. 45.
[42]   Vgl. BALTHASAR: Der Zugang zur Wirklichkeit Gottes. 15-46.
[43]   Eine Unterscheidung beider Bereiche sei, so Balthasar, methodisch und sachlich notwendig, obwohl diese aufgrund der übernatürlich finalisierten Weltordnung nicht streng voneinander geschieden werden dürfen.
[44]   Vgl. BALTHASAR: Herrlichkeit III-1-2. 943-957.

benden Dinge der Welt. Diese Verwunderung steht nicht nur am Beginn des Denkens, sondern durchzieht es in vier Stufen als bleibendes Existential.

Grundlegend ist die strenge Korrelation von Selbst- und Welterkenntnis, durch die der Mensch auf die ihm sinnlich vermittelte Welt in ihrer Gegenständlichkeit verwiesen ist. Sein Selbstbewusstsein wird dadurch konstituiert, dass ihn ein Anderer auffordert, ‚Ich' zu sein. Am unmittelbarsten zeigt sich dies am Beispiel eines neugeborenen Kindes, das durch das Lächeln der Mutter gleichsam ins Leben gerufen wird. Die mitmenschliche Zuwendung empfängt das Kind zunächst passiv, denn sein geistiger Horizont ist noch nicht so weit ausgebildet, dass es diese reflektierend und deutend verarbeiten könnte. Die Verwunderung über die Gnade des Du löst seine aktive Antwort gleichsam als Echo aus.[45] So wird deutlich: Ein Subjekt entdeckt sich dadurch als es selbst, dass es seitens Anderer Anerkennung erfährt, also erlebt, dass es sein darf und sein soll. In der Rückwendung *(reditio[46])* vom bejahenden Anblick des Anderen erfährt es sich als einmalige und unersetzliche Person. In der dialogischen Begegnung wird ihm aber gleichzeitig ein Maßstab für Andersheit, Marginalität und Transzendenz vermittelt, durch den ihm die Differenz zwischen Ich und Sein als Erfahrung der Nichtnotwendigkeit und Zufälligkeit des eigenen Daseins aufgeht. Im Angesicht der Eltern erblickt das Kind zuerst noch den unendlichen Horizont des Seins,[47] doch später, durch die sich ausbildende Tätigkeit des Geistes, erkennt es die Endlichkeit aller Dinge und Personen, die das grenzenlose Sein nicht auszufüllen imstande sind. So sehr das Kind ursprünglich Welt wahrnimmt, trifft es zugleich etwas an, das über diese hinaus weist. Es gewahrt das auf Gott analog verweisende Sein. Schon im Erwachen zu sich selbst waltet somit das göttliche Geheimnis als Grund, das unthematisch miterfahren, erst nachfolgend als solches identifiziert und von mitmenschlicher Zuwendung abgesetzt wird.

Im Zusammenfall von gewährter Fülle und widerfahrener Kontingenz manifestiert sich der verwunderliche Anfang ontologisch in der Differenz von Seinsakt und potentiellem Wesen sowie in der Differenz von unendlichem Sein und konkretem Seienden. Dem platonisch-thomanischen Partizipationsgedanken zufolge besteht deren jeweilige Beziehung zueinander als Abhängigkeit: Die Seienden existieren nur, soweit sie am Sein teilnehmen, welches sie aber nie gänzlich erschöpfen. Das Sein besitzt eine unaufhebbare Indifferenz gegenüber jeder Teilnahme an ihm. Selbst das Gesamt der Wesen, das es verwirklicht, ergibt keine notwendige und hinreichende Auslegung des

---

45   Vgl. auch BALTHASAR: Der Zugang zur Wirklichkeit Gottes. 16: „Im Erhorchen liegt unmittelbar und aller Reflexion vorweg das Begabtwerden mit einer Antwort."

46   Vgl. BALTHASAR: Der Zugang zur Wirklichkeit Gottes. 17, der die thomanischen Termini „reditio in se ipsum" und „reflexio completa" nennt und sie präzisiert als „volle Ergreifung seiner selbst im vollen Überstieg über sich selbst zu einem als das Andere, Liebende erkannten Du". Hier wird auch deutlich, dass Balthasar trotz einer merklichen Nähe zu Fichtes Intersubjektivitätstheorie eher Thomas von Aquin folgt und daher zu wenig betont, dass in der Entgegennahme von Anderem bereits ein Moment von Ichsein und Freiheit als deren Möglichkeitsbedingung impliziert sein muss.

47   In ähnlicher Weise bedenken Ulrich *(Der Mensch als Anfang)*, und Siewerth *(Metaphysik der Kindheit)* die Stellvertreterrolle der Eltern: In den Eltern erblickt das Kind das noch ungeschiedene Urbild aller Liebe und allen Seins.

allem unendlich vorausliegenden Seins. Aber auch das geschaffene Sein ist nicht autark, da es erst in den einzelnen Substanzen zur Subsistenz gelangt. Diese doppelte
Verwiesenheit macht die zweite und dritte Unterscheidung aus: Alle Seienden sind nur
durch Teilnahme am Seinsakt wirklich, während die aktualisierende, aber als solche
nicht subsistierende Seinsfülle nur im Seienden zur Wirklichkeit und zur *perfectio*
kommt. Da nun einerseits die Seinsfülle nicht an sich selbst subsistiert, die Zeugung
von Wesensgestalten aber einen selbständigen geistbegabten Ursprung voraussetzt, ist
das Wesen nicht einfach aus dem Sein ableitbar.

Die reale Differenz zwischen Sein und Wesen verweist in ihrer Bedingtheit auf
Gott als die absolute, über ihr Zueinander verfügende Freiheit. „Durch die ontologische Differenz [...] muss der Blick durchzudringen suchen auf die Differenz zwischen
Gott und Welt, worin Gott der einzig zureichende Grund sowohl für das Sein wie für
das Seiende in seiner Gestalthaftigkeit ist."[48] Gott wird als der Geber der Seinsgabe
evident.[49] Denn nur von der biblischen Offenbarung her, welche die Personalität
Gottes bezeugt, lässt sich das Paradox einer Welt neben dem unbedürftigen Sein
erklären. Aus dieser Perspektive aber ist das geschaffene Sein zugleich als ‚reich' und
‚arm' zu qualifizieren: reich ist es in seiner grenzenlosen Mächtigkeit, arm in seiner
reinen Hingabe an das Andere seiner selbst, die endlichen Seienden. Als „nicht an sich
haltende [...] Freiheit" ist es „reine Schenkung und Liebe"[50]. Der Komparativ des
Seins wird hier offenbar als das Wunder einer überbordenden Gnade, die alles Geschaffene aus sich ent-lässt und zu sich selbst hin befreit. Insofern dieser Anfang des
‚Sein-Dürfens', des ‚Seins als Gabe' von keiner späteren Selbstverfügung einzuholen
ist, schließt sich hier der Kreis zur ersten Unterscheidung.

Die vier Seinsdifferenzen präzisieren die formelhaft-statische *analogia entis* aus phänomenologischem Blickwinkel und transformieren sie zugleich in eine *analogia caritatis*[51], deren Grund und letzter Horizont der liebende, sich selbst entäußernde Gott ist.
Die Dynamik der Seinsgabe und die Selbstmitteilung Gottes im Ereignis Jesu Christi
entspringen dem *einen* Ursprung der absteigenden Liebe Gottes, der allein die balthasarsche These von der Konvertibilität von Sein und Liebe rechtfertigen kann.[52] Die
Kenosis des trinitarischen Gottes ist damit nicht nur der Gegenstand der theologischen Reflexion, sondern auch deren Hauptprinzip, das dem denkenden Menschen
eine Haltung der Disponibilität und des Gehorsams – besser: des liebenden Einver-

---

48 BALTHASAR: Herrlichkeit III-1-2. 954.
49 Vgl. BALTHASAR: Herrlichkeit III-1-2. 955, der nur hier auf Ulrich *(Homo Abyssus)* verweist, doch ist
    m.E. der gesamte Abschnitt zur vierfachen Differenz von der Philosophie Ulrichs inspiriert.
50 BALTHASAR: Herrlichkeit III-1-2. 956.
51 So der Titel der Dissertation Lochbrunners, der die ‚Analogia Caritatis' als Deutungsprinzip des gesam-
    ten balthasarschen Werkes ansieht.
52 Für Löser ist das liebende Handeln Gottes auf die Welt zu die einzige Begründung, die eine Auslegung
    des Seins als Liebe zulässt: „Das Sein der Welt und des Menschen könnte schwerlich auf Liebe hin ge-
    deutet werden, wenn das Ganze der Wirklichkeit am Ende nicht mehr wäre als die Summe dessen, was
    die Menschen aus eigenen Möglichkeiten und Anstrengungen hervorgebracht haben. Nur wenn ein
    Ganz-Anderer, der selbst Liebe ist, seine Liebe in der Welt so wirksam werden ließe, dass eben dadurch
    alle Werte eine Umwertung erführen, könnte der Satz, das Sein und die Liebe seien koextensiv, wahr
    sein" (DERS.: Das Sein – ausgelegt als Liebe. 417).

standenseins – abverlangt. „Liebe kann als solche nur ‚ankommen‘, wo sich ein Raum der offenen Erwartung darbietet, in dem sie sich dann ausbreiten kann."[53] Das Ereignis, das die *analogia caritatis* bewahrheitet, kann, insofern es selbst ein Geschehen der Liebe ist, nicht in jeder beliebigen Form von Theologie oder Philosophie nachgedacht werden.

„Immer ist das Wesentliche dies: dass das gnadenhaft Gewährte als ein solches zwar verstanden, aber durch den Verstand auch nicht nachträglich konstruiert werden kann. Ich kann nicht sagen: das ist es, was ich ‚eigentlich‘ immer schon erwartet hatte, oder woraufhin mein Denken und Fühlen immer schon eingerichtet und abgestimmt war, so dass es nur eines kleinen Anstoßes von außen bedurfte, um mein Vorverständnis zu einer vollen Einsicht kristallisieren zu lassen. Was sich mit der Grundeigenschaft freier Gnade darbietet, kann rational nie eingeholt werden, ohne dass es in seiner Eigentlichkeit zerstört würde."[54]

Im Hintergrund dieser deutlich spürbaren Vorbehalte gegen die transzendentale Methode steht die Überzeugung, dass die *analogia entis*, nach der Gott selbst in größter Nähe zur Welt dennoch der je Unbegreiflichere bleibt, nicht nur philosophisch, sondern auch und erst recht christologisch gilt. Christus kann die *konkrete analogia entis* genannt werden, weil er in sich selbst, in der Einheit seiner gottmenschlichen Natur das Maß von Nähe und Abstand Gottes zur Welt darstellt. Kein Denken kann sich seines Selbsterweises derart bemächtigen, dass die Differenz zwischen Gott und Welt idealistisch übersprungen würde. „Das Gnädige ist […] nie ein endgültig ‚Gegebenes‘, sondern bleibt im quellenden Akt des Sichgebens, ist deshalb aus sich selbst immerfort sinngebärend, und dies verhindert noch einmal, dass sich das Verstehen über dem bisher erschlossenen Sinn schließen kann."[55]

Es wird deutlich, dass sich Balthasar durch das Motiv der Gabe nicht nur von der statischen Seinsmetaphysik der Tradition, sondern auch von jenen Richtungen der zeitgenössischen Philosophie und Theologie absetzt, die seiner Ansicht nach in der Gefahr stehen, das Seinsmysterium und das Gottesgeheimnis durch ein verfügendes Wissen zu ‚bewältigen‘. Die Gabe als sich gewährende Gnade Gottes gibt dem menschlichen Denken nicht nur den *Inhalt*, sondern auch die *Form* vor: Sie ist einerseits als das Geschenkte selbst zu erfassen, als das *Was* der Gabe, andererseits aber auch als ein *Akt* des Gebens, als der Wille des Schenkens und des In-Beziehung-Tretens eines souveränen Gottes. Daher kann sie nur gläubig angenommen, nicht aber durch Gnosis überholt werden. Zugleich verliert sich Balthasars Deutung der *analogia entis* als *analogia caritatis* nicht in reiner Mystik: Sie wandelt die negative Unbegreiflichkeit des göttlichen Geheimnisses (Przywara) in die positive Gottbestimmtheit der Liebe.

---

53   Löser: Das Sein – ausgelegt als Liebe. 420.
54   Balthasar: Warum ich noch ein Christ bin. 30.
55   Balthasar: Warum ich noch ein Christ bin. 30.

6.1.3 Von den Transzendentalien des Seins zum Grundriss der Trilogie

Der hermeneutische Schlüssel zu Balthasars Denken ist die Auslegung des Seins und des Christusereignisses in der Perspektive der Selbstentäußerung Gottes. Diese Hermeneutik steht ganz im Dienst des nicht zu bewältigenden Geheimnisses und damit ausdrücklich im Widerspruch zu neuzeitlichem Systemdenken, wo „das Wort System seit dem 17. Jahrhundert geradezu ein Lieblingsausdruck der wissenschaftlichen Methode wurde"[56]. Sie bestimmt schließlich die monumentale Trilogie, die gewohnte Maße in vielfacher Weise sprengt: sowohl bezüglich des äußeren Umfangs als auch bezüglich des inneren Gefüges. Denn das anti-systematische Prinzip der *analogia entis* wird hier nach den transzendentalen Eigenschaften des Seins gegliedert und entfaltet. Insofern das *pulchrum*, das *bonum* und das *verum* eine sie letztlich begründende Entsprechung im göttlichen Sein haben, konnte Balthasar seinen theologischen Entwurf von ihnen her strukturieren. Eine *Theoästhetik*, eine *Theodramatik* und eine *Theologik* bilden die drei Teile der Trilogie, in denen Metaphysik und Theologie streng aufeinander bezogen sind.[57]

Die innere Zusammengehörigkeit der Transzendentalien, die als ihr Fundament die Analogie des Seins nicht ignorieren, erläutert Balthasar rückblickend im *Epilog.*[58] Die *Einheit* alles Wirklichen, verstanden im Sinne des traditionellen Axioms als ,*ens et unum convertuntur*', umfasst eine ,innere Polarität', d.h. die ,Mitteilsamkeit' des Geheimnisses, das allem innewohnt. Polar aufeinander bezogen sind die Eigenschaft, bei und in sich zu sein, und die Fähigkeit, sich zu äußern. Alles, was ist, ist bei sich und zugleich außer sich beim Anderen. Alles gehört zueinander, verweist aufeinander. Dies ist eine Folge des Eingelassenseins alles Seienden ins gemeinsame Wirklichsein. Doch verliert sich das, was sich mitteilt, nicht an das Andere seiner selbst. Mit der Äußerung geht immer ein bleibender Selbstbesitz einher. Es ist das Innere, das sich äußert, und im Äußeren erscheint das Innere. Diese polare Grundstruktur alles Wirklichen, die in den Formen des *Sich-Zeigens, Sich-Gebens* und *Sich-Sagens* variiert und auf ganz eigene Weise auch für Gott, den Ursprung und das Ziel der Welt anzunehmen ist, legt von selbst die *phänomenologische Erkenntnisart* als eine Bereitschaft, Anderes zu vernehmen, nahe:

„Wirkliche Wesen vollenden sich ineinander. Das aber hat seine Ergänzung darin, dass ein durch Sinnlichkeit hindurch auffassender und einbergender Geist die Erscheinung als die Selbstvollendung des sich Äußernden versteht und nicht als etwas ihm, dem Geist, selber Gehöriges; mit andern Worten: seine Erkenntnis bezieht sich nicht auf die Erscheinungen in seinem Innenraum, sondern unmittelbar durch diese hindurch auf das andere sich äußernde Wesen, das ,Ding an sich'. Es hat das andere als anderes nicht in sich – was ein Widerspruch

---

56   KASPER: Die Methoden der Dogmatik. 64.
57   Vgl. die jeweils eigens der Metaphysik gewidmeten Bände *Herrlichkeit III-1, Theodramatik I* und *Theologik I.*
58   Vgl. BALTHASAR: Epilog. 35-66, bes. 45-66.

wäre –, es deutet und versteht aber dessen Äußerung als die seiner Innerlichkeit oder Subsistenz."[59]

Was immer wirklich ist, *zeigt sich*, wird offenkundig, erscheint und ruft als Reaktion ein Staunen darüber hervor, dass überhaupt etwas ist und nicht vielmehr nichts. Im *Schönen* ist jenes Sein die unbeherrschbare Manifestation einer wesenhaften und glanzvoll von innen her sich realisierenden Gestalt. Die *Gestalt* (im Sinne Goethes und Thomas von Aquins), die jedes einzelne Seiende durchformt, es in all seinen Gliedern eint und dem göttlichen Sein öffnet, ist zunächst die konkrete Größe einer innerweltlichen Ästhetik, doch lässt sie schon eine erste Ahnung von der Schönheit Gottes, vom Glanz seiner Herrlichkeit aufkommen.

Alles, was in dieser Weise ist, bleibt nicht statisch und an sich haltend. Es teilt sich auch mit und *gibt sich*. Damit ist es als das *Gute* anzustreben, das sein Gegenüber aufruft, sich ihm zu öffnen, sich von ihm beschenken und verwandeln zu lassen. Während diese Bewegung die Unverrechenbarkeit jeder zwischenmenschlichen Liebesbeziehung ausmacht, liegt in ihr zugleich eine Vorschattung dessen, was schließlich die Selbstmitteilung Gottes sein wird. Der Begriff des *Spiels*, der in solcher Metaphysik des Guten zentral ist, findet seine Entsprechung in der dramatischen Geschichte Gottes mit der Schöpfung und dem Menschen, die in der Begegnung zwischen endlicher und unendlicher Freiheit entsteht und im Selbsteinsatz Gottes in Jesus Christus auf eine immerwährende Entscheidung für die Liebe zuläuft.

Was immer wirklich ist, äußert sich darüber hinaus im gesprochenen Wort. Es gibt sich dem Geist zu erkennen und *sagt sich aus*. So ist es nicht nur Erscheinung und freie Tat, sondern auch *Wahrheit* und Dialog. Eine Metaphysik des Wahren, in deren Zentrum der Begriff der *Sprache* gehört, bildet somit die Grundlage jedes Verstehens der göttlichen Logik. An ihr wird nachvollziehbar, dass und wie sich Gott im Menschenwort verständlich machen kann, ohne in menschlichen Begriffen seine Identität zu verlieren; und wie umgekehrt der begrenzte menschliche Geist den erleuchteten Sinn des inkarnierten Logos zu fassen vermag, deren einziger Ausleger der Geist Gottes ist, der uns in die volle und endgültige Wahrheit einführt.

Die Transzendentalien des Seins bilden in Balthasars Trilogie die Eckpfeiler eines architektonischen Grundprinzips, dessen Geschlossenheit und Tragfähigkeit sie gleichsam ‚von oben' her gewährleisten. Sie sind nicht nur dem Sein koextensiv, sondern auch untrennbar ineinander verwoben. Erst in dieser *circumincessio* entfalten sie die Fülle des Seins und ihre je eigene Komplexität. Diese von Balthasar geltend gemachte Einheit kommt zunächst in Bezug auf die Wahrheit zum Tragen. Wäre der Erkenntnisvorgang auf den Bereich rein theoretischer Evidenz reduziert, wäre Wahrheit ihrer Universalität beraubt. Vor allem die theologische Vermittlung von Glaube und Wissen sieht sich immer wieder vor der Tatsache, dass sie nur in einer vorausgesetzten Einheit von Wahrheit und Entscheidung, von theoretischer und praktischer Vernunft gelingen kann. Zu dieser Einheit finden Dogma und Ethik aber erst in der Ästhetik, weshalb Balthasar das Schöne – einer umstrittenen franziskanischen Traditi-

---

on entsprechend – in den Rang der Transzendentalien erhebt. Mit dem Verlust des Schönen wäre die Theologie ein ganzes Stück ärmer. Denn die tiefsten Wahrheitsfragen lassen sich nicht ohne moralischen und ästhetischen Sinn beantworten. Umgekehrt gerieten das Gute und das Schöne auf dem Feld eines modernen Rationalismus, der das Wahre auf ein vermeintlich isolierbares Theoretisches beschränkt, in die Gefahr, subjektiver Willkür oder privatem Glaubens- und Geschmackssinn anheim zu fallen.[60] Wahrheit waltet in allem Schönen und Guten, weshalb sie als das zuletzt Angeführte zugleich das Erste ist.

Die wechselseitige Durchdringung der transzendentalen Eigenschaften des Seins ist in der Moderne keineswegs selbstverständlich oder populär. Kant räumt zwar ein, dass sich die theoretische und die praktische Vernunft in der Ästhetik zu einer Einheit verbinden, behandelt deren Dimensionen in seinen drei Kritiken aber als strikt voneinander getrennte Wirklichkeits- und Forschungsbereiche. Mit unverbesserlichem Argwohn äußert sich Nietzsche zur Thematik: „An einem Philosophen ist es eine Nichtswürdigkeit zu sagen ‚das Gute und das Schöne sind eins‘; fügt er gar hinzu: ‚auch das Wahre‘, so soll man ihn prügeln.“[61] Hiervon abzusetzen ist das Humanitätsverständnis der Weimarer Klassik. Wenn Balthasar die Austauschbeziehung der Transzendentalien postuliert, kommt er mit der Dynamik der ‚Urakte‘ Goethes überein, in der Reflexion, Tätigkeit und Einfühlung einander bedingen und fördern. Denn auch für den Dichter klingen die drei Transzendentalien zusammen.[62] Das Wahrheitslicht ist keine kalte Formalität, sondern strahlt Schönheit aus und verströmt das Gute um seiner selbst willen. Schönheit wiederum ist sichtbar gewordene, unverzweckbare Liebe. Im und durch das Ästhetische bietet sich das Gute dar und spricht das Wahre in die Welt hinein. Und in dieser Einheit ist, so fügt Balthasar mit Blick auf sein ontologisches Hauptmotiv der Gabe hinzu, das Sein durch den in sich bewegten und lebendigen grundlosen Grund der Liebe begründet. Es verströmt sich „als Real-Verweis auf die grundlose Wirkmacht Gottes“[63]:

„Wahrheit, Gutheit und Schönheit sind so sehr transzendentale Eigenschaften des Seins, dass sie nur ineinander und durcheinander begriffen werden können. Sie erbringen in ihrer Gemeinsamkeit den Beweis für die unerschöpfliche Tiefe und den überbordenden Reichtum des Seins. Sie zeigen schließlich, dass alles nur darum verständlich und enthüllt ist, weil es in einem letzten Mysterium gründet, dessen Geheimnischarakter nicht in einem Mangel an Klarheit, sondern im Gegenteil in der Überfülle des Lichtes beruht. Denn was ist unbegreiflicher, als dass der Kern des Seins in der Liebe besteht und dass sein Hervortreten als Wesen und Dasein keinen anderen Grund hat als den der grundlosen Gnade?“[64]

---

60 BALTHASAR: Theologik I. 19.
61 NIETZSCHE: Aus dem Nachlass der Achtziger Jahre. 832; zit. in BALTHASAR: Theologik I. XV.
62 BALTHASAR: Herrlichkeit III-1-2. 841. Vgl. Abschnitt 2.1.3 dieser Arbeit.
63 SCHULZ: Sein und Trinität. 717.
64 BALTHASAR: Theologik I. 255. Auch in den zeitgenössischen theologischen Diskursen, die sich selbst als wegweisend verstehen, ist der Einbezug des Schönen keineswegs unumstritten. Balthasar antwortet daher indirekt auf einen Einwand Rahners bezüglich der trinitarischen Natur der Offenbarung. Wenn Gott Vater der Quellgrund der Gottheit ist, offenbart er sich nur in zwei göttlichen Hypostasen: im Sohn, der die Wahrheit des Vaters kundtut und im Geist, der uns seine Liebe vermittelt. „Diese transzendentale Gezweiheit (von Erkenntnis und Liebe) ist aber nicht durch weitere Bestimmungen er-

Das transzendentale und relationale Sein, das in sich die *analogia entis* als *analogia carita-tis* abbildet, die Gottebenbildlichkeit alles Geschöpflichen fundiert und als solches dem begreifen wollenden Verstand stets voraus liegt, kann als Dreh- und Angelpunkt des balthasarschen Seinsverständnisses und zugleich als dessen Unterscheidungskriterium von neuzeitlich-rationalen Paradigmen angesehen werden. Im Bedenken dieses Seins greift Balthasar auf eine ,natürliche' Phänomenologie zurück: Er weist, wie bisher schon gezeigt, auf Phänomene hin, die im Bereich des Geschöpflichen die Unterschiedenheit von Sein und Seiendem, von Sein und Wesen anzeigen und auf diese Weise die Lehre von der *analogia entis* anschaulich werden lassen.

6.2   Phänomenologie der gegebenen Wahrheit

Obwohl Balthasar den Aufstieg zum göttlichen Sein mit einer theologischen Ästhetik beginnt, die er jenseits der neuscholastischen Schule gleichsam als Wiedereinführung der Fundamentaltheologie versteht, ist sein frühestes Werk der Trilogie doch ein anderes: Bereits 1947 publiziert er unter dem Titel *Wahrheit der Welt* den späteren ersten Band der *Theologik*, der nach drei Jahrzehnten nahezu unverändert der Trilogie eingefügt wird. *Theologik I* ist sein einziges philosophisches Werk, das konsequent systematisch angelegt ist. Ihr Thema ist die erkenntnismetaphysische Frage nach der weltlichen Wahrheit, die weder die Sinn- noch die Gottesfrage um einer größtmöglichen Unvoreingenommenheit willen methodisch ausklammern muss, sondern in die Logik des Denkens integriert. Ihr erklärtes Ziel ist es,

„die Wahrheit der Welt in ihrer prävalenten Welthaftigkeit zu beschreiben, ohne jedoch die Möglichkeit auszuschließen, dass die so beschriebene Wahrheit gewisse Elemente in sich schließt, die unmittelbar göttlicher, übernatürlicher Herkunft sind. Eine solche Methode ist augenscheinlich vorurteilsloser als jene, die apriori mit der Unmöglichkeit echter göttlicher Offenbarung rechnet."[65]

Die Entstehungszeit der vorliegenden Schrift lässt vermuten, dass die frühe geistige Prägung Balthasars, die ich als *Faszination an Goethe* zu erweisen suche, am ehesten in ihr zu finden ist. Darauf deutet auch der versteckte Titel, der dieser Schrift immer wieder gegeben wird, zunächst vom Autor selbst: „Unsere erste Untersuchung über die Wahrheit der Welt wird also eine Art Phänomenologie der uns bekannten und

---

gänzbar, etwa durch ein gleichursprüngliches ,Schönes' [...]. Dies nicht nur deshalb, weil sonst ein wirkliches Verständnis der notwendig nur zwei innertrinitarischen Ausgänge tödlich gefährdet wäre und das Grundaxiom der Selbigkeit von ökonomischer und immanenter Trinität nicht mehr durchgehalten werden könnte. Werden vielmehr Wille, Freiheit, bonum in ihrem wahren und vollen Wesen verstanden, als Liebe gegenüber der Person, die nach der Person nicht nur hinstrebt, sondern in deren voller Güte und Glanz ruht, dann ist kein Grund ersichtlich, dieser Gezweiheit ein drittes Vermögen zuzugesellen" (RAHNER: Der dreifaltige Gott als transzendenter Urgrund der Heilsgeschichte. 378). Mit der Etablierung einer theologischen Ästhetik stellt Balthasar also explizit in den Vordergrund, was Rahner nur implizit der Rede von Gott zurechnet.

65   BALTHASAR: Theologik I. 21f.

begegnenden Wahrheit enthalten, und damit vorwiegend das beschreiben, was als natürliche Wahrheit anzusprechen ist."[66] Die Untersuchung als Ganze wird daraufhin von Rezipienten wiederholt als *Phänomenologie* eingeordnet, jedoch wird dabei meist unterlassen, diesen Begriff von seinem Herkunftskontext her zu definieren.[67] 1952 wird sie von Givord unter dem bezeichnenden Titel *Phénoménologie de la vérité* ins Französische übersetzt und veröffentlicht. Sollte sie damit dem französischen Zeitgeist, der in den 40er und 50er Jahren von der Phänomenologie Sartres und Merleau-Pontys bestimmt war, schmackhaft gemacht werden?[68] Oder hatte Givord einfach eine Charakteristik des Werkes erkannt und lediglich benannt, die der Autor selbst zu wenig explizit reflektiert?

Die folgende Beschäftigung mit Balthasars philosophischem Grundlagenwerk möchte genau dies nachholen: Sie sucht die Bezeichnung *Phänomenologie* auf ihre Bedeutung und ihren Ursprung hin zu durchleuchten. Sollte sich die Hypothese einer *goetheschen* Phänomenologie bewahrheiten, wäre damit zugleich ein Prüfstein gegeben, der über die Berechtigung eines solchen Titels entscheidet.

6.2.1 Die Wahrheit der Welt im Licht ihrer göttlichen Herkunft

6.2.1.1 Die anonyme Präsenz Goethes

Eine „Phänomenologie der weltlichen Wahrheit"[69] scheint Balthasar nur dann sinnvoll zu sein, wenn es gelingt, den Menschen wieder in ‚das große Ganze' einzubinden. Denn der Verfall einer einheitlichen Weltdeutung kann in der unmittelbaren Nachkriegszeit nicht mehr in Abrede gestellt werden. Einer ideologisch vorbelasteten Generation wird der Verlust der metaphysischen Verankerung der Wissenschaft zum Verhängnis, hatte doch ein herrscherliches Selbstverständnis die geltenden Maßstäbe zersetzt, ohne an deren Stelle neue Orientierung geben, geschweige denn Gewissheit setzen zu können.

In dieser Not erweist sich die Neuscholastik als viel zu kraftlos und lebensfern, als dass sie noch eine echte Chance gehabt hätte. Auch die Ausläufer des Idealismus scheinen keinen rechten Halt mehr zu bieten. Ihre weltlose Verinwendigung des Seinsgedankens stellt für Balthasar, der den Entwicklungsgang des transzendentalen Bewusstseins in der europäischen Literatur gut kennt, einen verengten Weg dar, der von Kant über Hegel direkt in den liberalistischen Individualismus führt. Diejenigen Ansätze, welche die neuzeitlichen Abstraktionen zu überwinden suchen, arbeiten jedoch ihrerseits mit Verkürzungen, die dem christlichen Gott nicht mehr gerecht werden. So muss die Phänomenologie Heideggers die gesamte metaphysische Tradition negieren, während die ebenfalls in den 20er Jahren aufkommende Dialogphiloso-

---

[66] BALTHASAR: Theologik I. 22.
[67] So etwa bei BLÄTTLER: Pneumatologia crucis. 21.
[68] Vgl. die These bei IDE: Etre et mystère.
[69] BALTHASAR: Theologik I. 23.

phie Gefahr läuft, Gottes Wirklichkeit ausschließlich in den Vollzug der Begegnung zwischen Ich und Du zu verlagern. Die von Buber beschriebene reine Beziehung öffnet sich zwar der Andersheit des Anderen, verdeckt aber den Selbststand des Ich und die Wirklichkeit eines personalen Gottes, der nicht prozesshaft von der Welt abhängig oder durch innere Not zum Handeln gezwungen ist, sondern sich in Liebe freiwillig dazu entschließt.[70]

Mit den zuletzt genannten Philosophen wendet sich Balthasar gegen die vorherrschende Wissenschaftsgläubigkeit seiner Zeit, die bis zur Entleerung des Seinsgehaltes von Mensch und Welt führt. Doch will er eine schöpfungsorientierte Welt- und Selbstdeutung im Geiste des Christentums vorlegen, die auch der anthropologischen Wende der Neuzeit nichts schuldig bleibt. Für dieses Vorhaben kann er sich auf keine prominente Philosophie eindeutig berufen; er habe nur, wie er selbst vermerkt, „ein paar Hinweise auf Thomas von Aquin gegeben, zum Beweis, dass wir uns von der großen Überlieferung nicht weit entfernt haben."[71] In der Suche nach möglichen Ideengebern der *Theologik I* möchte ich daher die Beobachtung ins Spiel bringen, dass sich in den Grundmotiven Goethes Dimensionen ankündigen, die Balthasar immer schon aufhorchen ließen.

Aufgrund seines Gespürs für klassische Verhältnisse vermag der Dichter den monologischen Charakter des aufgeklärten Rationalismus und der bereits heraufziehenden Romantizismen klar zu diagnostizieren. Die Rolle des Subjekts soll nicht aufgegeben, aber im Ganzen der Natur neu definiert werden.

„a. In der Natur ist alles, was im Subjekt ist.
y. und etwas drüber.
b. Im Subjekt ist alles, was in der Natur ist.
z. und etwas drüber.
b kann a erkennen, aber y nur durch z geahndet werden. Hieraus entsteht das Gleichgewicht der Welt. Es ist eine Synthese von Welt und Geist, welche von der ewigen Harmonie des Daseins die seligste Versicherung gibt."[72]

„In der lebendigen Natur geschieht nichts, was nicht in einer Verbindung mit dem Ganzen stehe, und wenn uns die Erfahrungen nur isoliert *erscheinen*, [...] so wird dadurch nicht gesagt, dass sie isoliert *seien*, es ist nur die Frage: wie finden wir die Verbindung dieser Phänomene, dieser Begebenheiten?"[73]

Das Motiv der Widerspiegelung des Makro- im Mikrokosmos bewegt Goethe ebenso wie die Polarität zwischen Geist und Natur. In seiner Hinwendung zur Natur meldet sich zudem ein grundreligiöses Gefühl, das Gottes Gegenwart in allen Dingen erspürt und dies vor allem in der Art einer aufbrechenden Ahnung des konkreten Daseins im Gegensatz zu den kantischen Formalismen, aus denen alles wirkliche Leben gewichen ist.

---

[70] Vgl. NEIDL: Der Dialogische Personalismus Martin Bubers.
[71] BALTHASAR: Theologik I. X.
[72] GOETHE: WA IV. 25. 311f; zit. in BALTHASAR: Apokalypse I. 434.
[73] GOETHE: WA II. 11. 31f.

„So hab' ich endlich von dir erharrt
in allen Elementen Gottes Gegenwart."[74]

Dieser Vers drückt jenen All-Einheitsgedanken aus, der sich schon bei Cusanus findet und über Spinoza auch Goethe überzeugt. Er besagt die durch nichts geminderte Präsenz des Einen, in dem alles ist, was ist. Als *die* Grundwirklichkeit durchzieht Gottes Innesein alle Bereiche des Welthaften und ist keineswegs nur auf einen bestimmten, etwa den religiösen zu beschränken. Damit wird aber, so Goethe, ein Bezug zur Welt gestiftet, in dem der erkennende Geist aufgefordert ist, sich für das Andere seiner selbst zu öffnen.

Goethes Dichtung ist für Balthasar ein ständiger Quell der Inspiration. Freilich muss er deren dogmenlose Epiphanie der Gott-Natur an die Seinsanalogie des Thomas von Aquin rückbinden, um das unendliche Sein des Schöpfers und das endliche Sein des Geschöpfs zu einer Einheit zusammenzuführen. Alle Seienden sind nach katholischer Tradition eine Konkretsetzung des Schöpfungswillens, denen relative Eigenständigkeit gegeben ist. Doch bietet der goethesche Ausgleich zwischen Natur und Geist, zwischen Mikro- und Makrokosmos ein Schema, in das Balthasar ontologische wie subjektphilosophische Anliegen gleichermaßen integrieren kann. Einige programmatische Sätze zu Beginn der *Wahrheit der Welt* heben dies deutlich hervor:

„So verbinden sich in der wahren Erkenntnis zwei scheinbar gegensätzliche Empfindungen: diejenige des Besitzes in der Helle des Geistes, der das Erkannte übersieht, und [...] das Bewusstsein der Teilnahme an etwas, was in sich selbst unendlich größer ist als das, was sich davon kund tut. In der ersten Empfindung schließt sich das Subjekt über dem Objekt, insofern das Begriffene Platz hat innerhalb des Begreifenden, das es umgreift. In der zweiten aber wird das Subjekt eingeführt, eingeweiht in die Geheimnisse des Objekts, von dessen Tiefe und Fülle es explizit nur einen kleinen Teil erfasst"[75].

„Aus dem [...] doppelten Umfassungsverhältnis zwischen Subjekt und Objekt, in welchem einerseits das Objekt innerhalb des Subjekts eingefangen und umfasst wird, andererseits das Subjekt in die umgreifende Welt der objektiven Seinserschlossenheit eingeführt wird, ergibt sich nun die grundlegende, alles weitere schicksalsvoll bestimmende Doppelseitigkeit der Wahrheit überhaupt."[76]

Wie keine andere Schrift Balthasars baut *Wahrheit der Welt* streng auf dem oben beschriebenen „Durcheinandersein der Spannungspole"[77] in Sein und Erkennen auf. Auf der Ebene der *Wahrheit als Natur* ist die Polarität zwischen Subjekt und Objekt beschrieben, die sich auf der höheren Ebene der *Wahrheit als Freiheit* bestätigt. Durch die ihr innewohnende Dynamik von Enthüllung und Verhüllung erscheint dieselbe Polarität auf der Ebene der *Wahrheit als Geheimnis* erneut und wandelt sich in der Perspektive der *Wahrheit als Teilnahme* in eine Polarität zwischen endlicher und unendlicher Wahrheit.[78] So erscheint *die Wahrheit der Welt im Licht ihrer göttlichen Herkunft.* Da

---

74 GOETHE: WA. I. 6. 223.
75 BALTHASAR: Theologik I. 31.
76 BALTHASAR: Theologik I. 32.
77 BALTHASAR: Theologik I. 110.
78 Vgl. die Titel der Hauptkapitel in *Theologik I.*

das Werk in der Wahl seiner Themen und in der Art seiner Durchführung keiner zeitgenössischen Strömung eindeutig zuzuordnen ist, diese allenfalls assoziativ in eine offene Systematik integriert, kann *die anonyme Präsenz Goethes* durchaus als eine erste Grundorientierung angenommen werden. Sie lässt sich auf eine personal-dialogische Dimension hin weiten, in der sich alles Sein in der Begegnung ereignet und der bloßen Abstraktion des Begriffs enthoben ist. „Somit ist das Kriterium der Wahrheit teils im Ich und teils im Du beherbergt und als ganzes Kriterium nur in der Bewegung des Dialogs zu gewinnen."[79]

Ich möchte zunächst einen Überblick über die einzelnen Schritte dieses Dialoges und der Genese der Wahrheitsfindung überhaupt geben, bevor ich mich auf das phänomenologische Verhältnis von Welt- und Selbsterkenntnis konzentriere.

6.2.1.2 Der Dialog als Ort einer je größeren Wahrheit

In seinem Bemühen, die Wahrheitsfrage in einem universalen Horizont zu bedenken, sie also von allen reduktiven methodischen Zwängen und Grenzen zu befreien, hält Balthasar eine Ontologie für unverzichtbar, in der das Sein der Welt und das Sein des Subjekts ursprünglich miteinander verbunden sind. Er geht aus von einer unumstößlichen Evidenz der Seinserkenntnis, die er an die klassische Korrespondenztheorie mit ihrer Kennmelodie der *adaequatio rei et intellectus* bindet. Der menschliche Geist ist demnach je schon mit dem sich zeigenden Sein gleichförmig und gewahrt dieses als vorsprachliche „Enthülltheit, Aufgedecktheit, Erschlossenheit, Unverborgenheit"[80]. In einem zweiten Schritt bezieht Balthasar – im Unterschied zu Heidegger, der ebenfalls von einer „vorprädikativen Offenbarkeit *von Seiendem*"[81] ausgeht – den abschließenden Urteilsakt mit ein, der die *subjektive* Seite der Wahrheit realisiert. Es is ja „keinesfalls der Sinn und die Bestimmung des Subjekts, ein bloßer Apparat zur Registrierung objektiver Sachverhalte zu sein"[82]. Vielmehr „liegt in der Freiheit und Spontaneität des Subjekts die Möglichkeit, Wahrheit nicht nur aufzufassen, sondern auch zu setzen"[83]. Wenngleich die ontologische Tiefe der Wirklichkeit meinen immanenten Maßstäben entzogen bleibt, gibt es sie doch nur in Beziehung zu mir, der/die ich ihr begegne. Daher ist zwar keine absolute Gleichsetzung von Sein und Bewusstsein anzunehmen, wohl aber, dass „alles Sein eine Beziehung auf ein Selbstbewusstsein habe"[84].

Durch diese Differenzierung werden Verkürzungen in mehrfacher Hinsicht vermieden: eine realistische Weltsicht ebenso wie der enge Horizont einer kritischen Erkenntnistheorie, die sich auf die Ermittlung subjektiver Möglichkeitsbedingungen beschränkt. Die Argumente des radikalen Zweifels werden als widersprüchlich ent-

---

[79] BALTHASAR: Theologik I. 193.
[80] BALTHASAR: Theologik I. 28.
[81] HEIDEGGER: Vom Wesen des Grundes. 130.
[82] BALTHASAR: Theologik I. 32.
[83] BALTHASAR: Theologik I. 33. Und er fügt hinzu: „Das Kunstwerk, das ein Bildhauer oder Komponist hervorbringt, hat einen Wahrheitsgehalt, dessen Maß in der Konzeption seines Schöpfers liegt."
[84] BALTHASAR: Theologik I. 28; vgl. 44.

tarnt, da sie mit ihrer skeptischen Bestreitung der Existenz von Wahrheit bereits selbst Geltung in Anspruch nehmen.[85] Auch eine bloß formale Entsprechung zwischen der Erscheinung und ihrem konventionellen Zeichen kann als Wahrheitskriterium nicht genügen, da es um mehr geht als um die Geltung zutreffender Sätze. Sofern Wahrheit ein Transzendentale ist und ihre innere Fülle und Sinnhaftigkeit sich erst in der konkreten Erprobung entfaltet, entzieht sie sich jeder erschöpfenden rationalistischen Definition.[86]

Die Annahme, dass die Unhintergehbarkeit des Seins den sicheren Grund aller Erkenntnis sowie der ursprünglichen Einheit von Subjekt und Objekt darstellt, führt zu einer zweiten, religiös fundierten Eigenschaft der Wahrheit: „Emeth: Treue, Beständigkeit, Zuverlässigkeit.“[87] *Emeth* schöpft aus den Erfahrungen des Alten Bundes, in dem Jahwe seine Verheißungen dadurch als glaubwürdig erweist, dass er sie immer wieder neu erfüllt. Umgekehrt weckt jede geschehene Erfüllung die Hoffnung auf eine noch größere Verheißung. In analoger Weise tun sich dem Wahrheitssuchenden bei jedem Gefundenen neue Fragen und Ausblicke auf noch Unerschlossenes auf. Als befände er sich auf einer ahnungsvollen Entdeckungsreise, führt ihn die Festigkeit einer gewonnenen Einsicht zu einem Je-Mehr an Wahrheit, bis ihm schließlich der alles umgreifende, unendliche Horizont des Seins aufgeht. Wahrheit selbst ist unabschließbar und nicht einmal als erkannte Wahrheit restlos mitteilbar. Wir machen deshalb „die paradoxe Erfahrung, dass es zwar einen echten Fortschritt des Wissens und darin der Gewissheit gibt, dass aber jeder neue Schritt das Feld des Wahren und des Wissbaren in immer größerer, unendlicherer Ausdehnung zeigt“[88].

Die Unerschöpflichkeit des Wahren erklärt sich so: Alles weltliche Seiende ist – in sprachlicher Nähe zu Hegel – die Erschließung eines Grundes, die Aussprache eines inneren Wortes. Je höher ein Wesen in der Seinshierarchie steht, desto intensiver ist diese Bewegung. Da die Erscheinung lediglich den unsichtbaren Grund anzeigt, besteht sie weder selbständig neben dem Grund noch ist sie mit diesem identisch. Bei aller Selbsterschließung bleibt der Grund immer wesentlich mehr als was von ihm nach außen tritt, jeder Wirklichkeitsausschnitt reicher als er sich uns zuspricht: ein unergründliches Geheimnis. Ist der Grund zunächst der Ursprung des zu sich kommenden und sich lichtenden Seins in der Erscheinung, so ist er in einem rückläufigen Sinn ebenso das Ziel dieser Bewegung. Die Seinsbewegung vollendet sich im Zu-Grunde-Gehen der Bilder, im verschwindenden Einrücken der Erscheinung in den Grund, und damit in dem Aufweis, dass die Erscheinung ohne Wesenstiefe reine Oberfläche wäre. Zur Wahrheit gehört also die Offenbarung des Seins selbst.[89]

---

85 Zu Beginn vermerkt Balthasar, dass jede Wahrheitserkenntnis einen Vertrauensvorschuss, einen „Akt des Glaubens“ (DERS.: Theologik I. 13) benötige. Außerdem sei zumindest eine transzendentale Gewissheit über den methodischen Zweifel erreichbar: „Es genügt hier, an den bündigen Satz Augustins gegen die Allesbezweifler zu erinnern, dass der Zweifelnde wenigstens seines Zweifels gewiss sei, und darin eingeschlossen seines Denkens und darin wiederum des Seins“ (26; vgl. 27).
86 Vgl. BALTHASAR: Theologik I. 14f.
87 BALTHASAR: Theologik I. 29f.
88 BALTHASAR: Theologik I. 43; vgl. 86.
89 Vgl. BALTHASAR: Theologik I. 246-249.

In der Bewegung von Grund und Erscheinung bricht die Differenz zwischen Dasein und Sosein auf, deren Spannungspole die geheimnisvolle Struktur des Seins ausmachen, da sie nur durch-einander existieren.[90] Das Sein tritt im konkreten Seienden, dessen Konturen sein Wesen sind, hervor. Es bedarf seiner Auslegung im Wesen, während jenes auf seine Verwirklichung durch das Sein angewiesen ist. Das verwirklichte Wesen ist jedoch nicht rein passiv gesetzt, sondern verfügt über die Lebendigkeit seiner Selbstergreifung;[91] als solches ist das wesenhafte Sein nicht die bloße Vereinzelung desselben Wesens, sondern zugleich die Bezeugung des Mysteriums, dass überhaupt etwas ist und aus dem Nichts auftaucht. Beide Pole gehören konstitutiv zusammen. „Die Wesenssphäre reicht ohne feststellbaren Bruch von der Realität hinüber zur Idealität, von der im Dasein eingeformten, zeit-räumlich wandelbaren Gestalt bis hin zu der über aller realen Wandlung stehenden und sie normierenden Idee."[92] So muss ein Seiendes die ihm innewohnende Entelechie immer neu auf seine göttliche Idee hin transzendieren, um von dorther seine ontologische Wahrheit zu empfangen. „An dieser Transzendenz wird nun aber klar, dass das Sein der weltlichen Geschöpfe gar kein in sich selbst abgeschlossenes ist, sondern ein über sich hinaus zu Gott hin geöffnetes Sein."[93] Jedes Seiende hat teil an „der Sphäre der göttlichen Wahrheit"[94], die ihm die Würde einer qualitativen Einmaligkeit verleiht. Allen Naturen ist eine wenigstens rudimentär angelegte Innerlichkeit und Freiheit gegeben, die mit der Möglichkeit geistiger Selbstbestimmung an Intensität zunehmen.[95] Sie vollenden sich im Menschen, „wo sie zur totalen Reflexion des innern Lichtes in sich selbst, zur Selbstergreifung des Maßes zwischen Grund und Erscheinung in der Gestalt des inneren Wortes [werden]. Reflexion als in sich Zurückgehen des Lichtes ist Subjektivität, und gerade diese Geschlossenheit in sich selbst ist die volle Erschlossenheit für sich selbst"[96].

Wenn in dieser Passage ausgesagt ist, dass der menschliche Geist aus einer besonderen Souveränität und Freiheit der Mitteilung lebt und sich selbst ergreift, so ist Balthasar deutlich bemüht, das Recht selbstbewusster Subjektivität unverkürzt festzuhalten. Dieses bleibt jedoch nicht im idealistischen Kontext verhaftet, sondern wird rückgebunden an die *existenzielle Situation*.[97] Situation ist allgemein zu verstehen als jener Erfahrungsraum, in dem sich das Dasein je schon vorfindet und mit dem anderen seiner selbst konfrontiert ist. Noch vor aller reflexiven Selbstvergewisserung steht der Mensch unter dem Einfluss eines äußeren Umfelds, das ihn unausweichlich angeht. Eine dynamisch und offensiv agierende Wirklichkeit drängt sich ihm auf und nötigt ihn in ihren Vollzug. Während er sich zwar seiner Welt gegenüber so oder auch

---

[90] Vgl. BALTHASAR: Theologik I. 110. Dies wurde schon in Punkt 4.1.2 dieser Arbeit ausgeführt.
[91] Vgl. BALTHASAR: Theologik I. 248.
[92] BALTHASAR: Theologik I. 110; vgl. 204.
[93] BALTHASAR: Theologik I. 53.
[94] BALTHASAR: Theologik I. 54, 302.
[95] Vgl. BALTHASAR: Theologik I. 84-95, 103f.
[96] BALTHASAR: Theologik I. 248f.
[97] Vgl. zum Folgenden den Abschnitt „Wahrheit als Situation": BALTHASAR: Theologik I. 200-233. Ähnlich definiert auch Rombach den Begriff der Situation, vgl. DERS.: Strukturanthropologie. 138-145.

anders verhalten kann, untersteht das Anfangsmoment seiner grundsätzlichen Betroffenheit nicht seiner freien Entscheidung. Vielmehr ist die Situation, die unabwendbar eindringlich sein Inneres besetzt, jene Urform der Existenz, aus der heraus er sich erreicht und wovon her er sich reflektiert. Das Widerfahrnis der Welt ist jenes Moment, das der Selbstmächtigkeit des Bewusstseins voraus liegt. Von außen her kommt das Bewusstsein zu sich. In solcher Situation tritt Wahrheit in „zeitlicher Gewandung"[98] auf und verdichtet sich zu einer einmaligen Präsenz, die hier oder nirgends zu fassen ist. Dabei unterscheidet Balthasar zwei Weisen der Individualisierung: Perspektive und Personalität.

Vom Objekt her entsteht *Perspektivität*[99] durch all jene Soseinsmerkmale, die einen Gegenstand aufgrund seiner besonderen Lage in Raum und Zeit definieren. Subjektiv betrachtet kommt sie durch die Konstellation geschichtlicher und situativer Zusammenhänge zustande, in der sich das Subjekt immer schon befindet und in der alles Wirkliche auf es hin adressiert, ihm zugewendet zu sein scheint. Der unaufhebbaren Endlichkeit seiner Erfahrung zufolge betrachtet es Menschen, Dinge, Ereignisse und Geltungen aus seinem je eigenen Blickwinkel. Voneinander abweichende Positionen müssen daher zu unterschiedlichen, persönlich gefärbten Weltanschauungen führen; Wahrheit stellt sich in perspektivischen Abschattungen und Profilen dar. Erst indem die variierenden Standpunkte dialogisch miteinander verglichen und am Kriterium ihrer Integrationskraft gemessen werden, gelangt das Subjekt über die Relativität seines eigenen eingeschränkten Gesichtsfeldes hinaus und kommt zur Ausbildung eines neuen umfassenderen Horizontes. Dies ist nötig, denn der Dialog erweist sich als eine Denkweise, die nicht erobern, sondern sich empfänglich dem zuwenden will, was jenseits des immanenten Horizontes entschwindet – und doch gerade deshalb für den Menschen wichtig ist. Der Dialog betrachtet Wahrheit als ein offenes Geschehen und fügt sich damit der Grundvoraussetzung, dass ein zeitloses und auf Endgültigkeit hin angelegtes Erkennen nicht möglich ist.[100] So stellt Balthasars dialogische Wendung nicht zuletzt die Dialektik Hegels in Frage, welche die Erwartung hegte, alle Perspektiven schließlich doch in dem einen Weltgeist aufheben und synthetisieren zu können.

Personalität[101] ist eine weitere Signatur des Wahrheitsbegriffs. Erscheint Wahrheit vom begrenzten Wesen her als quantitativ besonders, erlangt sie durch die Begründung in der Existenz einen qualitativen Sinn und eine personale Würde. Erneut macht Balthasar auf die subjektive Seite der Wahrheit aufmerksam, die im je eigenen Erleben liegt: „Der Kern des Seins selbst wird hier subjektiv, und damit auch die Wahrheit. Es ist in diesem Aspekt nicht mehr möglich, eine den Personen übergeordnete Sphäre

---

[98] BALTHASAR: Theologik I. 224. In gedanklicher Weiterführung der Frühschriften, insbesondere von *Sein als Werden* stellt Balthasar Individualität und Zeitlichkeit in einen konstitutiven Zusammenhang. Zur Bedeutung der Zeitlichkeit in der Ontologie vgl. auch 219-226.

[99] Vgl. zum Folgenden: BALTHASAR: Theologik I. 207-211, 139f.

[100] Der Dialog kann nur eine gewisse „Rundsicht über das Land der Wahrheit", aber keine „Übersicht, eine Art Vogelschau über seine ganze Lagerung" vermitteln, womit sich eine Abschließbarkeit des Wissens verbietet. Vgl. BALTHASAR: Theologik I. 208, 231.

[101] Vgl. zum Folgenden: BALTHASAR: Theologik I. 211-216.

allgemeiner, unpersönlicher ‚Geltungen' anzusetzen."[102] Vielmehr ist geistiges Selbstsein unhintergehbar und zeichnet jede Person als eine „durch nichts anderes aufzu-
wiegende und zu ersetzende Kostbarkeit"[103] aus. Die Wertschätzung des Individuellen, die Balthasar hier zum Ausdruck bringt, macht einmal mehr deutlich, dass seine
Überlegungen nicht der Entzauberung, sondern der Erhellung des christlich-
neuzeitlichen Subjektbegriffs dienen wollen, indem sie ihm einen Ort im Rahmen des
Dialogs zuweisen.

Denn der zeitliche Ort der Wahrheit ist die *dialogische Beziehung*, die das Denken
weitet, das individuelle Selbstsein der Partner aber gleichwohl voraussetzt.[104] In diesem Raum wird Wahrheit nicht auf den Begriff gebracht und nicht der selbstbezüglichen Erfahrung untergeordnet. Das Ich ist vielmehr aufgefordert, seinen Schutz-
mantel der Reflexion und des Vorurteils abzulegen und sich in die unmittelbare Begegnung mit dem Anderen zu wagen. Im gemeinsamen Hören auf das mitgeteilte
Wort sieht Balthasar eine eigene geistige Authentizität, ja, einen Mehrwert gegenüber
allem monologisch angeeigneten Wissen, der im ‚Zwischen' der Begegnung selbst
wurzelt. Die intersubjektive Erkenntnis „bleibt ein für beide [Gesprächspartner; I.K.]
unerwartetes und in keiner Weise aus ihnen selbst abzuleitendes Ereignis"[105].

Ein stichhaltiger Anspruch auf Allgemeingültigkeit und Wahrhaftigkeit bedarf des
Weiteren der *ethischen Verankerung*, die durch das Gewissen geleistet wird. Denn persönliche Wahrheit wird weder zufällig aufgelesen noch von abstrakten Lehrsätzen her
übernommen. Sie gewinnt dadurch Profil und Schärfe, dass sie „in persönlicher Entscheidung erworben, mit persönlicher Verantwortung getragen und weitergegeben"[106]
wird. Der Einzelne ist in Pflicht genommen, sich in seinen Argumenten und seinem
Handeln in der Welt von der Liebe leiten zu lassen. Die liebende Anerkennung des
Anderen ist das regulative Prinzip der dialogischen Erkenntnis. Sie steht zum einen
jeder Tendenz egoistischer Selbstdurchsetzung entgegen, in der das Ich den Anderen
lediglich „zu einer Art Filiale oder Ablage der eigenen Wahrheit"[107] machen will; zum
anderen kommt ihr eine schöpferische Bedeutung zu, da sie einen sicheren Raum
schafft, in dem jeder durch den Anderen immer mehr er selbst werden und in seine
eigene Wahrheit gelangen darf.

Unverfügbar aber ist die Wahrheit als ganze: sie übersteigt alle uns erreichbaren
Horizonte. Insofern bleibt sie *universale, uneinholbare Vor-Gabe*, die ihr letztes Maß bei

---

102 BALTHASAR: Theologik I. 212.
103 BALTHASAR: Theologik I. 212.
104 SCHULZ macht darauf aufmerksam, dass Balthasars intersubjektives Wahrheitskonzept auch einem
     kommunikationstheoretischen Wahrheitsverständnis gerecht wird, ohne aber einer konsenstheoreti-
     schen Relativierung zu verfallen (vgl. DERS.: Sein und Trinität. 708f).
105 BALTHASAR: Theologik I. 57.
106 BALTHASAR: Theologik I. 213; vgl. 97, 199.
107 BALTHASAR: Theologik I. 229.

Gott findet, den Menschen aber situativ beansprucht und immer neu in die Entscheidung drängt. Wie das Sein ist sie ein *universale concretum*.[108]

Da selbst der zwischenmenschliche Dialog einen Transzendenzbezug impliziert, kann der Mensch letztlich nur von Gott her wissen, wie er die Welt, sich selbst und den ihm begegnenden Anderen verstehend deuten muss. Balthasar formuliert also die Hoffnung, dass die verschiedenen Dimensionen, in denen der *eine Logos* aufscheint, *eschatologisch* bei Gott aufgehoben und versöhnt sind. Doch gerade weil die Welt auf die Teilhabe an der Ewigkeit Gottes hingeordnet ist, insistiert er zugleich auf der Wichtigkeit des Augenblicks als dem *Kairos* der Wahrheit.[109] Auch der vergängliche Augenblick zerrinnt nicht als flüchtige Episode, da in ihm schon die Zukunft des ganzheitlichen Daseins unter der Voraussetzung eschatologischer Bewährung präsent ist. Die Dimension der Vollendung ist jetzt schon gegenwärtig, unter der Bedingung, dass die Wahrheit dieser Antizipation von der noch ausstehenden Zukunft selbst abhängt. Wenn aber die Gegenwart als Anbruch einer heilvollen Zukunft erlebt wird, ist ewiges Leben „die vollkommene Erfüllung der ewigen Steigerung, die im Sein selbst enthalten ist; es wäre der Zustand gewordene Komparativ des Lebens"[110].

In einem ersten Umriss zeigt sich der Wahrheitsbegriff Balthasars eng verknüpft mit dem Gottesgedanken als dem Grund und letzten zukünftigen Horizont allen Seins, aller Wahrheit und aller Geschichte. In der vertikalen und der horizontalen Ebene ist er polar verfasst. Die ihm zugrundeliegende Erkenntnisart soll nun weiter vertieft werden.

6.2.2 Die Gleichursprünglichkeit von Selbst- und Welterkenntnis

6.2.2.1 Zwangsarbeit des Ich?

Balthasar will in *Theologik I* zwar keine explizite Erkenntnismetaphysik vorstellen. Sein Formalobjekt ist die Wahrheit in ihren unterschiedlichen Ausprägungen. Unter diesem Vorzeichen sind die begründungstheoretischen Aspekte dennoch von herausgehobenem Interesse, da sie die Bahnen vorzeichnen, in denen später auch die theologische Ästhetik entwickelt wird. Sie stellen einen systematischen Gegenpart zum Idealismus dar, dessen Defizite allerdings nur zwischen den Zeilen artikuliert werden. Balthasar unterscheidet sich von der dialektischen Logik zwar nicht in ihrer Ausgangsbeobachtung: dass es Phänomene der Entfremdung gibt, die das denkende, fühlende und

---

[108] Balthasar wirkt hier einem möglichen Relativismus-Vorwurf entgegen, indem er betont, dass Wahrheit wie das Sein *zugleich konkret und universal* ist, d.h. in ihrer universalen Präsenz ist sie nur in je besonderer, raum-zeitlicher Konkretion auffindbar.

[109] Der Augenblick birgt Gewesenes und Zukünftiges in sich. Zukunft ist der stets uneinholbare, verborgene Überschuss über die Gegenwart und korreliert mit dem komparativen Charakter des Seins, welches als ewig entspringender Ursprung je reicher ist als es selbst. Einmal Versäumtes hingegen muss in unwiederbringliche Ferne rücken und versetzt uns in die Gefahr, hinter unseren Chancen zurück zu bleiben (vgl. BALTHASAR: Theologik I. 223).

[110] BALTHASAR: Theologik I. 224.

handelnde Subjekt bis in seine innersten Regungen und Tätigkeiten hinein zu steuern vermögen. Auch kritisiert er nicht ihre Frage nach den Gründen für die entsprechende Bewusstseinsveränderung. Der entscheidende Irrtum des Idealismus liegt seiner Ansicht nach in der vermeintlich aufklärenden Annahme, der drohende Selbstverlust des Menschen könne dadurch überwunden werden, dass alles Begegnende in ein Moment des sich entwickelnden Selbstbewusstseins aufgehoben und damit als ihm wesentlich zugehörig interpretiert wird.[111] Wenn alles Fremdartige als bloß vorantreibende Negation aufgefasst und dem subjektiven Selbstfindungsprozess eingefügt würde, könnte dieses nie in seinem Eigenstand erfasst werden. Jedes unberechenbare und erschütternde Widerfahrnis wäre *a priori* ausgeschlossen und Erfahrungen, welche die Systembefangenheit des Denkens aufsprengen würden, schienen unverständlich und gar unmöglich. Damit aber wären das sich in allem spiegelnde idealistische Selbstverständnis und sein dialektisches Prinzip von vornherein nicht widerlegbar; die Möglichkeit wäre verspielt, dass sich das erkennende Ich je verändern könnte.[112]

Solchen Mangel zu beheben ist Balthasars – theologisch motivierte – Absicht. Es geht ihm darum, einer denkerischen Vereinnahmung des Absoluten zu wehren und so ein Hören des göttlichen Wortes zu ermöglichen, das über ein schon entworfenes Kategoriengefüge hinaus reicht. Die christliche Botschaft, die auf den Menschen eine *neue* Existenzform hin anspricht, kann sich jener nicht selber sagen; sie kann nicht Moment eines inneren Monologes sein. Daher ist es bereits im Rahmen einer natürlichen Erkenntnis angezeigt, das Andere *als Anderes* gelten zu lassen.

In diesem Zusammenhang ist eine weitere Abgrenzung zu beobachten. *Wahrheit der Welt* entsteht in zeitlicher und gedanklicher Nähe zu Rahners frühen Werken *Geist in Welt (1939)* und *Hörer des Wortes (1941)*. Wenngleich ich im theologischen Kapitel ausführlich auf Balthasars Begegnung mit Rahner Bezug nehme, möchte ich die Grundlinie ihres Konfliktes schon hier kurz benennen. Rahner sucht im Raum der Anthropologie die transzendentale Verfasstheit des Menschen zu analysieren und dessen apriorische Gottbezogenheit aufzudecken. Um den Aporien neuscholastischen Stockwerkdenkens zu entgehen, verweist er auf die im menschlichen Geist angelegte grenzenlose Dynamik, die über den Bereich des Endlichen hinaus- und auf einen unendlichen Grund vorgreift, der seinerseits Gott als das unsagbare Geheimnis verbirgt. Die Offenheit des Menschen für das Unendliche zu thematisieren ist auch Balthasars Anliegen, allerdings mit einer wichtigen Akzentverschiebung. Während Rahner einem Denkweg ‚von unten‘ folgt und auf der Suche nach immanenter Glaubensbegründung auf die innere Einkehr des Menschen rekurriert, streicht Balthasar – trotz oder aufgrund mancher Übereinstimmungen – die ‚von oben‘ her gnadenhaft sich mitteilende Wahrheit Gottes heraus. Die *potentia oboedientialis* als jene Disposition, die den Menschen zum Empfang der Selbstkundgabe Gottes befähigt, ist ihm bei Rahner zu aktivistisch konzipiert. Ihr subjektiver Anteil erscheint überbelichtet, wenn

---

[111] Vgl. BALTHASAR: Theologik I. 69: „Es ist also nicht wahr, dass das Ich, um zur Erkenntnis seiner selbst zu gelangen, sich in einer wie immer gearteten Freiheit ein Nicht-Ich gegenübersetzte, um von diesem her sich selbst zurück zu gewinnen."

[112] Zu dieser Idealismus-Kritik vgl. SCHAEFFLER: Erfahrung als Dialog mit der Wirklichkeit. 52-57.

es der Vernunftstruktur des Menschen anheim gestellt ist, über „die apriorische Möglichkeit des Hörenkönnens einer möglicherweise ergehenden Offenbarung Gottes"[113] zu entscheiden. Rahners Analyse des transzendentalen Vorgriffs verleite zu einem unzulässigen Übergriff auf das Ereignis der Offenbarung und blende ihre geschichtliche Dimension weitgehend aus.[114] Das Staunen vor dem unableitbar, uneinholbar und unfasslich Gegebenen falle so weitgehend aus. Hingegen könne die Potenz der gehorsamen Hinordnung auf Gott nur als totale Verfügbarkeit des Geschöpfs ausgelegt werden.[115]

Seine theologisch motivierten Vorbehalte forciert Balthasar stellenweise zu einem generellen Verdacht gegenüber der Eigendynamik des Subjekts, die es möglichst zurück zu drängen gilt – und fällt dabei selbst in bedenkliche Einseitigkeiten. Es scheint, als wolle er den Impulsen des Idealismus und des Maréchal-Schülers Rahner das Gegenprogramm einer betonten Rezeptivität vorhalten. Wie sieht dieses nun aus?

Wo Rahner für heutige Menschen religiös aufklärend und zugänglich wirkt, da er sich mit der Frage nach den Möglichkeitsbedingungen geistiger Vollzüge dem Reflexionsstand moderner Bewusstseinsmetaphysik verpflichtet weiß, zieht sich Balthasar auf einen Standpunkt der *Objektivität* zurück. Seine Auffassung vom Sein als Ereignis dialogischer Begegnung baut ja auf der Voraussetzung auf, dass Wahrheit dem Sein selbst anhaftet. Der Geist kommt daher erst in der rezeptiven Bezogenheit auf Anderes zu sich selbst, besitzt also hinsichtlich seiner *conversio ad phantasma* keine Freiheit der Entscheidung. Dass er sich immer schon in einer Welt befindet, die ihn unausweichlich angeht, wurde oben bereits unter dem Stichwort ‚Situation' benannt.[116] Bevor die indifferente, empfängliche Bereitschaft des Geistes aber als phänomenologisches Charakteristikum gelten kann, wäre zu fragen, ob Balthasar den Bogen nicht immer wieder überspannt, wenn er diese als erste – weil Objektivität verbürgende – Komponente der Erkenntnisstruktur einfordert.

Die ungefragte Inanspruchnahme durch die Welt geschehe, so heißt es, in regelrechtem „Überfall", der sich mitunter „brutal wie eine Vergewaltigung"[117] ausnehme, sodass das Subjekt förmlich in die „harte proletarische Rechtlosigkeit"[118.] gezwungen sei. „Vollkommen expropriiert"[119] und zur „Zwangsarbeit"[120] am Objekt verurteilt, müsse es zunächst gehorchen lernen, bevor es sich frei selbst bestimmen dürfe. Denn die „erste Lektion" bestehe weder im „Willen zur Macht"[121] noch im „unersättlichen

---

113 RAHNER: Hörer des Wortes. 18.
114 Balthasars (verkürzte) Kritik an Rahner bzw. der Maréchal-Schule macht sich schon früh bemerkbar: „Jede Erkenntnislehre, die auf dem Grundbegriff des strebenden Dranges aufgebaut wird, gerät unweigerlich an diesen höchst gefährlichen Punkt, an welchem eine Art Übergriff in die Rechte des freien Gottes fast unvermeidbar wird" (DERS.: Theologik I. 293). Eine ausgewogenere Analyse der potentia oboedientialis findet sich bei KNIEPS-PORT LE ROI: Karl Rahners „Hörer des Wortes".
115 Vgl. BALTHASAR: Theologik I. 47.
116 Vgl. S. 140 dieser Arbeit.
117 BALTHASAR: Theologik I. 69.
118 BALTHASAR: Theologik I. 65.
119 BALTHASAR: Theologik I. 66.
120 BALTHASAR: Theologik I. 65.
121 BALTHASAR: Theologik I. 68.

faustischen Drang"[122] nach Erkenntnis, sondern allein in „der dienenden Bereitschaft zur Wahrheit"[123]. Die Spontaneität des Verstandes stehe „ganz im Dienste der Rezeptivität", ist „Werkzeug des intellectus passibilis, der einsichtnehmenden Vernunft"[124]. In dieser Hingabe werde das Subjekt „seiner Geschöpflichkeit geständig"[125] und füge sich der Ordnung, nach der Gott das Maß der Dinge wie des Selbstbewusstseins ist. Ohne der Ergebung in den Willen Gottes bliebe die „höchste Leistung menschlicher Erkenntnis eine nie zu verantwortende, prometheische Tat"[126]. Sie entspräche der „Bosheit der Schlange", die in einer Art „anthropozentrischer Erkenntnistheorie"[127] den schrankenlosen natürlichen Wissensdrang des Menschen zum Ungehorsam gegenüber der frei sich offenbarenden Wahrheit verführe. Solcher autonomen Gebärde gelte es Einhalt zu gebieten, weil sie „von einem quasi-göttlichen Zentrum aus sich über die Dinge ausbreitet, um schließlich sich auch noch des göttlichen Raumes zu bemächtigen"[128].

Wahrheit erschließt sich nicht im Rückzug auf einen Akt der Selbstreflexion: man muss sie sich gesagt sein lassen, denn die Rolle des Geschöpfes bleibt darauf beschränkt, in „der reinen Distanzstellung der Instrumentalität"[129] gegenüber der Souveränität des Schöpfers zu verharren. In der fraglosen Annahme, dass die Kompetenzbereiche Gottes und des Geschöpfs einander gegenüberstehen wie „die Sphäre des Herrn und die des Knechtes, die des Befehlenden und die des Dienenden, die des Gebenden und die des Aufnehmenden"[130], erhält der ignatianische Schlüsselbegriff der *Indifferenz* eine tragende, aber verengte Bedeutung. Er soll zur Selbstkritik an der eigenen Strebedynamik anhalten, um jede Verzweckung der göttlichen Gnade auszuschließen.[131]

Auf beklemmende Weise spiegeln diese Passagen Balthasars Mentalität des Verdachtes gegenüber der aktiv-setzenden Struktur des Subjekts. Sie wollen vor der Verstiegenheit des menschlichen Geistes bewahren, verschweigen aber dessen gottgeschenkte Fähigkeit zu freier Selbstbestimmung. Ihnen scheint eine Verhältnisbestimmung von Gott und Geschöpf zugrunde zu liegen, die beide Freiheiten als konkurrierend auffasst und die endliche – wenn nötig gewaltsam – der unendlichen unterordnet. Man gewinnt den Eindruck, als gehe Balthasar einen Schritt hinter die anthropologische Wende in der Theologie zurück, wenn er in der Betonung der Priorität des Willens Gottes eine nahezu unterwürfige Hingabehaltung proklamiert, die darauf hinausläuft, dass sich das Subjekt in die unausweichliche Naturnotwendigkeit des Objekts fügen muss. So entsteht ein anthropologisches Modell, in dem vor allem

---

122 BALTHASAR: Theologik I. 228.
123 BALTHASAR: Theologik I. 68.
124 BALTHASAR: Theologik I. 73.
125 BALTHASAR: Theologik I. 46.
126 BALTHASAR: Theologik I. 128.
127 BALTHASAR: Theologik I. 299.
128 BALTHASAR: Theologik I. 295f.
129 BALTHASAR: Theologik I. 269.
130 BALTHASAR: Theologik I. 290.
131 Vgl. BALTHASAR: Theologik I. 47.

Balthasars Reserviertheit gegenüber den neuzeitlichen Autonomiestrebungen Platz findet. Ein Antagonismus von Macht und Liebe, Beherrschung und Dienst entsteht. Die goetheschen Figuren des erkenntnishungrigen Faust und des sich stolz und autark gebärdenden Prometheus treten als Beispiele und Warnsignale idealistischer Schrankenlosigkeit auf. Doch provoziert Balthasars harsche Herr-Knecht-Dialektik mit ihrem „martialischen Vokabular" nicht erst recht die modernen Postulate des Mündigwerdens und der Selbstaufklärung, ja sogar „atheistischen Trotz"[132], um endlich den Mut zu wagen, sich der eigenen Vernunft zu bedienen?

Ruft man sich die von Balthasar immer wieder bekundete Affinität zu Goethe in Erinnerung, scheint der Autor geradezu in einen Selbstwiderspruch zu fallen. Zwar kennt auch Goethe die Tugend der Bescheidenheit und den „Gehorsam gegen den wesenhaften Anruf des Schöpfers im Sein dessen, was er geschaffen"[133], doch ist sein Einvernehmen mit der Außenwelt und den natürlichen Grenzen seiner Existenz niemals eine gebückte Scheu vor einer monarchischen Instanz, sondern eine Lebenshaltung, die ihn aufrecht und frei macht. Balthasars Konzept eines entrechteten, zum Dienst an der Welt zwangsverpflichteten Subjekts hingegen führt an die Grenze einer vernünftig verantwortbaren Erkenntnismetaphysik. Die philosophischen und theologischen Bedenken, die sich hier melden, wären nur zu zerstreuen, wenn sich im Blick auf das Gesamt der *Theologik I* ein differenzierteres Bild ergäbe. So wäre zu fragen, ob ein antimoderner Affekt durchgängig bestimmend bleibt oder ob sich Balthasar über die genannten Schattenseiten hinaus so vom goetheschen Polaritätsgedanken positiv einnehmen lässt, dass er ein für die allgemeine Vernunft zustimmungsfähiges Niveau nicht grundsätzlich unterbietet.

6.2.2.2 Die Frei-gabe der Liebe

Um den Gewinn der Prioritäten Balthasars in den Blick zu rücken, möchte ich erneut auf eine Schwäche der idealistischen Philosophie zurück kommen. Was in ihren Systemen zu kurz zu kommen scheint, ist die „Freude an der Andersheit des Anderen"[134], sei es als Offenheit für die als solche unerschöpfliche Wahrheit, sei es als Bewunderung der Vielgestaltigkeit der Welt, deren Dichte kaum einem Selbstwerdungsprozess eingepasst werden kann, sei es als Anerkennung der Andersartigkeit einer geliebten Person, auf deren Kosten sich der Liebende selbst im Konfliktfall nicht rechthaberisch durchsetzen möchte, weil er ihr nicht die eigene Sicht und Gesetzgebung aufzwingen will. Da das idealistische Bewusstsein nicht aus einem dialogischen, sondern einem dialektischen Prinzip hergeleitet wird, begreift es das Andere immer nur als ‚das Andere seiner selbst'. Es kennt nicht die „Freude an der Differenz"[135], die einem Anruf entspringt, der über das immer schon Gewusste hinausführt und nur aus einer Wirklichkeit stammen kann, die dem Ich als die unverfügbar andere

132 Beide Zitate: SCHULZ: Sein und Trinität. 696.
133 GUARDINI: Von Goethe, und Thomas von Aquin, und vom klassischen Geist. 24.
134 SCHAEFFLER: Erfahrung als Dialog mit der Wirklichkeit. 63.
135 SALMANN: Hans Urs von Balthasar. 44.

begegnet. Aber erst diese Freude würde, so Balthasar, den Einzelnen befähigen, sich aus den Verstrickungen seiner Selbstbezüglichkeit zu lösen und gerade dadurch, dass er sich nicht ständig selber sucht, sich selbst zu finden. Umso mehr gälte dies angesichts eines Gottes, dessen richtendes und rettendes Wort alle menschliche Logik überbietet und alle Selbstgerechtigkeit zunichte macht.

In Balthasars Interesse steht die uneinholbare Verschiedenheit des göttlichen Wortes von allem, was ein Moment unseres autonomen Vorwissens oder Selbstgespräches sein könnte. Wenn er also dafür eintritt, die Eigenaktivität des menschlichen Geistes vorwiegend als empfangende Annahme, nie als reinen Zugriff zu verstehen, geht es ihm in theozentrischer Absicht darum, die Souveränität Gottes zu wahren, die – als freie und sich verschenkende Liebe – dem natürlichen Erkenntnisdrang der Vernunft immer zuvorkommt. Würde das Wesen des Geistes einseitig von seinem *desiderium naturale* her verstanden werden, bestünde schon innerweltlich die Gefahr einer Art Inbesitznahme des Objekts. Jede Andersheit könnte instrumentalisierend und wissend vereinnahmt und dem eigenen Erkenntnisraster gemäß beurteilt werden. Man begegnete dem Mitmenschen weniger von ihm selbst als von den eigenen Projektionen her. Die Grundhaltung des Subjekts kann daher „keine andere sein als die phänomenologisch geforderte einer vollen, indifferenten Aufnahmebereitschaft, die zunächst nichts anderes wünscht, als das Phänomen so rein wie möglich aufzunehmen und zu reproduzieren"[136].

Solche Rezeptivität ist nicht zuerst als Schwäche des Geistes[137], sondern als Stärke und notwendige Ergänzung zum Selbstbewusstsein qualifiziert. Sie ist Ausdruck der Fähigkeit, Anderes bei sich großzügig aufzunehmen und auf seine Selbstaussprache zu warten. „Rezeptivität bedeutet Ansprechbarkeit durch fremdes Sein, Offenstehen für etwas anderes als für den eigenen subjektiven Innenraum"[138], und darüber hinaus „ausdrücklich auch die Fähigkeit, sich von diesem anderen Seienden mit dessen eigener Wahrheit beschenken zu lassen. Die Fähigkeit, Wahrheit zu bekommen, gehört zu den höchsten Werten des Daseins."[139] Soll Erkenntnis wirklich gelingen, nimmt sich der Mensch zurück, verzichtet auf einsame Selbstbehauptung, um sich der Beziehung zum Anderen zu öffnen und gerade so mit je reicherer Wahrheit begabt zu werden. „Erst auf der Grundlage dieser elementaren Resignation wird jede wahre Gemeinsamkeit der Wahrheit wieder möglich. Ohne diesen Verzicht keine gegenseitige Beschenkung, ohne diesen Abstand keine geistige Nähe, ohne diese Ehrfurcht vor dem Selbstsein des Andern keine mögliche Liebe."[140] Die Liebe ist „so beschaffen, dass sie in echter und ungeheuchelter Weise alles, was vom Du ihr geschenkt wird, als ein neues, wirklich Bereicherndes entgegenzunehmen wünscht"[141].

---

[136] BALTHASAR: Theologik I. 74.
[137] Vgl. BALTHASAR: Theologik I. 36, 39. – RAHNER: Geist in Welt. 165.
[138] BALTHASAR: Theologik I. 36.
[139] BALTHASAR: Theologik I. 37.
[140] BALTHASAR: Theologik I. 92.
[141] BALTHASAR: Theologik I. 41.

Hatte Balthasar noch an anderer Stelle das Subjekt vehement in seine Schranken gewiesen, wird jetzt das eigentlich leitende Motiv sichtbar: die gegenseitige Mitteilung als Gabe, Geschenk, Liebe. In Abgrenzung zum Idealismus baut Balthasar eine dialogische Grundstruktur auf, in der das Ich auf ein *wahres Du* trifft. Nur wenn der Eigenstand des Du so stark sein darf, dass er sich nicht in ein bloßes Funktionsmoment des Ich auflöst, sobald jenes mit ihm in Beziehung tritt, kann auch das Ich aus der Anonymität des bloßen transzendentalen Begriffs erlöst werden. Die liebende Begegnung gibt beide, Ich und Du, zu sich hin frei. Ohne Liebe bliebe Selbstgewissheit unerfüllt und Freiheit orientierungslos; beide verfehlten ihren Grund, der sie mehr und mehr in die eigene Wahrheit einführen würde. Denn wirkliche Freiheit *ist* Liebe; sie „steht nicht höher als die Liebe; ihre Erfüllung besteht ja darin, sich freiwillig der Liebe zur Verfügung zu stellen und in die Liebe hinein sich aufzugeben"[142]. Geradezu ein Paradox ist hier formuliert: Je freier der Mensch ist, desto mehr kann er sich selbst überschreiten. Aber er ist erst dann wirklich frei und seiner selbst habhaft, wenn er liebt und beim Anderen ist. Für Balthasar liegt darin eine ontologische Wahrheit: Der Mensch ist schon „vom Ursprung her dieser Hingegebenheit überantwortet". Da er sie „in jedem Akte der Erkenntnis ausübt und damit gültig spricht, wird die seinshafte Wurzel der Hingabe sichtbar, die im bewussten und freien Nachvollzug zur geistigen Liebe sich veredelt"[143].

Aus der Perspektive der inneren Untrennbarkeit von Subjektivität und Hingabe sucht Balthasar die von Heidegger gestellte Sinnfrage mit der Liebe zu beantworten: „Für-sich-sein und Mitteilung sind sogar ein und dasselbe; sie bilden zusammen die eine, untrennbare Lichtung des Seins. Das aber bedeutet, dass der Sinn des Seins in der Liebe liegt und dass also Erkenntnis auch nur durch die Liebe und für die Liebe erklärbar ist."[144] Mit diesem Gedanken trifft Balthasar die Mitte dessen, was später von Ferdinand Ulrich – und in nachmetaphysischem Ansatz – von Jean-Luc Marion bestätigt wird: Sein ist Gabe, ist eine für Anderes offene und Anderes beschenkende Liebe; daher muss sich die ontologische in der dialogischen Differenz vollenden. Die Verbindung von Erkenntnis und Liebe stand überdies schon Goethe vor Augen: „Man lernt nichts kennen als was man liebt, und je tiefer und vollständiger die Kenntnis werden soll, desto stärker, kräftiger und lebendiger muss Liebe, ja Leidenschaft sein."[145]

Ist nun der Aussageabsicht Balthasars unbedenklicher zuzustimmen, so muss dennoch einschränkend hinzugesagt werden, dass eine radikal anthropozentrische Konzeption ebenfalls zu dem Grundsatz gelangt wäre, dass die unverfügbare Personwürde des Anderen unter keinen Umständen verletzt werden dürfe. Da sich auch für den Idealismus Formen der Verzweckung und der Beherrschung infolge der „Positivität

---

[142] BALTHASAR: Theologik I. 136.
[143] Beide Zitate: BALTHASAR: Theologik I. 77.
[144] BALTHASAR: Theologik I. 118; vgl. 134f: „Die Wahrheit als Enthüllung von Sein hat Maß und Grenzen an den Gesetzen der Liebe."
[145] GOETHE: WA IV. 23. 7.

des endlichen Selbststandes als Realsymbol des Absoluten"[146] verbietet, eignet sich
jener als Negativfolie der Philosophie Balthasars nur bedingt. Dass zudem Balthasar
den Anliegen moderner Transzendentalphilosophie näher steht als gemeinhin angenommen, möchte ich anhand der folgenden Charakteristik der *Wahrheit der Welt* zeigen.

6.2.2.3 Das relationale Selbst

Während das Subjekt in den beiden vorausgehenden Abschnitten charakterisiert wurde als unausweichlich in das Unternehmen der Erkenntnis geworfen und aus Liebe zu
antwortender Liebe gerufen, so stellt sich aus einer dritten Perspektive die Frage,
welche Rolle dessen transzendentale Struktur spielt. Vermag die *Wahrheit der Welt* die
Anliegen neuzeitlicher Bewusstseinsmetaphysik zu integrieren oder werden diese
konsequent ausgeblendet? Ich möchte hier die These wagen, dass Balthasars Phänomenologie für eine „unauflösliche Polarität zwischen Subjekt und Objekt"[147] steht und
sich diese Vermittlung zwischen passiver Hinnahme und schöpferischer Leistung –
oder anders gesagt: zwischen Balthasars theozentrischem Blickwinkel und den sub-
jektphilosophischen Ansprüchen der Neuzeit – der anonymen Präsenz Goethes verdankt. Wenn Balthasar betont, dass Erkenntnis immer beides ist: „rezeptiv und spontan, gemessen und messend"[148], so folgt er dem klassischen Goethe, der das Subjekt
als selbstbewusst *und* verwiesen auf die Welt gleichermaßen beschrieben hatte. Er tut
dies freilich nicht ohne dem Leser unmissverständlich vor Augen zu führen, dass die
goethesche Figur des Prometheus – für ihn der Inbegriff aller idealistischen Verfehlungen – überholt sei. Das Verhältnis zwischen der Rezeptivität und der Spontaneität
des menschlichen Geistes bestimmt sich für ihn so:

Zunächst begegnet der Mensch situativ einer Wirklichkeit, die sich ihm zeigt und
die ihn unmittelbar angeht. Gegenstände und Ereignisse muten sich ihm zu als vorgängige Gegebenheiten, die seine Wahrnehmung prägen und die er zwangsläufig
erleben und vernehmen muss. Die auf ihn einstürmenden Sinneseindrücke stellen sich
„ohne vorige Anfrage ein"[149]. Ihnen ist der Mensch jedoch nicht rein passiv ausgeliefert, da er sie sich immer auch durch die ihm eigene Aktivität des Anschauens und
Denkens erschließt. Alles, was seine Aufmerksamkeit beansprucht, kommt für ihn nur
in der Weise zu Bewusstsein, wie er es durch seine subjektiven Urteilskräfte schon
beantwortet hat. Damit sind seine Erfahrungen nie interpretationsfrei, sie werden
durch die Verstandestätigkeit und das innere Sensorium des Menschen verarbeitet,
d.h. in einen bereits bestehenden Deutehorizont eingeordnet. Sie treffen immer auf
die spontane Reaktion des Erfahrenden.[150]

---

[146] SCHULZ: Sein und Trinität. 697.
[147] BALTHASAR: Theologik I. 34.
[148] BALTHASAR: Theologik I. 34.
[149] BALTHASAR: Theologik I. 65. Vgl. die obigen Ausführungen zur „Wahrheit als Situation".
[150] Zu diesem dialogisch/responsorisch geprägten Erfahrungsbegriff vgl. auch SCHAEFFLER: Erfahrung
      als Dialog mit Wirklichkeit. 295-323.

Das transzendentale Moment arbeitet Balthasar anhand der Identität von Sein und Bewusstsein heraus, die er als „ursprüngliche, unvermittelte Einheit des Geistes mit sich selbst"[151] bezeichnet. Diese Einheit des Ich nennt er in sprachlicher Anlehnung an Hegel „Selbstbewusstsein"[152] und in heideggerischer Sprache „Lichtung seiner selbst"[153], ohne jedoch die unterschiedlichen Herkunftskontexte zu problematisieren. Mit der Beschreibung des Subjekts, das sich nicht selbst reflektiert, sondern sich durch „intuitiv erfasste[n] Selbstbesitz"[154] auszeichnet, ist m.E. das angedacht, was gegenwärtig von Dieter Henrich als *präreflexives Vertrautsein mit sich selbst* herausgestellt wird.[155] Balthasar weiß zu unterscheiden zwischen dem ursprünglichen Bei-sich-Sein und dem Reflexionsvermögen des Subjekts. Dabei setzt er einen besonderen Akzent, der die subjekttheoretischen Überlegungen mit dem oben genannten Grundmotiv verbindet: „Der Geist erhält im gleichen Augenblick beide Geschenke: die Wahrheit zu wissen und die Wahrheit zu sagen. Es wäre undenkbar, dass er nur die erste *Gabe* ohne die zweite bekäme."[156] Aller Selbstbesitz, alles Denken ist je schon *verdankt*: als Teilhabe am Erkenntnislicht Gottes: „Hier nimmt das menschliche Subjekt in besonderer Weise teil an der wahrheitssetzenden Macht des göttlichen Verstandes, dessen Urbilder das Maß der ins Dasein gesetzten Dinge und ihrer Wahrheit enthalten."[157] So unterscheidet Balthasar „innerhalb der Identität des Selbstbewusstseins zwischen der Wahrheit des Ich und der sie unendlich umgreifenden Wahrheit des göttlichen Subjekts (cogitor ergo sum als die Grundform des cogito ergo sum)"[158]. Mit anderen Worten: Dass ich mir meiner selbst bewusst bin, ist eine Gabe, die davon herrührt, dass ich je schon erkannt worden bin. In ähnlicher Weise wird auch Marion später den cartesischen Angelpunkt des *cogito* uminterpretieren, indem er die *Gegebenheit* als die primäre Grundform der Subjektivität ansetzt.

Nach dieser Verhältnisbestimmung von Sein und Bewusstsein geschehen innere Selbsterkenntnis und der Aufgang des äußeren/absoluten Seins vollkommen gleichzeitig und identisch.[159] Mit der Evidenz seines Bewusstseins gewahrt der Mensch auch die Existenz von Welt/Mitmensch und Gott: „Der Mensch, der zu sich selbst erwacht, erwacht ebenso unmittelbar auch zum Du, und dies nicht nur psychologisch, sondern durchaus gnoseologisch, weil ontologisch."[160]

---

[151] BALTHASAR: Theologik I. 96.
[152] Vgl. z.B. BALTHASAR: Theologik I. 35, 75.
[153] BALTHASAR: Theologik I. 44.
[154] BALTHASAR: Theologik I. 96.
[155] Vgl. HENRICH: Wohin die deutsche Philosophie? 71f.
[156] BALTHASAR: Theologik I. 96. Hervorhebung von mir.
[157] BALTHASAR: Theologik I. 33; vgl. 51, 56.
[158] BALTHASAR: Theologik I. 48.
[159] Vgl. BALTHASAR: Theologik I. 35-49, 64, 67. – DERS.: Theodramatik II-1. 192-219. Auch Heidegger konstatiert die Gleichursprünglichkeit von Selbst- und Weltverhältnis, insofern es ein Selbstverhältnis nur im und durch ein Weltverhältnis gibt (vgl. DERS.: Vom Wesen des Grundes. 157). Kritisch gegenüber solcher Interdependenz äußert sich MÜLLER: Subjektivität und Theologie. 162f.
[160] BALTHASAR: Theologik I. 188. Die symmetrische Beschreibung der Selbst- und Welterfahrung kommt m.E. dem nahe, was Theunissen mit Buber als „Gleichursprünglichkeit" bezeichnet (DERS.: Der Andere. 241-373).

Ausgehend von der menschlichen Selbsttranszendenz greift Balthasar auf die thomanische Theorie der *reditio completa* zurück, nach der die Subjektivität *nicht nur* ursprünglich aus sich selbst heraus begriffen wird. Der Mensch „kann sich selber nicht anders kennenlernen als in der Bewegung von sich weg auf die Welt und auf den andern Geist hin"[161]. Er findet in der Entgegennahme von Anderem zur Erfassung seiner selbst, die sich sozusagen begleitend nebenher ergibt. Seine Innerlichkeit ist ihm unthematisch mitbewusst, wenn er im vermittelnden Umweg der Aus- und Rückkehr von der Welt nicht nur bestimmte Denkinhalte zur Kenntnis nimmt, sondern implizit auch auf sich selbst als Denkenden, als Grund aller möglichen Erfahrung stößt. All sein Verhalten ist Bezugnahme, denn erst in der Hingabe findet er zu sich selbst. „Die Selbsterkenntnis des Subjekts bedarf zu ihrer Verwirklichung des Umwegs über die Fremderkenntnis; erst in ihrem Ausgehen aus sich selbst, in seiner schöpferischen Dienstleistung an der Welt, erfährt das Subjekt seinen Sinn und damit sein Wesen."[162] Und in unausgesprochenem Gegenzug zur dialektischen Logik heißt es später: „Es findet sich nicht nur im Spiegel der Dinge, es erkennt sich nicht nur in dem, was es nicht ist, sondern es wird in der erkennenden Leistung selbst allererst gebildet. Ohne die Welt bleibt es ein ungebildetes Ich. Es hat keine Form, keinen Umriss, keine Prägung, keinen Charakter. Bildung erhält es im Maße, als es Welt in sich aufnimmt und gestalten hilft."[163] Sein Weltbild gewinnt dadurch persönliche Züge, dass es in der „wachsenden Erfahrung immer weltförmiger"[164] und umfassender wird.

Erfahrung als Widerfahrnis der Wirklichkeit gehört somit zu den Grundbegriffen der *Theologik I*. Sie trägt in dem Maße zur Bildung von Subjektivität bei, als der Mensch nicht nur seine bisher angeeigneten und bewährten Orientierungsmuster zu bestätigen sucht. Denn der Anspruch der Wirklichkeit, der mir widerfährt, erweist sich als immer größer als mein geistiges Fassungsvermögen. Er geht in der Weise seines Wahrgenommenwerdens nicht auf, sodass der Geist zugleich mit der Erkenntnis einer Sache auch die Unzulänglichkeit seines Urteils gewahr wird. „Die Wahrheit ist immer größer als das, was ein endlicher Verstand von ihr erfasst, und im Bewusstsein ihres Größerseins erfasst er sie."[165] Ich nehme im Akt der Erkenntnis selbst ein Moment wahr, das überbietend auf mehr verweist und von mir ein neues Anschauen und Denken einfordert. *Veritas semper maior.* Weltliche Wahrheit überschreitet stets die Weise ihrer Rezeption, obwohl sie nur innerhalb des interpretatorischen Verstehens aufscheinen kann. Ihren Überschuss ahnend entdecke ich, was ich mir nicht hätte selbst

---

[161] BALTHASAR: Theologik I. 190.

[162] BALTHASAR: Theologik I. 58; vgl. 39. Bemerkenswert auch die Parallele zu RAHNER: Hörer des Wortes. 188: „Der Mensch ist hinnehmende Erkenntnis derart, dass seine Selbsterfassung, seine wissende In-sich-selber-ständigkeit immer und grundsätzlich herkommt von einer Auskehr in die Welt, von der Erfassung eines anderen Fremden, von ihm Verschiedenen als dem ersterfassten Gegenstand der menschlichen Erkenntnis überhaupt." Zu Rahners Subjektbegriff vgl. kritisch MÜLLER: Wenn ich ‚ich' sage. 70-72.

[163] BALTHASAR: Theologik I. 64; vgl. 67: „Indem das Ich die ihm eingestalteten Maßstäbe der Dinge sich bewusst angestaltet und anmisst, gewinnt es sein eigenes Maß, erhält es seine Struktur und Proportion."

[164] BALTHASAR: Theologik I. 68.

[165] BALTHASAR: Theologik I. 298; vgl. 47.

ausdenken können, was meinen Horizont weitet und bisher unbemerkte Irrtümer beseitigt, zugleich aber zu einer Antwort auf das Entdeckte ruft, die ich nur selbst geben kann. „Diese Einheit ist so stark, dass das innere Wort nur durch einen Anruf von außen hervorgelockt wird und darum auch die Ausrichtung auf eine äußere Antwort behält, während umgekehrt der äußere Anruf nur durch das innere Wort als solcher verstanden und durch ein äußeres Wort beantwortet werden kann."[166] Die bleibende Differenz zwischen dem äußeren Anspruch und der inneren Antwort führt einen offenen Dialog mit der Wirklichkeit herbei, dessen Unabschließbarkeit nicht eine Schwäche des Geistes brandmarkt, sondern als Indiz für dessen Fähigkeit gilt, sich dem uneinholbar Anderen öffnen zu können. In ihrer letzten Tiefe verweist sie auf das Geheimnis Gottes, das dem endlichen Geist bei aller Ähnlichkeit zugleich entzogen bleibt.

Wenn Balthasar die bewusstseinskonstituierende und -wandelnde Begegnung mit der Welt zur Sprache bringt, wendet er sich in erster Linie gegen den kantischen Formalismus und die vermeintlich unerschütterliche Sicherheit seines Vernunftbegriffs. Würden die apriorischen Kategorien des Verstandes allein jene Bedingungen bereit stellen, die objektive Geltung gewährleisten, bliebe das Subjekt in einem geschlossenen System verstrickt und gegenüber jeder Weitung und Erneuerung immun. Ist hingegen wirkliche Selbstfindung an die Beziehung zu anderen Naturwesen, insbesondere zum zwischenmenschlichen Du gebunden, ist der Mensch aufgefordert, aus seinem monologischen Selbstgespräch in die Offenheit des Dialogs zu treten. „Freie Wesen sprechen sich nicht nur voreinander, sondern ineinander aus. Indem sie im freien Wort ihre Wahrheit in den Raum des Du hineinlegen, erfahren sie erst in der Tat, wer sie selber sind. Sie finden sich einer im andern."[167] Auch wenn gilt, dass das Ich und der Andere je für sich ursprünglich sind, dass sie ihr Wesen und ihre letztbegründete personale Würde nicht voneinander empfangen, sondern dass diese ihnen schon vorweg zukommen und mitgegeben sein muss, so konstituieren sie sich doch existenziell aneinander. Konkretes Dasein spielt sich immer in einem intersubjektiven Beziehungsraum ab, der nicht nur im Blick auf den Anderen, sondern auch auf mich selbst ein Mehr an Wahrheit birgt. „Ihre Begegnung wird sie einander offenbaren, aber in der Offenbarung des Andern wird für beide zugleich die Offenbarung ihrer selbst liegen, die jeweils nur im Andern sich verwirklichen kann."[168] Balthasars Subjekt ist vor allem als *relationales Selbst* definiert.

In diesem Zusammenhang ist noch einmal auf die Bedeutung der *transzendentalen* Subjektivität zurück zu kommen. Das Objekt bedarf des subjektiven Raumes, denn nur in ihm kann es sein Wesen aussprechen und auf die Höhe seines Selbstseins gelangen. Nur ein selbstbewusster Geist leistet die Synthesen der Anschauung, des Begriffs und der Existenz,[169] indem er die Gegenstandswelt mit seinem innerlich-

---

[166] BALTHASAR: Theologik I. 190.
[167] BALTHASAR: Theologik I. 191.
[168] BALTHASAR: Theologik I. 58.
[169] Vgl. BALTHASAR: Theologik I. 71.

geistigen Wort *(verbum mentis[170])* sinnstiftend zu beantworten sucht. „Nur vom Subjekt
kann das Objekt seinen abschließenden Sinn erfahren, der sich ja erst im überlegenen
geistigen Raum des Subjekts vollendet. Im schöpferischen Spiegel des Subjekts wird
ihm das Bild dessen entgegengehalten, was es ist, was es sein kann und sein soll."[171]
Da das Subjekt aber nicht nach freiem Belieben über die Objekte, deren „volle Wahrheit nur Gott bekannt ist"[172], verfügen und urteilen kann, soll es danach streben, sich
dem Blick Gottes auf die Welt anzugleichen. „In dieser Perspektive liegt nicht nur die
letzte Sinngebung der Realität als solcher, sondern darüber hinaus die sinngebende
Idealität, das Sein-sollen, als das letzte Maß der Wahrheit der Realität."[173] So kommt
die wahrheitserzeugende Kraft des Subjekts besonders dort zum Tragen, wo sie in
echtem Interesse am Anderen dessen noch unentdeckte Möglichkeiten weckt. Der
Blick der Liebe, der objektiv und idealisierend zugleich ist,[174] die Eigenschaften des
Anderen kennend, aber doch hoffnungsvoll auf sein Idealbild hin übersteigend, befreit den Anderen gleichsam zu sich selbst. Damit der Mensch seine Möglichkeiten
entfalten kann, „braucht es einen, der an sie glaubt, nein, der sie sieht, in ihrer Verborgenheit bereits daseiend, objektiv, aber sichtbar nur jenem, der ihre Verwirklichung für möglich hält, jenem also, der glaubt und der liebt"[175]. Was er bereits an-
fanghaft ahnt, aber aus eigener Kraft nicht zustande bringt, geschieht auf den liebenden Zuspruch eines stellvertretend Glaubenden hin. Er findet mehr und mehr zu
dem, der er von Gott her sein soll und darf, zu seiner einmaligen Identität, die ihm im
Geheimnis Gottes verbürgt ist. „Auf das Geheiß der Liebe hin wagt er es, das zu sein,
was er sein könnte, was er aber aus sich allein nie zu sein sich getraute."[176]

Einige Ergebnisse können nun festgehalten werden. In Bezug auf die Ausgangsthese, der Denkweise Goethes käme ein gewisser Vorbildcharakter zu, bestätigt sich,
dass Balthasar die Rollen von Subjekt und Objekt, von Ich und Anderem in ein
fruchtbares Spannungsverhältnis setzt, ohne den einen auf den anderen Pol zu reduzieren. So entsteht eine symmetrische Einheit, die einseitig realistischen oder idealistischen Konzeptionen entgegen wirkt.[177] Erkennen ist weder passives Abbilden dessen,
was die Dinge an sich selber sind, noch intellektualistisches Entwerfen von Weltbil-
dern, sondern das Ergebnis eines Zusammenspiels von Welt und Bewusstsein, Hingabe und Gestaltung, Erlebnis und Deutung. Damit geht Balthasar entschieden über
Kant hinaus und folgt der Spur Goethes. Denn Goethe ist einerseits der objektiven
Schau der Natur hingegeben, begnügt sich andererseits aber nicht damit, den Ein-

---

[170] Vgl. BALTHASAR: Theologik I. 76, 183f.
[171] BALTHASAR: Theologik I. 76; vgl. 58.
[172] BALTHASAR: Theologik I. 51.
[173] BALTHASAR: Theologik I. 56.
[174] Vgl. BALTHASAR: Theologik I. 121: „Dass diese beiden Eigenschaften vereinbar seien, ist die große
Hoffnung des Erkannten." – GOETHE: WA I. 23. 185: „Wenn wir [...] die Menschen nur nehmen, wie
wir sind, so machen wir sie schlechter; wenn wir sie behandeln, als wären sie, was sie sein sollten, so
bringen wir sie dahin, wohin sie zu bringen sind."
[175] BALTHASAR: Theologik I. 121f.
[176] BALTHASAR: Theologik I. 122; vgl. 244.
[177] Vgl. BALTHASAR: Theologik I. 61-64.

druck des Äußeren rein passiv aufzunehmen, sondern verknüpft und durchdringt ihn mit der produktiven Tätigkeit seiner Einbildungskraft und seiner freien Interpretation. Er weiß darum, dass Erkennen ein aktives Symbolisierungs- und Übersetzungsgeschehen ist, in dem sich Natur und Geist innerhalb der Erscheinung selbst zu einer vorgängigen Einheit verbinden. Nach diesem Muster beschreibt Balthasar eine transzendentale Erfahrung, in der die Subjektivität als ungegenständliches Mitbewusstsein zur Geltung kommt, ohne aber die geschichtlich-existenzielle Situation zu übergehen, in der sie sich befindet. Die in seinen Augen typisch neuzeitliche Gesinnung des Prometheus erhält so ein zweifaches Korrektiv.

In der konkreten Existenz ist Dasein immer Mitsein, Sein in einer für das Ich und den Anderen bedeutsamen, aber von ihnen nicht machbaren Beziehung und insofern *Sein als Gabe*. In der freien Anerkennung ihrer personalen Andersheit verhelfen sich Ich und Du zu ihrer je unvertretbaren Wahrheit. Dabei ist es jeder Freiheit überlassen, den rechten Bezug zum Anderen zu wählen. Ihr divinatorisch-schöpferischer Einsatz ist geradezu gefordert, sodass nun ein positives Licht auf die menschliche Vernunft und Freiheitsexistenz fällt, welche zunächst den Preis für ein möglichst unvoreingenommenes und für Gott geöffnetes Denken zu zahlen schienen. Die „willentliche Erschließung"[178] steht nicht mehr im Widerspruch zu ihrer kreatürlichen Hinordnung auf die Wahrheit Gottes, hat Gott selbst doch alles Geschaffene in sein Eigenrecht freigesetzt. Der freie Selbststand gehört zu den grundlegendsten Kennzeichen des Personseins. Gerade deshalb will ihn Balthasar aber in seiner Tiefe verstehen, dort, wo er untrennbar mit der Liebe verbunden ist: „Die Liebe allein gibt dem Selbstbewusstsein und dem innern Wort seine Rechtfertigung: als Bedingung der Möglichkeit vertiefter Hingabe."[179] Freiheit und Liebe hängen konstitutiv zusammen, sie fördern sich gegenseitig: „Mit steigender Spontaneität steigert und vervollkommnet sich also auch die Rezeptivität. Anders gesagt: mit steigender Selbstbestimmung steigert sich auch die Möglichkeit und Fähigkeit, sich von Anderen bestimmen zu lassen. Die hierzu vorausgesetzte Passivität hängt mit der inneren Freiheit des Geistes zusammen, der sich in der Freiheit der Liebe entschließt, sich in der Liebe frei bestimmen zu lassen."[180]

6.2.2.4 Die Wahr-nehmung der Gestalt

Der äußerste Horizont, in dem bisher gedacht wurde, ist die Analogie zwischen göttlicher und menschlicher Erkenntnis.[181] Gott bleibt als Schöpfer aller Wirklichkeit die tragende und daher letzte Sinnvermittlung. Das Wissen um die Herkünftigkeit jedes Seienden von einem göttlichen Ursprung aber hält in uns das Bewusstsein von dessen Unverzweckbarkeit und Geheimnishaftigkeit wach. Solange der Mensch „in Gott das unerforschliche Geheimnis einer Intimität verehrt, solange wird er in den geschöpfli-

---

178 BALTHASAR: Theologik I. 117; vgl. 115-128.
179 BALTHASAR: Theologik I. 195.
180 BALTHASAR: Theologik I. 40; vgl. DERS.: Theologik II. 168.
181 Vgl. BALTHASAR: Theologik I. 34, 128.

chen Abbildern Gottes den Abglanz dieser Eigenschaft nie übersehen"[182]. Er wird
sein Erkennen auf die unverwechselbare Identität der Dinge im vollen Reichtum ihrer
Aspekte ausrichten und nicht versuchen, Wahrheit als begriffliches Guthaben in die
Dimension sicheren Wissens zu überführen. In besonderer Weise besitzt Goethe
diesen Sinn für das Individuelle, der im Unterschied zum schemenhaften Denken
konkrete Anschauung einschließt.[183] Wenn Balthasar sich diesen Sinn zu Eigen macht,
knüpft er an das Anliegen seiner Frühschriften an und konzipiert eine Art Philosophie
aus der Vernunftform des Konkreten, die von der im Staunen sich geltend machen-
den Unerschöpflichkeit jedes Individuellen ausgeht.

Zunächst ist Individualität das Korrelat des Erfahrens und damit von den Begriffen unterschieden. Da die Wirklichkeit in der Erfahrung reflektierend beantwortet
wird, ist ein Begriff seiner Sache zwar nie vollkommen unangemessen. Unstrittig ist
aber auch, dass die Sache je reicher ist als ihre begriffliche Festlegung, sodass jeder
noch so differenzierte Begriff nur eine bestimmte Fassung der Sache repräsentiert.
Begriff und Identität werden deshalb auch bei fortschreitendem wissenschaftlichem
Prozess nie zur Deckung kommen. Wer nach Einmaligkeit fragt, muss sich zugleich
der Möglichkeiten und Grenzen des Begreifens bewusst sein – vor allem dann, wenn
auch der Begreifende selbst als Individuum in den Blick kommt. Dann ist nicht nur
zweifelhaft, ob allgemeine Begriffe die Komplexität einer Sache treffen können, sondern auch, ob sich der Mensch in seiner Lebendigkeit in Begriffen jemals angemessen
artikuliert. Goethe bringt dies bündig auf den Punkt: „Individuum est ineffabile."[184]

Die Diskontinuität zwischen dem Ausdruck der Dinge und ihrem menschlichen
Erfassen hat zur Folge, dass individuelles, d.h. personal und situativ geprägtes Sein
diskursiv uneinholbar ist. Dies muss jedoch, so Balthasar, keine Flucht ins Irrationale
bedeuten. „Das Wort vom Individuum ineffabile besagt nur, dass das Einzelne nie
restlos in Allgemeines umzusetzen sei, es besagt aber keineswegs, dass es darum nicht
auch, in seiner Weise, erkennbar sei."[185] Um in den Raum jener personalen Wahrheiten zu gelangen, muss der Erkennende aus der Mitte seiner Person heraus geistig tätig
werden. „Genügt auf der Seite des Abstrakt-Allgemeinen eine unpersönliche, rein
sachliche Erkenntnishaltung, so wird die Ratio, die zum Empfang des Einmalig-
Personalen geeignet sein soll, selber den Voraussetzungen des Personalen zu genügen
haben."[186] Was wir so als Mitteilung der uns umgebenden Menschen und Dinge empfangen, richtet sich an „das verstehende, das *gestaltenlesende Denken*"[187]. Wo die analytisch zergliedernden Naturwissenschaften vom Einzelnen abstrahieren, begnügt sich
gestaltenlesendes Denken nicht mit dem verkürzten Status der Dinge als bloße

---

[182] BALTHASAR: Theologik I. 82.
[183] Weinhandl definiert die goethesche Gestalt als das, „was im Gegensatz zum bloßen Begriff Anschauung mit einschließt und nicht aus isolierten Stücken zusammengesetzt, sondern als ursprünglich über-
greifend Ganzes vorausgesetzt ist" (DERS.: Die Metaphysik Goethes. 292f).
[184] GOETHE: WA IV. 4. 300. Die eigentliche Herkunft der Formel liegt aber im Dunkeln.
[185] BALTHASAR: Theologik I. 203.
[186] BALTHASAR: Theologik I. 203.
[187] BALTHASAR: Theologik I. 154. Hervorhebung von mir. Bereits in *Sein als Werden* ist von einem „gestalt-
erlebendem Seinserfassen" (46) die Rede.

Exempel einer Gattung.[188] Nach dem Vorbild Goethes sucht es ein Phänomen in seiner eigengesetzlichen, geschichtlichen und kontextgebundenen Lebendigkeit auf. Es interessiert sich für das, was eine Gestalt in ihrer Originalität von anderen unterscheidet und welchen Ort sie im Zusammenhang der Welt einnimmt. In der Einfühlung bekundet sich dieser unthematische Ganzheitsbezug auf einen umschließenden Horizont. So wird sich das Subjekt, um einfühlend zu verstehen, zwar nicht von seinem Begriffs- und Deutungsapparat emanzipieren, aber doch auf ein intuitives Moment seiner Erkenntnis stützen.[189] Setzt sich die Kraft der Wahrheit beispielsweise in der Inspiration eines Komponisten und infolgedessen in einem Musikstück gegenwärtig, weiß man von ihr nicht durch Schlussfolgerung, sondern durch ihre anrührende und erschütternde Wirkung. Sie wird als eine ‚von innen nach außen wandernde‘ Mitteilung vernehmbar und verlangt vom Hörenden selbst einen Überschritt vom bloß Äußeren in die Tiefe der Wirklichkeit.

„Was bedeutet eine Symphonie von Mozart? Um das zu beantworten, muss man damit beginnen, sie zu hören und wieder zu hören, ihre Bedeutungsfülle verstehend in sich aufzunehmen; erst dann wird es möglich sein, darüber zu reden, und zwar nur mit solchen, die durch das Tonbild die gleiche Fülle auf sich eindringen ließen. Vielleicht wird man ein Bedürfnis verspüren, ihren Sinngehalt in Worten zu umschreiben, aber man weiß dabei, dass dieser Versuch mehr ein Spiel als ein Ernst ist, und dass eine endgültige Umsetzung in Begriffe wesenhaft unmöglich bleibt.“[190]

Gestalten, deren Sinn und Ausdruck vollkommen übereinstimmen, widerstehen jeder zergliedernden Analyse, da sie die Summe ihrer Teile offenkundig übersteigen. Es zeigt sich, dass im je vollkommeneren Ausdruck auch ein je tieferes Geheimnis waltet: eine Gegebenheit, die der Mensch nur wahr-nehmen kann. Dieses Phänomen, das uns *gegeben* und *entzogen* zugleich ist, verweist auf die transzendentale Innendimension der Welt, die gegenüber zweckrationalem Denken nicht deutlich genug heraus gestellt werden kann[191] und die uns als Welt des Schönen aufleuchtet. Die symbolische Schönheit, die „der Wahrheit den bleibenden Charakter der Gnade gibt“[192], ist die sichtbare Wendung des Seins als Gabe.

---

[188] Goethe zitierend wird Balthasar nicht müde, auf das Ungenügen der begrifflichen Methode vor dem Lebendig-Konkreten hinzuweisen. „Jedes existierende Ding hat [...] sein Dasein in sich, und so auch die Übereinstimmung, nach der es existiert. Das Messen eines Dings ist eine grobe Handlung, die auf lebendige Körper nicht anders als höchst unvollkommen angewendet werden kann. Ein lebendig existierendes Ding kann durch nichts gemessen werden, was außer ihm ist, sondern wenn es ja geschehen sollte, müsste es den Maßstab selbst dazu hergeben, dieser aber ist höchst geistig und kann nicht durch die Sinne gefunden werden“ (GOETHE: WA II. 11. 316; zit. in BALTHASAR: Herrlichkeit III-1-1. 31).

[189] Hierzu bemerkt Disse: „Diskursives und intuitives Denken können nicht auseinander gerissen werden, vielmehr wird das gestaltenlesende Denken bemüht sein, sich auf das Begriffliche stützend, das Einmalige zum Ausdruck zu bringen“ (DERS.: Metaphysik der Singularität. 154).

[190] BALTHASAR: Theologik I. 154.

[191] Balthasar betont noch im *Epilog*: Gestaltenlesendes Denken „erfasst von vornherein [...] Ganzheiten in ihrer Erscheinung aus der Tiefe“ (47); dabei ist die Tiefe gewissermaßen das sich in der Erscheinung manifestierende, auf Teile irreduzible Ganze.

[192] BALTHASAR: Theologik I. 156.

6.3 Die symbolische Gestalt des Gegebenen

Wiederholt war schon die Rede von einem Symbolgeschehen, in dem die Ausdrucks-
mächtigkeit der Welt und die kreative Einbildungskraft des Menschen aufeinander
treffen. Der Mensch erlebt nicht nur etwas, auf das er interpretierend antwortet, sondern das Andere und der Erfahrungsvorgang selbst können ihm noch einmal als bedeutend aufgehen. In diesem Sinne ist es eines der großen Themen Goethes, die Welt
als Metapher und Gleichnis des Höchsten zu sehen. Schönheit, Stil und Symbol gelten
ihm als Verkörperung des ideellen im realen Sein. In der von Balthasar eingenomme-
nen Perspektive des Glaubens erscheint die reale Wirklichkeit als über das Gegebene
hinaus weisend auf ihren göttlichen Grund. Für dieses Entsprechungsverhältnis verwendet die christliche Tradition den Begriff der *similitudo*[193]. Balthasar ergänzt ihn
durch die goethesche Gestalt, um die Welt in ihrer verborgenen Schönheit als Gleichnis Gottes zu erfassen.

Der in die hier behandelte Phänomenologie einbezogenen *transzendenten Dimension*
soll ein eigenes Kapitel gewidmet sein. Gemäß der *Theologik* sind alle Wirklichkeit und
alle Erkenntnis erst wahr durch ihre Teilnahme an der göttlichen Urbildlichkeit. Dies
bestätigt sich insbesondere im Blick auf das Transzendentale des *pulchrum*. In diesem
Zusammenhang sind zunächst Bedeutung und Tragweite des von Balthasar selbst
„methodologisch vergleichsweise wenig reflektiert[en]"[194] Gestaltbegriffs vor Augen
zu führen. Während Balthasars selbstverständliche Verwendung „ein hohes Maß an
Vertrautheit zum Ausdruck bringt", das der Germanist „aus seinen intensiven Studien
der Literatur, Geistesgeschichte und Philosophie mitbringt"[195], kann dies nicht allgemein vorausgesetzt werden. Die Merkmale einer ästhetischen Erfahrung und der im
Analogiedenken ansetzenden Möglichkeit der philosophischen Gotteserkenntnis
schließen sich nahtlos an.

6.3.1 Das Transzendentale des *pulchrum*

6.3.1.1 Abgrenzung von der psychologischen Gestalttheorie

Die moderne Gestalttheorie geht auf den Philosophen Christian von Ehrenfels (1859
– 1932) zurück, wird in Berliner Psychologen-Kreisen[196] aufgegriffen und später vor
allem in den USA weiterentwickelt. Seit dem ausgehenden 19. Jahrhundert fungiert
der Gestaltbegriff als gängiger *psychologischer Fachausdruck*. In einem entscheidenden
Punkt unterscheidet sich dieser jedoch von Balthasars Auffassung.

Nach Ehrenfels bezeichnet die Gestalt einen Komplex von Elementen, der von
der Tendenz zur Einheitsbildung durchherrscht und als abgegrenztes Ganzes nicht

---

[193] Vgl. THOMAS VON AQUIN: De Veritate 22. 2. ad 2.
[194] KÖRNER: Fundamentaltheologie bei Hans Urs von Balthasar. 138.
[195] KÖRNER: Fundamentaltheologie bei Hans Urs von Balthasar. 138.
[196] Vgl. DISSE: Metaphysik der Singularität. 211f, der hier Wertheimer, Koffka und Köhler nennt.

auf die Summe seiner Teile reduzierbar ist. Sie besitzt einen eigenen Charakter und eine selbständige Struktur, die sich aus dem Beziehungsgeflecht der Elemente untereinander ergibt. Auch jeder Einzelinhalt gewinnt, ändert oder verliert seine Bedeutung je nach seinem Ort im Ganzen. Welches seine Eigenschaften sind, hängt von der relationalen Einbindung in die Umgebung, also der Beziehung zu den anderen Elementen ab. Am Beispiel einer Melodie lässt sich beobachten, wie die einzelnen Töne sukzessive nacheinander erklingen, die ganze Melodie aber als eine neue ,Tongestalt' empfunden wird, gleichsam über den Tönen schwebend. Während ihre Transponierung in eine andere Tonart (in der jeder einzelne Ton durch einen anderen ersetzt wird) immer noch die gleiche Melodie erzeugt, zeigen die in einer anderen Reihenfolge gespielten ursprünglichen Töne keinerlei Ähnlichkeit mehr zur ersten Melodie, obwohl beide Tongestalten aus den gleichen Elementen bestehen. Somit muss eine Melodie etwas anderes sein als die Summe der Einzeltöne, die ihr zugrunde liegen.[197]

Auch der psychologisch gewendete Gestaltbegriff steht für ein Gefüge von Qualitäten, das nicht erst nachträglich zusammengesetzt ist, sondern in dem das Ganze und die Teile einander determinieren. Die Gestalt selbst steht ebenfalls in einer gewissen Wechselwirkung zu ihrer Umwelt. Wie ein einzelnes Element auf das Ganze hindeutet, verweist eine Gestalt auf das Ganze ihrer Um- und Lebenswelt. In diesem Sinne ist sie aber „kein inhaltliches Mehr, eine hinzukommende Qualität gegenüber dem Beziehungsgefüge der Teile, sondern nichts anderes als dieses Beziehungsgefüge selbst"[198]. Anders gesagt: „The Gestalt springs from the organization of the parts themselves, not from a quality added to the parts. We do not say: the whole is 'more' than the sum of the parts; we prefer to assert that the whole is 'something else' than the sum of the parts."[199] Somit ist der Gestaltbegriff aus psychologischer Perspektive rein funktionalistisch gefüllt: „Gestalt quality is nothing but the way sensible lifeworld moments signify each other as a whole of meaning."[200]

6.3.1.2 Gestalt als ästhetischer Grundbegriff

Trotz vordergründig gleicher Terminologie hat Balthasars Aneignung des goetheschen Gestaltbegriffs nichts mit der Berliner Gestaltpsychologie gemein. Jene handelt von einer Ganzheit, die prinzipiell restlos bestimmbar ist und bleibt positivistisch beim oberflächlich Erscheinenden stehen. Im Rahmen des Ganzen werden die Teile als etwas wahrgenommen, das sich vor dem Hintergrund seiner Bezugspunkte konturiert. Balthasar hingegen beschreibt einen Überhang an Sinn, der sich wissenschaftlicher Auflösung entzieht und das „Zentrum des Eigenstandes"[201] einer Gestalt ausmacht.

Damit rückt das Verhältnis von Grund und Erscheinung erneut in den Mittelpunkt. Es ist so auszulegen, dass beide Pole am Zustandekommen von Wahrheit

---

197 Vgl. EHRENFELS: Über ,Gestaltqualitäten'. 134. – BUCHWALD: Gestalt. 839.
198 DISSE: Metaphysik der Singularität. 213.
199 ARNHEIM: Gestalten – Yesterday and Today. 91.
200 FULLER: Insight into Value. 97.
201 BALTHASAR: Herrlichkeit III-1-1. 31.

Anteil haben und diesen nicht infolge rationalistischer oder empiristischer Verkürzungen einbüßen.[202] Wahrheit ist etwas, das weder dem bloßen Schein noch dem entzogenen Urbild anhaftet, sondern sich symbolisch *an* den Erscheinungen zeigt, die selbst ursprünglich und unhintergehbar gültig sind. „Dieses ‚heilig-öffentliche Geheimnis' ist in der Tat nicht nur bleibend verborgen, sondern ebenso bleibend kundgetan, und wir wissen im Grunde mehr davon, wenn wir uns an seine Erscheinungen halten, als wenn wir in die geheimen Hintergründe zu spähen versuchen, aus denen diese Erscheinungen sich auf uns zu bewegen."[203]

Balthasar verweist hier indirekt auf ein Gedicht Goethes, das viel über die Gestalt und ihre Wahrnehmung sagt:

Epirrhema

Müsset im Naturbetrachten
Immer eins wie alles achten;
Nichts ist drinnen, nichts ist draußen:
Denn was innen, das ist außen.
So ergreifet ohne Säumnis
Heilig öffentlich Geheimnis.

Freuet euch des wahren Scheins,
Euch des ernsten Spieles:
Kein Lebendiges ist ein Eins,
Immer ist's ein Vieles.[204]

Die Vielgestaltigkeit des Lebendigen ist als sie selbst eins, so jedoch, dass sie keine abstrakte, in sich geschlossene und gleichbleibende Einheit, sondern eine Wesensgestalt bildet, die sich in mannigfaltigen Erscheinungen zeigt. Wie in der Dimension des Spiels Freiheit und Notwendigkeit versöhnt sind, so entfaltet sich – thomanisch gesprochen – die innere Gesetzlichkeit der *forma* in der Entäußerungsgestalt der Akzidentien, d.h. im lebendigen Reichtum des Lebens. In diesem Sinne greift auch Ferdinand Ulrich die goethesche Weise des Gestaltsehens als „ein Zusammenfassen unendlicher Mannigfaltigkeit"[205] auf und erläutert sie in ihrer Subjekt-Objekt-Polarität:

„‚Zusammenfassend' lässt das Sehen die Gestalt der Einheit des Mannigfaltigen produktiv hervorgehen, *indem* es wahr-nehmend die Gestalt aus dem Phänomen sich ergeben lässt, sie empfängt und ergreift. – Da die Vielheit Manifestation der Fülle der Einheit ist, so setzt das Sehen im Mannigfaltigen nicht wie in einem Bereich von atomisierten, dissoziierten Elementen an, die erst durch das einheitsstiftende Subjekt Gestalt gewinnen. Das zusammenfassende Sehen bewegt sich von Anfang an im ‚wahren Schein' des Erscheinenden, d.h. im dynamischen Beziehungsfeld und in der Sphäre der ins materielle Erscheinen hinein entäußerten Wesensgestalt(en)."[206]

---

202 Während die empiristische Deutung Wahrheit und Erscheinung gleichsetzt, zählt für den Rationalismus nur ein von der Erscheinung gelöster Wesensbereich.
203 BALTHASAR: Theologik I. 88.
204 GOETHE: WA I. 3. 88. Hervorhebung von mir.
205 GOETHE: ohne Angabe zit. in ULRICH: Erzählter Sinn. 7.
206 ULRICH: Erzählter Sinn. 8.

Kraft seines eigenen Lichtes entschlüsselt der Verstand das Wesen der Bilder, die an sich selbst reine Oberfläche, eine regellose Abfolge von Phänomenen wären. Er lässt die perspektivische Tiefendimension ihrer Bedeutung und die Würde ihres Daseins (Idealität und Realität)[207] ‚produktiv hervorgehen‘, *indem* er sie ‚sich geben lässt‘.

Der Gestaltbegriff gründet in dieser komplexen Ontologie, die nicht „loslösbar [ist] von der konkreten, immer sinnlichen Erfahrung"[208]. Er nimmt darin selbst eine Schlüsselstellung ein, indem er das Aufleuchten des Seins am Seienden repräsentiert und das aller Beschreibung widerstrebende Je-Mehr anzeigt, von dem bisher als ‚Komparativ der Wahrheit‘ die Rede war. Die Gestalt Goethes/Ulrichs/Balthasars meint – in Abgrenzung zur Gestaltpsychologie – „eine als solche erfasste, in sich stehende begrenzte Ganzheit von Teilen und Elementen, die doch zu ihrem Bestand nicht nur einer ‚Umwelt‘, sondern schließlich des Seins im Ganzen bedarf und in diesem Bedürfnis eine (wie Cusanus sagt) ‚kontrakte‘ Darstellung des Absoluten ist, sofern auch sie auf ihrem eingeschränkten Feld seine [sic!] Teile als Glieder übersteigt und beherrscht"[209]. Sie ist nicht auf die Summe ihrer analysierbaren Wesensbestimmungen reduzierbar, weil sie ein qualitatives Plus einschließt: Was eine Gestalt letztlich als übergreifendes Ganzes hinstellt und ihr eine unverwechselbare Einheit verleiht, ist der nicht-subsistierende Seinsakt, der wiederum am absoluten Sein teilhat. Deshalb verweisen „alle geistig erblickbaren Gestalten über sich auf das vollständige und vollkommene Sein [...], das nach Goethe ‚von uns nicht gedacht werden kann‘"[210]. Je höher ein Wesen in der Seinshierarchie steht, je geistiger und selbständiger es ist, desto wirksamer äußert sich dieses einheitsstiftende Prinzip.[211] Die Selbstmächtigkeit einer Gestalt bemisst sich also an der Intensität des sie organisierenden Einheitsgrades – und damit an ihrem Werdeprozess wie an ihrer Singularität und Freiheit innerhalb des Gesamts aller Seienden.

Die für die Gestalt charakteristische Polarität einer Innen- und Außenseite bleibt auch in der Verbindung mit dem Transzendentale des *pulchrum* bestehen. Der Leser der *Herrlichkeit* wird an die klassisch-scholastischen Vorgaben erinnert, nach denen Thomas prinzipiell zwei aufeinander bezogene Momente unterscheidet: *species* (oder *forma*) und *lumen* (oder *splendor*): Form und Glanz.[212] Sobald beide Momente zusammen wirken, erzeugen sie Schönheit. Die Form als der stimmige Ausdruck von Gesetzmäßigkeit, Ordnung und Proportion resultiert aus der besonderen Beziehung unterschiedlicher Größen zueinander und besitzt damit eine „materielle Erfassbarkeit, sogar Berechenbarkeit als Verhältnis von Zahlen, als Harmonie und Seinsgesetz"[213]. Da sie sich auf den erkennenden Intellekt bezieht, ist ihre Evidenz etwas objektiv Wahrnehmbares, jedoch nichts vollständig Fassbares. So sehr man auch an einem

---

[207] Vgl. BALTHASAR: Theologik I. 146f.
[208] BALTHASAR: Herrlichkeit III-1-1. 29.
[209] BALTHASAR: Herrlichkeit III-1-1. 30.
[210] BALTHASAR: Herrlichkeit III-1-1. 32.
[211] Hier stimmt Balthasar mit Ehrenfels' Konzept überein. Vgl. EHRENFELS: Über ‚Gestaltqualitäten‘. 158. – DERS.: Kosmogonie. 148.
[212] Vgl. BALTHASAR: Herrlichkeit I. 18, 111. – DERS.: Herrlichkeit III-1-1. 30.
[213] BALTHASAR: Herrlichkeit I. 111.

Kunstwerk die ästhetischen Verhältnisse der Teile analysieren mag – man wird doch nie aus den Teilen das Ganze synthetisieren können.[214]

Die greifbare Seite der Gestalt setzt eine inwendige Tiefe voraus. Denn was die Form letztlich schön und wohlgestaltet erscheinen lässt, ist ihr Glanz als das freie Offenbarwerden ihres über die Erscheinung hinausweisenden Wesens.[215] Im Schönen gelangt ein unsichtbares Tiefengeheimnis so zur Erscheinung, dass das Äußere einer inneren Wohlgeratenheit entspricht. Etwas ist so geworden, wie es seinem innersten Wesen nach sein soll. Erst diese selbstverschwenderische Tiefe „gibt dem Schönen seinen hinreißenden und überwältigenden Charakter"[216]. Ihr Überschuss, der über alle berechenbaren Vorgänge hinausreicht, ist das reine Seinslicht, das umso intensiver hervorstrahlt, je höher eine Gestalt ontologisch steht. Es ist der Reiz des Schönen, der etwas attraktiv und liebenswert macht und „der Wahrheit den bleibenden Charakter der Gnade gibt"[217]. Indem die Gestalt aber dem unsichtbaren Seinslicht zur Erscheinung verhilft, reicht ihre Bedeutung über die eines verweisenden Zeichens hinaus. Als „Urphänomen"[218] eines sich offenbarenden und verbergenden Grundes ist sie der ausgezeichnete Ort transzendentaler Schönheit.

6.3.1.3 Ästhetische Erfahrung

Ausgehend von der dialogischen Erfahrung wurde die Rezeptivität des Menschen allgemein beschrieben als Antwort auf die sich zeigende *veritas semper maior*. Auch Gestalten bestehen in diesem Sinne nicht unabhängig vom erkennenden Geist, da sie als Inhalte der Anschauung immer schon aus der Antwort hervorgehen, die wir auf den je größeren Anspruch der Wirklichkeit und ihrer lebendigen Ganzheiten geben. Gleichzeitig wird das Schöne primär von seinem eigenen Effekt her konstituiert. In dieser Spannung soll die transzendentale Rückfrage nun auf die ästhetische Erfahrung zugespitzt werden. Inwiefern ist das Vernunftvermögen des Menschen an der Hermeneutik von Schönheit beteiligt? Was geschieht mit uns, wenn wir Kunst begegnen, wenn wir Schönes erleben? Führt uns das Schöne selbst an die eigentliche Wahrheit des Wirklichen heran?

Balthasars Konzept nimmt seinen Anweg bei den Transzendentalien als jenen Qualitäten, die das Sein jenseits aller kategorialen Differenzierungen bestimmen. Dabei markiert das *pulchrum* die Grenze solcher Aussagemöglichkeiten wie deren Einheit, ist es doch „das letzte, woran der denkende Verstand sich wagen kann, weil es nur als unfassbarer Glanz das Doppelgestirn des Wahren und Guten und sein unauflösbares

---

214 BALTHASAR: Herrlichkeit I. 469.
215 Vgl. KOVACH: Die Ästhetik des Thomas von Aquin. 138, 168, 189. – Nach Balthasar ist Schönheit „nicht nur ‚Maß, Zahl und Gewicht' der organisierten Materie, sondern die ‚Kraft' des Organisieren-den, das sich gestalthaft ausdrückt, ohne sich ans Äußere zu verlieren, die ‚Glorie' des Freiseins" (DERS.: Herrlichkeit I. 425).
216 BALTHASAR: Herrlichkeit I. 425.
217 BALTHASAR: Theologik I. 156.
218 BALTHASAR: Herrlichkeit I. 18.

Zueinander umspielt"[219]. Indem die klassische Definition „pulchra dicuntur quae visa placent, id cuius ipsa apprehensio placet"[220] das Schöne als eine in sich sinn- und anspruchsvolle Erscheinung voraussetzt, stellt sie es in einen notwendigen Zusammenhang zur Wahrheit. Das bedeutet, dass es nicht erst in einem beliebigen subjektiven Geschmacksurteil zu seinem Recht kommt, sondern durch seine Qualität, eine Anwesenheitsweise des Wahren zu sein, bereits gesetzt ist. Auch für den modernen Dichter Goethe gehört Schönheit dem ursprünglichen Ordnungsprinzip der Welt an. Sie provoziert ein Geschehen *sui generis*:

> „Man kann die Wirkung schöner Formen auf die Seele psychologisch auf mannigfachste Art beschreiben, aber man wird ihr nicht beikommen, wenn man nicht Begriffe der Logik und Ethik, der Wahrheit und Werthaftigkeit, kurz einer umfassenden Seinslehre beizieht. Erscheinende Gestalt ist nur schön, weil das Wohlgefallen, das sie erregt, im Sich-zeigen und Sich-schenken der Tiefenwahrheit und Tiefengutheit der Wirklichkeit selbst gründet, das sich uns als ein unendlich und unausschöpfbar Wertvolles und Faszinierendes offenbart. Die Erscheinung als Offenbarung der Tiefe ist unauflösbar beides zugleich: wirkliche Anwesenheit der Tiefe, des Ganzen, und wirklicher Verweis über sich hinaus auf diese Tiefe."[221]

Strittig ist daher eine Dreiteilung der Vernunftvermögen im Sinne Kants, so als müsse man, die ästhetische Perspektive einnehmend, den Blick auf das Wahre und das Gute ausblenden, um das Schöne „rein' zu destillieren"[222]. Die Seinseigenschaften sind vielmehr so zueinander vermittelt, dass sich das Schöne an Logik und Ethik bewährt, während umgekehrt die theoretische und die praktische Vernunft des ästhetischen Sinnes bedürfen, um zu ihrem eigentlichen *telos* zu gelangen. Balthasar geht es um ein Ergänzungsverhältnis:

Würden Wahrheit und Werte keine Faszination ausstrahlen, blieben sie starr, unattraktiv und bedeutungslos. „Fehlt dem Verum jener splendor, der für Thomas das Merkmal des Schönen ist, dann bleibt die Wahrheitserkenntnis sowohl pragmatisch wie formalistisch."[223] Die formale Richtigkeit einer Aussage, der es um begriffliche und streng gesetzmäßige Erkenntnis geht, steht nicht höher als die phänomenologische Anschauung, die in ihrem Realitätsbezug ein ästhetisches Moment einschließt. Auch das Nützlichkeitsprinzip einer zweckrationalen Wissenschaft gilt in diesem Sinne als unzulänglich. „Fehlt aber dem Bonum jene voluptas, die für Augustinus das Anzeichen seiner Schönheit ist, dann bleibt auch der Bezug zum Guten sowohl utilitaristisch wie hedonistisch: es geht bei ihm dann lediglich um die Befriedigung eines Bedürfnisses durch einen Wert."[224] Erst die absichtslose Einsicht in das Gute steigert die sittliche Qualität des Willens und bewahrt vor der eigennützigen Aneignung der Güter. So erweist sich die Begegnung mit Schönheit gegenüber einer verstandesmäßigen oder bedürfnisorientierten Verkürzung der Vernunft als realere und tiefere Er-

---

[219] BALTHASAR: Herrlichkeit I. 16.
[220] THOMAS VON AQUIN: zit. nach BALTHASAR: Herrlichkeit III-1-1. 360.
[221] BALTHASAR: Herrlichkeit I. 111.
[222] BALTHASAR: Herrlichkeit III-1-2. 841.
[223] BALTHASAR: Herrlichkeit I. 145.
[224] BALTHASAR: Herrlichkeit I. 145.

kenntnis. Schönheit führt „eine Evidenz mit sich, die unmittelbar ein-leuchtet"[225]. Sie gewährleistet die Objektivität eines Gegenstandes[226], indem sie ihren Zweck in sich selbst trägt und ein interesseloses Wohlgefallen auslöst.

> „Das ist es, was Kant einigermaßen missverständlich die Interesselosigkeit des Schönen nennt: die Evidenz, dass hier eine Wesenstiefe in die Erscheinung emportaucht, *mir* erscheint, und dass ich diese erscheinende Gestalt weder theoretisch in ein Faktum oder in ein beherrschendes Gesetz umwandeln, auflösen und sie damit bewältigen noch sie durch mein Streben in meinen Gebrauch nehmen kann."[227]

In der kantischen Definition klingt an, was bei Balthasar als ignatianische/goethesche Indifferenz wiederkehrt: eine spezifisch ästhetische Weise des Sehens, die zwar mit einer passiven Hinnahme beginnt, aber keinen gänzlichen Ausfall subjektiver Spontaneität bedeuten muss. Gerade am Gefallen des Schönen wird sich der Betrachter ja auch seiner Gestimmtheit und seiner eigenen gestaltenden Kräfte bewusst. Er gewinnt Freude an den Bewegungen des Gemüts, die auf dem Zusammenklang zwischen dem, was sich zeigt und dem dadurch angeregten zweckfreien Spiel der Empfindungen beruhen und so weder vom Erkenntniswert des theoretischen Begriffs noch von der Erfüllung irgendeines Nützlichkeitsstrebens abhängig sind. Seine neue Daseinsfreude entspringt einfach dem Erstaunen darüber, dass die Aktivität des interesselosen Denkens und Anschauens eine anschauliche Gestalt hervorzubringen vermag.[228]

Sobald das Schöne nicht mehr im Einklang mit der Wahrheit und der Güte des Seins steht, schlägt es um in eine bedeutungslose Inszenierung von Bildern und Symbolen, die nur noch bloßen Schein hervorbringen. Es entstehen Formen der Ästhetisierung und der Verblendung, die den Menschen ganz in sich verschließen, indem sie seine Sinne betäuben oder das Verlangen nach Macht, Besitz und isoliertem Genuss wecken. Die Begegnung mit *wahrer* Schönheit hingegen zeichnet sich dadurch aus, dass sie von einer vorgängigen, unbedingten Wirklichkeit durchstimmt ist, die den Menschen als ganzes, leib-seelisches Wesen in Anspruch nimmt.

Wenn demnach alles Schöne im Kreuzpunkt von *forma* und *splendor* steht, so ist die *ästhetische Erfahrung* durch die Momente des Erblickens und des Entrücktwerdens charakterisiert.[229] Es gilt also, sich achtsam auf die Welt der sinnlichen Bezüge einzulassen und den Blick zu schärfen für das, was sich von sich her darbietet. Nur die

---

[225] BALTHASAR: Herrlichkeit I. 34.

[226] Mit der Behauptung, dass man gerade aufgrund eines bestimmten ästhetischen Empfindens fähig sei, wahrhaft zu erkennen, kehrt Balthasar das geläufige wissenschaftstheoretische Objektivitätsverständnis regelrecht um.

[227] BALTHASAR: Herrlichkeit I. 145.

[228] So fließt in die ästhetische Schau immer auch die subjektive Tätigkeit der Einbildungskraft ein, allerdings nicht als Überformung des Wirklichen durch willkürliche Phantasievorstellungen, sondern als eine Art des Sehens, die sich am Objekt selbst misst. Vgl. BALTHASAR: Offenbarung und Schönheit. 111: „Und überall die Korrespondenz zwischen Subjekt und Objekt: das objektiv Harmonische muss einem subjektiven Bedürfnis entsprechen und beides eine neue höhere Harmonie ergeben, die Subjektivität mit ihrer Ahnung und Einbildungskraft sich befreien in ein objektives Werk hinein und sich darin wiederfinden, wobei [...] ebensoviel von Selbstbegegnung wie von Ich-Du-Liebe darin liegen mag." Vgl. SCHAEFFLER: Erfahrung als Dialog mit der Wirklichkeit. 359-376.

[229] Vgl. BALTHASAR: Herrlichkeit I. 10.

unvoreingenommene Schau führt Goethes Phänomenologie in die Tiefe. Um von den äußeren Umrissen einer Gestalt zu ihrem verborgenen Bedeutungsgehalt vorzudringen, verbindet sie antikes Formgefühl und weltentwerfende Erkenntnis zu einer ehrfurchtsvollen Distanz. Ähnlich Balthasar: „Ein Seelenauge muss man haben, das die Formen des Daseins in der Ehrfurcht wahrzunehmen vermag.“[230] Dann aber geschieht das Entrückende, welches der Dichter dem Begriff des Erhabenen annähert: „Wird die Seele ein Verhältnis gleichsam im Keime gewahr, dessen Harmonie, wenn sie ganz entwickelt wäre, sie nicht ganz auf einmal überschauen und empfinden könnte, so nennen wir diesen Eindruck erhaben, und es ist der herrlichste, der einer menschlichen Seele zuteil werden kann.“[231] Wie ein Kunstwerk nicht einfach Abdruck von etwas oberflächlich Wahrnehmbaren ist, sondern hervorgeht aus einer inneren Vision des Künstlers, die in die Tiefe der Wirklichkeit hinabreicht und nun öffentlich vernehmbar wird, so macht auch der Betrachter die Erfahrung des innehaltenden Staunens, die ihn öffnet für das Außergewöhnliche des Seins.[232]

Seit Platon wird Schönheit in engem Zusammenhang mit der erotischen Begeisterung gesehen. Seine Ahnung des doch unsagbar bleibenden Göttlichen ist vom Christlichen nicht aufgehoben, sondern überschritten worden.[233] Auch Balthasar, der dem Eros die christliche Agape ergänzend zur Seite stellt, schätzt die griechische Philosophie, weil ein erstes Wissen von der sich hingebenden Leidenschaft der Liebe auch in ihr durchaus gegenwärtig ist.[234] Wer vor eine schöne Gestalt gerät, kann sich ihrer Attraktivität gar nicht entziehen. Ungefragt wird er in seinem reflektierten Tun unterbrochen und von ihrem Charme gefesselt, geradezu magisch in ihren Bann gezogen. Der Glanz des Schönen hat etwas Einladendes, Faszinierendes, das einen hinreißt. Hingerissen aber ist, wem die ruhige Sicherheit des Selbstbesitzes wenigstens für einen Augenblick verloren geht, wer ganz bei dem ist, was unbedingt beachtet werden will. Für Platon ereignet sich in solcher Begegnung mit Schönheit eine dramatische Erschütterung, die den Menschen heilsam aus sich herausreißt und von aller Selbstbefangenheit löst, sodass er „außer sich gerät“[235]. Denn der Grundaffekt des Eros geht aus einer Mangelerfahrung hervor, in der sich der Mensch seines verlorenen Ursprungs bewusst wird und sich sodann ergreifen und empor ziehen lässt zu einer als

---

230 BALTHASAR: Herrlichkeit I. 22.
231 GOETHE: WA II. 11. 317; zit. in BALTHASAR: Herrlichkeit III-1-1. 31f.
232 Gleichwohl bleiben grundlegende Differenzen zwischen „der ontologischen Fassung des Begriffs“ des Erhabenen, der Balthasar bei Goethe begegnet (vgl. DERS.: Herrlichkeit III-1-1. 31), und dem kantisch-idealistischen Gefühl von Erhabenheit, das hier eher ausgeblendet wird. Vgl. zur Thematik HOEPS: Das Gefühl des Erhabenen und die Herrlichkeit Gottes. Bes. 202-219.
233 Vgl. RATZINGER: Verwundet vom Pfeil des Schönen. 38.
234 Bei allen Vorbehalten gegenüber einer einseitig vom *desiderium naturale* her konzipierten Erkenntnistheorie (s.o.) zielt Balthasar keineswegs auf eine gänzliche Ablehnung des antiken Eros. Zur positiven Einschätzung und Bedeutung des Eros für die theologische Ästhetik vgl. BALTHASAR: Herrlichkeit I. 112-120 sowie DERS.: Offenbarung und Schönheit. 130-132, wonach er als jene „auf die Erfüllung aller Liebe in der Welt verheißend hinweisende Gestalt der Liebe [...] nicht entbehrlich“ ist (131). Zum Verhältnis von Eros und Agape vgl. BALTHASAR: Eros und Caritas. – DERS.: Eros und Agape. – LÖSER: Im Geiste des Origenes. 42f.
235 PLATON: Phaidros. 250a.

liebenswert geschauten Vollkommenheit.[236] Der Eros ist, so führt Balthasar die platonische Tradition fort, vor allem „dieser allmenschliche Drang, seine enge, egoistische
Sphäre zu sprengen und zu überfliegen, für irgend etwas Größeres als er selbst ist,
sich hinzugeben, sich und seine eigene Armut zu vergessen und in der Verschenkung
an irgendein erhabenes, lockendes, hinreißendes Wesen oder Ziel"[237]. Während der
egoistisch *Begehrende* genau weiß, was er will, und aus dem engen Kreis seines auf sich
bedachten Ichs nicht herauszutreten vermag, will der *Liebende* nicht mehr ohne den
beglückenden Anderen sein, da er von ihm her neues Leben empfängt. In diesem
Sinne geht es Balthasar um das Zueinander „von Attraktivität und Begehren, von
blühender Schönheit und dem Wunsch, sie zu teilen. Konvivenz ist hier ein ganz
erhebliches Stück des Sinns von Dasein"[238].

Die eigentliche Wirkung des Schönen aber liegt darin, eine Erwartung zu wecken,
die über das momentan Erreichbare hinaus geht. „Das Schöne ist nicht sowohl leis-
tend als versprechend"[239], sagt Goethe. Wenn der Mensch auch von einem endlichen
Gegenüber angezogen wird, findet er an ihm im Letzten doch kein Genüge. Seine
Sehnsucht ist erst dann gestillt, wenn ein Unbedingtes sie erfüllt. Die christliche Pla-
ton-Rezeption weiß um diesen unbedingten Grund, der im Schönen liegt und die
Wirklichkeit erst bejahenswert erscheinen lässt.

Erneut zeigt sich, dass die Ausgerichtetheit der Liebe auf Anderes die Subjektivität
des Menschen nicht annulliert, sondern umso stärker beansprucht. So sehr der Betrachter in der Freude am unverzweckbaren Geheimnis des Schönen auch sich selbst
vergisst, erlebt er seine Faszination doch als je eigene und einmalige. Die Harmonie
und Klarheit des Schönen übertragen sich heilsam auf ihn selbst und lassen ihn Frieden finden. Sie geben ihn neu und anders, in seinem Innersten bereichert an sich
zurück.[240] In diesem Sinne steigert die Erfahrung von Schönheit die Lust an der eigenen Existenz – ein Aspekt, der bei Balthasar häufig übersehen wird.[241] Dabei verhalten sich Subjekt und Objekt polar: subjektiv ist wahr, dass sich der Mensch in Freiheit
selbst besitzt, dass er fähig und verpflichtet ist zur kritischen Prüfung alles Begegnenden; objektiv hingegen ist dieser gleiche autonome Mensch so in das Ganze der Wirklichkeit einbezogen, dass unverfügbare Widerfahrnisse von Schönheit ihn durchaus
seiner Selbstmächtigkeit entheben können. Verschließt er sich diesem Anspruch nicht,
kann ihm gerade im zeitweiligen Verlust seiner kritischen Souveränität eine unverhoffte Einsicht und Erfüllung zuteil werden, die ihm sonst schlicht unerreichbar wäre.

---

[236] Platons *Phaidros* beschreibt, so BALTHASAR in Herrlichkeit III-1-1. 189, „die Aufregung der Seele, wenn
sie im erscheinenden Schönen des Urschönen erinnernd-ahnend gewahr wird". Zum platonischen Eros
vgl. vor allem die Darstellung von PIEPER: Begeisterung und göttlicher Wahnsinn. Bes. 133-145.

[237] BALTHASAR: Eros und Caritas. 154.

[238] BALTHASAR: Herrlichkeit II-1. 17.

[239] GOETHE: WA I. 33. 234; zit. in PIEPER: Begeisterung und göttlicher Wahnsinn. 139.

[240] Hierauf verweist Balthasar bereits in theologischer Perspektive (DERS.: Herrlichkeit I. 118).

[241] Auch wenn der subjektive Anteil in der Schau des Schönen bei Balthasar in den Hintergrund zu geraten scheint, wird er vor allem in *Herrlichkeit I* (123-410: „Die subjektive Evidenz") ausdrücklich bedacht. Zum Einbezug der Freiheit in die Erfahrung von Schönheit bzw. Herrlichkeit vgl. BALTHASAR:
Herrlichkeit I. 464.

Es zeigt sich, dass der Begriff des transzendentalen Schönen zugleich mit jenem der Gestalt aufkommt, die Goethe als „teilhabend an der Unendlichkeit"[242] denkt. Auch in Balthasars philosophischer Theologie gewinnt der Analogiegedanke tragende Bedeutung.

6.3.2 Gotteserkenntnis im Horizont der *analogia entis*

6.3.2.1 Das Göttliche in der Schöpfung

Die Überschrift des letzten Kapitels der *Theologik I*, „Wahrheit als Teilnahme"[243] gibt bereits einen Hinweis auf den offenen Horizont, unter dem die Wahrheitsproblematik bedacht wird: Es ist der Raum der *participatio* und der *analogia entis*, der Balthasar den Brückenschlag in die theologische Reflexion ermöglicht. Mit ihrem sowohl philosophischen als auch offenbarungstheologisch geleiteten Interesse gehört die Frage der Gotteserkenntnis durch den Menschen zu den intensiv behandelten Problemkreisen der *Theologik*.

Gemäß dem traditionellen Argument, dass die Erkenntnis Gottes ihre Voraussetzungen in der Schöpfung habe, die in ihrer Abbildähnlichkeit indirekt den transzendenten göttlichen Grund aller Weltwirklichkeit offenbare, profiliert Balthasar den Kontingenzgedanken auf zweifache Weise:

> „Was Gott in der Schöpfung von sich selbst offenbart, das hat er ganz in die Natur der erkannten Objekte und der erkennenden Subjekte hineingelegt. Aus ihrem Wesen, ihrer Kontingenz wie ihren positiven Werten und Eigenschaften ist das zu entnehmen, was der Schöpfer in der Schöpfung von sich darzustellen gewünscht hat. Er hebt sich also, indem er sich als der Schöpfer offenbart, unmittelbar auch als der in sich selbst nicht offenbare Hintergrund der Welt ab."[244]

Die darin beschlossene analoge Erkenntnis Gottes geschieht nicht in unmittelbarer Schau des göttlichen Wesens, sondern mittels des göttlichen Lichtes selbst, das die Geschöpfe widerspiegeln, sodass gilt: „Es gibt keine andere Gotteserkenntnis als die durch die Kontingenz der Welt hindurch vermittelte, aber auch keine, die unmittelbarer zu Gott führen würde, als diese."[245]

Zunächst deutet Balthasar die in jedem Selbstvollzug sich ereignende Transzendenzbewegung des menschlichen Geistes als Affirmation des Seins im Ganzen und damit als impliziten Gottesbeweis. Bereits Rahner hatte in *Geist in Welt* und *Hörer des Wortes* ausführlich gezeigt, dass das absolute Sein als Möglichkeitsbedingung des Er-

---

[242] BALTHASAR: Herrlichkeit III-1-1. 31. Vgl. Goethe: WA II. 11. 315: „Alle beschränkten Existenzen sind im Unendlichen, sind aber keine Teile des Unendlichen, sie nehmen vielmehr teil an der Unendlichkeit."

[243] Vgl. BALTHASAR: Theologik I. 257-312.

[244] BALTHASAR: Theologik I. 261; vgl. 266.

[245] BALTHASAR: Theologik I. 46. Das Programm der Wahrheitsschrift lautet somit, „die Gottabbildlichkeit des weltlichen Seins im ganzen" zu erweisen (XV; vgl. IXf).

fassens von endlichen Gegenständen immer mitbejaht wird.[246] Die an die sinnliche
Welt verwiesene menschliche Erkenntnis ist immer schon über das Datum der Sinnes-
erfahrung hinaus, wenn sie über den sich zeigenden Gegenstand und dessen Wahrheit
urteilt. In solchem Urteilsakt vollziehen wir einen Vorgriff auf das unendliche Sein,
insofern wir nur im Licht des Unendlichen das Endliche als solches erkennen können.
Oder anders gesagt: Wir vermögen uns nur deshalb von unseren jeweiligen Erfahrungen wie von der Kreatürlichkeit des Menschseins überhaupt zu distanzieren und sie
als bedingt zu gewahren, weil wir den unendlichen Seinshorizont miterfassen und auf
Unbedingtes vorgreifen. In der dynamischen Offenheit auf das Sein erfährt sich der
Mensch als ein Wesen, das kein absolutes Wissen von sich selbst und der Welt hat. Er
ist ständig im Vollzug seiner Selbsttranszendenz. Aber nicht darin überschreitet die
Vernunft den Kreis des endlichen Denkens, dass sie ihre Bedingtheit hinter sich ließe,
sondern darin, dass sie an ihrer Grenze auf den Gottesgedanken ausgreifen muss.
Metaphysik und Gotteserkenntnis sind so zwar primär an die Orientierung in der Welt
gebunden, aber ihre Möglichkeit ist prinzipiell eröffnet durch den im Urteilsakt mitge-
setzten Vorgriff auf das absolute Sein. Besteht der metaphysische Akt also in der
„Öffnung des Erkennenden auf das Sein überhaupt als den Grund des Seienden und
seiner Erkenntnis"[247], so wird Gott in der Metaphysik nicht mehr kausal als ihr Gegenstand, sondern als transzendenter *Grund* ihres Gegenstandes erreicht. Da der
Seinsakt aber nur im Spiegel des Endlichen erscheint, enthüllt die Welt ihren Grund
und Urheber ebenso wie sie ihn verhüllt.

Den Gottesbezug in aller endlichen Erkenntnis hervorhebend zitiert Balthasar aus
De veritate: „omnia cognoscentia cognoscunt implicite Deum in quolibet cognito"[248],
und erläutert das thomanische Argument parallel zu Rahner anhand der transzendentalen Grenzerfahrung:

„Die Kreatürlichkeit als Kreatürlichkeit erkennen heißt unmittelbar darin auch Gott erkennen.
Die Grenze der weltlichen Wahrheit empfinden heißt das jenseits der Grenze Befindliche heim-
licherweise miterfassen [...]. Nicht zuletzt die alles Endliche übersteigende Bewegung des Denkens, seine Sehnsucht nach der Kenntnis und Ergreifung der Wahrheit im ganzen legt in jedem
endlichen Denkschritt Zeugnis ab für deren hintergründiges Dasein. Dass überhaupt gedacht
wird, dass der endliche Verstand, wenn ihm das Sein im ganzen in seiner Unbegrenztheit aufgeht, sich gezwungen sieht, die Existenz des absoluten Seins und der absoluten Wahrheit zu
setzen und aus der Kraft dieser transzendenten, das einzelne Bild und den endlichen Begriff,
den er synthetisiert, unendlich übersteigenden Setzung auch dem endlichen Gegenstand wahre
Wirklichkeit zuzusprechen, beweist, dass die endliche Vernunft selbst nur darum ihr Werk tun
kann, weil in ihr eine auf die Unendlichkeit zielende Ausrichtung lebt. Dunkel weiß sie sich
unterwegs zu dieser ewigen Wahrheit und immer schon, durch den Anruf aller endlichen Gegenstände hindurch, von ihr angeblickt und angerufen. So ist menschliche Vernunft nicht in der

---

246 Vgl. RAHNER: Hörer des Wortes. 100: „Die Bejahung der realen Endlichkeit eines Seienden fordert als
     Bedingung ihrer Möglichkeit die Bejahung der Existenz eines esse absolutum, die implizite schon ge-
     schieht in dem Vorgriff auf das Sein überhaupt, durch den die Begrenzung des endlichen Seienden al-
     lererst als solche erkannt wird." Zu den philosophischen Frühschriften Rahners vgl. KREUTZER:
     Transzendentales versus hermeneutisches Denken. 134-143. – DERS.: Subjektivität als Beisichsein. –
     RAFFELT: Art. Karl Rahner.
247 RAHNER: Geist in Welt. 290.
248 THOMAS VON AQUIN: De Veritate 22. 2 ad 1; zit. in BALTHASAR: Theologik I. 45.

Endlichkeit eingeschlossen, ja sie kann ihr endliches Werk der Erkenntnis endlicher Dinge nur darum als Vernunft verrichten, weil sie je schon mit dem Unendlichen Fühlung hat [...]. Im kleinsten Denkschritt lebt also einschlussweise schon die Kenntnis der wahren Unendlichkeit; jedes Urteil, das ein endlicher Verstand fällt, ist ein Gottesbeweis."[249]

Da der Aufgang des unbegrenzten Seinshorizonts zusammenfällt mit der Einsicht, dass weder das Subjekt noch ein anderes Seiendes diesen auszufüllen imstande ist, gewahrt der Mensch die Endlichkeit seiner selbst wie all dessen, was ist.

Aber nicht nur in der Vorgriffstruktur menschlicher Freiheit und Vernunft liegt eine Bejahung des absoluten Seins. Auch an den Objekten selbst leuchtet ihr „komparativisch ins Unendliche offene Charakter"[250] auf, den Balthasar vom platonisch-thomistischen Partizipationsgedanken her erklärt. Die Positivität der endlichen Objekte und des endlichen Selbstbewusstseins kann nur durch ihre Teilhabe an der göttlichen Seinsidentität definiert werden, denn trotz relativer Eigenständigkeit werden sie als unvollständig, kontingent und begründungsbedürftig erlebt. Ihre doppelte Begrenztheit verweist auf ein Absolutes, das als Identität von göttlichem Sein und Denken der unbedingte Grund dieser Kontingenz wie die ontologische Bedingung aller Erkenntnis ist. Sie setzt „mit Notwendigkeit eine Sphäre absoluter Wahrheit voraus, in der sich ewiges Sein und ewiges Selbstbewusstsein immer schon decken und von der her alle endlichen Objekte je schon gemessen und damit der Erkennbarkeit durch endliche Subjekte übergeben sind"[251].

Gotteserkenntnis geschieht also über die Erfassung des endlichen Seins und ihrer konstitutiven Bezogenheit auf das unendliche Sein, dessen Transzendenz als absolute Freiheit gedacht wird. Wenn Gott

„als der notwendige Grund jeder weltlichen Wahrheit ansichtig wird, so setzt er sich doch, gerade in dieser Erkenntnis seiner, als das in sich verborgene Geheimnis des unendlichen personalen Seins vom endlichen Selbstbewusstsein ab. Gott muss in jeder Wahrheit, bewusst oder unbewusst, notwendig mitgesetzt werden, aber so, dass die Offenbarkeit seines Seins unmittelbar zurück geführt wird auf eine ursprüngliche Freiheit seines Sich-offenbarens."[252]

Als Schöpfer und Erlöser kann er nur in einem freien Selbstbezug auf die Welt hin gedacht werden. Wenn die Wahrheit Gottes aber alles Wirkliche fundiert,[253] so existiert endliches Seiendes nur als frei geschaffenes. Das Gefüge beider Seinsweisen legt ein *Analogieverhältnis* offen, das im letzten keine Identität zulässt, aber eine frei-gebende Differenz zwischen Gott und Welt aufrecht hält und eine Spannung konstituiert, in der die endliche und unendliche Wahrheit ineinander verwoben sind. Endliche Wahrheit ist stets von ihrer analogischen Relation zu Gott als dem absoluten Geheimnis her mitbestimmt.

„*Weil* die göttliche Wahrheit, als die Wahrheit einer *absoluten* Identität, notwendig in jeder Offenbarung Geheimnis bleibt, darum hat jede weltliche Wahrheit etwas von diesem Geheimnis-

---

[249] BALTHASAR: Theologik I. 287f. Vgl. RAHNER: Hörer des Wortes. 80-84.

[250] BALTHASAR: Theologik I. 258; vgl. 259.

[251] BALTHASAR: Theologik I. 258; vgl. 54.

[252] BALTHASAR: Theologik I. 260; vgl. 259.

[253] Vgl. BALTHASAR: Theologik I. 278.

charakter an sich [...]. Grundlos ist alle geschaffene Wahrheit, sofern sie ihren Grund nicht in sich selbst hat, ihren eigenen letzten Grund also durchbricht in eine nicht mehr endlich auszulotende Tiefe des göttlichen Geheimnisses hinein; grundlos ist aber auch die göttliche Wahrheit, in dem Sinne, dass sie auf nichts anderem mehr aufruht als auf sich selbst, auf ihrer eigenen Unendlichkeit. Die Grundlosigkeit alles weltlichen Grundes steht also wiederum in Analogie zu der des göttlichen Grundes, aber so, dass in der betonten Kreatürlichkeit der weltlichen Grundlosigkeit, also im Abstand des Nicht-in-sich-selber-Stehens die betonte Göttlichkeit der Grundlosigkeit Gottes: sein Ganz-in-sich-selber-Stehen ansichtig wird."[254]

Balthasar unterstreicht damit, dass der göttliche Seinsgrund gerade aufgrund der Nichtsubsistenz des geschaffenen Seinsaktes real existieren muss. Dies eröffnet ihm die Möglichkeit, eine umfassende Symbolik der Welt – horizontal (proportionalitätsanalogisch) und vertikal (attributionsanalogisch) – herauszustellen. In ihrem positiven Selbststand und ihrer inneren Ähnlichkeit mit dem Schöpfer „erscheint die Welt als ein ungeheures Bild und Symbol des göttlichen Wesens"[255], das sich in gleichnishafter Weise ausdrückt. Wie der Leib ein Spiegel der Seele ist und wie die materiellen Zeichen einen geistigen Gehalt anschaulich machen, wie sich also schon innerweltlich das Wesen in der Erscheinung anzeigt und beglaubigt, so ist auch die Welt als Ganze und jedes einzelne Seiende „ein echtes Hervortreten Gottes"[256]. Während das Wesen Gottes vom Menschen her zwar unerreichbare Identität bleibt, nur durch Gnade erahnt und im Glauben geschaut werden kann, ist die Gleichnishaftigkeit der Welt doch Erscheinung einer bei Gott gesetzten Urbildlichkeit. Aus der Perspektive der Kreatur erscheint diese Analogie als reale, naturnotwendige *participatio*, von Gott aus betrachtet aber als freie und ungeschuldete *revelatio*.[257] Damit klärt sich nun endgültig auf, dass der als je größer erfahrene Anspruch des Wirklichen, die *veritas semper maior* von der verborgenen Präsenz Gottes herrührt: „Dieses geheimnisvolle Mehr, von dem schon so viel die Rede war, ist die äußerste Füllung des weltlichen symbolischen Gefäßes mit dem Inhalt Gottes."[258]

Balthasars Phänomenologie erinnert hier an Goethes dankbare Freude über die Gotterfülltheit der Natur. In seiner Naturfrömmigkeit vermag Goethe die Vernunft des Schöpfers im Konkreten zu vernehmen und ihr handelnd Raum zu geben. Für sein klassisches Auge ist alles Irdische in ein übernatürliches Licht getaucht. Nichts ist bloße Faktizität, lassen die Phänomene doch auf den Grund des Daseins blicken. Durch die Verweisungskraft des Natürlichen, das Übernatürliche zu repräsentieren, erscheint der innerweltliche Erfahrungsraum als Vermittlungsgestalt des Göttlichen. Da aber das Göttliche in den weltlichen Begrenztheiten nicht aufgeht, wird die Rede vom immanenten Absoluten in die Transzendenz hin offen gehalten. Auch für Balthasar bleibt die Rede von der philosophischen Gotteserkenntnis zweideutig: „Der

---

254 BALTHASAR: Theologik I. 262.
255 BALTHASAR: Theologik I. 264.
256 BALTHASAR: Theologik I. 265.
257 Vgl. BALTHASAR: Theologik I. 262f.
258 BALTHASAR: Theologik I. 267.

Vorentwurf natürlicher Theologie kommt ebenso zu seinem Recht wie die Durchkreuzung aller menschlichen Bemühungen durch das reine Prius der Gnade."[259]

6.3.2.2 Der Aufgang der Herrlichkeit

Während der Gottesgedanke als freier Grund aller Wirklichkeit bestimmbar wurde, entschlüsselte sich die Schöpfungsordnung als dessen symbolische Vermittlung. Diese Sichtweise impliziert in ihrer ästhetischen Variante das Transzendentale des *pulchrum* und auf Seiten des Menschen ein Vorverständnis für den Aufgang göttlicher Herrlichkeit, welche Balthasar im dritten, der Metaphysik gewidmeten Band seiner theologischen Ästhetik bespricht.

Eine philosophisch mögliche Darlegung der Ansprechbarkeit des Menschen durch Gott bleibt aber an die *analogia entis* gebunden. Die Kernaussage der vierfachen ontologischen Differenz, die Balthasar – wie noch zu zeigen sein wird – in gedanklicher Nähe zu Ulrich entwickelt, bestand zum einen darin, dass die geschaffene Seinsfülle als solche nicht subsistiert und damit von Gott als dem in und durch sich existierenden Sein, dem *ipsum esse subsistens*, radikal verschieden sein muss. Diese reale Trennung allen geschaffenen Seins von der göttlichen Seinsursache lässt sich sodann auf ein Gott-Welt-Verhältnis hin abbilden, das Gott als den sich selbst mitteilenden Seinsgrund offenbart. Durch seine schöpferische Fähigkeit zur Selbstunterscheidung bleibt Gott als Geber in der Seinsgabe präsent. Das Sein behält so die Positivität der *similitudo divinae bonitatis* und ist in seiner „Nichtsubsistenz durchleuchtet [...] von der Freiheit des schaffenden Grundes als grundloser Liebe"[260]. In seiner Gratuität offenbart es die unübertreffliche Liebe seines Gebers. Es lenkt den Blick auf den Schöpfungsakt, der in einer absoluten Freiheit gründet und die Würde der Einzelgestalt garantiert. Aus der nicht-notwendigen Seinsschenkung heraus „rechtfertigt sich der erhobenerhabene (transzendentale) Glanz von Herrlichkeit, der alles Seiende ungreifbar durchströmt"[261].

Philosophiegeschichtlich habe sich aber gezeigt, so Balthasars langer Analyseweg, dass die Differenz von *esse* und *essentia*, der Abstand des Seinlassens, der hier aufbricht, eine ambivalente Deutung zulässt, welche vor die Alternative stellt: entweder an der äußersten Fragwürdigkeit der Welt die Wert- und Sinnlosigkeit des Seins abzulesen und in nihilistischem Pathos „tiefster Seinsentfremdung und -verdunkelung"[262] den metaphysischen Grundakt abzuwehren; oder aber das Sein in seiner Herrlichkeit aufgehen zu sehen, dessen Gleichnis und Abglanz alle weltimmanente Schönheit ist.

---

[259] SALMANN: Neuzeit und Offenbarung. 52. Vgl. BALTHASAR: Theologik I. 107.

[260] BALTHASAR: Herrlichkeit III-1-1. 366.

[261] BALTHASAR: Herrlichkeit III-1-2. 952; vgl. 955, wo Balthasar ebenfalls betont, „dass die Eingründung dieses in keine Notwendigkeit rückzuführenden Seins in Gott auf eine letzte Freiheit verweist, die weder das Sein (als nichtsubsistent) haben könnte, noch das seiende Wesen (sofern es sich je schon in seiner Wesenheit vorfindet). So kann einerseits die Freiheit des nichtsubsistierenden Seins gegenüber allen Seienden in seiner ‚Herrlichkeit' nur dann gewahrt bleiben, wenn es in einer subsistierenden Freiheit des absoluten Seins, das Gott ist, eingründet."

[262] BALTHASAR: Herrlichkeit III-1-2. 953.

Während der Nominalismus und die späte Neuzeit nach Balthasars Einschätzung die pessimistische Lösung vertreten, öffnen sich die abendländischen Metaphysiken des Lichtes[263] für die optimistische, dem Sein geradezu huldigende Sicht.

Vor allem aber ist die thomanische Lehre von der Realdistinktion eine bedeutsame Errungenschaft abendländischer Geistesgeschichte, worin sie einen *kairos* markiert, der erstmals wieder erlaubt, „die ‚Herrlichkeit‘ Gottes von der kosmischen Schönheit klar zu trennen"[264]. Sie steht für ein Verhältnis göttlicher Nähe und Distanz zur Welt, das die Analogie der Herrlichkeit einschließt. Während jede einzelne Schönheitsgestalt der Welt das nicht-subsistierende Sein als Gabe sichtbar macht, durch das Gott den Geschöpfen freigebig Anteil an seiner eigenen Vollkommenheit gewährt, sie aber zugleich in ihr eigenes Dasein freisetzt, verweist die Herrlichkeit des *actus essendi* aufgrund ihres immanenten Glanzes indirekt auf Gott als den letzten Ursprung allen Seins; johanneisch gesprochen: „Das Sein selber ist ‚nicht das Licht‘, aber es gibt ‚Zeugnis vom Licht‘, indem es darauf kraft seiner Nichtsubsistenz verweist."[265]

Als vorläufige philosophische Ausgangsbasis der Rede von Herrlichkeit kann nun festgehalten werden, dass Balthasar von der traditionellen Ontologie her Vernunft- und Offenbarungswirklichkeit einander annähert. Am Anfang seines Denkens steht der metaphysische Grundakt des Staunens und der Verwunderung vor dem *Sein als Gabe*. Der christliche Glaube bringt diese Seinsbejahung zur Vollendung, indem er bleibend offen ist für das vergessene Mysterium des Seins, das ebenso wie das biblische Wort Gottes schöpferische Güte widerspiegelt. Auf den heideggerischen Vorwurf der Seinsvergessenheit wird somit die Antwort des Glaubens gegeben, die zum Vorbild für die Philosophie wird. Zwar ist, so schreibt er, Gottes Wort nicht dazu da,

„von oben fertige Lösungen in das aufsteigende Denken hineinzuwerfen. Wohl aber kann die Weise, wie Jesus Christus offen zum Vater lebt, und in dieser Offenheit sowohl die höchste Offenbarkeit der Gottesliebe wie die höchste Entscheidung des Menschen zu Gott zeigt, dem Metaphysiker weisen, ob er bereits offen genug denkt und fragt, oder vielleicht zu früh abgeschlossen hat. In diesem Sinne ist der Christ in unserer Zeit zum Hüter der Metaphysik bestellt."[266]

Die Analogie des Herrlichkeitsbegriffs führt von selbst in die *theologische Ästhetik*, die ihrerseits die transzendentale Ästhetik voraussetzt, bedingt und bestimmt. Gottes eigene Herrlichkeit hebt sich vom Transzendentale des *pulchrum* insofern ab, als sie der in allen Weisen biblischer Offenbarung und Heilsgeschichte anklingende Grundton ist, der vernehmbar wird als „Selbstmitteilung des Ganz-Anderen"[267] und „Vortreten Dessen, der in seiner Unterschiedenheit wahr-genommen werden muss"[268]. In der Gestalt Jesu Christi ist sie der unverfälschte und sichtbare Erweis der überbordenden

---

[263] Etwa die griechische Mythik und Patristik, die Naturphilosophien Alberts, Descartes', Goethes und der führenden Renaissancephilosophen Nikolaus von Kues und Ficino sowie im siècle des lumières.
[264] BALTHASAR: Herrlichkeit III-1-1. 356.
[265] BALTHASAR: Herrlichkeit III-1-2. 962.
[266] BALTHASAR: Herrlichkeit III-1-2. 983.
[267] BALTHASAR: Herrlichkeit III-2-1. 12.
[268] BALTHASAR: Herrlichkeit III-2-1. 14.

Liebe Gottes zur Welt, durch die Gott die menschliche Freiheit ganz an sich ziehen, für sein Heilswerk gewinnen und zur unkündbaren Zustimmung befreien will. Von der Phänomenologie *dieser* Herrlichkeit wird im theologischen Kapitel zu handeln sein.

6.4 Unbekannte Verwandte: Die Ontologie der Gabe bei Ferdinand Ulrich

In diesem Teil der Arbeit wird versucht, die Philosophie Balthasars vor dem Hintergrund goethescher Denkformen zu konturieren und auf ihre phänomenologischen Elemente hin zu befragen. Dabei ist ein Hauptmotiv sichtbar geworden: *Wahrheit der Welt* (1947) geht aus von einer Ontologie, in der alles Sein sich in der Begegnung zwischen Subjekt und Objekt, zwischen Gott und Welt ereignet und als solches den Charakter einer unverfügbaren *Gabe* gewinnt. Die einige Jahre später verfassten Passagen aus *Herrlichkeit III: Im Raum der Metaphysik* (1965) lassen noch weitaus präziser erkennen: Sein ist immer *mehr* als bloßes Vorhandensein, statische Substanz oder anonymes Bewusstsein. Es ist Ausdruck des Schöpfungs- und Beziehungswillens Gottes und deswegen *Gabe, Liebe*, die dem Menschen zugedacht ist und durch die er erst zu sich selbst kommt. Auf die entscheidende Bedeutung dieses Motivs macht Balthasars Cousin Henrici aufmerksam:

„Hier liegt, offen-verborgen, der Schlüssel zu Balthasars ganzem Werk [...]. Erst wenn es gelingt, das Sein als Liebe zu verstehen – und zwar ineins als Armut des Eros und als selbstloses Sich-Verschenken –, erst dann ordnen sich die Perspektiven dieses kaum überschaubaren Denkens zu einer schlichten und eindrücklichen Gestalt."[269]

Nun fällt auf, dass Balthasar seine anfängliche goethesche Intuition in den sechziger Jahren zu einer prägnanten Theorie und Begrifflichkeit fortentwickelt. Er hat sein Denken offenbar im Gespräch mit der Philosophie seiner Zeit geschult und gibt darüber selbst Auskunft:

„Beeindruckt von Przywaras dialektischer Deutung von Thomas' Realdistinktion, konnte ich den Zugang zu meinem späteren Freund Gustav Siewerth (der freilich bitter gegen Przywara polemisiert hat) und noch später zu *Ferdinand Ulrich* finden, deren Sicht ich *bis zum Schlussteil von ,Herrlichkeit' III/1, ja bis zur ,Theodramatik'* so vieles verdanke. Beide, *vor allem der letzte*, haben mir den Blick in eine Totalität der Geistesgeschichte des Abendlandes und die christlich-theologischen Voraussetzungen für die neuere Philosophiegeschichte eröffnet."[270]

---

[269] HENRICI: Zur Philosophie Balthasars. 258.
[270] BALTHASAR: Unser Auftrag. 39f. Hervorhebung von mir. In der Forschung wird verschiedentlich bemerkt, dass Balthasar den philosophischen Unterbau seiner Werke nicht eigenständig, sondern mit Hilfe der Vorleistung anderer entwickelt (vgl. z.B. DISSE: Metaphysik der Singularität. 25). Meist wird dann jedoch der Blick auf Siewerth gelenkt (vgl. WIERCINSKI: Hermeneutik der Gabe. – LOCHBRUNNER: Gustav Siewerth im Spiegel von Hans Urs von Balthasar. – BIELER: Freiheit als Gabe), obwohl dessen Ansätze einer Philosophie der Gabe erst von seinem Schüler Ulrich konsequent zu Ende gedacht werden.

Stärker als sein eigener Lehrer Gustav Siewerth, der Anfang der 60er Jahre überraschend stirbt, nimmt der Regensburger Philosoph Ferdinand Ulrich (*1931) Einfluss auf Balthasars Denken. Die produktivste Phase seiner Publikationstätigkeit fällt in die sechziger bis achziger Jahre des letzten Jahrhunderts[271] – genau in jene Zeit also, in der Balthasar seine Trilogie verfasst. Ulrich steht für eine trinitarisch-relationale *Ontologie der Gabe*, die in der Vermittlung der christlichen Offenbarung, des originalen Thomas, der Transzendentalphilosophie und der mit Husserl und Heidegger neu aufkommenden Phänomenologie einen Weg sucht, das *Sein als Gleichnis der Güte Gottes* zu denken. Aufgrund ihrer schwierigen Sprachpragmatik ist diese jedoch nahezu unentdeckt geblieben.

Der folgende Einschub möchte deshalb ein Zweifaches leisten. Zum einen erscheint es lohnenswert, die hohe Wertschätzung herauszustreichen, die Balthasar Ulrich entgegen bringt. Einige Zitate aus der persönlichen Korrespondenz können diese dokumentieren.[272] Zum anderen soll eine inhaltliche Darstellung der Grundgedanken Ulrichs die für Balthasar wichtigste Bezugsphilosophie aufzeigen, welche die systematischen Weichen für sein eigenes Anliegen – die Gabe des Seins – stellt. Im Vergleich zu Balthasars oft als unübersichtlich empfundener Denkform gelingt Ulrich ein einheitlicher Wurf, der eine Fundierung der hier begonnenen Theoriebildung verspricht.

6.4.1 Die unveröffentlichte Korrespondenz zwischen Balthasar und Ulrich

Sowohl in verschiedenen Werken als auch in seinem regen Briefkontakt mit Ulrich, der leider bis heute nicht veröffentlicht ist, versäumt Balthasar nicht zu erwähnen, dass das Denken Ulrichs für ihn ein ständiger Quell der philosophischen Inspiration ist.[273] Ulrich und Balthasar kennen einander nicht nur *ex litteris*, sondern führen über viele Jahre einen lebendigen Gedankenaustausch, dessen Wirkung unterschätzt wird. Dies liegt zum einen daran, dass Siewerth zunächst in der Öffentlichkeit stärker als

---

[271] Vgl. OSTER: Mit-Mensch-Sein. 13.

[272] Einen Einblick in diese unveröffentlichte Korrespondenz verdanke ich der freundlichen Genehmigung von Ferdinand Ulrich sowie von Stefan Oster, der (schon jetzt) den schriftlichen Nachlass Ulrichs verwaltet. Die im Folgenden aufgeführten Zitate stellen jedoch nur eine kleine Auswahl eines langjährigen philosophischen Gesprächs dar.

[273] Vgl. BALTHASAR: Unser Auftrag. 40. Der Autor verweist in *Herrlichkeit III* im Zusammenhang mit seinen Ausführungen zur (vierten) Differenz zwischen Gott als Geber allen Seins und dem Sein als Gabe an entscheidender Stelle auf Ulrich (961, 955). M.E. entspricht aber der gesamte Passus zu den Seinsdifferenzen der Schöpfungsmetaphysik Ulrichs. Dass Ulrich während der Entstehungszeit der *Theodramatik* wichtigster Gesprächspartner Balthasars war, bemerkt auch WIERCINSKI: Hermeneutik der Gabe. 354f.

Gesprächspartner Balthasars wahrgenommen wird, zum anderen aber an der spekulativen Schwierigkeit des ulrichschen Werkes, das im gängigen philosophischen Diskurs immer ein Schattendasein geführt hat. Seine eigenwillige Diktion und sein theologisches Apriori rufen eine ambivalente Rezeption zwischen Skepsis und Zuspruch hervor und erschweren auch heute noch vielen Interessierten den Zugang.[274]

Das Gespräch zwischen Ulrich und Balthasar beginnt etwa 1959 nach Abschluss der Habilitationsschrift Ulrichs, die unter dem Titel *Homo Abyssus* veröffentlicht wird. Balthasar nimmt sie lobend zur Kenntnis: „Verehrter, lieber Herr Doktor, endlich habe ich Ihr Werk – auf Umwegen – in die Hand bekommen. Ich bin schlechthin überwältigt, und es gibt hier nur ein langes Hören und Schweigen, Mitvollziehen und – Danken."[275] In einem späten Brief aus den 80er Jahren kommentiert Balthasar ein weiteres Buch Ulrichs (gemeint ist *Leben in der Einheit von Leben und Tod*) mit den Worten: „Lieber Freund, erst jetzt lese ich Ihr Leben-Tod-Buch wirklich gründlich und bin davon restlos gefesselt. Hätte ich es früher getan, ich hätte weniger Oberflächliches geschrieben. Aber an Ihnen erkenne ich immer wieder meine engen Grenzen."[276] Von Ulrichs Anteilnahme an seinem eigenen Schreiben fühlt sich Balthasar sichtlich geehrt. „Dank, Dank für so viel Mitgehen. Ich weiß aber wohl, wieviel noch fehlt, wie weit Sie mit Ihren Intuitionen mir voraus sind."[277] Wie weitreichend der Einfluss Ulrichs auf die Hauptwerke Balthasars sein muss, lässt sich erahnen, wenn man etwa persönliche Widmungen in Betracht zieht. In einem Geschenkband der *Theodramatik III*, welcher für Ulrich vorgesehen ist, schreibt Balthasar: „Gestohlenes wird dem Autor rückerstattet"[278]. Ein Exemplar von *Pneuma und Institution* – Ulrich 1974 bereits offiziell zugeeignet – versieht er mit dem handschriftlichen Vermerk: „Lieber Freund, verzeihen Sie diese Widmung, die diesmal nicht zu umgehen war, obschon der magere Inhalt sich Ihrer schämt."[279]

6.4.2 Das Sein als Gleichnis der Güte Gottes

Ulrichs Grundgestalt des Denkens ist eine Ontologie der Gabe, die vom Fundament des christlichen Glaubens als deren Voraussetzung getragen ist und in engem Zusammenhang mit der Frage nach dem je konkreten Menschen steht. In diesem Doppelblick sind Ontologie und Anthropologie in ein fruchtbares Verhältnis gesetzt. Obwohl sich Ulrich der traditionellen Begrifflichkeit verpflichtet fühlt, sucht er diese immer wieder der transzendentalen und phänomenologischen Philosophie der Mo-

---

274 So die Einschätzung OSTERS: Mit-Mensch-Sein. Klappentext. Zu den Hintergründen der spärlichen und ambivalenten Rezeption Ulrichs vgl. 12-14.

275 Verfasst wahrscheinlich am 1.11.1959.

276 Geschrieben am 4.7.1980. Ulrichs Buch *Leben in der Einheit von Leben und Tod* ist erstmals 1973 im Knecht-Verlag erschienen.

277 Verfasst wahrscheinlich am 28.12.1961.

278 Datiert ist die Widmung auf „Weihnachten 1980". Das Geschenk-Exemplar für Ulrich befindet sich heute im Besitz von Martin Bieler, der mir dieses Zitat freundlicherweise zur Verfügung stellte.

279 Auch dieser Band gehört heute zum Nachlass Ulrichs.

derne anzunähern. Als metaphysischer Denker steht er einerseits der Seinsspekulation des Thomas von Aquin nahe und setzt sich andererseits intensiv mit den Errungenschaften der Neuzeit von Duns Scotus bis Hegel auseinander. Wer heutzutage Metaphysik treiben will, muss sich zudem mehr oder weniger explizit mit Heideggers Vorwurf der Onto-Theologie auseinandersetzen,[280] der besagt, dass die gesamte abendländische Philosophie von Platon bis Nietzsche die Gottesfrage wie die Frage nach dem Sinn von Sein auf der Grundlage einer univoken Vorstellung von Seiendheit formuliert habe. Gott fungiere dabei lediglich als der kausale Grund der Welt und seiner selbst *(causa sui / summum ens)* und sei als solcher zu einem kraftlosen Begriff geronnen, welcher der Verfügung des Subjekts unterliege.[281] Tatsächlich aber sei das Sein nicht rational verrechenbar, es müsse sich von sich selbst her dem Denken zeigen, zueignen, *geben* können.

Ulrich folgt Heidegger insofern, als auch er sich von einer Form von Metaphysik distanziert, die Gott lediglich als höchste Ursache oder Setzung des Denkens begreift.[282] Doch zieht er andere Konsequenzen. Weit davon entfernt, moderne Subjektivität per se als selbstherrliche Macht zu denunzieren, sieht er sie als ursprüngliche Begegnungsstätte mit einem Du, welche die Unvertretbarkeit eines Menschen ausmacht. Der Weg, der über die Schattenseiten Hegels und Heideggers hinausführt, ist für ihn eine Philosophie des intersubjektiven Dialogs, die ein erneuertes, nicht logisiertes Seinsdenken dadurch zu erreichen sucht, dass sie das Sein als *Gabe* und die ontologische Differenz als *dialogische Differenz* interpretiert. Da er seine Philosophie zugleich unter das Patronat des Thomas von Aquin stellt, kann er auch den von Heidegger ausgeblendeten Gottesbezug wieder einholen und nach einem möglichen absoluten Geber des Seins, nach dem Schöpfergott fragen. Die Wirklichkeit ist demnach Seinsschenkung aus der Hand eines gütigen Schöpfers, ja Gleichnis seiner göttlichen Güte („similitudo divinae bonitatis"[283]) und insofern reine Gabe eines sich darin selbst mitteilenden Gebers.

Gewiss wird das Sein ethisch neutral erfahren und ist vielfach gestaltbar. *Dass* es aber überhaupt etwas gibt, kann man nicht durch etwas weniger Großes als durch die göttliche Liebe erklären und in diesem urgründenden Sinn ist das Sein gut. Die Grundsprache dieser Liebe ist unauffällig wie das Strömen der Luft oder des Lichtes, in ihr ‚leben wir, bewegen wir uns und sind wir'. Von der göttlichen Seite her ist sie unbedingt, vom Menschen her unverdient, verstehbar für das Kind, dessen Selbsteinsatz im Vertrauen auf sein geschenktes Dasein einfach beginnt. Das Kind ist gleichsam personales Symbol des Anfangs „in der Einheit des an ihm selbst armen Reich-

---

[280] Vgl. HABERMAS: Nachmetaphysisches Denken, mit dem sich Oster auseinandersetzt; vgl. DERS.: Mit-Mensch-Sein. 1-66.

[281] Vgl. HEIDEGGER: Identität und Differenz. 51-79.

[282] Mehrfach kritisiert Ulrich Hegels dialektische Verbegrifflichung des Seins, z.B. in: DERS.: Begriff und Glaube.

[283] THOMAS VON AQUIN: De Veritate 22. 2 ad 2. Während Ulrich mit Heidegger noch die Selbigkeit von Sein und Nichts annimmt, grenzt er sich genau dort von ihm ab, wo dieser den Ursprung der Nichtsubsistenz des Seins in der göttlichen *bonitas* ausblendet. Vgl. DERS.: Leben in der Einheit von Leben und Tod. 179.

tums der Liebe"[284]. Die Wege menschlicher Freiheit aber nehmen der Wirklichkeit immer wieder diese anfängliche Eindeutigkeit. Daher ist es dem Menschen aufgegeben, das Ja des Schöpfers auch im Horizont personaler Begegnung abzubilden. Der Mensch ist der personale Repräsentant des Seins als Gabe, der seine eigene Wahrheit nur im Gegenüber zu Gott erkennt. Im Dialog mit Gott – dem unabhängigen und trotzdem zutiefst interessierten Partner – erfährt er am meisten von sich selbst, zumal von der Gabe seiner Freiheit in der ständigen Offenheit für Begegnung, in der sich die Entscheidungsfähigkeit für das Gute ausbildet.

Der positive Sinn einer Wirklichkeit, die nicht monologisch als Wissen angeeignet, sondern von dem lebendigen, transzendenten Gott geschaffen ist, lässt sich erst aus den Prinzipien eines dialogischen Denkens gewinnen, das fähig ist, Andersheit zu akzeptieren und sich für diese zu engagieren. Der von Ulrich vertretene Begriff von Subjektivität ist also der einer bleibend universalistischen, aber seinsvernehmenden und in diesem Sinne ,schwachen' Vernunft. Denn nur in der Haltung einer unbedingten geistigen Offenheit kann sich die Wirklichkeit in ihrer authentischen Tiefe erschließen.[285]

In Einzelschritten nachgezeichnet heißt dies: Mit vielen anderen Forschern, die ab der Mitte des 20. Jahrhunderts jenseits des neuscholastischen Thomismus ansetzen, deutet Ulrich den *actus essendi* als die erste und eigentliche Wirkung Gottes. Als „actualitas omnium actuum"[286], die alle Naturen zu real existierenden Wesenheiten macht, ist das endliche Sein vollkommene Fülle: *Reichtum*. Die Aktfülle subsistiert jedoch nicht in sich selbst, gleichsam zwischen Gott und Welt schwebend, sondern nur in der geschöpflichen Vielfalt. Sie ist je schon der Endlichkeit übereignet, und insofern restlos entäußerte *Armut*. Damit widerspricht die Nichtsubsistenz nicht der Aktfülle des Seins: sie ist kein Zeichen von negativem Mangel, sondern gerade jenes Moment, welches das Überfließen des Seins aus Gott manifestiert.[287] Dieses vermeintliche Paradox im Sein – der alles wirklichende und zugleich für sich selbst nicht subsistierende Akt zu sein – stellt für Balthasar und Ulrich eine Art Gottesbeweis dar: Es verweist auf die reale Existenz eines göttlichen Seinsgrundes, der vom Sein als Akt des Seienden noch einmal unterschieden ist.[288]

---

[284] ULRICH: Der Mensch als Anfang. 33. Vgl. die Parallele zu Balthasar, ausgeführt oben in Punkt 4.1.2.

[285] Hier zeigt sich Ulrichs Anliegen grundsätzlich verwandt mit den philosophischen Frühschriften Karl Rahners. Allerdings ist die Seinsauffassung Rahners anders akzentuiert. Der neuzeitlichen Tradition verpflichtet legt Rahner das Sein stärker als Geist oder Bewusstsein aus, während Ulrich den Impulsen der (jüdisch und christlich motivierten) Dialogphilosophie folgt und das Sein immer schon ursprünglich als Liebe bzw. Gabe denkt. Durch seine erkenntnismetaphysische Doppelperspektive – der Zusammengehörigkeit von Sein und Geist sowie deren notwendige Vermittlung durch das Andere – eröffnet sich für Ulrich die Chance einer Versöhnung von transzendentalphilosophischem, ontologischem und dialogischem Denken. Vgl. DERS.: Über die spekulative Natur des philosophischen Anfangs. 27-72.

[286] THOMAS VON AQUIN: De Potentia 7. 2 ad 9.

[287] Vgl. ULRICH: Homo Abyssus. 26-29.

[288] Vgl. BALTHASAR: Theologik I. 258f. – Herrlichkeit III-1-2. 783f, 949-954.

Die Möglichkeit, das geschaffene Sein als reinen Hervorgang aus Gott zu beschreiben, der in einer Verendlichungsbewegung[289] darauf hinzielt, im Anderen seiner
selbst, also in der konkreten endlichen Substanz zu sich selbst zu kommen, liegt in der
thomanischen Vorstellung vom „esse completum et simplex, sed non subsistens"[290]
begründet. In dieser Gabe des Seins vollendet sich die geschichtliche Welt und gelangt
der Mensch als sich Gegebener und zu sich hin Befreiter in den Selbststand. Dem
Gottesprädikat „ipsum esse subsistens"[291] antwortet die eigene positive Wirklichkeit
des Endlichen als Gleichnis der göttlichen Güte.

Im Schöpfungsakt, der die Emanation des ganzen Seins ist, geht das Wesen aus
dem Sein hervor. Das Sein als Gabe setzt das Wesen in der Verendlichungsbewegung
aber zugleich in realer Differenz voraus, um sich in ihm und durch es zur endlichen
Substanz zu vermitteln. Es gibt damit den Ermöglichungsgrund seiner eigenen Subsistenz als das Schon-empfangen-Habende frei, um darin anzukommen und zum eigentlichen Seins- und Lebensvollzug der Geschöpfe zu werden. Ulrich kommt hier mit
Thomas überein, nach dem das Sein aus den Prinzipien der *res* resultiert und durch die
Prinzipien des Wesens (Form und Materie) konstituiert wird, so dass das Sein den
essentiellen Prinzipien folgt, obwohl es vor ihnen ist. Allerdings ist das Wesen nicht
einfach aus dem Sein ableitbar, weil es, ebenso wie jenes, einen subsistierenden geist-
begabten Ursprung haben muss. Wären die Wesensgestalten bloße monologische
Verlängerung des Seins, wären die Dinge nicht in die eigene Selbständigkeit entlassen.
Dieses erste Aufbrechen der Polarität, das den je schon geeinten Wesensgestalten eine
Unabhängigkeit und potentielle Andersheit zum Sein gewährt, interpretiert Ulrich als
Ereignis der freigebenden Liebe Gottes.

Das Zusammenspiel von Seinsakt und Wesensform ist schließlich auf die Differenz von Sein und Seiendem hin zu radikalisieren. „Erst dann, wenn die Durchnichtung des Seins zur positiv seienden *res* hin vollzogen ist, das heißt die Differenz nicht
mehr als Differenz von Sein und Wesen, sondern, diese überholend, als Differenz des
Seins zum subsistierenden Seienden waltet, ist die letzte Schärfe der Verendlichungsbewegung heraus gekommen."[292] Denn das Sein als Gabe bewahrheitet sich darin,
dass das Konkrete zum freien Selbstvollzug ermächtigt ist, dass es in seiner je neuen,
geschichtlichen, alltäglichen Realität gesehen wird. Da das geschaffene Sein nicht nur
als solches, sondern auch im Anderen seiner selbst, in seiner Durchnichtung[293] vollständiger und einfacher *actus* ist, wird es von den einzelnen Seienden immer als Ganzes partizipiert, aber in der je unterschiedlichen Weise, die ihrem Wesen gemäß ist.

---

[289] Mit dem Hinweis, dass hier kein empirischer *motus* und kein transzendentales Apriori, sondern der
Versuch eines spekulativen Nachvollzugs der Seinsmitteilung gemeint ist, gebraucht Ulrich auch das
Wort ‚Subsistenzbewegung': „Obwohl uns ein besseres Wort dafür fehlt, wollen wir dennoch die Differenz von Sein und Seiendem als Ereignis der ‚Subsistenzbewegung' auszulegen versuchen, sofern allein die Substanz ‚simpliciter ens' genannt werden kann. In dieser Weise ‚zielt' das Sein auf seine Subsistenz, indem es auf sich selbst aus ist" (DERS.: Homo Abyssus. 42).
[290] THOMAS VON AQUIN: De Potentia 1. 1; vgl. ULRICH, Homo Abyssus. 26-29.
[291] THOMAS VON AQUIN: De Potentia 7. 2 ad 5.
[292] ULRICH: Homo Abyssus. 87.
[293] Vgl. zum Folgenden ULRICH: Homo Abyssus. 68-98.

Die einzelnen Seienden empfangen alle dasselbe ungeteilte Sein und bringen es auf je eigene Weise zur Darstellung. Dabei geht das Sein in den Dingen weder völlig auf noch unter: Es bleibt als das Wodurch in realer Differenz zur Subsistenz der Seienden geschieden.[294]

Die Mitte der Seinsauslegung Ulrichs bildet jedoch das thomanische Diktum „esse perfectio omnium perfectionum"[295], das besagt, dass die Subsistenzbewegung des Seins in der Bonität der Seienden terminiert, ihren Vollsinn also erst dort erreicht, wo sie auf den Ursprung des Seins hin offen bleibt. Die Dimension des *bonum* ist für ihn deshalb zentral, weil sie ontologisch jener Ort ist, an dem die Idealität und Realität des Seins übereinkommen, d.h. an dem der Andere um seiner selbst willen anerkannt und gewollt ist. Sie verhindert, dass das Wirkliche für das Bewusstsein in bloße Faktizität oder abstrakte Allgemeinheit zerfällt.[296] Ginge das Sein nicht mehr als Liebe auf, wäre es auf einen neutralen Terminus reduziert und es ginge entweder, würde man seine Nichtsubsistenz verabsolutieren, in der materiellen Realität unter oder in der Idealität auf, würde man seine Fülle hypostasieren.

Die Seinsmitteilung als Gabegeschehen zu beschreiben, ermöglicht ein neues Verständnis der *analogia entis*, die das Aufgehobensein der Schöpfung in Gott artikuliert.[297] Denkt man das geschaffene Sein nicht als eigene, über den Seienden schwebende Hypostase, sondern als reine Vermittlung der göttlichen *bonitas*, so wird dieses unbedingte Ja Gottes zur Schöpfung ebenso transparent wie seine bleibende Unverfügbarkeit und absolute Unabhängigkeit von ihr. Es wird einsichtig, dass alles Geschaffene uneinholbar von Gott geschieden und doch im und mit dem Schöpfer geeint ist, *in einer Weise, wie ein Geber in seiner Gabe anwesend ist.*

Eine Analogie aus dem alltäglichen Leben kann diese abstrakte Ontologie veranschaulichen.[298] Die schlichte Beobachtung, wie Geben und Nehmen im personalen Miteinander gelingt oder auch nicht, stellt Kriterien dafür bereit, was eine *echte Gabe* ist. Zunächst ist ein bloß konventionelles Geschenk von einem solchen zu unterscheiden, das den Beschenkten wirklich ‚meint' und in welches sich der Geber durch sein

---

[294] Hier deutet sich wiederum die spekulative Schwierigkeit der Rede von der ontologischen Differenz an: Wie kann das Paradox erklärt werden, dass einerseits das Sein der Substanz zukünftig ist, weil dem Sein nichts äußerlich ist außer dem Nichtsein (vgl. THOMAS VON AQUIN: De Potentia 7. 2 ad 9) und insofern alles Wirkliche aus dem Sein hervorgegangen ist, andererseits aber die endliche Substanz dem Seinsakt in realer Differenz voraus liegen muss, sodass sie diesen empfangen und zur Subsistenz bringen kann? Es zeigt sich ein eigentümliches Grund-Folge-Verhältnis, das in seiner Widersprüchlichkeit nur verschärft wird, je mehr das Sein als bloß gegenständliche und selbständige Hypostase aufgefasst wird. Ulrich sieht die Auflösung des angedeuteten Widerspruchs in der Akthaftigkeit des Seins und seiner Entäußerung an das Andere seiner selbst.

[295] THOMAS VON AQUIN: De Potentia 7. 2 ad 9. Zur Entfaltung des Seins in die Momente Realität, Idealität und Bonität vgl. ULRICH: Homo Abyssus. 98-168, bes. 153-168.

[296] Dass für Ulrich in diesem Zusammenhang auch der goethesche Gestaltbegriff eine Rolle spielt, wird in Abschnitt 6.3.1.2 dieser Arbeit aufgezeigt.

[297] Vgl. ULRICH: Homo Abyssus. 210-234. Ulrichs Fassung geht insofern über Przywara hinaus, als dieser die *analogia entis* eher als dynamische Denkformel gebraucht und weniger aus einem personalen Denken heraus begreift.

[298] Ich entnehme den folgenden Vergleich der von Oster entwickelten „Phänomenologie des Schenkens", vgl. DERS.: Mit-Mensch-Sein. 67-143.

persönliches Engagement selbst einbringt. In einem echten Geschenk drückt der Geber seine Zuneigung und Liebe aus und bleibt so auf eine gegenständlich nicht zu fassende Weise in der Gabe präsent. Die Intensität seiner Anwesenheit hängt paradoxerweise von der Radikalität seines Loslassens zugunsten der Freiheit des Empfangenden ab. Gerade in der Trennung des Gebers von der Gabe liegt sein Einsatz für den Anderen – und damit seine tatsächliche Gegenwart in der Gabe. Der Geber erscheint so als der liebevolle Urheber eines unverdienten Reichtums, der den Beschenkten weder zum Annehmen noch Erwidern nötigt. Das bedeutet nicht, dass die Weise des Nehmens gleichgültig ist, vielmehr entscheidet auch sie darüber mit, ob eine Gabe als solche in Erscheinung treten kann. Wird ein Geschenk ohne Vorbehalt empfangen? Es pervertierte ins Gegenteil, würde es nur unter dem berechnenden Prinzip der Nützlichkeit gesehen werden. Der Schenkende fühlte sich zu Recht verkannt und beleidigt, wollte er dem Beschenkten doch eine Freude machen und ihm jenseits von profaner Materialität begegnen. Empfangen ist also, nach einem Wort Guardinis, „selbst ein Werk"[299]. In dem Maße, wie sich Geber und Empfänger füreinander verwenden, ist die Gabe *mehr* als ein bloßer Gegenstand. Durch den Willensakt des Schenkens ist sie hinein genommen in die über-gegenständliche schöpferische Kraft der beteiligten Personen, sodass sich zwischen Geber und Gabe, aber auch in jener selbst die ontologische Differenz von Gegenstand und Seinsakt eröffnet, welche durch die Liebe konstituiert wird.

Auf den Schöpfungsakt übertragen bedeutet dies: Der göttliche Geber, der in sich selbst unendliche Freiheit ist, weder von außen begrenzt, noch zum Erschaffen genötigt, trennt sich real – durch die ontologische Differenz – von seiner Gabe, um so zu offenbaren, dass er ein echter Geber ist und um gerade als Geber in der Gabe – dem *Sein als Liebe umsonst* – präsent und transparent zu bleiben.[300] Indem Gott und Welt weder univok identifiziert noch in äquivoker Weise voneinander getrennt werden, wird deutlich, dass sich die Schöpfung der Selbstunterscheidungsfähigkeit Gottes verdankt, von Gott in ihr Eigenes freigesetzt ist und den Schöpfer zugleich immanent verbirgt.

6.4.3 Seinserfahrung im Dialog

Im Horizont der als Gabe interpretierten Schöpfung setzt die Seinserfahrung des Menschen in der von Gott bejahten Wirklichkeit an. Ulrich nimmt die thomanische Erkenntnismetaphysik, d.h. die Vollzugsidentität von *intellectus* und *intellectum*, unter

---

[299] Vgl. GUARDINI: Briefe über Selbstbildung. 36: „Rechtes Empfangen ist selbst ein Werk, und zwar ein hohes. Es macht, dass das rechte Geben überhaupt erst zustande kommt."

[300] Vgl. ULRICH: Erzählter Sinn. 473: „Die reale Differenz [...] ist Urkriterium der Absichtslosigkeit und der unbedingten Freiwilligkeit des Gebers. Sie widerspricht nicht dem Hervorgehen der Ermöglichungsgründe (Wesensform und Materie) aus der Verendlichung des Seins, dessen Mächtigkeit den Raum seines Vernommen-werdens verfügt, sondern legitimiert es geradezu: Die Gabe entspringt reiner, durch keine äußere Exigenz ernötigter Ursprünglichkeit, der absoluten Selbstmächtigkeit des Ursprungs." Vgl. auch DERS.: Leben in der Einheit von Leben und Tod. 74-77.

nachkantischen Bedingungen wieder auf. Der menschliche Geist ist darin apriorisch zu einer uneingeschränkten Offenheit für das Sein befähigt, d.h. dem Sein gleichförmig. In relativer Begrenztheit ist er fähig und frei, sich zu sich selbst und seiner Umwelt zu verhalten. Da er aber als „verleibter Geist"[301] endlich ist, setzt der Akt des Verstehens immer schon *vernehmend* beim entäußerten Sein an. Seine fundamentale Kontingenz verwehrt es ihm, ursprünglich über sein Aufkommen zu verfügen; vielmehr lebt die bei sich seiende Vernunft immer schon aus dem Empfang des Seins, das sich ihr gibt. Spiegelt sie sich im Empfangenen und unterwirft sich das Andere, entstehen die von Heidegger kritisierten Formen einer Metaphysik des Vorhandenen.

Die Seinsgabe verweist also auf das endliche Andere, das nicht auf ein bloßes Objekt reduzierbar ist. In diesem Sinne ist Ulrichs Konzeption von Subjektivität in die thomanische Theorie der *reditio completa*[302] eingebunden. Um überhaupt erkennen und sich selbst erfassen zu können, muss der Mensch aus sich heraustreten, beim konkreten Anderen gewesen sein und von dort her zu sich zurück kommen. Die Rückkehr von außen verfälscht nicht sein Subjektsein, sondern befördert es geradezu, denn bei sich sein kann er nicht, indem er sich selbst bespiegelt, sondern indem er Grund seines subjektiven Gewahrens der Wirklichkeit ist. Deshalb gehört es zu Ulrichs zentralen anthropologischen Überzeugungen, dass Bei-sich-Sein und Sein-beim-Anderen, Selbststand und Hinkehr zum Nächsten und zur Welt gleichursprünglich aufkommen und miteinander wachsen – und zwar in strenger Symmetrie:

> „Die Offenheit der Vernunft, der Horizont ihrer Erkenntnisweise, die Aktivität ihres Lebens wurzeln im Ja der seinsgehorsamen Annahme des gegebenen Seienden – und umgekehrt, je geringer der Selbstand, die Seinsmächtigkeit des Selbstvollzugs der Subjektivität, je verkümmerter daher ihr Vermögen auskehrender, sich hingebender Offenheit, desto kraftloser wird auch der Akt empfangenden Vernehmens sein: die Objektivität."[303]

Das je schon in die Endlichkeit und Geschichtlichkeit verschenkte Sein ist die Möglichkeitsbedingung menschlicher Identitätsfindung und Beziehungserfahrung. Aller Selbstverfügung voraus liegend ist das Selbstsein ein Sein, das sich vom Anderen her zukommt – vornehmlich in der Verschränkung von zwischenmenschlicher und göttlich-menschlicher Beziehung. Es verdankt sich dem Wohlwollen des göttlichen Urhebers und gewinnt sich immer neu in der Begegnung mit einem Du. Die reale Unterschiedenheit des Du, das es bejaht, ermöglicht die Selbstannahme des Ich, die eigene Annahme dessen, wer und was es immer schon gewesen ist. Zugleich gilt, dass sich vom Anderen her nur ein Selbst zuwachsen kann, das durch dessen Anerkennung nicht erst gesetzt wird, das also als ein schon in sich Gründendes des Empfangens überhaupt fähig ist. Nur eine selbstbewusste Subjektivität vermag sich auf den Anderen hin so loszulassen, dass sie sich von ihm bestimmen lässt, um gerade kraft der Übereinkunft mit dem Anderen zu sich selbst zurück zu kehren – thomanisch gespro-

---

301 ULRICH: Homo Abyssus. 296. Zur Bedeutung der seinsvernehmenden Vernunft vgl. 289-320.
302 Vgl. THOMAS VON AQUIN: Summa theologiae I. 14, 2 ad 1.
303 ULRICH: Zur Ontologie des Menschen. 19. In dieser Weise ist die Vernunft als seinsvernehmende die ontologische Wurzel menschlicher Freiheit.

chen: die *reditio in se ipsum* als eigenes Subsistieren zu vollziehen. So zeigt sich, dass mit der Bindung an den Anderen gleichermaßen die Wahrung von Distanz und die Ehrfurcht vor dem Eigenen einhergehen müssen. Denn die Verwiesenheit auf den Anderen ist eine *conditio humana*, die den freien Selbststand des Menschen zugleich ermöglicht und voraussetzt.[304]

Die ontologische Differenz von Sein und Seiendem wird von Ulrich im Rahmen der dialogischen Differenz von Ich und Du interpretiert. Hier bildet sie sich ab und gewinnt ihre eigentliche Vollzugsgestalt.[305] Obwohl das reine Sein als Gabe, die reine Selbstlosigkeit allein dem Schöpfer eigen ist, ist der Mensch gerufen, Spuren seines Ursprungs sichtbar zu machen. Da das menschliche Ich schon an ihm selbst Gabe ist, kann es der Gebung des Seins auch im Du liebend antworten. Seine Fähigkeit zur Nächstenliebe hängt aber von einem authentischen Selbstbesitz ab, der wiederum dadurch belebt wird, dass ein liebender Nächster je schon zugegen gewesen ist. Vom liebenden Anderen her gewinnt das Ich eine neue Nähe zu sich, lässt es sich aus seiner monologischen Selbstbezogenheit lösen. Im Empfang der Zuwendung vollzieht es das Eigene vom geliebten Anderen her und auf ihn hin. Ein solches Wechselspiel, dessen verborgener Grund letztlich Gott ist, bringt beide Pole der dialogischen Differenz, Ich und Du, als leere Fülle und erfüllte Bedürftigkeit des Seins als Gabe zum Vorschein.[306]

6.4.4 Trinitarischer Ursprung

Diese mit Heidegger entwickelte relationale Ontologie, die sich abweichend vom griechischen statischen Substanzdenken am personalen Beziehungsgefüge orientiert, wird nun theologisch erweitert. Mehr noch: Das gesamte Denken Ulrichs entfaltet sich von Anfang an aus dem Fundament des christlichen Glaubens, d.h. aus der Vorstellung des dreifaltigen Lebens in Gott selbst, das der übernatürliche Ursprungsort aller endlichen, natürlichen Differenz ist. „Die Krisis des Seins aber kann nur bestanden werden aus der im Glauben empfangenen Offenbarung des Dreifaltigen Gottes."[307] Unter dem Vorzeichen, dass Seinserfahrung immer schon eingebunden ist in

---

[304] Vgl. ULRICH: Zur Ontologie des Menschen. 19.

[305] Vgl. ULRICH: Ethos als ontologische Struktur der Mitmenschlichkeit. 210: „Erst an diesem Punkt hat sich die Vollgestalt der ontologischen Differenz eröffnet. Sie besteht in ihrem Wesen nicht nur in der Differenz ‚Sein-Seiendes' oder ‚Ich-Gegenstand', sondern in der Form Ich(-Du) zu Du(-Ich) als Wir."

[306] Die Bedeutung der Gleichzeitigkeit von Selbst- und Mitsein reflektiert Ulrich u.a. am heranwachsenden Kind. Die Bejahung seiner selbst kann das Kind nur durch die Bestätigung der Eltern lernen. Es verdankt sich dem Anderen, nimmt sich von ihm her an – und ist der Verfügung eines mächtigen Du auch schutzlos ausgeliefert. Die kindliche Abhängigkeit steht dadurch im Gegensatz zum selbständig reflektierenden und differenzierenden Subjekt, stellt zugleich aber ein bleibendes Existential des Menschen dar, dergestalt, dass es sogar als „Inbegriff von Struktur und Grundthematik des Philosophierens" bezeichnet werden kann (ULRICH: Der Mensch als Anfang. 159). Insbesondere die (heile) Gestalt einer Eltern-Kind-, und auf andere Weise einer Mann-Frau-Beziehung machen das Dasein als Spiel, Staunen, Hoffnung und Gelassenheit ansichtig. Vgl. hierzu auch SIEWERTH: Metaphysik der Kindheit.

[307] ULRICH: Homo Abyssus. 274; vgl. 168.

das dreieinige Erlösungsgeschehen, interpretiert Ulrich die verendlichende Seinsgabe in Analogie zum inkarnierten und gekreuzigten Seinswort Gottes. Das Sein kann erst dann in seiner radikalen Verendlichung verstanden werden, wenn angesichts der Entäußerung des Sohnes die nicht an sich haltende Liebe Gottes offenbar geworden ist.

„Der Geist Jesu ist der Herr der heilsgeschichtlichen Differenz. In ihm wird auch der die ontologische Differenz durchwaltende, notwendige Seinsinn, der das von der Vernunft spekulativ erschlossene Sein in die Endlichkeit befiehlt, in einer letzten Tiefe offenbar. [...] Er ist arm und nimmt Knechtsgestalt an. Er vollzieht den Dank, der die innerste Mitte und der tragende Grund aller Subsistenz-, das heißt Schöpfungsbewegung ist."[308]

Erst durch ihre Spiegelung in den trinitarischen Raum sind die ontologische und die dialogische Differenz in ihrer Positivität zu begründen, wie umgekehrt die Dynamik menschlichen Mit-Seins auf eine göttliche Tiefe verweist, in der sie von der trinitarischen Differenz umgriffen ist. Aus dieser Perspektive ist es Ulrichs Anliegen, einen Denkraum zu eröffnen, der den ganzen Menschen beansprucht, aber zugleich um die Fruchtbarkeit von Distanz, Andersheit und Freigabe weiß. Die Schöpfungsgabe findet ihr Ziel in der Selbstannahme des Menschen. Je mehr dieser als er selbst lebt, desto tiefer offenbart er den Ursprung seines Seinkönnens. Je mehr sich der Mensch aber seines daseinsermöglichenden Urhebers bewusst wird, desto stärker drängt es ihn in den Dank für sein ungeschuldetes Sein. Dabei ist wichtig: Weil die Gabe eines an sich selbst unbedürftigen dreifaltigen Gottes einher geht mit freilassender Liebe, wird dieser Dank nie unterwürfige, weil erwartete Erwiderung sein. Er muss keine Schuld wiedergutmachen, vielmehr entspringt er der freudigen Wahrnehmung einer personalen Zuwendung, durch die der Mensch als Individuum bejaht ist.

Dem Denken entspricht der empfangende Dank und nicht der neutrale Beobachtungsposten. Insofern auch das Wort Gottes als Gabe interpretiert wird, das sich nur vollendet, wenn es ver-nommen, d.h. ver-antwortet wird, ist die angemessene Haltung des Menschen eine gehorsame – analog dem Sein, das sich dem Schöpfer gehorsam verendlicht. Dies impliziert ein Moment der Entscheidung, das Ulrich auch für alle metaphysischen Denkversuche einfordert.[309] Die philosophische Suche nach Wahrheit kommt dann zu ihrem Ziel, wenn sie sich gegenüber der absoluten göttlichen Transzendenz öffnet. Sie findet erst hier, in der Mitte des Evangeliums, ihr unausschöpfliches Gegenüber, das sie nicht autoritär einschränkt, sondern auf eine schon empfangene Wahrheit hin weitet.

---

[308] ULRICH: Homo Abyssus. 116f.

[309] Aus der Ursprünglichkeit seines Denkens will Ulrich die großen Bewegungen der Geistesgeschichte und einzelner Denker neu erschließen. Vgl. DERS.: Homo Abyssus. 353f: „Es gilt, das jeweils geschichtlich Gesagte und faktisch zu Wort Gekommene auf die Überwesenhaftigkeit des Seins hin zu durchhören und damit der konkreten Denkbewegung der Denker in die ontologische Differenz hinein auf den Grund zu kommen. Die Denkversuche werden in die Krise des Seins geführt und von hier aus das Denken sozusagen noch einmal in die Entscheidung gestellt: ‚nachvollzogen'."

Inwiefern gibt nun diese in Umrissen skizzierte Denkform Ulrichs Aufschluss über die Fortentwicklung der balthasarschen Philosophie? Einige strukturelle Parallelen liegen auf der Hand, welche nochmals kurz zu bündeln sind.

Die wichtigste Übereinstimmung zwischen Balthasar und Ulrich besteht in ihrer Seinsauffassung, wonach das entäußerte Sein das Siegel seines ‚Gebers‘ trägt und als Gleichnis der innertrinitarischen, sich-verschenkenden Liebe verstanden werden darf. Als solches ist es immer schon in den Rahmen von Intersubjektivität eingebunden. Balthasar gleicht sich hier der Perspektive Ulrichs an, der den Zusammenhang zwischen der innergöttlichen Begründung der Schöpfung, der Nichtsubsistenz des Seins, der transzendentalen Gutheit der Geschöpfe und der Erfahrung von Mit-Sein stringent entwickelt. Im Blick auf das nicht an sich haltende Sein, das analog der Hingabe Jesu Christi entspricht, schließt er auf eine innertrinitarische ‚Ur-Kenose‘ als Möglichkeitsbedingung von Schöpfungs- und Kreuzeskenose. Die Dialektik von Armut und Reichtum kennzeichnet das Liebe-Sein der göttlichen Personen ebenso wie das wirklichende und gebende Sein. So ist das Sein wegen seines entäußernden Charakters qualifiziert als „das für Gott adäquate Schöpfungsmedium, um sein kenotisches Wort von Kreuz und Herrlichkeit hineinzusprechen und es als seinen Sohn zu Tod und Auferstehung hineinzusenden"[310].

Auf dieser Linie bestätigt sich für Balthasar auch sein Denken der Offenbarung, das bei den transzendentalen Eigenschaften des Seins ansetzt. Wenn Ulrich die Seinsschenkung im Rhythmus von Realität, Idealität und Bonität entfaltet, kommen zugleich die Transzendentalien *ens*, *verum*, *bonum* zum Vorschein, welche analog „als positiver Durchstoß und schöpferische Offenbarung des inneren Selbstvollzugs Gottes erfahren und verstanden werden"[311] können. In ihrer Zusammenschau leuchtet die „Herrlichkeit der Gnade"[312] auf, die zugleich Armut, Preisgegeben- und Verschenkt-Sein ist.

Ulrich ist es offensichtlich gelungen, der Verbindung von Seins- und Trinitätslehre einen philosophischen Status zu verleihen, den auch Balthasar seit den dreißiger Jahren anzielt.[313] Er überzeugt Balthasar dadurch, dass er „den heillosen Dualismus zwischen Philosophie und Theologie glücklicher als vielleicht bisher überwindet"[314], sodass auch jener die Vollendung der Metaphysik im Offenbarungswort postuliert[315] und dabei ein existenzielles Entscheidungs- und Gehorsamspathos an den Tag legt[316].

---

[310] BALTHASAR: Herrlichkeit III-1-2. 961, mit ausdrücklichem Hinweis auf Ulrich.

[311] ULRICH: Homo Abyssus. 165.

[312] ULRICH: Homo Abyssus. 166.

[313] Vgl. BALTHASAR: Patristik, Scholastik und wir. 71f.

[314] So Balthasar in seiner Ankündigung des Werkes *Homo Abyssus*, die ursprünglich wohl als Verlagsanzeige gedacht war und heute den Klappentext der zweiten Auflage darstellt: „Ulrichs Philosophie hat [...] vor allen mir bekannten ontologischen Entwürfen dies voraus, dass sie Aug in Aug zu den innersten Mysterien der christlichen Offenbarung steht, sie öffnet, ohne den streng-philosophischen Raum zu verlassen, und damit den heillosen Dualismus zwischen Philosophie und Theologie glücklicher als vielleicht bisher überwindet." Vgl. hierzu auch: ULRICH: Das theologische Apriori des neuzeitlichen Atheismus. 341-377.

[315] Denn es gilt, so Balthasar, dass Offenbarung „vollendend in die Differenzen eingehen [muss]: Gotteswort muss sich ins Seinswort einschreiben, Seinswort in die Wesensworte, die unter seienden Wesen als

Ein solches Ineinanderdenken von Philosophie und Theologie erscheint dem kritischen Außenblick gewiss bedenklich oder unerlaubt.[317] Ist Ulrich gar heimlich Theologe? Begegnet uns hier nicht ein christlich-spekulativer Typus der Philosophie, welchem sich die Logik des Seins nirgends anders denn im Logos am Kreuz, in der Botschaft vom demütigen Gott enthüllt? Muss aber nicht die mit der Annahme eines absoluten Gebers zugelassene Personalisierung des Seinsereignisses Argwohn geradezu auf sich ziehen?[318]

Trotz seines klaren theologischen Aprioris, seiner Verhaftung im scholastischen Denkhorizont und seiner Fokussierung auf das Motiv der Gabe ist der Beitrag Ulrichs m.E. durchaus ernst zu nehmen. Denn eine Philosophie, die kein bloßes intellektuelles Spiel sein, sondern den ganzen Menschen ins Gespräch bringen will, kann zumindest die existentielle Möglichkeit, das Sein als gegeben zu deuten, nicht ausschließen. Folgt man der ursprünglichen Intuition Ulrichs – der Erfahrung des Seins als Liebe, jenes Sein, welches das Licht der Glaubenstradition als Schöpfungsgeschehen erhellt –, so ist es plausibel, dass auch der natürliche Zuständigkeitsbereich des philosophischen Fragens von dem her berührt ist, der sich darin selbst mitteilt. Wie man auch zu dieser spekulativen Auslegung des Seins stehen mag: Von der Grundausrichtung der Philosophie Ulrichs her wird deutlich, dass sie für Balthasar Vorbild und Vollendung seines eigenen philosophischen Denkens gewesen sein muss. Seine Orientierung an Goethe weitet sich im Blick auf den fundierten Entwurf Ulrichs zum Sein als Gabe, der seine großangelegte Trilogie unterfängt.

---

verständliche ausgetauscht werden. Damit werden die Differenzen obödential verfügbar für Gottes Offenbarung. Sie sind es, sofern die höchste Differenz (zwischen Gott und dem Sein des Seienden) nur die Schwebe zwischen Geber und Gabe ist, wobei Gabe das Gegebensein (und Empfangensein) des Gebers bedeutet. Nichts Substantielles und Subsistierendes also, sondern die strömende Fülle des Seins Gottes im Zustand ihres Gegebenseins an die endlichen Empfänger" (DERS.: Herrlichkeit III-1-2. 961).

316 Vgl. BALTHASAR: Herrlichkeit III-1-2. 982: „Und wenn der Christ von Christus in eine letzte, bis auf den Grund hinabreichende Entscheidung gestellt wird – ‚Wer nicht für mich ist, ist gegen mich‘ –, so wird er als ernsthafter Denker in die gleiche Entscheidung gestellt, denn es gibt keine ‚neutrale‘ Metaphysik. Entweder man sieht das Geheimnis der letzten Schwebe, oder man verfehlt es und wird blind."

317 Vgl. HAEFFNER: Rez. Ulrich: Gegenwart der Freiheit.

318 Diese Bedenken erheben sich, auch wenn für Ulrichs Philosophie selbst der personale Geber konstitutiv ist, um einer Essentialisierung des Seins zu entgehen.

7 Das Auftreten des Geschöpflichen: Elemente einer Phänomenologie des transzendentalen und relationalen Seins (*Zwischenreflexion*)

Die phänomenologische Grundausrichtung der Frühphilosophie Balthasars fällt in vielerlei Hinsicht ins Auge. Balthasar will keine allgemeinen, überzeitlichen Wahrheiten formulieren, sondern auf der Ebene des zeitlichen Seins die Dignität des Individuellen und des Personalen herausstreichen. Ebenso wenig übersehen lassen sich jedoch die fundamentalen Unterschiede seiner Philosophie zu den Profilen der klassischen phänomenologischen Disziplin, wie sie von Husserl und Heidegger repräsentiert wird. Durch die Setzung eines metaphysischen Rahmens und eines theologischen Apriori trifft Balthasar in der Linie der christlichen Tradition Vorentscheidungen, die der methodologischen Neutralität der Phänomenologie als ‚Urwissenschaft' zunächst widersprechen und die Legitimität seines Anspruchs, *phänomenologisch* tätig zu sein, in Frage stellen müssen. Im Blick auf die große Bandbreite der faktischen Ausprägungen der Phänomenologie der ‚zweiten Generation' jedoch rückt er in eine gewisse Nähe zu Levinas und Stein, die wie er aus religiösen Motiven schöpfen und diese in eine vom Gottesglauben getragene Selbst- und Weltbeschreibung einfügen. Auch Balthasar sieht sich in der Rolle eines ‚Vermittlers', der das katholische Erbe mit zeitgemäßen Methoden zu erhellen sucht und umgekehrt bestimmte Theologumena im konkreten philosophischen Denken wieder- bzw. anerkennt. Er setzt ein wechselseitiges Verhältnis von Philosophie und Theologie voraus, das die Ansprüche der Philosophie keineswegs verraten sieht, wenn die christliche Wahrheit als ein Maximum und ein Letztes angenommen wird. Ihm geht es vielmehr um die Möglichkeit, dass im Lichte der Theologie bisher verborgene philosophische Wahrheiten zur Erscheinung kommen, während umgekehrt jene ein neues Licht auf die Quelle allen Lichtes werfen können.[1] Ich möchte in einer kurzen Retrospektive die einzelnen Elemente zusammentragen, die dafür aufkommen, dass Balthasars Philosophie phänomenologisch genannt zu werden verdient. Dabei werde ich verstärkt deren eigentümliche Prägung hervorheben.

Nachdem die Moderne mehrfach das Ende der Metaphysik eingeläutet und die Seins- von der Gottesfrage radikal getrennt hat (Nietzsche, Heidegger), geht es Balthasar um die Frage, wie sich die Einseitigkeiten der großen neuzeitlichen Perspektiven vermeiden und zugleich deren berechtigte Anliegen wahren lassen. Eine derarti-

---

[1]   BALTHASAR: Epilog. 37.

ge Integration scheint ihm möglich, wenn die im Mittelalter geleistete Arbeit mit dem
Ziel aufgegriffen wird, das Axiom der Realdistinktion von Sein und Wesen „aus seiner
erstarrten Unfruchtbarkeit zu erwecken, indem die Vielfalt der modernen Polaritätsproblematik mit ihm in Beziehung gesetzt wird"[2]. Von der bleibenden Aktualität des
thomanischen Denkens überzeugt sucht Balthasar besonders in seinen frühen Werken
nach einer neuen Begegnung von scholastischer Seinsmetaphysik und moderner Phänomenologie, durch die beide nur gewinnen können: „jene an Lebendigkeit, diese an
Tiefe"[3]. Zunächst widerspricht er der Auffassung, die scholastische Realdistinktion sei
für den heutigen Menschen lediglich „ein verstaubtes, von kaum einem modernen
Denker mehr beachtetes Requisit mittelalterlicher Spitzfindigkeit"[4], denn ein letzter,
unüberholbarer Gegensatz zwischen Existenz und Wesen waltet auch in der immer
nur fragmentarischen Sicht, welche die phänomenologische Methode kennzeichnet.
Jedes Seinsphänomen ist „dimensional und mehrperspektivisch, kein rasch vom Zaun
gebrochener Begriff fängt es ein. Es will umschritten sein wie eine Statue, die von
jeder neuen Seite etwas Anderes und Unvorhergesehenes offenbart und in keinem
Aspekt sich endgültig hingibt"[5]. Es gilt daher, „die phänomenologischen, lebensphilo-
sophischen und typologischen Funde unserer Zeit in die letzte seinswissenschaftliche
Fragestellung zurückzuversetzen"[6], – das heißt: die maßgeblichen Errungenschaften
der Metaphysikkritik des 20. Jahrhunderts bewusst aufzunehmen, in der Absicht aber,
sie ins Christliche ‚heimzuholen'.

Parallel zu Heidegger gelingt Balthasar eine Dynamisierung der traditionellen Ontologie, die sowohl *Zeitlichkeit* als auch *Individualität* aus ihrem metaphysischen Schattendasein erlöst, ohne sich von den nihilistischen Existenzweisen der Sorge, der
Angst, des Todes und des Nichts leiten zu lassen. Jene werden vielmehr ersetzt durch
das eine Grundmotiv, dass Sein immer *mehr* ist als bloßes Vorhandensein, statische
Substanz oder anonymes Bewusstsein: es ist die Gabe eines beziehungswilligen
Schöpfers. Ihm entspricht das Existential der Verwunderung über das eigene Sein-
Dürfen, das die Antike in ihrem Staunen darüber zum Ausdruck brachte, dass überhaupt etwas ist und nicht vielmehr nichts. Der äußerste Horizont, in dem hier philosophisch gedacht wird, ist die *analogia entis*, die es ermöglicht, die geschaffene und die
göttliche Wahrheit aufeinander zu beziehen, ohne den unüberwindlichen Unterschied
zwischen ihnen aufzuheben. Sie gewährleistet die radikale Ernstnahme der Positivität
des endlichen Seins und ein ‚Hören' auf das je schon in Gang befindliche Gespräch
zwischen Schöpfer und Geschöpf. Durch sie soll sich philosophisch bewahrheiten,
dass menschliche Suche nach dem Sinn von Sein von einem vorgängigen Gefunden-
sein durch Gott umgriffen ist. Von dieser Prämisse aus kreist Balthasars *relationale
Ontologie* um drei Grundthemen:

---

[2] BALTHASAR: Geeinte Zwienatur. 9.
[3] BALTHASAR: Geeinte Zwienatur. 9.
[4] BALTHASAR: Von den Aufgaben der Katholischen Philosophie in der Zeit. 67.
[5] BALTHASAR: Geeinte Zwienatur. 8.
[6] BALTHASAR: Geeinte Zwienatur. 5f.

Erstens übernimmt sie die phänomenologische Grunddialektik des Erscheinens und Sich-Verbergens. Um die Wahrheitsfrage auszuloten setzt Balthasar bei der Seinsbewegung von Grund und Erscheinung an, die eine Theorie des Sich-Erschließens impliziert, die sich nur darin von Hegels Phänomenologie unterscheidet, dass sie nicht auf einem dialektischen Selbstwerdungsprozess, sondern auf einer vorgängigen, positiven Gegebenheit beruht. Insofern der Grund in der Erscheinung unmittelbar als er selbst anwesend und zugleich über sie hinaus ist, handelt es sich um eine bewegte, lebendige Ontologie, wie sie im goetheschen Verständnis der Gestalt zu finden ist.

Zweitens wird die ontologische Differenz beleuchtet, die – im Widerspruch zu Heidegger – mit der thomanischen Realdistinktion identifiziert und als dialogische und ästhetische Differenz neu interpretiert wird. Balthasar kann seine Denkwege auf den Spuren Ulrichs ausweiten, die den Sinn von Sein von der göttlichen Seinsmitteilung her erschließen. Als „nichtsubsistierende Fülle und Vollkommenheit alles Wirklichen"[7] ist das Sein dynamischer Verweis auf einen göttlichen Geber, der in sich bereits freie Selbstentäußerung ist. Die Gleichnishaftigkeit alles Vergänglichen ist das innere Motiv der Ontologie von Goethe bis Ulrich, die die Wirklichkeit in unterschiedlicher Intensität als Gabe verstehen lehrt. Auch Balthasar geht es um eine Ontologie, die von der Gabe-seiner-selbst als einzige Modalität des Selbst-Seins ausgeht und den dialogischen Beziehungsraum als den zeitlichen Ort der Wahrheit anerkennt. Sie ist das philosophische Fundament seiner theologischen Perspektive, die vom Pascha-Ereignis her das Sein Gottes als trinitarische Liebe interpretiert. Deshalb gibt sie in Balthasars Werk die phänomenologische Zielrichtung vor.

Drittens bilden die Unzertrennlichkeit und gegenseitige Durchdringung der Transzendentalien das metaphysische Grundgerüst der balthasarschen Systematik. Sie sind das architektonische Prinzip, nach dem die Trilogie aufgebaut und ‚von oben' her begründet ist. Dabei handelt es sich im Grunde um das eine ‚epiphane' Urphänomen des Seins als Gabe, das sich in drei Facetten entfaltet: Es zeigt sich, gibt sich und sagt sich aus. Aufgrund der *analogia entis* geschieht dies in der doppelten Perspektive des geschöpflichen und göttlichen Seins. Jeder der innerweltlichen Transzendentalien entspricht eine Seinseigenschaft auf der göttlichen Ebene. Das transzendental Schöne verweist auf die göttliche Herrlichkeit; im Ringen um das Gute ist die endliche Freiheit mit der unendlichen Freiheit und Güte Gottes konfrontiert; der göttliche Logos ist schließlich der Grund aller kreatürlichen Wahrheit. Gott ist Selbstauslegung in Wort und Geist. Sein ewiges Wort vermag sich in kreatürlicher Logik auszudrücken und einem begrenzten Geist verständlich zu machen, ohne seinen grenzenlosen Sinn einzubüßen.[8] In dieser Kompatibilität von göttlicher und menschlicher Logik liegt der Zielpunkt der hier vorgestellten Phänomenologie der weltlichen Wahrheit.

Von ihr her ist Balthasars ständiges Bemühen um eine sachgerechte Erkenntnistheorie zu verstehen, die dem Primat des Seins und der Gnade an keiner Stelle vor-

---

[7] BALTHASAR: Herrlichkeit. III-1-1. 354.
[8] Vgl. BALTHASAR: Theologik II. 11.

greifen will. Sie soll vor allem eine *offene* Theorie sein, die (mit Heidegger) das vorprädikative Entbergen des Seins und (mit der Transzendentalphilosophie) den abschließenden menschlichen Urteilsakt ebenso integriert wie die bleibende Geheimnishaftigkeit des Seins, die in ihrer positiven – und nicht rein negativen – Bedeutung Goethes Rede vom ‚heilig öffentlich Geheimnis' aufgreift. Die Wahrheit als Geheimnis
bzw. die Wahrheit des Geheimnisses ist so nicht zuerst das, was sich dem Zugriff des
Wissens entzieht, sondern das, was dem metaphysischen Streben nach *mehr* Wissen
zugrunde liegt.

Schon die philosophische *Wahrheit der Welt* ist für Balthasar so reich und umfassend, dass sie nicht vollends rational durchschaubar und der umgrenzten Kontur
unserer monologischen Begriffe unterworfen ist, sondern umgekehrt alles Denken
sich innerhalb ihres vorgegebenen Raumes vollzieht. So muss dieser Raum, der das
Sein selbst ist, dem menschlichen Geist von sich her einsichtig werden, ihm zuvorkommen. Dies erfordert, will man dem erscheinenden Objekt gerecht werden, „eine
erneute, ursprünglich schauende Phänomenologie der weltlichen Wahrheit und des
weltlichen Seins"[9], die auf ein vertikales und horizontales Je-Mehr verpflichtet ist und
die Objektivität einer selbstvergessenen Hingabe mit der schöpferischen Maßgabe
seitens des Subjekts verfügt. Die vorgängige Abstinenz vom eigenen Selbst, von den
gewohnten Denkmustern und Vorurteilen impliziert immer schon Kommunikation:
eine Hinwendung des Bewusstseins zu den Sachen selbst. Soll das Objekt im Subjekt
wahrhaft zu sich selbst kommen wie umgekehrt das Subjekt im Objekt sich bestätigen,
so geschieht dies für Balthasar einzig in einem liebevollen Begegnungsgeschehen, das
nicht einschränkt, sondern gewähren lässt und offen ist für die Universalität des göttlichen Horizonts, in dem das Gespräch je schon stattfindet. Liebe ist also das unter-
fassende Ganze, weil sie das Sein von innen her ermöglicht.

Unter dem Vorzeichen dieser absichtslosen Liebe tritt Balthasar unausgesprochen
in einen Dialog mit Rahner. Seine frühen philosophischen Reflexionen gehen mit
Rahner davon aus, dass sich die anthropologische Frage des Menschen nach sich
selbst nicht mit Vorletztem begnügen dürfe, sondern auf das Unendliche ausgerichtet
sein müsse. Es gilt, den Menschen als seinem Wesen nach hingeordnet auf eine geschichtlich ergangene Gottesoffenbarung, als ‚Hörer des Wortes' zu begreifen. Im
Gegensatz zu Rahner legt Balthasar den Akzent aber auf die Rolle der Empfänglichkeit des menschlichen Geistes, um zu verhindern, dass dessen Eigenaktivität idealistisch überbewertet werde. Jenseits des bewältigenden Be-griffs erwächst Erkennen aus
dem bereitwilligen Sich-erfassen-Lassen von der Wahrheit des Anderen. Um sich von
einer logisierten oder verzweckten Form von Liebe, wie sie Hegel beispielhaft vorführt, abzugrenzen, greift Balthasar Impulse des personalistischen Denkens auf, das
den Anderen als Grenze und Bereicherung notwendig bejaht, statt ihn dialektisch
überwinden zu müssen. Hier kommt er mit Edith Stein überein, die menschliches
Personsein von seinem dreifaltigen Urbild her denkt. Doch in seiner Anstrengung,
einer anthropologischen Reduktion zu wehren, welche die Begegnung mit dem

---

[9]   BALTHASAR: Theologik I. 23.

menschlichen Du und ebenso mit der göttlichen Offenbarung gefährlich auf das selbstkonstruierte Maß des erkennenden Subjekts beschränken könnte, lässt sich Balthasar immer wieder zu Fragwürdigkeiten verleiten, die eher an die ‚Geiselhaft' des Ich bei Levinas erinnern als an sein eigentliches Anliegen, die freie, liebende Selbsttranszendenz auf den Anderen hin zu beschreiben.

Will man dennoch die These von der phänomenologischen Grundlinie in der Erkenntnismetaphysik Balthasars aufrecht erhalten, so ist sie vor allem dort zu entdecken, wo sich der Autor um eine gleichgewichtige Zuordnung von Rezeptivität und Spontaneität, von Bewusstsein und Sache bemüht, die (mit Goethe) sogar als wechselseitiges Steigerungsgeschehen zu verstehen ist: Subjektive und objektive Wahrheit sind einander korrelativ, ergänzen und vollenden sich gegenseitig. In dieser Polarität sind alle auftretenden Momente des Wirklichen in der Notwendigkeit ihres Zusammengehörens zu erfassen. Für Balthasar gibt es keinen höheren Wahrheitsausweis als diese Evidenz.

Abschließend lässt sich die phänomenologische Methode Balthasars m.E. dahingehend bewerten, dass sie sich in einem schwer greifbaren *Wechsel der Nähe und Distanz* zur herkömmlichen Disziplin der Phänomenologie bewegt und einer eigentümlichen Verschränkung von *Integration* und *Reduktion* unterliegt.

Der *cantus firmus* der phänomenologischen Bewegung, das ‚Zu den Sachen selbst', klingt in Balthasars Philosophie zweifellos immer wieder an. Er betreibt Phänomenologie als eine Methode, welche die Gegebenheiten der Welt *zur Erscheinung bringt*, indem sie das Subjekt anhält, sich aller eigenen, vorschnellen Einfälle zu enthalten und die Dinge so, wie sie sich von sich selbst her zeigen, geben und aussprechen, in größtmöglicher Aufmerksamkeit wahrzunehmen. Das Sein selbst soll sich in diesen Erfahrungs- und Beziehungsweisen entbergen und Ansichten der kreatürlichen Wahrheit vermitteln, die für das Subjekt immer perspektivisch und situationsgebunden bleiben. Doch zu keiner Zeit folgt Balthasar der Disziplin der Phänomenologie als einem systematisch vorgegeben Programm. Von Husserl unterscheidet er sich nicht nur in der transzendentalen Wende, sondern auch in den Voraussetzungen der Eidetik, da er weder die Konkretheit des eigenen Ich noch die Konkretheit der in Frage stehenden Sache je einklammert. Im Gegenteil: Von seinen frühen Schriften an geht es ihm um eine „Metaphysik der Singularität"[10], für die Goethes anschauliche Gestalten das lebendigste Vorbild liefern. Die Gestalt, die niemals auf die Summe ihrer analysierbaren Wesensbestimmungen reduzierbar ist, symbolisiert das Aufleuchten des Seins am Seienden, das selbst das absolute Sein widerspiegelt. Heideggers ontologische Differenz wird hingegen im Licht des Schöpfungsglaubens neu interpretiert und seine Frage nach dem Sinn von Sein mit der christlichen Liebe beantwortet, ist alles

---

[10] So der Titel der Habilitationsschrift von Disse, die sich mit Balthasars Philosophie unter Berücksichtigung der Frühschriften *Sein als Werden* und *Geeinte Zwienatur* beschäftigt.

Geschaffene doch Gleichnis der sich-verschenkenden trinitarischen Liebe. Der Mensch ist schon „vom Ursprung her dieser Hingegebenheit überantwortet"[11].

Wenn Balthasar Elemente der husserlschen und der heideggerischen Philosophie aufgreift und diese anonym für sein eigenes Konzept verwendet, so scheint dies auch für verschiedene andere Denkrichtungen zu gelten. Die idealistische Selbstergreifung des Geistes wird ebenso aufgenommen wie die Geworfenheit des menschlichen Daseins in seine Lebenswelt; Aussagen zum freien Selbststand der Person stehen unvermittelt neben jenen zur sklavischen Unterwürfigkeit des Subjekts und beide münden in die ethische Aufforderung zur liebenden Anerkennung des Anderen. Die Schwierigkeit besteht m.E. nicht so sehr darin, dass Balthasar offenbar eine Polarität zu beschreiben versucht, in welcher der Mensch selbstbewusst *und* verwiesen auf die Welt, sinnstiftend *und* konfrontiert mit der Andersheit des Anderen ist; sie zeigt sich aber dort, wo sein Wille zur *Integration* die einzelnen Elemente der geistesgeschichtlichen Tradition forciert in eine Synthese zusammenfügt, ohne deren Herkunftskontexte zu problematisieren, die sich oftmals jedoch diametral gegenüberstehen – so z.B. das neuzeitliche und das existentialphilosophische Paradigma. Balthasars Vorgehen erinnert hier an sein (wiederum von Husserl anonym übernommenes) apologetisches Prinzip „Wer mehr Wahrheit sieht, hat tiefer recht"[12]. Im *Epilog*, der rückblickend die Methode der gesamten Trilogie erläutert, fügt Balthasar hinzu: „Dies entsprechend der altchristlichen Lehre von den ‚logoi spermatikoi‘, die in der gesamten menschheitlichen Geisteswelt verbreitet sind; […] so, dass weniger umfassende Sichten in die umfassendere hinein integrieren. Wer am meisten Wahrheit in seine Sicht zu integrieren vermöchte, hätte den Anspruch auf die höchsterreichbare Wahrheit."[13] Wenn Balthasar nun demgemäß die weltliche Wahrheit in all ihren Dimensionen zu erfassen und auf einen Grund zurück zu führen sucht, sieht er sich genötigt, verschiedenen philosophischen Einsichten einen Platz im ‚Gesamtsystem‘ zuzuweisen. Dabei entgeht er nur deshalb dem hegelschen ‚absoluten Wissen‘, weil er eine Grundpolarität in allem weltlichen Sein annimmt. Diese Polarität deutet auf eine entzogene, absolute Identität als selbstmächtigen Ursprung, die aus den gegebenen Polen nicht abgeleitet werden kann. Schließlich verweist sie darauf, dass alles weltliche Sein, aller Selbstbesitz und alle Erkenntnis je schon *verdankt* ist.

Der *eine* Punkt, auf den Balthasar somit seine ungeteilte Aufmerksamkeit richtet und von dem her er seine Phänomenologie der weltlichen Wahrheit entfaltet, ist der *Gabecharakter* der Wirklichkeit. Wenn Balthasar diesen Gabecharakter des Seins als jene Grundtatsache begreift, *aus der* sich erst Subjekt und Objekt, die Begegnung zwischen Ich und Du und eine ganze Welt *ergeben*, so hat er die Gabe als Grundphänomen erfasst – und alle seine weiteren Überlegungen und Beschreibungen können nichts anderes mehr sein als eine *Phänomenologie der Gabe*, da sich alle Einzelphänomene nun als Auswirkungen dieses einen Urphänomens verstehen lassen. Hier vollzieht

---

[11]   BALTHASAR: Theologik I. 77.
[12]   BALTHASAR: Epilog. 11. Der bekannte husserlsche Grundsatz lautet: „Wer mehr sieht, hat recht". Vgl. RENTSCH: Art. Husserl, Edmund. 417.
[13]   BALTHASAR: Epilog. 11.

Balthasar durchaus eine *Reduktion* im Sinne Husserls: Alle sekundären, abgeleiteten Wirklichkeitsinterpretationen werden auf die ursprünglichere – auf das Sein als Gabe – zurückgeführt und das Verständnis des Menschen seiner selbst und seiner Lebenswelt umgedreht. Es ist nicht so, dass die Gabe und der Dialog eine spezielle Wirklichkeitsform innerhalb von ‚Wirklichkeit überhaupt' sind und von dieser her anzugehen wären, sondern es ist umgekehrt so, dass das, was wir als Wirklichkeit erleben, eine abgeleitete und für uns oftmals unkenntlich gewordene dialogische Beziehung zum Schöpfer ist, eine Ausdrucksform des Seins als Gabe, sodass wir uns selbst und unsere Lebenswelt erst wieder verstehen, wenn wir die Begründungsrichtung umdrehen – also Reduktion betreiben. Dies gilt für alle weltlichen Phänomene. Ihre Erfassung setzt jeweils eine *Umkehr* voraus, die von der Sache selbst her gefordert ist. In diesem Sinne versteht Balthasar die Phänomenologie als Erscheinen-Lassen der Grundstruktur weltlichen Seins, die nicht nur in sich, sondern auch von ihrem schöpfungstheologischen Apriori her erhellt werden muss. Mit den Augen des Glaubens will er das gottentfremdete Leben der Durchschnittlichkeit und der Oberflächenschicht durchleuchten und korrigieren.

Dass er sich in diesem Sinne als Phänomenologe versteht, beweist er auf unterschiedlichsten Ebenen. Die hier dargestellte Erkenntnismetaphysik wurde von mir vorrangig als *Phänomenologie des transzendentalen und relationalen Seins* gelesen. Sie besitzt jedoch einen Vorläufer in der *Phänomenologie der Geistesgeschichte*, wie sie uns in der *Apokalypse der deutschen Seele* und im dritten Band der *Herrlichkeit* begegnet, und beinhaltet schließlich erste Anregungen zu einer *Phänomenologie der christlichen Existenz*. Doch ist damit schon das Niveau einer *theologischen Phänomenologie* erreicht?

Gehalt und Legitimität dieses Begriffs beziehen sich auf eine weitere Stufe des balthasarschen Denkens. Erstmals konsequent durchgeführt in *Wahrheit der Welt* ist die phänomenologische Methode auch in *Herrlichkeit I* dominant geblieben, da sie als eine radikal theologische Möglichkeit ergriffen wird, die den Reichtum der christlichen Botschaft in dem *einen Eidos des Glaubens* – der Gestalt Jesu Christi – verdeutlichen kann. Dabei geht es Balthasar nicht in erster Linie darum, die phänomenologische Forschung als solche um eine Dimension – die theologische – zu erweitern. Vielmehr möchte er im schwierigen Fahrwasser der theologischen Diskussion seiner Zeit einen ‚phänomenologischen Anker' werfen. Eine Phänomenologie des Sehens und des Erscheinens ist seinem Ermessen nach die noch unentdeckte Grundform der Apologetik, die dem modernen, blind gewordenen Menschen die Sicht auf die Offenbarungsgestalt – wie sie von sich selbst her erscheint – wieder freigibt. Diese Sicht wurde durch den Geist der Aufklärung und der in seinem Zeichen stehenden Theologien verdunkelt. So liegt es nahe, dass Balthasar die neu errungene Methode vor allem gegenüber jenen profiliert und zum Einsatz bringt. Ich werde im ersten Teil des folgenden Kapitels aufzeigen, welchen Standort der Phänomenologe Balthasar im Gespräch mit den zeitgenössischen Apologeten einnimmt. Jener Dialog orientiert sich vielfach am Begriff der Erfahrung. In einem zweiten Schritt nehme ich den eigentlichen Zielpunkt der Offenbarungstheologie Balthasars, das ‚objektive' Erscheinen der

Gestalt Jesu Christi, in den Blick, dessen *Herrlichkeit* die sichtbare göttliche Entsprechung des Seins als Gabe ist.

8 Offenbarung als gegebene und wahrgenommene Gestalt: Die theologische Phänomenologie Hans Urs von Balthasars

8.1 Subjektive Evidenz:
Spielarten einer modernen Theologie der Erfahrung

Der Fokus des theologischen Teils dieser Arbeit richtet sich zunächst auf die von Balthasar unter das Leitwort der *subjektiven Evidenz* gestellte Dimension der *Glaubenserfahrung*.[1] Balthasars Einbezug einer existenziellen Komponente in die Offenbarungstheologie knüpft an seine philosophische Wahrheitslehre an und kennzeichnet seinen Entwurf als einen wichtigen Beitrag im Ringen um eine *katholische Moderne*, die jenseits aller neuscholastischen Wissensvermittlung der Erfahrung des religiösen Subjekts eine konstitutive Rolle im Erkenntnis- und Glaubensakt zuschreibt. Getragen ist dieses Bemühen von der inkarnatorischen Struktur der Offenbarung selbst. „Nie fällt Offenbarung unvermittelt vom Himmel, um den Menschen von außen und oben überweltliche Geheimnisse kundzutun; Gott spricht zum Menschen mitten aus der Welt, ausgehend von dessen eigenen Erfahrungen, indem er so innig in seine Kreatur eingeht"[2], dass gesagt werden darf, Offenbarung sei wesentlich die im Alten Bund anhebende und in Jesus Christus sich vollendende Selbstentäußerung des göttlichen Logos im Medium des Menschlichen.

Der Erfahrungsbegriff ist für Balthasar „unentbehrlich, wo Glaube die Begegnung des gesamten Menschen mit Gott ist"[3]. Mit ihm greift er jedoch ein vielfach vorbelastetes Paradigma auf, das seit Beginn der Aufklärung „als Gegeninstanz zur Bindung an Traditionen und deren ‚Vorurteile'"[4] gilt. Als die „Nachricht, dass der ‚alte Gott tot'"[5] sei, ins philosophische Bewusstsein eindringt und ein neues Weltbild heraufbeschwört, vollziehen Glaube und Vernunft einen Platztausch. Die allgemeine Vernunft erhält den Vorsitz in der Rede über Gott und rückt in die Rolle „eines bestallten Richters, der die Zeugen nötigt, auf die Fragen zu antworten, die er ihnen vorlegt"[6]. Seither ist die Theologie in einem Streit um die Vernunftgründe des Glaubens engagiert und sucht dem Pathos der Neuzeit im Wort von der Selbstmitteilung Gottes zu be-

---

[1] Vgl. die beiden Abschnitte in *Herrlichkeit I*: „Das Glaubenslicht" (123-210) und „Die Glaubenserfah-
· rung" (211-410).
[2] BALTHASAR: Gott redet als Mensch. 85.
[3] BALTHASAR: Herrlichkeit I. 211.
[4] WERBICK: Art. Erfahrung. 754.
[5] NIETZSCHE: Die fröhliche Wissenschaft. 206.
[6] KANT: Kritik der reinen Vernunft. B XIII.

gegnen. Balthasar nimmt die Herausforderung von seiner ignatianischen Spiritualität einerseits und seiner außergewöhnlichen germanistischen Bildung andererseits her an. Wo er Ignatius' unvoreingenommene Betrachtung des Lebens Jesu und Goethes Methode der phänomenologischen Schau zusammen führt, entsteht eine Denkform, welche die grundlegende Polarität des Offenbarungsgeschehens wahrt: Die Weise, wie Gott in seinem Sohn dem Menschen begegnen, ihn ergreifen und verwandeln will, ist unableitbar – und muss dennoch im Menschen auf einen ihr entsprechenden Resonanzraum treffen, um wahr- und aufgenommen zu werden. Dieses Denken, das von einer kontemplativen Einstimmung auf die *objektive* Offenbarungsgestalt seitens des Menschen ausgeht, bedarf einer präzisen Verortung.

„Weil dies ganze Eingestimmtsein auf die Offenbarung den Zweck verfolgt, Gottes Wesen und Willen zu verstehen, um ihm zu entsprechen, kann von einer Gefühlsreligion hier nicht die Rede sein, ebensowenig aber von Rationalismus, sondern von jener höheren Mitte, die man *existentielles Christentum* nennen mag, und die gerade das ist, *worauf unsere ganze Studie hinauswill.*"[7]

Doch nicht nur gegenüber den aus der Aufklärung erwachsenen immanenten Ansätzen entwickelt Balthasar das Profil seiner Offenbarungstheologie. Die Notwendigkeit einer Neubestimmung des Erfahrungsbegriffs scheint vor allem im Blick auf die zeitgenössische Theologie gegeben zu sein: Rahners Rückfrage nach den transzendentalen Bedingungen der Gotteserkenntnis hat das theologische Denken auf ein völlig neues Problemniveau gehoben; durch Bultmanns Programm einer Entmythologisierung des Evangeliums zugunsten seines existenzialen Sinngehalts ist die Diskussion um das Verhältnis von Exegese und Dogmatik neu entbrannt. Erst diese *Konstellation* von markanten *Spielarten einer modernen Theologie der Erfahrung* erhellt den Hintergrund der in *Schau der Gestalt* gewählten Hermeneutik und Systematik.

Der Protestant Bultmann und der Jesuit Rahner treten deshalb im folgenden Kapitel als Mit- und Gegenspieler Balthasars auf. Ihre Wortmeldungen sollen zeigen, wie weit das Feld möglicher Varianten ist, eine Christologie zu konzipieren, die am geistigen Geschick der Neuzeit teilhat. Das Ziel meiner Ausführungen ist keine Exegese dieser Autoren, sondern eine Typologie. Die wesentlichen Grundlinien dieser Denktypen werden so herausgearbeitet, dass sie sich in *einem* Kriterium von der Theologie Balthasars unterscheiden: in der Frage, inwieweit sie die Ganzheitlichkeit und Objektivität der von sich selbst her erscheinenden Offenbarung zur Geltung bringen. Balthasars eigener Anweg hebt sich so seiner inneren Logik nach als eine *theologische Phänomenologie* ab, die auf die Nachwirkungen der Aufklärung zu antworten sucht, indem sie sich methodisch vom Motiv der goetheschen Gestalt leiten lässt und geistlich die inspirierende Kraft der ignatianischen Tradition zum Tragen bringt.[8]

---

7   BALTHASAR: Herrlichkeit I. 287, mit Fußnote zu Rahner. Hervorhebung von mir.
8   Die Theologie der ignatianischen Exerzitien und die Literatur Goethes sind natürlich nicht die einzigen Impulse, die der Theologie Balthasars ihr spezifisches Profil geben, aber sie sind ohne Zweifel von besonderem Gewicht. Sie erlauben eine gewisse Ökonomie in der Darstellung, die angesichts der Vielschichtigkeit des Werkes Balthasars ohnehin unvermeidlich ist.

Die beiden Seiten dieser Phänomenologie des Glaubens, das Ausschauhalten des Einzelnen nach der Offenbarungsgestalt und diese selbst als das Woraufhin dieser Erwartung, lassen sich gewiss nicht voneinander trennen; die Schau des Menschen ist immer schon Antwort auf das vorausgehende Erscheinen Gottes. Um der methodischen Klarheit willen ist aber eine gesonderte Besprechung angezeigt. Nach der Darstellung der *theologiegeschichtlichen Situation* beginne ich deshalb mit der subjektiven Komponente.

8.1.1 Der Glaube vor dem Richterstuhl der Vernunft: Das Erbe der Aufklärung

Wie vernünftig muss der religiöse Glaube sein? Wie weit kann sich das Geschäft der Vernunft auf Glaubensdinge erstrecken? Wie ist Erkenntnis überhaupt möglich? So und ähnlich lauten die großen Fragen des Denkens, die sich der Philosophie der Aufklärung stellen. Mit der Selbstkritik der Philosophie scheint zunächst viel gewonnen. Der Zerfall des alten metaphysischen Weltbildes gibt den Blick auf eine Wirklichkeit frei, die nun analysierbar und zur Gänze verstehbar wird. Die Emanzipation von den Obrigkeiten weltlicher und kirchlicher Machthaber rettet den aufgeklärten Menschen „aus seiner selbst verschuldeten Unmündigkeit"[9]. Doch hinterlässt das Denken der Epoche, das zu einer Philosophie menschlicher Subjektivität gerinnt, auch bedrängende Engführungen. Indem es scheinbar unüberwindliche Trennlinien in die Horizontale wie in die Vertikale seines philosophischen Koordinatensystems einzieht, bringt es die Beziehungen zwischen Subjekt und Objekt, zwischen Gott und Welt nachhaltig aus dem Gleichgewicht.

Die Fraglichkeit metaphysischer Behauptungen ist für Kant Anlass genug, sich dem Problem verlässlicher Erkenntnis neu zu stellen. Auf der Suche nach einer Neubegründung der Wissenschaft kommt er zu der Überzeugung: Alle den Menschen zugängliche Erkenntnis untersteht Bedingungen der Möglichkeit, die durch die Strukturen der menschlichen Vernunft vorgegeben sind. Das Subjekt selbst konstituiert die objektive Gültigkeit und Maßgeblichkeit jener Gegenstände, die für sein theoretisches und praktisches Handeln bestimmend sind.[10] Doch damit müssen die Grenzen der Vernunft enger gezogen werden; die Bedeutung des Wortes ,transzendental' ändert sich. Während die alte Transzendentalienlehre alle Erkenntnis im Sein fundierte und inhaltliche Prädikate bestimmte, die jedem Seienden notwendig zukommen, dürfen nun nur noch diejenigen Grundsätze Geltung beanspruchen, die sich der Vernunft aus der *Erfahrung* her nahe legen und an dieser immer neu bewähren. „Alle Erkenntnis von Dingen aus bloßem reinem Verstande oder reiner Vernunft ist nichts als lauter Schein, und nur in der Erfahrung ist Wahrheit."[11] Die innere Widersprüchlichkeit

---

9   KANT: Beantwortung der Frage: Was ist Aufklärung? 55.
10 KANT: Kritik der reinen Vernunft. A 247.
11 KANT: Prolegomena. A 205.

dieses Ansatzes ist oft bemerkt worden.[12] Obwohl Kant das An-sich-Sein der Dinge zunächst für unerkennbar erklärt, schreibt er ihm doch zu, dass es unser Bewusstsein affiziere. Der Dualismus zwischen dem Ding an sich und der Erscheinung der Dinge für uns lässt fragen:

„Wie verschafft sich der Gegenstand, obgleich er nach gemeinsamer Auffassung der Transzendentalphilosophie durch das Subjekt konstituiert wird, diesem Subjekt gegenüber jene Eigenständigkeit, die nötig ist, wenn er ihm als Inhalt einer Erfahrung gegenübertreten will? Und wie bleibt die menschliche Vernunft sich, trotz aller Gesetzgebung über die Gegenstände ihres Erkennens, ihrer Endlichkeit bewusst, aufgrund derer sie, im Unterschied zum göttlichen ‚Intellectus archetypus‘, sich die Gegenstände geben lassen muss, auf die sie sich erkennend richtet?"[13]

Die Beschränkung auf der horizontalen Erkenntnisebene impliziert eine solche auch in der vertikalen. Wo Metaphysik fraglich wird, weil deren Gegenstände die Grenzen der Erfahrung überschreiten, wo „der stolze Name einer Ontologie dem bescheidenen einer Analytik des reinen Verstandes Platz machen"[14] muss, wird auch die traditionelle Ontotheologie unmöglich, die Gott als das *esse subsistens* versteht, als jenen in sich stehenden Grund, der alle Fülle des Seins in sich birgt. Anders gesagt: In dem Maße, in dem der kantische Erfahrungsbegriff eine Schlüsselrolle in der Philosophie einnimmt, verbietet und verstellt er den Zugang zu Gott, d.h. zu einem theistischen Gott, der den Menschen von sich her unbedingt angeht, ihn fasziniert und herausfordert. Gott als der Unendliche, Unsagbare und menschlichen Sinnen Verschlossene wird auf seine absolute Jenseitigkeit reduziert und als abständig bzw. unerreichbar betrachtet. Der Gottesbegriff wandelt sich in einen perspektivischen Fluchtpunkt, der notwendig ist, um die Integrität der Vernunft zu gewährleisten. Er wird, kurz gesagt, zu einer reinen Erfordernis des Denkens und der moralischen Lebensgestaltung. Weil ihm der Selbststand im Sein mangelt, kann Gott nicht mehr als das Subjekt seines freien Handelns begriffen werden.

Durch die Religionskritik der Aufklärung gerät der Glaube auf die Anklagebank. Er hat sich auf dem Forum der Vernunft zu verteidigen. Nicht selten zwingt ihn das kritische Urteil der Richterin Vernunft, sich in einen Bezirk jenseits aller Wissenschaft zurück zu ziehen. Er muss entblößt, als Aberglaube enttarnt, den Gerichtssaal verlassen. Das biblisch überlieferte Bild Christi bleibt von diesen Spannungen nicht unberührt. Aus der Sicht der Aufklärer bedeutet das Christusereignis und dessen Bezeugung durch die Schrift keine inhaltliche Erweiterung der mit der Schöpfungs- und Vernunftordnung gegebenen natürlichen Offenbarung.

Schon der von Spinoza verfasste *Tractatus theologico-politicus* ist motiviert von der Erwartung, dass die Ansprüche der Theologie allgemeingültig dargelegt und allen vernunftbegabten Wesen auch ohne besondere göttliche Mitteilung erreichbar sein

---

12   Vgl. MÜLLER: Glauben – Fragen – Denken. Bd. II. 557. – SCHAEFFLER: Philosophische Einübung in die Theologie I. 95-98.
13   SCHAEFFLER: Philosophische Einübung in die Theologie I. 96.
14   KANT: Kritik der reinen Vernunft. A 247.

müssen. Gotteserkenntnis ist Erkenntnis *a priori*: Erkenntnis, die sich allein auf Vernunftgründe und deren Ableitungen bezieht, weil Gott sich in ihnen als der absolute Grund und die unbedingte Freiheit selbst manifestiert. Eine vollkommenere Gotteserkenntnis, die erst durch kontingente geschichtliche Tatsachen ermöglicht wäre – und das hieße: vom sinnlich Gegebenen ihren Ausgang nähme – ist für ihn undenkbar. Die Wahrheiten des Offenbarungsglaubens werden damit unausweichlich der Vernunft untergeordnet.[15]

Die Frage nach der Notwendigkeit geschichtlicher Offenbarung wird ein weiteres Mal bei Lessing laut. Seiner Schrift *Die Erziehung des Menschengeschlechts* liegt die Überzeugung zugrunde, dass der Status von Offenbarungswahrheiten ein vorübergehender sein müsse. Offenbarung ist nur das pädagogische Mittel Gottes, um die Menschheit zur Vernunft zu bringen. Der Logik von Erziehungsprozessen entsprechend ist sie darauf angelegt, den Menschen in den Stand der Mündigkeit zu führen, wo er das Geoffenbarte als die ihm immer schon eingestiftete Wahrheit erkennt und autonom verantwortet. Im Letzten geht es bei der „Ausbildung geoffenbarter Wahrheiten in Vernunftwahrheiten"[16] darum, die Verankerung von heilsrelevanten Glaubensentscheidungen in historischen Ereignissen zu überwinden. Es sei abwegig, so Lessing, dass die christliche Religion die menschliche Vernunft aufgrund bloßer Wahrscheinlichkeiten dazu nötige, eine nicht in ihr selbst liegende und dennoch allgemein zustimmungspflichtige Wahrheit anzuerkennen. „Das, das ist der garstige breite Graben, über den ich nicht kommen kann, so oft und ernstlich ich auch den Sprung versucht habe."[17] Die Selbstgewissheit der Vernunft ist von grundlegend anderer und höherer Qualität als eine auf unzuverlässige Traditionen gestützte Tatsachenbehauptung, sodass in aller Strenge gilt: „[…] zufällige Geschichtswahrheiten können der Beweis von notwendigen Vernunftwahrheiten nie werden"[18]. Hier wird ein Gerichtsverfahren gegen den Glauben eröffnet, das mit seiner Erforschung christlicher Überlieferungsprozesse die Glaubwürdigkeit der historischen Offenbarungszeugnisse nachhaltig erschüttert.

Die Philosophie der Aufklärung hinterlässt mit ihrer Spaltung des Subjekt-Objekt-Verhältnisses, ihrem Erfahrungsbegriff reiner Diesseitigkeit und ihrem prekär erscheinenden Zueinander von Glaube und Vernunft ein schwieriges Erbe. Schon der junge Hegel konstatiert ihren beklagenswerten Zustand. In einer seiner ersten Abhandlungen, die unter dem Titel *Glauben und Wissen* publiziert wird, stellt er fest, das „Prinzip […] des Protestantismus"[19] – welches er später „das unglückliche Bewusstsein"[20] nennen wird – habe eine überall um sich greifende Verdinglichung und Entsakralisierung mit sich gebracht:

---

15 Vgl. WERBICK: Den Glauben verantworten. 236-239.
16 LESSING: Die Erziehung des Menschengeschlechts. 506.
17 LESSING: Über den Beweis des Geistes und der Kraft. 13.
18 LESSING: Über den Beweis des Geistes und der Kraft. 12.
19 HEGEL: Glauben und Wissen. 289.
20 HEGEL: Phänomenologie des Geistes. B.IV.B: „Freiheit des Selbstbewusstseins. Stoizismus, Skeptizismus und das unglückliche Bewusstsein". 155.

„Es ist gerade durch ihre Flucht vor dem Endlichen und das Festsein der Subjektivität, wodurch ihr das Schöne zu Dingen überhaupt, *der Hain zu Hölzern*, die Bilder zu Dingen, welche Augen haben und nicht sehen, Ohren und nicht hören und, wenn die Ideale nicht in der völlig verständigen Realität genommen werden können als Klötze und Steine, zu Erdichtungen werden und jede Beziehung auf sie als wesenloses Spiel oder als Abhängigkeit von Objekten und als Aberglaube erscheint."[21]

Hegel verknüpft ein Psalmwort[22] mit einem Bild von Horaz,[23] um die Landschaft der Philosophie und das Daseinsgefühl seiner Tage zu beschreiben: Der Hain ist zu Hölzern geworden; die ausgedehnten Baumgruppen, in deren Schatten die Alten Erhabenes bedachten und die Anwesenheit des Transzendenten verehrten, stehen nun bedeutungslos, wie trockenes Holz, herum. Die Konzentration auf apriorische Kategorien lässt die Wirklichkeit verarmt und entzaubert zurück. Die Sogkraft des Ästhetischen schwindet dahin. Hat der transzendental greifbar gewordene Kosmos einmal seine Schönheit und Erhabenheit verloren, trifft man nur noch auf ‚Klötze und Steine'. Hegels Wort vom ‚Tod Gottes' hat u.a. hier seinen Ort;[24] es benennt in letzter Konsequenz einen religiösen Glauben, der in der reinen Innerlichkeit der Subjektivität zur inhaltslosen, leeren Sehnsucht nach dem Unendlichen geworden ist:

„Die Religion baut im Herzen des Individuums ihre Tempel und Altäre, und Seufzer und Gebete suchen den Gott, dessen Anschauung es sich versagt, weil die Gefahr des Verstandes vorhanden ist, welcher das Angeschaute als Ding, *den Hain als Hölzer* erkennen würde."[25]

Der Deutsche Idealismus wird eine breit angelegte Gegenbewegung unternehmen, welche die von Kant offen gelassene Frage nach dem ursprünglichen einheitlichen Grund von theoretischer und praktischer Vernunft, von Subjekt und Objekt durch die Ästhetik beantwortet. In seinem *Ältesten Systemprogramm* von 1796, das heute weitgehend Hegel zugeschrieben wird, heißt es: „Ich bin nun überzeugt, dass der höchste Akt der Vernunft, der, in dem sie alle Ideen umfasst, ein ästhetischer Akt ist und dass *Wahrheit und Güte nur in der Schönheit* verschwistert sind."[26] Durch die Macht des Schönen, welche die unmittelbar physische Ebene überschreitet, kann auch das Unverfügbare den Menschen wieder in Bann ziehen.

Zwischen dem Begreifen Hegels und der Anschauung Goethes besteht eine innere Beziehung, die sowohl eine Nähe wie eine Ferne bezeichnet.[27] Beide schulen ihr Denken an der kopernikanisch gewendeten Philosophie ihrer Zeit, widersprechen aber der Radikalität, mit der Kant Subjekt und Objekt auseinander reißt. Nach Goethe sind Vernunft- und Sinneserkenntnis im ästhetischen Wahrnehmungsakt einander so vermittelt, dass sich die Dinge in ihrem unmittelbaren Gegebensein, in ihrer begrifflichen

---

21 HEGEL: Glauben und Wissen. 290. Hervorhebung von mir.
22 Vgl. Ps 115,4-6: „Die Götzen der Völker sind nur Silber und Gold, ein Machwerk von Menschenhand. Sie haben […] Augen und sehen nicht; sie haben Ohren und hören nicht […]."
23 Vgl. HORATIUS FLACCUS: Briefe. 49: „Virtutem verba putas et lucum ligna."
24 Vgl. HENRICI: Der Tod Gottes beim jungen Hegel.
25 HEGEL: Glauben und Wissen. 289f. Hervorhebung von mir.
26 HEGEL: Das älteste Systemprogramm des Deutschen Idealismus. 235.
27 Vgl. LÖWITH: Von Hegel zu Nietzsche. 17-43. Vgl. Abschnitt 2.2.2 dieser Arbeit.

Unverrechenbarkeit zeigen. In der Begegnung mit dem Schönen eröffnet sich durch die Verweisungskraft und Durchsichtigkeit des Sinnlichen ein völlig neuer Horizont, der verrät, dass schon mitten in endlicher Materie Geist und Ewigkeit präsent zu sein vermögen. Das bestimmende Denken muss sich daher zurücknehmen, um Raum zu lassen für die individuelle Gestalt. Nur was nicht gleichsam eingeebnet wird in die Dimension des Verfügbaren, kann den Menschen angehen und betreffen. Goethe betont also den passiv-erleidenden Grundzug des Ästhetischen und lässt – anders als die Idealisten – ein Bestimmt- und Verändertwerden des Subjekts von außen ausdrücklich zu.

Goethes Ressentiment gegenüber der Aufklärung ist nicht zuletzt religiös motiviert. Erfahrungen religiöser Qualität gehören für ihn zu den Grundgegebenheiten, den Urphänomenen menschlichen Lebens, die sich nicht einfach rational bewältigen lassen; sie müssen gleichnishaft oder symbolisch artikuliert werden. Dabei zeichnet seine freie Anverwandlung religiöser Gehalte den Glauben als etwas, das dem *humanum* zutiefst entspricht. Im Glauben an Gott als den Grund der eigenen Existenz findet der Einzelne Halt in der Unübersichtlichkeit seines Daseins. Er gewinnt einen aufrechten, wahrhaft auf-geklärten Stand in der Wirklichkeit. Denn nur derjenige ist in Goethes Augen letztlich groß, der sich nicht zum Sklaven selbstentworfener Götterbilder macht, indem er die eigene Vernunft für die höchste Instanz hält, sondern der etwas Größeres verehrt, vor dem er die eigene Relativität annehmen und leben kann.

All diese vorausgehenden Gedanken nimmt Balthasar auf – und modifiziert sie christlich. Er macht die *Gestalt* zum Zentrum seiner theologischen Ästhetik und folgt damit nicht, was philosophisch näher läge, dem großen Systementwurf Hegels, der erkenntnislogisch und theologisch gleichermaßen einen Begriff des Absoluten heraufbeschwört. Um die Einheit der Vernunft und zugleich ihren Überstieg in eine ontologisch fundierte Offenbarungstheologie zu gewährleisten, buchstabiert er die gesamte christliche Theologie von den klassischen Transzendentalien des *verum, bonum* und *pulchrum* her durch und erweist – im Gegenzug zu der von der Aufklärung inszenierten Situation des Gerichtsprozesses – das Aufleuchten der sich mitteilenden, ja verschwenderischen Liebe Gottes als eine *phänomenologische Evidenz*, welche die Möglichkeit des Übersehenwerdens immer schon einschließt.

„Unter dem Einfluss eines modernen rationalistischen Wissenschaftsbegriffs rückte die [entscheidende ästhetische; I.K.] Frage immer mehr aus ihrer eigenen Mitte – ‚Wie tritt Gottes Offenbarung in der Geschichte vor den Menschen auf? Wie wird sie wahrgenommen?' – immer mehr an den Rand und lautet dann: ‚hier ist ein Mann aufgetreten, der behauptet, Gott zu sein, und auf Grund dieser Behauptung verlangt, man müsse ihm viele der Vernunft unverifizierbare Wahrheiten glauben: wie lässt sich sein autoritärer Anspruch in einer die Vernunft befriedigenden Weise begründen?'[28]

---

[28] BALTHASAR: Herrlichkeit I. 166.

Balthasars Antwort auf die Aufklärung ist eindeutig: Der Glaube ist nicht etwas, dessen Güte erst verhandelt und über dessen weiteres Existenzrecht erst ein Beschluss herbeigeführt werden muss. Er gehört einer höheren Ordnung an, die keine Entzweiung in eine natürliche Menschheitsreligion und einen christlichen Offenbarungspositivismus erlaubt.

„Die Aufklärung klammert die Positivitäten rationalistisch aus und denkt auf logische Allgemeinbegriffe hin, was zur Folge hat, dass sie die übernatürliche Offenbarung als ganze ebenfalls einem allgemeinen (‚natürlichen‘) Offenbarungsbegriff subsumiert und damit notwendig, bewusst oder unbewusst, auch die Christologie auflöst."[29]

Was die Aufklärung anbahnt, wertet Balthasar als hoffnungslosen Versuch, das christologische Bekenntnis in Anthropologie zu überführen und damit zu bewältigen.[30] Eine rein immanente Religiosität erscheint ihm als Verdunkelung, Verflüchtigung und Entleerung in einen haltlosen Subjektivismus. Denn wo die Vernunft ihren selbst zustande gebrachten Begriff der Erfahrung zugrunde legt, kann sie nicht mehr einer *je größeren Wahrheit* auf der Spur bleiben, die Ausdruck dafür ist, dass inmitten des Endlichen und Relativen ein Unbedingtes sich geltend macht. Für sie gibt es kein unvorhersehbares ‚Aufleuchten der göttlichen Herrlichkeit auf dem Antlitz der Kreatur‘, sondern nur immer neue Weisen, wie sich das Subjekt an den Objekten gespiegelt findet. Sobald aber der kopernikanisch gewendete Begriff des Objekts seinen wohlbestimmten Sinn entbehrt, verliert auch die Gestalt Jesu Christi ihren Eigenstand: Sie vermag dem Menschen nichts mehr zu sagen, was er nicht in eigener Reflexion auf sich selbst längst erkannt hätte. Wo immer Balthasar daher eine letztgültige anthropologische Fundierung der Offenbarungswahrheit erkennt, zieht er einen scharfen Trennstrich zur christlichen Tradition, die allein die sich selbst bezeugende Herrlichkeit Gottes als Kriterium und Inhalt anerkennt.

8.1.2 Mythos und Eigentlichkeit: Die existentiale Schriftinterpretation bei Rudolf Bultmann

Balthasars Polemik gegen die Aufklärung ist keineswegs nur als Abweisung einer vergangenen Problemstellung zu werten. Durch die neuzeitliche Kritik wurden Fragen aufgeworfen, die noch in der Theologie des 20. und 21. Jahrhunderts virulent sind. Sie melden sich vor allem in Rudolf Bultmanns Entmythologisierungsprogramm und in der anthropologisch gewendeten Theologie Karl Rahners zu Wort:[31] Wie verhält sich die christliche Erlösungsbotschaft zur neuzeitlichen Emanzipation, die geradezu als

---

29   BALTHASAR: Herrlichkeit I. 539.
30   Vgl. Balthasars Vorwurf des ‚Bewältigungsdenkens‘ in DERS.: Cordula oder der Ernstfall. 34.
31   Die Darstellung will nicht den Eindruck erwecken, die Theologien Bultmanns und Rahners stünden in irgendeiner Art von Abhängigkeit zueinander. Obwohl sie manche Voraussetzungen teilen (z.B. die Diskussion um die Moderne, die Existentialanalyse Heideggers), werden sie hier allein aufgrund ihrer Bedeutung für das Werk Balthasars aufgenommen.

epochales Stichwort modernen Lebensgefühls gelten kann?[32] Inwieweit muss die gegenwärtige Theologie den Forderungen nach der Subjektwerdung des Einzelnen gerecht werden?

Bultmann und Rahner wollen sich der Herausforderung des Selbstverständnisses des modernen Menschen stellen, indem sie den Gehalt des Evangeliums mit Hilfe zeitgemäßer philosophischer Kategorien interpretieren und adaptieren. Beide wählen – in unterschiedlicher methodischer Ausgestaltung – eine Art ‚existentiale‘ Interpretation der biblischen Botschaft und rücken damit die *Erfahrungsthematik* ins theologische Blickfeld. Im gleichen Atemzug ist ihnen an einer ‚kerygmatischen‘ Theologie gelegen, die das Wort alter Überlieferung durch ihr Verkündigen und Auslegen hier und jetzt vergegenwärtigt,[33] und in deren Hörer- und Leserschaft sich wiederholen möge, wovon die Apostelgeschichte berichtet: „Als sie das hörten, traf es sie mitten ins Herz" (Apg 2,37). Dass es sich bei einer solch unmittelbaren Betroffenheit um ästhetische Prozesse handelt, wird gewöhnlich übersehen.[34] Kein Wunder. Denn ausgerechnet Balthasar macht in seiner theologischen Ästhetik auf die immanente Gefahr dieser Ansätze unter dem Vorwurf der anthropologischen Reduktion aufmerksam. Was zunächst harmlos klingt, entpuppt sich für ihn als brisantes theologisches Problem: In seiner Verhältnisbestimmung von präsentischem Kerygma und der diesem Kerygma zugrunde liegenden Historie zieht Bultmann die theologische Relevanz des historischen Jesus in Zweifel und reiht sich damit in die Gefolgschaft Lessings ein. Balthasars eigener Ansatz kann daher nicht interpretiert werden, ohne seinen tiefen Argwohn gegenüber der historisch-kritischen Forschung als dem „Kind der ungläubigen Aufklärung"[35] und gegenüber modernem Emanzipationsdenken überhaupt zu berücksichtigen.

Der historische Jesus gilt dem Marburger Exegeten Rudolf Bultmann gewiss als Voraussetzung des christlichen Glaubens, nicht aber als dessen eigentlicher Grund.[36] Dieser liegt im überlieferten und immer neu verkündeten Wort selbst, das das Christusereignis als die endgültige Heilstat Gottes auslegt: Ich erfahre nicht durch die Historie, sondern nur durch die existenzielle Begegnung mit dem Kerygma, dass Kreuz und Auferstehung Jesu von Nazareth für mich Erlösung und ewiges Leben bedeuten. Nur das Geschehen *an mir*, nicht aber die objektivierende Rede *über* Gott kann der Ort der Offenbarung sein. Bultmann trifft hier eine folgenschwere Unterscheidung: Indem er dem von der kritischen Forschung rekonstruierten irdischen Jesus die Erfahrung des mich im Glauben ergreifenden Christus gegenüber stellt, erklärt er das Neue Testament in seiner Qualität als historisches Dokument für belanglos. Der Gott, von dem

---

32 Vgl. METZ: Erlösung und Emanzipation. 121.
33 Vgl. RAHNER: Art. Kerygma. II. Systematisch. 311-313. – DERS.: Über die Verkündigungstheologie. 337-345.
34 Vgl. MÜLLER: Glauben – Fragen – Denken. Bd. II. 580.
35 BALTHASAR: Herrlichkeit I. 512.
36 Vgl. zum Folgenden: GIBELLINI: Handbuch der Theologie im 20. Jahrhundert. 30-53. – MENKE: Jesus ist Gott der Sohn. 320-324. – KASPER: Jesus der Christus. 78-87. – LÖSER: Dimensionen der Auslegung des Neuen Testaments. – MÜLLER: Glauben – Fragen – Denken. Bd. II. 359-363, 579-581.

die Schrift kündet, ist ein Gott, der mir entgegen kommt, der mir in der Offenbarung widerfährt, der selbst zum Offenbarungsereignis wird. Er ist Ereignis; und dieses Ereignis will Bultmann aller Kategorien entledigen, die es auf ein vergangenes Faktum reduzieren und zum Objekt begreifen wollender theologischer Rede machen. „Soll die Theologie nicht über Gott spekulieren, vom Gottes*begriff* reden, sondern vom wirklichen Gott, so muss sie, indem sie von Gott redet, zugleich vom Menschen reden."[37]

Damit ist die anthropologische Wende auch theologisch vollzogen. Aber wie ist vom Menschen zu sprechen? Was ist sein Selbstverständnis? Worin gründet letztlich der Mehrwert des kerygmatischen Zeugnisses über das historische Geschehen hinaus? In Bultmanns Hermeneutik kommt hierfür der von Heidegger motivierte Ruf zur Eigentlichkeit in Gestalt einer Glaubensentscheidung auf. An der heideggerschen Daseinsanalytik sollen die Strukturen menschlicher Existenz sichtbar werden, in deren Horizont der Anspruch der Schrift freigesetzt werden kann. Hier wird der Mensch als Dasein beschrieben, als Geschichtlichkeit, als Offenheit für die Zukunft und den Anspruch des Du. Er ist in die Entscheidung gerufen und verwirklicht sich im Handeln.[38] Dies ist grundsätzlich auf zweierlei Weise möglich: Sich vom Niveau der Welt her zu verstehen, sich von den Dingen gefangen nehmen zu lassen und damit letztlich vor sich selbst zu fliehen bedeutet, uneigentlich zu existieren. Eigentliche Existenz hingegen besteht darin, sich und seine Möglichkeiten zu wählen, aber auch die eigene Endlichkeit bis hin zum Tod als die letzte und unüberbietbare Möglichkeit anzunehmen. Vom Standpunkt des Neuen Testaments aus sind diese rein formalen Kategorien nochmals zu überschreiten. Bultmann unterscheidet zwischen dem eigentlichen Leben aus dem Glauben und dem uneigentlichen Leben aus der Sünde. „Sünde ist: aus sich selbst, aus eigener Kraft leben wollen, und nicht aus der radikalen Hingabe an Gott, an das, was Gott fordert, schenkt und schickt. Von dieser Sünde befreit die Gnade Gottes den Menschen, der sich ihr in radikaler Preisgabe seiner selbst, d.h. im Glauben, öffnet."[39] Wer an Christus glaubt, ist durch den Glauben bereits der Verfallenheit an das Vergängliche, an die Zeit, an den Tod entrissen. Er folgt einem Anruf *hic et nunc*, durch den er sich in radikal neuer Weise dem Leben Gottes zugehörig weiß. Die Bedeutung des Christusereignisses besteht daher nicht in einem *Was*, sondern in einem *Dass*: Es ist gleichsam der „Katalysator unserer Eigentlichkeit"[40], der

---

[37] BULTMANN: Die Bedeutung der „dialektischen Theologie" für die für die neutestamentliche Wissenschaft. 117.

[38] In überdeutlichen Anklängen an Heideggers *Sein und Zeit* schreibt Bultmann in seinem Aufsatz von 1928: „Wir meinen das Dasein des Menschen richtiger zu verstehen, wenn wir es als geschichtlich bezeichnen. Und wir verstehen unter der Geschichtlichkeit des menschlichen Seins dieses, dass sein Sein ein Sein-Können ist. D.h. dass das Sein des Menschen seiner Verfügung entnommen ist, jeweils in den konkreten Situationen auf dem Spiele steht, durch Entscheidungen geht, in denen der Mensch nicht *je etwas für sich* wählt, sondern sich selbst als seine Möglichkeit wählt" (DERS.: Die Bedeutung der „dialektischen Theologie" für die für die neutestamentliche Wissenschaft. 118).

[39] BULTMANN: Der Mensch zwischen den Zeiten nach dem Neuen Testament. 42.

[40] BARTH – BULTMANN: Briefwechsel 1922-1966. 129, 164f, 170f, 196-199.

uns befähigt, statt aus dem verfügenden Wissen über die Historie aus der Zukunft zu leben.

Bultmanns existentialtheologische Neubesinnung, die sich programmatisch in dem 1941 gehaltenen Vortrag *Neues Testament und Mythologie* bündelt, eröffnet eine der denkwürdigsten und langanhaltendsten Auseinandersetzungen der Nachkriegszeit. Sobald nämlich das Selbst- und Weltverständnis der Gegenwart zum grundlegenden Kriterium der Auslegung wird, müssen die Überlieferungen des Neuen Testaments als zeitbedingte Mythologie erscheinen. Mythologisch erscheinen all jene Vorstellungen, die mit dem Eingriff jenseitiger Mächte rechnen und in denen „das Unweltliche, Göttliche als Weltliches, Menschliches, das Jenseitige als Diesseitiges erscheint."[41]. In dieser Optik sieht Bultmann die gesamte neutestamentliche Rede *a priori* von antiken (gnostischen und jüdischen) Mythen geprägt und umrahmt. „Soll also die Verkündigung des Neuen Testaments ihre Gültigkeit behalten, so gibt es gar keinen anderen Weg, als sie zu entmythologisieren."[42]

Hier kündigt Bultmann ein Vorhaben an, das Theologen wie Barth und Balthasar regelrecht auf die Barrikaden bringt. Jene sehen die christlichen Glaubenswahrheiten in ihren Grundfesten erschüttert, wenn er die Befragung der biblischen Schriften auf ihren existentialen Sinn hin in Schlüsselsätze wie diesen münden lässt: „Jesus ist ins Kerygma hinein auferstanden."[43] Die reale Auferstehung und Himmelfahrt Jesu verfallen so mitsamt dem Bekenntnis zur Inkarnation und zur Gottessohnschaft dem Mythologieverdacht und werden in ihrer Historizität in Zweifel gezogen. Die Arbeit historischer Exegese lebt wieder auf, deren Methoden von der Zeit Lessings an ausgebildet wurden.

Auch wenn Balthasar keine umfassende Kritik der Schriftauslegung Bultmanns vorlegt, so sind doch weite Teile von *Schau der Gestalt* Reflex und Resultat seines Ringens mit ihr.[44] Nirgends verliert er die Differenz zu Bultmann aus den Augen, aber er würdigt auch nirgends positiv die vielen formalen Parallelen zu seinem eigenen Anliegen, die mindestens im Zeugnis von der sich erfahrbar ereignenden Gegenwart Gottes liegen. Methodisch übertragen beide Theologen die Forderung Heideggers nach einer Entbegrifflichung des Seins auf eine neu zu erarbeitende Christologie, die sich den Zugriff auf ein letztes Offenbarungswissen verwehrt. Beide denken in „Kategorien des Existentiellen und Personalen […], die den wurzelhaften Glaubensakt als ein von Gott und seiner Gnadenoffenbarung her bestimmtes Verhalten der Gesamtperson"[45] verdeutlichen sollen. Ebenso unterstreichen beide Theologen gegenüber der neuscholastischen Tradition, dass Offenbarung nicht ein Ensemble von abstrakten Satzwahrheiten, sondern das konkret erfahrbare Heilsgeschehen selbst ist, in dem zwischen

---

[41] BULTMANN: Neues Testament und Mythologie. 22, Anm. 2.
[42] BULTMANN: Neues Testament und Mythologie. 22.
[43] BULTMANN: Das Verhältnis der urchristlichen Christusbotschaft zum historischen Jesus. 27.
[44] Vgl. zum Folgenden: EICHER: Offenbarung. 307-312.
[45] BALTHASAR: Herrlichkeit I. 159.

Offenbarung und Offenbarer nicht unterschieden werden dürfe. Jesus ist nicht nur der Künder der Wahrheit, sondern er ist diese selbst.[46] Weil durch ihn das Menschsein insgesamt zum Gefäß der Selbstaussage Gottes geworden ist, kann gerade die Endlichkeit der menschlichen Existenz zu dem Ort werden, an dem die Frage nach Gott aufbricht und die Gnade zum Ereignis wird.[47] Mit sicherlich konfessionell verschiedener Akzentuierung bezeichnen schließlich Bultmann wie Balthasar die Kirche als den Resonanzraum, den sich das neutestamentlich bezeugte Wort Gottes schafft und dessen es bedarf, um in der Geschichte hörbar zu werden.

Doch wo immer Balthasar mit seinem evangelischen Kontrahenten übereinstimmt, besetzt er dessen Kategorien schnellstens um, indem er die notwendig gewordenen „existenzhaften Vorbedingungen"[48] auf die Objektivität der Offenbarungsgestalt hin orientiert.[49] Gewiss gilt auch ihm das Kerygma als die Rede von dem, was der Glaubende im und am geschichtlichen Geschehen *sieht*. Aber eben dieses Motiv zum Zeugnis gründet in einer *Evidenz seitens der Sache selbst*, die weder in deren historischer Faktizität noch in deren Bedeutsamkeit für mich aufgeht. Balthasar bringt seine phänomenologische Option gezielt als Alternative zu Bultmanns anthropologisch ansetzender Konzeption ins Spiel, da jene die „objektiv ruhende, historisch anschaubare Gestalt der Offenbarung zersetzt hat und der Rückzug in die absolute, gestaltlose Innerlichkeit der Glaubensentscheidung angetreten wird"[50]. Da Bultmann einerseits den anschaulichen Gehalt der Offenbarung entmythologisiert und die Bedeutsamkeit des historischen Jesus auf das bloße *Dass* seiner Existenz zurücknimmt, muss er andererseits aktualistisch die stetige Entscheidung zu einem bloßen Christus des Glaubens fordern. Das ist der tragische „Dualismus von Kritizismus und existentieller bildloser Innerlichkeit"[51], der Balthasar als „eine wahre Sackgasse des Protestantismus"[52], als „Selbstpreisgabe des Christentums"[53] erscheint.

Hier tritt die grundlegendste Differenz zwischen beiden Theologen zu Tage: In seinem Wort vom *universale concretum* sucht Balthasar genau jenen Nexus zwischen der Wahrheit, die Gott selber ist *(universalissimum)* und dem historischen Jesus *(concretissimum)* aufrecht zu erhalten, den Bultmann existentialtheologisch preisgibt. Für ihn

---

[46] Auch Bultmann hält, zwar mit der oben genannten Differenzierung, fest: „Die Offenbarung vermittelt kein weltanschauliches Wissen, sondern *sie redet an*" (DERS.: Der Begriff der Offenbarung im Neuen Testament. 30).

[47] Während sich für Bultmann die Endlichkeit des Menschen im Wollen und damit in der Sünde zeitigt (vgl. DERS.: Das Problem der ‚natürlichen Theologie', bes. 296f), bezieht sich Balthasar auf die Kreatürlichkeit und Abhängigkeit des Menschen innerhalb eines ontologischen Analogieverhältnisses (vgl. DERS.: Theologik I. 257-306. – DERS.: Glaubhaft ist nur Liebe. 48-54).

[48] BALTHASAR: Herrlichkeit I. 446.

[49] Der Elan, mit dem Balthasar in *Wahrheit der Welt* das inchoative Vorverständnis der göttlichen Selbstmitteilung analysiert, weicht hier einem Hinweis auf die Gebrochenheit zwischen der existenzial verankerten Hermeneutik und der eigentlichen, im Glauben erschauten Offenbarungsgestalt, welche im Zeichen des Kreuzes steht.

[50] BALTHASAR: Herrlichkeit I. 49.

[51] BALTHASAR: Herrlichkeit I. 53.

[52] BALTHASAR: Herrlichkeit I. 49.

[53] BALTHASAR: Herrlichkeit I. 513.

sind die positive Heilsgeschichte und ihre innere Aneignung gerade in der sich geschichtlich ausprägenden „Gestalthaftigkeit der Offenbarung"[54] vermittelt, sodass er bezeichnenderweise vom „historischen Christus" als dem „Gegenstand des Glaubens"[55] spricht, eine für Bultmann unmögliche Verobjektivierung des Heilsgeschehens. Da es ihm zentral auf die Verleiblichung des göttlichen Handelns ankommt,[56] muss er sich scharf von Bultmanns Spiritualisierung distanzieren, die im Menschsein Jesu lediglich noch das Medium einer ethischen Betroffenheit und in der Auferstehung nur eine Chiffre für das Weiterleben ‚seiner Sache' sieht.[57] So wird die Bedeutung Jesu vom Sterben des Erlösers in die Existenz des Kerygma-Empfängers verlegt.[58] Dem apostolischen Zeugnis aber geht es in erster Linie um das *reale* Geschehensein dessen, was das Kreuz bedeutet: um die eschatologische Überwindung des Todes, die auch alle religionsgeschichtlichen Mythologien „sowohl erfüllt wie überholt"[59]. Die theologische Schau bleibt deshalb, so Balthasar, zu Recht an die Konkretheit des Mythos gebunden, die aufscheinen lässt, dass Gott, der Grund des Seins selbst, sich in einer positiv-seienden Gestalt einmalig offenbart hat.[60]

Für ein Denken, das aus der kontemplativen Schau der in Kreuzesgestalt sichtbar gewordenen Herrlichkeit Gottes lebt, muss die historisch-kritische Forschung nahezu destruktiv erscheinen. Obwohl sie unter angemessenen Voraussetzungen[61] einen unschätzbaren Perspektivenreichtum befördern könnte[62], erweist sie sich in ihrer Unfähigkeit zum Gestaltsehen als methodisch blind[63], verfehlt die innere Stimmigkeit der Gestalt Jesu Christi und raubt dem Menschen, der „ohne ein Inbild nicht leben"[64] kann, den letzten Sinngrund seines Glaubens. Der protestantische Rückzug in die subjektive Ergriffenheit schlägt um in einen „Ernst voll Bekümmernis"[65], der letztlich davon herrührt, dass die Wirklichkeit nicht mehr als Symbol Gottes und das Schöne nicht mehr als theologische Kategorie genutzt wird.[66] Dies ist der Preis, den ‚mündige Christen' für ihre Emanzipation von der kirchlich vermittelten Selbstauslegung Gottes bezahlen.[67]

---

54 BALTHASAR: Herrlichkeit III-1-1. 37.

55 BALTHASAR: Herrlichkeit I. 513.

56 Bezogen auf die Sakramentalität der Eucharistie schreibt Balthasar: „Auf die Verleiblichung der Liebe wird es immer ankommen, und die Hingabe des Gottessohnes bis in den Tod und bis in das Kultmahl der Eucharistie ist ein von allem Zeitgeschmack und aller Entmythisierung gänzlich unberührbares Bild" (DERS.: Herrlichkeit I. 553).

57 Vgl. BALTHASAR: Herrlichkeit I. 449.

58 Vgl. hierzu auch die Kritik Karl Barths in DERS.: Kirchliche Dogmatik IV-1. 250.

59 BALTHASAR: Herrlichkeit I. 139. Vgl. DERS.: Cordula oder der Ernstfall. 75f.

60 Vgl. BALTHASAR: Herrlichkeit I. 138f.

61 BALTHASAR: Herrlichkeit I. 513.

62 Vgl. BALTHASAR: Herrlichkeit I. 520f.

63 BALTHASAR: Herrlichkeit I. 448.

64 BALTHASAR: Herrlichkeit I. 520.

65 BALTHASAR: Herrlichkeit I. 49.

66 Vgl. BALTHASAR: Herrlichkeit I. 53. – DERS.: Schönheit und Offenbarung. 100. Balthasars Einschätzung und Ausdrucksweise kommen auffällig nahe an Hegel heran, der am Protestantismus seiner Zeit ein „unglückliches Bewusstsein" diagnostiziert (vgl. Punkt 8.1.1 dieser Arbeit).

67 Vgl. BALTHASAR: Wer ist ein Christ? 95f.

Zusammenfassend lässt sich Balthasars Kritik dahingehend auf den Punkt bringen, dass sie die bultmannsche Trennung von historischer Anschauung und subjektivem Glaubensentschluss, von zeitlich erstreckter Fülle und bloßem Ereignis des Augenblicks, schließlich von mythischer Gestalt und modernem Existenzsinn zu jenen anthropologischen Rechtfertigungsversuchen der Offenbarung rechnet, im Zuge derer seit Beginn der Neuzeit „das Kriterium der Offenbarungswahrheit in die Mitte des frommen menschlichen Subjekts gelegt, der Abgrund der Gnade am Abgrund der Bedürftigkeit oder der Sünde gemessen, der Inhalt der Dogmen nach ihrer wohltätigen Wirkung auf den Menschen beurteilt worden [ist]"[68]. Eine solche Verschiebung des Formalobjektes des Glaubens hat zur Folge, dass nicht mehr die überwältigende Herrlichkeit Gottes in Jesus Christus den glaubenden Menschen von sich her um-formt, sondern dass umgekehrt die Form menschlicher Existenzweise und Erfahrung ein der Offenbarung vorgeordnetes Bezugsschema bildet, das diese bestimmt und einschränkt: „[...] am Ende der anthropologischen Reduktion [steht] der sich selbst verstehende und im Selbstverständnis auch der Welt und Gottes habhaft gewordene Mensch"[69].

Dies führt zu dem Ergebnis, dass Balthasar der existentialen Exegese Bultmanns trotz mancher Nähe unversöhnlich gegenübersteht und über ein harsches Gegensatzschema nicht hinaus kommt: „Es stimmt nicht, dass er [Jesus Christus; I.K.] den Menschen in des Menschen eigene Entscheidung ruft, er selbst entscheidet je und je über den Menschen."[70]

8.1.3 Gott in allen Dingen: Das spirituelle Vermächtnis des Ignatius von Loyola

Gegenüber den Versuchen einer Entmythologisierung des Evangeliums kann sich Balthasar deutlich positionieren. Lassen seine einschlägigen Äußerungen aber den Schluss zu, dass er per se „als der große Nonkonformist moderner katholischer Theologie erscheinen"[71] und sein Schrifttum als vorkritisch-konservativ und überholt gelten muss?

Bereits die Untersuchung der Verwandtschaft mit Goethe legte offen, dass das Werk Balthasars von keinem prinzipiell anti-neuzeitlichen Affekt durchzogen ist. Darüber hinaus wurzelt seine dem Menschen zugewandte Perspektive in noch etwas Tieferem als der Einlösung einer literarischen Vorliebe: in seiner ignatianischen Spiritualität, genauer in der durch Ignatius von Loyola grundgelegten Exerzitienerfahrung. Diese wird zum „Wasserzeichen seines gesamten theologischen Denkens"[72] und be-

---

68 BALTHASAR: Glaubhaft ist nur Liebe. 27.
69 BALTHASAR: Glaubhaft ist nur Liebe. 29. Vgl. EICHER: Offenbarung. 311f.
70 BALTHASAR: Herrlichkeit III-2-2. 107.
71 EICHER: Offenbarung. 300f.
72 LÖSER: Hans Urs von Balthasar und Ignatius von Loyola. 98.

stätigt auf spiritueller Ebene, was Balthasar sich *methodisch* bereits von Goethe her angeeignet hat: ein phänomenologisches, aufmerksames Erspüren dessen, was sich im Gegenüber des nach dem Willen Gottes fragenden Menschen und der konkreten Gestalt Jesu Christi zeigt. An der Schwelle zur Neuzeit leitet Ignatius dazu an, den Blickwechsel von der festgefügten scholastischen Ordnung hin zum einzelnen Menschen in seiner Freiheit zu vollziehen. Insofern von seinen Exerzitien entscheidende Impulse auf das Denken Balthasars ausgehen und umgekehrt aus der Theologie Balthasars eine bestimmte Deutung und Inanspruchnahme der ignatianischen Grundbegriffe stammt, geht Löser sogar soweit zu sagen, die *Geistlichen Übungen* und das theologische Werk Balthasars stünden „einander wie zwei Spiegel gegenüber"[73]. Inwiefern aber ist dieses Verhältnis durch Balthasars innertheologische Standortbestimmung geprägt? Bevor ich dieser Frage nachgehen kann, muss ich zunächst klären, worin der Mehrwert der *ignatianischen Erfahrung* gegenüber den Strukturprinzipien der Schultheologie einerseits und der Aufklärung andersseits liegt und inwieweit dieser von Balthasar im wahrsten Sinne des Wortes ‚reflektiert' wird.

Der als Ritter und Soldat vor Pamplona verwundete Ignatius erfährt den Geist Gottes zum ersten Mal, als er, ans Krankenlager gefesselt, die Betrachtungen des Kartäusers Ludolf von Sachsen über das Leben Jesu liest.[74] Er lässt sich von den einzelnen Szenen des Lebens Jesu affektiv berühren und buchstäblich in sie hineinversetzen. Die tröstende Wirkung der biblischen Erzählungen stellen bald seine Träume von einer weltlichen Karriere in Frage, die in ihm nur innere Leere hinterlassen. Ignatius beschließt, sich nach seiner Genesung dem wahren König, Jesus Christus, zur Verfügung zu stellen und fortan ein neues Rittertum in radikaler Askese zu leben. Um sich vor Gott Verdienste zu erwerben, geht er nach Manresa und führt dort „als verwahrloster und verspotteter Bettler ein Bußleben härtester Art – begleitet von Anfällen tiefster Niedergeschlagenheit, von innerer Verzweiflung, von Skrupulosität, angsterfülltem Beichten, Lebensüberdruss und Selbstmordgedanken"[75]. Niemand kann ihm in dieser Zeit helfen. Die große Wende erfolgt in einer „umwerfenden Erfahrung"[76] am Fluss Cardoner, die von allen noch folgenden geistlichen und wissenschaftlichen Einsichten seines Lebens unübertroffen bleibt. In einer Vision begegnet er dem trinitarischen Gott, von dem er sich angesprochen und unbedingt – ohne jede Vorleistung – geliebt weiß. Das Evangelium stellt nun keine zusätzliche Forderung mehr dar, sondern wirkt wie die ungeheure Befreiung eines Menschen, der seine Identität selbst erwerben wollte und nun erkennt, dass es nur auf eines ankommt: sich von der Liebe des trinitarischen Gottes ergreifen und erlösen zu lassen. Am Ursprung der ignatianischen Mystik steht somit „das Über-sich-hinausgehoben-Werden ins Oben der göttli-

---

[73] LÖSER: Hans Urs von Balthasar und Ignatius von Loyola. 98.
[74] Vgl. zum Leben des Ignatius: IGNATIUS VON LOYOLA: Der Bericht des Pilgers. 41-127, hier bes. 41-71. – MENKE: Jesus ist Gott der Sohn. 492f.
[75] MENKE: Jesus ist Gott der Sohn. 492.
[76] MENKE: Jesus ist Gott der Sohn. 492.

chen Liebe, das Ergriffen- und Erschüttertwerden vom Geheimnis des dreifaltigen Gottes"[77].

Ignatius' eigene Bekehrungserfahrung spiegelt sich in seinen Anleitungen zu den *Geistlichen Übungen* wider. Was er eingangs beschreibt, ist die Hinordnung der gesamten Schöpfung auf die Gemeinschaft mit Gott – ein durchaus thomanischer Gedanke. Diesen wendet er aber in eine so erstrangige Anthropozentrik, dass das *Prinzip und Fundament* „philosophisch und theologisch zu den großen, fundamentalen Texten der Neuzeit gehört"[78]. Der Mensch ist nach dem Bilde Gottes geschaffen, ihm ähnlich, und gerufen, zu jener einmaligen Ganzheit zu wachsen, zu der er von Gott her angelegt ist. In dem Maß, in dem er sich zu diesem Bild umgestalten lässt, lobt er seinen Schöpfer und erweist ihm Ehre. Das heißt aber zugleich: „Der Mensch, der dem Willen Gottes folgt, realisiert in Freiheit das, was er im Sinne eines ihm eingeschriebenen Sollens immer schon ist."[79] Er folgt keiner allgemeinen Gesetzmäßigkeit, sondern dem ganz und gar persönlichen Ruf Gottes.

Der Einmaligkeit des eigenen Weges auf die Spur zu kommen lässt sich mit dem Doppelgleichnis vom Schatz im Acker und von der kostbaren Perle (Mt 13,44-46) vergleichen. Der Reichtum des Fundes und die Größe der Entdeckung, mit seinem Leben in einem höheren Sinn-Zusammenhang zu stehen, sind so überwältigend, dass alle weiteren Schlussfolgerungen einen positiven Klang erhalten. Wenn die Exerzitien dazu auffordern, „sich selbst zu überwinden und sein Leben zu ordnen, ohne sich durch irgendeine Neigung, die ungeordnet wäre, bestimmen zu lassen"[80], dann nur, um den Einzelnen in eine größere Weite zu führen, die für ihn beglückend, weil freiheitsstiftend ist. Er soll fähig werden, sich von allen trügerischen Abhängigkeiten zu lösen, um diejenige Lebensform zu wählen, die *mehr* der biblischen Schöpfungsvision vom Menschen entspricht, die ihn *mehr* in der lebendigen Beziehung zu Christus hält als eine andere, und die ihn deshalb auch *mehr* bergen kann, weil sie in der Christusbegegnung von Gott her bestätigt ist.

Befragt man diese Übungen auf ihre *phänomenologischen Momente* hin, so lassen sich drei Grundkonstanten herausheben, die in einem wechselseitigen Verhältnis zueinander stehen: das *In-Erscheinung-Treten der Gestalt Jesu*, die *Wahl* und die *Freiheit des Menschen*. Ignatius, der für Rahner ein „christlicher Existentialist ersten Ranges"[81] ist, will den Einzelnen in ein sinnlich fühlbares Gegenüber zu seinem Schöpfer führen und den menschlichen Willen auf den göttlichen so einstimmen, dass er darin seine konkrete Sendung erfährt. In der Erwartung, dass die Gestalt Jesu jedem Einzelnen erscheint, leitet er methodisch dazu an, die Schrift mit allen Sinnen zu betrachten *(applicatio sensuum)*. Das bedeutet *subjektiv*: das Feld der Sinne vorzubereiten, sich auf die Schilderungen der Evangelien zu konzentrieren, bis deren Bilder imaginär im Geiste

---

77   ZECHMEISTER: Mystik und Sendung. 30.
78   RAHNER: Einübung priesterlicher Existenz. 278.
79   MENKE: Jesus ist Gott der Sohn. 493.
80   IGNATIUS VON LOYOLA: Die Exerzitien. 21.
81   RAHNER: Betrachtungen zum ignatianischen Exerzitienbuch. 56.

aufsteigen. Am Höhepunkt dieser Imagination erscheint *objektiv* die Gestalt Jesu. Sie wirkt auf den Betrachter in einer Weise überzeugend, dass sie auf dessen Freiheit Einfluss nehmen und ihn befähigen kann, in einer entscheidenden Lebenssituation zu einer Wahl zu finden, die dem Ruf Gottes für ihn entspricht.

Ignatius lässt die Figuren der Evangelien, aber auch die Person des Betrachters regelrecht zu *Phänomenen* werden. Wenn sich der Exerzitand in der *ersten Woche* zunächst mit seiner eigenen Verstrickung in Unheil und Schuld auseinandersetzt, so geschieht dies in einer Umkehr der *Perspektive*: Betrachtet er sich nicht mehr vom eigenen Ich her, sondern mit den Augen des gekreuzigten Christus, sieht er die Sündenlast von sich genommen und wird offen für die ihm von Gott her zugedachte Sendung. Erst in der *zweiten Woche* soll er im Blick auf die Szenen des irdischen Lebens Jesu in eine Gesinnung hineinwachsen, die zur Verähnlichung mit dem Herrn selbst führt. Ein klärender Umgang mit jeder Art von inneren Regungen und seelischen Kräften, die ein Mensch in sich verspürt, soll die Grundlage dafür sein, den Ruf Gottes aus eigenen Einfällen oder Phantasien herauszuhören. In der *dritten und vierten Exerzitienwoche* folgt die Einübung in diesen Glaubensweg, die sich in der Dialektik des Paschamysteriums vollzieht. Der Exerzitand bittet darum, das Geheimnis des Kreuzes und der Auferstehung Jesu in seinem Inneren so zu verstehen, dass auch er zu jener Hingabe befähigt wird, die Paulus in 1 Kor 13 als die alles übersteigende Liebe beschreibt.

Auffällig ist, dass sich Ignatius bei der chronologischen Aufzählung der „Geheimnisse des Lebens unseres Herrn"[82] auf die Skizzierung bestimmter Grundelemente beschränkt. Offenbar geht es ihm weder um einen exegetischen Kommentar noch um eine vollständige Erfassung der biblischen Zeugnisse, sondern einzig und allein darum, den Schöpfer mit seinem Geschöpf ungehindert und „unmittelbar"[83] kommunizieren zu lassen. Nicht die allgemeine und kirchlich vermittelte Offenbarung ist der *primäre* Raum, in dem sich Gottes Wille kundtut, sondern vielmehr das, was Rahner „die Logik der existentiellen Erkenntnis"[84] nennt. Diese Logik handelt von der „Konkretheit und Unableitbarkeit des menschlichen freien Handelns"[85], die nicht ins Allgemeine aufgelöst werden kann. Im letzten hängt die *Unterscheidung der Geister* von einer ‚Urerfahrung' ab, in der Gott selbst ins menschliche Bewusstsein tritt und den Einzelnen persönlich ruft. Rahner weist in diesem Zusammenhang auf die große systematische Relevanz des Wortes vom Trost bzw. von der ungegenständlichen Tröstung des Menschen hin.[86] Es können sich so im Suchen nach dem Willen Gottes

---

82 IGNATIUS VON LOYOLA: Die Exerzitien. 262-312.
83 IGNATIUS VON LOYOLA: Die Exerzitien. 15: „Dergestalt, dass der Exerzitiengeber sich weder zu der einen noch zu der anderen Seite hinwende und hinneige, sondern, in der Mitte stehend wie eine Waage, unmittelbar den Schöpfer mit Seinem Geschöpf wirken lasse und das Geschöpf mit seinem Schöpfer und Herrn."
84 Vgl. den gleichnamigen Aufsatz von RAHNER: Die Logik der existentiellen Erkenntnis bei Ignatius von Loyola (den er 1958 in *Das Dynamische in der Kirche* überarbeitet vorgelegt hat).
85 RAHNER: Visionen und Prophezeiungen. 29.
86 Vgl. RAHNER: Das Dynamische in der Kirche. 412-420. – SCHNEIDER: „Unterscheidung der Geister". 114-116 und 129, wo der Autor ausführt, der „Trost ohne vorausgehende Ursache" sei in der nicht unproblematischen Deutung Rahners „die thematisch gewordene Erfahrung der geistig-übernatürlichen

ein tiefer innerer Friede und eine Freude einstellen, die nicht aus irgendeinem äußeren Motiv herrühren – Ignatius spricht von der *consolación sin causa* –, sondern die Gaben des Trösters sind, den die Tradition den Heiligen Geist nennt. Gemäß der mystischen Vorstellung des Ignatius tritt echter Trost im Menschen nur dann ein, wenn keine vorausgehende natürliche Ursache als dessen Grund ausgemacht werden kann. „Es handelt sich um eine gegenstandslose Helle, die den Menschen ergreift und mitreißt."[87] Indem der Mensch so „in Liebe über jedes Objekt hinaus in die Unendlichkeit Gottes gezogen wird"[88], bleibt er nicht neutral und unentschieden, sondern schöpft aus der Gegenwart Gottes die Gewissheit für die konkret zu treffende Entscheidung seines Lebens. Er lässt sich hineinrufen in die persönliche Nachfolge, die in der göttlichen „Logik der Liebe"[89] Richtung und Kontur gewinnt.

Der hier umrissene Exerzitienprozess führt vor Augen, wie sehr die ignatianische Spiritualität „aus der eigenen innerlichen Erfahrung"[90] erwächst und *zugleich* im Horizont und Gefälle der *Mysterien des Lebens Jesu* steht. Ignatius geht es darum, auf das Geheimnis der Menschwerdung Gottes hinzuweisen, wie er es selbst erlebt. Was immer er in der Heiligen Schrift liest, prägt sich ihm so tief ein, dass „er während des Betens mit den Augen seiner Seele die Menschheit Christi schaut"[91]. Die für ihn wichtigste Einsicht besteht darin, dass sich der trinitarische Gott im *Menschsein* Jesu als er selbst ausgesagt hat. Wo andere Gestalten christlicher Mystik, etwa die Frömmigkeit der *Devotio moderna*, aus allem Innerweltlichen heraus in eine Erfahrung des ganz Anderen hinein führen, leitet Ignatius dazu an, gerade das irdische Leben Jesu als die Art und Weise zu erfahren, in der Gott ihn beschenken, rufen und in die eigene Identität einweisen will und kann.[92] Gottes Mitteilungen sucht er nirgendwo anders als „in der Eingestaltung des eigenen Lebens in die inkarnatorische Bewegung des trinitarischen Gottes von oben nach unten"[93]. Er erkennt, dass der Ruf Gottes nicht zur Flucht aus

---

Transzendenz, die als solche nicht trügen kann, sondern eine Evidenz in sich trägt, und als reine Offenheit immer wahr ist. Wegen ihrer Urevidenz gilt die Transzendenzerfahrung, die selber schon Trost ist, als Urkriterium jeder Wahl" (129). Nach Zollner gehört die genaue Deutung der Tröstung ohne vorausgehende Ursache zu den umstrittensten Fragen in der Interpretation der ignatianischen Exerzitien. Für ihn gilt, „dass Ignatius eine Tröstung kennt, die ohne vorausgehende kognitive, volitive oder affektive Akte des Menschen hervorgebracht wird, die unverwechselbar göttlichen Ursprungs ist und die ‚unmittelbar' mit Gott in Christus verbindet" (ZOLLNER: Trost – Zunahme an Hoffnung, Glaube und Liebe. 147).

[87]　SCHNEIDER: „Unterscheidung der Geister". 117.
[88]　SCHNEIDER: „Unterscheidung der Geister". 115.
[89]　RAHNER: Einübung priesterlicher Existenz. 390.
[90]　Seinem Sekretär Polanco zufolge hat Ignatius die Exerzitien verfasst „nicht so sehr aus Buchweisheit, als vielmehr belehrt von der Salbung des Heiligen Geistes, aus der eigenen innerlichen Erfahrung und aus der Übung in der Behandlung der Seelen" (DERS.: zit. nach Monumenta Ignatiana. Series secunda. I 218. 150).
[91]　IGNATIUS VON LOYOLA: Der Bericht des Pilgers. 29.
[92]　Vgl. MENKE: Jesus ist Gott der Sohn. 495-497.
[93]　MENKE: Jesus ist Gott der Sohn. 497. Zu der an den Mysterien des Lebens Jesu orientierten Christologie vgl. auch RAHNER: Die Christologie der Exerzitien.

der Welt antreibt, sondern zu einem Ja zum Leben hier und jetzt befähigt. In dieser Mystik der Weltfreudigkeit findet er *Gott in allen Dingen*. Alles Vergängliche wird ihm zum Gleichnis und zum Hinweis, weil das Geheimnis der dreifaltigen Liebe dieser Welt immer schon voraus ist und die Welt seit Anbeginn in Christus erschaffen ist.

Vergleicht man nun das spirituelle Vermächtnis des Ignatius mit dem *Erbe der Aufklärung*, so fällt zweierlei auf: Wenn Ignatius den Menschen zur Entdeckung seiner Gottunmittelbarkeit – geistlich gesprochen: zum Finden „des Willens Gottes je für mich"[94] – verhelfen will, kann er gar nicht anders, als den Einzelnen als Subjekt wie auch hinsichtlich seiner Wahrheitsfähigkeit zu thematisieren – und findet sich damit Seite an Seite mit den Grundanliegen der neuzeitlichen Philosophie. In einer Art ‚existentialer Interpretation' lehrt er, auf die Bedeutung der begegnenden Schriftworte für das eigene Selbstverständnis zu achten. Er traut dem Menschen zu, am Ort seiner Affektivität zu einem tieferen Verständnis der Wahrheit zu gelangen, als alle von außen kommenden (autoritären) Auslegungen und moralischen Imperative es jemals zu bewirken vermöchten. Dies verbindet ihn mit der Religiosität der Aufklärung und hebt ihn ab von einer spitzfindigen Scholastik, die mit ihren Begriffen und immer ausgefeilteren Distinktionen innerhalb der Dogmatik das spirituelle Leben der Menschen nicht mehr zu erreichen vermag. Hingegen verfällt Ignatius nicht den Radikalisierungen einer aufgeklärten Vernunftreligion. Das seit Kant und Lessing immer neu durchgespielte Motiv, den Jesus der Geschichte vom Christus des Glaubens zu trennen, erweist sich ja – bei Licht betrachtet – als das exakte Gegenteil dessen, was Ignatius intendiert. Mit seiner unvoreingenommenen Konzentration auf die biblischen Erzählungen will Ignatius das wahre Menschsein Jesu als die Zeit und den Raum ausweisen, in dem Gott selber spricht und handelt, in dem er konkret, personal mir begegnet.

Aus der Feder Rahners stammt die berühmte *Rede des Ignatius von Loyola an einen Jesuiten von heute*, die in diesem Sinne eine deutliche Abgrenzung der ignatianischen Leben-Jesu-Betrachtungen von der aufgeklärten Bibelkritik vollzieht:

> „Für mich in meinen Tagen war es kein Problem (oder höchstens das der Liebe und der wahren Nachfolge), in Jesus Gott zu finden und in Gott Jesus. In ihm in einmaliger Weise. In ihm, so wie er ganz konkret ist, sodass nur die Liebe und nicht die schneidende Vernunft sagen kann, worin er auch nachgeahmt werden soll, wenn man ihm nachfolgt. In ihm, von dem man erzählen kann, und dann die Geschichte Gottes, des ewigen und unverständlichen, erzählt hat, ohne dass man diese Geschichte noch einmal in Theorie auflösen kann, zu der hinzu sie auch immer neu erzählt werden muss und darin sich ihre Geschichte selber fortsetzt."[95]

Ignatius bietet einen hermeneutischen Zugang zu den Evangelien an, der gerade deshalb anthropologisch genannt werden kann, weil er voraussetzt, dass „Jesus *die* Neigung Gottes schlechthin zur Welt und zu mir [ist], *die* Neigung, in der die Unbegreiflichkeit des reinen Geheimnisses ganz da ist und der Mensch zu seiner eigenen Fülle

---

94   RAHNER: Einübung priesterlicher Existenz. 279.
95   RAHNER: Rede des Ignatius von Loyola an einen Jesuiten von heute. 309.

kommt"[96]. Die Gestalt Jesu bleibt nicht „Phantom meiner bloßen unverbindlichen Spekulation"[97], sondern ist für den Menschen konkret erfahrbar in *dialogischer Begegnung*. Es geht Ignatius um eine *„Mystik des Konkreten"*[98], wenn er den Betrachter zu einer Anwendung aller menschlichen Sinne und Kräfte ermutigt. Balthasar kommentiert: „Man sieht auf den ersten Blick, dass in dieser ‚Anwendung der Sinne' ein hinzunehmendes Faktum ohne theoretische Begründung gesetzt ist: diese Sinnlichkeit hat sich umfangsgemäß zu erstrecken von der Konkretheit der schlichten evangelischen Geschehnisse bis zur Konkretwerdung der erfahrenen Gottheit."[99] Die für die menschliche Erfahrung so bedeutsame Einbildungskraft bringt Ignatius ins Spiel, damit das Evangelium seine bewegende und lockende Kraft entfalten kann; er weiß darum, dass die Tiefenschichten der gläubigen Existenz nur dadurch in Schwingung kommen, dass etwas spürbare Bedeutung gewinnt durch Bilder und Szenen, die berühren, durch Personen, in denen sich der Einzelne wiederfindet, durch Worte, die ihn treffen und durch Verhaltensweisen, die zur Nachahmung anregen. Zweifellos kommt hier die *eidetische Begabung* des Ignatius zum Tragen, die er schon bei der Lektüre mittelalterlicher Ritterromane hat ausbilden können. Sein geistlich-leibliches Sensorium[100] ist aber noch mehr als nur mittelalterlich erbauliche Phantasie. Es geht um das rechte Verstehen des Wortes Gottes durch eine tiefere Qualität von Aufmerksamkeit, die ein rein rationales Analysieren nicht erreichen kann.[101] Der Einzelne soll versuchen, mit seinem ganzen Sein achtsam bei einer Schriftstelle zu verweilen und die Geschehnisse von innen her zu fühlen und zu verkosten: „Denn nicht das Vielwissen sättigt die Seele und gibt ihr Genüge, sondern das Fühlen und Kosten der Dinge von innen."[102]

Das Wort *verspüren (sentir)* und seine Ableitungen *sentimento* und *sentido* gehören zu den Charakteristika des ignatianischen Sprachgebrauchs und haben für den Exerzitienprozess methodisch hohe Bedeutung. Nach Knauer bezeichnen sie eine „vor- bzw. nachdiskursive Erkenntnis, die das eigene Ich in seinem Betroffensein impliziert"[103]. Damit weitet sich der subjektorientierte Ansatz des Ignatius gleichsam *phänomenologisch*.

---

96   RAHNER: Rede des Ignatius von Loyola an einen Jesuiten von heute. 309.
97   RAHNER: Rede des Ignatius von Loyola an einen Jesuiten von heute. 309.
98   Vgl. den gleichnamigen Aufsatz von SUDBRACK, der den ignatianischen Sinn für das Konkrete als einzigartig in der langen Tradition der *Geistlichen Übungen* bezeichnet (368f).
99   BALTHASAR: Herrlichkeit I. 363.
100   Auf die in der Ignatius-Auslegung immer wieder gestellte Frage eines Entweder-Oder von leiblichen und geistlichen Sinnen antwortet Balthasar, beide seien „sicher im Verfasser der Exerzitien […] lebendig" gewesen, „ohne sich gegenseitig zu verdrängen oder aufzuheben" (DERS.: Herrlichkeit I. 365). „Ignatius redet also nicht (wie Origenes und nach ihm Bonaventura) von ‚geistlichen Sinnen', die dann in der Seele erwachen, wenn die leiblichen Sinne stillgelegt worden sind. Der Mensch ist Einheit von Seele und Leib, und alle seine sinnlichen Vermögen sind – nach dem Aquinaten – von der einen und einzigen Geistseele getragen, sie haben also *in sich selbst* eine geistliche Dimension, sogar eine gnadenhafte, wenn der Mensch von der Gnade und den Gaben des Heiligen Geistes erfasst worden ist" (DERS.: Vom Schauvermögen der Christen. 54f).
101   Vgl. MENKE: Jesus ist Gott der Sohn. 494f.
102   IGNATIUS VON LOYOLA: Die Exerzitien. 2.
103   KNAUER: Hinführung zu Ignatius von Loyola. 45.

Indem die Schrifttexte für den Einzelnen nicht nur auf der Ebene seiner Gedanken, sondern auch auf der Ebene seiner Gefühle und seines Willens lebendig werden, wird Raum für *das, was sich zeigt*. Der Beter sucht „gesamtmenschlich"[104] und auf alle vorgefassten Denkmuster verzichtend nach einem neuen Leben, in das hinein ihn die in den Evangelien vor Augen geführte Christusgestalt verwandeln will. So wird deutlich, dass die ignatianische Hermeneutik aus dem eigenen mystischen Erleben – und das heißt: aus der Mitte des Phänomens heraus – entsteht und nicht etwa eine vom historisch-kritischen Außenblick gestellte Frage ist. Für Rahner hat sie auch in der Zeit der modernen Bibelexegese nichts an Aktualität verloren. Er lässt Ignatius fragen:

„Ist dieser mittelalterliche Jesuanismus veraltet oder eine Botschaft, die heute noch gar nicht verstanden wird? Steckt in ihm nicht das Angebot der Erfüllung dessen, was euer moderner Jesuanismus sucht, in dem ihr meint, nur dann den Menschen zu finden, wenn ihr wichtigtuend und einfältig den Tod Gottes verkündet, anstatt zu begreifen, dass eben in diesem Menschen als solchem Gott selbst sich aussagt und zugesagt hat?"[105]

In erstaunlicher Parallelität argumentiert Balthasar, wenn er Ignatius' Konzentration auf die Fleischwerdung des Wortes als *den* modernen Zugang zum Evangelium herausstreicht:

„[…] man kann sogar sagen, dass im katholischen Raum nirgendwo stärkere innere Fühlung mit den positiven Grundanliegen der heutigen theologischen Exegese besteht als im Anliegen Loyolas, den Menschen angesichts des Anrufs des Gotteswortes Jesu in die eschatologische Lebensentscheidung zu stellen, um ihn zu der ihm gemäßen Form des Allesverkaufens (um in der Nachfolge alles zu finden) zu veranlassen."[106]

An anderer Stelle fährt er fort: „Ignatius erscheint mir als der Punkt in der Geschichte, wo die Begegnung des Menschen mit dem Gott, der das Wort ist und hat, der anredet, wählt und ruft, unausweichlich geworden ist."[107] Und er resümiert: „Die Exerzitien erscheinen so jünger und aktueller als je; viel zu wenig sind sie in diesen vierhundert Jahren charismatischer Kern einer Offenbarungstheologie geworden, die die überlegene Antwort auf alle die Christen schreckenden Zeitprobleme bieten könnte."[108]

Eine Verortung der Theologie Balthasars im Raum der Moderne lässt sich ohne ihren Bezug zum ignatianischen Geist nicht vornehmen. Gegenüber der Tradition der Aufklärung stellt jener eine alternative Verknüpfung von Theologie und Anthropologie dar, die deutlich macht, dass der Einzelne erst in der Beziehung zu Christus, der Urgestalt des geschaffenen Menschen, zu sich selbst findet. Ignatius rückt den Menschen in den Mittelpunkt, jedoch nicht als ein Subjekt, das in sich stehend auf sich selbst beharrt, sondern als ein Geschöpf, dessen unverlierbarer personaler Wesenskern im

---

104 BALTHASAR: Herrlichkeit I. 363.
105 RAHNER: Rede des Ignatius von Loyola an einen Jesuiten von heute. 309.
106 BALTHASAR: Zwei Glaubensweisen. 90f. Es ist anzunehmen, dass Balthasar in seiner Annäherung an die Exegese die von neueren Theologen vertretene ‚implizite Christologie' im Blick hat.
107 BALTHASAR: Zu seinem Werk. 20.
108 BALTHASAR: Zu seinem Werk. 21.

Anruf Gottes und in seiner freiheitlichen Antwort liegt. Gnadenerfahrung ist für ihn Selbsterfahrung in der Angleichung an Christus und damit jenes Moment, in dem die menschliche Freiheit und die Freiheit Gottes, unsere Wahl und der Wille Gottes konvergieren.[109]

Wo das aufgeklärte Denken in die Enge führt, indem es das Christliche auf allgemeine, für die Vernunft tolerierbare Glaubenssätze reduziert, erweist sich die Spiritualität des Ignatius dadurch als weit und modern, dass sie bei der Erfahrung menschlicher Gebrochenheit und Gottsuche ansetzt und diese heilsam auf die persönliche Christusbeziehung hin orientiert. So bringt sie den *Erfahrungsbegriff* auf zweifache Weise in das theologische Denken ein. Das menschliche Mühen, die Sehnsucht des Herzens in Gott zu beruhigen, wie es Augustinus klassisch am Beginn seiner *Confessiones*[110] formuliert, wird vom biblischen Ansatz der Sehnsucht Gottes, bei den Menschen zu sein, aufgefangen.[111] Das bedeutet weiterhin: Das Hören auf die eigene innere Gestimmtheit bedarf in der Gegenrichtung einer vorbehaltlosen Öffnung für den immer neuen Anruf Gottes, weil dieser der je Größere ist. Ignatius verbindet den anthropologischen und den theologischen Anweg miteinander, indem er den Menschen in die *Betrachtung zur Erlangung der Liebe*[112] führt. Weil Gott danach verlangt, den Menschen in die trinitarische Bewegung seiner Liebe hineinzunehmen, wird jener innerlich dazu gedrängt, sein ganzes Dasein Gott zu überlassen und ihm seinen Dienst anzubieten. Er entdeckt den eigentlichen Sinn seines Lebens darin, die Wahl Gottes zu ergreifen, die Gott in seiner unendlichen Liebe für ihn verfügt hat.

Kaum eine andere Wahrheit kennzeichnet den persönlichen Lebensweg Balthasars so sehr wie diese. Sich wie Ignatius dem gekreuzigten Herrn beigesellen zu lassen, sich in seinen Dienst rufen zu lassen und in einer bedingungslosen Indifferenz den Geboten der Liebe zur Verfügung zu stehen, erkennt Balthasar als seinen unausweichlichen Ruf. Noch dreißig Jahre später erzählt er davon, wie die entscheidende Wende seines Lebens nicht aufgrund seines eigenen Wunsches, sondern gemäß der Wahl eines Anderen erfolgte. Was ihm als junger Doktorand während eines ignatianischen Exerzitienkurses unerwartet in den Sinn kam, „war einzig und allein dies: Du hast nichts zu wählen, du bist gerufen; Du wirst nicht dienen, man wird sich deiner bedienen. Du hast keine Pläne zu machen, du bist nur ein kleines Steinchen in Mosaik, das längst bereit steht."[113] Die Erfahrung dieser „plötzlichen und gebieterischen Gnade"[114] prägt sein gesamtes Leben und Werk.[115] So wundert es nicht, dass auch die Interpretation

---

[109]   Vgl. BALTHASAR: Herrlichkeit III-1-2. 457f.
[110]   Vgl. AUGUSTINUS: Confessiones I. 1. 1.
[111]   Vgl. GENN: Eine Theologie aus dem Geist der Exerzitien. 195.
[112]   IGNATIUS VON LOYOLA: Die Exerzitien. 230-237.
[113]   BALTHASAR: Warum ich Priester wurde. 400.
[114]   SERVAIS: Einleitung. 24.
[115]   Mehrere Autoren heben dies hervor, vgl. z.B. GENN: Eine Theologie aus dem Geist der Exerzitien. 193. – GUERRIERO: Hans Urs von Balthasar. 41. – SERVAIS: Einleitung. 23f. – SCOLA: Hans Urs von Balthasar. 19. – LÖSER: Die ignatianischen Exerzitien im Werk Hans Urs von Balthasars. 172.

der *Geistlichen Übungen*, die Balthasar zwar nicht umfassend vorlegt,[116] aber als Leitidee seinem Denken immer wieder voranstellt, Züge seines eigenen Berufungserlebnisses trägt.

Es bleibt aber fraglich, ob Balthasars Werk die ursprüngliche Intention des Ignatius immer ungetrübt widerspiegelt. Wo sich Ignatius als Meister darin erweist, scheinbar unvereinbare Gegensätze zusammenzuführen – man beachte nur die Tragweite der hier angedeuteten Begriffe von Freiheit und Gnade, Erfahrung und Gehorsam, Individuum und Gemeinschaft –, da neigt sich diese klug austarierte synthetisierende Balance bei Balthasar häufig nach einer Seite hin. Die ignatianische Wahl trägt dann vor allem den Charakter der Umkehr, des Gehorsams und der demütigen Empfänglichkeit einem Größeren gegenüber, ohne den sie gar nicht wäre; nur ein spärliches Licht fällt dabei auf ihren *freiheitlichen* Prozess.[117] Der Ruf Christi erscheint als eine objektiv ergangene Wirklichkeit, die den Menschen vor die Alternative einer Anerkennung oder Ablehnung der „über ihn verfügten Wahl Gottes"[118] stellt. Wo es einen subjektiven Akt der Freiheit gibt, ist dieser nur nachträglich, kommt immer zu spät, „da der Ruf Gottes schon das jeweilige Stehen des Christen erschafft und die Substanz dieses Stehens ist"[119].

In diese harten Töne mischen sich zuweilen aber auch mildere: Die Vorgängigkeit des Rufes Christi bedeutet nicht, dass menschliche Subjektivität beschnitten, sondern auf das *magis* der christlichen Liebe ausgerichtet werden soll.[120] Wo der Mensch seine eigene Bodenlosigkeit und Ungegründetheit erlebt, geht ihm der Wille Gottes als verheißungsvolle Wende auf. Er wird indifferent, um „in völlig selbstloser (das heißt von jedem eigenen Vorteil freier) Weise die Liebe Gottes in ihrem absoluten Umsonst in sich aufzunehmen"[121]. So jedenfalls will Balthasar die für sein Werk charakteristische spirituelle Komponente verstanden wissen.

---

[116] In den fünfziger Jahren kündigt Balthasar ein eigenes Buch über Ignatius an, das er jedoch nie geschrieben hat. Vgl. BALTHASAR: Über Amt und Liebe in der Kirche.

[117] Aufschlussreich ist in diesem Zusammenhang besonders Balthasars Monographie *Christlicher Stand*, eine weit ausholende und systematisch angelegte Reflexion über das in den Exerzitien zentrale Motiv der Wahl.

[118] BALTHASAR: Christlicher Stand. 324: „Die Sendung erfordert das Jawort des Menschen […]. Ein Jawort, das eine ebenso rückhaltlose Hingabe an den Ruf verlangt, wie der Ruf sich rückhaltlos und zwingend an den Berufenen wendet. Aber die beiden Worte: das Gottes und das des Menschen, sollen sich nicht wie zwei gleichberechtigte gegenüberstehen, vielmehr wird vom Menschen nur die Aufnahme von Ruf und Sendung verlangt, somit der schlichte Mitvollzug des ewigen Ja Gottes zu ihm. Die Antwort hat aufzugehen und unterzugehen im Wort der Berufung und mit ihm zusammen eine unauflösliche Einheit zu bilden. Der menschliche Akt der Berufswahl hat nichts anderes zu sein als die Anerkennung der über ihn verfügten Wahl Gottes."

[119] BALTHASAR: Christlicher Stand. 318.

[120] Im Vergleich zur mittelalterlichen Frömmigkeit, die ‚Gelassenheit' als eine vorwiegend passive Haltung verstand, sieht Balthasar bei Ignatius eine Wende hin zur ‚aktiven Indifferenz', die dem erwarteten Ruf des Herrn gegenüber in gespannter Hellhörigkeit verharrt und gleichzeitig bereit ist, sich in die Aktion senden zu lassen. Vgl. BALTHASAR: Drei Formen der Gelassenheit.

[121] SERVAIS: Einleitung. 43.

Der ignatianische Geist der Exerzitien liegt seinen Hauptwerken wie ein unsichtbarer Notenschlüssel zugrunde.[122] Er repräsentiert für Balthasar einen der wichtigsten Wegweiser zur Entfaltung seiner Offenbarungstheologie. Seine literarische Vorprägung wird dabei nicht unbedeutend. Wo Balthasar die ignatianische *Mystik des Konkreten* aufgreift, variiert und in der gegenwärtigen Theologie etabliert, verbinden sich ignatianische und goethesche Impulse. Hier wie dort geht es um die Möglichkeit der universalen Relevanz des geschichtlich Individuellen. Um die ignatianische Spiritualität methodisch zu stützen, bringt Balthasar *goethesche Denkformen* ins Spiel. Sie sollen sozusagen auf einer allgemein philosophischen Ebene die ignatianische Betrachtungsweise reformulieren und in der Diskussion um eine moderne Theologie der Erfahrung zur Geltung bringen.

Die erste Richtung, von der Balthasar sich dabei abgrenzt, wurde bereits im Blick auf die der Tradition der Aufklärung verhaftete liberale Exegese benannt. Sofern Bultmann die Entmythologisierung des Evangeliums als ein notwendiges Desiderat der Moderne ansieht, bedarf Balthasar einer Methodik, die einerseits den Boden neuzeitlichen Denkens nicht verlässt, andererseits aber eine begründete Rehabilitierung der biblischen Überlieferung als ‚mythisch‘ im recht verstandenen Sinne erwarten lässt. Auch im modernen Zeitalter muss gültig bleiben, dass der Glaube untrennbar an die Geschichte des irdischen Jesus gebunden ist. Um dieses Anliegen geht es Balthasar in seinem Rückgriff auf ignatianische Quellen und goethesche Motive, die so eine apologetische Färbung bekommen.

Der zweite wichtige Gesprächspartner – Rahner – tritt, wie diese Ausführungen schon implizit erkennen ließen, als Ordensbruder und Mitstreiter Balthasars auf, wenn es darum geht, eine inkarnatorische Theologie des Lebens Jesu zu vertreten. Die Weise der Durchführung seiner Theologie aber weckt nicht nur die Zustimmung, sondern auch den Widerspruch Balthasars. Es entsteht eine Konkurrenz, die, so könnte man ansetzen, bereits von einer unterschiedlich akzentuierten Ignatius-Deutung ausgeht.

Zusammengefasst[123] erweist sich für Rahner der Ruf Gottes als *Ruf ins Eigene*. Nachfolge versteht er als Bejahung des eigenen Lebens, denn sie ist „primär und letztlich eine Nachfolge in der Annahme des menschlichen Daseins"[124], das Christus selbst angenommen hat. In der Annahme seiner selbst erkennt sich der Mensch als ein für das Leben in Christus Bestimmter, sodass der göttliche Anruf nicht von außen an ihn ergeht, sondern sein innerstes Wesen ausmacht, das auf Christus hin erschaffen und erlöst ist. Damit aber führt der Ruf Gottes den Menschen nicht über sich hinaus, sondern lockt ihn in die Freiheit und in das Leben, das der Einzelne als befriedigend und zu ihm passend wieder erkennt, ist er doch immer schon dafür bestimmt. Die Selbstentfaltung des Menschen ist zugleich die höchste innerweltliche Verherrlichung

---

[122] Vgl. LÖSER: Die ignatianischen Exerzitien im Werk Hans Urs von Balthasars. 172.
[123] Vgl. die ausführlichere Darstellung bei SCHNEIDER: „Unterscheidung der Geister". 79-133.
[124] RAHNER: Einübung priesterlicher Existenz. 314.

Gottes. Wenn Rahner daher seinen Ordensvater fiktiv sprechen lässt, liegt dem sein eigener transzendentaler Ansatz zugrunde:

„Ich müsste [heute; I.K.] deutlicher machen, dass die Erweckung solcher göttlicher Erfahrung nicht eigentlich die Indoktrination eines vorher gar nicht im Menschen Gegebenen, sondern das ausdrücklichere Zusichselberkommen und die freie Annahme einer Verfassung des Menschen ist, die immer gegeben, meist verschüttet und verdrängt, aber unausweichlich ist und Gnade heißt, in der Gott selbst in Unmittelbarkeit da ist."[125]

Wo Rahner im Blick auf die Exerzitien das Erlebnis einer unmittelbaren Trosterfahrung von Gott her als sicheres und letztes Kriterium für die Unterscheidung der Geister deutet, da wird er seinerseits mit Hilfe der neuzeitlichen Philosophie zeigen, dass der Einzelne in einer transzendentalen Erfahrung der Gnade immer schon auf Gott, das unsagbare Geheimnis hin ausgerichtet ist.

Demgegenüber erscheint Balthasars Interpretation als *Ruf ins Andere*. Sie setzt das Wesen einer Spiritualität ins Licht, die den Menschen allmählich von sich selbst loslöst, um ihn einer immer objektiveren Betrachtung der Offenbarung entgegen zu führen. Gottes Weisheit offenbart sich als Liebe, die auch das Skandalon eines Kreuzweges nicht ausschließt, der in den Augen der Welt nur Schwachheit und Torheit ist. Dies geschieht um des Menschen willen. Der Mensch ist daher nur im Sinne einer sich hingebenden Eingestaltung des eigenen Lebens in den Willen des Herrn Verweis auf eine Gnade, die sich in ihm ausformt. Auch Balthasar artikuliert die Leitidee seines Denkens in Anlehnung an Ignatius, wenn er erklärt, die Glaubhaftigkeit des Christentums sei allein in der Liebe zu finden:

„Glaubhaft ist nur Liebe: gemeint ist Gottes eigene Liebe, deren Erscheinung die der Herrlichkeit Gottes ist. Christliches Selbstverständnis […] ist weder auf ein das religiöse Weltwissen überhöhendes Weisheitswissen durch göttliche Kundgabe auslegbar (ad majorem gnosim rerum divinarum), noch auf den durch Offenbarung und Erlösung endgültig zu sich kommenden persönlichen und sozialen Menschen (ad majorem hominis perfectionem et progressum generis humani) sondern einzig auf die Selbstverherrlichung der göttlichen Liebe: ad majorem Divini Amoris GLORIAM."[126]

Der aufmerksame Leser kann schon in diesem programmatischen Zitat Balthasars eine Zurückweisung der ‚von unten‘ ansetzenden Theologie Rahners erkennen. Dass Balthasar Rahner nicht nur als Mit- sondern auch als Gegenspieler betrachtet, wird im Rückblick auf die Zeit der Prägungen besonders deutlich anhand einer Bemerkung, die meist nur am Rande zur Kenntnis genommen wird:

„Ich halte Karl Rahner, aufs Ganze gesehen für die stärkste theologische Potenz unserer Zeit. Und es ist evident, dass er mir an spekulativer Kraft weit überlegen ist. […] Aber unsere Ausgangspositionen waren eigentlich immer verschieden. Es gibt ein Buch von Georg Simmel, das heißt ‚Kant und Goethe‘. Rahner hat Kant oder, wenn Sie wollen, Fichte gewählt, den transzendentalen Ansatz. Und ich habe Goethe gewählt – als Germanist. Die Gestalt, die unauflöslich einmalige, organische, sich entwickelnde Gestalt – ich denke an Goethes ‚Metamorphose

---

[125] RAHNER: Rede des Ignatius von Loyola an einen Jesuiten von heute. 303.
[126] BALTHASAR: Glaubhaft ist nur Liebe. 5f.

der Pflanzen' –, diese Gestalt, mit der Kant auch in seiner Ästhetik nicht wirklich zu Rande kommt…"[127]

Diese Äußerung weist in die Mitte meiner Fragestellung. Während Ignatius beide Theologen in einer gemeinsamen Spiritualität verbindet, repräsentieren Kant und Goethe zwei unterschiedliche, vielleicht komplementäre Denkformen, die die jeweils eigenen Anliegen Rahners und Balthasars philosophisch unterfangen. Goethe steht für ein Denken, das sich vom ,transzendentalen Ansatz' durch seine Ganzheitlichkeit abhebt und es Balthasar ermöglicht, seine auf eine objektive Größe hin ausgerichtete Theologie zu profilieren: *ad majorem Divini Amoris GLORIAM.*

Da die Erfahrungstheologie Rahners ebenso wie diejenige Bultmanns einen Gegenpart zur *Erscheinungs*theologie Balthasars darstellt, werden auch ihre Grundzüge in einem abschließenden Vergleich hervorgehoben. Es ist weiterhin nötig, die Herausforderungen der Aufklärung in Erinnerung zu behalten.

8.1.4 Ruf ins Eigene: Die transzendentale Erfahrung als Ort und Horizont der Gegenwart Gottes bei Karl Rahner

Im Rückblick scheint der von der Aufklärung und ihren Folgeerscheinungen in der protestantischen Theologie aufgerissene ,garstige Graben' zwischen dem Jesus der Geschichte und dem Christus des Glaubens die Entstehung einer ignatianisch inspirierten Theologie verhindert zu haben, der es um die Sakramentalität des Lebens Jesu und um die existentielle Verähnlichung des Christen mit Christus geht. Erst die Ordensbrüder Karl Rahner und Hans Urs von Balthasar greifen in ihrem 1939 handschriftlich dokumentierten ,Aufriss einer Dogmatik'[128] bewusst zurück auf die von Thomas und Ignatius gegebenen Impulse. Das Herzstück ihres gemeinsamen Projekts sollte eine „grundsätzliche Besinnung über Sein und Bedeutung der Mysterien des Lebens Christi"[129] werden, die unlösbar in der geschichtlichen Selbstentäußerung Gottes in Jesus Christus gründet. Von ihrer spirituellen Herkunft her sprechen sie den Exerzitienerfahrungen den Rang einer Quelle der Theologie zu, die sich aus den Polen ,Gottunmittelbarkeit' und ,sinnliche Konkretheit' speist. Wer sich von den Lebensereignissen Jesu ergreifen lässt, übt zugleich den Blick für das Geheimnis der Offenbarung – und das heißt: für das Eintreten des Absoluten in die menschliche Geschichte. Wenngleich sich die Pläne einer heilsgeschichtlich strukturierten Christologie nach Ausbruch des Krieges nicht mehr realisieren ließen, können die darin ausgezogenen Linien dennoch als systematische Grundlegung der späteren Werke sowohl Rahners als auch Balthasars gelten.

---

[127] BALTHASAR: Geist und Feuer. 75f. Dieses Zitat habe ich aufgrund seiner richtungweisenden Bedeutung für die vorliegende Arbeit bereits in der Einleitung angeführt.
[128] RAHNER: Über den Versuch eines Aufrisses einer Dogmatik.
[129] RAHNER: Über den Versuch eines Aufrisses einer Dogmatik. 412.

Man darf den ignatianischen Hintergrund nicht aus den Augen verlieren, wenn man nach der Mitte der rahnerschen Theologie fragt. In der Rolle des Ignatius nennt er das, was er als „letzte Aufgabe" jedes Jesuiten – wie auch seiner selbst – betrachtet: „die Hilfe zur unmittelbaren Erfahrung Gottes, in der dem Menschen aufgeht, dass das unbegreifliche Geheimnis, das wir Gott nennen, nahe ist, angeredet werden kann und gerade dann uns selber selig birgt, wenn wir es nicht uns untertan zu machen suchen, sondern uns ihm bedingungslos übergeben."[130] Auch die Betrachtungen des irdischen Lebens Jesu spielen für die weiteren systematischen Entscheidungen Rahners eine maßgebliche Rolle.[131] In seinem berühmt gewordenen Aufsatz zur 1500-Jahr-Feier des Konzils von Chalkedon bemerkt er gegenüber der Einseitigkeit jener Theologien, welche die Erfahrbarkeit des Erlösers in den einzelnen Szenen seines Menschseins verkennen: „Für eine wahre Theologie des menschlichen Lebens Jesu (nicht bloß: eine Theologie des Außergewöhnlichen des Lebens Jesu) muss der rechte Blick erst wieder geübt werden, damit er nicht (‚abstrahierend') gerade das übersieht, was man real nicht vom Menschlichen Jesu scheiden kann: […] dass das gewöhnliche Menschliche dieses Lebens die Ek-sistenz Gottes […] ist und umgekehrt."[132]

Rahner gibt damit auf die Lessingfrage nach der Verhältnisbestimmung zwischen Faktum und Bedeutung Jesu eine eindeutige Antwort. Die Geschichte Jesu ist keine bloße Veranschaulichung einer ewigen Idee oder – im Sinne Bultmanns – eines Existentials, sondern der Logos selbst. „Gott hat sein letztes Heilswort, das *innerhalb* dieser menschlichen Geschichte, innerhalb dieses Äons zu den Elementen dieser Geschichte gehört, schon gesagt an einem ganz bestimmten raum-zeitlichen Punkt dieser Geschichte: in Jesus, da und nur da, und da allein, als endgültiges letztes."[133] Jedes Detail dieses biblisch bezeugten Lebens kann deshalb den Sinn von Schöpfung und Geschichte berühr- und erfahrbar machen.[134] Jede Szene ist soteriologisch wirksam, da der einzelne Mensch durch sie hinein genommen ist in das alles umgreifende Pascha-Mysterium. Wir sind, so Rahner, gerade dadurch erlöst,

„dass das Wort des Vaters die Niedrigkeit, Profanität und Todgeweihtheit unseres Lebens annahm und eben darin die Gestalt der Gewöhnlichkeit unseres eigenen Lebens zum Ereignis der Gnade, die Gott letztlich selbst ist, machte. Der Mysteriencharakter der Einzelgeschehnisse im Leben Jesu ist also gerade immer ein und derselbe, der in seinem Tod und seiner Auferstehung zur deutlichsten Erscheinung kommt: indem das Endliche zu seiner bittersten Endlichkeit kommt, geschieht in ihm (nicht durch diese Selbstentlarvung als solche) die Ankunft der verklärenden Gottheit. Dafür ist (von der Auferstehung her) das ganze Leben Jesu Vorbild und endgültiges Unterpfand."[135]

---

130 RAHNER: Rede des Ignatius an einen Jesuiten von heute. 305.
131 Vgl. hierzu die ausführliche Monographie von BATLOGG: Die Mysterien des Lebens Jesu bei Karl Rahner.
132 RAHNER: Probleme der Christologie von heute. 294.
133 RAHNER: Priesterliche Existenz. 203.
134 Vgl. RAHNER: Über die Erfahrung der Gnade. 105-126.
135 RAHNER: zit. nach MENKE: Jesus ist Gott der Sohn (dort mit unkorrekter Angabe).

Von der ignatianischen Mystik her bleibt die *Gnadenerfahrung* die inhaltliche Mitte und Universalperspektive des gesamten Denkens Rahners.[136] Zutiefst überzeugt von dem Ungenügen der Schultheologie, deren jahrhundertelang unveränderte Begrifflichkeit in den gewandelten Lebensbedingungen des modernen Menschen ihre Plausibilität eingebüßt hat, sucht Rahner eine neue Methode in die Theologie einzuführen, die die traditionellen Glaubensaussagen mit der Selbsterfahrung des Menschen in Beziehung setzt. Die neuscholastische Lehre von der doppelten Finalitätsordnung soll abgelöst werden durch eine transzendental-anthropologische Annäherung an das Geheimnis der Selbstmitteilung Gottes. Dabei gilt es, die Möglichkeiten subjektiver Aneignung der Offenbarung ebenso freizulegen wie gegen den neuzeitlichen Anspruch einer ungebrochenen autonomen Vernunft und gegen eine geschichtslose Aufklärung zu zeigen, dass die nach dem Absoluten notwendig fragende Vernunft nur im Hören auf ein geschichtlich ergangenes Wort zu sich selber kommen kann.[137] Um in diesem Sinne darzutun, dass das „Konkrete der Geschichte den Menschen in seiner letzten Existenz und Subjektivität wirklich angehen kann"[138], geht Rahner von einer Analyse des Erfahrungsbegriffs aus, die das grundlegende Problem der Neuzeit, wie Erkenntnis möglich sei, aufnimmt, dieses von Heidegger her auf den Gesamtvollzug des menschlichen Daseins ausweitet und schließlich mit Maréchal den metaphysischen Weg des klassischen Thomismus wieder einholt.[139]

In seinen frühen religionsphilosophischen Studien vergewissert er sich zunächst der ontologischen Verfasstheit des Menschen. Der Mensch erfährt sich, so Rahner, in jedem kategorialen Akt der Erkenntnis und Freiheit immer schon über sich und den

---

[136] Vgl. die im Folgenden verwendete Literatur: GIBELLINI: Handbuch der Theologie im 20. Jahrhundert. 215-229. – KASPER: Jesus der Christus. 87-94. – WERBICK: Den Glauben verantworten. 332-336. – SILLER: Transzendentale Erfahrung in der Theologie Karl Rahners. – CORETH: Philosophische Grundlagen der Theologie Karl Rahners. – EICHER: Offenbarung. 347-421.

[137] Auf religionsphilosophischem Weg muss Rahner zeigen, dass es den Menschen als geistige Existenz geradezu ausmacht, auf Geschichte verwiesen zu sein: „Nur wenn in einer metaphysischen Anthropologie gezeigt ist, dass die Begründung der geistigen Existenz des Menschen durch geschichtliche Ereignisse und so das Fragen nach geschichtlichen Vorkommnissen von vornherein zum Wesen des Menschen und damit zu seinen unabdingbaren Pflichten gehört, ist ein Subjekt für die Annahme des Beweises einer bestimmten geschichtlichen Tatsache geschaffen und die Schwierigkeit einer rationalistischen und aufklärerischen Philosophie, etwa eines Lessing, grundsätzlich überwunden" (DERS.: Hörer des Wortes. 36).

[138] RAHNER: Überlegungen zur Methode der Theologie. 112.

[139] Es ist bekannt, dass Rahner – wie Bultmann, allerdings in größerer kritischer Distanz – einige Grundgedanken Heideggers aufnimmt und diese auf eigenständige Weise fortentwickelt, so etwa die Strenge der Seinsfrage, den Begriff des Existentials als einer formalen Seinsbestimmung und die wesenhafte Geschichtlichkeit menschlichen Daseins. Zeitlebens richtungweisend bleibt das fünfbändige Hauptwerk *Le point de départ de la métaphysique* (1922-1947) des belgischen Jesuiten Joseph Maréchal, aus dem Rahner entscheidende Anregungen für sein Denken hinsichtlich einer Neubegegnung von thomistischer Philosophie und Deutschem Idealismus gewinnt. Von ihm her ist der Begriff der ‚transzendentalen Erfahrung' zu verstehen, der von Kant her zunächst paradox klingen muss. Denn wenn Kant mit ‚transzendental' eine Erkenntnisart bezeichnet, die es mit den apriorischen Bedingungen der Möglichkeit von Gegenständen zu tun hat und dabei von sinnlicher Anschauung unabhängig ist, dann kann Erfahrung nicht selbst transzendental sein, sollen Bedingungs- und Bedingtheitsebene auseinander gehalten werden.

endlichen Gegenstand hinaus auf ein unendliches Geheimnis verwiesen. Während er über die sinnliche Erkenntnis in eine große Unmittelbarkeit zum Angeschauten gerät, weiß er stets um das größere Ganze, auf das hin sich die Welt weitet. Denn nur im Vorgriff auf ein Unendliches, nur in der radikalen Offenheit auf das unbegrenzte Sein kann Endliches als Endliches erkannt und Freiheit als solche gelebt werden. Umgekehrt ist dieses sich selbst anzeigende Woraufhin des menschlichen Daseins nur erfahrbar in der beständigen Auskehr des endlichen Geistes zum sinnlich Angeschauten – thomistisch gesprochen: in einer unabschließbaren *conversio ad phantasma*, die sich in einer *reditio in seipsum* vollendet. Weltzuwendung und Offenheit für mehr als Welt erweisen sich so als eine Einheit gegenseitiger Bedingung, die das Dasein des Menschen zutiefst prägt. Der Mensch bedarf des geschichtlichen Raumes, um das volle Bewusstsein seiner selbst zu erlangen. Transzendentalität und Geschichtlichkeit bilden seine „letzte unausweichliche Wesensstruktur"[140], den Verstehenshorizont, der alle weiteren Erfahrungen des alltäglichen Lebens ermöglicht und begleitet.[141] In den Erfahrungen unbedingter personaler Liebe, des absoluten Gehorsams gegen den Gewissensspruch, der menschlichen Endlichkeit in Schuld, Leid und Tod ist dem Einzelnen das geheimnisvolle, nicht mehr ergreifbare Woraufhin seiner geistigen Dynamik in besonderer Weise gegenwärtig. Hier wiederholt und verdichtet sich die logische Struktur der Erkenntnis. Der Mensch ist nicht gefangen in der unmittelbaren Gegenüberstellung zum Phänomen, sondern greift über es hinaus auf jenes unbegrenzte Sein, das alles übersteigt und allem einen Sinn verspricht. Vom Menschen her muss offen bleiben, in *welchem* Sinne diese Dynamik an ihr letztes Ziel kommt. Soweit bleibt Rahners Ansatz transzendentale, nach den Möglichkeitsbedingungen geistiger Selbstvollzüge fragende Anthropologie.

Vom universalen Heilswillen Gottes aus kann die Gelichtetheit des Seins aber interpretiert werden als die immer schon geschehene Zuwendung Gottes zum Menschen, als das heilige Geheimnis, das aller Begegnung einen verheißungsvollen Horizont eröffnet, sich dem Menschen offenbart und mitteilt. Im Wesen jedes Einzelnen hat Gott die Möglichkeit einer bewussten oder unbewussten Öffnung auf ihn hin grundgelegt. Durch die „von Gott dauernd bewirkte gnadenhafte Modifikation unseres transzendentalen Bewusstseins"[142] bietet er seine vergebende Nähe allen Menschen an. Die theologischen Voraussetzungen dieser Annahme liegen in der Erkennt-

---

[140] RAHNER: Erfahrung des Heiligen Geistes. 44.

[141] Rahner definiert den für seine Theologie grundlegenden Begriff der transzendentalen Erfahrung wie folgt: „Das subjekthafte, unthematische und in jedwedem geistigen Erkenntnisakt mitgegebene, notwendige und unaufgebbare Mitbewusstsein des erkennenden Subjekts und seine Entschränktheit auf die unbegrenzte Weite aller möglichen Wirklichkeit nennen wir die *transzendentale Erfahrung*. Sie ist eine *Erfahrung*, weil dieses Wissen unthematischer, aber unausweichlicher Art Moment und Bedingung der Möglichkeit jedweder konkreten Erfahrung irgendeines beliebigen Gegenstandes ist. Diese Erfahrung wird *transzendentale* Erfahrung genannt, weil sie zu den notwendigen und unaufgebbaren Strukturen des erkennenden Subjekts selbst gehört und weil sie gerade in dem Übersteig über eine bestimmte Gruppe von möglichen Gegenständen, von Kategorien besteht" (DERS.: Grundkurs des Glaubens. 26).

[142] RAHNER: Grundkurs des Glaubens. 148.

nis, dass – entgegen des scholastischen Extrinsezismus[143] – zwischen der natürlichen und übernatürlichen Finalisierung des Menschen keine fundamentale Differenz anzusetzen ist, dass vielmehr die dynamische Transzendenzbewegung der menschlichen Geistnatur seit ihrer Erschaffung auf Gott hin ausgerichtet ist und in ihm ihre Erfüllung findet.[144] Rahner ist überzeugt,

> „dass das, was wir Gnade nennen, zwar selbstverständlich eine Wirklichkeit ist, die in einem dialogisch freien Spannungsverhältnis von Gott her gegeben, also ungeschuldet, übernatürlich ist. Aber für mich ist Gnade zugleich eine Wirklichkeit, die so sehr in der innersten Mitte der menschlichen Existenz in Erkenntnis und Freiheit immer und überall im Modus des Angebotes, im Modus der Annahme oder der Ablehnung, so gegeben ist, dass der Mensch aus dieser transzendentalen Eigentümlichkeit seines Wesens überhaupt nicht heraustreten kann.“[145]

Immer und für jeden bietet Gott seine Gnade an. Sie ist im Menschen als *übernatürliches Existential* verankert.[146] Entsprechend der von Rahner vorausgesetzten Identifikation von Sein und Erkennen ist diese grundlegende Seinsbestimmung ursprünglich geeint mit der *transzendentalen Offenbarung*, die sich in der Tiefe jeder geistig-personalen Erfahrung ereignet: dort, wo sich der Mensch auf sein Menschsein radikal einlässt und es ganz annimmt, wo er sein vorbehaltloses Wagnis der Liebe und Treue über alle endliche Sicherheit hinaus gerechtfertigt und „getragen durch ihr Woraufhin erfährt“[147]. In allen Lebensakten gewährt Gott seinem Geschöpf die Offenbarung seiner Existenz.

In der kühnsten seiner Hoffnungen wagt der Mensch zu hoffen, dass das Geheimnis, auf das hin er sich geöffnet erfährt, nicht nur das entfernte, asymptotische Ziel einer unendlichen Bewegung bleibt, sondern „sich *selbst* gibt als Erfüllung des höchsten Anspruchs der Existenz auf den Besitz des absoluten Sinnes“[148]. Soll die sinngebende Wirklichkeit Gottes nicht nur als Ermöglichung und Inspiration menschliches Bewusstsein unterfangen, sondern als solche erkannt werden, muss sie sich in personaler Realität zeigen. Und tatsächlich erhält die Idee eines absoluten Heilbringers, in dem der Mensch sein Wesen von Gott irreversibel und real angenommen weiß, ihre Bestätigung in der Wirklichkeit des geschichtlichen Heilbringers, wie sie im christologischen Dogma von der Menschwerdung Gottes bezeugt ist. Die transzen-

---

[143]   Um der Gratuität der Gnade willen erfolgte seit der Spätscholastik eine scharfe Trennung zwischen Natur und Gnade, der zufolge Gnade für bewusstseinsjenseitig und der Erfahrung nicht zugänglich gehalten wurde.

[144]   Zum Problem der Gnadenfinalität der menschlichen Natur vgl. SCHWERDTFEGER: Gnade und Welt. – RULANDS: Menschsein unter dem An-Spruch der Gnade.

[145]   RAHNER: Die Gnade als Mitte der menschlichen Existenz. 83.

[146]   Dass und inwiefern das theologische Apriori eines übernatürlichen Existentials in der zweiten Auflage von *Hörer des Wortes* zu einer Verunklarung der methodischen Differenz zwischen Philosophie und Theologie führt, kann hier nicht weiter ausgeführt werden.

[147]   RAHNER: Gotteserfahrung heute. 141. Aus der Konzeption der Gnade als übernatürliches Existential leitet Rahner seine umstrittene These vom *anonymen Christentum* ab, nach der auch derjenige die Nähe Gottes implizit annimmt, der einen unthematischen Akt des Glaubens vollzieht, d.h. ein Ja zum positiven Sinn seiner Existenz spricht.

[148]   RAHNER: Grundkurs des Glaubens. 202.

dentale Offenbarung findet ihren adäquaten und unüberbietbaren Ausdruck in der durch die biblische Verkündigung überlieferten *kategorialen Offenbarung*. In der geschichtlich-konkreten Gestalt Jesu von Nazareth begegnet der Mensch dem, was er in seinem Leben zutiefst sucht, woraufhin er kraft seines Wesens schon immer unterwegs ist. Daher ist die Menschwerdung Gottes das gegenständliche Korrelat zur transzendentalen Verfasstheit des Menschen, „der einmalig *höchste* Fall des Wesensvollzugs der menschlichen Wirklichkeit"[149]. Anthropologie und Christologie greifen ineinander:

> „Das unumfassbare Woraufhin der menschlichen Transzendenz, die existentiell und ursprünglich – nicht nur theoretisch oder bloß begrifflich – vollzogen wird, heißt Gott und teilt sich selbst existentiell und geschichtlich dem Menschen als dessen eigenste Vollendung in vergebender Liebe mit. Der eschatologische Höhepunkt der geschichtlichen Selbstmitteilung Gottes, in dem diese Selbstmitteilung als irreversibel siegreich offenbar wird, heißt Jesus Christus."[150]

Mit seiner transzendentalen Christologie als einer „sich selbst transzendierende[n] Anthropologie"[151] will Rahner die traditionelle Dogmatik nicht ersetzen, doch einen Schritt über sie hinaus gehen, indem er die weitergehende Frage nach den „apriorischen Möglichkeiten im Menschen für das Ankommenkönnen der Christusbotschaft"[152] eröffnet. Bliebe man bei der bloßen Wiederholung objektiv vorgegebener Heilswahrheiten stehen, ließe sich, so Rahner, der „Verdacht auf Mythologie nicht leicht abwehren."[153] Nun ist es aber auch nicht sein Bestreben, das geschichtliche Christentum – wie Bultmann – zu entmythologisieren und von den heilsgeschichtlichen Ereignissen so zu reden, „dass als das eigentlich ‚Gemeinte' nur eine ‚Idee' übrigbleibt, mag diese auch noch so ‚existentiell' verstanden werden"[154]. Es geht ihm um das beständige Gegenüber von geschichtlichem Christusereignis und transzendentaler Erfahrung des Menschen, so sie ein anonymes Wissen von Gott impliziert.

> „Es gibt eine Geschichte, die ‚ein-für-allemal' geschehen als solche *unser* Heil bedeutet, an die wir gebunden bleiben [...]. Ein solches *geschichtliches Ereignis* kommt dennoch nicht bloß von ‚einstmals' und von ‚außen' an den Menschen anderer Zeiten als das Fremde heran, weil das, was sich ‚damals' als gnädiger Heilswille Gottes zur Erscheinung und in der eschatologischen Geschichte zur unwiderruflichen Gegebenheit brachte, in der Gnade Gottes als dem letzten Grund und der letzten Dynamik der ganzen Geschichte *auch in der letzten Tiefe jeden menschlichen Daseins am Werk ist* und der Mensch in der nur scheinbar fremden Geschichte so ‚sich selbst' begegnet und sich findet."[155]

Rahners Erkenntnismetaphysik, die von der Verwiesenheit des Menschen auf Geschichte und von einer unverstellten ‚Anwendung der Sinne' ausgeht – nur als Geist in Welt ist der Mensch Hörer eines möglicherweise ergehenden Wortes Gottes –, sieht

---

149 RAHNER: Zur Theologie der Menschwerdung. 313.
150 RAHNER: Grundkurs des Glaubens. 427.
151 RAHNER: Probleme der Christologie von heute. 273, Anm.19.
152 RAHNER: Grundkurs des Glaubens. 200.
153 RAHNER: Theologie und Anthropologie. 44.
154 RAHNER: Das Problem der ‚Entmythologisierung'. 126.
155 RAHNER: Das Problem der ‚Entmythologisierung'. 126f. Hervorhebung von mir.

die *Mysterien des irdischen Lebens Jesu* als einen bevorzugten *locus theologicus* an. Sie sind die schlechthin einzigartigen Zeichen der göttlichen Selbstmitteilung, die der ansonsten grundlegenden Differenz zwischen Zeichen und Bezeichneten nicht unterliegen, weil das Bezeichnete in ihnen vollends aufleuchtet: Das wahre Menschsein Jesu ist *Realsymbol* des Vaters, der sich im Sohn unzweideutig offenbart: „Man sieht in Ewigkeit den Vater nur durch ihn hindurch."[156]

Mit der hier knapp umrissenen Konzeption kommt eine Variante der *Erfahrungstheologie* vor Augen, welche die theologische Diskussion zur Zeit Balthasars maßgeblich beeinflusst. Es ist das große Verdienst Rahners, die tiefe existentielle Verwurzelung der Gottesbeziehung aufgezeigt zu haben. Indem der Mensch unverstellt auf sich selbst blickt, erfährt er den ihn tragenden Gott. Gotteserfahrung bildet mit der Selbsterfahrung jedes Einzelnen eine innere Einheit; sie ist kein Privileg für Mystiker.[157] Weil der Mensch von Anfang an als Adressat der Selbstmitteilung Gottes auserwählt ist, liegt in ihm auch das Vermögen bereit, diese persönlich anzunehmen. Der Glaube ist für ihn nichts Wesensfremdes; vielmehr findet er in der Begegnung mit Gott zu einer Form des Daseins, die ihm zur Gänze entspricht. Er erfährt den Anruf Gottes so, dass er dadurch zu *mehr* Frieden und Freude findet und sein eigenes Leben so annehmen kann, wie es von Gott in Christus angenommen ist. In Christus ist die Frage seines Lebens beantwortet, seine Sehnsucht erfüllt. Indem Rahner sich bei aller transzendentalen Vergewisserung immer wieder auf das ignatianische ,Urerlebnis' der ungegenständlichen Tröstung beruft, behält seine Theologie ihre ausgesprochen spirituelle Komponente – oder besser: sie baut auf dieser fundamental auf.[158]

Gemeinsam treten Rahner und Balthasar mit dem Vorsatz an, einen Beitrag zur Neubelebung der Christologie zu leisten, der dem Anruf der Zeit und dem Ruf der Kirche gleichermaßen gerecht wird und eine Brücke zwischen dem Leben Jesu und dem Leben jedes Einzelnen schlägt. Primäres Anliegen dabei ist es, „das tiefgreifende Schisma zwischen Lehre und Leben, zwischen theologischem System und religiöser Erfahrung"[159], das die katholische Theologie der Neuzeit kennzeichnet, aufzuheben. Der Glaube soll nicht länger als „belangloses Stück Mobiliar"[160] im Lebensraum des Menschen stehen. Hier liegt die Schnittstelle vieler Gemeinsamkeiten, die durch die bittere Polemik der späteren Jahre nur allzu leicht verwischt wird. Sowohl Rahner als auch Balthasar suchen das im Ersten Vatikanum definierte Verhältnis zwischen Natur und Gnade neu und tiefer zu vermitteln; der Begriff der ,*natura pura*' besitzt für sie bloß eine formale Notwendigkeit, welche die Denkbarkeit der Gnade ermöglicht.[161]

---

[156] RAHNER: Die ewige Bedeutung der Menschheit Jesu für unser Gottesverhältnis. 258.
[157] Vgl. RAHNER: Selbsterfahrung und Gotteserfahrung. – DERS.: Erfahrung des Heiligen Geistes. 45f.
[158] Die ignatianische Prägung der Theologie Rahners untersuchen mehrere Dissertationen, z.B. SCHNEIDER: „Unterscheidung der Geister". – ZAHLAUER: Karl Rahner und sein produktives Vorbild Ignatius von Loyola. – BATLOGG: Die Mysterien des Lebens Jesu bei Karl Rahner.
[159] METZ: Karl Rahner – ein theologisches Leben. 307.
[160] RAHNER: Im Heute glauben. 12.
[161] Vgl. BALTHASAR: Karl Barth. 310. – EICHER: Die anthropologische Wende. 88f.

Dementsprechend rechnen beide mit der impliziten Gotteserkenntnis jedes menschlichen Selbstvollzugs,[162] während sie das geschichtliche Christusereignis als das unüberbietbare Heilsgeschehen für den auf Gott hingeordneten und zum Leben mit ihm berufenen Menschen ansehen. In Frage steht für Balthasar daher nicht der Stellenwert, den Rahner einer ignatianisch inspirierten Theologie der Erfahrung zumisst. Die tiefe Differenz, die er immer wieder beklagt und die gleichsam als Negativfolie seine theologische Ästhetik vorantreibt, liegt in den erkenntnistheoretischen Voraussetzungen, die Rahner dem Erfahrungsbegriff zugrunde legt, sowie in den christologischen Konsequenzen, die sich daraus ergeben. Die Diskussion rankt sich also sowohl um inhaltliche als auch um methodologische Aspekte der Offenbarungstheologie.

Balthasars Kritik[163] richtet sich zunächst darauf, dass Rahner zu sehr der idealistischen Identitätsphilosophie und ihrer Einheit von Sein und Erkennen verhaftet bleibt. Aus dem notwendigen Vorgriff des menschlichen Geistes auf das Unendliche kann zwar unmittelbar auf die Wirklichkeit dieses Unendlichen geschlossen werden. Doch erhebt sich dabei die Frage, ob der Mensch als endlicher Geist das unendliche Sein überhaupt denken, es auf den Begriff bringen, es unzweideutig auslegen kann? Oder trifft er nicht gerade dort, wo er an den letzten Grund seines Daseins rührt, auf eine unaufhebbare Spannung von Sein und Bewusstsein? Selbst Goethe wusste um diese grundlegende Polarität: In seinem Fragen, Erkennen und Wollen ist das Subjekt einerseits größer als die Wirklichkeit, weil es in seinem Ausgriff auf das Sein im Ganzen alles übersteigt; umgekehrt erweist sich aber auch die Wirklichkeit uneinholbar größer

---

[162] Zu Balthasar vgl. DERS.: Theologik I. 260. – DERS.: Die Gottesfrage des heutigen Menschen. 82.

[163] Im Folgenden wird versucht, die in der Streitschrift *Cordula oder der Ernstfall* (vgl. 86-97) ebenso komprimiert wie überspitzt vorgetragenen Kritikpunkte Balthasars darzulegen und in Beziehung zu den impliziten Anfragen aus *Herrlichkeit I* zu setzen. Thesenartig unterstellt Balthasar Rahner ein ‚System‘, das das Christliche eher ableite als wahrnehme und seiner personalen Mitte beraube. Durch seinen Ausgangspunkt beim transzendentalen Idealismus und dessen Folgen in einem ‚evolutionistischen Bewältigungsdenken‘ relativiere Rahner die Einzigartigkeit der christlichen Offenbarung, besonders aber die der Gestalt Jesu Christi. Seine Vorstellung vom anonymen Christentum sei, ungeachtet Balthasars eigener Hoffnung auf eine allumfassende Erlösung, in theoretischer Hinsicht missverständlich und pastoral ineffektiv. Sie führe zu einer Abwertung der Kreuzestheologie und überdecke die soteriologische Dimension des Christusereignisses.
Über den vordergründigen rhetorischen Schlagabtausch hinaus steht mit der Kontroverse um die Deutung des Natur-Gnade-Verhältnisses eine höchst brisante Frage im Raum, die zugleich einen Eckstein in der vorvatikanischen Theologie markiert. Zu Balthasars Stellungnahme bezüglich Rahners Gnadentheologie vgl. DERS.: Karl Barth. 303-312.
Erst im Laufe der Zeit entsteht auf der sachlichen wie auf der persönlichen Ebene ein gespanntes Verhältnis zwischen Rahner und Balthasar. Die unterschiedlichen Perspektiven werden aber schon 1939 – in dem oben erwähnten Jahr der wissenschaftlichen Zusammenarbeit – sichtbar. Während seiner Tätigkeit bei der Zeitschrift *Stimmen der Zeit* verfasst Balthasar eine Sammelbesprechung philosophischer Neuerscheinungen, darunter auch Rahners *Geist in Welt*. Er hebt die Tiefe und kreative Leistung Rahners hervor – und äußert zugleich erste Bedenken. Seine Sorge betrifft die von ihm aufgewiesene Tendenz Rahners, jede Form einer Metaphysik des Objekts in die transzendentale Struktur des Subjekts aufzuheben und dadurch die Dimension des Objekts zu vernachlässigen. Vgl. BALTHASAR: 1. Rez. Johannes B. Lotz, Sein und Wert. – 2. Rez. Karl Rahner, Geist in Welt. 371-379. Zwei Jahre später lässt er Rahner brieflich wissen, dass er gegenüber dem Vorhaben einer gemeinsamen Dogmatik Reserven entwickelt und sich anderweitig orientiert habe. Vgl. NEUFELD: Die Brüder Rahner. 178-186, bes. 183.

als der Mensch.[164] Nimmt man diese aporetische Situation des Daseins ernst, lassen sich die Wesenslinien des Menschen nicht undifferenziert auf Jesus Christus hin ausziehen. Dem Menschen ist zwar in seinem Innersten ein Beziehungsgrund eingestiftet, der von Gottes geheimnisvollem Wirken kündet. Doch bleibt fraglich, ob dieser hinreicht, um das Christusereignis als dessen „gegenständliche Objektivierung"[165] zu fassen. Birgt Christus nicht *mehr* in sich als die endgültige Auflichtung der natürlichen Transzendenzbewegung des Menschen?

Die eigentliche Problematik sieht Balthasar daher nicht in der Lehre vom übernatürlichen Existential als der Voraussetzung für ein Vernehmen des göttlichen Wortes, sondern in der in Frage stehenden Inhaltlichkeit, Intelligibilität und Geschichtlichkeit dieses Wortes selber. Gewiss ist der Mensch offen für Gott, aber er kann nicht den Inhalt, für den er offen ist, *immer schon* in sich tragen. Er wird nicht zuerst über sein *eigenes* Wesen und Geheimnis belehrt, sondern weiß sich hineingestellt in eine andere Wirklichkeit, die Irenäus in das Wort fasst: „Was hat denn der Herr durch sein Kommen in diese Welt uns Neues gebracht? – Etwas unerhört Neues brachte er: Sich selbst bot er dar."[166]

Bei Rahner hingegen fließen die Logik des Transzendentalen und jene der geschichtlichen Offenbarung komplementär so zusammen, dass die Gestalt Jesu Christi bestimmbar wird als jenes Ereignis, in dem sich die tiefe innere Verfasstheit des Menschen widerspiegelt und in dem das allen Menschen gnadenhaft geschenkte Glaubenslicht unmittelbar zu sich selbst kommt.[167] Aus dem potentiellen Hörer des Wortes wird ein Subjekt, dem die vergebende Nähe Gottes immer schon eröffnet ist, das Offenbarung unthematisch von Anfang an in sich trägt, das *an sich* auf Gott hingeordnet ist – und dies nicht bloß *per naturam*, sondern durch Gnade veranlasst.[168] Das Licht des Glaubens ist ihm kaum noch gegeben, um die Sinnfülle der biblischen Zeugnisse *von ihnen selbst her* zu verstehen; diese sind vielmehr Medien, um des Menschen eigenste Geschichte zu sich selbst zu vermitteln. So löst sich die kategoriale Offenbarungsgeschichte nahezu auf in die transzendental erfahrbare Nähe des dreifaltigen und vergebenden Gottes. Denn welchen anderen Gehalt bringt die neutestamentliche Rede von Kreuz und Auferstehung Jesu noch an den Tag als die Endgültigkeit der je schon mitgeteilten Heilszusage Gottes für den Menschen? Dies sind die Kernfragen Balthasars: Tritt der Erlöser hier als der entscheidende Offenbarer Gottes in den Blick, oder wird über ihn durch Reflexion auf die eigenen Lebensakte so vorentschieden, dass er nur noch bestätigen kann, was der Mensch in seinem Innersten ersehnt?

---

164 Vgl. Goethes mehrfache Äußerungen bezüglich eines Je-Mehr seitens des Subjekts wie seitens der Natur (die Zitate in den Abschnitten 2.2.2 und 2.3.2 dieser Arbeit).

165 RAHNER: Bemerkungen zum Begriff der Offenbarung. 15.

166 IRENÄUS VON LYON: Adversus Haereses IV. 34. 1.

167 Vgl. RAHNER: Bemerkungen zum Begriff der Offenbarung. 15f. – EICHER: Offenbarung. 390.

168 EICHER fragt kritisch, ob sich in der zunehmend gnadentheologischen Ausrichtung des Spätwerkes Rahners das in *Hörer des Wortes* „noch vorausgesetzte Offenbarungsverständnis der Transzendenz des inkarnierten Wortes nicht verwandelt hat zu einem letztlich geschichtslosen Prinzip reiner Immanenz der Gnade" (DERS.: Offenbarung. 384).

Ist aber Offenbarung in und durch Jesus Christus tatsächlich nur die kategoriale Bestätigung dessen, was transzendental längst schon erfahrbar ist? Muss der Denkweg, den Rahner durchläuft, nicht irgendwann zerbrechen an der Alterität des Wortes Gottes in der Geschichte, um Raum zu schaffen für eine Botschaft, die ein wirkliches Novum verkündet – den heilschaffenden Anbruch jenes Gottesreiches, das als Vergebung nicht immer schon nahe war?

Gerade weil Rahners Entwurf die Gegenwart Gottes derart weit fasst, weist er eine gewisse Enge auf. Mit seinem Wort vom übernatürlichen Existential sieht er die ganze Menschheit je schon unter dem Angebot der Gnade; niemand fällt aus Gottes Heilsplan heraus. Damit scheint die Möglichkeit einer freien Abkehr von Gottes Willen nur schwerlich gegeben zu sein. Auch der harte Weg echter Bekehrung zum Glauben, angestoßen durch den Blick auf das Kreuz, findet in dieser Konzeption kaum einen systematischen Raum. Vage nur ist vernehmbar, dass im Glauben etwas völlig Neues anhebt. Der Mensch weiß zwar um Gott als den unverlierbaren Horizont all seiner Erfahrungen, jedoch nicht um den biblischen Gott, der geschichtlich spricht und ,alles neu macht'. Die Größe des Gedankengangs Rahners ist zugleich seine Schwachstelle.

Rahners fehlende biblische Hermeneutik entspricht seiner Erkenntnismetaphysik, die ganz auf der Linie Kants ihren Ausgang nimmt von der reinen Spontaneität des Geistes, die dem geschichtlichen Material ihre eigene Intelligibilität verleiht. Damit geht ihr aber jene *phänomenologische Spannung* zwischen geschichtlicher Wirklichkeit und transzendentaler Möglichkeit verloren, in der die Welt des Objekts immer auch eine inhaltliche Determination der als solche offen bleibenden geistigen Anlagen des Menschen bedeutet. Da Rahner das in der menschlichen Transzendentalität liegende Urdialogische zu wenig nutzt,[169] verspielt er die Möglichkeit, das Überraschende und Unberechenbare des in der Schrift immer wieder bezeugten Anspruchs geltend zu machen. Hier wird die grundlegende Differenz zu Balthasar besonders augenfällig. So sehr dieser zugesteht, dass die Offenbarungsgestalt „nur einem auf sie zu bereiteten und proportionierten Geist einleuchten kann und dass man die subjektiven Bedingungen der Möglichkeit dieses Einleuchtens mit kantischen Kategorien beschreiben kann"[170], geht es ihm doch primär um eine Weitung des Verstehenshorizonts. Bei allem Gewinn, den die anthropologischen Ansätze in eine lebensfern gewordene Theologie einbringen, müssen sie sich, so Balthasar, dennoch fragen lassen,

„ob die objektive Fundierung der spezifisch christlichen Tatsache hier ebenso gut gelingt wie die subjektive und ob nicht die ganze Richtung immer wieder von einem heimlichen und gelegentlich auch offenen Philosophismus bedroht wird, wo das innere Maß des strebenden Geis-

---

[169] Vom Standpunkt des intersubjektiven Ansatzes Balthasars aus bleibt der Mensch als bloßes Subjekt ein Abstraktum, da es ihn immer nur in einem Geflecht von Ich-Du-Wir-Beziehungen gibt. Das Bewusstsein des Kindes erwacht am Lächeln der Mutter, die Freiheit des Einzelnen in der Begegnung mit der Freiheit anderer. Nicht die ins Unendliche ausgreifende Frage, sondern das Angesprochenwerden durch den Anderen steht damit am Beginn aller geistigen Prozesse. Doch wäre auch hier – im Sinne Rahners – festzuhalten, dass das Angesprochenwerden des Menschen zumindest seine Ansprechbarkeit voraussetzt.

[170] BALTHASAR: Herrlichkeit I. 170.

tes, mag es auch nur als ‚Leere' und ‚Hohlraum', oder als ‚cor inquietum', als ‚potentia oboedentialis' usf. gefasst werden, irgendwie doch zum Maß der Offenbarung gemacht wird."[171]

Wenn die geistige Anschauungskraft nicht mehr als erste Voraussetzung zur Wahrnehmung der Offenbarungsgestalt angenommen wird, fürchtet Balthasar die Gefahr, dass die subjektiven Möglichkeitsbedingungen der Erkenntnis „in die Konstitution der objektiven Evidenz des Gegenstandes miteingreifen oder diese einfach bedingen und damit ersetzen"[172] und damit das Phänomen, so wie es sich von sich selbst her gibt, verfälschen. Soll aber der endliche Geist die Offenbarungsgestalt nicht von vornherein begrenzen, sondern vernehmen, „muss die Evidenz selbst die analogia entis in sich abzeichnen"[173].

„Und so trifft Gottes Wort die Kreatur wirklich am innersten Punkt ihres sich übersteigenden Seins, aber nicht als antwortendes Wort auf erhobene Fragen, das dann bereits durch das Vorgegeben der Frage so oder so sortiert und eingeordnet wäre, sondern in der primären ‚Indifferenz' des ‚Ecce Ancilla'."[174]

Im Sinne der klassischen Analogielehre besteht zwischen der ins Unendliche ausgreifenden Frage des Menschen und der von Gott her gegebenen Antwort bei aller noch so großen Ähnlichkeit eine je größere Unähnlichkeit. Daher waltet ein anderes Verhältnis zwischen Anthropologie und Christologie als das von Rahner eingeführte. Die Anthropologie als die Grammatik, deren Gott sich zu seiner Selbstaussage bedient, muss als solche offen bleiben für die inhaltliche Determination, die erst durch das konkrete menschliche Leben Jesu erfolgt. Die Differenz zwischen der Idee Christi, welche in aller menschlichen Erfahrung mitschwingt, und ihrer tatsächlich von der Schrift bezeugten Gestalt kann durch kein Denken aufgehoben werden. Höchstens eine gewisse Konvergenz lässt sich zeigen zwischen der menschlichen Heilserwartung und ihrer inkarnatorischen Erfüllung in Jesus Christus. Der Mensch muss bekennen, dass sich das, was er im Tiefsten seines Wesens erhofft, in Jesus Christus auf eine schlechthin *unableitbare* und alles Erwarten *überbietenden* Weise erfüllt. Wird diese Differenz nicht durchgehalten, kann sich gegenüber dem transzendentalen Bewusstsein des Menschen von Gott her nichts Neues mehr ereignen. Wird aber die inhaltliche Unableitbarkeit des Christusereignisses aufgegeben, muss notwendigerweise auch die Einzigkeit der Gestalt Jesu Christi relativiert werden.

Die kritischen Fragen, die im transzendentalen Gottesverständnis Rahners offen bleiben, lassen sich gleichermaßen an seine Exerzitieninterpretation richten. Von Balthasars Standpunkt her wird Rahner dem genuin ignatianischen Geist deshalb nicht gerecht, weil für Ignatius personale Nachfolge nicht in der Erfahrung eines ungegenständlich Umfassenden und eines letzten Woraufhin geschieht, sondern in der *konkreten Begegnung* mit dem geschichtlichen Jesus von Nazareth, der den Einzelnen in eine

---

171   B ALTHASAR: Herrlichkeit I. 142.
172   B ALTHASAR: Herrlichkeit I. 447.
173   B ALTHASAR: Herrlichkeit I. 433.
174   B ALTHASAR: Herrlichkeit I. 434.

Entscheidung stellt, die bis zum Kreuz führen kann. Rahner hält den gemeinsamen Ausgangspunkt bei den Mysterien des Lebens Jesu letztlich nicht konsequent durch,[175] da er den subjektiven Anteil dem objektiven vorordnet und damit die Eigenbedeutung der Gestalt Jesu Christi vernachlässigt. Wie schon gegenüber Bultmann beklagt Balthasar auch hier die *fehlende Evidenz seitens der Sache selbst*, in welcher der menschliche Glaubensakt gründet. Für ihn lautet die entscheidende Frage: Wird Offenbarung in glaubender Schau oder in transzendentaler Vergewisserung angeeignet? „Sehe ich am gebrochenen Herzen des Gekreuzigten die Liebe des dreieinigen Gottes – oder sehe ich sie nicht?"[176]

8.1.5 Ruf ins Andere: Die Eingestaltung in Christus bei Hans Urs von Balthasar

Die vielen einzelnen, bislang zur Sprache gekommenen Facetten und Stellungnahmen Balthasars lassen nach dessen eigenem offenbarungstheologischen Ansatz fragen. So diskussionswürdig die Theologien Rahners und Bultmanns auch sein mögen – Balthasars Replik kann ebenso irritieren und bedarf der weiteren Entfaltung. In der Beurteilung seines gewaltigen Werkes spielt zudem die Optik des Lesers eine Rolle. Negativ gesehen bleibt Balthasars Verhältnis zur Neuzeit immer zwiespältig; positiv gesehen zeichnet es sich gerade dadurch aus, dass es die dialogische Erfahrung des Gesprächs, der Gabe, der Liebe und der ästhetischen Schau auf theologischer Ebene fortschreibt.

Balthasars Auseinandersetzung mit seinen Antagonisten Rahner und Bultmann hinterlässt in der öffentlichen Wahrnehmung das Bild eines rückwärtsgewandten Denkers und radikalen Zeitkritikers. Darüber wird gerne vergessen, dass auch Balthasar einer jener ersten katholischen Theologen in Deutschland ist, denen der Aufbruch aus den erstarrten Denkformen der Neuscholastik gelingt, welcher die personale Wende des Zweiten Vatikanums einleitet. Hatte Balthasar in seinem philosophischen Frühwerk noch auf innovative Weise Literatur, neuzeitliche Philosophie und thomanische Tradition einander anzunähern versucht, so verbindet er theologisch mit derselben integrativen Kraft das traditionelle Anliegen der Übernatürlichkeit der Offenbarung mit der Problematik und Fülle deutscher Geistesgeschichte. Das aus heutiger Sicht anfanghafte Verständnis für personale Wirklichkeit bei Thomas von Aquin, der den Menschen als seinserschlossene Geistigkeit deutet und das Sein als erstes Sinnbild der Güte Gottes auslegt, übersteigt Balthasar mit modernen Fragestellungen „auf die Entfaltung der personalen Tiefe des Menschen aus seiner existentialen bzw. dialogi-

---

[175] In *Cordula oder der Ernstfall* spielt Balthasar darauf an, dass Rahner in frühen Jahren (zu Zeiten seiner theologischen Dissertation) die eigentliche Mitte des Christlichen noch in der Herz-Jesu-Verehrung gesehen habe, während er diese nunmehr betrachte als „eine ,kategoriale' Ergänzung zu einer transzendentalen Frömmigkeit" (93). Die „Ungegenständlichkeit Gottes" (94) müsse aber ins Licht der Gestalt Christi gerückt werden.

[176] BALTHASAR: Cordula oder der Ernstfall. 93.

schen ursprünglichen Gottesbeziehung hin"[177]. Seine weitreichende Rezeption des
Deutschen Idealismus hat zur Folge, dass er in seinem gesamten Werk Stellung bezieht zu „den neuzeitlichen Paradigmen ‚Subjektivität‘, ‚Freiheit als Selbstbestimmung‘
(Autonomie), Rationalität und zu jenem von Hegel anvisierten Versöhnungsgedanken
von Neuzeit und christlicher Offenbarung"[178].

Lässt man sich auf diesen Blickwinkel ein, so wird die vielschichtige Theologie
Balthasars verstehbar als Ausdruck des Ringens um eine katholische Moderne, die die
Erfahrbarkeit der göttlichen Herrlichkeit *in* dieser Welt postuliert. Den unumgängli-
chen Angelpunkt der Moderne, den Begriff des selbstbewussten Subjekts, sucht
Balthasar m.E. aus der in den Exerzitien implizit enthaltenen Anthropologie zu erheben bzw. an sie rückzubinden. Die ignatianische Spiritualität soll die Rolle der Subjektivität christlich rechtfertigen. Dabei wählt Balthasar jedoch eine eigene Optik: Stärker
als Rahner will er der tiefen Ambivalenz neuzeitlichen Denkens begegnen. Im Werk
Goethes findet er hierfür Rückhalt. Goethes besondere Gespür für die Forderungen
der Humanität, aber auch für die Gefährdungen und Abgründe seiner Zeit, die gerade
im Anspruch auf eine bestimmte Form von Rationalität und Fortschrittsgläubigkeit
liegen, machen den Dichter zu einer Schlüsselfigur auf der Bühne der Neuzeit. Im
Gegenzug zu den anthropologischen Reduktionen der Neuzeit geht seine ganze Anstrengung dahin, innerhalb des Prinzips der Subjektivität das mögliche Erblicken einer
nicht subjektiv reduzierbaren Gestalt herauszustreichen. Balthasar lässt sich auf diese
ästhetische Sichtweise ein, die prinzipiell diesseits der Spaltung von erkennendem
Subjekt und erkanntem Objekt bleibt; die das Subjekt in seinem Eigenstand wahrt, es
aber dennoch in ein stetiges und lebendiges Gleichgewicht mit den objektiven Gegebenheiten der Welt eingebunden weiß. Zugleich teilt er Goethes tiefe Skepsis, die
jener gegenüber dem sich seit der Aufklärung durchsetzenden Positivismus hegt. Die
Krise der gegenwärtigen Zeit wurzelt für ihn in einem Verlust des universalen metaphysischen Sinnhorizonts, der seit Kant eine tiefe ‚Gottesfinsternis‘ heraufgeführt hat
und den strahlenden Optimismus der Neuzeit radikal in Frage stellt.[179]

Von den Grundlinien des Glaubens aus gesehen muss die Neuzeit in einem
merkwürdigen Zwielicht erscheinen.[180] Einerseits werden in ihr die Bedingungen der
Theo-Logie, der Rede Gottes in der Zeit als solche erst bewusst entdeckt und reflektiert; das christliche Selbstverständnis wird zu neuer Blüte entfaltet. Zugleich aber
zerstört der neuzeitliche Geist mit eben jenem bewussten Zugriff der Reflexion den
(über-)natürlichen Zusammenhang der Offenbarungsstruktur. Die Einholung der
Offenbarung im Denken des Menschen lässt diese nicht mehr *als* geoffenbarte erscheinen; vielmehr wird sie auf den Begriff ihrer selbst gebracht und ihrer Herrlichkeit
beraubt. Der Mensch wird zwar keineswegs aus seiner Beziehung zum Absoluten

---

[177] RÖMELT: Personales Gottesverständnis in heutiger Moraltheologie auf dem Hintergrund der Theologien von K. Rahner und H. U. v. Balthasar. 107.
[178] SCHULZ: Sein und Trinität. 688.
[179] BALTHASAR: Die Gottvergessenheit und die Christen. 290.
[180] Vgl. hierzu SALMANN: Offenbarung und Neuzeit.

entlassen – er wird sogar in steigender Zugehörigkeit und wechselseitiger Verwirklichungsgeschichte mit ihm gedacht. Doch gerät das freie Gegenüber von Gott und Mensch im Ringen um die Zentralität des Subjekts immer mehr in den Prozess einer Objektivierung, in welchem das Absolute im Bannkreis menschlicher Selbstkonstitution verbleibt. Ist aber die immer schon fragile Polarität zwischen dem Selbst und der Welt, dem Selbst und dem Absoluten einmal verloren – und mit ihr das Verhältnis zwischen dialogischer Annahme und Antwort – dann wird auch das Da-tum der Welt nicht mehr als *Gabe* empfangen; es ist reines Faktum, das, um zu sein, erst der Begründung, ja der Neukonstruktion durch den Menschen bedarf. Hier trifft sich Balthasars Klage mit der Hellsichtigkeit Goethes: Sobald die Wirklichkeit in ihrer Gleichnishaftigkeit verkannt, von ihrem freien Grund gelöst und in einen konstruierten Begründungs- bzw. Notwendigkeitszirkel gezwungen wird, verliert sie nicht nur ihren Charme, sondern ihren Charakter einer freien Gnadengabe. Analoges gilt für die Auslegung der Heiligen Schrift. Vom Logos getrennt, werden die Worte um ihren Sinn gebracht; sie werden nicht mehr gelesen als Er-gebnis des Zuspruchs und Einsatzes Gottes im Anderen seiner selbst: der gläubigen Antwort des Menschen. So führte die Aufklärung mit ihrer Absolutsetzung der menschlichen Subjektivität gerade nicht zu einer Erhellung, sondern im Gegenteil zu einer Verdunkelung der geistigen Augen und zu einer gefährlichen Reduktion des *humanum*, kommt doch der Mensch erst als von Gott erhöhtes und antwortendes Wesen wahrhaft zu sich selbst.

Vor diesem Hintergrund wird verständlich, warum Balthasar in seiner entschiedenen Abkehr vom verobjektivierenden Begriff der Neuzeit vor einer Übertragung der transzendentalen Methode auf das Denken der Offenbarung warnt. Eine Versöhnung von Vernunft und Offenbarung sei gerade nicht auf der Ebene des idealistischen „Bewältigungsdenkens"[181] zu erreichen. Nicht indem die Selbstmitteilung Gottes an den Kriterien eines vorgegebenen philosophischen Systems gemessen und verifiziert wird, wird diese für die Welt universal gültig; vielmehr müsse die sich allzu sicher aus sich selbst verstehende Welt in einen Zustand des Hörens, Sehens und Empfangens gebracht werden, um die Gestalt Jesu Christi als die einzige und unüberbietbare Selbststoffenbarung Gottes verstehen zu lernen.

In bewusster Antithese zur neuzeitlichen Subjektzentrierung und ihrem transzendentalen Vorgriff kombiniert Balthasar sein phänomenologisches Vorgehen mit einem *theologischen Apriori*, das den Glaubenden auf die ereignishafte und unverfügbare Gegenständlichkeit Gottes ausrichtet. Die christliche Wahrheit, die er mehr als jeder andere Theologe des 20. Jahrhunderts vom johanneischen *Verbum Caro* her entfaltet, gründet im „welterlösenden, gehorsamen Jawort zu Gott"[182]. In Christus hat sich Gott in einer absteigenden Bewegung der Welt geöffnet und seine Liebe und seinen Versöhnungswillen bis zum Letzten kundgetan. Auf Seiten des Menschen ist daher einzig eine Glaubenshaltung angemessen, die in primärer Indifferenz gegenüber jegli-

---

[181] BALTHASAR: Cordula oder der Ernstfall. 65.
[182] BALTHASAR: Wer ist ein Christ? 65.

chem anderen Anspruch den Zuspruch Gottes empfängt und aus den Hinfälligkeiten des eigenen Daseins zu Gottes Größe empor steigt. Der Standort der Theologie kann demnach kein anderer sein als jener unter dem Kreuz, wo „das grenzenlose Einverstandensein Marias mit dem grenzenlosen Gehorsam des Sohnes an den Vater zum Kern der Kirche geworden ist"[183].

Eine Entscheidung zur Nachfolge waltet also nicht nur in Balthasars persönlichem Leben, sondern auch im Kern seiner Theologie[184], „ja sie ist deren grundlegende Voraussetzung, die Erschließungssituation ihrer Gehalte und das erkenntnisleitende Interesse aller ihrer Auslegungen"[185]. Aus dem Blickwinkel eines „mit der Verkündigung Beauftragten"[186] geht es Balthasar nicht um eine spekulative, sondern um eine theologische Letztbegründung, deren letzter Grund das einzigartige göttliche Liebesverhältnis zwischen Vater und Sohn ist. Das Geschehen am Kreuz erweist sich für ihn als schlechthin unableitbar; und doch hat es als Inkarnation der trinitarischen Wirklichkeit, die uns im Glauben gewissermaßen ‚zugespielt' wird, keineswegs einen Ort außerhalb von Welt und Geschichte. In ihm konkretisiert sich das Für-einander der göttlichen Personen als schlechthinnige Selbst-Gabe Gottes an den Menschen. Es ist die endgültige Besiegelung des göttlichen Ja-Wortes zur Welt, von dem her alles Geschaffene in sich selbst Stand gewinnt. Im Abgrund der demütigen Liebe Gottes liegt deshalb zugleich der Grund allen Seins.

In dieser Spannung bewegt sich der immer wieder als *theozentrisch* beschriebene Ansatz Balthasars. Vom universalen Anspruch des christologischen Bekenntnisses weiß sich Balthasar *erstens* dem metaphysischen Denken des Seins verpflichtet und will den letzten und tiefsten Sinn aller Wirklichkeit erhellen. *Zweitens* denkt er dem göttlichen Wort nach, das die menschliche Existenz zur Wohnstätte seiner Offenbarung gemacht hat und sich immer wieder neu der Geschichte unseres Begreifens und unserer Antwort aussetzt. Sein stetiges „Auflichten der Philosophie in Theologie"[187] weiß *drittens* um die Grenzen menschlichen Vernunftvermögens: Es weiß darum, „dass nur im niederbrechenden Versagen unserer Begriffe uns der lebendige Gott aufgeht, den wir nicht ausdenken können; am Ende ist es immer *er selbst, der sich uns zeigt und gibt über all unser Denken hinaus*"[188].

Gegenüber den geistesgeschichtlichen Grundtendenzen seiner Zeit, die er als vergehende Neuzeit versteht, geht es Balthasar um nicht weniger als um eine Neubestimmung der theologischen Methode, die dem Prius der göttlichen Selbstkundgabe wieder Raum geben soll. Dort, wo die neuzeitliche Philosophie beharrlich das Ende der Metaphysik ausruft, sucht er die Gottes- und Seinsfrage im Rahmen einer *theologi-*

---

[183] BALTHASAR: Cordula oder der Ernstfall. 32. – Vgl. DERS.: Glaubhaft ist nur Liebe. 51.
[184] Balthasars theologisches Selbstverständnis kommt in seinem Aufsatz *Theologie und Heiligkeit* verdichtet zum Ausdruck.
[185] EICHER: Offenbarung. 298.
[186] EICHER: Offenbarung. 297.
[187] BALTHASAR: Theodramatik I. 219.
[188] RATZINGER: Nachwort. 39. Hervorhebung von mir.

schen Phänomenologie zu verorten und zu retten, d.h. das logozentrische Denken durch eine neue Sehfähigkeit zu ersetzen: „Der positivistisch-atheistische, nicht nur für Theologie, sondern sogar für Philosophie blind gewordene Mensch von heute sollte, vor das Phänomen Christi gestellt, wieder ‚sehen' lernen im nicht Einzuordnenden, Ganz-Andern Christi das Aufleuchten des Hehren, Herrlichen Gottes erleben.“[189] Richtungweisend für dieses phänomenologische Vorgehen bleibt Goethes Erfassung der Welt in der Anschauung begegnender Gestalten. Wie Goethe das reine Phänomen in einer strengen Polarität von Subjekt und Objekt einzufangen sucht, sieht Balthasar alle Evidenz des Christlichen nur im Zueinander von subjektiver Wahrnehmung und objektiver Selbstauslegung der göttlichen Herrlichkeit.[190] Die ganze Dimension der Offenbarung erschließt sich aber erst dem, der in Freiheit bejaht und realisiert, dass er immer schon in den Binnenraum des um ihn werbenden Gottes hinein genommen ist. Die *kontemplative Schau* der Offenbarung hängt also mit der *dramatischen Begegnung* von sich schenkender göttlicher und antwortender menschlicher Freiheit eng zusammen. Dieser Verbindung möchte ich im folgenden Schritt Rechnung tragen.

8.1.5.1 Subjektsein als Spiegelbild der Ehre Gottes

Die für die Neuzeit so drängende Frage nach der *Rolle menschlicher Subjektivität* muss im Rahmen jeder modernen Phänomenologie beantwortet werden, ist sie doch die Begegnungsstätte mit der Welt und dem göttlichen Du. Dass Balthasar hier nicht den gängigen transzendentalen Bestimmungen folgt, ergibt sich aus seinem Einspruch gegenüber einer drohenden Anthropologisierung der Theologie. Er bedarf einer Alternative, die auch unter den Bedingungen der Neuzeit die existenzielle Bezogenheit des Menschen auf Gott erhellt, um sein zweifaches Anliegen zu stützen: einen Subjektbegriff einzuführen, der den Ansprüchen eines modernen Christentums genügt, zugleich aber bewusste Akzente gegen den Mainstream des zeitgenössischen Denkens setzt. Wie oben gezeigt, verpflichtet die ignatianische Spiritualität zur Frage nach dem Menschen, der seinem Gott begegnet. Der Eigenstand des Subjekts wird darin ebenso gewahrt wie das objektive Erscheinen der Gestalt Jesu und das dramatische Werben Gottes um sein Geschöpf. So legt sich die Vermutung nahe, dass die Exerzitienerfahrungen des Ignatius den größeren Rahmen abstecken, in dem Balthasar die anthropologische Frage stellt. Da sie „auf einer trinitarischen Theologie [gründen]“[191], veranlassen sie ihn zu einer weit ausholenden Reflexion, die nicht nur auf eine Erscheinungstheologie beschränkt bleibt, sondern trinitätstheologisch das ganze Koordinatensystem des Gott-Welt-Verhältnisses ausspannt. Balthasar richtet eine Bühne ein.

---

189 Balthasar: Theologik I. XX.
190 Vgl. Balthasar: Glaubhaft ist nur Liebe. 6.
191 Genn: Eine Theologie aus dem Geist der Exerzitien. 189.

Dementsprechend ändert sich hier die Blickrichtung meiner Darstellung: Sie verfolgt zunächst nicht ein phänomenologisches, sondern ein dramatisches Ereignis.[192]

Bevor ich jedoch auf die Bestimmung des Subjekts in der *Theodramatik* eingehe, scheint es mir angebracht, an die große ontologische Prämisse zu erinnern, auf die sich Balthasar beruft. Das Offenbarungsgeschehen steht nicht un-mittelbar im Zentrum seiner Reflexion. Balthasar bedarf, so wurde bereits im philosophischen Teil dieser Arbeit deutlich, einer breiten ontologischen Vergewisserung, um die säkulare Welt nicht einfach als gottlos zu verwerfen, sondern im Medium der Analogie auf neue Weise dem göttlichen Tun zuzuordnen. Den Begriff des sich selbst findenden Subjekts nimmt er zuerst in einer umfassenden ontologischen Perspektive auf. Dabei führt ihn die Seinsfrage – und das heißt bei Balthasar immer die Frage nach der ontologischen Differenz – zu der Grundannahme, dass der Einzelne nur im zwischenmenschlichen Dialog existieren kann. Erst in der Beziehung zum Du geht ihm der Horizont des unendlichen Seins auf und wird er sich seiner selbst bewusst. Wie das Kind in der Geborgenheit der mütterlichen Zuwendung zum Sein erwacht,[193] so entdeckt sich ein Subjekt erst als sich selbst, indem es seitens Anderer Anerkennung erfährt. Selbstbewusstsein wird dadurch konstituiert, dass mich ein Anderer auffordert, Ich zu sein. Zugleich aber liegt in dieser Bedingung meines freien Selbstentwurfs auch die Herausforderung, meinen Freiheitsraum zu gestalten und auf den an mich ergehenden Anruf zu antworten. Das Menschsein des Einzelnen wird erst dann wahr, wenn in einer Beziehung wechselseitige Anerkennung geschieht. Damit hält Balthasar dem Pathos moderner Selbstbehauptung entgegen: Der Einzelne ist nicht einfach in einen beziehungslosen Eigenstand verstoßen, sondern im Kern *‚relativ': angewiesen auf die Erfahrung des Gehalten- und Geliebtseins*, die von der Grundbedingung der unbedingten Zusage Gottes getragen ist. „Denn alles inter-kreatürliche Sich-gegenseitig-Erwecken und Sich-gegenseitig-(Ver-)danken schließt sich nicht in sich selbst, sondern weist auf ein absolutes Sein hin, in welchem diese Akte und Verhältnisse letztlich gründen, ja das mit ihnen identisch ist."[194]

Die Urerfahrung menschlicher Existenz als Verdanktheit ist gleichsam der Spiegel der innergöttlichen Verbindung der Liebe. „Denn durch das ansprechende menschliche Ich manifestiert sich ein absolutes (das menschliche ist ja auch nur das Du eines anderen Ich), das sich immer schon ein ebenso absolutes Du erzeugte und mit ihm,

---

192   Im folgenden Abschnitt wird vor allem der Horizont der *Theodramatik* aufgenommen, ohne den ein Verständnis der *Herrlichkeit* nicht möglich ist. Alle Teile der Trilogie hängen letztlich zusammen.

193   Vgl. das paradigmatische Beispiel des Lächelns der Mutter. Scola weist auf die umfassende ontologische Perspektive hin, die schon die Grundstruktur alles Geschaffenen als Urverbundenheit erscheinen lässt. „Dabei ist zu beachten, dass nur aus der Verschmelzung dieser beiden Gesichtspunkte, dem existentiellen der zwischenmenschlichen Beziehung und dem der Enthüllung des Seins in seinen Transzendentalien, ausgehend vom *pulchrum*, die ursprüngliche Struktur des Realen [...] ohne weitere Unterscheidung zwischen Subjekt und Objekt erfasst wird: Im Kind entsteht das Bewusstsein seines eigenen Seins in dem Augenblick, in dem es ganz konkret über die Transzendentalien das Sein der Mutter erkennt" (DERS.: Hans Urs von Balthasar. 39).

194   BALTHASAR: Theodramatik II-2. 422.

im Heiligen Geiste, Ein Gott ist.“[195] Gott selbst ist „apriorische Urverbundenheit“[196] in der Wir-Gestalt einer absoluten Freiheit, die nur in einem personalen Beziehungsgefüge des gegenseitigen Gebens und Empfangens ganz bei sich ist. Es gehört zu seinem Wesen, gleichursprünglich empfängliche Hingabe und freie Selbstbestimmung zu sein. In Gott waltet Selbstunterscheidung, die jede göttliche Person an sich freigibt und anerkennt. Jede der drei Personen ist so frei, die jeweils Anderen zuvorkommend zum Sein zu ermächtigen, ihnen in der eigenen Zurücknahme Raum zu geben und diesen wiederum gewährt zu bekommen.[197] Jede Person empfängt sich von der anderen her und schenkt sich ihrerseits jener zurück. „Gerade dieses Er-zeugen und Sich-Empfangen und Einssein von beiden im Heiligen Geist lässt die absolute Kostbarkeit – wir nennen es die *Heiligkeit* – des absoluten Seins in seiner grenzenlosen Selbstbejahung und Freiheit aufstrahlen.“[198]

Über die Entdeckung dieser dialogischen Struktur des Seins schlägt Balthasar die Brücke zum Dia-Logos zwischen Gott und Mensch, der das freie Sein und Sprechen des Menschen allererst ermöglicht. „Nur von diesem Wunder aus kann die zu sich selbst begabte endliche Freiheit sich als ein Du angesprochen wissen und dem Begabenden gegenüber als ein Ich bezeichnen. Ja, sie muss aus diesem Angesprochensein die Folgerung ziehen und die unendliche Freiheit ihrerseits mit Du ansprechen.“[199] Von sich her könnte endliches Sein Gott als das umgreifende Sein höchstens als den alles entlassenden und tragenden Grund verehren.

„Es dennoch mit Du anzureden, kann es nur wagen, wenn es damit auf ein aus dem innern Wesen des Absoluten – aus Gottes Dreieinigkeit – ihm zugesprochenes Du antwortet. Beides bedingt sich nun gegenseitig: dass Gott mir als das ‚höchste Gut‘ erscheint, tritt erst vollends ans Licht, wenn ich erfahre, dass ich für ihn (im Sohn) ein schlechthin bejahtes Gut bin, was mir die Begabung mit Sein und Freiheit verbürgt. Erst indem ich erfahre, dass ich für Gott ein Gut und ein Du darstelle, kann ich dem mir überreichten Geschenk des Seins und der Freiheit voll trauen und mich selbst als aus der Ewigkeit her wirklich bejaht mitbejahen.“[200]

Unter den Bedingungen der Moderne erscheint Gott hier gerade nicht als Urwirklichkeit der Einschränkung, sondern als ursprüngliche Bejahung menschlicher Freiheit und damit als ihre transzendentale Bedingung, die sie im wahrsten Sinne des Wortes hervorbringt. Grund und Wesen der endlichen Freiheit liegt nicht in ihr selbst. Gottes unendliche, schöpferische Freiheit setzt den Menschen als ein freies Gegenüber, der in seiner endlichen, verdankten Freiheit zum Partner des Bundes – und das heißt in der Sprache der *Theodramatik*: zum Mitspieler auf der Bühne der Weltgeschichte – berufen ist. Denn die gesamte Schöpfung ist in den trinitarischen Raum der Liebe einbezogen.[201] Die Unterscheidung von Vater und Sohn, die im Geist zugunsten einer

195 BALTHASAR: Theodramatik II-1. 260f.
196 SALMANN: Urverbundenheit und Stellvertretung. 28.
197 Zur metaphorischen Redeweise der Zeit- und Raumgabe vgl. BALTHASAR: Theodramatik IV. 80-83.
198 BALTHASAR: Theodramatik II-1. 261.
199 BALTHASAR: Theodramatik II-1. 261.
200 BALTHASAR: Theodramatik II-1. 261.
201 Vgl. BALTHASAR: Theodramatik III. 305-309. – DERS.: Theodramatik IV. 87f, 92f.

noch größeren Einheit vermittelt ist, stellt die Bedingung dafür dar, dass es in und neben Gott überhaupt eine eigenständige Schöpfung geben kann. Der ewige Hervorgang des Sohnes ist das Urbild der Anerkennung einer Andersheit um ihrer selbst willen, das sich in der Freisetzung der Geschöpfe ins Eigene widerspiegelt. Nur weil Gott in sich schon notwendig-freie Fülle des Lebens ist, kann er ungenötigt und frei endliche Freiheit aus sich entlassen, die sich in der Teilhabe am ewigen göttlichen Leben vollendet. Gottes Größe und Allmacht erweist sich gerade darin, sich zurück nehmen zu können und aus freigebender Liebe ein endliches Mitsein zu wollen, ohne sich je gewaltsam über es hinweg setzen zu müssen: „Gottes Latenz ist liebende Ehrfurcht vor der Freiheit seines Geschöpfs."[202] Der innertrinitarische Raum weitet sich also so auf die Schöpfung hin aus, dass er dem Menschen als Stätte seiner Selbstentfaltung eröffnet ist. In ihm wird der Mensch nicht weniger, sondern mehr derjenige, als der er in seiner Tiefe angelegt ist, ist die Trinität doch ihrem Wesen nach Sein-Lassen des Anderen.

Erst innerhalb dieses vollständigen Koordinatensystems von Ich und Du, Welt und Gott, Horizontale und Vertikale lässt sich verstehen, was den spezifischen Charakter des Subjekts ausmacht. Die Gottesbeziehung, in der sich das Subjekt vorfindet, ist ein Verhältnis der Freiheit, eine *analogia libertatis*. Da sich Gottesbeziehung und Freiheit wechselseitig definieren, wird der Mensch umso menschlicher, je mehr er auf Gott bezogen ist – „je vorbehaltloser er Gott als den Ursprung seiner Freiheit anerkennt und sich von ihm anerkannt weiß"[203]. Dies bedeutet weiterhin: Indem der Mensch sich vom Wesen seiner Freiheit her notwendig auf eine unbedingte Freiheit bezogen erfährt, kann er sich niemals im Horizontalen beruhigen. Immer steht seine Freiheit unter einem unbedingten göttlichen Anspruch, der ‚von oben' in die Ebene des Geschichtlichen hinein ragt und vom Geschöpf eine Antwort des Gehorsams fordert. Der Mensch ist „relative Absolutheit"[204], verwiesen auf das Woher seiner Freiheit und seines Sein-Dürfens, dem er alle Erfüllung verdankt.

Die Koordinaten fügen sich dabei nicht reibungslos ineinander. Sie bestreiten und bekämpfen sich, ihre Versöhnung bleibt ständige Aufgabe und „selten realisierte Grenzidee"[205]. Wo endliche Freiheit die vertikale Dimension leugnet, der sie sich verdankt, löst sie sich von ihrem Daseinsgrund und zerstört sich selbst. Indem sie sich selbst behauptet, pervertiert sie die Gabe zum Widerspruch. Ihre Selbstsetzung als solche entartet zur Lüge gegen sich selbst und zur Verschleierung ihrer Gottebenbildlichkeit. So nimmt die Dramatik der menschlichen Schuldgeschichte in Adam ihren Lauf und gehört seither zur *conditio humana*, welche die Frei-Gabe der Schöpfung bleibend gefährdet. Zur Konzeption eines theologischen Subjektbegriffs gehört daher notwendig der Einbezug der *soteriologischen Dimension*. Balthasar ist überzeugt, „dass wir

---

[202] BALTHASAR: Theodramatik II-1. 251.
[203] WERBICK: Den Glauben verantworten. 119.
[204] BALTHASAR: Theodramatik III. 75.
[205] WIRZ: Der gekreuzigte Odysseus. 56. Vgl. zum Folgenden: BALTHASAR: Theodramatik III. 64-186. – WIRZ: Der gekreuzigte Odysseus. 56-66.

den Menschen nur mitten im Vollzug seiner dramatischen Existenz nach seinem ‚Wesen' fragen können. Es gibt keine andere Anthropologie als eine dramatische"[206].

Gott selbst spielt das Drama mit der Menschheit zu Ende. In der Situation verfehlter Freiheit tritt sein eigener Sohn an die Stelle der sündigen Menschheit, solidarisiert sich mit ihrem Geschick bis zum Kreuz, wo er stellvertretend die Not der Gott- und Menschenverlassenheit durchleidet. Voraussetzung dafür ist einerseits der unendliche Abstand zwischen den trinitarischen Personen, der in der ewigen Zeugung des Sohnes durch den Vater begründet ist, und andererseits deren innigste Verbindung der Liebe durch das Band des Heiligen Geistes. Beides findet seinen Ausdruck im freien Gehorsam des Sohnes, der mit dem Willen des Vaters ganz eins ist, ohne dass dieser Wille jemals aufhörte, der ursprünglich väterliche zu sein. „Diese innergöttliche Spannung ist das Urprinzip aller Dramatik"[207], die schließlich eine „kenotische Wende"[208] in die Gott und Mensch verbindende Vertikale ermöglicht. Denn nur indem die „urbildliche Distanz zwischen Gott und Gott"[209] geschichtlich wird, kann die gefallene Menschheit wieder in Gott zurück geholt werden. Solche Kenosis impliziert *Stellvertretung*: Christus steigt hinab bis zum tiefsten Punkt der Welt, nimmt den Widerstand der Kreatur in sich auf und unterläuft so die Unmacht der Sünde. Kein Mensch, und hat er sich auch noch so weit in die Einsamkeit der Gottferne verirrt, bleibt von seinem Mitleid unberührt.

Wie die Schöpfung bereits von Anbeginn in das kenotische Für-Sein der göttlichen Personen als deren Möglichkeitsraum einbezogen und als ganze bejaht ist, kann sich auch Menschwerdung und Erlösung nur in der vollständigen Unterfangung der Welt vollziehen. Auf Golgotha kreuzen sich die Koordinaten von Gott und Mensch. Christus „durchlitt den zwischen Gott und dem Menschen auszutragenden Konflikt ‚von beiden Seiten: nicht nur als der vom Menschen beleidigte Gott, sondern auch als der von Gott mit dem Tod bedrohte […] Mensch'"[210]. Am tiefsten Punkt der Entäußerung Gottes in die Geschichte geschieht aber zugleich deren Rückwendung. Die vertikale Distanz zwischen Vater und Sohn wird wieder zur innergöttlichen Horizontalunterscheidung, die alles in sich bewahrt, was ‚untergreifend' gerettet wurde: Jedem Sünder ist der Zugang zum Heil bleibend eröffnet. So entsteht die neue Bundeswirklichkeit, die alles Geschaffene in seine eigentliche Größe zurück versetzt. In dieser Hoffnung strukturiert Balthasar die enge Verwobenheit des Schicksals Jesu und der Existenz jedes Einzelnen bis in die letzte Konsequenz durch.

Doch nach geschehener Versöhnung schließt das Drama nicht friedvoll, sondern spielt ebenso bewegt weiter wie zuvor. Ist das Kreuz zwar jenes geschichtliche Ereig-

---

[206] BALTHASAR: Theodramatik II-1. 306.

[207] WIRZ: Der gekreuzigte Odysseus. 57.

[208] Diesen Begriff verwendet Balthasar im umfassenderen Sinn zur Bezeichnung der „trinitarischen Inversion", also des Verhältnisses der göttlichen Personen in der Differenz-Einheit von immanenter und ökonomischer Trinität. Vgl. BALTHASAR: Theodramatik II-2. 167-175.

[209] BALTHASAR: Theodramatik II-1. 242; ähnlich 262. Zur Diskussion der ‚Trennung' in Gott vgl. WERBICK: Gottes Dreieinigkeit denken? 234-240.

[210] BALTHASAR: Theodramatik III. 322, mit einem Zitat aus BARTH: Kirchliche Dogmatik. II-1. 443.

nis, in dem sich das Drama zwischen Gott und Mensch endgültig entscheidet, kann der Einzelne doch niemals passiv bei seiner Erlösung zuschauen. Diese bliebe ihm äußerlich, würde er das von Christus Errungene nicht selbst existenziell ergreifen. Da er seiner Natur nach in den seit Adam herrschenden erbsündlichen Zustand der Menschheit verwickelt ist, ist er gerufen, auf der Bühne der Weltgeschichte seine ihm von Gott her zugedachte Rolle zu übernehmen, damit die Erlösung an ihm wirksam werde.

Den Begriff der Rolle entleiht Balthasar aus der Theaterwirklichkeit, um ein vorläufiges Verständnis für die tragische Verflechtung des Menschen in den Weltzusammenhang und gleichzeitig für dessen Verankerung im transzendenten Gottesgeheimnis zu wecken.[211] Im Christlichen muss er aber auf die Zueignung einer je persönlichen *Sendung* hin überstiegen werden. Von den Mitspielern im Theodrama wird, metaphorisch gesprochen, eine „Bereitschaft zum Einsatz in jeder von Gott verfügten Rolle"[212] erwartet, worin sich die ignatianische Indifferenz widerspiegelt: Der einzelne Mensch wird innerlich dazu gedrängt und bewegt, sein ganzes Dasein Gott zu überlassen und sich ihm anzubieten, so wie Gott danach verlangt, sich dem Menschen anbieten zu dürfen.[213] Solche christliche Sendungsexistenz gleicht sich in einem dauernden Hören auf den Ruf Gottes fortschreitend der Sendung des göttlichen Sohnes an, die Grund und Urbild aller anderen Sendungen ist.

In der Person Jesu fallen Existenz und Sendung vollkommen zusammen; der Heilige Geist schafft das Band der liebenden Willensübereinkunft mit dem Vater und ermöglicht so den Gehorsam. Innerhalb dieser Ursendung wird auch der Mensch ‚personalisiert', indem er nicht nur negativ erlöst, sondern auch positiv gesandt, d.h. mit einem neuen Namen und mit Charismen begabt wird. „Die Person leuchtet im Individuum dort auf, wo sie vom schlechthin einmaligen Gott ihren ebenso schlechthin einmaligen (weil von Gott gewählten) Namen zugesprochen erhält, einen ‚neuen Namen, den niemand kennt als nur, wer ihn empfängt' (Apk 2,17)."[214] Damit ist die zentrale Bestimmung des *theologischen Subjektbegriffs* Balthasars erreicht. Während der Mensch kraft seines Wesens ein mit Vernunft und Freiheit begabtes „Geistsubjekt"[215] ist, drückt der Begriff der *Person* sein Angerufensein durch Gott und damit den spezifischen Ernst des Christseins aus. Diese Unterscheidung macht es Balthasar möglich, Sendung als einen von Gott herkommenden Auftrag abzugrenzen von jeder subjektivistischen oder psychologischen Sicht.[216]

Die Dramatik des Personseins entwickelt sich aus einer Spannung, die eine einmalige Auszeichnung ebenso darstellt wie eine prekäre Überforderung. Einerseits tritt der an den Einzelnen ergehende göttliche Anspruch nun stärker unter dem Vorzeichen

---

[211] Vgl. BALTHASAR: Theodramatik I. 43f.
[212] BALTHASAR: Theodramatik II-1. 53.
[213] Vgl. IGNATIUS VON LOYOLA: Die Exerzitien. 234.
[214] BALTHASAR: Theodramatik II-1. 368.
[215] BALTHASAR: Theodramatik II-2. 190.
[216] Vgl. BALTHASAR: Zu seinem Werk. 27-33.

der Begabung und Erwählung hervor. In Christus eröffnet sich ein neuer Lebensraum. Andererseits bildet sich auf diesem Nachfolgeweg auch die Dynamik des Kreuzesleidens ab. Trotz des prinzipiell uneinholbaren Abstands zwischen Erlöser und Erlösten bleibt doch in aller Unähnlichkeit eine je größere Ähnlichkeit immer gefordert, denn Gott „will in den Christen den Sohn wiedererkennen"[217]. Dem zu entsprechen kann nur gelingen, indem der Mensch die Gabe des Auferstandenen fortwährend sakramental empfängt und existenziell einlöst. Ohne die Verpflichtung des Einzelnen zur Hingabe wäre Erlösung eine geschichtslose Idee. Aber ohne die nüchterne Objektivität amtlich vermittelter Gnade bliebe aller weltliche Einsatz ein im Subjektiven gefangenes Ringen, das seine Erlösungsbedürftigkeit verdrängt. So besteht Christsein im letzten nicht in einem voluntaristischen Kraftakt, sondern in einem ‚Gestorbensein in Christus', dessen Gehorsam die Hochform der Liebe ist. Solche Liebe ist dann „von subjektivem Gefühl ebenso weit entfernt wie von kantischer Pflichterfüllung, weil sie Liebe *zu* Christus ist, bevor sie Nächstenliebe wird, und *Teilnahme* an Christi Liebe, noch bevor sie Christusliebe ist"[218]. Nur in diesem fortwährenden Übergang vom objektiv Empfangenen zur existenziellen Antwort lässt sich die totale Überforderung des Kreuzes mit dessen Möglichkeit zusammendenken.[219]

Subjektsein konstituiert sich damit auf zwei Ebenen, die grundsätzlich die gleiche Struktur aufweisen. Sowohl auf der ontologischen als auch auf der soteriologischen Ebene erscheint es unter der Perspektive einer *verdankten Existenz*. Sofern der Mensch seinen Stand im Eigensein vom liebenden Du, seine endgültige Bestimmung aber von Gott her empfängt,[220] nimmt er sich in der Tiefe seines Selbstbewusstseins als *Verwiesenheit* und *relative Freiheit* wahr. Je mehr er bei sich einkehrt, desto mehr greift er über sich hinaus kraft der ihm gegebenen unbeschränkten Offenheit des Vernehmens und Horchens, die, soll sie nicht ins Leere gehen, auf den Anspruch des Unbedingten verweist. Er empfängt das Sein und wendet es sogleich dankend an Gott zurück, so jedoch, dass ihm auch noch in der antwortenden Geste die absolute Vorgängigkeit seines Geschaffen- und Begnadetseins bewusst bleibt: „Das Geschöpf ist so sehr von Gott her, dass es von ihm sogar dies erhält: nicht nur zu empfangen, sondern auch zu antworten. Oder besser gesagt: auch dies zu empfangen, dass es antworten kann, und so zu antworten, dass auch und gerade diese ‚selbständige' Antwort ein höchstes Empfangen bleibt."[221]

---

217 BALTHASAR: Cordula oder der Ernstfall. 17.
218 WIRZ: Der gekreuzigte Odysseus. 62.
219 BALTHASAR: Alle Wege führen zum Kreuz. 335.
220 Vgl. BALTHASAR: Theodramatik II-1. 314. Nach Balthasar bereitet das zwischenmenschliche Geschehen auf die Wirklichkeit Gottes vor. Der Urakt geistigen Lebens in der kindlichen Erfahrung des Angesprochenwerdens durch ein liebendes Du ist gleichsam die „Vorschattung dessen, was in der christologischen Explizierung die Personwerdung des Geistsubjekts durch die Ergreifung seiner endgültigen göttlichen Sendung sein wird" (BALTHASAR: Theodramatik II-2. 421).
221 BALTHASAR: Analogie und Dialektik. 201.

Dieser Antwort des Menschen bedarf Gott nicht; der Mensch ist es vielmehr, der in der lobpreisenden Erhebung Anteil an der Herrlichkeit Gottes gewinnt und in seiner Existenz erneuert wird. Je mehr er sich aus seiner monologischen Befangenheit löst, desto freier wird er von dem Zwang, die Würde seines Ich selbst legitimieren zu müssen. Denn diese gründet in der Hoffnung, dass die ihm seit Anbeginn eingezeichnete *imago Dei* von Gott selbst zur *similitudo* erhöht und vollendet wird. Das Bild, das Gott vom Einzelnen hat, trägt immer schon die Konturen einer Sendung, die die Unverwechselbarkeit eines Ich ausmachen.

Nach Ansicht Lösers geht Balthasars *Theodramatik* „auf keine Anregung mehr zurück als auf die ignatianischen Impulse"[222]. Innerhalb der von ihm vorausgesetzten *analogia entis*, die nun zur *analogia libertatis* und zur *analogia electionis*[223] konkretisiert wird, ist der geschöpfliche Pol grundlegend durch die Haltung der Gelassenheit, des Sein-Lassens und Sein-Dürfens gekennzeichnet. Wie sich die Lichtstrahlen der Sonne und das Wasser der Quelle verdanken,[224] ist und bleibt der Mensch Geschöpf in Armut und Abhängigkeit; aber eben darin ist er reich und frei. Dieses vertiefte Denken der Analogie erlaubt das *Subjektsein des Menschen* auf die grundlegende Bestimmung zusammenzuziehen, „*Spiegelbild der Ehre Gottes*"[225] zu sein. Der Mensch braucht sich in seinem Denken und Tun nicht emporzuarbeiten zu der Stellung, die allein Gott innehaben kann. Nicht zu seiner Verherrlichung, sondern *ad maiorem gloriam* ist er gesandt.

In diesem Bild- und Gleichnischarakter gründet das Geheimnis, dass ein Gottesprädikat in abgeleitetem Sinne auch vom Menschen ausgesagt werden kann: „Von der Urpersönlichkeit Gottes gehalten, wird der Mensch wahrhaft persönlich."[226] Analog zur christologischen und trinitätstheologischen Besetzung des Personbegriffs lässt auch dessen anthropologische Bedeutung keine selbstgenügsame Autonomie zu. In der Vertrautheit mit einem Du ist das Selbstsein des endlichen Subjekts untrennbar mit dem Wissen um ein Sich-Verdanken vom Anderen her verbunden. Die Person tritt nicht erst von sich her in ein Verhältnis zum Anderen, sondern befindet sich qua Existenz in einem solchen, d.h. ihr Sein konstituiert sich in und aus der *dialogischen Erfahrung.* Damit bleibt der neuzeitliche Gedanke der Selbstmächtigkeit des Menschen an eine Sicht gebunden, die zuerst und vor allem die besondere *Relation* zum Ausdruck bringen will, in der Gott und Menschen zueinander stehen.

Aus eben dieser Perspektive formuliert Balthasar seinen fundamentalen Einspruch zur Stellung des Subjekts bei Rahner und Bultmann. Man kann sogar sagen, dass sich erst aus der Frontstellung zu jenen die hier dargestellte Profilierung seines Subjektbegriffs ergibt. Gegenüber Rahner wird betont, dass der Einzelne nicht aus sich selbst heraus, sondern nur in der Begegnung mit dem Du weiß, dass er die Frage einer vorausgehenden Antwort ist. „In die Freiheit des Einzelnen, der sich am Mysterium des

[222] LÖSER: Hans Urs von Balthasar und Ignatius von Loyola. 97.
[223] BALTHASAR: Exerzitien und Theologie. 231.
[224] Vgl. IGNATIUS VON LOYOLA. Die Exerzitien. 237.
[225] BALTHASAR: Analogie und Dialektik. 203. Hervorhebung von mir.
[226] BALTHASAR: Theodramatik II-2. 191.

Du als unendliche Frage erfährt, kann als einzige Antwort der Tiefe, welche die Frage nicht zerstört, sondern überhöht und vollendet, das Wort Gottes in Jesus Christus einfallen."[227] Die Dialogfähigkeit des Seins, die gewissermaßen das „innerweltliche Vorspiel"[228] zum reinen Dia-Logos zwischen Gott und Mensch ist, setzt einen präzisen christologischen Wirklichkeitsbegriff voraus: „Der Mensch ist zum Dialog veranlagt, gerade weil er in Christus erschaffen ist und nicht Adam Christus möglich macht, sondern umgekehrt."[229]

Auch in der Debatte um die existentiale Theologie Bultmanns hält Balthasar dagegen. Das historische Kreuzesereignis ist Ausdruck der allem voraus liegenden universalen Sendung Christi, an der jeder Einzelne Anteil erhält. „Christus hat getan, was kein Mensch sonst hätte tun können, weil es allein in Gottes Macht stand; und er hat zugleich getan, was *nur* ein Mensch tun konnte, weil es allein um den Menschen ging."[230] In dieser engen Verwobenheit mit dem Erlöser findet der Einzelne dort zu seiner Eigentlichkeit, wo er die personale Liebe Christi erwidert und sich seiner apostolischen Sendung zur Verfügung stellt. Damit hat Balthasar den Mythos des modernen Subjekts entzaubert, das Individuum in seiner gottebenbildlichen Stellung aber gerettet.

Diese grundlegenden Einsichten provozieren auch kritische Rückfragen. Der *erste* Einwand macht sich an der These fest, dass es menschliche Personalität nur gibt, weil und insofern Gott den Menschen in Verheißung und Verpflichtung als Du anspricht und dieser als angerufenes Ich antworten kann. Balthasars entscheidende These lautete ja: „Dort, wo Gott einem Geistsubjekt zusagt, wer es für ihn, den ewig bleibenden und wahrhaftigen Gott, ist, wo er ihm im gleichen Zuge sagt, wozu es existiert – ihm also seine von Gott her beglaubigte Sendung verleiht – dort kann von einem Geistsubjekt gesagt werden, dass es Person sei."[231] Das Sein des Menschen als Person ist also vom Sein des Menschen als Mensch klar unterschieden, ja diesem übergeordnet. Eine solche aus der Frontstellung zur Aufklärung erwachsene Stufung verdrängt jedoch, dass nur ein mit sich selbst vertrautes Subjekt überhaupt fähig ist, Offenbarung wahrzunehmen und Gnade zu empfangen. Der Mensch muss in irgendeiner Weise schon Person sein, wenn von einer freien Annahme von Berufung und Sendung die Rede sein soll. Eine *zweite* Schwierigkeit liegt darin, dass Balthasar zwar die Gnadenhaftigkeit der Personwürde betont, diese aber so eng mit dem Gedanken der Nachfolge verbindet, dass bei einer Ablehnung der von außen auferlegten Rolle auch das Personsein des Menschen in Gefahr gerät. Die Persönlichkeit des Einzelnen muss scheinbar in der Beziehung zu Gott erst errungen werden. Dieses doppelte Ungleichgewicht weist auf eine Einseitigkeit zurück, die sich – je später, je mehr – in Balthasars

[227] BALTHASAR: Die Gottvergessenheit und die Christen. 293.
[228] BALTHASAR: Theodramatik II-1. 260.
[229] SCOLA: Hans Urs von Balthasar. 36.
[230] WIRZ: Der gekreuzigte Odysseus. 59.
[231] BALTHASAR: Theodramatik II-2. 190.

anthropologischen Grundannahmen durchsetzt. In Antithese zur transzendental entfalteten Subjektivität hebt Balthasar die Notwendigkeit des Anderen hervor, versäumt es aber (ebenso wie seine Gegner), das Verhältnis von Ich und Du in strenger Symmetrie zu denken. Sein paradigmatisches Beispiel des Erwachens des Kindes am Lächeln der Mutter entspricht einem nicht selten anzutreffenden verkürzten Verständnis der (fichteschen) Intersubjektivitätstheorie, welches ungeklärt lässt, „wie Selbstbewusstsein durch Aufforderung und Anerkennung seitens anderer konstituiert werden kann, wenn doch genauso konstitutiv deren Aufforderung als Akt anderer freier Vernunft schon erkannt und also anerkannt sein muss"[232]. Mindestens ein Moment von Ichsein und Freiheit muss auf *beiden* Seiten als Möglichkeitsbedingung des Anerkennungsgeschehens schon vorhanden sein und kann nicht erst durch den Anderen realisiert werden. „Würde selbstbewusste Subjektivität tatsächlich in einem radikalen Sinn – also wie aus dem Nichts – durch Aufforderung und Anerkennung seitens anderer konstituiert, könnte die Identität des zu sich kommenden Subjekts nur geborgt sein, Resultat eines subtilen Behaviorismus"[233]. Eben jene Notwendigkeit einer transzendentalen Eigenständigkeit des Subjekts ist in Balthasars theologischer Anthropologie – und das heißt: in seiner spezifischen Sendungstheologie – strukturell nicht genügend herausgearbeitet.

Der Mangel ist jedoch Folge einer grundsätzlich positiven Intention. Balthasars Relecture der scholastischen Seinslehre als eine *Ontologie der Liebe und des Gehorsams* will deutlich machen, dass Liebe nicht nur am Grund des Glaubens, sondern noch an der Wurzel des menschlichen Daseins an sich steht. Die *Haltung des Gebens und Vernehmens*, die zwischen den horizontalen und vertikalen Koordinaten einer solchen christlichen Relativität waltet, bildet die Grundlage einer *Phänomenologie*, die nicht nur philosophisch, sondern im Blick auf die uns begegnende (Offenbarungs-)wirklichkeit auch theologisch expliziert wird.

8.1.5.2 Der Glaubensakt als phänomenologisches Ereignis

Die Definition des Subjekts als Spiegelbild der Ehre Gottes sollte verdeutlichen, wie sehr die menschliche Existenz auf Gottes Wirklichkeit gegründet sein muss, um zu ihrer wahren Fülle zu gelangen. Der Einzelne entfaltet sich im Innenraum der Gottesbeziehung und wird in Christus personalisiert. Diese Voraussetzung zu klären war notwendig, um nun den *Glaubensakt als phänomenologisches Ereignis* zu untersuchen. Der Struktur nach gibt sich der christliche Glaube polar: Gott und Mensch, die aus der Transzendenz verfügte Offenbarung und die Existenz des Einzelnen kommen zueinander. Als menschlicher Akt *(fides quae)* verbindet der Glaube den Einzelnen mit *dem* Inhalt schlechthin *(fides qua)*, mit Gott als seinem Grund und bleibenden Gegenüber.

---

[232] MÜLLER: Glauben – Fragen – Denken. Bd. II. 546.
[233] MÜLLER: Glauben – Fragen – Denken. Bd. II. 546f.

Diese Spannung sucht Balthasar unter den Stichworten der ‚subjektiven' und der ‚objektiven Evidenz' neu zu fassen.

Ein Blick in die Geschichte zeigt, dass das Gespräch über den Glauben immer dann sehr intensiv geführt wird, wenn sich Kirche und Theologie mit einer neuen geistigen Situation konfrontiert sehen.[234] Seit dem Anbruch der Moderne, da der Würde und dem Selbststand des Menschen ein besonderes Gewicht zuwächst, wird das Mühen um die Erschließung der Glaubwürdigkeit der christlichen Offenbarung unerlässlich. Die von Lessing und Kant provozierte Herausforderung, den Glauben an einen sich geschichtlich mitteilenden Gott vor den Richterstuhl der Vernunft zu bringen, wird von der klassischen *analysis fidei* aufgegriffen. Sie hat sich damit einem Bündel an Problemen zu stellen, das mit der scheinbar einfachen Frage zusammen hängt, welcher Art die Gewissheit sei, zu der der Glaubende überhaupt gelangen könne. Wie kann dem Glauben, der eine freie Zustimmung zu einem nicht einsichtigen (‚dunklen') Gegenstand ist, doch unübertreffliche Festigkeit zukommen? Einerseits geschieht der Glaubensakt, so will es die Tradition, auf die *auctoritas Dei revelantis* hin und erreicht so von seinem übernatürlichen Formalobjekt her unbedingte Sicherheit. Die von der *ratio humana* getragene Erkenntnis der Glaubwürdigkeit des Offenbarungsanspruchs hingegen führt nicht geradewegs zum selben Grund, sondern zu den historisch verifizierbaren „Zeichen der Offenbarung", dem „Zeugnis der Wunder, der Tradition und der Verkündigung", die allenfalls „einen hohen Grad an moralischer, historischer Wahrscheinlichkeit"[235] vermitteln können. Wie ist es also um das Verhältnis zwischen der Gottunmittelbarkeit und der Begründung des Glaubens bestellt? Wie verhalten sich die Gründe, die die Vernunft zum Glauben bewegen, zum eigentlichen Grund und Gegenstand des Glaubens, zu dem sich offenbarenden Gott? Anders gesagt: Wie ist es dem Menschen möglich, Gott, der *prima veritas*, seine gläubige Zustimmung zu gewähren, ohne diese auf das Maß menschlicher Vernunfterkenntnis zurück zu stufen? Und welcher Art muss dann die gesuchte Gewissheit sein, welche die Freiheit Gottes und des Einzelnen wahrt, sich also nicht aus der unmittelbaren Einsicht in die Richtigkeit der angenommenen Sache *zwingend* ergibt; die aber dennoch einer *objektiven Evidenz* bedarf, um nicht einfach nur eine blinde, subjektive, rein gefühlsmäßige Entscheidung zu sein, die sich lediglich im Innenraum des Einzelnen abspielt?

So und ähnlich lauten die Fragen, unter deren Rücksicht sich wissenschaftlich die Disziplinen der Apologetik und Dogmatik als Zweischritt herausbilden. Der Glaube hat sich auf dem Forum der Vernunft zu verteidigen. Erst *nachdem* er gegenüber kritischen Anfragen gerechtfertigt wurde, wird dogmatisch ‚aus dem Glauben heraus' gedacht. Bis weit in das 19. Jahrhundert hinein steht dabei die Autorität Gottes im Vordergrund, die die Verlässlichkeit der Offenbarung garantiert. Gott selbst eröffnet Einsichten, indem er dem Menschen übernatürliche Wahrheiten mitteilt, die anderwei-

---

[234] Vgl. SIMONIS: Zum Problem der Analysis Fidei heute. – KUNZ: Wie erreicht der Glaube seinen Grund?

[235] Alle vorausgehenden Zitate: SIMONIS: Zum Problem der Analysis Fidei heute. 152.

tig nicht oder nur sehr schwer zugänglich sind. In diesem instruktionstheoretischen Modell scheint die Gefahr gebannt zu sein, dass das Glaubensgut durch die menschliche *ratio* verändert oder manipuliert wird. Offenbarung ist Belehrung durch Gott. Weil Gott Gott ist, gilt es als mehr als vernünftig, seine Mitteilungen für wahr zu halten und ihnen auch ohne inneres Verständnis zu gehorchen.[236] An der Wende zum 20. Jahrhundert werden in der Glaubensanalyse neue Akzente gesetzt. Die rationale Verhandlung der Inhalte des Glaubens tritt gegenüber seiner existenziellen Ganzheitlichkeit zurück. Vor allem in der Philosophie formieren sich Einwände gegen eine Aufspaltung der natürlichen und übernatürlichen Erkenntnisordnung. Soll etwas von außen Kommendes für den Menschen gültig sein, müsse es für ihn bedeutsam, ja notwendig sein und als das ihm zuinnerst Entsprechende entgegen genommen werden können. Doch dürfe dabei der übernatürliche Charakter der Offenbarung, von Gott selbst zur Rettung der Menschen ins Werk gesetzt zu sein, nicht geleugnet werden. In der Sicht Blondels begegnet das Übernatürliche als eine dem Menschen heilsnotwendige Wirklichkeit, die diesem von ihm selbst her unerreichbar bleibt: „ein Verlangen der Natur, das diese sich selbst gerade nicht erfüllen kann"[237].

Das Bild der neuzeitlichen *analysis fidei* ist also von zwei einander widerstrebenden Auffassungen bestimmt. Die klassische Lehre thematisiert als Fundament des Glaubens die Offenbarung dessen, was der Subjektivität des Menschen entzogen ist. Sie versteht den christlichen Glauben als aus der Transzendenz verfügt und von seinem Grund her absolut objektiv. Seitens moderner Autoren muss sie sich die Frage gefallen lassen, ob sie in ihrer Abstraktheit noch genügend Raum für die Individualität und Heilsbedürftigkeit des Menschen bietet. Die soteriologische Seite dürfe trotz des göttlichen Prius nicht ins Hintertreffen geraten. Dabei entsteht die nicht weniger problematische Sicht, die „das Prinzip der *religiösen Immanenz*"[238] gegenüber jeder äußeren Vermittlung des Gotteswortes propagiert. Offenbarung und religiöses Gefühl scheinen ineins zu fallen.

Gegenüber beiden Richtungen sucht Balthasar sich in *Schau der Gestalt* zu positionieren, indem er den Glaubensgrund *ästhetisch* fasst. Es geht ihm weniger darum, den Glauben nach außen hin zu rechtfertigen, als ihn nach innen hin sich lichten zu lassen. Der Nachweis seiner Richtigkeit und Gestalt soll sich *phänomenologisch* ‚aus der Sache selbst' ergeben. Er darf nicht vereinseitigt und muss in Bezug auf den ganzen Menschen gesehen werden. Denn wo die Vernünftigkeit und die unbedingte Zustimmung

---

[236] Vgl. SECKLER: Art. Glaube. 683: Neuscholastisch ist Glauben eine „willensmäßig bewirkte feste Verstandeszustimmung zu allem, was Gott in seiner Offenbarung zu glauben vorgelegt hat, aufgrund der Autorität Gottes, die nicht irren und nicht täuschen kann".

[237] WERBICK: Den Glauben verantworten. 276. Vgl. Blondels Hauptwerk *L'action*, in dem er aufzudecken versucht, dass das innere Ungenügen menschlichen Strebens den Menschen auf eine Erfüllung verweist, die seinem Wesen eingeschrieben ist, jedoch außerhalb seiner eigenen Möglichkeiten liegt.

[238] So lautet der Vorwurf seitens des kirchlichen Lehramts dem Modernismus gegenüber: PIUS X: Enzyklika *Pascendi dominici gregis*. 10f.

des Glaubens isoliert voneinander betrachtet werden, wird das biblische Zeugnis verkannt, das stets eine Einheit von Pistis und Gnosis artikuliert.[239]

Schon im Alten Bund ist die vertraute Kenntnis des Menschen von Gott die Voraussetzung dafür, dass er sich Gott glaubend und hoffend überlassen kann. Die beiden so unterschiedlichen Profile des Neuen Testaments, die paulinische und die johanneische Überlieferung, schließen auf je eigene Weise eine Form von Gnosis ein, die den Menschen nur tiefer in den Glauben einführen kann und soll. Während Paulus zumindest „dialektisch ein Wissen um die das Wissen übersteigende Liebe Christi"[240] kennt, spricht Johannes von einer *Ein-sicht*, die in den „innergöttlichen Wahrheitsraum"[241] und somit zu echter Glaubensgewissheit führt. Obwohl er von ‚Zeichen' spricht, an denen der Glaube seine Richtigkeit ablesen kann, gelten ihm diese so sehr als „die unmittelbare Epiphanie der Sache selbst, des Gottseins Christi"[242], dass sie eine regelrechte *Schau* der Herrlichkeit Gottes in Christus erwirken. Soll also das Verhältnis von Glaube und Wissen auf biblischer Grundlage neu bestimmt werden, kann es nur um einen Wissensbegriff gehen, der aus der unmittelbaren Begegnung und der inneren Aneignung eines je größeren Offenbarungsanspruchs erwächst. Ein solcher Begriff erlaubt weder ein gnostisch-autonomes Streben des Menschen, noch ist er allein im Vorhof des Glaubens im Sinne der *praeambula fidei* anzusiedeln. Für Balthasar impliziert er den Ausschluss der beiden oben genannten Extreme. Während die rationalistische Analyse eine regelrechte „Desinkarnation des Glaubensaktes aus dem Lebens- und Geistzusammenhang des wirklichen gottbegegnenden Menschen"[243] bedeutet, fehlt den immanent argumentierenden Ansätzen die Orientierung an biblisch-personalen Kategorien, die an die demütige Empfangsbereitschaft des Menschen appellieren und verhindern, dass ein idealistisches Aufschwingen des Geistes zum anthropologischen Kriterium der Offenbarungswahrheit gemacht wird.[244] Durch ihre „Rückintegrierung in das Gesamt dessen, was Glaube in der Schrift heißt"[245], will Balthasar beide apologetische Traditionen aus ihren Engführungen befreien und die ursprüngliche Form des Glaubens wieder gewinnen.

Auf biblischen Grund und Boden stehend kommt er der Moderne zugleich entgegen, indem er den Glauben als einen *existenziellen Akt* vorstellt, „der als Gesamtverhalten des konkreten Menschen zu Gott (und zur Kirche nur um Gottes willen) die Antwort auf die gesamtpersonale Zuwendung Gottes zum Menschen ist."[246] Wer nicht nur an Gottes Dasein glaubt, sondern auch *ihm selbst* Glauben schenkt, der bezieht mehr und mehr seine ganze Existenz in das Geschehen mit ein. Er weiß sich von Gott berührt und sieht es als menschenwürdig an, das eigene Dasein auf diesem

---

[239] Vgl. BALTHASAR: Herrlichkeit I. 123-133.
[240] BALTHASAR: Herrlichkeit I. 126.
[241] BALTHASAR: Herrlichkeit I. 127.
[242] BALTHASAR: Herrlichkeit I. 126.
[243] BALTHASAR: Herrlichkeit I. 131.
[244] Vgl. BALTHASAR: Herrlichkeit I. 132.
[245] BALTHASAR: Herrlichkeit I. 132.
[246] BALTHASAR: Herrlichkeit I. 133.

Fundament zu gründen. Dabei sind es nicht die einzelnen äußeren Zeichen, die ihn die Glaubwürdigkeit der Offenbarung erkennen lassen. Diese folgen dem eigentlichen *Grund*geschehen lediglich nach, das in phänomenologischer Weise eine „selbsteinleuchtende Wahrheit"[247] ist. Wer sich von der göttlichen Gestalt ansprechen lässt, dem eröffnet sich ihre innere Wahrheit, die auch mit der Vernunft in Einklang steht.

Balthasars phänomenologische Neubesinnung stützt sich auf die durchaus traditionelle Verschränkung von philosophischem und theologischem Denken, der zufolge Gott, der Grund des Glaubens, zugleich auch der Seinsgrund ist. Sie ermöglicht es, die ontologische in die theologische Frage zu integrieren und anzunehmen, dass „die biblische Offenbarung an dem formalen anthropologischen Ort erfolgt, wo [...] [der Mensch] nach dem letzten Horizont des Seins Ausblick hielt und um den Sinn der abschließenden, allem Dasein Sinn verleihenden Wirklichkeit rang"[248]. Die Aporie, dass „Gott, der Grund des Seins selbst, sich in positiv-geschichtlicher, zeit-räumlicher Gestalt einmalig offenbart"[249], hindert nicht daran, im *intellectus fidei* auch die innere Vollendung des philosophischen Aktes zu sehen. Denn jeder philosophische Ausgriff nach dem Unendlichen muss, soweit er abstrakt bleibt, ohnehin ins Leere gehen:

> „[...] die theologische Schau des Seins, die an den ‚Mythos‘, das heißt an die seiende Offenbarungsgestalt der biblischen Heilsgeschichte als Ort des Ein-blicks gebunden bleibt, wird dann den philosophierenden Menschen daran erinnern, dass ein letztes Wissen für ihn nicht in der Absehung vom konkret Endlichen liegen kann (wie doch so nahe läge), sondern in jener Hinwendung zum erscheinungshaft Seienden (conversio ad phantasma), worin ihm, dem leiblich-geistig Daseienden allein das Geheimnis des Seins aufleuchtet."[250]

In der *analysis fidei* kann es daher nicht um die Befriedigung von Vernunftansprüchen gehen, die solche Verwiesenheit des menschlichen Geistes auf ein geschichtliches Sein *a priori* negiert. Vielmehr darf gelten, dass Gott selbst als der ewige Seinsgrund das Fundament des Glaubens und die geschichtlichen Beweggründe, die für ihn sprechen, ausprägt. So ist es Balthasars primäres Interesse, den (post)modernen Menschen an die *konkrete* Erfahrungswirklichkeit dieses Grundes als solchen heranzuführen, doch weder im Sinne eines philosophisch zwingenden Beweises noch im Sinne einer Erfüllung religiöser Bedürfnisse, sondern in der Art einer theologischen Phänomenologie. Dies bedeutet eine deutliche Konzentration. Von den *vielen Zeichen*, die die Offenbarung als in Gott gegründet ausweisen, richtet sich der Blick auf die *eine Gestalt*, auf Jesus Christus, der *an sich selbst überzeugt*, weil Gott sich in ihm auf einzig gültige Weise ausspricht.[251] Christus ist so sehr „das Wort, das Bild, der Ausdruck und die Exegese

---

247 DÖRING: Paradigmenwechsel im Verständnis der Offenbarung. 30.
248 BALTHASAR: Herrlichkeit I. 137.
249 BALTHASAR: Herrlichkeit I. 139.
250 BALTHASAR: Herrlichkeit I. 138.
251 Vgl. BALTHASAR: Herrlichkeit I. 446.

Gottes"[252], dass wir „den lebendigen Gott nie anders als durch seinen menschgewordenen Sohn [...] erreichen"[253] können.

Die christozentrische Perspektive weist über die neuscholastische und die immanentistische Apologetik hinaus, die trotz ihrer Gegensätzlichkeit in einem Punkt übereinkommen: sie artikulieren die Glaubwürdigkeit der Offenbarung vor dem Hintergrund eines *Zeichen*verständnisses, anstatt von der *Gestalthaftigkeit* der göttlichen Selbstmitteilung auszugehen.[254] Der Gestaltbegriff, der auf goethesche Weise die Selbstevidenz eines Phänomens vermittelt, fungiert damit als Kontrastbegriff zu dem des Zeichens.

Konstitutiv für die neuscholastische Deutung von Zeichen ist ein Bruch zwischen dem Zeichen selbst und dem Inhalt, den es bezeichnet. Wunder, Weissagungen und Prophetien vermitteln Gottes Gegenwart zwar in den subjektiven Horizont des Menschen hinein, bleiben jedoch Hinweis auf eine unsichtbare, göttliche Wirklichkeit, die ihrerseits nur geglaubt werden kann. Ein Zeichen wird durch die Vernunft erkannt, sein wahrer Gehalt jedoch, die geoffenbarte Wirklichkeit selbst, für die es steht, bleibt unerreichbar: „Die Zeichen werden verstanden, das, worauf sie zeigen, wovon sie zeugen, wird geglaubt: die unsichtbaren göttlichen Mysterien hinter den Zeichen"[255]. Damit ist der Glaubensakt lediglich die logische Konsequenz der Glaubwürdigkeit der vernünftig einsehbaren Zeichen, nicht jedoch eine Antwort auf die Glaubensinhalte selbst.

Im Gegensatz dazu richtet sich die auf Blondel, Maréchal und Rousselot zurückgehende Apologetik von Anfang an auf „die ewige Wahrheit Gottes, wie er in sich selber ist"[256], um von der Geistdynamik und Bedürfnisnatur des Menschen her dessen notwendige Angewiesenheit auf die christliche Offenbarung aufzuzeigen. So sind die Inhalte der Offenbarung zwar von vornherein im Blick, ihre Angemessenheit wird jedoch anthropologisch gefolgert gemäß eines „Dynamismus des erkennenden Geistes, der seiner innersten Anlage nach zur Gottesschau drängt"[257]. Sie gelten dem Menschen „als Wert-für-ihn, als Antwort auf eine Sinnfrage, die er stellen kann oder stellen muss"[258], sodass auch hier die historischen Erscheinungsweisen des handelnden Gottes zweitrangig werden.

Beide genannten apologetischen Traditionen verkennen die *wesenhafte* Beziehung der Zeichen zur göttlichen Wirklichkeit als solcher: „In der ersten Tendenz stehen die historischen Zeugnisse Gottes nicht eigentlich im Licht des göttlichen Seins, sie verweisen nur darauf. In der zweiten Tendenz werden sie auf dieses Licht hin so durchsichtig, dass im Zeichen nur das Bezeichnete, im Historischen nur das Ewiggültige

---

252 BALTHASAR: Herrlichkeit I. 27.
253 BALTHASAR: Herrlichkeit I. 117.
254 Vgl. zum Folgenden BALTHASAR: Herrlichkeit I. 139-148.
255 BALTHASAR: Herrlichkeit I. 140.
256 BALTHASAR: Herrlichkeit I. 140.
257 BALTHASAR: Herrlichkeit I. 141.
258 HENRICI: Immanenzapologetik. 279.

interessiert."[259] Solche Relativierung der Zeichen kommt dadurch zustande, dass die Offenbarung Gottes nur unter ihren Eigenschaften des Wahren und Guten betrachtet wird. Während die neuscholastische Tradition die durch die Autorität Gottes gewährleistete Wahrheit der Glaubensinhalte in den Vordergrund stellt, bezieht sich die Immanenzapologetik auf die göttliche Wirklichkeit als das höchste Gut des Menschen: „mihi adhaerere Deo bonum est"[260]. Von beiden Tendenzen unberücksichtigt bleibt das Transzendentale des Schönen, in dem jedoch der Dualismus „von hinweisendem Zeichen und bezeichnetem inneren Licht"[261] aufgehoben wäre. Entscheidend ist, dass erst durch die ästhetische Erkenntnis die theoretische und die praktische Vernunft „zu ihrem ganzen Vollzug gelangen können"[262]. Denn die Wahrnehmung des Schönen hebt die geistigen Fähigkeiten des Menschen; sie befreit sie aus ihrer formalistischen Enge und ihrem eigennützigen Streben:

> „Das dem Schönen anhaftende In-sich-sein, die durch es selbst bekundete *Forderung, es sein zu lassen, was es ist,* die Forderung nach einem Verzicht also (auf Bewältigung und Verbrauch), um seiner genießend froh werden zu können, ist im naturhaften Bereich eine Grundlegung und Vorschattung dessen, was im Offenbarungs- und Gnadenbereich die *Haltung des Glaubens* sein wird."[263]

Im Betrachten eines Gegenstandes rein um seiner selbst willen kommt dem Glauben eine *er-gründende Funktion* zu. Nur in der Interesselosigkeit solcher Betrachtung ist er jener „Tiefendimension zwischen Grund und Erscheinung" auf der Spur, „die als eigentlicher Ort der Schönheit nun auch den ontologischen Ort der Seinswahrheit aufdeckt". Im Schönen tut sich auf, was immer schon wahr und gut, aber nicht verfügbar ist. Dieses ist „vor allem eine *Gestalt,* und das Licht fällt nicht von oben und außen auf diese Gestalt, sondern bricht aus ihrem Innern hervor. Species und lumen sind in der Schönheit eins"[264]. Hierin liegt das Besondere einer Gestalt: Im Gegensatz zum bloßen Zeichen *verweist* sie nicht von sich weg auf eine unsichtbare Wirklichkeit, sondern *ist* deren Erscheinung selbst. In der „Evidenz, dass hier eine Wesenstiefe in die Erscheinung emportaucht"[265] fallen Bezeichnendes und Bezeichnetes, Zeichen und Inhalt zusammen. „Der Gehalt liegt nicht hinter der Gestalt, sondern in ihr."[266]

Was leistet dieser phänomenologische Angang nun im Blick auf die *analysis fidei?* Ihre mühevolle Frage lautete ja, wie der Mensch einen Akt des Glaubens, in dem er entschieden und unbedingt Gottes Wort bejaht, verantwortet setzen kann. Wie kann die Berechtigung und die Verpflichtung zu glauben so erkannt werden, dass beides auch vor dem Wahrheitsanspruch der Vernunft Bestand hat? Wie kann und darf es zu

---

259 BALTHASAR: Herrlichkeit I. 143.
260 BALTHASAR: Herrlichkeit I. 143. Gemeint ist, dass das Geschöpf (augustinisch) die Beruhigung seiner Unruhe dort erfährt, wo es sich dem Schwergewicht seiner Liebe zu Gott überlässt.
261 BALTHASAR: Herrlichkeit I. 144.
262 BALTHASAR: Herrlichkeit I. 145.
263 BALTHASAR: Herrlichkeit I. 145. Hervorhebung von mir.
264 Alle vorausgehenden Zitate: BALTHASAR: Herrlichkeit I. 145.
265 BALTHASAR: Herrlichkeit I. 145.
266 BALTHASAR: Herrlichkeit I. 144.

einer Einheit von Glaubensinhalt und Glaubensakt kommen, wenn doch das ewige Geheimnis Gottes von seiner historischen Vermittlung zu unterscheiden ist? Einfacher formuliert: Wie erreicht der Glaube seinen Grund, den sich selbst mitteilenden Gott?

Nimmt man die Kategorie des Schönen in die *analysis fidei* auf, so wird deutlich: Christus ist kein Zeichen, das von sich weg auf eine höhere Wirklichkeit verweist. Es gibt an ihm keine äußerlichen Indizien, aus denen man zwingend folgern müsste, dass er Gottes Sohn sei. Vielmehr ist er eine Gestalt, die sich auf einmalige Weise *aus sich heraus* erschließt. In seiner Geschichtlichkeit ist Jesus Christus ein Ausdruck, der all den Inhalt, den es zu vermitteln gilt, *in sich* trägt und nicht über sich hinaus auf ihn hinweisen muss. Er ist nichts Geringeres als die einmalige Selbsterschließung Gottes *für uns*. „Jesus bildet vor dem Beschauer eine solche Figur, dass sie als Figur überhaupt nur ‚gelesen‘ werden kann, wenn das Erscheinungshafte an ihm als das Emportauchen der persönlichen (dreieinigen) göttlichen Tiefe – soll man nun sagen: ‚gesehen‘ oder ‚geglaubt‘ wird?"[267]

Das rechte Sehen *ist* der Glaube. Der Glaubende gelangt zu wahrer *Ein-sicht*, sofern er der Offenbarungsgestalt *auf den Grund* sieht, wozu er nur „durch die Gnade Gottes, das heißt durch eine Anteilnahme an dieser gleichen Tiefe ermächtigt werden kann, die ihn der völlig neuen Dimension des Gestaltphänomens, das Gott und Welt in sich begreift, proportioniert"[268]. Wird der Mensch hineingenommen in das Wesen einer Gestalt, die wirkmächtig die Herrlichkeit Gottes ausstrahlt, so ist er umfasst von deren eigenem Licht. Die Evidenz des sich bezeugenden Gottes erstreckt sich auf den Glaubenden selbst, sodass gilt: „[…] der Glaube ist das im Menschen aufstrahlende Licht Gottes, denn Gott wird in seiner dreieinigen Intimität nur durch Gott erkannt"[269]. Der Akt, der im Glauben gesetzt wird, ist keine unabhängige Tat des Menschen mehr, sondern „Antwort auf die innere Selbstbezeugung des sich verschenkenden Gottes"[270].

Balthasar denkt hier konsequent theozentrisch. Gott wird nur durch Gott erkannt. Und doch versteht er den Glaubensakt nicht als etwas Fremdes, das dem Menschen von außen abverlangt wird. Das *lumen fidei*, das ihn bewirkt, ist „nicht ‚heteronomer‘ als das ihm eingeborene Licht der Vernunftnatur: denn auch dieses Licht (als *lumen intellectus agentis*) ist nicht eigentlich sein eigenes Licht, sondern sein Offensein für das ihm einleuchtende Licht des Seins selbst"[271]. Von der *analogia entis* her greifen Glaube und Vernunft ineinander, so aber, dass das ewige Mehr des göttlichen Seins über alles

---

267 BALTHASAR: Herrlichkeit I. 146; vgl. 147: „Zu dem sich selbst bezeugenden Gott, dem wir glauben, gehört nicht nur die Gottheit Jesu Christi, sondern ebensowohl seine Menschheit: im ganzen Christus bezeugt sich der Vater durch den Heiligen Geist, und der ganze Christus, in der unteilbaren Gestalt, die er vor uns hinstellt, bezeugt im Heiligen Geist den Vater. Auch hier sind Gehalt und Gestalt untrennbar."
268 BALTHASAR: Herrlichkeit I. 146.
269 BALTHASAR: Herrlichkeit I. 149.
270 BALTHASAR: Herrlichkeit I. 150.
271 BALTHASAR: Herrlichkeit I. 158.

Erfasste hinaus bewusst bleibt. „Glaube ist die Teilnahme an der freien Selbsterschließung des innergöttlichen Lebens und Lichtes – so wie geschöpfliche Geistigkeit Teilnahme am Erschlossensein von Wirklichkeit überhaupt bedeutet."[272] Dort, wo der
Mensch denkend immer schon über sich hinaus ist, begegnet er dem *lumen fidei*, „das
für uns den Namen trinitarische Liebe bekommt"[273]. „Es ist, neu gefasst, das augusti-
nische Gezogenwerden *(trahi)* durch das Schwergewicht der Liebe, das für Thomas zu
einem Schwergewicht des Seins selber geworden ist."[274] Offenbart sich das Sein aber
als Liebe, ist es immer zugleich gegeben und entzogen[275] und erfasst den Glaubenden
niemals unter Zwang; „es schenkt ihm die Freiheit der Antwort und damit auch die
Möglichkeit der Ablehnung"[276]. Der *Glaubensakt* bleibt ein freier personaler Vollzug,
in dem sich der Mensch auf die unwiderrufliche Zusage der Liebe Gottes verlässt. Er
baut auf einem unerschütterlichen Grund auf, von dem er im Glauben unbedingte
Gewissheit empfängt.

Diese Sicht des Glaubens als ein übernatürlich „in den Herzen der Menschen ent-
zündetes Licht"[277], die als solche schon jeder immanentistischen Deutung widerstrebt,
ist ganz und gar christozentrisch. Gott ist nicht nur der freie Initiator und Träger des
Offenbarungsgeschehens, sondern in Jesus Christus auch dessen Inhalt und Ziel. In
der Christusgestalt, die in ihrer Überzeugungsmacht – „durch die lückenlose gegenseitige Reflektierung zwischen Wort und Existenz"[278] – ihr eigenes Licht mitbringt,
„begegnet das innere Gnaden- und Glaubenslicht seiner einzig gültigen Verifikation"[279]. Das immanente Gezogenwerden ,durch das Schwergewicht der Liebe' erreicht seine eigentliche Bestätigung im Anblick Christi, zumal gerade der personale
Glaubensvollzug seine innere Bestimmtheit und Wahrheit nur aus dem empfängt,
worauf sich die Bejahung objektiv richtet: auf die sich zentral in Jesus Christus ereignende, zur heilsamen Umkehr rufende Selbstmitteilung Gottes. Diese kann als freies
göttliches Ereignis nicht aus den Zusammenhängen der Welt abgeleitet und begründet
werden. Sie erschließt sich allein den ,Augen des Glaubens', so das berühmte Wort
Rousselots, das Balthasar hier aufgreift und weiterführt.[280] In der modifizierten Form
des *theologischen Gestaltsehens* bedeutet es zweierlei: Die subjektive Zustimmung, in der
das biblische Zeugnis angenommen wird, ist in *der* Hinsicht ein ursprünglich eigen-
ständiger Akt, als er eine von außen nicht feststellbare Gewissheit in sich trägt. Ganz
und gar bedingt bleibt er jedoch von der *objektiven Evidenz* des Sohnes Gottes, der als

---

[272] BALTHASAR: Herrlichkeit I. 150.
[273] BALTHASAR: Herrlichkeit I. 151.
[274] BALTHASAR: Herrlichkeit I. 155.
[275] Vgl. Abschnitt 6.4 dieser Arbeit. In Balthasars Denkform einer trinitarischen Ontologie der Gabe
       entsprechen sich das Sein – als das „Mysterium eines sich schenkenden und gerade im Geheimnis sei-
       ner Hingegebenheit (in die Seienden hinein) unverfügbaren, unfassbaren Grundes" (DERS.: Cordula
       oder der Ernstfall. 65) – und der dem Menschen entzogene Grund des Glaubens.
[276] BALTHASAR: Herrlichkeit I. 151.
[277] BALTHASAR: Herrlichkeit I. 149.
[278] BALTHASAR: Herrlichkeit I. 165.
[279] BALTHASAR: Herrlichkeit I. 164.
[280] Vgl. BALTHASAR: Herrlichkeit I. 168-170.

irdische Gestalt das Herabsteigen des göttlichen Glanzes verkörpert. Wie in Christus Gehalt und Gestalt der Offenbarung eins sind, so ist auch der menschliche Akt immer vom Inhalt des Glaubens bestimmt. *Fides qua* und *fides quae* bilden eine unauflösliche Einheit. Umgekehrt aber besagt das, dass ein wenigstens anfänglicher Schritt des Glaubens, erwirkt durch das „Vermögen Christi, dem Unvermögenden an seinem Licht und seiner Kraft teilzugeben"[281], nötig ist, um die Glaubhaftigkeit der Offenbarungsbotschaft zu erkennen.

Besonders an Letztgenanntem wird deutlich, dass es Balthasar nicht um die subjektiven, sondern um die objektiven Bedingungen der Möglichkeit des Glaubens geht. Diese liegen in der Hervorrufung des Glaubens beim Einzelnen, sodass jener das irdische Leben Jesu als trinitarisches Zeugnis sehen lernt. Sobald „die Beziehung zu Vater und Geist als das darin Erscheinende angesetzt wird"[282], ordnen sich die vielen Worte und Werke Jesu um diese eine sinnstiftende Mitte und werden innerlich miteinander verknüpft. Wie die einzelnen Teile in einer wechselseitigen Verweisbeziehung zur Gesamtdynamik einer Gestalt stehen, so besitzen auch die *Mysterien des Lebens Jesu* „ihr Maß an Sichtbarkeit an der Gesamtgestalt Christi, zu deren Ausdruck sie gehören, von ihr beleuchtet und sie wiederum neu und tiefer beleuchtend"[283].

Der Gestaltbegriff avanciert in Balthasars Beitrag zur *analysis fidei* zu *der* zentralen christologischen Kategorie, weil er in der Frage, ob und wie sich Gottes Wort in der Geschichte als unbedingtes vernehmen lässt, methodisch wichtige Akzentsetzungen ermöglicht. Nur in einer Gestalt kommt das Licht, das den Gegenstand beleuchtet, aus diesem selbst. Indem sie immer schon Licht und Form (*lumen* und *species*) vereinigt, wird auch die in den Evangelien vor Augen gestellte Christus*gestalt* als eine Erscheinung ganz eigener Art lesbar, die phänomenologisch ihren Grund widerspiegelt. Die Dynamik zwischen Grund und Erscheinung erfasst jedes einzelne Zeichen, „und zwar nachweisbar so, dass die Evidenz der Richtigkeit der Sache an der Sache selbst und von ihr her aufleuchtet"[284]. Solche Phänomenologie hebt auch das für den Glauben disponierte Subjekt, weist ihm zugleich aber umso radikaler seinen ‚Ort' in Christus zu. Christus ist nicht nur der personalisierende, sondern auch der erhellende Raum des Subjekts. Diesen ureigentlichen Glaubensgrund hervortreten zu lassen, ist äußers-

---

[281] BALTHASAR: Herrlichkeit I. 174.

[282] BALTHASAR: Herrlichkeit I. 193; vgl. 189: „Der subjektive Glaubensakt, der nie durch Selbstreflexion das trinitarische Geheimnis hätte konstruieren können, erkennt es im objektiven Kerygma doch sogleich als die letzte Bedingung seiner Möglichkeit, ja als den letzten Sinngrund seiner Wirklichkeit."

[283] BALTHASAR: Herrlichkeit I. 195. Die Bedeutung der die Gestalt Jesu umgebenden Zeichen, seine Wunder und Worte der Verkündigung werden von Balthasar in keiner Weise geschmälert. Er sieht sie vielmehr im geschichtlichen Raum so zusammen stehen, dass sie mit Christus zusammen die eine *sichtbare Gestalt* des göttlichen Geheimnisses bilden. Da jener Zusammenhang von Wahrheiten – bis hin zur sakramentalen Vermittlung der Kirche – die Person Jesu Christi teils bedingen und teils von ihr bedingt und gewirkt werden, ist diese „aus dem zeit-räumlichen Ort, an dem sie steht, nicht herauslösbar. Er [Christus; I.K.] ist, was er ist, nur indem er einerseits erfüllt, was verheißend auf ihn hinweist, und selber wieder verheißt, was er einmal erfüllen wird" (DERS.: Herrlichkeit I. 191).

[284] BALTHASAR: Herrlichkeit I. 165.

ter Zielpunkt der Phänomenologie Balthasars, die darin sogar über die im goetheschen Gestaltbegriff ursprünglich angelegte Polarität von Subjekt und Objekt hinaus geht: „Das Licht des Seins hüllt Subjekt und Objekt ein und ist im Akt ihre übergreifende Identität. Das Licht des Glaubens stammt aus dem Objekt, das sich dem Subjekt offenbart und es über sich hinaus (sonst wäre es ja nicht Glaube) in die Sphäre des Objekts hineinzieht."[285] Die Tat des Einzelnen wird gering angesichts der Macht, die Gottes Glanz entfaltet. Mit der Betonung der *objektiven Bedingtheit des Glaubens* will Balthasar ein Gegengewicht schaffen zu jenen apologetischen Tendenzen, die entweder von der Eigendynamik des Geistes ausgehend den Glauben als „immanente seelische Wirklichkeit"[286] betrachten oder, so im Fall der modernen Bibelexegese, das historische Auftreten Jesu von dessen eigentlicher ‚Sache' zu trennen versuchen.

„[…] was Gott mir innerlich als ein erleuchtendes und begnadendes Wort zuspricht, hat nicht zufällig, sondern wesenhaft die Gestalt, die Jesus Christus in der Öffentlichkeit der Geschichte hat, auch wenn seine Wahrheit als objektive Gestalt nur für die Augen des Glaubens sichtbar wird. Es geht nicht an, den objektiven Christus zu zerfällen in eine nur äußerlich ‚erscheinungshafte' Gestalt und ein für die existentielle Innerlichkeit übrigbleibendes gestaltloses Licht."[287]

Im Anblick einer schönen Gestalt eröffnet sich dem Betrachter eine neue, reichere Wirklichkeit. Lässt er sich auf sie ein, wird er von ihrer Sogkraft erfasst und in ihren Bann gezogen. Analoges geschieht in der Kontemplation der schönen Gestalt schlechthin, der in Christus ansichtig werdenden trinitarischen Herrlichkeit. Wer um deren Tiefe weiß, schaut glaubend auf Gott selbst. Durch ihre Wirkmächtigkeit wird er angezogen und entrückt. Es hebt eine Dynamik an, die mit ihrem Doppelcharakter in beachtlicher Weise die Zirkelbewegung des Glaubens widerspiegeln kann. Diesen Vollzug des Glaubens, der durch die Gnade erst hervorgerufen wird, sucht Balthasar auch wissenschaftstheoretisch einzuholen.

„Lehre vom Erblicken und Wahr-nehmen des Schönen […] und Lehre von der entrückenden Gewalt des Schönen sind einander zugestaltet, weil keiner in Wahrheit erblickt, der nicht auch schon entrückt wird, und keiner entrückt werden kann, der nicht wahr-genommen hat. Das gilt ebenso für das theologische Verhältnis von Glaube und Gnade, weil der Glaube, sich hingebend, die Offenbarungsgestalt erfasst, und Gnade den Glaubenden je schon in die Welt Gottes emporgerissen hat."[288]

---

285   BALTHASAR: Herrlichkeit I. 174.
286   BALTHASAR: Herrlichkeit I. 208.
287   BALTHASAR: Herrlichkeit I. 208; vgl. 175: „Da er diese objektive Gestalt nicht dadurch auflösen kann, dass er sie innerlich-existentiell sich assimiliert, da er den Jesus der Geschichte niemals zu einem bloßen Christus des Glaubens verflüchtigen kann, muss er sich durch die Extraversion zu geschichtlichen Gestalt Gottes in die grundlegende Extraversion der Glaubenshaltung zu Gott einüben lassen. Es ist keine Rede davon, dass er sich zur geschichtlichen Gestalt ‚historisch-kritisch' verhalte, um sich dann pietistisch-innerlich zum Glaubensgehalt zu verhalten. Denn der Jesus der Geschichte ist eben kein bloßes Zeichen, sondern eine Gestalt, und zwar die maßgebende Gestalt Gottes in der Welt".
288   BALTHASAR: Herrlichkeit I. 10.

In Balthasars Werk entspricht der *Erblickungslehre* eine *Entrückungslehre*.[289] Immer ist der Akt durch den Inhalt des Glaubens bestimmt. Phänomenologisch gefasst bedeutet dies, dass die Wahrnehmung der Offenbarung auf einer *der Gestalt eigenen Evidenz* beruht, die jedoch *in concreto* immer *Evidenz für mich* sein muss. Mit einer solchen Zweidimensionalität der Theologie hinterfragt und unterläuft Balthasar die traditionelle Unterscheidung zwischen der Fundamentaltheologie als einem *ex ratione* beginnenden Beweis der Glaubwürdigkeit der Offenbarung einerseits und der Dogmatik andererseits, die *ex fide* argumentierend das Glaubensgut darlegt und expliziert.[290] Anstelle einer aus der Defensive entwickelten Korrelation zwischen anthropologischen Konstanten und Glaubensaussagen müsse die Grundgestalt der Offenbarung, ihre Vermittlung und Bezeugung in ihrer inneren Kohärenz so dargestellt werden, dass gewissermaßen ‚die Sache' für sich selbst spricht. Die Entsprechung zwischen der Offenbarungsgestalt und der Disposition des Menschen könne nicht konstruierend entworfen werden, sondern sei gnadenhaftes Ereignis in der Schau der Gestalt. „Die zentrale Frage der sogenannten ‚Apologetik' oder ‚Fundamentaltheologie' ist somit *eine Frage des Gestaltsehens, ein ästhetisches Problem*. Dies verkannt zu haben, hat diesen Zweig der Theologie in den letzten 100 Jahren so verkümmern lassen."[291] Die Methode des Gestaltsehens führt geradewegs auf den Gegenstand des Glaubens selbst zu: auf das Christusereignis, insofern es sich zeigt und auswirkt – nicht insofern es lehrhaft gesagt, historisch-kritisch hinterfragt oder als immer schon in der Sehnsucht des Menschen wirkend behauptet wird. An Christus glauben wir um seiner selbst willen; wir brauchen keine andere Garantie als die, die er selber ist.

8.1.5.3 Theologisches Gestaltsehen

Damit ist die Methode des Eröffnungsbandes der Trilogie Balthasars benannt. Jenseits aller herkömmlichen apologetischen Verfahren geht es darum, den Nachweis der Glaubwürdigkeit der Offenbarung phänomenologisch *aus der Sache selbst* zu erheben. Von sich her soll das Wesen des offenbar werdenden Gottes dem Menschen einleuchten, ihn überzeugen. Dies kann theologisch nur auf der Grundlage einer Phänomenologie *des Konkreten* geschehen, die von der einmaligen Gestalt der Heilsgeschichte nicht abstrahiert, sondern gerade in ihrer Unvergleichlichkeit ein Indiz für ihre göttliche Herkunft sieht.

Im Glauben geht es zunächst um das Verhältnis zu einer *Tat*: zu jenem konkreten Ereignis, durch das sich der Gott Jesu Christi in einer Weise glaubhaft gemacht hat, die, solange die Freiheitsgeschichte des Menschen währt, nicht mehr gesteigert werden kann.

---

[289] BALTHASAR: Herrlichkeit I. 118.
[290] Vgl. KÖRNER: Fundamentaltheologie bei Hans Urs von Balthasar. 135.
[291] BALTHASAR: Herrlichkeit I. 166. Hervorhebung von mir.

„[…] was Gott in Christo dem Menschen sagen will, kann weder an der Welt im ganzen noch am Menschen im besonderen eine Normierung erhalten; es ist unbedingt theo-logisch, besser theo-pragmatisch: Tat Gottes auf den Menschen zu, Tat, die sich selber vor dem Menschen und für ihn (und so erst an ihm und in ihm) auslegt. Von dieser Tat soll nun ausgesagt werden, dass sie glaubhaft sei nur als Liebe: gemeint ist Gottes eigene Liebe, deren Erscheinung die der Herrlichkeit Gottes ist."[292]

Diese wenigen Sätze zeigen das Programm der gesamten Trilogie an. Der Glaube richtet sich zu Recht auf die christliche Offenbarung, weil Gott in ihr sein liebendes Wesen bis ins Äußerste hinein ausgelegt hat. Im geoffenbarten Wort ist etwas vernehmbar, das dem Menschen in der Gebrochenheit seiner Existenz nur frei zugesagt werden kann: Gottes unbedingtes Ja zum Menschen, das auch noch angesichts dessen tiefster Verstrickung in Schuld und Widerspruch gilt. Weder philosophische Überlegungen, die von der Welt und ihren endlichen Erscheinungen her auf einen unendlichen göttlichen Grund schließen (kosmologische Reduktion[293]), noch die beim menschlichen Selbstvollzug ansetzende, auf ein Absolutes ausgreifende Reflexion (anthropologische Reduktion[294]) vermögen diese freie Kundgabe Gottes zu erreichen. Erkenntnistheoretisch ist das einzig dadurch möglich, dass der Mensch den Glanz der Göttlichkeit sehen lernt, der von der Gestalt Jesu Christi ausstrahlt und jene unerfindliche Liebe widerspiegelt, die sich *von oben* her zusagt, aber zugleich ein im Menschen angelegtes inneres Sensorium *von unten* her zum Schwingen bringt. Es gilt daher, den Aspekt des Schönen *(pulchrum)* wieder ins Zentrum der theologischen Aufmerksamkeit zu rücken und zu verdeutlichen,

„[…] dass der Glaube sich primär auf die Unfasslichkeit der uns übersteigend-zuvorkommenden Liebe Gottes richtet, dass dies die einzige Faktizität, das einzige ‚Dass' […] ist, worauf Glaube überhaupt im Sinn des christlichen Bekenntnisses hinzielt. Glaubhaft ist nur Liebe, es muss und darf aber auch nichts anderes geglaubt werden als Liebe. Das ist die einzige Leistung, das ‚Werk' des Glaubens, dieses absolute und durch nichts einholbare Prius anzuerkennen."[295]

In Balthasars theologischer Ästhetik waltet unübersehbar der Grundsatz, dass „Gott und seine Selbsterschließung das Apriori seiner Erkennbarkeit ist und immerfort bleibt"[296]. Sie ist streng antiidealistisch konzipiert. Es waren die titanisch-prometheischen Züge der Neuzeit, die Balthasar seit jungen Jahren zutiefst irritiert und dazu bewegt haben, der Selbstverherrlichung des endlichen Geistes die alles überstrahlende *doxa* Gottes entgegen zu halten. Doch obwohl er energisch vor einer Herabminderung der Christologie durch deren Anthropologisierung (Rahner/Bultmann) warnt, hält er andererseits daran fest: „Wenn Gott seine Liebe, die er für die Welt hegt, offenbar machen will, muss sie auch für die Welt erkennbar sein können."[297] Eine Wahrnehmungslehre, wie er sie im ersten Band der *Herrlichkeit* vorlegt, hat vom

---

[292] BALTHASAR: Glaubhaft ist nur Liebe. 5.

[293] Vgl. BALTHASAR: Glaubhaft ist nur Liebe. 8-18.

[294] Vgl. BALTHASAR: Glaubhaft ist nur Liebe. 19-32.

[295] BALTHASAR: Glaubhaft ist nur Liebe. 67.

[296] BALTHASAR: Die Gottesfrage des heutigen Menschen. 84.

[297] BALTHASAR: Glaubhaft ist nur Liebe. 49.

subjektiven Standort her mindestens die Frage zu klären, *wie* das Lebenszeugnis Jesu dem menschlichen Auge als die endgültige Selbsterschließung Gottes einsehbar wird, sodass Gottes Wahrheit auch Wahrheit für den Menschen werden kann. Unter welchen Voraussetzungen kann der Mensch glauben, dass ihm in einem Ereignis radikaler geschichtlicher Kontingenz letztgültig Sinn zugesprochen wird, sodass er wahrhaft bei sich selbst ist, wenn er sich von dieser Liebe beschenken lässt?

Die Beantwortung dieser Frage, die auch die folgende Darstellung leitet, stellt für Balthasar eine Gratwanderung dar. Sie erfordert zweierlei: Einerseits muss er den zu verstehen suchenden Adressaten der göttlichen Selbstmitteilung, andererseits aber auch jene selbst, ihre Neu- und Einzigartigkeit gegenüber allen weltlichen Vorgängen bedenken. Die Herausforderung besteht darin, eine Offenbarungstheologie *im Raum der Moderne* zu formulieren, die weder den transzendentalen noch den historisch-kritischen Ansatz direkt übernimmt. Es ist die von Goethe in Dichtung und Forschung angewandte Methode des *ganzheitlichen Gestaltsehens*, die Balthasar differenziert genug erscheint, um sowohl eine Integration wie eine Korrektur der neuzeitlichen Denkentwicklungen zu leisten. „Das Hauptpostulat meines Werkes ‚Herrlichkeit' war die Fähigkeit, eine ‚Gestalt' in ihrer zusammenhängenden Ganzheit zu sehen: der goethesche Blick sollte auf das Phänomen Jesu und die Konvergenz der neutestamentlichen Theologien angewendet werden."[298]

An dieser Stelle sei noch einmal kurz an Balthasars literarische Vorprägung erinnert. Der Gestaltbegriff durchzieht das Werk Goethes leitmotivisch. Er wird von Goethe, der sich im Umfeld der Aufklärung auch den Formprinzipien der klassischen Antike verpflichtet fühlt, gezielt eingesetzt, um eine die Eigennatur der Dinge respektierende Erkenntnishaltung zu postulieren. Die Gestalt ist zunächst sinnenfälliger Ausdruck des Wesens der Dinge selbst. Als solche erschöpft sie sich nicht in der bloßen Gegebenheit einer Summe, sondern ist eine Ganzheit, die die Summe ihrer Teile übersteigt wie eine Melodie die Reihe ihrer Töne. Dieses Ganze, das von sich her in Erscheinung tritt, wird stets *vor* den Teilen gesehen, Empfang geht der Analyse voraus. Darüber hinaus führen Goethes Überlegungen zur *Metamorphose der Pflanze* zu der Einsicht, dass das Organisationsprinzip eines Ganzen schon in jedem seiner Teile realisiert ist, sodass das Allgemeine im Besonderen zu finden ist und das Besondere als Manifestation des Allgemeinen gelten kann. Die (schöne) Gestalt ist der Inbegriff des Beständigen in der Bewegung, der Freiheit in der Form.

„Dem atomistischen Ansatz bei Kant steht damit ein *dynamisch-ganzheitlicher Ansatz bei Goethe* gegenüber. Und nun liegt auch der enge Zusammenhang mit der Methode klar zutage. Der Atomismus Kants ist die insgeheime Grundvoraussetzung seiner transzendentalen Methode. Denn diese ist nur dort möglich, wo von Synthesen und damit von ursprünglich Getrenntem die Rede ist. Während umgekehrt die Erhebung des Metamorphosegedankens zu der grundle-

---

[298] BALTHASAR: Unser Auftrag. 32 (bereits zitiert in der Einleitung dieser Arbeit). Die Übertragung eines aus dem innerweltlichen Bereich stammenden Prinzips auf die Offenbarungswirklichkeit scheint Balthasar berechtigt, sobald man die „Analogie zwischen dem Formungswerk Gottes und den Formkräften der zeugenden und gebärenden Natur und des Menschen" anerkennt (DERS.: Herrlichkeit I. 33).

genden Methode des gesamten Denkens und Forschens [...] wiederum nur möglich ist, wo Gestalt als Letztes und Ursprüngliches vorausgesetzt wird."[299]

Deutlich bezieht Goethe Frontstellung gegen Kant. Dieser sieht den Menschen derart an die eigenen Bedingungen möglichen Erkennens gekettet, dass der Zugang zum Gegenstand als einem echten, ursprünglichen Gegenüber verstellt ist. Die in der *Kritik der reinen Vernunft* eingezogene fatale Trennlinie zwischen Welt und Bewusstsein unterläuft Goethe durch den Hinweis auf eine grundlegende Polaritätsstruktur: „Der Mensch kennt sich nur selbst, insofern er die Welt kennt, die er nur in sich und sich nur in ihr gewahr wird. Jeder neue Gegenstand, wohl beschaut, schließt ein neues Organ in uns auf."[300] Lange bevor sich die entsprechende Disziplin in der Wissenschaft etabliert, müht sich Goethe um einen phänomenologischen Zugang zur Welt, der dem geschulten ‚Auge' des Betrachters strenge Objektivität abverlangt. Ein Phänomen wird erkannt, indem es sich zeigt und den Blick in die Tiefe freigibt. Es sagt von sich her sein Wesen aus. Wer eine Erscheinung in ihrer Wesensverfassung schauen will, muss sich aller eigenmächtigen Hinzufügungen entheben, muss alle das Objekt manipulierenden oder vereinseitigenden Vorurteile ausschalten. Goethes Phänomenologie lebt aus der bereitwilligen Annahme im Sinne eines Empfangs von Neuartigem und Unerwartetem. Dass sie der Moderne darin nicht fernsteht, zeigt sich an ihrer methodischen Verwandtschaft zu Hegels *Phänomenologie des Geistes*, deren „Vermittlung des Denkens mit dem Sein, des Ichs mit dem Nicht-Ich"[301] die Einbeziehung eigener „Einfälle und Gedanken" verbietet: „dadurch, dass wir diese weglassen, erreichen wir es, die Sache, wie sie *an* und *für sich* selbst ist, zu betrachten"[302]. Während sich Hegel aber um „das *denkende* Erfassen eines jeweils besonderen Gegenstandes"[303] müht und das absolute Wissen zu erreichen sucht, wartet Goethe auf die „Offenbarung des Unerforschlichen"[304], das sich in keinem abschließenden System bewältigen lässt.

Das Wort von der Phänomenologie gewinnt so ein eigenes Gepräge. Seiner inneren Logik nach muss es hier vorausgesetzt werden. Denn auch zu der von Balthasar beschriebenen Wahrnehmung der Offenbarungsgestalt – im strengen Sinne verstanden als Entgegennehmen des sich zeigenden Wahren – gehört ein eigenes geistiges Sehvermögen, das erst durch die Selbstevidenz Jesu Christi geweckt wird; es ist gänzlich abhängig von der Gnade des „neuen Lichtes", der „lux tuae claritatis"[305]. Analogisch sucht Balthasar die goethesche Rezeptivität auf den Glaubenden zu übertragen,

---

[299]   WEINHANDL: Die Metaphysik Goethes. 155f.

[300]   GOETHE: WA II. 11. 59.

[301]   BLOCH: Subjekt – Objekt. 60.

[302]   Beide Zitate: HEGEL: Phänomenologie des Geistes. 77.

[303]   HANSEN: Georg W.F. Hegel: ‚Phänomenologie des Geistes'. 29.

[304]   GOETHE: WA I. 42ii. 152.

[305]   Beide Zitate: BALTHASAR: Herrlichkeit I. 112f, wo er sich auf die Weihnachtspräfation bezieht: „Quia per incarnati Verbi mysterium nova mentis nostrae oculis lux tuae claritatis infulsit: ut dum visibiliter Deum cognoscimus, per hunc in invisibilium amorem rapiamur."

um zu verhindern, dass die Gestalt des biblischen Offenbarungszeugnisses durch menschliche Verfügungsmacht verdeckt oder abschätzig nivelliert wird.

„[…] die subjektive Bedingung der Möglichkeit des Ansichtigwerdens […] darf nie und nimmer in die Konstitution der objektiven Evidenz des Gegenstandes miteingreifen oder diese einfach bedingen und damit ersetzen; jede noch so existentielle Form von Kantianismus in der Theologie muss das Phänomen verfälschen und verfehlen. […] Denn Christus ist von keinen subjektiven Bedingungen so abhängig, dass sie ihn hindern könnten, sich den Menschen restlos verständlich zu machen, oder dass sie umgekehrt ohne seine Gnade die hinreichende Vorbedingung böten, ihn verstehend zu empfangen."[306]

Zugleich muss es dem Menschen aufgrund seiner *eigenen Veranlagung* möglich sein, das Lebenszeugnis Jesu als Inkarnation der Liebe Gottes zu deuten und in seinem Inneren zu erfassen. Die unumgängliche anthropologische Orientierung nimmt Balthasar jedoch auf ein hermeneutisches Vorverständnis zurück, welches schon „durch die einfache, objektive Tatsache notwendig gegeben [ist], dass Gott Mensch wird und insofern den allgemein-menschlichen Daseins- und Denkformen entspricht"[307]. Denn nicht *jeglicher* Erfahrungsbegriff darf verwendet werden, um einen Zugang zum Offenbarungsgeschehen zu bahnen. Vorrangig muss die Initiative Gottes im Blick bleiben, denn „das Besondere, das er ist, kann er in diesen allgemeinen Formen nur von sich selbst her kundtun"[308].

Für Balthasar bieten sich zwei Formen der Annäherung an.[309] Es gibt zunächst die dialogische Situation der Begegnung, in der mir der Andere als ein unerklärliches, niemals machbares Geschenk erscheint, das ich als solches gelten lassen und annehmen muss, um es überhaupt in seiner Eigenart verstehen und lieben zu können. Wollte ich sein Verhalten in ein bestimmtes Netz von Erwartungen spannen oder vorweg berechnen, wäre echte Begegnung schon im Ansatz korrumpiert. Zwischenmenschliche Liebe bleibt immer ein Wagnis, in dem ich mich, fasziniert von der Einmaligkeit des Anderen, diesem ohne Rückversicherung hingebe.

Analoges geschieht in privilegierten Augenblicken ästhetischer Wahrnehmung. Schön ist das, was uns durch sein bloßes Erscheinen gefällt und seinen Zweck in sich selbst trägt. Die Gestalteinheit von Form und Freiheit erweckt – nach dem klassischen Ideal der Kunst – dann das Wohlgefallen des Betrachters, wenn ihr eine Stimmigkeit und Plausibilität eignet, in der alle einzelnen Züge, Maße und Proportionen überzeugend zu einer gefügten Form zusammen passen. Eine solche Gestalt trägt den Charakter der Notwendigkeit und der Freiheit gleichermaßen an sich: alles an ihr gehört notwendig dazu; sie kann gar nicht anders sein, als sie gerade ist. Und doch erscheint sie dem Betrachter als das unerforschliche, wunderbare Spiel eines freien Geistes, der sich zur Darstellung bringt. „Einen solchen Zusammenfall von Unerfindlichkeit durch mich mit eindringlicher Plausibilität für mich gibt es nur im Reich des interesselosen

---

[306] BALTHASAR: Herrlichkeit I. 447.
[307] BALTHASAR: Herrlichkeit I. 447.
[308] BALTHASAR: Herrlichkeit I. 447.
[309] Vgl. BALTHASAR: Glaubhaft ist nur Liebe. 33f.

Schönen."[310] Dieses gewinnt durch seine notwendig-freie Wohlgeratenheit, die sich nicht in Details, Voraussetzungen und Hintergründe auflösen lässt, eine Selbstevidenz, die dem Subjekt spontan einleuchtet, es nahezu überwältigt und in die selbstvergessene Betrachtung ‚entrückt'. Dabei bekundet sich die dem Schönen immanente Forderung, es sein zu lassen, was es ist, auf jede analysierende Inbesitznahme erst einmal zu verzichten und es als Ganzes anzunehmen. Beide Annäherungen konvergieren schließlich zu einer Einheit: „[…] wie in zwischenmenschlicher Liebe der Andere als Anderer, in seiner Freiheit nie von mir zu Bewältigender begegnet, so [ist] im ästhetischen Wahrnehmen eine Rückführung der erscheinenden Gestalt auf die eigene Einbildungskraft unmöglich"[311].

Wenngleich diese Erfahrungsformen nur analog auf das Geschehen der Offenbarung übertragbar sind, so geben sie doch insofern einen wichtigen Fingerzeig, als Verstehen sich nicht als „ein Subsumieren unter bewältigende Wissenskategorien"[312] vollzieht. Genau dies ist nach Balthasars Ansicht die erste Voraussetzung zur Begegnung mit der Offenbarungsgestalt: „die Hinnahme des Gegebenen, wie es sich gibt. Macht man beim Evangelium von vornherein Abstriche, so ist das Phänomen nicht mehr integer und bereits unverständlich geworden."[313] Um die Evidenz des unteilbaren „Zeugnis[ses] über den für uns gestorbenen und auferstandenen Menschen Jesus Christus"[314] zu erfahren, bedarf es einer kontemplativen Einstimmung[315], einer „innere[n] Kommunikation, in welcher die objektive Ordnung der Gestalt allererst aufglänzen kann"[316].

Balthasars phänomenologischer Gestus klingt hier wie ein geistlich-theologischer Aufruf, der sich gezielt gegen die genannten Tendenzen in der modernen Theologie richtet, vor allem gegen die drohende Infragestellung wesentlicher Grunddaten der traditionellen Christologie durch die historisch-kritische Exegese. Seine weit verstreuten, teils polemischen, aber auch differenzierten Äußerungen[317] lassen sich in dem

---

310 BALTHASAR: Glaubhaft ist nur Liebe. 34.
311 BALTHASAR: Glaubhaft ist nur Liebe. 34.
312 BALTHASAR: Glaubhaft ist nur Liebe. 34.
313 BALTHASAR: Herrlichkeit I. 448.
314 BALTHASAR: Herrlichkeit I. 515
315 Vgl. BALTHASAR: Herrlichkeit I. 233-247.
316 BALTHASAR: Herrlichkeit I. 594.
317 Auf den ersten Blick ist die Einstellung Balthasars zur modernen Forschung klar einzuordnen. Wer schon im Titel einer Veröffentlichung zu verstehen gibt, Gott sei sein eigener Exeget (vgl. BALTHASAR: Gott ist sein eigener Exeget), scheint sich und das kirchliche Credo gegen die kritischen Anfragen der Exegese immunisieren und strenge Offenbarungstheologie betreiben zu wollen. Mit dem Hinweis auf das Wirken des Heiligen Geistes, das auch nachösterlich das volle und lebenschaffende Wort Gottes zum Klingen bringt, droht eine charismatisch-dogmatische Steinbruchexegese, die einer hermeneutischen Vermittlung nicht bedarf. In der aktuellen Diskussion wird mittlerweile aber auch gesehen, dass das Denken Balthasars eine Genese hat – sie beginnt zwangsläufig in einer Atmosphäre, da der Einsatz der historisch-kritischen Methode von lehramtlicher Seite noch zurückgedrängt wird – und dass es um eine vielschichtige, auch wissenschaftlich fundierte Integration der Heiligen Schrift bemüht ist. Zur Bedeutung des Wortes Gottes bei Balthasar vgl. LÖSER: Wort und Wort Gottes in der Theologie Hans Urs von Balthasars. – KÖRNER: Wort Gottes, das das Wort Gottes bezeugt. – DAHLKE: „Gott ist sein eigener Exeget". – DICKENS: Balthasar's biblical hermeneutics.

einen Grundvorwurf bündeln, die kritische Analyse von Einzelbestandteilen der Offenbarungszeugnisse werde der Einmaligkeit Jesu Christi und der daraus resultierenden Einmaligkeit und Ganzheit des Schriftwortes nicht gerecht und laufe Gefahr, deren Gehalt – die sich selbst freiheitlich entfaltende trinitarische Liebe – zu verfehlen.

„Macht es nicht misstrauisch, wenn eine Bibel-Philologie grundsätzlich das Vorliegende dadurch zu ‚verstehen' sucht, dass sie schon im ersten Akt seine Gestalt zerlegt in Quellen, psychologische Zwecke und soziologische Milieueinflüsse, noch bevor die Gestalt als solche wahrhaft erschaut und in ihrem Gestaltsinn gelesen worden ist? Denn dies eine ist sicher, dass man vom einmal Zerlegten und Zersägten her – soviel Aufschlussreiches diese Anatomie auch zutage fördern mag – niemals mehr die lebendige Ganzheit der Gestalt zurückgewinnt."[318]

Die Bezeichnung der Schrift als eine lebendige, gestalthafte Ganzheit drückt die besondere Färbung aus, die Balthasar der Thematisierung des Wortes Gottes in seinem Werk gibt. Seinem Grundsatz getreu, dass „nur Gott über Gott adäquat reden kann"[319] wird die neutestamentliche Botschaft nicht in einem ersten Schritt nach den einzelnen Elementen und historischen Voraussetzungen ihrer Entstehung und damit nach einer für Menschenaugen überprüfbaren Legitimität hin befragt, sondern *von vornherein als* Selbstoffenbarung des dreieinigen Gottes im ganzen ausgelegt. Einem die Schrift zum direkten Gegenstand des Glaubens erhebenden Offenbarungspositivismus entkommt Balthasar dabei insofern, als er von Anfang an *bezeugtes und bezeugendes Wort* voneinander unterscheidet.[320] Die Schrift ist die Bezeugung des sich in Jesus von Nazareth auslegenden ewigen Logos, auf den hin und von dem her alle Heilsoffenbarung geschieht. Da das Offenbarungsereignis aber auch die gläubige Annahme und schriftliche Fixierung durch die Gemeinschaft der Kirche umfasst, kann sie nicht als bloß hinweisendes Dokument behandelt werden. Das Wort Gottes „will in seiner Anredegestalt an die Menschen immer schon die Antwortgestalt des Menschen an Gott miteinschließen"[321]. Erst als solches wird es zur *Gestalt*: „Das Grundphänomen ist das Ganze, das Wort Gottes und sein Vernommenwerden in der Kraft des Heiligen Geistes, Christus zusammen mit seiner Kirche."[322] Sofern aber das menschliche Echo wiederum nur als das Zeugnis des Geistes vom Wort verstanden werden kann,[323] wird deutlich, dass sowohl die innerweltliche Verfasstheit des Schriftwortes als auch ihr intentionaler Gehalt fundamental bestimmt sind durch einen aller theologischen Phänomenologie vorausgehenden Ursprung in Gott. Dieser Ursprungsgedanke ist inkarnatorisch gefasst. In Jesus Christus „vereinigt sich die Vertikalität (Wort vom Vater) mit der Horizontalität (Wort aus der Geschichte) zu einer einzigen untrennbaren Einheit von bezeugtem und bezeugendem Wort"[324]. Eine sinnvolle Unter-

---

318 BALTHASAR: Herrlichkeit I. 28f.
319 BALTHASAR: Die Implikationen des Wortes. 52.
320 Vgl. BALTHASAR: Wort, Schrift, Tradition. 11.
321 BALTHASAR: Herrlichkeit I. 515.
322 BALTHASAR: Katholisch. 23.
323 Vgl. BALTHASAR: Herrlichkeit I. 28.
324 EICHER: Offenbarung. 322. Vgl. BALTHASAR: Wort, Schrift, Tradition. 13, 15.

scheidung zwischen dem ‚historischen Jesus' und einem ‚Christus des Glaubens' ist damit hinfällig geworden. Da alle Texte letztlich auf das in den christologischen Glaubensformeln ausgedrückte *Mysterium Paschale*[325] zulaufen, spricht die Vielstimmigkeit der Evangelien nicht gegen die innere Verwobenheit von Gottes- und Menschenwort, sondern resultiert aus dem „unendlichen Überschuss des Offenbarungswortes über den möglichen Umgang des bezeugenden Wortes"[326]. Genau so erweist sich die Göttlichkeit des Wortes.

Inhaltlich hält Balthasar somit entschieden an der Paradoxie des fleischgewordenen Logos und deren Gründung im trinitarischen Wesen und Leben Gottes fest. *Methodisch* fordert er eine diesem Inhalt gerecht werdende Sehweise, die notwendigerweise „innerhalb der zu sich selbst kommenden Intuition des Glaubens"[327] verbleibt und als solche die Gesamtproportion der Offenbarung in ihrer stimmigen Gemessenheit[328] in den Blick nimmt. Hier werden die Einflüsse seiner literarischen, patristischen und spirituellen Vorbildung wirksam. Im goetheschen Sinne vermögen wir eine Gestalt nur dann adäquat zu erfassen, wenn wir sie über ihre begrifflich-analytische Zerlegung in verschiedene Momente hinaus als ein die Summe dieser Momente übersteigendes Ganzes zu sehen vermögen. Im Fall Jesu Christi ist das die Gestalt zusammenhaltende, begrifflich nicht mehr einzuholende ‚Mehr' seine Göttlichkeit, die Herrlichkeit Gottes selbst, die sich von sich her mitteilt. Inhalt und Methode fügen sich ineinander:

> „Um zu sehen, dass der Einzelaspekt in Wahrheit nur durch eine übergeordnete Ganzheit seinen Vollsinn erhält, ist die Kunst der Ganzheitsschau erfordert. […] das eschatologische Thema ist, für sich vereinzelt, unverständlich ohne die Kadenz des Leidens, die senkrechte Gestalt des vom Vater absteigenden und zu ihm zurückkehrenden Gottessohnes wäre unlesbar ohne die waagrechte der geschichtlichen Erfüllung und des Sendungsauftrags, die evangelische Ethik der Nächstenliebe erhält ihren Sinn aus dem dargelebten Urbild Christi, das nicht nur Vorbild, sondern zugleich (aber doch nicht nur) ermöglichende Vorwegnahme ist. Jedes Glied fordert das andere, und je mehr der Betrachter eindringt, desto allseitiger zeigt sich die Stimmigkeit. Ein Wesensstück herausgebrochen – die ewige Gottessohnschaft Christi zum Beispiel – und alle Proportionen sind gestört und verfälscht."[329]

Diese Goethe verpflichtete Sehweise konvergiert mit der Spiritualität der Gesellschaft Jesu, deren betrachtendes, tagtäglich geübtes Gebet nicht eine Begegnung *mit* dem Text, sondern eine *durch* ihn vermittelte beabsichtigt: der Text ist gewissermaßen das Medium, das dazu hilft, Jesus Christus selbst zu begegnen und sich ihm immer mehr anzugleichen. Im Blick auf die patristische Tradition gelingt es vornehmlich der von Origenes entwickelten Theorie des mehrfachen Schriftsinnes, die spirituelle und ganz-

[325] Vgl. hierzu Balthasars ausführliche Betrachtungen *Theologie der drei Tage*.
[326] BALTHASAR: Wort, Schrift, Tradition. 19.
[327] BALTHASAR: Herrlichkeit III-2-2. 80.
[328] Dass sich das Maß einer Form nur aus den Bezügen der Teile untereinander und jener wiederum zum Ganzen ergibt, Christus als der *einzige* Sohn vom Vater aber „primär nur durch sich selber gemessen werden" kann, führt Balthasar aus in: DERS.: Herrlichkeit I. 449-462, hier 450.
[329] BALTHASAR: Herrlichkeit I. 493f.

heitliche Dimension der Schriftbetrachtung in die Exegese zu integrieren. Balthasar selbst lernt sie unter Anleitung seines Ordensbruders und Lehrers Henri de Lubac zu der Zeit in Lyon kennen und schätzen,[330] als die moderne Bibelwissenschaft in der akademischen Ausbildung der Jesuiten in den 30er Jahren noch eine untergeordnete Rolle spielte und so die große theologische Tradition der Kirchenväter neue Bedeutung gewinnen konnte.[331]

„Die alten Betrachter der Schrift besaßen eben die Kunst, die Gesamtgestalt in den Einzelgestalten zu sehen und sie daraus zu erwecken. Das setzt freilich voraus, dass der Begriff des Ganzen geistlich und nicht literarisch-philologisch sei, dass man den entscheidenden Schritt vom Wort zum Geist, von der irdischen Gestalt zur Auferstehungsgestalt im Glaubensgehorsam mitvollzieht."[332]

Erst wenn die Schrift als ganze für wahr gehalten wird, erschließen sich ihre vielfältigen Bezüge. In diesem Sinne hat die wissenschaftliche Forschung ihren Ort nicht *vor*, sondern *innerhalb* der kirchlich-gläubigen Schriftauslegung, wo ihr durchaus eine eigene Berechtigung zukommt. „Die Lockerungen des Textes durch die kritische Methode haben […] einen unschätzbaren theologischen Gewinn dadurch gebracht, dass mit der erhöhten Perspektivität gleichsam im Faltenwurf des Schriftgewandes ganz neue Dimensionen für die theologische Erfassung des Gegenstandes aufgetan sind."[333] Als eine Art Reformulierung der bultmannschen Kategorien soll gelten: Es „hat sich zwischen dem hinweisenden Zeugnis und der Sache ein höchst lebendiger Raum aufgetan, und zwar so, dass das Zeugnis unbedingt zur Sache gehört und ein Stück von ihr ist, die Sache aber, als das Bezeugte, das Zeugnis wesenhaft übersteigt"[334].

Mit seinen teilweise heftigen Angriffen auf die historisch-kritische Methode will Balthasar letztlich nicht mehr erreichen als deren Relativierung; faktisch integriert er selbst auf breiter Ebene exegetische Vorarbeiten vor allem zur johanneischen Christologie,[335] jedoch so, dass jeder hermeneutische Zug zur Mitte führt und die gläubige Durchsicht auf das Ganze freigibt. Er tritt für eine *knieende* Theologie, nicht für eine distanzierte Wissenschaft ein. Bei aller wissenschaftlichen Redlichkeit, die eine verantwortete Reflexion des Glaubens erfordert, steht, so Balthasar, der Theologe immer

---

[330] Vgl. hierzu LÖSER: Im Geiste des Origenes. 83-99. Mit einigen anderen Forschern setzt sich Balthasar für eine christliche Rehabilitierung des Origenes ein. Wie kaum ein anderer vermag der alexandrinische Theologe aus der allegorischen Verbindung von Buchstabe und Geist zu schöpfen und die Bedeutung des Gotteswortes für jeden Menschen zu verdeutlichen, ohne dessen Historizität preiszugeben. „Die Entbuchstäblichung bei Origenes ist der Absicht nach das Gleiche wie die moderne Entmythologisierung; was dort Pneuma heißt, heißt hier Existenz in der Eigentlichkeit, was dort Gnosis (der Pistis) heißt, heißt hier Glaubensrealisierung des von der Offenbarung eigentlich Gemeinten. Aber Origenes *sieht* den Zusammenhang zwischen historischem Buchstaben und Geist […]" (DERS.: Herrlichkeit I. 475).

[331] Auf diesen Zusammenhang macht Balthasar selbst aufmerksam: „Weil die Exegese schwach war, gewannen die Väter unschwer die Oberhand" (DERS.: Zu seinem Werk. 76).

[332] BALTHASAR: Herrlichkeit I. 528; vgl. 72f.

[333] BALTHASAR: Herrlichkeit I. 520f.

[334] BALTHASAR: Herrlichkeit I. 521.

[335] Mit seinen vielfältigen biblischen Rückbezügen wäre vor allem der dritte Band der Ästhetik *Neuer Bund* ohne die Forschungsergebnisse der modernen Exegese nicht denkbar.

in einem betend hinhörenden Verhältnis zu seinem Gegenstand, da ihm letztlich nur dies aufgetragen ist: den Menschen „in seiner ganzen, auch geistigen, auch verstehenden Existenz enger mit Gott zu verbinden"[336].

Der *Grundakt der glaubenden Kontemplation* soll das Leben jedes Einzelnen bestimmen. In ihm vollendet sich die schon philosophisch entfaltete, alle menschlichen Vollzüge formende Fähigkeit des Sein-Lassens und Sich-beschenken-Lassens, die jedem Erkenntnis- und Liebesakt sowie jeder Schönheitserfahrung zugrunde liegt. Christus als die menschliche Erscheinung des universalen Heilswillens Gottes kann nur dann als unüberbietbare Selbstmitteilung Gottes verstanden werden, wenn der Mensch ihm gegenüber eine aufgeschlossene und bereite „Haltung des reinen Geschehenlassens"[337] einnimmt, eine Haltung, die Balthasar besonders im marianischen Fiat oder in der ignatianischen Indifferenz ausgeprägt sieht. Sie gelingt nicht dem unbeteiligten Zuschauer, der das sich darbietende Phänomen distanziert begutachtet, sondern nur dem Menschen, der sich von der erscheinenden Gestalt existenziell ergreifen, hinreißen, verwandeln lässt; der im gleichen Augenblick einsieht und überwältigt wird vom unfassbar Größeren. Die Anziehung, die er dabei erlebt, ist ‚erotisch'[338]: eine Entrückung des von Gott geliebten Menschen in das göttliche Geschehen der Liebe. Anbetend nimmt er die menschgewordene und entäußerte Liebe als das *Einzig Notwendige*[339] an. Damit ist jedes beruhigte Verweilen in der Schau einer schönen Gestalt unmöglich geworden. Die antwortende Gegenliebe des Menschen besteht darin, die eigene Existenz ganz der Lebensform des gehorsamen Sohnes anzugleichen, sich von ihr und ihrer gestaltenden Kraft formen zu lassen und diese ‚Form Christi' wiederum in der Liebe zum Nächsten darzustellen. Die „Umkehr als Abkehr vom eigenen Bild und Zukehr zum Gottesbild"[340], die sich dabei vollzieht, macht deutlich, dass das aus der personalen Erfahrung von Liebe und Schönheit erwachsene Vorverständnis nochmals überschritten werden muss, wo „der kenotisch absteigende Logos Gottes

---

[336] BALTHASAR: Theologie und Heiligkeit. 212.

[337] BALTHASAR: Glaubhaft ist nur Liebe. 55.

[338] BALTHASAR: Herrlichkeit I. 114f. Der Autor macht hier – unter Verweis auf eine apologetische Schrift des Dionysos Areopagita – wiederum auf die Bedeutung des (göttlichen) Eros in der christlichen Literatur und den Zusammenhang von Eros und Agape aufmerksam. Ein im theologischen Sinne ‚enthusiastisches' Moment durchzieht die „alt- und neutestamentliche Bundestheologie, in der die eifernde und verzehrende Liebe des göttlichen Bräutigams ihr Werk an der Braut tut, um sie in die gleiche antwortende Liebe emporzuheben, einzuladen und heimzuholen" (115).

[339] Schon auf den ersten Seiten seiner theologischen Ästhetik erinnert Balthasar an das Doppelgleichnis vom Schatz im Acker und von der kostbaren Perle (Mt 13, 44-46), in dem sich für ihn der Zusammenhang von Gestalt und Evangelium, Gestalt und Christsein kundtut: „Wäre nicht das Eine Notwendige, die unersetzliche Perle, um derentwillen wir alles verkaufen, und die doch einer erspäht haben muss mit einem Auge, das um den Wert weiß und von der Schönheit der einmaligen Form hingerissen, alles andere als ‚Kehricht' erachtet, um das Einzige zu gewinnen (…), das unbedingt allein Lebenswerte, das allem anderen, was wir auch noch sind, Teilhabe an dieser Wertigkeit verleiht" (DERS.: Herrlichkeit I. 24). Balthasars Einleitung erinnert so an das ignatianische *Prinzip und Fundament*, das dem Exerzitanden in gleicher Weise den Reichtum des Evangeliums in Aussicht stellt (vgl. 8.1.3 dieses Kapitels).

[340] BALTHASAR: Herrlichkeit I. 503.

sich selbst als Liebe [...] auslegt"[341]. Die „Distanz des Ganz-anders-Seins"[342], die bis in die Gottverlassenheit des Kreuzes reicht, verlangt vom Menschen eine alle selbstbezüglichen Tendenzen hinter sich lassende Verfügbarkeit, die sich senden lässt und Gottes Wort in das eigene Leben hinein übersetzt. Balthasar wird nicht müde, den *kontemplativen Gehorsam*[343] als *das* entscheidende Moment der Gotteserfahrung und als die Summe christlichen Lebens überhaupt herauszustreichen. „Man kann nicht vom eigenen Standpunkt aus sehen wollen, man muss sich in die Bewegung Jesu einschwingen und ihm ‚als dem Weg' nachfolgen."[344] Doch damit ist der Überstieg zur existenziellen Seite der Gottesbegegnung bereits vollzogen.

8.1.5.4 *Credere in Christo*: Urbild und Nachahmung der Gotteserfahrung

Der von Christus ergriffene Mensch ist immer zugleich der von ihm verwandelte, ihm angeglichene und in ihn ‚hineingestaltete' Mensch. Auf diese theologisierte Form der ignatianischen Spiritualität laufen alle bisher erörterten Bestimmungen des Subjekt-, Glaubens- und Gestaltbegriffs zu und vollenden sich somit in einem christlichen Erfahrungsbegriff, der unlösbar mit einer Bewegung *von mir weg*, mit einem Vorzug des *Anderen, Größeren* verbunden ist. „In der Mitte der Theologie von Balthasars steht die in keinem Stadium der theologischen Reflexion aufgebare Glaubenserfahrung als die dem Gottesgeschehen Raum gebende Anschauung."[345] Gemäß der Mystik der paulinischen Theologie ist diese zu verstehen als „das Hineinwachsen der eigenen Existenz in die Existenz Christi auf der Grundlage des wachsenden Sicheingestaltens Christi in den Glaubenden: ‚bis dass Christus in euch Gestalt gewonnen hat' (Gal, 4,19)"[346]. Nach welcher Logik sich die *Eingestaltung* des Einzelnen in Christus vollzieht, soll nun abschließend erläutert werden.

Im Glauben ist das einzelne Subjekt immer in seiner leib-seelischen Einheit involviert und wird *als Ganzes* von der Gegenwart Christi berührt: „Die dauernde Kontemplation des ganzen Christus verwandelt die Schauenden durch den Heiligen Geist als ganze in das Bild Christi (2 Kor 3,18)."[347] Diese Dynamik ist von der ästhetischen Analogie her sofort einsichtig. „Denn das Schöne fordert auf jeden Fall eine gesamtmenschliche Reaktion, [...] der ganze Mensch gerät in Vibration und wird zum antwortenden Raum und ‚Resonanzkasten' des sich in ihm ereignenden Schönen. Um wieviel mehr ist dies im menschlichen Eros der Fall, und nochmals um wieviel mehr muss es für die Begegnung mit dem göttlichen Eros gelten!"[348] Die Befähigung zur Liebe durch den Heiligen Geist schenkt dem Menschen „das Sensorium für Gott, den

---

341 BALTHASAR: Glaubhaft ist nur Liebe. 34.
342 BALTHASAR: Glaubhaft ist nur Liebe. 36.
343 Vgl. BALTHASAR: Herrlichkeit I. 467.
344 BALTHASAR: Vom Schauvermögen der Christen. 55.
345 EICHER: Offenbarung. 300.
346 BALTHASAR: Herrlichkeit I. 216.
347 BALTHASAR: Herrlichkeit I. 233.
348 BALTHASAR: Herrlichkeit I. 212.

Geschmack an ihm"[349] und integriert *alle* Impulse des menschlichen Bewusstseins, sinnliches Gefühl ebenso wie intellektuelle Einsicht und handelndes Engagement – entsprechend der grundlegenden Einheit der Transzendentalien.

„Die vielfachen Verirrungen der Erfahrungs- und Erlebnistheologie stammen alle daher, dass das Fühlen zu sehr als ein Einzelakt neben Verstand und Willen gefasst und zu wenig als die Integration des ganzen personalen Lebens verstanden, und entsprechend die Kriterien des Gottesverhältnisses zu sehr in die einzelne emotionale Zuständlichkeit und zu wenig in das Erfahrbarwerden durch alle Einzelzustände hindurch der alles begründenden Gesamtverfasstheit und -gestimmtheit des Menschen gelegt werde."[350]

Für Balthasar ist Ge-stimmtheit immer schon Be-stimmtheit:[351] Im letzten zeichnen nicht menschliche Faszination und Spontaneität, sondern Jesu Gehorsam und seine demütige Unterwerfung unter die Autorität des Vaters die Koordinaten vor, an denen entlang sich christlicher Glaube als „Eingelassenwerden in Jesu innerste Haltung"[352] verstehen lässt. Nachfolge bedeutet, dass das Leben jedes Einzelnen erst durch die Übergabe der Verfügungsgewalt an Gott wahre persönliche Gestalt[353] annimmt, wobei das *hoc sentite in vobis, quod et in Christo Jesu* ergänzt werden muss durch ein *sentire cum ecclesia*, das die Verwandlung der Seele in eine *anima ecclesiastica* einschließt: „So stark und unmittelbar sich der Einzelne von Gott gemeint und angesprochen, erwählt und begnadet fühlt und weiß, eins der Hauptkriterien für die Echtheit seines Fühlens wird seine Enteignung in die Gesamtheit der Kirche […] sein."[354] Je konsequenter er seine Gliedschaft am Leib Christi bejaht und je intensiver er sich in eine ‚eucharistische‘ Proexistenz einbinden lässt, desto größer und konturierter wird seine Persönlichkeit und desto universaler der Radius seiner Sendung.

Die christologische Form ist die unüberholbare Weise der Begegnung zwischen Gott und Mensch. Um sich Gott zu nähern, genügt es nicht, ihn in den eigenen innersten Regungen zu suchen; um wirklich Gott zu finden – und erst darin auch im Tiefsten sich selbst – bedarf es der *Nachahmung* jener *urbildlichen Erfahrung*, die der ewige Sohn in seiner Beziehung zum Vater macht. Jesus ist der Mittler, der in sich die

---

[349] BALTHASAR: Herrlichkeit I. 240.

[350] BALTHASAR: Herrlichkeit I. 236.

[351] Vgl. BALTHASAR: Herrlichkeit I. 301f: „Dieses restlose Bestimmtsein (und darin auch Gestimmtsein) durch den Gegenstand gehört wesenhaft zur Ästhetik der Offenbarung. Man kann darin sowohl einen Gegensatz wie eine vollendete Überhöhung der innerweltlichen Ästhetik erblicken, wo das wahrhaft Schöne nicht aus den Erregungszuständen des Menschen hervor‚gezaubert‘ wird, sondern sich in einer dem Menschen unbegreiflichen Huld von sich her preisgibt; hier liegt der ‚Anknüpfungspunkt‘ zwischen natürlicher und übernatürlicher ‚Charis‘."

[352] BALTHASAR: Fides Christi. 53f.

[353] Von Balthasars spezifischem Verständnis der Personwerdung (vgl. Abschnitt 8.1.5.1 dieser Arbeit) her ist vorausgesetzt, dass der Einzelne im Glauben und dessen Überantwortung an Gott nicht weniger, sondern mehr derjenige wird, als der er in seiner Tiefe angelegt ist. So ist der Glaube ein Gang zu sich selbst, zur eigenen Wahrheit, die sich in der Gleichgestaltung mit Christus als die ‚Fülle des guten und geordneten Lebens‘ erweist.

[354] BALTHASAR: Herrlichkeit I. 246. – Vgl. hierzu KEHL: Kirche als Institution. 281f.

Erfahrung macht, wer der Mensch ist und sein soll, und der in seiner Herkunft vom Vater die Erfahrung macht, wer Gott ist.

„Indem der Mensch Jesus sich selber versteht (und immer mehr verstehen lernt) als das, was er ist: das an die Welt gerichtete Wort des Vaters, in dessen Sendung das Schicksal des Weizenkorns, für die Welt zu sterben und dadurch Frucht zu bringen liegt, erfährt er Gott, nicht in einer ,gegenständlichen', von seiner eigenen Wirklichkeit getrennten Schau, sondern in seiner auf sich selbst nicht reflektierenden Demut [...], die allen Raum Gott überlässt und in der eigenen Funktionalität die Wirklichkeit des ihn sendenden, über ihn verfügenden, ihn ewig aus sich gebärenden Gottes erfährt."[355]

Als das fleischgewordene Wort bezeugt Jesus das, was er beim Vater gesehen und gehört hat „durch sich selbst, seine ganze Existenz, sodass die Gotterfahrung, die er gemacht hat, wiederum an seiner ganzen leibhaftigen Existenz leibhaftig nachvollzogen werden kann von den Menschen, die mit ihm umgehen und ihm glauben"[356]. Ist das Lebenszeugnis Jesu aber wesentlich durch seinen urbildlichen Sendungscharakter geprägt, kann dieses nur in dem Maße verstanden und nachgeahmt werden, als man selbst bereit ist, es zu bezeugen; die Erfahrung des Mittlers muss vermittelt werden. Dem je eigenen Zeugnis nochmals vorgängig ist die Vermittlung durch die Augenzeugenschaft der Apostel und der Mutter des Herrn, deren privilegiertes „menschliches Sehen, Hören, Betasten einer echten Menschlichkeit"[357] mit zur objektiven Glaubensgestalt gehört und als solche aller weiteren kirchlichen Verkündigung Richtung und Kontur gibt. Wie jede biblische Gotteserkenntnis des Alten und Neuen Bundes kündet sie davon, dass Gott selber in die kreatürliche Sichtbarkeit tritt und eine sinnenhafte Begegnung geradezu fordert.[358] Eine solche soll sich für die nachösterlichen Christen wiederholen, deren natürliche Sinne, wie Jesus selbst, durch einen Tod hindurch gehen müssen, um in ,geistlichen Menschen' neu geboren zu werden, die nicht nur einen geistlichen Verstand und Willen, sondern auch ein geistliches Herz, eine geistliche Einbildungskraft und geistliche Sinne besitzen.

Kirchlicher Glaube erwächst aus der „Teilnahme am archetypischen Glauben der Apostel und an der ganzen Erfahrungsstruktur im Raum der Heiligen Schrift"[359]. Durch diese Teilnahme ist er nicht blind, sondern sehend, hörend und tastend: „Wer mich sieht, sieht den Vater" (Joh 14,9). Doch auch diese Einheit von Glauben und Schauen beruht letztlich darauf, dass sich das gottschauende Ich als ein von Gott geschautes und erkanntes Ich je schon vorfindet.

---

[355] BALTHASAR: Herrlichkeit I. 313.
[356] BALTHASAR: Herrlichkeit I. 318.
[357] BALTHASAR: Herrlichkeit I. 315.
[358] In immer neuen Anläufen sucht Balthasar die von Origenes, Bonaventura und Ignatius vertretene Lehre von den ,geistlichen Sinnen' an die biblischen Quellen rückzubinden, um sie als Korrektiv gegen jede extreme Form von Spiritualismus oder negativer Theologie zu empfehlen. Denn es sind „unsere Sinne, und mit ihnen unser Geist, unser ganzer Mensch, der sterbend mit Christus zum Vater hin aufersteht" (DERS.: Herrlichkeit I. 410).
[359] BALTHASAR: Herrlichkeit I. 295.

„[…] das menschliche Gottschauen ist wie ein Echo auf das vorausgehende und begründende von-Gott-Geschautwerden, so sehr ein Echo, dass es sich im Bewusstsein dieses Geschautwerdens beruhigen und auf seine eigens davon abgehobene Selbstschau auch verzichten bzw. das Gottschauen als miteingeschlossen im von-Gott-Geschautwerden verstehen kann.“[360]

8.1.6 Der Glaube als Weg zum *humanum*: ein goethescher Zwischenruf

Am Erfahrungsbegriff verdichtet sich noch einmal die innere Logik der ins Objektive gewendeten Theologie Balthasars. Zwei Rückfragen schließen sich an. *Erstens*: Inwieweit konnte die vorausgehende Analyse die von Balthasar selbst artikulierte These bestätigen, er greife goethesche Denkfiguren auf? Tritt die erwartete Übereinstimmung im Denken tatsächlich auf oder haben wir es auch mit Motivverschiebungen zu tun, in denen Goethe sich nicht hätte wiederfinden können? *Zweitens*: Wie lässt sich, daran anknüpfend, das Verhältnis Balthasars zu den beim Selbstverständnis des modernen Menschen ansetzenden Theologien Rahners und Bultmanns bewerten?

Goethes epiphane Weltbetrachtung gibt insofern die phänomenologische Zielrichtung vor, als sie die rezeptive Schau niemals zugunsten eines verfügenden Wissens überschreitet. Sie beruht auf einem zweipoligen Schema, das subjektive Empfindung und objektives Widerfahrnis gleichermaßen umgreift. Balthasar folgt dieser Polarität, insofern auch er prinzipiell diesseits der Spaltung von Subjekt und Objekt bleibt. Dabei wendet er die phänomenologische Zuordnung von Bewusstseinsweise und Erscheinung offenbarungstheologisch: Das subjektive Glaubenslicht ist eng verwoben mit der intentionalen Ausrichtung auf die objektiven Mysterien des Lebens Jesu, die sich im rezeptiven Auge zu einer ganzheitlichen Gestalt ordnen. Die Erblickung der Gestalt ist immer schon Entrückung aus der eigenen Sphäre, mit ihr beginnt die Erhebung des Menschen zur Kommunikation mit Gott.

Gegenüber der rein kognitiven Wissensvermittlung übernatürlicher Inhalte, wie sie in der traditionellen Schultheologie betrieben wurde, gewinnen die Themen Balthasars auf diese Weise eine neue Dynamik. Ein anthropologischer Übergang deutet sich an, wenn die Glaubenserfahrung als eine „Begegnung von Person zu Person“[361] beschrieben wird, die den ganzen Menschen umgreift und geradezu in seinem Sein erbeben lässt. Der Glaube handelt nicht von Wahrheiten, zu denen man auf Distanz bleiben kann; er berührt das Dasein.

Von der paulinischen Christusmystik her interpretiert Balthasar das Offenbarungsgeschehen als die real erfahrbare Anwesenheit des pneumatischen *Christus in mir*.[362] Da Christus aber als der meinem Ichsein gegenüber Andere von mir Besitz ergreift, bedeutet seine Gegenwart zugleich ein Herausgehen bzw. Herausgenom-

---

[360] BALTHASAR: Herrlichkeit I. 317.
[361] BALTHASAR: Herrlichkeit I. 185.
[362] Das paulinische Wort „Nicht mehr ich lebe, sondern Christus lebt in mir“ (Gal 2,20) wird ganz ähnlich auch von Guardini in seinem 1939 erstmals erschienenen Werk *Welt und Person* offenbarungstheologisch ausgelegt (vgl. 145-160).

mensein aus mir selbst, analog jeder anderen personalen und ästhetischen Begegnung in der Welt. Die Einwohnung Gottes erfüllt sich erst, nachdem das alte Subjekt mit Christus gestorben ist, um mit ihm als neues, von Christus durchdrungenes Ich aufzuerstehen (Röm 6).

Hier beginnt eine subtile Verschiebung des goetheschen Gleichgewichts: Subjektive und objektive Evidenz bilden zwar formal die beiden Pole, zwischen denen sich die Offenbarung als Phänomen entfaltet, doch ist diese Polarität nochmals unterfangen und ermöglicht durch die Macht, die vom Objekt ausgeht. Ein Wortspiel kann diese Priorität des Objekts verdeutlichen, nach dem die *‚Einbildungskraft‘* nicht beim betrachtenden Ich, sondern ganz bei Christus liegt, der zugleich *Bild* und *Kraft* Gottes ist. Es zeigt sich, wie sehr Balthasars Anverwandlung goethescher Motive zu einer *theologischen* Phänomenologie wird. Die Möglichkeit, angemessen auf Gott zu reagieren, stiftet sich selbst noch einmal von Gott her ein. Seine uns immer zuvorkommende und unfasslich übersteigende Liebe trägt die Bedingungen ihrer Erkennbarkeit notwendig in sich selbst, da der Mensch das Paradox der am Kreuz verherrlichten Liebe Gottes aus seinen eigenen Möglichkeiten gar nicht begreifen könnte.

Einer Offenbarung aus Liebe kann nur eine Hermeneutik der Liebe entsprechen – und als eine solche will Balthasar seine methodische Annäherung verstanden wissen. Er setzt seine philosophischen Überlegungen zur Dialogizität des Seins und zur freiheitlich-verdankten Existenz des Menschen auf der Ebene einer Bundestheologie fort. Immer wieder aber oszilliert diese Hermeneutik zwischen einem ermutigenden Ruf zur Christusnachfolge und einer schroffen Abwehr aller Vermittlungen ‚von unten‘. Es drängt sich der Eindruck auf, dass Balthasar der eigenen Natur des Menschen im Letzten nicht traut; ein bloßes Kreisen um subjektive Befindlichkeiten scheint ihm zu nahe zu liegen, als dass er der ‚Faszination‘ der transzendentalen Vergewisserung nachgeben wollte. Christliche Erfahrung verläuft für ihn ganz und gar *objektiv*: in einem „objektiven, unüberholbaren Überspieltsein der ganzen Ich-Sphäre durch die Sphäre Christi"[363]. Sie ist abhängig von einer ästhetischen Einstimmung auf das göttliche Objekt, das in sich bereits stimmig ist und seine eigene Stimmigkeit auf den Schauenden überträgt.

Die Verlagerung des Schwergewichts auf das Objekt lässt sich nun auch in der Begegnung mit einem Kunstwerk beobachten, wie sie Goethe in seinen kunsttheoretischen Reflexionen beschreibt: „Das beste Kunstwerk spricht auch zur Empfindung, aber eine höhere Sprache, die man freilich verstehen muss; es fesselt die Gefühle und die Einbildungskraft; es nimmt uns unsere Willkür, [...] wir sind genötigt uns ihm hinzugeben, um uns selbst von ihm, erhöht und verbessert, wieder zu erhalten."[364] Das Schöne zieht den Betrachter in seinen Bann und in seine Forderung, sich ihm hinzugeben. Wer sich jedoch absichtslos dem Schönen überlässt, kehrt in seinem Innersten beschenkt und verwandelt zu sich zurück. Indem er die Ebene der Willkür

---

363 BALTHASAR: Herrlichkeit I. 219.
364 GOETHE: WA I. 47. 21f.

und der engen Ichbezogenheit verlässt, gelangt er auf das höhere Niveau des Ästhetischen *und* des Humanen, das ihm eine neue, befreiende Perspektive *des eigenen Selbst* eröffnet und einen aufrechten, festen Stand im Dasein gewährt. Darin treffen sich Goethes Auffassung von Kunst und seine Beurteilung religiöser Ausdrucksformen. Auch der Glaube erweist seine Glaubhaftigkeit erst in seiner Menschenwürdigkeit; er ist ein Weg zum *humanum*.

Wenngleich der Dichter hier nicht als theologische Instanz bemüht werden kann und soll, so ist doch bemerkenswert, wie sehr die zweite Dimension seiner ästhetischen Erfahrung – die Rückkehr des Betrachters zu sich selbst – bei Balthasar ins Hintertreffen gerät. Während Goethe die Begegnung mit einem Kunstwerk als *enteignend und erfüllend gleichermaßen* beschreibt, lässt Balthasars Apologetik das Subjekt in seiner Heilsbedürftigkeit zu sehr außen vor. Sie ist ja gerade als Widerspruch zu Blondel und Rahner konzipiert mit dem Ziel, Gott niemals auf die Erfüllung menschlichen Strebens zu reduzieren. Wenn sie also die ‚interesselose Schau' als die einzig gültige Annäherung an die Offenbarungsgestalt vorstellt, so ist damit streng genommen auch eine von der eigenen Erlösungssehnsucht unabhängige Betrachtung gemeint. In seiner Denkbewegung von oben nach unten geht Balthasar davon aus, dass Gottes auf Erden erschienene *doxa* den Menschen erfasst und von sich aus in den Sog der Erlösung zieht. Das menschliche Umfeld dieses Geschehens leuchtet er nicht letztgültig systematisch aus. Damit bewegt er sich in einer eigenartigen Spannung. Zum einen wendet er sich – mit Rahner und Bultmann – überzeugend gegen den blinden Autoritätsgehorsam des Supranaturalismus. Zum anderen gelingt es ihm bisweilen nur ungenügend, den Adressaten der Selbstmitteilung Gottes in seiner Subjektivität gelten zu lassen. Wenngleich auch er das heilschaffende Gegenüber von Gott und Mensch im Auge hat, bleibt dem eigenen Suchen und Fragen des Menschen doch sehr wenig Raum. Um einer unsachgemäßen Verzweckung der Offenbarung zu widersprechen, lässt er der modernen Wende zum Menschen ein nochmaliges „Von-sich-weg des Glaubens"[365] folgen und nimmt nur insoweit Rekurs auf die *eigenen* Erfahrungen des Menschen, als diese in der Haltung dialogischen Geschehenlassens (von Liebe und Schönheit) eine Vorstufe für die Entgegennahme der Selbstmitteilung Gottes bilden und sich dann in radikaler Umkehr in die urbildliche Sendung Jesu einfügen. Der ignatianische Impuls der Verähnlichung mit Christus wird so als Verwiesenheit auf Christus ausgelegt, die eine Verwirklichung des Menschen *jenseits seiner selbst* im Gottessohn impliziert; denn dieser ist „das Maß, mit dem Gott den Menschen misst"[366].

Das von Balthasar in die Diskussion um die Erfahrbarkeit Gottes eingebrachte Motiv ist der *Gehorsam des Menschen in der Gefolgschaft Christi*. Gegenüber den modernen Tendenzen zur reinen Immanenz stellt es ein notwendiges Korrektiv dar; doch gerät es in dieser Opposition auch selbst in eine missverständliche Schieflage. Ein *rein objektgerichteter* Glaube scheint dem realen Auftreten Jesu im Neuen Testament nicht

---

[365] BALTHASAR: Herrlichkeit I. 219.
[366] BALTHASAR: Herrlichkeit I. 293.

recht zu entsprechen. Die Botschaft Jesu ist immer eine konkrete Antwort auf die Heilserwartungen der Menschen – und damit auf ihr tiefstes Bedürfen. *Erfüllend und enteignend gleichermaßen* fordert sie den objektiven Glauben an die Gottessohnschaft Jesu nur in Verbindung mit einer Verheißung für den Einzelnen: „Wer glaubt, hat das ewige Leben" (Joh 6,47). Gewiss steht dabei mal der eine, mal der andere Aspekt im Vordergrund. Dem Blinden schenkt Jesus seine *erfüllende* Gabe unmittelbar, wenn er erbarmungsvoll auf dessen Sehnsucht nach Glück und Heil reagiert: „Und Jesus fragte ihn: Was soll ich dir tun? Der Blinde antwortete: Rabbuni, ich möchte wieder sehen können. Da sagte Jesus zu ihm: Geh! Dein Glaube hat dir geholfen. Im gleichen Augenblick konnte er wieder sehen und er folgte Jesus auf seinem Weg" (Mk 10,51f). Von einem anderen wird zuerst seine buchstäbliche *Enteignung* gefordert, bevor er die Gabe Gottes erhält: „Eines fehlt dir noch: Geh, verkaufe, was du hast, gibt das Geld den Armen, und du wirst einen bleibenden Schatz im Himmel haben; dann komm und folge mir nach!" (Mk 10,21).

Das Neue Testament selbst weist darauf hin, dass das Wirken Gottes keine einspurigen Kategorien kennt. Die Denkwege Bultmanns, Rahners und Balthasars müssen deshalb – in ihrer je besonderen Hellsichtigkeit wie Fragwürdigkeit – als *komplementäre Beiträge* im Ringen um eine moderne Theologie der Erfahrung verstanden werden. Der Einzelne darf sein Menschsein als von Gott geheilt und erlöst annehmen. Es entspricht seinem innersten Wesen und der Eigentlichkeit seines Daseins, sich in die Nachfolge des menschgewordenen Sohnes zu begeben; er folgt einem *Ruf ins Eigene.* Dieser Weg besteht für ihn aber auch darin, sich ständig zu erneuern und in die Gestalt hineinzuwachsen, die ihm durch die Taufe zuteil wurde. Er verlässt das Eigene, um in den Raum der Gnade einzutreten; er folgt einem *Ruf ins Andere.*

8.2 Objektive Evidenz:
Armut des Kreuzes – Fülle der Herrlichkeit

Die These dieser Arbeit setzt die Offenbarungstheologie Balthasars unter das Vorzeichen, eine Phänomenologie zu sein. Sie geht davon aus, dass es sich dabei um eine spezifische, von Goethe her beeinflusste Denkart handelt, die sich durch die Verwendung ihrer zentralen Motive der Gabe und der Gestalt von den geläufigen Bahnen der phänomenologischen Disziplin ebenso unterscheidet wie von den Modellen zeitgenössischer Theologie. In der Diskussion um die zu leistende Modernisierung der Theologie ringt Balthasar um eine Methode, die ihrem Gegenstand, dem Ereignis der Selbstoffenbarung Gottes angeglichen ist. Nachdem die von ihm gewählte Methode hinsichtlich der Frage nach Subjektivität und Erfahrung untersucht wurde, soll nun *die Sache selbst* im Mittelpunkt stehen: die *objektive Evidenz* der in Kreuzesgestalt erschienenen Herrlichkeit Gottes.

Durch die Absetzung von verschiedenen immanentistischen Bestrebungen in der Theologie kam das phänomenologische Profil der Apologetik Balthasars bereits in wesentlichen Aspekten zum Vorschein. Darüber hinaus fordert die Rede von der objektiven Evidenz nun einen Vergleich mit den prominenten Modellen der Gründerväter der Phänomenologie, weil so auch von theologischer Seite her die Bedeutung des Gestaltbegriffs als dem Proprium Balthasars geklärt werden kann. Dies erscheint mir umso wichtiger, als die wenigen Rezeptionen, die sich mit der *phänomenologischen* Ausrichtung der Theologie Balthasars befassen, die Verwandtschaftsbeziehung zu Husserl oder Heidegger eher überstrapazieren, während sie sich kaum mit der goetheschen Gestalt auseinandersetzen.[367]

In seiner Funktion als phänomenologische Kategorie *sui generis* dient der Gestaltbegriff zunächst dazu, christologische Paradigmen, die in der Neuzeit aufgrund ihrer paradoxen Struktur nach einer Seite hin aufgelöst oder ganz abgelehnt wurden, auf neue Weise zu plausibilisieren. Das Auftreten Jesu Christi kommt so als *universale concretum* und als *offenbares Geheimnis* zur Geltung. Ist dieser Grundstein gelegt, ist der Blick frei gegeben für die unableitbare Epiphanie der Herrlichkeit Gottes, die zunächst nur durch sich selbst erkannt werden kann. Die Offenbarung selbst wirft ein Licht auf die Voraussetzungen ihrer Ankunft beim Menschen. Ein von der immer vorgängigen Gnade Gottes bestimmtes Sehen ist in Balthasars Werk daher „nicht nur der Kern der theologischen Methode, sondern Kriterium ihrer Wahrheit."[368] Inhalt und Methode klingen zusammen.

8.2.1 Der Gestaltbegriff als phänomenologische Kategorie *sui generis*

Balthasars *Herrlichkeit* ist durch und durch von dem Anliegen beherrscht, sich den ‚Sachen selbst' des christlichen Glaubens zuzuwenden, also dem, was sich im Phänomen der Offenbarung kundtut. Dieser Umstand veranlasste Interpreten dazu, Vergleiche mit den bekanntesten Vertretern der Phänomenologie zu ziehen, wobei sie das Profil Balthasars aber eher verzerren als erhellen und sich überdies untereinander zum Teil widersprechen.

In seiner Habilitationsschrift *Offenbarung* ordnet der Paderborner Theologe Peter Eicher das Denken Balthasars der Typik jener katholischen Linie zu, auf der sich die zunächst universale theologische Kategorie der Offenbarung „geradezu als die Antinomie christlichen Denkens zum aufgeklärten Selbstverständnis der Neuzeit"[369] her-

---

[367]   Gemeint sind jene Rezeptionen, die auf die Phänomenologie als Methode explizit rekurrieren und Vergleichsmodelle herbeiziehen, nicht aber solche, die sich generell mit der theologischen Ästhetik Balthasars beschäftigen und dabei einzelne methodische Elemente untersuchen. Zur ersten Gruppe zähle ich EICHER: Offenbarung. 339-342, der Balthasar in die Nähe Husserls rückt, Goethe aber gänzlich vernachlässigt; des weiteren GREISCH: Eine phänomenologische Wende der Theologie?, der den Gestaltbegriff zwar erwähnt, aber eine Verwandtschaft mit der Hermeneutik Heideggers suggeriert.

[368]   SALMANN: Hans Urs von Balthasar. 41.

[369]   EICHER: Offenbarung. 64.

ausbildet und einen Anspruch von Objektivität mit sich führt. Seine Darstellung ist insofern ambivalent, als sie zwar eine geistige Grundtendenz Balthasars aufdeckt, diese aber in einer Weise als *Beschwörung der Selbstevidenz der Gestalt Jesu Christi* anschärft, dass ihre mannigfaltigen philosophischen Voraussetzungen unzulässig verkürzt erscheinen. Entscheidende Momente der Rede von Offenbarung wie Geschichtlichkeit und Subjektivität werden Balthasar schlichtweg abgesprochen.[370] In diesem Zusammenhang zieht Eicher einen Vergleich zu Husserl. Er fragt kritisch an, ob das Offenbarungsdenken Balthasars in seinem intensiven Bemühen, die Wesensmitte des christlichen Glaubens zur Anschauung zu bringen, nicht jenen überholten Reduktionen Husserls verhaftet bleibe, die einen „Verlust des zeitlichen Sinns von Sein"[371] herbeiführen und im Bereich der Theologie eine hermeneutische Vermittlung der Christusbotschaft verhindern. Ihm zufolge verlässt Balthasar „die historische Faktizität"[372], um in einer Art überzeitlicher Schau das invariante Phänomen der trinitarischen Offenbarungsgestalt vor Augen zu stellen. Dadurch aber werde „die jesuanische Zeitlichkeit von der christologischen Herrlichkeit verschlungen [...], die Geschichte Jesu und damit der geschichtliche Sinn des Glaubens überhaupt, von der trinitarischen Voraussetzung her, in ihrem Gewicht zu sehr entlastet"[373]. Wo Balthasar seinerseits die Verwicklungen der Theologie in mannigfache Begründungszusammenhänge, welche das Gegebene der Offenbarung auf Formen der Vernunft zurück führen, als kosmologische oder anthropologische Reduktionen ablehnt, bescheinigt Eicher ihm selbst eine *eidetische Reduktion* im Sinne Husserls: „Von Balthasars theologische Phänomenologie steht nicht der hermeneutischen Phänomenologie Heideggers, sondern der eidetischen Phänomenologie Husserls nahe. Die Entweltlichung und Entzeitlichung seiner Kontemplation haben darin ihre Entsprechung."[374]

In einem neueren Beitrag nimmt auch Jean Greisch, derzeit Inhaber des Guardini-Lehrstuhls in Berlin, Bezug auf die Methodik Balthasars unter Berücksichtigung der darin aufscheinenden phänomenologischen Maxime ‚Zu den Sachen selbst'. Greisch, dessen wissenschaftliche Arbeit von der Auseinandersetzung mit der Phänomenologie Heideggers und der Hermeneutik Ricoeurs geprägt ist, verortet Balthasars Denken an der Schnittstelle zwischen Phänomenologie und Theologie und weckt dabei genau gegenteilige Assoziationen: „Es ist Balthasars ständiges Ringen um die sachgerechte Erschließung und Wiedergabe der Sinngestalten, die seine Methode eher in die Nachbarschaft einer hermeneutischen als die einer transzendentalen Phänomenologie rückt."[375]

---

[370] Angesichts des dezidiert geschichtstheologischen Werkes *Theologie der Geschichte*, welches Balthasar schon 1950 veröffentlicht, und der intensiven und durchaus differenzierten Auseinandersetzung mit dem Deutschen Idealismus in der *Apokalypse der deutschen Seele* muss dieses Urteil erstaunen.
[371] EICHER: Offenbarung. 340.
[372] EICHER: Offenbarung. 340.
[373] EICHER: Offenbarung. 341.
[374] EICHER: Offenbarung. 341.
[375] GREISCH: Eine phänomenologische Wende der Theologie? 382; vgl. 384.

Diese nahezu widersprüchlichen Aussagen mögen auf den ersten Blick verwundern, erklären sich aber m.E. daraus, dass keine der beiden Analysen von den eigentlichen Wurzeln des balthasarschen Denkens ausgeht. Denn bei aller Inspiration an der Phänomenologie als einer der dominierenden philosophischen Disziplinen des 20. Jahrhunderts steht die Verwendung des Gestaltbegriffs doch zugleich für eine Absetzung von den herkömmlichen Kategorien und Denkschemen. Der in sich schon unsystematische goethesche Gestaltbegriff erlaubt Balthasar gerade in seiner Unvertrautheit (und Unverbrauchtheit) die (An-)verwandlung phänomenologischer Motive im Dienst der Offenbarungstheologie und damit einen originalen Neuansatz. Diese These von der balthasarschen Originalität soll sich in der kritischen Rückfrage bewahrheiten, inwieweit Eichers Urteil eines ‚zeitlosen Eidos‘ in seiner ansonsten scharfsinnigen Darstellung tatsächlich zutreffend oder irreführend ist.[376]

Balthasar folgt weder der eidetischen noch der hermeneutischen Phänomenologie als vorgegebenem Programm einer einflussreichen philosophischen Strömung. Dem widerstrebt nicht nur der antisystematische Grundzug seiner Werke, sondern auch sein radikaler Wille, aus der Innenperspektive des Glaubens heraus zu denken. Seine Aufmerksamkeit richtet sich nie zuerst auf ein dem Offenbarungsgeschehen vorgängiges menschliches Erleben, aus dessen phänomenologisch erhobenen Konstanten der christliche Glaube ableitbar wäre. Er fragt vielmehr umgekehrt: Wie steht es um die religiöse Vernunft, nachdem sich Gott in Jesus Christus ein für allemal selbst geoffenbart hat?

Die oben genannten Engführungen der Phänomenologien Husserls und Heideggers lässt Balthasar durch eine Explizierung des Gestaltphänomens auf ontologischer Ebene hinter sich. Seinen transzendentalen Bestimmungen nach ist das Sein nicht nur wahr und gut, sondern auch schön. Jedes Phänomen des Schönen erscheint in der spannungsvollen Differenz von Gestalt und Glanz, die in ihrer Gleichzeitigkeit nicht nochmals aufgelöst werden kann. Mit dieser ästhetischen Differenz schlägt Balthasar eine eigene phänomenologische Ordnung vor. Die Gestalt ist die konkreteste Struktur des Seins, die jedes einzelne Seiende durchdringt, es in all seinen Gliedern eint und dem göttlichen Sein öffnet. Ihr ‚Inneres‘, der verborgene Grund, und ihr ‚Äußeres‘, die sichtbare Erscheinung, sind untrennbar miteinander verbunden. Sofern der innere Glanz die *sich* zur Darstellung bringende, *sich* offenbarende Tiefe des Seins selbst ist, entzieht er sich jedem konstruierenden Begriff, der frei über das Sein verfügte. Er führt eine *Evidenz* mit sich, die nicht nur einen vorurteilsfreien Blick fordert, sondern auch jenseits aller transzendentalen Vergewisserung liegt:

„Es ist solche Evidenz, die vom Phänomen selbst her auf- und einleuchtet, und nicht solche, die auf Grund von Bedürfnisbefriedigung des Subjekts festgestellt wird. Die geschichtlich begegnende Gestalt ist an sich selbst überzeugend, weil das Licht, wodurch sie einleuchtet, von

---

[376] Ich folge in meiner Darstellung einzelnen zutreffenden Beobachtungen Eichers, setze mich aber hinsichtlich seiner Schlussfolgerung von ihm ab.

ihr selbst ausstrahlt und sich evidentermaßen als ein solches, von der Sache her leuchtendes erweist."[377]

Theologisch gesehen ist die ästhetische Dimension für Balthasar die fundamentalste. In ihr bildet sich das Offenbarungsgeschehen ab, das ebenso gestalthaft strukturiert und proportioniert ist wie es die göttliche, unverfügbare und uneinholbare Herrlichkeit zum Ausdruck bringt.

„Ist für Heidegger die Sache des Denkens das Geschehen innerhalb der Differenz von Sein und Seienden, so bleibt von Balthasars Denken durch sein ganzes Werk dem theologischen *modus* dieses Geschehens innerhalb der Differenz von Glanz und Gestalt verpflichtet, jedoch nicht so, dass dieses Offenbarungsgeschehen als spezifischer Fall des onto-logischen Geschehens von diesem abgeleitet werden könnte, sondern […] in völlig eigener Entwicklung vom sich zeigenden Phänomen her."[378]

Erst *von dem im Glauben Gegebenen her* entwirft Balthasar die Grundkoordinaten seiner Phänomenologie, die eine *radikal theologische* ist. Sie bleibt ständig im Empfang ihrer eigenen Bedingungen. Weder der Gegenstand der Schau, noch der Akt des Sehens können ohne den sich selbst offenbarenden Gott konstituiert werden.[379] Um dies auch philosophisch zu plausibilisieren, werden die allgemeinen Prinzipien des Gestaltsehens gesteigert:

„[…] um seine Gestalt zu erfahren, muss man ihr innerlich werden, in ihren Bann und Strahlungsraum eintreten, in den Zustand geraten, in welchem er in seinem An-sich-sein allererst ansichtig wird. Das gilt nicht nur für Kunstwerke oder Naturschönheiten, es gilt in gesteigertem Maß für die Begegnung eines menschlichen Du […], es gilt deshalb zuhöchst, auf qualitativ anderer Stufe, für das begegnende Ansichtigwerden der Gestalt Gottes (Joh 5,38)."[380]

Hier bleibt Eicher m.E. nicht konsequent genug. Nur wer *im* Phänomen, in dessen ,Strahlungsraum' lebt, kann es auch in seiner Selbstevidenz wahrnehmen, lautet Balthasars These. Damit wird aus dem methodischen Motto Husserls ,Zu den Sachen selbst' eine Forderung zur Innenansicht. Über die objektivierte Erkenntnis hinaus lässt sich ein solches, in das Phänomen existenziell hinein genommenes Denken vom Gegenüber, vom Du her ansprechen. Eine so verstandene Phänomenologie kann keine wissenschaftlich distanzierte Wesensschau bleiben, die vom eigenen Dasein des Betrachters oder von der faktischen, geschichtlichen Existenz des Gegenstandes unberührt bleibt. Sie ist geschichtlich zu realisierende Antwort oder, anders gesagt, der Blick eines je schon von Ewigkeit her angeschauten Menschen, der die Offenbarung im freien, persönlichen Sich-Einlassen auf ihre konkrete Einmaligkeit bezeugt.

Innen- und Außenperspektive, Zeugnis und Vorstellung stehen sich als zwei grundverschiedene Bestimmungen bei Balthasar und Husserl gegenüber. Während Balthasar gegenüber Heidegger die ontologische Differenz als Anzeige der Kreatür-

---

377 BALTHASAR: Herrlichkeit I. 446.
378 EICHER: Offenbarung. 327f. Vgl. HEIDEGGER: Identität und Differenz. 51-79.
379 Vgl. EICHER: Offenbarung. 323.
380 BALTHASAR: Herrlichkeit I. 594.

lichkeit der Welt interpretiert, betont er gegenüber Husserl die Strahlkraft des Objekts, die sich nicht primär einer Möglichkeit des Denkens verdankt, sondern dieses umgekehrt für sich in Anspruch nimmt. Er unterscheidet sich von Husserl also sowohl hinsichtlich der *transzendentalen*, als auch hinsichtlich der *eidetischen* Reduktion. Die von Eicher aufgeworfene These, in Balthasars Offenbarungstheologie werde „der zeitliche Sinn des Redens von Gott durch das ewig anschauliche Eidos zurückgelassen"[381], lässt sich primär durch die Prinzipien der Gestalt widerlegen.

Schon philosophisch drückt die Gestalt ein anschaulich *Werdendes* aus, das in seinem Wesen entwicklungsfähig und -bedürftig ist. Jedes *konkrete* Endliche überschreitet sich in das hinein, was es immer schon ist und doch erst noch finden und geschichtlich verwirklichen muss: sein ihm von Gott her zugedachtes Wesen. Diese eschatologische Ontologie bildet sich bei Balthasar auch heilsgeschichtlich ab. In der Zeit der Offenbarung ist Raum für das Drama der Binnengeschichte des Einzelnen, dessen unvertretbare Bedeutung sich in die größere Ganzheit der Bundesgeschichte integriert. Schließlich ist das Auftreten der Christusgestalt ein inkarnatorisches und damit raum-zeitliches Geschehen, das sich je neu der Gestalt der Welt einprägt und von der Welt je neu aufgenommen wird. Um Gott aber in Wahrheit zu begegnen, muss man ihn *in der Tiefe* verstehen lernen und sein mitgeteiltes Licht in das eigene Leben hinein strahlen lassen. Dabei geht es zugleich um einen geschichtlichen Verstehensprozess: Der Mensch ist in seinem konkreten Ich in ein Verstehen involviert, das sich weder in einem bloßen Anschauen idealer Gehalte, noch in einem Haftenbleiben an analysierbaren historischen Fakten vollzieht. In *Herrlichkeit* zeigt Balthasar einen dritten Weg auf, der im Durchblick auf die *ideal-reale Einheit einer Gestalt* zu erfassen sucht, dass in jedem Gleichnis Jesu, in jedem einzelnen seiner Worte und Wunder immer schon das Ganze hervorbricht und als solches seine Bedeutung für mich entfaltet. Zur endgültigen Gestalt werden die Fragmente der biblischen Augenzeugenschaft freilich erst in der Einheit von Tod und Auferstehung Jesu, jenem transgeschichtlichen Ereignis, von dem her sich eschatologisch alle Weltzeit bestimmt und vollendet. In ihm ist die Geschichte erfüllt, ohne dass sie einfach aufgehoben wäre. Alle Weltzeiten verdichten sich in der kurzen Zeitspanne der Existenz dieses Einzelnen, denn Christus ist das Eschaton schon in der Geschichte seines irdischen Lebens. Das Ewige ist „in diesem menschlichen Leben und in jedem seiner Augenblicke in einer vorher und nachher nie dagewesenen Weise [axiologisch] gegenwärtig, aber nicht als das zeitlos Gültige (die ,Idee'), sondern als das jetzt und hier sich Ereignende"[382].

Diese im Gestaltbegriff verankerte Zeitdimension ist es, die Eicher in seiner vorschnellen Bezugnahme auf Husserl übersieht. So sehr die allgemeine Phänomenologie eine wichtige Parallele für Balthasars Offenbarungstheologie bleibt, wird sie doch in dem entscheidenden Punkt des christologischen *universale concretum* überholt. Wo es darum geht, Christus zu erfassen, gibt es, so Balthasar, „gar keine Möglichkeit der

---

[381] Eicher: Offenbarung. 341.
[382] Balthasar: Herrlichkeit III-2-2. 155. Vgl. das gesamte Kapitel „Die Zeit Jesu" (150-161).

Abstraktion, des Absehens vom Einzelfall, des Einklammerns unwesentlicher Zufälligkeiten der historischen Darlebung, weil gerade in der Einmaligkeit das Wesentliche und Normative liegt"[383].

8.2.2 Der Gestaltbegriff als theologisch-ästhetische Antwort auf die Aporien der Moderne

Wie ist nun die objektive Evidenz einer Offenbarung zu rechtfertigen, in der die beiden gegensätzlichen Dimensionen des *universale* und des *concretum* zusammen fallen? Hat nicht spätestens die Aufklärung die Koinzidenz von Universalität und Geschichtlichkeit als Aporie, als leere Versprechung des Christentums entlarvt? Und kann man vom Höhepunkt der Offenbarung, vom Kreuz her überhaupt noch von ästhetischer Gestalt sprechen, wo doch alle Gestalthaftigkeit in der Gestaltlosigkeit des Gekreuzigten zerbricht? Müsste man nicht vielmehr eine Fassung negativer Theologie vorziehen, die von der radikalen Andersheit Gottes ausgeht?

Balthasar antwortet auf diese Fragen der Moderne in einer analogischen Dialektik, die den (vordergründig) paradoxen Charakter der Offenbarung aufgreift und der objektiven Evidenz des Glaubens zuordnet. In Jesus Christus offenbart sich das Absolute im Endlichen, doch ist gerade diese Verborgenheit „die Sprache, in der Gott sich unmissverständlich, […] endgültig und unüberholbar selbst kundgeben will"[384]. In Anlehnung an zwei typisch goethesche Denkfiguren soll zunächst Balthasars *prinzipielle* Antwort auf die genannten Herausforderungen der Moderne erläutert werden, bevor die *inhaltlichen* Dimensionen des Christusereignisses und des Verhältnisses von Kreuzes- und Herrlichkeitsgestalt in einem weiteren Punkt vertieft werden.

8.2.2.1 *Universale concretum*

Während sich die Generation der Aufklärung noch genötigt sah, die universale Relevanz eines geschichtlichen Ereignisses und mit ihr den christologischen Anspruch, Gott habe sich innerhalb der zeitlichen Grenzen eines Menschenlebens geoffenbart, aus Vernunftgründen zu verwerfen, setzt Balthasar seine Offenbarungstheologie unter ein umgekehrtes Vorzeichen. Ausgehend von der johanneischen Paradoxie des fleischgewordenen Logos kennzeichnet er das Christusereignis mehrfach ausdrücklich als das *universale concretum* bzw. als *das Ganze im Fragment*[385], da in ihm der universale Heilswille Gottes seine konkreteste Verdichtung erfährt. Er bindet verschiedene Mög-

---

[383] BALTHASAR: Theologie der Geschichte. 18f.
[384] BALTHASAR: Herrlichkeit I. 440.
[385] So der Titel des Buches, in dem Balthasar seine christozentrisch ausgerichtete Geschichtstheologie vorlegt.

lichkeiten, dieses christologische Motiv zu begründen, ineinander.[386] Dementsprechend lege ich nicht nur den ästhetischen, sondern auch den ontologischen und dramatischen Aspekt seiner Theologie den folgenden Ausführungen zugrunde.

Ist der Aufklärung zwar zuzugestehen, dass eine normativ zu wertende universale Bedeutung eines einzelnen Menschen für die gesamte Menschheit reiner Vernunft nicht erschließbar ist,[387] so gibt es dennoch auch in der philosophischen Landschaft der Moderne Spuren, die einen Zusammenfall von *universale* und *concretum* auf der natürlichen Seinsebene andeuten. In der *Apokalypse der deutschen Seele* kann Balthasar zeigen, dass Goethes Lehre von der Gestalt die platonische Trennung von Ideenwelt und sichtbarer Wirklichkeit ablehnt und die Ideen vielmehr als Kräfte und Entelechien des Seienden begreift. „Was Goethe leidenschaftlich fesselt, ist […] die Erfahrung des ideellen Werdens einer Entelechie in ihrem realen Werden."[388] Das Allgemeine ist für ihn mehr als bloße Abstraktion; zwar existiert es nicht außerhalb der Individuen, entspricht aber einer Realität, die sich als solche in jeder einzelnen Ausdifferenzierung identisch findet. So offenbart die Pflanze gerade in ihren vielfältigen Variationen das einheitliche Gesetz ihres Wesens. Als entscheidendes Merkmal der Gestalt kristallisiert sich die Verbindung zwischen universaler Regel und konkreter Immanenz heraus.

Von seiner frühesten Schaffensphase an erarbeitet Balthasar unter dem Einfluss jener goetheschen Dignität des Lebendig-Konkreten eine Ontologie, die an der Verschränkung von Allgemeinem und Besonderen in der endlichen Wirklichkeit festhält. Jedes Seiende ist zunächst als „Besonderes, Individuelles und Partikulares" gegeben, weist aber über sich hinaus auf ein „Mehr-als-es-selbst, das doch wiederum nicht außerhalb seiner selbst liegt"[389]: auf das Wesen, sofern es allgemein ist. Die „Spiegelung des Wesens in der Erscheinung"[390] bedeutet auf der Ebene des Menschseins, dass Individuum und allgemeine Menschennatur aufeinander bezogen sind, sich gegenseitig einschließen.

„Das Universale existiert als solches nie außerhalb des Partikulären, was das Partikuläre nicht daran hindert, die jeweilige Darstellung eines Universalen zu sein. Alles, was ein einzelner Mensch ist und tut, das ist und tut er in Ausprägung einer Möglichkeit des Wesens Mensch, das er mit allen anderen Menschen identisch teilt; und dennoch ist alles, was er ist und tut, nie ein Abstraktes, sondern immer Ausdruck seines konkreten, persönlichen, unwiederholbaren Wesens."[391]

---

[386] Die folgenden Ausführungen stimmen weitgehend überein mit den Darstellungen von MENKE: Einziger Erlöser aller Menschen? – FABER: Universale Concretum bei Hans Urs von Balthasar. – LÖSER: „Universale Concretum" als Grundgesetz der Oeconomia Revelationis. – ESCOBAR: Das Universale Concretum Jesu Christi und die ‚eschatologische Reduktion' bei Hans Urs von Balthasar. – MARCHESI: La cristologia di Hans Urs von Balthasar. 33-55.

[387] BALTHASAR: Theologie der Geschichte. 12f.

[388] BALTHASAR: Apokalypse I. 411.

[389] Beide Zitate: BALTHASAR: Theologik I. 169.

[390] BALTHASAR: Theologik I. 169.

[391] BALTHASAR: Theologik I. 186.

Jedes Seiende ist mit allen anderen Geschöpfen verwoben und damit transparent für das Ganze des Seins. Gemäß dem goetheschen „Wort vom Individuum ineffabile"[392] besitzt es zugleich eine unverwechselbare, auf keine Allgemeinheit reduzierbare Innerlichkeit, die als solche universale Geltung hat. „Die so beschaffene Geltung kann im Gegensatz zur abstrakten Universalität der allgemeinen Gesetze und Strukturen als konkrete Universalität bezeichnet werden, sofern hier das Einmalige als solches allgemeine Gültigkeit hat."[393] So erklärt sich im Kontext der Frage nach der *Wahrheit der Welt*, dass die perspektivische und personale Gegebenheit von Wahrheit keinen Widerspruch zu ihrer allgemeinen Gültigkeit darstellt.[394]

Balthasars natürliche Anwege zum Phänomen des *universale concretum* sind eingebettet in ein schöpfungstheologisches Apriori. Mit den Kirchenvätern bezeichnet er die *Entdeckung des Seins* durch die Griechen zwar als eine der entscheidenden geistesgeschichtlichen Voraussetzungen, „um den Sinn und die Tragweite des Universale Christi zu fassen"[395]. Diese bereitet das Denken auf die christologische Erfüllung vor, in der Gott selbst und damit auch die dem Logos innewohnenden Urbilder alles Geschöpflichen in einem einzelnen Menschen gegenwärtig sind. In Christus realisiert sich die unendliche Fülle in einer endlichen Gestalt. Und doch ist das griechische Urbild-Abbild-Verhältnis mit seinem Primat der allgemeinen Idee vor der konkreten Verwirklichung nicht mit dem jüdisch-christlichen Seinsverständnis gleichzusetzen, wonach zwischen dem subsistenten Sein des Schöpfers und dem nicht-subsistenten Sein der Schöpfung zu unterscheiden ist.

Im Sinne der thomanischen Realdistinktion unterstreicht Balthasar, dass der *actus essendi*, welcher dem einzelnen Seienden Wirklichkeit verleiht, weder identisch ist mit der Summe alles Seienden, noch selbst ein Seiendes ist. Darin liegt die *Nichtsubsistenz* des geschöpflichen Seins. Sofern jenes Sein an und für sich nichts ist, kann es auch aus sich selbst heraus nichts bewirken, „sondern verweist auf den Schöpfer, der das Sein als das hervorbringt, was alles Seiende miteinander verbindet und zugleich voneinander unterscheidet"[396]. Es ist ein und derselbe Akt, durch den alles Seiende wirklich ist; daher bedeutet Für-sich-Sein immer schon Mit-Sein. Die Bewegung der Seinsmitteilung west im einzelnen Seienden an, *indem* sie es zugleich transzendiert und auf den unendlichen Horizont des Ganzen der Wirklichkeit hin öffnet.[397] Indem Gott das Sein

---

[392] BALTHASAR: Theologik I. 203.

[393] BALTHASAR: Theologik I. 204.

[394] Vgl. hierzu das Kapitel ‚Wahrheit als Situation' in BALTHASAR: Theologik I. 200-232.

[395] BALTHASAR: Gott redet als Mensch. 96.

[396] MENKE: Einziger Erlöser aller Menschen? 148. Vgl. BALTHASAR: Herrlichkeit III-1-2. 962: „Das Sein selber ist ‚nicht das Licht', aber es gibt ‚Zeugnis vom Licht', indem es darauf kraft seiner Nichtsubsistenz verweist."

[397] Diese Sicht entspricht dem in Kapitel 6 ausgeführten Gestaltprinzip. Als Gestalt bezeichnet Balthasar „eine als solche erfasste, in sich stehende begrenzte Ganzheit von Teilen und Elementen, die doch zu ihrem Bestand nicht nur einer ‚Umwelt', sondern schließlich des Seins im ganzen bedarf und in diesem Bedürfnis eine (wie Cusanus sagt) ‚kontrakte' Darstellung des Absoluten ist, sofern auch sie auf ihrem eingeschränkten Feld seine [sic!] Teile als Glieder übersteigt und beherrscht" (DERS.: Herrlichkeit III-1-1. 30).

in die von ihm gewollten Dinge und Lebewesen gleichsam einströmen lässt, erweist er seine trinitarische Liebe und schafft zugleich die Bedingung der Möglichkeit für das Ereignis seiner Selbstoffenbarung in Jesus Christus. Der Entäußerungscharakter des Seinsaktes ist, so Balthasar wörtlich, „das für Gott adäquate Schöpfungsmedium, um sein kenotisches Wort von Kreuz und Auferstehung hineinzusprechen und es als seinen Sohn zu Tod und Auferstehung hineinzusenden"[398].

Die Gestalten der Wirklichkeit erscheinen als die gelichtete Schönheit des Seins, unterliegen aber einer gewissen Abstufung. Denn die vom *actus essendi* unterschiedene *essentia* entscheidet über den Grad der Teilhabe eines Seienden am Sein. Je mehr sich ein Seiendes auf sich selbst und damit auch auf Anderes beziehen kann, je größer also der Grad seiner Innerlichkeit und seiner Selbsttranszendenz ist, desto höher steht es in der Hierarchie der Gestalten. Im Bewusstsein des Menschen, das sich willentlich und frei sogar noch auf den Grund des Seins, den Schöpfer selbst beziehen kann, findet der Stufenbau der Welt seinen „qualitativ nicht überschreitbare[n] Höhepunkt"[399].

Die auf der thomanischen Realdistinktion zwischen Sein und Wesen gründende Hierarchie der Gestalten ist neben der Qualifizierung des Seins als Gabe eine weitere wichtige Voraussetzung für das christologische *universale concretum*. Denn:

„Mit der Immanenz steigt die Transzendenz. Ästhetisch gesprochen: je höher und reiner eine Gestalt, desto mehr bricht das Licht aus ihrer Tiefe hervor und desto mehr verweist sie auf das Lichtgeheimnis des Seins im Ganzen. Religiös gesprochen: je geistiger und selbständiger ein Wesen ist, umso mehr weiß es in sich um Gott und umso klarer verweist es auf Gott. Es ist unmöglich, dass die biblische Offenbarung sich solchem Grundgesetz der Metaphysik entzieht, denn Gott handelt in menschlicher Geschichte, nimmt Menschengestalt an und gliedert sich durch seine Menschengestalt in der Kirche die Menschheit an. Somit bedient sich das absolute Sein, um sich in seiner unergründlichen personalen Tiefe kundzutun, der Weltgestalt in ihrer Doppelsprache: unaufhebbarer Endlichkeit der Einzelgestalt und unbedingtem, transzendierendem Verweis dieser Einzelgestalt auf das Sein im Ganzen.[400]

Lässt sich die natürliche Seinsstrukur so nachvollziehen, dass das Einzelne auf das Ganze hin durchsichtig ist, so kann Balthasar der von der platonischen Philosophie evozierten und mit jeder Christologie mindestens implizit verbundenen patristischen Kernfrage begegnen, wie denn „das Absolute im Endlichen bzw. das Endliche im Absoluten so sein [kann], dass das Endliche nicht nur nicht aufgehoben oder absorbiert, sondern umgekehrt in demselben Maße es selbst wird, in dem es mit dem Absoluten verbunden ist"[401]. Die singuläre Stellung und der normative Anspruch der Christusgestalt lassen sich von diesen ontologischen Überlegungen jedoch nicht ganz einholen. Mit dem Gedanken der *Selbst*offenbarung Gottes ist jede *aufsteigende* Analogie unmöglich geworden. Die innerweltlichen Seinsgesetze können „auf das Verhältnis zwischen dem sich offenbarenden Gott und seiner Offenbarungsgestalt nicht ange-

---

[398] BALTHASAR: Herrlichkeit III-1-2. 961, mit ausdrücklichem Hinweis auf Ulrich.
[399] BALTHASAR: Epilog. 39.
[400] BALTHASAR: Herrlichkeit III-1-1. 32.
[401] MENKE: Einziger Erlöser aller Menschen? 151.

wendet werden, eben weil in der einmaligen Gestalt, und nur in ihr, das Mysterium der innergöttlichen ‚Übergestalt': die Dreieinigkeit als absolute Liebe und damit als ‚Wesen' Gottes kundgetan ist"[402].

Die Seinsbewegung, die jedes Endliche im Sinne der *analogia entis* durchzieht, ist auf Übererfüllung hin ausgerichtet und erst im Licht des Christusereignisses als solche erkennbar. Die Inkarnation des göttlichen Logos setzt zwar, um universal wirksam werden zu können, die seinshafte Einheit aller Menschen auf der Ebene des Bewusstseins bzw. der Personalität voraus. Wenn der Mensch in dem Maße Person wird, in dem er seine potentiell universale Selbsttranszendenz realisiert, so offenbart Jesus auf unüberbietbare Weise den Sinn alles Seienden, besonders jedes Menschenlebens durch seine göttliche Selbsttranszendenz, die sich in seiner einzigartigen Abba-Beziehung zu Gott, dem Vater, äußert. Diese Beziehung, die Jesus zu seinem Vater unter den Bedingungen von Raum und Zeit *ist*, muss identisch sein mit der Personalität des Erlösers bzw. des ewigen Sohnes beim Vater, sofern man die Sohnschaft nicht als Einheit zweier differenter Personen missverstehen will.[403] Damit ist aber auch gesagt: Die Innerlichkeit Jesu unterscheidet sich von der aller anderen Menschen nicht nur *graduell*, sondern auch *wesentlich*. Im Unterschied zu den Geschöpfen ist Jesus nicht nur auf einmalige Weise ‚das Ganze im Fragment', sondern Gottes Logos in Person. Nur er stellt sich dem Willen des Vaters so rückhaltlos zur Verfügung, dass er dessen vollkommenes Ebenbild genannt werden darf. „Gott sendet seinen Sohn, damit er den Vater auslege in menschlichen Gebärden; wir hören den Vater in seinem menschlichen Echo; im menschlichen Gehorsam bis zum Tode erfahren wir, wer der Befehlende ist: an der Antwort haben wir das Wort."[404] Versteht man Gottes Selbstoffenbarung aber als den *Logos der Antwort*,[405] als den diese Antwort hervorrufenden und zur Sprache bringenden Logos, so liegt Jesu universale Bedeutsamkeit zuletzt in seinem Einssein mit dem Vater begründet. Es ist seine Gottheit, die ihn zur normativen Gestalt macht. „Er ist, weil er Gott ist, ein Universale concretum, ein Concretum universale."[406] Jesus weiß sich nicht wie ein alttestamentlicher Prophet von Gott beauftragt, sondern er wird sich seiner Identität mit dem göttlichen Logos bewusst. „Es ist evident, dass wenn ‚einer von uns' seinshaft eins ist mit Gottes Wort und Gottes erlösender Tat, er ebendadurch als dieser Einmalige erhöht ist zur Norm unseres Wesens wie unserer konkreten Geschichte, der aller Individuen wie der des Geschlechts."[407]

Nimmt aber die Existenz Jesu den Rang einer urbildlichen Norm für die Gesamtgeschichte ein, erheben sich weitere Fragen, die ein nochmals anderes Licht auf die

---

[402] BALTHASAR: Herrlichkeit III-2-2. 15.

[403] Balthasar stimmt mit der Mehrheit der historisch-kritisch argumentierenden Exegeten überein, wenn er von dem einzigartigen Verhältnis des Erlösers zu seinem ‚Abba' auf die personale Einheit des Menschen Jesus mit dem innertrinitarischen Logos schließt. Vgl. BALTHASAR: Theodramatik II-2. 136-210. – DERS.: Das Selbstbewusstsein Jesu. – MENKE: Einziger Erlöser aller Menschen? 177.

[404] BALTHASAR: Gott redet als Mensch. 98.

[405] Vgl. WERBICK: Das Medium ist die Botschaft. 234.

[406] BALTHASAR: Merkmale des Christlichen. 183.

[407] BALTHASAR: Theologie der Geschichte. 15. Vgl. DERS.: Theodramatik II-2. 153.

von Eicher aufgeworfene These des ‚ewigen Eidos' der Offenbarungsgestalt werfen: Welches Verhältnis besteht zwischen der Begrenztheit der jesuanischen Zeitlichkeit und der allgemeinen Zeit menschlicher Geschichte? Wie lässt sich denken, dass ein Einzelner Norm für alle ist, ohne einengend zu wirken und Freiheit zu beschränken? Grundlinien einer Beantwortung dieser Fragen zeichnen sich in Balthasars *Theologie der Geschichte*[408] sowie in seiner mehrbändigen *Theodramatik* ab, die hier allerdings nur skizzenhaft angedeutet werden können.

Balthasars Ausgangspunkt ist ein trinitarischer, da die Zeitlichkeit Jesu vom ewigen Leben des Sohnes nicht getrennt werden kann. Die Horizontale der innertrinitarischen Beziehung ragt vertikal in das irdische Leben Jesu hinein, ja sie verbürgt allererst die Möglichkeit von Schöpfung und Geschichte, die von Anfang an im Zeichen des Logos steht. Christus selbst wird nun offenbar als das Wort, durch das alles geschaffen ist; als das schöpferische Wort, das nicht nur das Angesicht Gottes, sondern auch das wahre Bild des Menschen und des Kosmos zeigt. Die tragende Achse, die auch unserer Zeit Sinn und der horizontalen Geschichte des Menschen Eigenständigkeit verleiht, ist der *Gehorsam* des neuen Adam. „Im Sohn begründet also die Empfänglichkeit für Gottes Willen die Zeit."[409] Jesu vollkommene Bereitschaft, die Sendung des Vaters auszuführen, ist die der Schöpfungszeit gewährte Garantie. Denn Gott ist nicht, so wäre gegen Hegel zu betonen, ein werdender Gott, der sich in und durch die Zeit erst einholen und verwirklichen müsste, sondern er ist ein vollkommen liebender Gott, der der Geschichte Zusammenhalt und Identität verleiht.

Die Zeit Christi ist einmalig und unableitbar und steht dennoch in einer tiefen, fortdauernden Beziehung zur Weltzeit. Diese Analogie ist es, die eine echte Nachfolge und Nachahmung Christi im Vertrauen auf die Verheißung ewigen Lebens ermöglicht. „Im Wunder des urbildhaften gottmenschlichen Gehorsams begegnen sich die Vergegenwärtigung des dreieinen Lebens und die letzte Begründung und Vollendung der unterscheidend kreatürlichen Haltung vor Gott."[410] Sofern die Grundthese dieser Verhältnisbestimmung die urbildliche und normierende Bedeutung der Existenz Christi für die Gesamtgeschichte ist, ist mit dem Motiv des *universale concretum* die Problematik von *Grundlegung und Entfaltung* aufgeworfen.[411] Balthasar wahrt die Spannung durch eine Verflechtung von christologischer und pneumatologischer Perspektive. Der Prozess der Universalisierung ist Werk des Heiligen Geistes, der die Zeit der Kirche zur geschichtlich-sakramentalen Vermittlung der urbildlichen Existenz Christi macht. Indem Balthasar aber – gut ignatianisch – betont, dass der Geist eine beständige Hinkehr zur sinnlichen Realität des Evangeliums erwirkt, weist er darauf hin, dass hier nicht nur eine nachträgliche Verallgemeinerung der konkreten Existenz Jesu Christi gemeint ist. Eine universale Integration aller menschlichen Situationen in die Inkarnation Jesu Christi ist deswegen möglich, weil die christologische Situation von

---

[408] Die erste Auflage erschien 1950, die erweiterte Fassung 1959.
[409] BALTHASAR: Theologie der Geschichte. 31.
[410] BALTHASAR: Theologie der Geschichte. 38.
[411] Vgl. hierzu und zum Folgenden: FABER: Universale concretum bei Hans Urs von Balthasar. 261-265.

vornherein universale Dimension hat.[412] Sie ist, so präzisiert Balthasar, „universale in
re, Überzeit in der Zeit, allgemeine Geltung im Augenblick, Notwendigkeit in der
Faktizität"[413]. Die Universalisierung durch den Geist setzt die größtmöglichen Maße
der Gestalt Christi voraus: sie „erschließt nur die ganze Tiefe der in Fülle ergangenen
[Offenbarung; I.K.] und gibt ihr eine für die Welt neue Dimension: vollkommene
Aktualität für jeden Augenblick der Geschichte"[414]. Während Christi Sohnschaft, sein
Sein für Gott und für die Menschen in verborgener und doch wirksamer Weise alle
Weltzeit zuinnerst bestimmt, werden die allgemeinen menschlichen Normen jedoch
nicht einfach von außen modifiziert; diese sind schon eingeborgen in die Existenz des
Gottmenschen, der die Maße des Menschen sozusagen dehnt und aufsprengt. Der
Sohn gebraucht „sein Menschsein, Leib und Seele, als Maßeinheit [...], die er solange
im Willen des Vaters verwendet, ausweitet, geschmeidig macht, bis jedes Maß dieser
Welt damit gemessen ist"[415]. So wird das unwiederholbar Einmalige und Ereignishafte
des Lebens Jesu zum Maß der Kirchenzeit, in der sich nur das entfalten soll, was in
ihm grundgelegt ist.

Diese Gedanken greift Balthasar in *Herrlichkeit I* auf. Die Offenbarungsgestalt ist,
so führt er aus, in einem doppelten Sinne ein *universale concretum*: „die Konkretisierung
des Göttlichen im Menschlichen und eben so auch die Vollendung des Menschen, wie
sie sich nur in der Einwohnung Gottes ereignen kann"[416]. Die inkarnatorische Bewegung von oben nach unten legt dem Menschen nicht einen äußeren, fremden Maßstab
an. Sie weitet das konkrete Leben eines Einzelnen in der Weise, dass darin alles
Menschliche Raum findet, ohne beschnitten oder korrumpiert zu werden. „Gott,
Mensch werdend, redet nicht zu sich selbst: er redet die Welt an. Christus ist diese uns
alle angehende Rede Gottes. Wir sind nicht nur von außen angesprochen, sondern in
uns selber, in unserer eigensten Natur betroffen und haben, insofern Christus unser
Bruder ist und in unserer Natur Gott geantwortet hat, selbst schon in ihm geantwortet."[417] Die Christusgestalt ist das unüberholbare Maß des Menschseins, „weil in dieser

---

[412] Vgl. BALTHASAR: Theologie der Geschichte. 55: „Jede Situation gottmenschlichen Lebens ist innerlich
so reich und unendlich, so nach allen Seiten hin beziehungsvoll und bedeutend, dass sie eine nicht aus-
zuschöpfende Fülle an christologischen Situationen aus sich freigibt. [...] Eine Situation im Leben Jesu
ist nicht als eine endliche, abgeschlossene Größe aufzufassen, die sich wie eine natürliche weltge-
schichtliche Situation gegen andere, gleichzeitige, frühere oder nachfolgende abgrenzen würde. Die
Dimension dieser Situation bleibt, da sie ja Darstellung des göttlichen, ewigen Lebens in die Welt hinein ist, nach oben offen. Ihr Sinngehalt, ihre Beziehungsfülle ist schon in ihrer eigenen Geschichtlichkeit eine unendliche, noch ganz abgesehen von den [...] Formen ihrer Universalisierung im Hinblick
auf die Kirche und den Einzelnen."

[413] BALTHASAR: Theologie der Geschichte. 69.

[414] BALTHASAR: Theologie der Geschichte. 62.

[415] BALTHASAR: Theologie der Geschichte. 52f.

[416] FABER: Universale concretum bei Hans Urs von Balthasar. 264. Es gilt, dass Gott „Mensch werdend
den Menschen nicht vergewaltigt, sondern ihn gerade in seinem Menschlichsten vollendet. [...] Und
doch kann ein so rundes und vollendetes Menschliches sich nur in der Einwohnung Gottes ereignen:
in der Einigung des Größt-Unendlichen und Kleinst-Unendlichen" (BALTHASAR: Herrlichkeit I. 458f).

[417] BALTHASAR: Herrlichkeit I. 459f.

Gestalt das absolute Sein selber erscheint"[418]. Dass dieses Maß Christi als Gnade bereitliegt, „als ein geschenktes Maß, das sich keiner selbst nehmen kann, das aber so gegeben wird, dass jeder es nehmen kann, der will"[419], ist Tat des Heiligen Geistes. In der *Entfaltung* des Heilsereignisses, welches sakramental vermittelt in der Gemeinschaft der Kirche fortdauert, hat die *freie* Zustimmung des Glaubenden konstitutive Bedeutung, ohne dass damit die in Christus selbst schon grundgelegte Universalität geschmälert würde. „Das Jawort des Glaubens, in seiner Freiheit auf nichts reduzierbar, ist trotzdem nicht Erschaffung von Wahrheit, sondern Wahrseinlassen der den Glaubenden immer schon meinenden, ihm immer schon zugedachten Wahrheit, die grundsätzlich auch schon immer mit seiner Verweigerung aufgeräumt hat. Denn Christus hat für alle Sünden gelitten."[420]

Für die *libertas christiana* zu streiten beansprucht in weit größerer Komplexität die *Theodramatik*. Die theologische Einholung des mit der neuzeitlichen Entdeckung der Unbedingtheit menschlicher Freiheit aufgebrochenen Problembewusstseins sowie die universale Heilsbedeutung des Erlösertodes Jesu Christi bilden das innere Movens dieser ‚dramatischen' Soteriologie. Zu zeigen ist, wie die innere Dynamik der Stellvertretung zu denken ist, in der Jesus als ein einzelner Mensch alle Menschen vor und nach ihm betreffen bzw. vertreten kann. Balthasar führt hier seine fundamentale Einsicht weiter, dass es vom Anthropologischen her zwar Anwege zum christologischen *universale concretum* gibt, dieses aber aus jenem nicht abgeleitet werden kann. Obwohl die Stellvertretung Christi die gegenseitige Verwiesenheit der Subjekte aufeinander (die „Apriorität des Wir"[421]) voraussetzt, ist sie im Entscheidenden doch von der göttlichen *Personalität des Sohnes* abhängig. Stellvertreter im Sinne eines ‚Träger der Weltsünde' kann Christus nur sein, wenn er als Mensch zugleich Gott *ist*, wenn „nicht irgend ein Mensch für einen andern leidet, sondern wahrhaft *,unus ex Trinitate passus est'*, in seiner Menschennatur, die den Platztausch ermöglicht, aber in seiner Gottperson, die allein gestattet, in die äußerste Situation eines freien Menschen Gott gegenüber einzutreten"[422].

Geht aber die ‚Inklusion' in Christus dem freien Handeln des Menschen voraus, drängt sich erneut die Frage auf, ob dem Menschsein damit nicht Gewalt angetan wird.

„Besagt nun aber nicht das endgültige Sich-Konkretisieren des unendlichen göttlichen Willens in der einmaligen menschlichen Gestalt Jesu Christi eine für die Menschheit unerträgliche Festlegung auf diese Gestalt als die absolute Norm und damit als etwas die Unendlichkeit Gottes Kompromittierendes und die menschliche Freiheit Verdemütigendes, ja sie geradezu Negierendes? Legt sich doch Gott selbst von vornherein (sofern Christus Alpha der Schöpfung ist), auf eine einzelne normative Gestalt fest, so wie er auch die Menschen an sich bindet und das Handeln ihrer Freiheit nach ihrem (bewussten oder unbewussten) Verhältnis zu ihr richtet, was

---

[418] BALTHASAR: Herrlichkeit I. 225.
[419] BALTHASAR: Herrlichkeit I. 460.
[420] BALTHASAR: Herrlichkeit III-2-2. 378.
[421] BALTHASAR: Theodramatik II-1. 374.
[422] BALTHASAR: Theodramatik II-2. 220.

jede Freizügigkeit für ein dramatisches Geschehen von vornherein zu verunmöglichen scheint."[423]

Mit anderen Worten: Ersetzt das eine Theodrama alle übrigen Dramen der Menschheit? Ist die Rolle der ‚Mitspieler' von vornherein determiniert? Balthasar sucht diese Befürchtung durch drei Argumente zu entkräften. Er setzt *erstens* der neuzeitlichen Humanitätsidee entgegen, dass durch Christus, der als der Logos und Schöpfungsmittler innerlich mit aller Menschennatur verbunden ist, zur Vollendung kommt, was in der Schöpfung grundgelegt ist. Der sich als unvollkommen und marginal erfahrende Mensch findet in Christus die Erfüllung dessen, worauf er in seiner Suche nach seinem Ganzsein je schon aus ist, jedoch nicht als Antwort auf die von ihm selbst erhobenen Fragen, sondern als ‚Sprengung' der eigenen Maße. In diesem Zusammenhang wird ein *zweiter* Gedanke aus der *Theologie der Geschichte* wichtig. Der maßgebenden Gestalt Christi eignet eine äußerste Weite, weil deren Vorgängigkeit in der göttlichen Unendlichkeit gründet.

„Die Gesamtidee Gottes ist derart umfassend und in diesem Sinne ‚katholisch', dass sie alles Besondere integriert, ohne seiner Freiheit zu nahe zu treten. Auf welchen Wegen dieses Besondere auch wandeln mag, es werden Wege innerhalb der Gesamtidee Gottes sein, die ja im Kreuz des Sohnes die äußersten möglichen Wege der Kreatur eingeholt und untergriffen hat."[424]

Indem Christus den Menschen dort vertritt, wohin jeder Mensch durch die Macht der Sünde getrieben wird: unendlich weit entfernt von Gott; indem er die Tiefen und Ungründe der Welt durchschreitet und am dritten Tag der Menschheit die Fülle des Lebens wieder schenkt, welche er selber ist, vermag er *alles* zu umgreifen. Dieses Umfasstsein durch die fleischgewordene Liebe bedeutet nicht nur die Ermöglichung geschöpflicher Freiheit, sondern auch deren *concretum*:[425]

„Die persönliche Idee jeder einzelnen endlichen Freiheit liegt derart im menschgewordenen Sohn, dass diese Idee eine einmalige Anteilgabe an der Einmaligkeit des Sohnes besagt. Seine Gottheit und deren unendliche Freiheit erlaubt diese unerschöpfliche Vervielfachung des Je-Einmaligen, erlaubt damit auch jeder einzelnen Freiheit, sich auf unverwechselbare Art innerhalb des Raumes der unendlichen Freiheit zu vollenden."[426]

Wenn Christus also den unendlichen Raum, den Balthasar als den trinitarischen beschreibt, auf die Vielheit seiner Glieder hin öffnet, dann so, dass dieser zum Ort je persönlicher Sendungen wird, deren Einmaligkeit und Freiheit Wesenszüge der Erlö-

---

[423] BALTHASAR: Theodramatik II-2. 16f.

[424] BALTHASAR: Theodramatik II-1. 253.

[425] Das von Balthasar in verschiedenen Varianten (umgreifen, umfassen, umfangen, unterwandern, überholen etc.) bemühte – und an sich missverständliche – Bild der ‚Unterfassung' umschreibt die Stellvertretung Christi nicht als einen Akt der Einschränkung menschlicher Freiheit, sondern als einen Akt der Liebe, die „niemals aufhört, dem durch seine Sünde pervertierten Geschöpf die Möglichkeit offen zu halten, an die von ihm – und nur von ihm – besetzbare ‚Stelle' oder ‚Rolle' zurückzukehren" (MENKE: Einziger Erlöser aller Menschen? 164).

[426] BALTHASAR: Theodramatik II-1. 245.

sung darstellen, die jedoch – und hier hält Balthasar mit Verweis auf die innergöttliche ‚Distanz' die letzte Möglichkeit offen – auch real verneint werden können.

Die Universalpersönlichkeit Jesus Christus ist *drittens* als freigebende zu verstehen. In der Auferstehung nimmt jene Erlösung von Gott her gültige Gestalt an, sodass das eine Drama durch alle Zeiten unvermindert aktuell die Mitte der Offenbarung bildet und sakramental repräsentiert wird. Es nimmt aber nicht nur alle übrigen Dramen der Geschichte in sich auf, sondern gibt ihnen umgekehrt teil an seiner eigenen katholischen und konkreten Universalität.

„Damit ist die unübersehbare Pluralität menschlicher Geschicke nicht nur in einem konkret-universalen Einheitspunkt zusammengefasst, sondern behält gleichsam innerhalb der Einheit ihre Vielfalt, aber in Funktion dieser Einheit. Es ist die zu bildende organische Integration aller Einzelgeschicke in Christus (Eph 1,3-10), die zugleich die Entlassung der organischen Fülle der Sendungen und Gliedaufträge aus der disponierenden Mitte ist (Eph 4,7-16)."[427]

Die besagte Identität von *universale* und *concretum* bedarf der Vielfalt der Berufungen und Lebensgeschichten geradezu, um sich zu entfalten. Doch erst durch die vom Heiligen Geist bewirkte *Ein*faltung der Kirche insgesamt und jeder einzelnen Sendung in die Christusgestalt bewahrheitet sich die These, dass die konkrete Geschichte Jesu den Sinn und die Norm alles Seienden kundtue und so das *univerale concretum* schlechthin sei.

Die apologetische Rede vom *universale concretum* gewinnt für Balthasar ihre Brisanz nicht allein aus dem emanzipatorischen Eintreten der Aufklärer für die Letztgültigkeit der Vernunfturteile. Eine fortdauernde Gefährdung der biblisch bezeugten Christologie sieht er in den zeitgenössischen Konzepten Bultmanns und Rahners, die ihrerseits die Tendenz verstärken, das *concretum* Jesus Christus auf die natürlichen Voraussetzungen, d.h. die Begriffe, Kategorien, Erwartungen und Existenzfragen – kurz: auf die eigene Transzendentalität und damit auf die eigenen Universalien – zu reduzieren. Gegenüber all jenen Versuchen, die unableitbare Einmaligkeit Jesu Christi in ein Allgemeines aufzuheben, erschließt sich einmal mehr die Bedeutung der *ästhetischen Erfahrung*, auf die Balthasar so nachdrücklich rekurriert. „Die ästhetische Erfahrung ist die Einheit einer größtmöglichen Konkretheit der Einzelgestalt mit der größtmöglichen Allgemeinheit ihrer Bedeutung oder der Epiphanie des Seinsgeheimnisses in ihr."[428] Wie Goethe in seinem phänomenologischen Erleben einst die Prämisse Platons und Kants abwehrte, dass die mit den Sinnen wahrnehmbare Welt (das *concretum*) eine streng notwendige Wahrheit (das *universale*) nicht vermitteln oder in sich bergen könne, betont Balthasar nun, dass in Christi Menschwerdung der Logos selbst ein konkretes Angesicht erhalten habe.

„In Jesus Christus ist der Logos nicht mehr das die Geschichte regierende und ihren Sinn stiftende Reich der Ideen, Geltungen und Gesetze, er ist selber Geschichte. Im Leben Jesu fällt das

---

427 BALTHASAR: Theodramatik II-1. 46.
428 BALTHASAR: Herrlichkeit I. 225.

Faktische mit dem Normativen nicht nur ‚faktisch‘, sondern ‚notwendig‘ zusammen, weil das Faktum zugleich Auslegung Gottes und gottmenschliches Urbild alles echten Menschentums vor Gott ist. *Die Fakten sind nicht nur ein phänomenales Gleichnis für eine dahinter stehende Lehre, die daraus abstrahiert werden könnte* […], sie sind in ihrer Tiefe und Ganzheit gefasst, der Sinn selbst.“[429]

Balthasars *Christologie der Mysterien Jesu* ist an dem Grundsatz orientiert, dass jedes Detail des biblisch bezeugten Lebens, Sterbens und Auferstehens Jesu *das Ganze* der Selbstoffenbarung Gottes *im Fragment* enthält; dass die faktische Geschichte Jesu gerade deshalb, weil sie kein Begriff, keine Idee und kein Prinzip, sondern ein unwiederholbar *einmaliges Ereignis* ist, von jedem Menschen *in je eigener Weise* befolgt werden kann und soll. Nicht indem sie entmythologisiert, sondern indem sie mitvollzogen wird, entfaltet sie ihre ganze Strahlkraft. Wiederum kreuzen sich goethesche und ignatianische Intuitionen, wenn es Balthasar darum geht, das *universale concretum* gegen ein ‚anonymes Christentum‘ festzuhalten, das seine Universalität mit dem Verlust des *concretum* bezahlt. Denn: „Nicht in der Anpassung der Jesus-Geschichte an die eigene Existenz, sondern umgekehrt in der Anpassung der eigenen Existenz an die Jesus-Geschichte liegt der Schlüssel zum wahren Christsein.“[430]

8.2.2.2 Offenbares Geheimnis

Wenn die Theologie von der Menschwerdung Gottes in Jesus Christus handelt, folgt sie einer Glaubensannahme, die der Vernunft des aufgeklärten Menschen zunächst widerstrebt. Doch anstatt das vordergründig paradoxe Zugleich von *universale* und *concretum* nach einem Pol hin aufzulösen, hält Balthasar an der Gestalthaftigkeit der Offenbarung fest, die mitten in der Endlichkeit Absolutheit beansprucht und als solche der Erkenntnisfähigkeit des Menschen zugänglich ist. Während der vorangegangene Abschnitt die Allgemeingültigkeit des geschichtlichen Auftretens Jesu in den Vordergrund rückte, soll nun eine weitere Grunddialektik beleuchtet werden, die in den Kontroversen der Neuzeit zu zerbrechen droht: die *phänomenologische Dialektik des Erscheinens und Sich-Verbergens*, die – christologisch gewendet – im Verhältnis zwischen der Offenbarkeit und der Verborgenheit Gottes unter der *Gestalt des Gekreuzigten* ihre tiefste Verdichtung erfährt.

Auch dieses Paradox möchte ich auf eine Formel bringen, die dem Werk Goethes entnommen ist. Denn Balthasar selbst sucht die Nähe zu dem Dichter, wenn er schon in seinen philosophischen Überlegungen die Ehrfurcht vor dem Geheimnis des Seins als eine dem neuzeitlichen Menschen höchst angemessene Erkenntnishaltung heraus stellt. Theologisch geht es ihm um nichts Geringeres als gegenüber dem positivistischen Wissenschaftsbegriff der Aufklärung die bleibende *Geheimnishaftigkeit* Gottes im

---

[429] BALTHASAR: Theologie der Geschichte. 20f. Hervorhebung von mir. Die Anklänge an Goethe, der selbst niemals den Bereich der realen Gestaltung verließ, sind hier überdeutlich: „Das Höchste wäre zu begreifen, dass alles Faktische schon Theorie ist. […] Man suche nur nichts hinter den Phänomenen, sie selbst sind die Lehre“ (GOETHE: WA II. 11. 131).

[430] MENKE: Einziger Erlöser aller Menschen? 153.

Denken aufgehen zu lassen, gegenüber der negativen Theologie Luthers aber von einer wirklichen *Kenntnis* der Offenbarungsgestalt zu sprechen. Die Herausforderung besteht für ihn darin, eine Spannung auszuhalten, die in menschlicher Sprache nur metaphorisch auszudrücken ist: Das Erscheinen des Sohnes Gottes, der sich verbirgt, indem er sich offenbart, ist ein *offenbares Geheimnis*.

Um die Bedeutung dieser goetheschen Chiffre für den Ansatz Balthasars zu erfassen, ist nochmals ein kurzer Rückblick in das Anfangskapitel dieser Arbeit nötig.[431] Dort wurde vor allem deutlich, welch große Rolle das ehrfürchtige Betrachten und Erforschen der Natur in Goethes Denken einnimmt. Das Naturstudium stellt für ihn die zuverlässigste Form der Gottes- und Wahrheitserkenntnis dar und nimmt damit den Platz einer Religion ein, die er ohne Bindung an eine bestimmte Konfession oder ein spezifisches Dogma frei zu entwickeln sucht. Es gehört zu seinen fundamentalen Überzeugungen, dass sich das göttliche Mysterium, das unbekannte Wesen Gottes, in den Erscheinungen der Natur offenbare. Gott verbirgt und offenbart sich unter dem Schleier der Natur, damit er den Menschen durch die sinnliche Wahrnehmung zugänglich werde. Allerdings zeigt er sich nur ‚im Abglanz‘, in seinen Manifestationen und kann deshalb nur im Gleichnis, im Bild und im Symbol geschaut werden.

Durch seine fundierten morphologischen Studien entdeckt Goethe, dass die Einzelerscheinungen trotz ihrer ungeheuren Variation und Verschiedenheit eine einheitliche Grundstruktur durchblicken lassen. Im Typus bzw. in der organischen Gestalt glaubt er, die ‚gottgedachte Spur‘ selbst entdeckt zu haben. Wo diese von seinen Zeitgenossen verkannt wird, scheut er sich nicht, sich in brisante philosophische Debatten einzuschalten. Die Allgegenwart Gottes in der Natur werde, so Goethe, vor allem verstellt durch das analytische Wissenschaftsideal der Neuzeit und all jene Formen kantischer Philosophie, die einen Dualismus zwischen Subjekt und Objekt, zwischen Geist und Natur aufrichten. Auch die Streitschriften Jacobis, in denen ein konsequenter philosophischer Systemanspruch nach den Modellen Spinozas und Schellings des Pantheismus bezichtigt wird, stoßen auf den Widerspruch des Dichters. „‚Die Natur verbirgt Gott!‘ Aber nicht jedem!"[432], ruft er entrüstet und huldigt der Immanenz Gottes in der Natur in mehreren Gedichten, wohl wissend, dass die Poesie durch ihre Metaphern, Analogien und Bilder an jene letzten Naturgeheimnisse rühren kann, vor denen präzise philosophische Begrifflichkeit notwendig versagen muss.

Goethes Dichtung, die der Gegenpol zu seinen sachlich-nüchternen naturwissenschaftlichen Schriften ist, lässt die Sinnenwelt als symbolischen Abglanz des Göttlichen erscheinen. Überhaupt besteht ein enger Zusammenhang zwischen der künstlerischen Nachbildung der Natur und der morphologischen Betrachtung von Naturgestalten, sodass die Kunst als die „würdigste Auslegerin der Natur"[433] gelten darf. Die Darstellung des inneren Wesens eines Seienden in seiner äußeren Gestalt, das Erhel-

---

[431] Vgl. Kapitel 2 dieser Arbeit.
[432] GOETHE: WA I. 42ii. 211.
[433] GOETHE: WA I. 48. 179.

len seiner Bedeutung oder ‚Idee' *in* seiner Erscheinung sind die höchsten Aufgaben, welche die bildende Kunst zu erfüllen hat. So ist es Goethes Gespür für ‚das Unerforschliche', das Natur und Kunst als ein *offenbares Geheimnis* empfindet.

Diese kurzen Andeutungen mögen genügen, um die Verwandtschaft, die in der Seinsauffassung Goethes und Balthasars besteht, in Erinnerung zu behalten. Denn auch Balthasar rekurriert im Voraus zur Gnadenoffenbarung auf eine Dialektik von Enthüllung und Verhüllung, die schon die verborgenen Schichten der Natur durchzieht und in jenem „Gesetz der Wirklichkeit" anschaulich wird, „das sich in allem naturhaft-gesetzhaft Geordneten nur desto rätselhafter betreffs seines Warum-Überhaupt offenbart"[434].

Die Offenbarungsgestalt, in der Schöpfung, Erlösung und Eschatologie konvergieren, muss als Gestalt eine *dreifache* Spannung überbrücken: *erstens* die innerweltliche zwischen der Sichtbarkeit des Leibes und der Verborgenheit des Geistes; *zweitens* die schöpfungstheologisch begründete Analogie zwischen dem Kosmos als Abbild Gottes und dem freien, zu keiner Schöpfung genötigten Gott selbst; und schließlich *drittens* die in der Gnaden- und Erlösungsordnung grundgelegte Dialektik zwischen dem sich abwendenden Sünder und dem sich am Kreuz *sub contrario* offenbarenden Gott. Zwischen allen drei Verhältnissen bestehen Analogien, die jedoch nicht aufeinander zurückgeführt oder auseinander hergeleitet werden können.[435]

Schon in jeder innerweltlichen Gegebenheit ist „das in der Erscheinung Erscheinende zugleich das Nichterscheinende"[436], da die Seinsfülle im einzelnen Seienden, zumal im Mysterium der Schönheit, nur aus ihrer verborgen bleibenden Tiefe durchscheint. „Mit der gesehenen Oberfläche der Erscheinung wird die nicht erscheinende Tiefe wahrgenommen, erst das gibt dem Phänomen des Schönen seinen hinreißenden und überwältigenden Charakter, wie es dem Seienden auch erst seine Wahrheit und Güte sichert. Das gilt ebenso sehr für das Naturschöne wie für das Kunstschöne"[437]. Nur wenn der Mensch Unsichtbares mitsieht, ist ihm die Kenntnis von Sichtbarem überhaupt erst möglich. Balthasar macht sich hier die goethesche Betrachtungsweise zu Eigen, um das verborgene Walten göttlicher Kraft auch im naturalen Bereich an den Tag zu bringen.

„In der Blume schlägt ein Inwendiges sein Auge auf […]. Im Rhythmus der Pflanzengestalt vom Keim bis zum Vollwuchs, von der Knospe bis zur Frucht offenbart sich ein Wesen, dessen Gesetz auf bloße Nützlichkeiten zurück zu führen blasphemisch wäre. Und in der Gesamtheit der sich steigernden und im Gleichgewicht haltenden Wesen offenbart sich ein Geheimnis des Seins, das auf ein neutrales ‚Dasein' auszulegen noch blasphemischer und verblendeter wäre. Wir sind, wie zumal die Romantiker und viele deutsche Idealisten es tief wussten, in diese Geheimnisse eingeweiht, weil wir selbst Geist in Natur sind und alle Ausdrucksgesetze des Makrokosmos in uns selbst walten; hinwieder ist der Geist mit seiner Helle nicht in alle Tiefen der Schoß-nacht der Weltseele und Natura naturans eingeweiht; er muss sich, um ihre Gestalten zu ‚verstehen', seines eigenen Lichtes begeben und sich den liebenden Ahndungen anvertrauen,

---

[434] BALTHASAR: Herrlichkeit I. 429.

[435] Vgl. hierzu und zum Folgenden: BALTHASAR: Herrlichkeit I. 424-444. – DERS.: Klarstellungen. 25-32.

[436] BALTHASAR: Herrlichkeit I. 425.

[437] BALTHASAR: Herrlichkeit I. 425.

die nur dann wieder sicher führen, wenn der Verstand auf seine Rechthabereien eine Zeit lang verzichtet."[438]

Erst wenn der „Untergrund des Nichtwissens"[439] ausdrücklich in die progressive Forschung mit einbezogen wird, kann eine Wissenschaft human genannt werden. Obwohl dies gerade von den ‚exakten' Wissenschaften selbst nicht gesehen wird, stehen diese, so Balthasar, in einer Analogie zum Glauben, insofern auch sie in Anerkennungsakten wurzeln. Jede mögliche konsistente Welt- und Selbstbeschreibung setzt eine ineinandergreifende Bewegung von Wissen und Glauben, von Erkennen und Nichterkennen voraus, sodass der Glaube auf der innerweltlichen wie auf der religiösen Ebene keineswegs als epistemisch defizitär gegen das Wissen abgesetzt werden kann.

„Es ist eine Gewaltlösung, die zudem die Augen vor der tieferen Wirklichkeit verschließt, wenn man durch Ausklammern des Unwissbaren einen (nunmehr notwendig endlichen und notwendig rationalistischen) Wissens- und Wissenschaftsbegriff wie Kant und seine Anhänger aufbaut, weil mit der Grundvorstellung des durch das erkennende Subjekt Konstruierbaren das Phänomen objektiven Sich-Zeigens, das sich aus der eigenen Tiefe Offenbaren des Objekts verlorengeht und in einen flachen Funktionalismus strandet. Eine wahre Wissenschaft von der lebendigen Natur, wie sie etwa Goethe in seiner Morphologie anzielte, gar eine Wissenschaft von den kulturellen Äußerungen des Menschen kann so nicht entfaltet werden. Aber gerade diese Wissenschaften sind notwendig, wenn die Theologie als Wissenschaft vom ‚Glauben' nicht abstrakt und isoliert den ‚extakten' Wissenschaften gegenüber verharren soll"[440].

Würde der verhängnisvolle Rationalismus Kants durch eine Phänomenologie nach dem Vorbild Goethes ersetzt werden, könnte deutlich gemacht werden, dass auch die Theologie einen echten Anspruch auf Wissenschaftlichkeit besitzt, wie umgekehrt, dass der übernatürliche, auf die Selbstoffenbarung Gottes gerichtete Glaube durch eine natürliche Seinsfrömmigkeit vermittelt ist.

Die Dialektik von Enthüllung und Verhüllung wiederholt sich in der Schöpfungsordnung, weist die Realdistinktion von Sein und Wesen doch auf eine höhere Identität, die im Geheimnis Gottes begründet ist. „Alle Kontingenz offenbart ihn [Gott; I.K.] somit zwar unmissverstehbar als den freien Schöpfer, verhüllt ihn aber gerade deshalb umso tiefer, da nirgends eine Deduktion möglich ist."[441] Im Rahmen einer natürlichen Theologie ist ein Wissen um Gott den Schöpfer möglich, nicht jedoch eine Kenntnis seines Wesens, das erst heilsgeschichtlich offenbar wird. So bleibt die „Chiffre des Weltseins"[442] die einzige Spur, die das umgreifende Ganze erahnen lässt.

---

438 BALTHASAR: Herrlichkeit I. 427. Ohne Goethe direkt zu nennen, greift Balthasar hier zentrale Themen und Motive des Dichters auf: die Metamorphose der Pflanze, die Prinzipien Polarität und Steigerung als ‚die zwei großen Triebräder aller Natur', die Entsprechung zwischen Geist und Natur, zwischen Mikro- und Makrokosmos, welche dem einfühlenden Menschen Zugang zu den Geheimnissen des Seins gewährt.

439 BALTHASAR: Herrlichkeit I. 429.

440 BALTHASAR: Herrlichkeit I. 430.

441 BALTHASAR: Herrlichkeit I. 431.

442 BALTHASAR: Herrlichkeit I. 431. Auch wenn Balthasar sich hier mit modernen Worten ausdrückt, stützt er sich vor allem auf die Weltbetrachtung der biblischen Weisheitsbücher, die einerseits das Her-

Diese Chiffre, in der die Entzogenheit und Nähe des Absoluten gleichermaßen anschaulich wird, stiftet einen Bezug zur Transzendenz, der nicht in Begriffen aufgeht. Denn die fundamentale Erfahrung des Sich-Überschreitens in allen Akten der Erkenntnis und der Liebe vermittelt ein nur *un*thematisches Wissen über Gott, das den endlichen Geist auf das göttliche Geheimnis verweist.

> „Er [der menschliche Geist; I.K.] erfährt sich als umgriffen und überantwortet, erfährt (augustinisch-schleiermacherisch) seine ‚schlechthinnige Abhängigkeit‘, ohne das fassen zu können, wovon er abhängt, erfährt, dass sein kleines Denken Inhalt eines unendlichen Denkens ist, welches ihn ebenso unendlich überragt (cogitor ergo sum), dass schließlich seine ganze Personalität keinen geistigen Schritt in Freiheit oder Knechtschaft tun kann, ohne Nachbild eines unfasslichen, weil absoluten und unendlich freien Urbildes zu sein."[443]

Insofern „die Evidenz des sich verhüllt offenbarenden Schöpfers"[444] selbst die *analogia entis* in sich abzeichnet und einen „primären Gehorsam"[445] auf Seiten des Menschen voraussetzt, kann Balthasar sagen, dass natürliche Gotteserkenntnis und gnadenhaft ermöglichter Glaube ineinander verschränkt sind. Obwohl er hier weder Jaspers noch Rahner explizit nennt, führt er doch spürbar „an beiden Klippen vorbei": Weder die unchristliche „Nacht der Transzendenz" noch eine subtile „Form von potentia oboedentialis"[446] seien angemessene anthropologische Bestimmungen, sondern nur die demütige Erwartung des Wortes Gottes, welche dem geschöpflichen Sein selbst eingeschrieben ist.

Durch die Heilszuwendung im Alten und Neuen Bund gewinnt Gottes verhüllte Enthüllung eine nochmalige Verdichtung und Intensivierung. Die Gnadenoffenbarung ist ursprünglich nicht „die Setzung einer neuen Gestalt [...], sondern nur eine neue Weise der Gegenwärtigkeit Gottes in der Weltgestalt, eine neue Innigkeit des Vereintseins mit ihm"[447]. Während die Stimme Gottes im Paradies noch als „ein Ruf aus der Tiefe des Herzens"[448] vernehmbar ist, muss „die locutio interna der menschlichen Harthörigkeit wegen zu einer locutio externa werden"[449]. Die Sünde Adams und später die Untreue Israels verdunkeln die Wahrnehmung der gnadenhaften Inspiration Gottes *in* der Naturgestalt und bewirken eine Veräußerlichung des Gotteswortes in Gesetz und Prophetie, deren Bußcharakter nur durch die „konsequente Verinnerli-

---

vorleuchten des geschöpflichen Seins in der Welt bekennen, andererseits aber auch die Vergeblichkeit des menschlichen Mühens, aus sich heraus Gott zu erkennen.
[443] BALTHASAR: Herrlichkeit I. 433.
[444] BALTHASAR: Herrlichkeit I. 432.
[445] BALTHASAR: Herrlichkeit I. 434.
[446] Alle vorausgehenden Zitate: BALTHASAR: Herrlichkeit I. 434. Wiederum ist das Gehorsams-Motiv entscheidend, das Balthasar gegenüber Rahners Geistmetaphysik festhält, aber auch im Umkehrschluss zu Jaspers, welcher der christlichen Religion vorwirft, sie bringe mit ihrer Forderung nach Glaubensgehorsam die Dynamik des Transzendierens zum Erliegen.
[447] BALTHASAR: Herrlichkeit I. 434.
[448] BALTHASAR: Herrlichkeit I. 436.
[449] BALTHASAR: Herrlichkeit I. 435.

chung der Frommen Israels"[450] überwunden werden kann. Was den Alten Bund einerseits auszeichnet, ist das „lebendige Glaubensbewusstsein, dass Gott personal der Welt und insbesondere dem erwählten Volk einwohnt"[451]; was seine Geschichte des Ungehorsams, des Leids und des Neuanfangs jedoch auch charakterisiert, ist „die Zeit einer immer tieferen Verhüllung Gottes", in der Gott sich „als der immer Unbegreiflichere, und damit erst wahrhaft als er selbst"[452] erweist.

In Jesus Christus vollendet sich schließlich Gottes offenbares Geheimnis. Der gegenüber menschlicher Freiheit in einem überschwänglichen Sinne freie Geist nimmt einen ihn verhüllenden und offenbarenden Leib an. Nicht erst in seiner Niedrigkeits- und Gehorsamsgestalt am Kreuz, sondern bereits durch das reine „Faktum, dass das Wort Fleisch wird", legt sich Gott immer tiefer aus und gibt sich immer wehrloser preis. „Unausdenkbares Paradox, in dem alle Paradoxe der Schöpfung und Heilsgeschichte zusammenlaufen."[453] Die Menschwerdung des Wortes besagt einerseits *höchste Offenbarkeit*, da des Menschen „eigenes Sein und Leben" in der Gestalt Christi zur Sprache Gottes wird. „[...] das ihm Vertrauteste wird ihm zu Wort und Lehre von Gott gemacht: wie sollte er da nicht verstehen!"[454] Der Schöpfer gebraucht oder missachtet sein Werk nicht zu etwas Fremden, sondern ehrt und krönt es, indem er es zu seiner innersten Vollendung führt. Diese Offenbarung aber geschieht *in tiefster Verhüllung*: „weil die Übersetzung des absolut einmaligen, absoluten und unendlichen Seins Gottes in das je-unähnlichere Allmalige und damit fast Beliebige, hoffnungslos Relativierte eines einzelnen Menschen unter der Masse von vornherein ein scheiterndes Unternehmen zu sein scheint"[455]. In den Augen der Welt lässt an dieser Jedermannsgestalt nichts auf ihre göttliche Identität schließen.

Erst wenn diese grundsätzliche Sinngestalt der Menschwerdung gesehen wird, kann in einem zweiten Schritt nach dem besonderen Modus der Enthüllungsdialektik unter den Bedingungen der Sünde gefragt werden. Die Sünde des Menschen führt zur tiefsten Verborgenheit des Gottessohnes am Kreuz, ohne aber dessen Offenbarungscharakter aufzuheben. Denn die Modalität, die das Ausdrucksbild Gottes durch sie annimmt, ihr Ärgernis-, Entscheidungs- und Gerichtscharakter, setzt die Offenbarkeit Gottes bis ins Letzte voraus: „bis in die Trümmer des Bildes ewigen Lebens am Kreuz ist es, in allem Paradox und über alles Paradox hinweg [...] höchster Selbstausdruck dieses ewigen Lebens"[456]. Die Knechtsgestalt Jesu ist der Modus, nicht die Substanz: daher steht sie in keinem Widerspruch zum göttlichen Sein, vielmehr leuchtet das ihr zugrunde liegende und sie tragende Sein als die Herrlichkeit der trinitarischen Liebe Gottes auf. Wenn der Gottessohn die Schuld der Welt auf sich nimmt, will Balthasar

---

450 BALTHASAR: Herrlichkeit I. 436.
451 BALTHASAR: Herrlichkeit I. 437.
452 Beide Zitate: BALTHASAR: Herrlichkeit I. 439.
453 Beide Zitate: BALTHASAR: Herrlichkeit I. 439.
454 Beide Zitate: BALTHASAR: Herrlichkeit I. 440.
455 BALTHASAR: Herrlichkeit I. 440.
456 BALTHASAR: Herrlichkeit I. 423.

dieses Leiden als den höchsten Ausdruck der Liebe verstanden wissen. „In dieser letzten Steigerung zeigt sich nicht nur was Gott ist, die Liebe; es wird zugleich offenbar, dass Gott sich in seiner Liebesoffenbarung in Fleisch und Blut und in deren Opferung für das Leben der Welt unüberbietbar und ohne jedes Zurück engagiert hat."[457] So ist auch die totale Verfinsterung am Kreuz „immer nur Funktion des Gegenteils, ja für den Glaubend-Sehenden Erscheinung des Gegenteils: latens *et apparens* sub contrario – quae sub his figuris vere latitas"[458]. Die Erniedrigung des Sohnes *ist* schon wesentlich Verherrlichung des Vaters und infolgedessen auch des Sohnes selbst; die explizite Verherrlichung des Sohnes in der Auferstehung kann nur noch bestätigen, „wie sehr die Liebe, die bis zum Tode geht, sich bereits innerlich selber verherrlicht hat"[459].

Somit steht das Kreuz in Kontinuität wie auch in Diskontinuität zu den vorausgehenden Formen göttlicher Selbstkundgabe. Bereits in der Seins- und Wortoffenbarung ist die Spannung von Enthüllung und Verhüllung zu entdecken, die sich wechselseitig an beiden Polen immer mehr vertieft. Zugleich aber führt die Sünde zu einem Grad der Verbergung, an dem die Gestalt zerbricht. Offenbarungstheologisch bedeutet die Ungestalt des Kreuzes keinen Bruch in der Form menschlicher Gotteserkenntnis. „Ist das Kreuz das radikale Ende jeder weltlichen Ästhetik, so ist gerade dieses Ende der entscheidende Aufgang der göttlichen Ästhetik."[460] Zur Epiphanie der göttlichen Gestalt gehört ihr Zerbrechen selbst, weil nur so der Sinn der im Schönen liegenden eschatologischen Verheißung offenbar wird.

Mit seiner Apologie des *Erscheinens* Gottes sucht Balthasar die Auseinandersetzung mit der negativen, insbesondere der reformatorischen Theologie.[461] Hatte er zuvor noch die Unergründlichkeit und Entzogenheit Gottes gegenüber rationalistischen Systembildungen zu schützen versucht, geht es ihm nun um eine Form der Analogielehre, welche die je größere Verborgenheit Gottes als ein wesentliches Moment der göttlichen Offenbarkeit interpretiert. Wenngleich die Tiefe des göttlichen Geheimnisses je unbegreiflicher in der Offenbarungsgestalt verborgen liegt und ihr deswegen überhaupt erst den Glanz der Herrlichkeit verleiht, ist Gott doch in dieser Gestalt wirklich anwesend und dem Menschen zugänglich. Er ist unbedingt mehr als ein *deus absconditus*; „mehr als was die protestantische Dialektik jeder Färbung vermuten lässt: ob man die ‚Mummerei' des Wortes mit Luther, sein ‚Inkognito' mit Kierkegaard als ein latere sub contrario schildert (und damit als eine Kreuzigung menschlicher Sinne), oder als eine Selbstentfremdung im hegelschen Sinne"[462]. Statt die Unbestimmtheit zur letzten Bestimmung Gottes zu erheben und dadurch Gottes Selbstbestimmung als Liebe nicht mehr gerecht zu werden, denkt Balthasar umgekehrt von der Größe der

---

[457] BALTHASAR: Herrlichkeit I. 423.
[458] BALTHASAR: Herrlichkeit I. 442.
[459] BALTHASAR: Herrlichkeit I. 590.
[460] BALTHASAR: Herrlichkeit I. 442.
[461] Mit Balthasars Kritik an Luthers Kreuzestheologie beschäftigt sich ausführlich LÖSEL: Kreuzwege.
[462] BALTHASAR: Herrlichkeit I. 423.

geschichtlich ergangenen göttlichen Selbstmitteilung her und hebt hervor, dass diese die denkerische und sprachliche Kapazität des Menschen im Letzten übersteigt. Hinter dem Kreuz bleibt kein anderer, unbekannter, abstrakter Gott zurück; das Kreuz ist vielmehr das Realsymbol eines in seiner Liebe für die Welt unbegreiflichen Gottes. Damit setzt Balthasar der reformatorischen Widerspruchsdialektik des *deus sub contrario absconditus* eine katholische Dialektik des *deus sub contrario semper magis revelatus* entgegen.

Balthasars Theologie des offenbaren Geheimnisses will eine doppelte Anregung geben. Einerseits warnt sie vor einem ästhetischen Enthusiasmus, der die Offenbarungsfigur völlig undialektisch in ihrer Herrlichkeit erstrahlen lässt. Ist diese nämlich die Selbsterschließung des *je größeren* Gottes, so kann sie doch *noch nicht* aus ihrer primären Verhülltheit heraustreten. In seiner Niedrigkeit offenbart Christus die je größere Herrlichkeit des Vaters (trinitarische Verhülltheit), lebt den Gehorsam bis zum Tod (soteriologische Verhülltheit) und überlässt sich auch nachösterlich der „Verborgenheitsgestalt der Kirche"[463] (ekklesiologische Verhülltheit).[464] Andererseits aber widerspricht Balthasar jedem Rückzug in die Jenseitigkeit einer rein negativen Theologie, die mystisch die Augen verschließt oder gar von der epochalen Erfahrung der Abwesenheit Gottes her den Offenbarungsglauben mit dem Index radikaler Fraglichkeit versieht. Denn eines ist es, angesichts der Unergründlichkeit Gottes die Grenzen menschlichen Denkens und Sprechens zu thematisieren, ein anderes aber, die Bestimmtheit der biblischen Gottrede ganz zu relativieren oder die Abwesenheit Gottes rhetorisch so zu inszenieren, dass das Jawort Gottes für die Welt sich in bloßen Spuren oder Chiffren der Transzendenz verflüchtigt. Gerade die Tatsache, dass der Ganz-Andere nicht der Ganz-Andere bleiben *wollte*, als er sich in der Gestalt eines Menschen entäußerte, verbietet es, Gott einseitig auf die Prädikate seiner Unerkennbarkeit und Unsagbarkeit festzulegen. Gegenüber einer am Alteritätsdenken orientierten negativen Theologie möchte Balthasar zu einer spezifischen Form von negativer Theologie gelangen, „in welcher Gott bis ins äußerste ‚erscheint' […]. Das Unbegreifliche Gottes ist nun nicht länger ein bloßer Ausfall an Wissen, sondern eine positive Gottbestimmtheit des Glaubenswissens"[465].

Das reflektierte Gestaltsehen steht unverrückbar in der Mitte der balthasarschen Theologie. Es teilt das idolkritische Anliegen der negativen Theologie, den Gottesbegriff von verfehlten, menschengemachten Vorstellungen freizuhalten, kritisiert aber ebenso dessen eigene idolatrische Versuchung, Gott auf das Bild des Bildlosen zu fixieren. In dem Bewusstsein, dass Begriffe niemals ausreichen, den Erweis der gekreuzigten Liebe angemessen in Worte zu fassen, erinnert es daran, dass Jesus Christus „die Ikone des unsichtbaren Gottes" (Kol 1,15) ist.[466] Welche Strahlkraft diese Ikone in sich birgt, soll in einem weiteren Punkt entfaltet werden.

---

[463] BALTHASAR: Herrlichkeit I. 501.
[464] Vgl. EICHER: Offenbarung. 334.
[465] BALTHASAR: Herrlichkeit I. 443.
[466] Vgl. hierzu auch TÜCK: „Glaubhaft ist nur Liebe". 151f, 159f.

8.2.3 Der Gestaltbegriff in christologischer Zentrierung

Der Charakter des sich im Offenbaren als unbegreiflich erweisenden Gottes gehört zur inneren Logik der Offenbarungsgestalt und ist deshalb nicht vor allem durch die Dunkelheit des Glaubens bedingt. Er zählt zu jenen Kriterien, durch die die göttliche Hermeneutik *aus sich selbst heraus überzeugt*. Denn soll in der Endlichkeit Jesu der unendliche Gott gefunden werden können, muss von der Gestalt Jesu eine Evidenz ausgehen, die das Kriterium ihrer Stimmigkeit selbst mit sich führt und ein Sichtbarwerden des Göttlichen einschließt, die den Schauenden in eine die eigene Existenz hebende wie verwandelnde Entrückung zieht. Die entscheidende Herausforderung in diesem Gefüge stellt das Moment der *Autokriterialität* der Gestalt dar. Es weist zugleich in die Mitte der phänomenologischen Methode Balthasars: Die Gestalt als geschaute verbürgt ihre – die – Wahrheit durch „eine in den Verhältnissen der Sache liegende Richtigkeit"[467], welche – christologisch gewendet – als Herrlichkeit aufleuchtet.

8.2.3.1 Plausibilität und Vermittlung des Phänomens Jesu Christi

Damit wirft die Rede von der *objektiven Evidenz* die zentrale Frage auf: In welchem Sinne spricht Balthasars theologische Ästhetik von einem *Erscheinen der Gestalt*, das *durch sich selbst* die Wahrheit Christi und des Christentums beglaubigt? Inwiefern ist das Auftreten der Christusgestalt die phänomenologisch zu beschreibende Mitte und die endgültige Manifestation der Offenbarung?

„Dass Christus diese Mitte ist – und nicht etwa bloß der Anfang, der Initiator einer dann selbständig sich entwickelnden historischen Gestalt – liegt in der Sonderart der christlichen Religion und ihrem Gegensatz zu allen übrigen. […] Christus aber ist die Form, weil er der Inhalt ist."[468] Gegen gewichtige Strömungen der christlichen Geistesgeschichte, welche die Offenbarung mit Denkformen konfrontieren, die ihr äußerlich bleiben (Reduktionen), versucht Balthasar zu zeigen, dass der Akt der Offenbarung innerlich verbunden ist mit dem, was er vermittelt, dass der göttliche Inhalt die Form seines Erscheinens selbst hervorbringt. Darin besteht der Kern seiner Methode, die *Jean-Luc Marion* – selbst einer der bedeutendsten Phänomenologen der Gegenwart – dem Typus der *Phänomenologie der Gabe* zuordnet. In einem Aufsatz anlässlich des 100. Geburtstags des Baseler Theologen zieht Marion dessen Anliegen in dem einen Hinweis zusammen,

„dass sich das Geschehen der Offenbarung nicht von dem unterscheiden lässt, was sie zeigt, dass also der Inhalt der Gabe sich nicht von seinem Modus des Gebens trennen lässt, weil sich die Gabe ohne diesen Akt nicht geben und auch selbst nicht gewahr werden könnte. Sie wäre nicht nur auf eine andere Art und Weise gegeben, sondern als eine andere Gabe oder sogar als etwas anderes als die Gabe. Mit einem Wort: Die Offenbarung bestimmt nicht nur und für eine

---

[467] BALTHASAR: Herrlichkeit I. 447f.
[468] BALTHASAR: Herrlichkeit I. 445.

bestimmte Zeit den Modus der Manifestation Gottes in Jesus Christus, sondern sie bestimmt den, der sich selbst in ihr offenbart, in dem Sinne, dass sie wie er fortbesteht – auf ewig."[469]

Wenn aber, so Marion weiter, die Gestalt der Offenbarung dem entspringt, der sich selbst in ihr auslegt, wird theologisches Denken nur dann angemessen sein, wenn es sich den Begriffen und Bedeutungen fügt, die durch die eigene sammelnde Mitte der Schriften zugänglich sind. Der Ursprung der Schriften liegt ja nicht im Text selbst, nicht in den vielfältigen Interpretationen und Glaubensäußerungen der Kirche, sondern in Christus, der von sich sagt: „Das Wort, das ihr hört, stammt nicht von mir, sondern vom Vater, der mich gesandt hat" (Joh 14,24). Wenn also die Worte, die er spricht und die seinen Absichten Sinn verleihen, nicht die seinen sind, wie könnten sie dann die unseren sein?[470]

In Christus erreicht die geschichtliche Offenbarung Gottes ihren unüberbietbaren Höhepunkt, weil er das „Ebenbild des unsichtbaren Gottes" (Kol 1,15), „Abglanz seiner Herrlichkeit und das Abbild seines Wesens" (Hebr 1,3) ist. Demnach weiß schon die biblische Vermittlung „um eine Phänomenalität, um einen Fall von Sichtbarkeit und Erscheinung; aber um eine radikal theologische Phänomenalität (anders gesagt um eine christologische und damit trinitarische), bei der die Form (Begriff, Bedeutung) sich im Glauben, der diese Worte empfängt, auch als von Christus und nicht durch die Intentionalität des Glaubenden (oder des Ungläubigen) hervorgebrachte Intuition findet"[471]. Aber wie bringt Christus die Intuition des Glaubens hervor?

Die Gestalt Christi *erscheint*. Sie besitzt eine innere Ausdruckskraft, die aus der vollkommenen Stimmigkeit zwischen der endlichen Form und dem in ihr sich darstellenden absoluten Lichtglanz Gottes herrührt. Vom ästhetischen Vorverständnis her bietet sie sich dar als die Einheit der höchsten Selbstkundgabe göttlicher Freiheit, auf die hin alle Einzelzüge notwendig konvergieren und in der sie auch ihre Plausibilität finden. Sie kann nur entgegen genommen werden als unverdiente Gnade, als „das ‚Herrliche', das unvermutbar war und sich huldvoll zur Teilnahme gewährt"[472]. In dieser „freien Notwendigkeit"[473] zeigt sie sich als *Gabe* und als *Herrlichkeit* einer grundlosen göttlichen Liebe, die trotz aller ästhetisch-personalen Analogien nicht mit einem ihr fremden, äußerlichen Maßstab gemessen werden kann. Ist Christus der ‚Einzige', so kann er „primär nur durch sich selber gemessen werden". Erweist er aber von sich selbst her sein Maß und seine Richtigkeit, „so lässt er den einen Aspekt seiner selbst durch den andern gemessen sein, um beider Zusammenstimmen zu erweisen"[474]. Durch die innere Stimmigkeit der „Proportionen, Verklammerungen und Gleichge-

---

[469] MARION: Das „Phänomen Christi" nach Hans Urs von Balthasar. 49.
[470] Vgl. MARION: Das „Phänomen Christi" nach Hans Urs von Balthasar. 51.
[471] MARION: Das „Phänomen Christi" nach Hans Urs von Balthasar. 51.
[472] BALTHASAR: Warum ich noch ein Christ bin. 30.
[473] BALTHASAR: Herrlichkeit III-2-2. 293. – DERS.: Herrlichkeit I. 470.
[474] Beide Zitate: BALTHASAR: Herrlichkeit I. 450.

wichte"[475] seiner Gestalt wird Christus als „Gottes eigene Erscheinung"[476] evident, deren Plausibilität sich anhand folgender *Kriterien* vor Augen führen lässt:

- die vollkommene Übereinstimmung zwischen der Sendung und der Existenz Jesu
- die Dialektik zwischen dem verborgenen und dem sich offenbarenden Gottessohn
- die Einheit von Anspruch, Kreuz und Auferstehung Jesu
- das trinitarisch-ontologische Verhältnis der wechselseitigen Bezeugung von Vater, Sohn und Geist

Die Einzigkeit Jesu manifestiert sich zunächst in der lückenlosen *Identität von göttlichem Lebensauftrag und menschlicher Existenz*, deren Geradlinigkeit auch angesichts des Todes und scheinbarer Gottverlassenheit nicht abbricht. „Nirgends ist ein Bruch, eine Umorientierung". Der Tod Jesu muss vielmehr „als die Quintessenz seiner welterlösenden Sendung"[477] verstanden werden, die im Gehorsam gegenüber dem Willen des Vaters gründet. Dieser unbedingte Gehorsam, durch den Christus für uns zur ‚Justitia Dei' wird (vgl. 1Kor 1,30), ereignet sich in einer sich kreuzenden Doppelbewegung: als Abstieg Gottes in das Fleisch, in irdisches physisches und geistiges Leiden, sowie als Aufstieg des Fleisches in die Sphäre Gottes. Damit umfasst er die paradoxe Dynamik, „dass einer mit Gottes Macht reden und handeln und in Menschenohnmacht leiden und sterben kann"[478]. Der Menschensohn, der mit Leib und Seele Gefäß Gottes geworden ist, besitzt die Vollmacht des göttlichen Wirkens in all ihrer Unwiderstehlichkeit und sinkt doch hinab in die Tiefen menschlicher Ohnmacht, „als sei die Macht nur gezeigt worden, damit die Ohnmacht geglaubt werde, nicht als ein Als-Ob, sondern als unfassliche Wirklichkeit: wirkliches Nichtaufkommen gegen die Übermacht der verneinenden Welt". Der Mensch Jesus aber kann nicht anders, weil dies die Logik seiner Liebe ist, „weil Gott nicht länger den richtenden Gott durch Christi prophetisches Wort und Wunder offenbaren will, sondern nun hinabsteigt in das gerichtete menschliche Fleisch, dessen Leiden und Sterben alles ist, nur kein Als-Ob". In Jesus Christus senkt sich Gott in das Geschöpf bis ins Äußerste ein, um darin „sein ewiges Verhältnis zu Mensch und Welt"[479] zu durchmessen und zu erhöhen. In ihm fügt er die beiden auseinander strebenden Dimensionen des Menschseins, dessen gottbezügliche Erhabenheit sowie dessen Elend und Sterben, zu einer einzigen Figur zusammen, um sie in dieser „Einigung des Größt-Unendlichen und des Kleinst-Unendlichen"[480] zu vollenden.

---

[475] BALTHASAR: Herrlichkeit I. 463.
[476] BALTHASAR: Herrlichkeit I. 163.
[477] Beide Zitate: BALTHASAR: Herrlichkeit I. 452.
[478] BALTHASAR: Herrlichkeit I. 460.
[479] Alle vorausgehenden Zitate: BALTHASAR: Herrlichkeit I. 456.
[480] BALTHASAR: Herrlichkeit I. 459.

Was dem rein-menschlichen Auge paradox erscheint, leuchtet dem Auge des Glaubens als objektive Evidenz auf: Die *dialektische Einheit von Macht und Ohnmacht* gilt Balthasar als Echtheitskriterium der Offenbarungsgestalt, birgt sie doch „die Aufhebung des wesentlichen Widerspruchs zwischen Gott und gottloser Welt"[481] in sich. Einheitlich aber ist dieses Bild Gottes, „weil der mit Gottes Macht Redende und der in Menschenohnmacht Leidende aus einer identischen Haltung heraus beides tut, aus dem Gehorsam"[482]. Der Gehorsam ist seine alleinige Rechtfertigung, sein ästhetisches Maß: denn in ihm erscheint der trinitarische Gott, „der als Gott absolut befehlen und absolut gehorchen und die Einheit von beidem als Geist der Liebe sein kann"[483].

„Man kann dieses doppelte absteigend-aufsteigende Maßnehmen also wirklich Form und Figur nennen, und Paulus kann den Begriff [μορφή] auf Christus und auf die in uns auszuprägende Christusgestalt (Gal 4,19) im eigentlichen, unübertragbaren Sinn anwenden. Ihre innere Stimmigkeit, Proportion und Harmonie zwischen Gott und dem Menschen erhebt sie [...] zum Urbild des Schönen [...]. Denn dieses Schöne ist Offenbarung: es ist Gottes im Menschen erscheinende Schönheit und des Menschen in Gott und in Gott allein gefundene Schönheit."[484]

Die Schönheit der Offenbarungsgestalt liegt in der Geordnetheit und gegenseitigen Bezogenheit all ihrer Momente, zu denen in besonderer Weise das vordergründig Widersprüchliche gehört. Unter die kritischen Kriterien ihrer Echtheit fällt daher auch die *Verborgenheitsdimension des sich offenbarenden Gottes*. Sie bildet den unverzichtbaren Gegenpol zu der – von Balthasar häufig missverständlich mit ‚Wucht' übersetzten – ‚kabod' Gottes. Begegnet eine Gestalt mit aller Wucht, droht sie den Betrachter zu erschlagen.[485] Deshalb bedarf sie einer wichtigen Erweiterung: Sie ist nicht nur strahlend schön; sie begegnet nicht mit zwingender Evidenz. Ihre innere Überzeugungskraft liegt vielmehr darin,

„[...] dass sie nicht überwältigt. Würde sie es tun, dann hätte sie etwas von der Art mathematischer Beweise und Evidenzen, worin personale Freiheit und Entscheidung keinen Raum haben. Die Evidenz, in der Gott sich kundtut, muss eben darin die höchste sein, dass sie freilässt, weil freimacht. Und sie will nur die frei antwortende Liebe, in ihrer Weise, durch Liebesevidenz überwältigen, was nicht anders sein kann, wenn die Liebe mit zum Sinn der Gestalt gehört."[486]

Der dreifaltige Gott sucht den Menschen in der Verborgenheit zu gewinnen, um Raum zu lassen für dessen eigene Zustimmung und Erwiderung der Liebe. Gerade so entspricht die Form der Offenbarung ihrem Inhalt. Doch wie die Aussagen eines jeden Liebeserweises und eines jeden Kunstwerks demjenigen verborgen bleiben, der sich nicht in ihren Bann ziehen lässt, so können auch die Grundfesten des Heils in tragischer Weise übersehen werden. Dieses Vorbeisehen an der Erscheinung Christi

---

481 BALTHASAR: Herrlichkeit I. 458.
482 BALTHASAR: Herrlichkeit I. 460.
483 BALTHASAR: Herrlichkeit I. 461.
484 BALTHASAR: Herrlichkeit I. 459.
485 Vgl. MÜLLER: Glauben – Fragen – Denken. Bd. II. 585.
486 BALTHASAR: Herrlichkeit I. 464.

erhält schuldhafte Züge, wenn ihre Gesamtgestalt willentlich ignoriert und abgelehnt wird: „[…] das wahre Ärgernis ist Besserwisserei, die die eigene subjektive Meinung gegen die objektive Evidenz setzt"[487]. Erst die „Schuld des Menschen zwingt den Sohn, sich der Welt im Modus der Verborgenheit zu offenbaren", der jene nicht entschuldigt, sondern aufdeckt, ist doch die Leidensgestalt der objektive Erweis ihres Wegschauens. „Das Letzte, was die Schuld anerkennen könnte, ist, dass gerade dieses Bild die vollkommene Objektivierung ihrer selbst ist"[488]. So kommt dem Verborgenheitsbild die doppelte Funktion zu, dem Menschen seine eigene Verfallenheit wie seine gnadenhafte Erlösung vorzuführen. Sie gehört zur Beglaubigung der Wahrheit Jesu Christi, der nicht seine eigenen Ehre sucht (Joh 5,41), denn

„der Vater sucht und wirkt diese Verherrlichung des Sohnes deswegen und insoweit der Sohn sie nicht selber sucht (8,50). So ist nur folgerichtig und hat eine innere logische Evidenz, dass diese Herrlichkeit des Sohnes nur sehen kann, wer glaubt, das heißt nicht die eigene Ehre sucht (5,40-44), und dass der, dem sie sichtbar wird, gerade in der Verborgenheit des Sohnes die Evidenz seiner göttlichen Sendung aufleuchten sieht. Fehlte dieser Zug, so müsste der Betrachter in der größten Unruhe verharren, weil ihm das entscheidende Kriterium der Echtheit fehlen würde."[489]

Während die Verborgenheit Gottes die *Freiheit* seiner Erscheinung garantiert, zeigt sich im *Dreiklang von Anspruch, Kreuz und Auferstehung Jesu* die *Gewissheit* seiner Offenbarkeit.[490] Von Beginn seines öffentlichen Auftretens an beansprucht Jesus, dass sich an seiner Person das Geschick der Menschen ausschließlich und endgültig entscheidet. Über alle prophetische und gesetzliche Autorität hinaus tritt er mit einer eschatologischen Vollmacht auf, die nur von Gott selbst stammen kann und in der das ‚Ich' Jahwes weiterklingt. In ihr hält er bereits Gericht über die Welt und ihre Ordnungen, vermittelt dem Menschen ewiges Heil oder Unheil, je nach dessen glaubender oder ungläubiger Antwort. Solcher Anspruch müsste notwendig als hybride Anmaßung und Herausforderung gehört werden, würde er nicht im Moment der Auferstehung durch Gott selbst bestätigt werden. Das Kreuz allein erschiene als der folgerichtige Untergang eines Gotteslästerers, der seine „ganze Lehre auf diese eine Karte der einbrechenden Transzendenz gesetzt"[491] hat und nun am eigenen göttlichen Anspruch zerbricht. Im auferstandenen Gekreuzigten aber ist der eschatologische Horizont, in dem sich Kosmos und Geschichte vollenden, bereits erreicht. Die *Einheit* von Leben, Sterben und Auferstehen Jesu bildet daher den historischen Glaubensgrund, aus dem die objektive Evidenz der Welterlösung aufstrahlt – und aus dem sich für Balthasar kritische Praxisnormen für die Exegese ableiten lassen:

---

[487] BALTHASAR: Herrlichkeit I. 492.
[488] Beide Zitate: BALTHASAR: Herrlichkeit I. 502.
[489] BALTHASAR: Herrlichkeit I. 501.
[490] Durch den Kreislauf dieser sich immerfort fordernden und beweisenden Artikulationen entsteht die Gestalt, die alle Tragik des Menschseins überwindet. Vgl. BALTHASAR: Die christliche Gestalt. 50f. – KEHL: Kirche als Institution. 271-273.
[491] BALTHASAR: Herrlichkeit I. 484.

„Streicht man die Auferstehung, so wird am irdischen Leben Jesu nicht nur einiges, sondern schlechterdings alles unverständlich. Versteht man aber den Auferstandenen als bloßen ‚Christus des Glaubens' ohne innere Identität mit dem Jesus der Geschichte, so wird wiederum die ganze Gestalt unverständlich. Die erste, irdische Gestalt ist nur lesbar, wenn man sieht, dass sie als ganze ‚verbraucht' werden soll in Tod und Auferstehung hinein. Aber Tod und Auferstehung (die eine strikte ideelle Einheit bilden) sind nur verständlich, wenn sie als die Verwandlung durch Gottes Macht dieser irdischen Gestalt (und nicht ihre Vergeistigung und Apotheose) verstanden werden."[492]

Erst durch ihre Rechtfertigung in der Auferstehung wird die ganze Existenz Jesu zu einer *Gestalt*, die alle vorbereitenden und verheißenden, aber sich selbst nicht zu einer Gesamtgestalt schließenden Bilder und Figuren des Alten Bundes zu einer unerwartet neuen Synthese zusammenfügt.[493] Auch die Tragik alles menschlich Gestalthaften – d.h. das schöpferische und doch scheiternde Ringen um Vollkommenheit sowohl der individuellen Person, die sich für ein Ganzes opfert, als auch der gesamten Menschheitsgeschichte – wird durch den Gottmenschen nicht einfach beseitigt, sondern eingeborgen und ‚aufgehoben' in das ewige Leben Gottes, sodass die Gestalt des auferweckten Christus, der im Tod die Todeslinie durchstößt, der tragende Grund der Hoffnung auf eine von Gott geschenkte und vollendete menschliche Gesamtgestalt ist.[494] *Dadurch* unterscheidet er sich von allen anderen Religionsstiftern: Während jene nur auf einen ihnen geoffenbarten Weg verweisen, ist „das von der Gestalt Christi gesetzte Einmalige […] die Identität von Mythos und historischer Wirklichkeit"[495], der Weg, die Wahrheit und das Leben selbst (Joh 14,6). Aus dieser Überbietung alles bisher Dagewesenen in der realen Einheit von Tod und Auferweckung kommt dem Glaubenden ein letztgültiger Halt zu. Die Grenzen seines Daseins markieren nicht mehr den drohenden Untergang, sondern die Möglichkeiten eines neuen Anfangs.

---

[492] BALTHASAR: Herrlichkeit I. 449.

[493] Zum Verhältnis des Neuen und Alten Bundes vgl. BALTHASAR: Herrlichkeit I. 595-635; – DERS.: Herrlichkeit III-2-1. 371-382. – DERS.: Herrlichkeit III-2-2. 29-36. – DERS.: Der Glaube der Einfältigen. 54-57.
Um den theologischen Niveauunterschied zwischen der schattenhaften Kontur Israels und ihrer erfüllenden Wirklichkeit in Christus anzuzeigen, überträgt Balthasar wiederum bekannte Verse Goethes aus der Sphäre der Naturbetrachtung in die heilsgeschichtliche Deutung:
„Und niemand kann die dürre Schale lieben,
Welch edlen Kern sie auch bewahrte.
Doch mir Adepten war die Schrift geschrieben,
Die heilgen Sinn nicht jedem offenbarte. […]
Wie mich geheimnisvoll die Form entzückte!
Die gottgedachte Spur, die sich erhalten!
Ein Blick, der mich an jenes Meer entrückte,
Das flutend strömt gesteigerte Gestalten […]"
(GOETHE: WA I. 3. 93; zit. in BALTHASAR: Herrlichkeit I. 615).
Auch die Dynamik des Alten Bundes treibt mit geheimnisvoller Logik *gesteigerte Gestalten* aus sich hervor, die einander so folgen und ablösen, dass sich eine zwar jeweils aus der anderen ergibt, aber zugleich mit allen vorausgehenden unvereinbar ist. Ihre Einswerdung fordert eine ‚sprunghafte' Gesamtüberschreitung, eine transzendierende Erfüllung (vgl. BALTHASAR: Herrlichkeit I. 604-619).

[494] Vgl. BALTHASAR: Die christliche Gestalt. 41-47.

[495] BALTHASAR: Herrlichkeit I. 484.

All die bisher genannten Kriterien der Selbstevidenz Jesu Christi wären haltlos ohne das *Zeugnis des Vaters*, kraft dessen der Sohn als die authentisch beglaubigte Interpretation Gottes erscheint. Im Sohn bezeugt sich der Vater, wobei jenes Zeugnis der Offenbarungsgestalt selbst inwendig ist und sie nicht von außen legitimiert. „Wer Jesus sieht, sieht den Vater, er ist selber die Gestaltwerdung, das Eidos des Vaters."[496]

Eine *trinitarische Phänomenologie* gewinnt auf diese Weise Konturen, in deren Zentrum die *Seinsbewegung zwischen Grund und Erscheinung* steht. Nicht die einzelnen äußeren Zeichen sind es, die zur Einsicht in die Glaubwürdigkeit Jesu führen, sondern die Erscheinung Jesu als Ganze, welche phänomenologisch ihren Grund widerspiegelt. Was im Johannesevangelium als wechselseitiges In-Sein von Vater und Sohn beschrieben wird, sucht Balthasar mit den in *Theologik I* analog entfalteten ästhetischen Kategorien einzuholen. Dort hatte er gezeigt, dass alles geschaffene Wesen Erscheinung seiner selbst ist: „Darstellung seiner Tiefe, Oberfläche seines Grundes, Wort seines Wesenskerns"[497]. In der Erscheinung lichtet sich der Grund, messen sich die eigenen Dimensionen. Doch kann diese Selbstwerdung sich nur in der Selbstüberschreitung, im ungenötigten Sein für Andere, in der zweckfreien Gabe ereignen: „Im Erscheinen und zu sich Zurückkehren des Grundes sind wir jenseits aller Nötigung, sind in der Freiheit des Sich-selber-Schenkens und Geschenkt-seins, das sich selber ewiges offenbares Geheimnis sein und bleiben muss."[498]

Die Seinsmitteilung sowie die Verschränkung ihrer Eigenschaften wahr, gut und schön wird in Gott noch einmal unendlich positiv gesteigert. Das absolute Sein legt sich in einem privilegierten Seienden aus. Daher erklärt und begründet auch die Offenbarungsgestalt Jesu sich nicht selbst, sondern weist auf ihre innerste Quelle und Tiefe:

> „Der Vater ist Grund, der Sohn ist Erscheinung; der Vater ist Gehalt, der Sohn ist Gestalt, in der einzigartigen Weise, wie die Offenbarung es zeigt. Aber auch hier kein Grund ohne Erscheinung, kein Gehalt ohne Gestalt. Beide sind im Schönen eins, ruhen ineinander, und wer Schönes erkennen will, muss immer tiefer dieses Ineinander erkennen. ‚Damit ihr immer mehr erkennt, dass der Vater in mir ist und dass ich im Vater bin' (Joh 10,38; vgl. 14,10.20). Der Grund als Grund ist ‚größer' als die ihn darstellende und ihm entstiegene Gestalt (14,28), und doch sind sie ‚eins' (10,30; 17,22), und keines kann ohne das andere sein noch gedacht werden."[499]

Um das Erkennen dieses ästhetischen Ineinanderseins von Grund und Form geht es, das in dem einzigartigen Fall der Offenbarungsgestalt zugleich ein (drei-)personales Verhältnis ist.

> „Der eine Gott, der wesenhaft unsichtbar ist, erscheint; aber nicht so, wie wir es an weltlichem Sein gewohnt sind: dass das gleiche seiende Wesen (das eine Person sein kann) nichterscheinend erscheint, als in sich ruhender Grund zugleich in die Offenbarkeit tritt, sondern so, dass

---

[496] BALTHASAR: Herrlichkeit I. 583.
[497] BALTHASAR: Herrlichkeit I. 587. Vgl. Abschnitt 6.2.1.2 dieser Arbeit.
[498] BALTHASAR: Herrlichkeit I. 587f.
[499] BALTHASAR: Herrlichkeit I. 588.

diese Polarität sich uns als ein personales Verhältnis im Wesen Gottes offenbart. *Hierin* ist Gott für uns, gerade in seiner Offenbarung, absolutes Mysterium."[500]

Das uns ewig Übersteigende liegt darin, dass „in Gott Selbstbezug und Fremdbezug, ewiges Ruhen in sich und ewiges Streben und Lieben identisch sein können"[501]. Genau dieses Verhältnis aber setzt die Gestalt Jesu ins Recht. Der Mensch Jesus kann seine Erscheinung nur deshalb hervorbringen, weil er die trinitarische Form des Sohnes empfängt, indem er sich immerfort mit dem Willen des Vaters identifiziert. Der Vater gibt sich ganz dem Sohn und erscheint in ihm; der Sohn ist der Empfangende und stellt die Erscheinung des Vaters lichtvoll dar; der Geist führt beides zu einer Einheit zusammen, in der das Urbild göttlicher Liebesbeziehung selbst erstrahlt.

Auf jenes ewige Gegenüber lebendiger Liebe in Gott lassen mindestens zwei sichtbare Haltungen Jesu schließen. *Erstens* ist die Gebärde der Demut und des Gehorsams echter Ausdruck des göttlichen Wesens. Sie beweist, dass der Sohn „sich nicht selber verherrlicht, sondern ein anderer in der Macht, die sich in seinem Wort und Werk ausdrückt, sich verherrlicht."[502] Das Zeugnis des Vaters ist auf diese Weise der Gestalt des Sohnes innerlich, während der Sohn seinerseits den Offenbarungsinhalt – *zweitens* – im Gebet an den Vater endgültig auslegt und bezeugt. Auch hier wird „die Einheit von Wesen und Liebe in einer Weise sagbar, die alle noch irgendwie äußerliche Bezeugung überholt. Die Bezeugung Jesu ist nicht mehr Beteuerung, dass es so sei (wie den ungläubigen Juden gegenüber notwendig), sondern geöffneter Innenraum (Mt 11,27), der das Seiende selber herzeigt."[503]

Indem Balthasar von der Abba-Beziehung Jesu her die innergöttliche Wirklichkeit auslotet, verankert er die heilsgeschichtliche Erscheinung der Offenbarung in der immaneten Trinität. Das Axiom Rahners, die ökonomische Trinität sei die immanente und umgekehrt, wird jedoch dahingehend modifiziert, dass beide Ebenen nicht ohne weiteres identifiziert werden. Während die Erkenntnislogik zwar von der geschichtlichen Gestalt ausgeht, ist jene doch nur Spur und Abbild einer unerschöpflichen Tiefe, die den Seins- und Sinngehalt des kenotischen Heilshandelns bedingt.[504] In der Polarität von Grund und Erscheinung gewinnt das Verhältnis von immanenter und ökonomischer Trinität vor allem ästhetische Bedeutung: „Die Dreieinigkeit Gottes ist, wenn auch ein dem Verstand unzugängliches Licht, die einzige Hypothese, deren Ansetzung das Phänomen Christi […] phänomenologisch sachgerecht, ohne Vergewaltigung der Tatsachen zu klären gestattet."[505] In der Annahme der sich selbst entäußernden trinitarischen Liebe geht die Logik des Phänomens Jesu Christi auf. Vor ihrem Hintergrund fügen sich die einzelnen Teile seiner Gestalt – Anspruch, Kreuz

---

[500] BALTHASAR: Herrlichkeit I. 586.
[501] BALTHASAR: Herrlichkeit I. 586.
[502] BALTHASAR: Herrlichkeit I. 591.
[503] BALTHASAR: Herrlichkeit I. 593.
[504] Vgl. BALTHASAR: Theodramatik II-2. 466. – RAHNER: Der dreifaltige Gott als transzendenter Urgrund der Heilsgeschichte. 327-329. – COURTH: Trinität. 131 f.
[505] BALTHASAR: Glaubhaft ist nur Liebe. 58.

und Auferstehung – zu einem schlüssigen Ganzen, das wie ein vollendetes Kunstwerk stehen gelassen und entgegen genommen werden muss, wie es ist.

Derselben Logik von Grund und Erscheinung folgt schließlich die *kirchliche Vermittlung* der Gestalt Jesu Christi in der Schrift, den Sakramenten und dem Amt. Wenn Christus die Erscheinung des unsichtbaren Gottes ist, so sind auch seine Medien „in gleicher Weise die Träger eine nichterscheinenden Kraft und Wirksamkeit des gnädigen Gottes"[506]. Durch sie will sich die einzigartige Gestalt in die vielfachen geschichtlichen Zusammenhänge einprägen.

Jedes Bild hat, phänomenologisch gesehen, „Bedeutung nur soweit es die Formen und Maße des Urbildes zu vergegenwärtigen vermag, die es niemals durch eigene Maße ersetzen will"[507]. Dieses Gesetz birgt für Balthasar nicht nur einen normativen Appell an das hermeneutisch tätige Subjekt der Schriftlektüre in sich; sein Vorzug der ganzheitlichen Glaubensmeditation vor der historisch-kritischen Reflexion wurde bereits erläutert.[508] Aus der Denkform des Gestaltlesens lassen sich darüber hinaus kritische Praxisnormen für liturgisches und amtliches Handeln in der Kirche ableiten, das als *relative Form* gar nicht anders kann als der zu vermittelnden Christusgestalt zutiefst zu entsprechen. Christus erwählt sich die Kirche, die nach seinem Bild geschaffen ist; sie kann sich keine Eigengestalt zusprechen; ihr kommt keine in sich geschlossene, selbstzweckliche Bedeutung zu, die von der ihres Stifters abgelöst wäre. Legitim und glaubhaft ist sie nur als wahrnehmbare Ausdehnung der Christusgestalt, auf die hin sie bleibend transparent sein muss. „Das Institutionelle in der Kirche ist nicht absolut (und somit für sich allein nicht verständlich), es ist relativ auf die Liebe, und die Liebe der Kirche wiederum ist nicht absolut, als wäre sie je vollendet, sondern progressiv auf eine erst werdende eschatologische Gestalt."[509]

Dass die Liebe als befreiende Gabe Gottes allen Menschen zugeeignet ist, prägt die ganze paradoxe Gestalt der nachösterlichen Kirche.[510] Einerseits ist deren institutionelle und sakramentale Erscheinung nötig, um überhaupt erst Gottes unsichtbare Gnade „in einer aller subjektiven Schwankung überlegenen gültigen Gestalt"[511] aufstrahlen zu lassen. Andererseits reicht Gottes Glanz doch weit über die konkrete, sinnenfällige Gestalt der Kirche hinaus: Diese ist nur Gefäß, irdenes Material, das von einer größeren geistigen Wirklichkeit durchformt ist. Gottes ‚Übermaß' fordert also

---

[506] BALTHASAR: Herrlichkeit I. 507.
[507] BALTHASAR: Herrlichkeit I. 524.
[508] Vgl. 8.1.5.3 dieser Arbeit.
[509] BALTHASAR: Herrlichkeit I. 537. Jede Abweichung des hierarchischen Amtes von der christlichen Liebe wird von Balthasar scharf kritisiert. Nur in einer immer neu vollzogenen Absolution durch sein Haupt sei es in der Kirche erträglich. Nicht zu verleugnen sei „der Missbrauch der Institution, ihre Verbiegung aus Angst vor dem Kreuz zu Zwecken weltlicher Macht (Joh 18,10/11), die Selbstüberhebung im Vertrauen auf die Amtsgnade (Lk 22,33), Angst und Flucht vor dem Leiden, getarnt als Liebe zum Herrn (Mt, 16,22/23), Sichwohlfühlen in verklärten Höhen (Mk 9,5 […]) das Ausschauhalten nach Lohn für Verdienste (Mt, 19,27)" (BALTHASAR: Herrlichkeit I. 545).
[510] Vgl. KEHL: Kirche als Institution. 280.
[511] BALTHASAR: Herrlichkeit I. 560.

nicht nur den Einzelnen heraus. Es verlangt auch von der Kirche, sich in ihren institutionellen Formen ständig zu überschreiten, ihr Schriftverständnis perspektivisch und
offen zu halten für ein immer tieferes Durchdringen der kanonischen Inhalte, sodass
der Geist des Logos universalisierend in der Welt wirken kann.[512]

Mit dieser weitreichenden Phänomenologie meldet sich Balthasar nicht zuletzt in
ekklesiologischen Debatten zu Wort. Zwischen autoritär-neuscholastischem und
modernistischem Kirchenverständnis bahnt er einen dritten Weg, dessen einziges
Unterscheidungskriterium in der Transparenz der kirchlichen Vollzüge auf ihren Ursprung liegen soll. Jene Durchsichtigkeit ist der Garant objektiver Theologie, die den
lebendigen geschichtlichen Christus und den Glauben der Kirche einheitlich umfasst.

Nachdem nun Einblick genommen wurde in die inneren Proportionen und die Pass-
genauigkeit der Offenbarungsgestalt, die von keinem noch so genialen menschlichen
Erfindungsgeist hervorgebracht werden können, ist nochmals auf die zentrale Fragestellung in der Deutung Marions zurück zu kommen: Um welche Art von Phänomenalität handelt es sich im Fall der Offenbarung? Inwiefern lässt sich sagen, dass Christus selbst die Intuition des Glaubens erwirkt? Und wie definiert und ordnet Marion
demnach die theologische Ästhetik Balthasars wissenschaftlich als Phänomenologie
ein?

Nach Marion gibt das für die balthasarsche Theologie bestimmende ‚Wort vom
Kreuz‘ (1Kor 1,18) die Antwort vor. Für unsere (spontane) Intentionalität kann es nur
ein Nicht-Begriff sein: die absolute Liebestat Gottes am Kreuz sprengt jedes menschliche Verstehen. Von der göttlichen Phänomenalität – jener des Übermaßes des Vaters
im Sohn – könnten wir nichts sehen ohne das Maß Christi, „das Formgebende […] als
ultima forma"[513]. Diese Form aber wurzelt in dem gleichen Zentrum, von dem her wir
die (gottgemäße) Intuition beziehen. Denn, so Balthasar: „Logos als verstehende
Vernunft […] kann nur in der von Gott her ergehenden Offenbarung selbst liegen,
die ihre eigene sammelnde Mitte mit sich bringt."[514] Das *glaubende* Sehen der Gestalt
muss auf diese Weise verstanden werden: „Es geht keineswegs nur um eine subjektive
Schwäche des Glaubenden […], der es nicht schafft, sie zu sehen, sondern um eine
‚objektive‘ Überfülle (im Sinne Balthasars) der Herrlichkeit Gottes, die in *unsere* Phänomenalität eintritt, sie durchdringt und sie für sich selbst offenbar werden lässt."[515]
Als Form der Offenbarung setzt die in sich absolut stimmige Gestalt Jesu Christi
unabdingbar die Überschreitung der eigenen subjektiven Möglichkeiten voraus.

---

[512] So könne das Bild der Schrift „in seiner Fülle zum Leitbild neuer, zeitlich und geschichtlich noch
unübersehbarerer Fülle kirchlichen Denkens werden. Das ist nur möglich, weil die biblische Fülle kon-
zentrisch um eine gottmenschliche Mitte kristallisiert, eine Mitte, die zwar in ihr ausgedrückt und von
überall angestrahlt wird, aber doch wesenhaft jenseits der Schrift in souveräner Wirklichkeit in sich selber ruht" (BALTHASAR: Herrlichkeit I. 532).

[513] BALTHASAR: Glaubhaft ist nur Liebe. 85.

[514] BALTHASAR: Glaubhaft ist nur Liebe. 98.

[515] MARION: Das „Phänomen Christi" nach Hans Urs von Balthasar. 53.

Dieser Einschätzung Marions ist grundsätzlich zuzustimmen. Hier greift die ästhetisch-phänomenologische Analogie: In der Ästhetik wie in der Christologie verweist die Gestalt in die eigene Tiefe und duldet als wirkliche Selbstauslegung keine andere Verifikation und Evidenz als die des rück-verfolgenden und staunenden Blickes. Zugleich aber möchte ich einwenden, dass Balthasar nicht, wie Marion suggeriert, der kompromisslos vernunftkritischen Linie der paulinischen Theologie (‚Wort vom Kreuz') folgt, sondern lediglich die rezeptive Seite der Vernunft zu stärken bestrebt ist. Es fällt zudem auf, wie sehr Marions Urteil aus dessen eigener Perspektive formuliert und von dessen eigenem phänomenologischem Vokabular durchdrungen ist. Bis hinein in den Sprachstil gleicht er Balthasars Offenbarungstheologie seinen eigenen Ideen an. Oder hat er das Gabemotiv immer schon aus der Herrlichkeit herausgelesen, sodass diese als entscheidende Ideengeberin seiner phänomenologischen Konzeption fungiert? Diese Frage ist im Abschlusskapitel dieser Arbeit genauer in den Blick zu nehmen.

8.2.3.2 Die johanneische Einheit von *theologia crucis* und *theologia gloriae*

Im bisherigen Verlauf der Arbeit diente der Gestaltbegriff dazu, in apologetischer Weise das selbstevidente Erscheinen der Gestalt Jesu Christi vor den Ansprüchen der Aufklärung und der in ihrem Zeichen stehenden Theologien zu rechtfertigen. Parallelen zur philosophischen Phänomenologie – die zu erkennen waren in den der Gestalt durchaus eigenen Paradoxien des Universalen im Konkreten und des Erscheinens im Sich-Verbergen sowie in den von sich her überzeugenden Kriterien der Authentizität einer Gestalt – erwiesen sich als hilfreiche Ausgangsbasis, um die aufscheinende Evidenz des Einzigartigen und Höchsten an der historischen Existenz Jesu Christi sehen zu lernen. Balthasars *Herrlichkeit* kann jedoch nicht als *theologische* Phänomenologie charakterisiert werden, ohne zuletzt von dem genuin biblischen Schlüsselwort auszugehen, welches das Aufstrahlen des Glanzes Gottes bezeugt. Es ist die *johanneische doxa*, die der Christologie Balthasars ihre spezifische Richtung gibt.[516] Die *Erhöhung und Verherrlichung Jesu am Kreuz* bildet den *theozentrischen* Angel- und Kristallisationspunkt, der den phänomenologischen Blick als die einzig gültige Annäherung an die

---

[516] Die johanneische ‚Synthese' stellt nach Balthasar das Integral dar für alle Gehalte, die die neutestamentliche Chiffre *‚doxa'* umfasst. Vgl. BALTHASAR: Herrlichkeit III-2-2. 349-359. Von dieser Mitte aus reflektiert er die vielschichtigen Bedeutungen von ‚Herrlichkeit', denn hier gewinnt sie ihre eigentliche Intensität und trinitarische Tiefe. Vgl. BALTHASAR: Herrlichkeit III-2-2. 221-244. Dazu allgemein: VON RAD: Art. Doxa. – Die Brücke zwischen dem Erhabenen der modernen Philosophie und der theologischen Herrlichkeit schlägt HOEPS: Das Gefühl des Erhabenen und die Herrlichkeit Gottes. Er bringt sowohl die Thematik der biblischen Kabod-Doxa-Begrifflichkeit als auch den ästhetischen Gehalt der Theologie Balthasars in eine übersichtliche Darstellung, geht jedoch nicht mehr eigens auf den Zusammenhang beider bzw. die fundamentale Bedeutung des johanneischen Verherrlichungsgedankens für die Konzeption Balthasars ein.

Offenbarungsgestalt allererst fordert. Balthasars exegetische Deutung dieses Themas soll nun abschließend erläutert werden.[517]

In der neutestamentlichen Verwendung des Doxa-Begriffs lassen sich theologische Motive und Verschiebungen aufzeigen, die ihren Ursprung in der Offenbarungsterminologie des ‚kabod‘[518] haben – jenem alttestamentlichen Inbegriff für die Ehre, Prachtentfaltung und majestätische Herrschaft Jahwes –, ihr neues bewegendes Zentrum aber in der ‚Wucht‘ des Christusgeschehens finden. Denn die in der Geschichte Israels auftretenden Bilder, Figuren und Begriffe der Herrlichkeit Gottes entbehren der sie integrierenden Mitte. Bis hin zur Gottesknechtsidee ist der Offenbarung Jahwes „eine klare, unüberwindliche Schranke gezogen: das Nichtbewältigtsein des Todes“[519]. Diese dem alttestamentlichen *kabod* noch unüberschreitbare Todesgrenze wird erst durch das Auftreten Christi als Leidensmann und als Gekreuzigter durchbrochen. Damit aber wandelt sich der Begriff der Herrlichkeit. Gottes Taten sind nicht mehr nur pracht- und machtvoll. Was Erlösung, was Fleischwerdung des *Logos* heißt, enthüllt sich erst im Blick auf den Durchbohrten, sodass das Gestalt*gebende* des Alten wie des Neuen Bundes gerade das Gestalt*lose* der *deformitas Christi* ist: „Er hatte weder *eidos* noch *doxa*“ (Jes 53,2).

Das Lied vom Gottesknecht steht in einer denkwürdigen Spannung zu den Aussagen des Johannesevangeliums, denen zufolge auf dem Antlitz Christi ein Glanz aufleuchtet, der die tiefste Demutshaltung des Gottessohnes voraussetzt. Dieses nach außen wiederum paradox erscheinende Ineinander von Hoheit und Niedrigkeit, von *theologia crucis* und *theologia gloriae* lässt Balthasar annehmen, dass die johanneische Konzeption im Kern Niedrigkeits- und Gehorsamschristologie ist. Er begegnet damit einer in der zeitgenössischen exegetischen Forschung virulenten Frage, ob die johanneische Doxa-Theologie nicht dazu neige, die Menschlichkeit Jesu zu verharmlosen und zu glorifizieren, indem sie „Jesu Erdenleben nur als Folie des durch die Menschenwelt schreitenden Gottessohnes benutzt und als Raum des Einbrechens himmlischer Herrlichkeit beschreibt“[520]. Inkarnation und Passion verlören auf diese Weise ihre Dramatik, weil sie immer schon „unter dem Zeichen der machtvollen und in Präexistenz ungeschichtlich-statischen Herrlichkeit stünden“[521]. Doch in welchem Sinne muss der Kreuzestod Jesu als Heimkehr zum Vater gelesen werden – als bloße

---

[517]　Ich beziehe mich weitgehend auf den Teilband ‚Neuer Bund‘ der *Herrlichkeit III*, darin bes. 105-149; 212-244; 349-359. Dieser wurde zudem eingehend untersucht von SPANGENBERG: Herrlichkeit des Neuen Bundes.

[518]　Zur Erläuterung des Zusammenhangs zwischen alttestamentlichem *kabod* und johanneischer *doxa* vgl. BALTHASAR: Herrlichkeit III-2-2. 350f. Die Grundbedeutung von ‚kabod‘ lässt sich in Anlehnung an Buber angeben als „die ausstrahlende und so Erscheinung werdende ‚Wucht‘ oder Mächtigkeit eines Wesens“ (vgl. BUBER: Königtum Gottes. 619; zit. in BALTHASAR: Herrlichkeit III-2-2. 32f). Auffallend ist hier die Nähe der Definition zur scholastischen Bestimmung des *pulchrum* als *forma* und *splendor*. Vgl. darüber hinaus: WEINFELD: Art. Kabod. 23-40.

[519]　BALTHASAR: Herrlichkeit III-2-1. 373.

[520]　KÄSEMANN: Jesu letzter Wille nach Johannes 17. 35. Vgl. SCHNACKENBURG: Johannesevangelium. Teil II. 511f.

[521]　HOEPS: Das Gefühl des Erhabenen und die Herrlichkeit Gottes. 169.

Zwischenstation, durch die der Sohn nach der Erfüllung seines Sendungsauftrags die *doxa* seiner Präexistenz wiedererlangt?

Gegen Käsemann[522] und unter Berufung auf Thüsing[523] versteht Balthasar die Verherrlichung Jesu als Folge einer realen irdischen Begrenztheit, in der die Liebe des äußersten Gehorsams aufleuchtet. Er parallelisiert den Gehorsam des johanneischen Jesus mit jenem des Philipperhymnus (Phil 2,6ff)[524] und deutet die darin bezeugte Dialektik von Entäußerung und Erhöhung durch das Wort von der ,Stunde', auf die sich die Menschwerdung Jesu von Anfang an hinbewegt,[525] um in ihr ihre Erfüllung zu finden. Die Stunde ist weniger Einsatz als Flucht- und Höhepunkt des Geschehens. Denn schon das gesamte irdische Auftreten Jesu ist bestimmt durch den einen Grundton, der es zu jener einzigartig ,stimmigen' Gestalt werden lässt, in der sich Gottes dreifaltige Liebe selbst aussagen kann: den Gehorsam.[526] Nur weil Jesus im Gehorsam gegenüber dem Vater dessen absolute Vollmacht zur Geltung bringen will, ist die ,Wucht' seines irdischen Anspruchs nicht als Selbstüberhebung zu verstehen.[527] Seine überprophetische und unfehlbare Erhörungsgewissheit ist eingebettet in seine Haltung vollkommener Selbstlosigkeit und „Durchsichtigkeit auf Gott"[528], die auf weltliche Macht und materielles Gut gänzlich verzichtet. Jesus ist „der Arme schlechthin"[529], „der Heilbringer, der nur zum Weitergeben ausgerüstet ist; für sich selbst hat er nichts"[530]. Die „Fides Christi"[531] als das unbedingte Ausharren im väterlichen Willen vollendet urbildlich den Glaubensgehorsam des Menschen vor Gott. Dies gelingt, weil Jesus seine Sendung als rettendes Wort Gottes an die Menschen versteht und sein ganzes irdisches Dasein dem ewigen Wort des Vaters als ,Material' seiner geschichtlichen Selbstauslegung ,überlässt'.[532] In solchem steigenden Sich-Überlassen an die Führung des Vaters auf die ,Stunde' hin, die nur jener kennt, erreicht die Sendung Jesu ihren Höhepunkt und ihre Strahlkraft. Die Todesstunde Jesu ist der Moment größter Ohnmächtigkeit im Gehorsam des Sohnes gegenüber dem Vater, und dies nicht nur

---

[522] Vgl. KÄSEMANN: Jesu letzter Wille nach Johannes 17. 16-64.

[523] Vgl. THÜSING: Die Erhöhung und Verherrlichung Jesu im Johannesevangelium. 221-233. Für Thüsing hat die Terminologie der räumlichen Bewegung (,hinübergehen') entscheidende Bedeutung für das Wesen des irdischen Lebens Jesu. „Sie ist Ausdruck der Tatsache, [...] dass es trotz der Einheit mit dem Vater nicht nur Schein ist, dass da in Jesus ein Mensch in irdischer Begrenzung lebt, der statt der Ausübung der vollen göttlichen Macht den Gehorsam bis zum Tode, statt des offenen Glanzes und der Seligkeit der Liebe beim Vater die Liebe dieses äußersten Gehorsams auf sich genommen hat" (224).

[524] Vgl. BALTHASAR: Herrlichkeit III-2-2. 226.

[525] Vgl. BALTHASAR: Herrlichkeit III-2-2. 133f, 352, 355. – DERS.: Theologie der drei Tage. 87-89.

[526] Vgl. BALTHASAR: Der Glaube der Einfältigen. 59: „Dieser Gehorsam [am Kreuz; I.K.] stellt sich jetzt als das Grundelement der Christologie heraus, die Ermöglichung sowohl des Ereignisses der Menschwerdung wie der menschlichen Existenz Christi wie des entscheidenden Werkes als des Worumwillen von beiden: des Kreuzes, das sich in der Auferstehung bestätigt findet." Vgl. hierzu auch KEHL: Kirche als Institution. 272f.

[527] BALTHASAR: Herrlichkeit I. 460f.

[528] BALTHASAR: Herrlichkeit III-2-2. 115.

[529] BALTHASAR: Herrlichkeit III-2-2. 122.

[530] BALTHASAR: Herrlichkeit III-2-2. 120.

[531] Vgl. BALTHASAR: Fides Christi.

[532] Vgl. BALTHASAR: Herrlichkeit III-2-2. 131f.

als Höchstfall menschlicher Gehorsamshaltung vor Gott, sondern vor allem als Offenbarung dessen, was Gott in sich selber ist: ewige, grundlos-freie Hingabe. In der Kenosis am Kreuz entspricht der menschliche *Gehorsam* Jesu vollkommen der göttlichen *Liebe* zwischen Vater und Sohn.[533] Die ‚Gebärde‘ des restlosen Sich-Überlassens Jesu an die Verfügung des Vaters ist die reinste Selbstdarstellung der trinitarischen Liebe, die sich bis hinein in den Bereich des Widergöttlichen verströmt.[534] Deshalb kann Balthasar sagen, dass die Stunde jener Zeitpunkt und das Kreuz jener Ort sind, an dem die Herrlichkeit Gottes sich am stärksten offenbart.

In Analogie zur innerweltlichen Schönheit als *forma* und *splendor* ist *doxa* jedoch nicht ein verklärendes Licht, das von außen auf die Gestalt des Gekreuzigten fällt; sie bricht vielmehr aus deren Inneren, aus ihrer äußersten Hingabehaltung hervor.[535] Die bei Johannes pointiert herausgestellte Gegenseitigkeit der Verherrlichung von Vater und Sohn ist in diesem Sinne zu verstehen: Die Bitte des Sohnes um Verherrlichung ist streng zu beziehen auf die Verherrlichung des Vaternamens durch die Hingabe des Sohnes.[536] Voraussetzung hierfür ist die Einheit von Tod und Auferstehung Jesu. Im Unterschied zur Theologie der Synoptiker geschieht die Verherrlichung nach Johannes nicht erst durch die Auferstehung, sondern bereits in der Stunde des Todes.[537] Die Auferweckung bestätigt und offenbart ‚nur‘ den Gehorsam des Sohnes als Ausdruck des väterlichen Willens. Die Notwendigkeit dieser Einheit versinnbildlicht die johanneische Erhöhungsvorstellung: das Emporziehen des Körpers ans Kreuz ist der „Wendepunkt zwischen irdischem und himmlischem Heilswirken Jesu“[538]. Das Kreuz ist der letzte Ort, zu dem die irdische Sendung den inkarnierten Logos treibt, und damit zugleich der Punkt, an dem diese Sendung überstiegen wird. So wird deutlich, dass es nicht einseitig als bloße Durchgangsstation auf dem Weg Jesu in seine Ursprungsherrlichkeit gesehen werden kann. Es ist nicht nur Mittel für Jesus, zum Vater heimzukehren, sondern bleibendes Signum des Verherrlichten selbst, der auch nachösterlich seine Wunden behält.[539] Im Kreuz hat die *doxa* ihr inkarnatorisches Moment, insofern sich ihre Göttlichkeit nicht – wie in der Unvermitteltheit des *kabod* – im strikten Gegenüber zur Geschichte hält, sondern sich bis zum tiefsten Punkt in diese

---

[533] Vgl. BALTHASAR: Herrlichkeit III-2-2. 242f, wo Balthasar die Entsprechung von Gehorsam und Liebe als „das zentrale Anliegen einer theologischen Ästhetik“ bezeichnet.

[534] Vgl. BALTHASAR: Theologie der drei Tage. 168-171.

[535] Vgl. BALTHASAR: Herrlichkeit III-2-2. 231.

[536] Vgl. BALTHASAR: Herrlichkeit III-2-2. 226-231.

[537] Vgl. BALTHASAR: Herrlichkeit III-2-2. 211: „Für Joh (wie schon für Pls) ist die Auferweckung Jesu zwar ein neuer Akt Gottes des Vaters, der aber innerlich vom Gerichtsakt Gottes gefordert und insofern darin enthalten ist, so sehr, dass bei Joh Erhöhung am Kreuz und Erhöhung in die Glorie ein einzigartiges Geschehen wird, wie es auch nach Pls keinen anderen Erhöhten gibt als den Gekreuzigten.“

[538] HOEPS: Das Gefühl des Erhabenen und die Herrlichkeit Gottes. 162, in Anlehnung an Thüsing u.a., auf deren Linie auch Balthasars Auslegungen einzuordnen sind. Vgl. BALTHASAR: Herrlichkeit III-2-2. 353, 357. – THÜSING: Die Erhöhung und Verherrlichung Jesu im Johannesevangelium. 306.

[539] Auch für Thüsing ist „das Kreuz offensichtlich auch noch in der Zeit des Herrschens Jesu beim Vater die bestimmende Wirklichkeit des Heilswerkes“ (vgl. DERS.: Die Erhöhung und Verherrlichung Jesu im Johannesevangelium. 32).

Geschichte einsenkt.[540] Gottes *doxa* kann als „die in die Welt gekommene ewige trinitarische Liebe"[541] nicht abstrahiert werden von der Wucht des Kreuzesgehorsams Jesu, in deren Zeichen auch alle noch folgende geistgewirkte Verherrlichung Gottes durch die Kirche steht.[542]

Verbum Caro: Die Fleischwerdung des ewigen Logos und die anschauliche Dialektik des Erhöhtwerdens am Kreuz bilden die eigentliche Mitte des Johannesevangeliums und der von ihm her inspirierten theologischen Ästhetik Balthasars. Von diesem Zentrum aus lassen sich nun die Charakteristika einer theologischen Phänomenologie, wie sie Balthasar vorstellt, zusammenfassen.

---

[540] Vgl. HOEPS: Das Gefühl des Erhabenen und die Herrlichkeit Gottes. 161.
[541] BALTHASAR: Herrlichkeit III-2-2. 241.
[542] Insofern die Verherrlichung des Sohnes durch den Geist und durch die Kirche im Kern Auslegung des Liebesgehorsams Jesu sind, stehen sie in Analogie zur erläuterten Grundbedeutung der johanneischen *doxa* und können angesichts der gebotenen Kürze dieses exegetischen Unterkapitels vernachlässigt werden. Vgl. dazu BALTHASAR: Herrlichkeit III-2-2. 232-244.

9 Die Epiphanie des Verherrlichten: Charakteristika einer theologischen Phänomenologie

(Zwischenreflexion)

Blickt man erneut auf den Denkweg Balthasars zurück, so bestätigt sich die enge Verbindung der Motive *Gabe* und *Gestalt*, die schon in philosophischer Hinsicht gezeigt wurde. Sie weist werkimmanent eine lange Genese auf. Die spezifische Form der balthasarschen Offenbarungstheologie, die sich im wesentlichen am Gestaltphänomen, an dessen Erscheinung und der Möglichkeit seiner Wahrnehmung orientiert, wird durch Grundentscheidungen vorbereitet, die Balthasar unter den Bedingungen der Neuzeit zugunsten der Phänomenologie Goethes trifft. Die Weise, wie Goethe Wirklichkeit erschließt und sich geben lässt, rührt an die Dimension des Religiösen. Sie inspiriert Balthasars Philosophie, die sich jedoch unter dem späteren Einfluss Ulrichs mehr und mehr zu einer Ontologisierung des Motivs der Gabe fortentwickelt. Die Logik der Seinsgabe bestimmt Balthasars relationale Ontologie und bleibt auch in seiner Theologie präsent, bis hin zur Kreuzesgestalt des Sich-Gebens, die durch Christus offenbar geworden ist. Die nicht an sich haltende Liebe Gottes in der Seinsschenkung und die Hingabe des Sohnes am Kreuz bedingen und durchdringen sich wechselseitig und gewinnen im Phänomen der Gestalt eine sichtbare Außenseite. So wird deutlich, dass die Denkformen der Gabe und der Gestalt konstitutiv verbunden sind. Ihre offenbarungstheologische Verschränkung, die auf der Zusammengehörigkeit der Transzendentalien des Seins aufruht, soll in ihren wesentlichen Zügen nochmals rekapituliert werden.

In Balthasars ontologischer Form der Ästhetik kommt dem Begriff der Gestalt eine grundlegende Bedeutung zu. Weder das Schöne noch das Herrliche gehen in der Oberflächlichkeit des Scheins auf. In Analogie zur philosophischen Bestimmung des Schönen als ein Transzendentale durchwaltet Gottes Herrlichkeit all seine Werke. Wie das *transzendental Schöne* sowohl die Qualität und Einheit des objektiven Seins als auch die Grenze seiner reflexiven Fassbarkeit anzeigt, drückt *das Herrliche* den unverfügbar objektiven Charakter der Offenbarung aus. Es umspielt nicht nur punktuelle theophane Ereignisse entsprechend den Zeugnissen des Alten Bundes, sondern die gesamte Struktur der christlichen Heilsgeschichte: es ist der „in allen Weisen göttlicher Offenbarung anklingende Grundton, der als solcher zur Leitlinie theologischen Verstehens wird"[1].

Vor allem ist es die johanneische Theologie des inkarnierten Logos und der göttlichen *Doxa*, die Balthasar motiviert, eine Phänomenologie des *Sehens* und des *Erschei-*

---

[1] HOEPS: Das Gefühl des Erhabenen und die Herrlichkeit Gottes. 220.

nens dem Kanon der theologischen Disziplinen einzufügen. Johannes bindet die anschauliche Gegenwart Gottes an ein historisch zu verstehendes Ereignis und drückt den Akt der Verherrlichung mit einer bildlichen Prägnanz – der Erhöhung am Kreuz – aus. Er radikalisiert damit die enge Verknüpfung von Theophanie und Geschichte durch den Zusammenfall der Hoheit und der Niedrigkeit Jesu, die im Bild des Kreuzes in die Gleichzeitigkeit einer Vorstellungseinheit gebracht werden.[2] Ganz im Geiste des alttestamentlichen *Kabod* weiß er um die *Dialektik von Enthüllen und Verbergen*, die mit jeder göttlichen Erscheinung einhergeht. Er konkretisiert diese innere Spannung als theozentrische Ausrichtung des christologischen Heilswerkes. Gemäß dem Fundamentalsatz des Johannesevangeliums, dass der Sohn nichts von sich aus tun kann, was er nicht den Vater tun sieht (5,19), verweist Jesu Person und Geschick auf den Willen des Vaters und lässt nicht dessen eigene *Doxa*, sondern die des Vaters sichtbar werden. Insofern die Erkenntnis Gottes konstitutiv an die Erkenntnis des Sohnes gebunden ist, erhält die Offenbarung ästhetischen Charakter. Ihrer trinitarischen Hintergründigkeit „entspricht eine Diaphanie in der Bildlichkeit, in der sich das Sichtbare als hervorgerufen durch ein Anderes zu erkennen gibt, das selbst über seine Verursachung des Sichtbaren hinaus unsichtbar bleibt und sich gerade dadurch im Sichtbaren gegen dieses abgrenzt".[3]

Die *johanneische Symbolik* der Anwesenheit Gottes in der Verborgenheit des Kreuzes veranlasst Balthasar zu seiner wichtigsten Fokussierung: „Damit wird theologische Ästhetik aus der Christozentrik in eine abschließende *(trinitarische) Theozentrik* hinübergerückt."[4] Zugleich wird sie *ontologisch* aufgeladen. Das allgemeine Schema der Beziehung des Grundes zu seiner Erscheinung und dessen ästhetische Bestimmungsgrößen werden auf die trinitarischen Verhältnisse übertragen. Wie im Schönen der Grund in seiner Grundlosigkeit und in der sichtbaren Gestalt der Glanz des Seins aufleuchtet, so bricht aus der menschlichen Gestalt Jesu die ‚Wucht' ihrer Selbstlosigkeit hervor, die dem Glaubenden als grundlose göttliche Liebe evident wird. Nur indem Christus sich restlos durch-sichtig macht, vermag er das verborgene ‚Urbild' herzuzeigen. Doch wäre hier jedes platonisierende Übersteigenwollen der sinnlichen Erfahrung unangemessen: „*In* Christus, nicht von ihm abstrahierend, soll der Glaubende den Vater sehen." Der Sohn ist die „Ikone des Vaters".[5] Suchen wir also – analog zum *Gabecharakter des philosophischen Seins* – nach dem *einen* schöpferischen Grundphänomen, von dem aus sich die balthasarsche Offenbarungstheologie entfaltet und dem sich all ihre Hauptmotive unterordnen, so ist dies die in Jesus Christus erschienene *trinitarische Liebe*, die in der Armut des Kreuzes ihre Herrlichkeit offenbart. Sie bildet gewissermaßen die Vollendung der Gabe des Seins als der ‚ersten' Selbstentäußerung Gottes. Als das

---

2   Wie sehr dieses scheinbare Paradox Balthasars theologische Ästhetik leitet, wird in immer neuen Formulierungen deutlich: In der Spannung „zwischen Hoheit des freien und Niedrigkeit des liebenden Gottes öffnet sich der Herzraum der Gottheit selbst" (BALTHASAR: Herrlichkeit I. 632).
3   HOEPS: Das Gefühl des Erhabenen und die Herrlichkeit Gottes. 165.
4   BALTHASAR: Herrlichkeit III-2-2. 243. Hervorhebung von mir.
5   Beide Zitate: BALTHASAR: Vom Schauvermögen der Christen. 55.

‚Ganze im Fragment' ist die *Epiphanie des Verherrlichten* die Art und Weise, wie Gott in seiner Offenbarung gegenwärtig ist.

Anders gewendet: Nimmt man ernst, dass Gott in seinem Sohn nicht einzelne Sätze, sondern sich selbst mitteilen will, und dass (nach johanneischer und paulinischer Darstellung) die auf dem Antlitz Christi erschienene Herrlichkeit jene endgültige Selbstaussage Gottes ist, so muss man zugleich anerkennen, dass der *Akt* und der *Inhalt* der göttlichen Offenbarung einander vollkommen entsprechen. Herrlichkeit bezeichnet den höchsten Inhalt, das wahre Wesen Gottes in seiner trinitarischen Dimension und zugleich die mit Worten nicht einzuholende Form dieses Inhalts: „Doxa ist die Göttlichkeit Gottes in ihrer freien Offenbarkeit. Dass sie *offenbar* ist, heißt, dass sie sich in eine Aussagegestalt verfügt hat; wenn aber *sie* offenbar ist, sprengt sie im gleichen Geschehen jede Gestalt."[6] Die Göttlichkeit Gottes ist offenbar auf dem Antlitz dessen, der immer nur in der Haltung des Gebetes – und nicht mit verobjektivierenden Worten – die Hoheit des Vaters in ihm bezeugt und sich letztlich im Verstummen „zum Raum der Selbstaussage der Herrlichkeit macht"[7]. Will man der begrifflichen Uneinholbarkeit dieses Geschehens auch methodisch genügen, so ist christliche Apologetik für Balthasar nur als theologische Phänomenologie möglich: als *relative* Erhellung des Erscheinens Gottes selbst, das in sich eine Einheit bildet und nur dem synthetischen Durchblick des Glaubens zugänglich ist. Die *theologische Phänomenologie der Gestalt* verzichtet deshalb auf eigene subjektive Vorgriffe und Maßstäbe und sucht Gottes Offenbarung in *ihrer* Form und *ihrem* Inhalt zum Vorschein zu bringen. Ein von der immer vorgängigen Gnade Gottes bestimmtes Sehen ist nicht nur der Kern ihrer Methode, sondern auch Kriterium ihrer Wahrheit. Sie bleibt stets im Empfang ihrer eigenen Bedingungen. So schickt Balthasar dem eigentlichen Gegenstand seiner Theologie, dem endgültigen Offenbarwerden der göttlichen Herrlichkeit in der Gestalt Jesu Christi den Entwurf einer Wahrnehmungslehre und damit zugleich einer Abgrenzung von all jenen modernen Stilformen der Theologie voraus, deren primäre Quelle das aufgeklärte Bewusstsein und nicht der Glaubensgehorsam gegenüber dem sich offenbarenden Gott ist.

Der Rekurs auf *Wahrnehmung* als einer Vorstellungsart, zu der unabdingbar gehört, dass sie sich als ‚von außen' gegeben auffasst, gehört von Anfang an zu den Kennzeichen des balthasarschen Werkes. Schon in seinen Studien zum Deutschen Idealismus gibt Balthasar den nicht systematisierenden schöpferischen Gestalten des Dichtens und Denkens den Vorzug, allen voran Goethe, der ihn lehrt, den wahren existenziellen phänomenologischen Reichtum der Natur ‚objektiv', d.h. durch das Zusammenwirken von äußerem Eindruck, lebendiger Intuition und Begriffsapparat zu erfassen.[8] Es ist

---

6 BALTHASAR: Herrlichkeit III-2-2. 246.
7 BALTHASAR: Herrlichkeit III-2-2. 246.
8 Noch in seinem späten theologischen Aufsatz *Vom Schauvermögen der Christen* erinnert sich Balthasar an eine „halbvergessene Kraft [...], die alles zusammenhält, eins ins andere vermittelt: das Sinnliche schöpferisch zu einem Umriss einigt, den der empfangende und tätige Geist als ‚bedeutende Gestalt' erkennt, das Geistige wiederum schöpferisch in Bilder hinein inkarniert". Es ist die sogenannte Einbildungskraft oder – goethesch – „das festliegende, vorgegebene Phänomen als das ‚offenbare Geheimnis' im Herzen der Menschen", das jeder Erkenntnis zugrunde liegt (beide Zitate: 52).

die lebendige Gestalt Goethes, die es ihm erlaubt, dem abgeleiteten, abstrakten und unwirklichen Denken zu entrinnen und das Gepräge Gottes in der Schöpfung wahrzunehmen. Sie orientiert das Denken auf eine Subjekt-Objekt-Polarität, die zunächst Eingang in Balthasars philosophische Schriften findet. Aber die Begeisterung, mit der Balthasar noch in *Wahrheit der Welt* das inchoative Vorverständnis göttlicher Selbstmitteilung analysiert, weicht in *Herrlichkeit* einer immer stärkeren Betonung der Gebrochenheit zwischen einer existenzial verankerten Hermeneutik (Bultmann/Rahner) und dem im Glauben erschauten Offenbarungsgeschehen selbst, welches *im Zeichen des Kreuzes* steht. Wahr-nehmung tendiert nun zu einer radikalen Entgegen-nahme von objektiv Wahrem.[9] Wenn sich Balthasar schließlich gegen ein falsch verstandenes Aggiornamento in Theologie und Pastoral stemmt, das in seinen Augen Gefahr läuft, sich in eine ungebührliche Anpassung an die Welt zu verkehren, so verfolgt er stets dieses gleiche Grundanliegen: Festzuhalten an der Prävalenz des Objekts, die der *Selbst*offenbarung Gottes geschuldet ist. Gottes eigenem Handeln und Sprechen ist vor jedem menschlichen Kriterium der Vernunft und des Bedürfnisses Raum zu gewähren. Denn so sehr der Mensch die Wege Gottes auch von seiner eigenen Erfahrung her nachzuzeichnen versucht, so wird er doch niemals auf sein Werk mit dem gleichen Staunen blicken können, das ihn angesichts der Geschichte des göttlichen Sohnes überkommt.

Balthasars grundsätzliche Trennschärfe gegenüber den Bewegungen des idealistischen Geistes markiert auch die Differenz zwischen seiner *theologischen* Ästhetik und der aus der aufgeklärten Vernunftkritik erwachsenen *philosophischen* Ästhetik des Erhabenen.[10] Während jene den subjektiven Geschmack und damit den „Inbegriff der Maßstäblichkeit des Menschen"[11] zur Grundlage ihrer Urteile erhebt,[12] basiert Balthasars Konzeption allein auf den biblischen Zeugnissen göttlicher Mitteilung. Zwar lassen sich zahlreiche Ähnlichkeiten zwischen philosophischer und theologischer Ästhetik aufführen[13] – etwa die überwältigende Evidenz und die subjektive Ergriffenheit in der Schau des Schönen[14], das in jeder ästhetischen Erfahrung gegebene Ineinander von Sinnlichem und Geistlichem[15], das innere Verhältnis von Freiheit und Notwendigkeit im Kunstwerk wie in der Erscheinung Gottes[16] und schließlich der ‚Gehorsam' des Glaubenden und des Künstlers, die sich beide auf die zu erwartende Offenbarung einstimmen[17] – doch wird die Analogie stets ‚von oben' reglementiert. Als das „Urbild

---

[9]   Zu meiner Kritik an Balthasars forciertem Objektivitätsanspruch vgl. den ‚goetheschen Zwischenruf' in 8.1.6.
[10] Dazu ausführlich: HOEPS: Das Gefühl des Erhabenen und die Herrlichkeit Gottes. 202-219, bes. 207-219, der zu dem abschließenden Urteil gelangt, bei Balthasar werde der Begriff der Ästhetik „in der Abgrenzung der theologischen Ästhetik gegen die philosophische bis fast zum Zerreißen gedehnt" (216).
[11] HOEPS: Das Gefühl des Erhabenen und die Herrlichkeit Gottes. 215.
[12] So die Einschätzung Balthasars in DERS.: Herrlichkeit I. 35, 74-110.
[13] Vgl. HOEPS: Das Gefühl des Erhabenen und die Herrlichkeit Gottes. 212f.
[14] BALTHASAR: Herrlichkeit I. 308f, 447.
[15] BALTHASAR: Herrlichkeit I. 393.
[16] BALTHASAR: Herrlichkeit I. 156f.
[17] BALTHASAR: Herrlichkeit I. 212f, 241f.

des Schönen"[18] vermag Christus alle kreatürlichen Phänomene von Schönheit von innen her zu bestimmen.

Die im ersten Teil des Kapitels 8 vorgestellte Typologie von Autoren, die sich in Philosophie und Theologie an dem seit der Aufklärung unumgänglich gewordenen Erfahrungsbegriff orientieren, ließ das Proprium Balthasars als eine *christo- bzw. theozentrische Phänomenologie* hervortreten. Die Gestalt Jesu, aus der allein Gottes Glanz ungebrochen und unverfälscht aufleuchtet, steht im Mittelpunkt der balthasarschen Betrachtung. Ein übernatürliches Licht breitet sich aus und bringt das Phänomen in strahlender Weise zur Erscheinung. Es macht auf ungekannte Weise sehend. Seine Sogkraft zieht den Menschen in seinen Bann und lässt ihn empfänglich werden für die Tiefendimensionen, die im Ereignis der Offenbarung zugleich verborgen sind. In dieser göttlichen Bewegung, die den Menschen erfasst, besteht der Glaube. Will man auf die zentralen anthropologischen Voraussetzungen solchen Glaubens reflektieren, so bietet sich für Balthasar nur die Analogie zwischen *Vernehmen und Gehorsam* an:

> „Mit allen Sinnen – auch mit den Augen – lauschen, heißt jene volle Empfangsbereitschaft anstreben, die in der Philosophie der Phänomenologen als die einzig erfolgversprechende Haltung des Subjekts dem Gegenstand gegenüber gefordert wird, in der Theologie aber jenes marianische Jawort ist, womit der Glaubende apriori jedes von Gott her kommende Bild sich ihm einbilden lässt. Jesus spricht vom ‚einfältigen Auge‘, dessen Blick die totale Durchlichtung des Menschen durch Gott ermöglicht, und er meint dasselbe mit dem ‚reinen‘, von allem Eigenen ausgeräumten ‚Herzen‘, dem die Schau Gottes verheißen wird (Mt 5,8). Im lauschenden Schauen der offenbaren Gestalt geht der Blick hindurch zum Urquell der Wahrheit."[19]

Die radikale Bereitschaft der Phänomenologen, sich von den Sachen selbst her etwas zeigen zu lassen, und die damit verbundene Erwartung, nur auf diese Weise dem Anspruch strenger Wissenschaftlichkeit zu genügen, entspricht Balthasars Neubestimmung der fundamentaltheologischen Methode, unter Absehung von allen Vormeinungen die Richtigkeit der göttlichen Setzungen sowie ihre einmalige Qualität zu erfassen. Solches Ausschauhalten nach der Offenbarungsgestalt ist, so Balthasar unter Verweis auf die Exerzitien des Ignatius, auch unter den Bedingungen der Neuzeit möglich. Obwohl Ignatius den inneren Regungen und Erfahrungen des Einzelnen richtungweisende Bedeutung zumisst, ordnet er die menschliche Existenz doch niemals der Offenbarung als ein Bezugsschema vor, das diese bestimmt und einschränkt. Vielmehr sucht er durch den Bezug auf die *Mysterien des Lebens Jesu*, auf deren konkrete irdische Verortung, den menschlichen Willen so auf den göttlichen einzustimmen, dass er darin seine konkrete Gestalt und Sendung findet.

Mit seiner Anlehnung an Ignatius und Goethe wird deutlich, dass Balthasar im Unterschied zu Husserl und seiner Gefolgschaft eine *Phänomenologie des Konkreten* vertritt. Ohne die Prinzipien eines überzeitlichen *Eidos* oder eines transzendentalen Ich von Husserl zu übernehmen, bindet er die *konkrete* Existenz des Menschen und die *konkrete* Existenz Jesu Christi aneinander. Christliche Kontemplation ist nicht distanziertes Anschauen idealer Gehalte, sondern Einbildung des Bildes Christi in das be-

---

[18] BALTHASAR: Herrlichkeit I. 459.
[19] BALTHASAR: Vom Schauvermögen der Christen. 53.

trachtende Ich. Auf diese Weise wird die universale Bedeutsamkeit eines geschichtlichen Ereignisses erkenntnistheoretisch und soteriologisch erwiesen und das seit Kant und Lessing immer neu durchgespielte Motiv, den Jesus der Geschichte vom Christus des Glaubens zu trennen, überwunden. Freilich ist damit zugleich die klassische Unterteilung von Fundamentaltheologie und Dogmatik unterlaufen. Man muss, um die vom Evangelisten Johannes in ihrer ganzen Tiefe aufgedeckte Herrlichkeit des Fleisch gewordenen Wortes erkennen zu können, bereits fest im Glauben an den ‚geschundenen erhöhten' Sohn Gottes verankert sein. Damit bewegt sich Balthasars Erblickungslehre im *Innenraum* von Tradition und Glaube:

> „Wie in russisch-orthodoxen Kirchen dabei das herrscherliche Antlitz Jesu Christi in der Kuppel des Himmels nur vom innersten Punkt des Kirchenraumes aus sichtbar wird, welcher Raum durch seine viereckige Form den irdischen Standpunkt repräsentiert, so erscheint die Gestalt Jesu Christi als des offenbarenden Offenbarten im Werke von Balthasars nicht als eine historische Gestalt, die von außerhalb des kirchlichen Glaubens her in den Glauben hineinführte, vielmehr wird sie als offenbarende Gestalt für die Welt erst sichtbar in der Mitte der kirchlichen Glaubensbewegung selbst."[20]

Von dieser Grundoption aus ist es Balthasar kaum möglich zu analysieren, wie die Offenbarungswahrheit theologisch in jeweilige Zeitkontexte hinein übersetzt und vermittelt werden kann. Darin liegt sicherlich eine der Schwächen seines Ansatzes. Dass er jedoch bei aller Unerbittlichkeit gegenüber den ‚Reduktionen' der Moderne Gefährdungen des Glaubens im Blick hat, die bis heute virulent sind, ist nicht von der Hand zu weisen. In seinem Buch *Zerstreuungen. Zwischen Sinnsuche und Erlebnismarkt* beklagt Höhn die weit verbreitete Unbestimmtheit und die immer stärker ins Gewicht fallenden individuellen Ansprüche an den religiösen Glauben: „Offenbar ist die Tatsache, dass man als Antwort auf ein persönliches Bedürfnis etwas glaubt, wichtiger als die Stimmigkeit des Geglaubten."[21] Bedeutsam wird der Glaube vor allem in seiner *Funktion*. Der Mensch bindet sich aus einem natürlichen Antrieb heraus an das, was ihm zusagt. Gegenüber solcher Beliebigkeit auf den religiösen Marktplätzen unserer Zeit kann Balthasars *Phänomenologie der Gestalt* Richtung und Orientierung anzeigen. Obwohl sie sich auf den ersten Blick als ‚postkritisch' und ‚antisystematisch' bezeichnen und demnach recht gut in die Landschaft postmoderner Entwürfe einpassen ließe, hebt sie sich durch ihren universellen Geltungsanspruch dennoch klar von deren Relativismen ab. Zum ‚Ernstfall' des christlichen Zeugnisses und Glaubens gehört für Balthasar zwar die Anerkenntnis der Grenzen menschlicher Denk- und Aussagemöglichkeiten, aber auch der vernunftgemäße und ganzheitliche *Nachvollzug* dessen, was Gott in sichtbarer Gestalt dem Menschen mitteilt.

Die Verwandtschaft des Denkens Balthasars zu Philosophieformen der Gegenwart zeigt sich auf einer anderen Linie. Denn das Thema der Gabe (und in abgewandelter Form auch der Gestalt) wird derzeit unter postmodernen Vorzeichen erneut diskutiert. An der Schnittstelle zwischen philosophischen, theologischen und sozial-

---

20 EICHER: Offenbarung. 295.
21 HÖHN: Zerstreuungen. 79.

wissenschaftlichen Fragestellungen ist es vor allem die Phänomenologie, die sich als adäquate Denkform anbietet. Ein abschließender Blick in die gegenwärtige Diskussionslage soll zum einen exemplarisch die Aktualität der balthasarschen Impulse aufzeigen, zum anderen deren Nähe zum phänomenologischen Denken überhaupt bezeugen.

10 Postmoderne Reprise:
Phänomenologie der durchkreuzten und
selbstverständlichen Gebung bei Jean-Luc Marion

Die Intention dieser Arbeit ist es, zentrale Denkformen bei Hans Urs von Balthasar als phänomenologisch zu erweisen und ihre Leistungsfähigkeit für eine Theologie der Offenbarung zu prüfen. Dabei wurde der Lauf der Phänomenologie während der Goethe-Zeit und des 20. Jahrhundert verfolgt, die sich im weiten Feld der Moderne bewegte und gegenüber der transzendentalen Richtung in Philosophie und Theologie zu behaupten hatte. Indem die Stafette nun an einen postmodernen Denker übergeben wird, der mehrfach den Einfluss Balthasars auf sein Werk artikuliert und selbst zu den bedeutendsten Phänomenologen der Gegenwart zählt, soll die in dieser Arbeit vertretene These eine letzte Kontur und Bestätigung sowie einen Ausblick erhalten. Die Rede ist von *Jean-Luc Marion*, in dessen Werk sich unerwartete Parallelen zu den Hauptmotiven Balthasars, der Gabe und der Gestalt finden lassen.[1]

Marion setzt sich als Student der Pariser *Sorbonne* und der berühmten *École Normale Supérieur* ausführlich mit der Philosophie von Heidegger, Levinas und Derrida auseinander und bildet sich eigenständig auf theologischem Gebiet fort, insbesondere durch das Studium der Kirchenväter und der Schriften von Balthasar und de Lubac. Zwischen 1975 und 1985 ist er Chefredakteur der französischen Ausgabe der Zeitschrift *Communio*. Nicht zuletzt diese Tätigkeit bringt ihn auf vielerlei Weise mit dem Denken Balthasars in Berührung[2] und veranlasst ihn zu einer Reihe von Veröffentlichungen, die sich durch ihr „greifbar christliches Signum"[3] von den säkular geprägten, intellektuellen Kreisen Frankreichs abheben. Nachdem Marion in frühen Jahren sein akademisches Können mit seinen international viel beachteten Descartes-Studien unter Be-

---

[1] Während Marion in den USA und den romanischen Ländern viel rezipiert wird, ist er in Deutschland nur wenig bekannt. Seine Schriften wurden bisher auf einer Erfurter Tagung im Jahr 2004 diskutiert (vgl. GABEL – JOAS: Von der Ursprünglichkeit der Gabe) und von WOLF: Philosophie der Gabe (110-160), PUNTEL: Sein und Gott (313-426) und GONDEK – TENGELYI: Neue Phänomenologie in Frankreich (152-206) kritisch aufgenommen. Darüber hinaus sind zwei deutschsprachige Dissertationen zu Marion bekannt: Specker befasst sich mit der in dessen Frühwerk konzipierten Alterität Gottes (vgl. DERS.: Einen anderen Gott denken?), während Alferi vorwiegend die Auseinandersetzung Marions mit Husserl und Heidegger sowie die offenbarungstheologischen Implikationen in *Étant donné* herausarbeitet (vgl. DERS.: „Worüber hinaus Größeres nicht ‚gegeben' werden kann..."). Zur Biographie, den Veröffentlichungen Marions sowie zu der umfangreichen nicht-deutschsprachigen Sekundärliteratur vgl. HORNER: Jean-Luc Marion.

[2] In einem Interview berichtet Marion: „Für meine theologische Bildung war im besonderen de Lubacs Studie über die Theologie der Gnade sehr wichtig. Dann allerdings die Schriften H.U. v. Balthasars. Ich hatte das Glück, bei den Zeitschriften „Communio" und zuvor bei „Resurrection" mitzuarbeiten" (MARION – WOHLMUTH: Ruf und Gabe. 37; vgl. 39).

[3] ALFERI: „Worüber hinaus Größeres nicht ‚gegeben' werden kann...". 17.

weis gestellt hat, gilt sein Interesse heute einer Phänomenologie der ‚Gebung‘, die Hans Joas zu den „großen kreativen Leistungen unserer Zeit auf dem Gebiet der Phänomenologie"[4] zählt.

Das Werk des in Chicago und Paris lehrenden Philosophen ist in mehrfacher Hinsicht ungewöhnlich und – nach dessen eigenem Verständnis – bahnbrechend. Denn *erstens* vertritt es eine pointierte Konzeption über Gott, die auf einer radikalen Verwerfung jeder umfassenden Seinsmetaphysik und damit auch der großen Prämisse der christlichen Tradition beruht. Auf dieser Linie trifft sich Marion mit einer ganzen Reihe postmoderner Autoren, die ihr Denken unter ein nach- bzw. antimetaphysisches Vorzeichen setzen. Zugleich aber nimmt er einen christlich gedeuteten Gott an, schöpft aus christlichen Quellen und verfolgt mit der rationalen Begründung der Möglichkeit von Offenbarung ein dezidiert theologisches Anliegen. Dies hat ihm – *zweitens* – im Jahr 1991 von Dominique Janicaud den Vorwurf eingebracht, eine theologische Wende der Phänomenologie zu vollziehen und damit die methodologische Neutralität und wissenschaftliche Strenge aufzugeben, die Husserl von der Philosophie als Urwissenschaft eingefordert hat.[5] Für Marion selbst aber ist die Deutung Gottes als *Caritas*/Liebe umgekehrt Anlass dafür, alle bisherigen Formen der Transzendenz nochmals zu transzendieren und alle herkömmlichen phänomenologischen Reduktionen zu überwinden bzw. auf eine letzte Reduktion, die Selbstgebung der Phänomene, zurück zu führen. Damit liegt sein hochgestecktes Ziel *drittens* in der Vollendung der Phänomenologie Husserls und Heideggers.

Wenn Marion theologisch denkt, zitiert er immer wieder Balthasar.[6] Wenn er Balthasars Werk interpretiert, rückt er dieses in unverkennbare Nähe zu seinem eigenen Denken. Er bindet es ein in den Rahmen einer Terminologie der Gabe, die scheinbar keinen Zweifel an der grundsätzlichen Übereinstimmung zwischen ihm und seinem theologischen Vorbild lässt.[7] Auch in der Sekundärliteratur wird die hohe Wertschätzung, die er Balthasar entgegenbringt, immer wieder herausgestrichen.[8] Für das Abschlusskapitel dieser Untersuchung drängen sich damit zwei Fragen auf: Inwiefern lassen sich strukturelle Parallelen zwischen den beiden Autoren finden, die sozusagen ‚von rückwärts‘ die hier vorgetragene These einer Verwandtschaft Balthasars zur Phänomenologie bestätigen? Inwieweit aber ist Marion berechtigt, Balthasar uneingeschränkt als Gewährsmann für die theologischen Implikationen seiner Denkform zu benennen; täuscht er damit nicht zugleich über eine Kluft hinweg, die zwischen ihm und jenem aufgrund der gegensätzlichen Anliegen und Voraussetzungen besteht?

---

4   JOAS: Einleitung: Von der Ursprünglichkeit der Gabe. 9.
5   JANICAUD: Le tournant théologique de la phénoménologie française.
6   Specker bezeichnet Balthasar als den von Marion „meistzitierten Theologen" (DERS.: Einen anderen Gott denken? 330).
7   Vgl. meine Ausführungen zur Charakteristik der theologischen Phänomenologie Balthasars in Abschnitt 8.2.3.1, die ich durch einen Aufsatz Marions zu erhellen versuche. In seinem Aufsatz *Das „Phänomen Christi"* nach H. U. *von Balthasar* nähert sich Marion selbst dieser Fragestellung, indem er eine – seine eigene – Perspektive der Selbst-*Gebung* der Offenbarung einnimmt.
8   Vgl. etwa PUNTEL: Sein und Gott. 329. – GREISCH: Eine phänomenologische Wende in der Theologie? 372.

10.1 Das Frühwerk: *Dieu sans l'être* und *L'idole et la distance*

10.1.1 Ein Gott ohne das Sein?

Die Fragen nach *Gott, Transzendenz* und *Metaphysik* bilden die Mitte der gesamten philosophisch-theologischen Konzeption Marions, insbesondere seiner frühen Schriften *Dieu sans l'être* und *L'idole et la distance*. Ihre Beantwortung durch Marion ist durchaus provozierend, da er den Zugang zu Gott von jeglicher Dimension, die nicht Gott selbst ist, frei halten will. Sein Grundaxiom bzw. seine Grundforderung lautet: Gott kann adäquat nur von sich selbst her artikuliert und verstanden werden. Einen Denkhorizont oder eine Bedingung für die Rede von Gott anzunehmen, bedeutet der Versuchung zu erliegen, den Unendlichen auf irgendwelche menschlichen Maßstäbe zu reduzieren. Die größte Verfehlung des abendländischen Denkens ist in dieser Hinsicht die Dimension des Seins selbst. Im Vorwort zur englischen Ausgabe von *Dieu sans l'être* heißt es:

„Under the title *God without Being*, I am attempting to bring out the absolute freedom of God with regard to all determinations, including, first of all, the basic condition that renders all other conditions possible and even necessary – for us, humans – the fact of Being. Because, *for us*, as for all the beings of the world, it is first necessary 'to be' in order, indissolubly, 'to live and to move' (Acts, 17:28), and thus, eventually also to love. But *for God*, if at least we resist the temptation to reduce him immediately to our own measure, does the same still apply? Or, on the contrary, are not all the determinations that are necessary for the finite reversed for Him, and for Him alone?"[9]

Marion unternimmt es, alle bekannten Formen der Transzendenz und der Reduktion ihrerseits zu transzendieren: die husserlsche Reduktion der Phänomene auf das transzendentale Ego, die heideggerische Reduktion des Daseins auf das Sein sowie die traditionelle metaphysische Transzendenz aller Seienden zum Sein und in diesem Rahmen zu Gott als dem *summum ens* bzw. dem *esse per se subsistens*. Er beabsichtigt entschieden, jenseits der Metaphysik zu denken und stellt damit die Grundannahme christlicher Tradition in Frage, dass Gott vor allen anderen Eigenschaften Sein haben muss. Nicht das Sein ist die tiefste und ursprünglichste Bestimmung Gottes, sondern die *Caritas*/Liebe. Die Liebe überschreitet das Sein und macht es bedeutungslos. Sie durchbricht die Grenzen der Metaphysik und überwindet alle begrifflichen Idole Gottes. Folglich kann der von Heidegger beklagte onto-theologische Zugriff der abendländischen Philosophie auf ein *summum ens* nur durch ein alternatives Gottesverhältnis ersetzt werden, das einen ,Gott ohne das Sein' *(Dieu sans l'être)* bzw. einen in Liebe sich frei gebenden Gott artikuliert. Diese radikale Wende vollzieht Marion unter Bezugnahme auf Hölderlin und Nietzsche, die den Idealismus in eigentümlicher Brechung erleben und durch ihr tragisches Geschick als Propheten eines nachmetaphysischen Denkens auftreten, das sie selbst jedoch nicht mehr einzulösen vermochten.

---

[9] MARION: God without Being. XX. Vgl. hierzu und zum Folgenden: PUNTEL: Sein und Gott. 313-377.

Als phänomenologische Grundlage dieser Rationalitätskritik dient das Gegensatzpaar ‚idole' und ‚icône',[10] das zwei Vernunftmöglichkeiten konfrontiert. Das Idol repräsentiert eine geistige Welt, die vom Menschen selbst künstlich geschaffen und erhöht wird, jedoch nicht auf das von ihr unabhängige Göttliche hin transparent ist. Ihm entspricht eine Art des Sehens, die illusorisch die Sichtbarkeit eines Phänomens selbst erzeugt, indem der Blick darin lediglich seinem eigenen Bedürfnis nach Fassbarkeit und Sicherheit nachkommt. In diesem Sinne bleibt jedes philosophische System, das auf selbstgewissen Begriffen beruht, in einem idolförmigen Um-sich-selbst-Kreisen gefangen. Eine Mentalität des Erfassens versperrt den Zugang zu Gott, der als der Gekreuzigte auf gänzlich unvordenkliche Weise offenbar geworden ist und jeder begrifflichen Festlegung widersteht, ja sogar deren verhängnisvolle Idolatrie demaskiert.[11]

Das Phänomen der Ikone hingegen ist ein Bild, welches das Göttliche in authentischer Weise zeigt als das Unsichtbare, das selbst unsichtbar bleibt. Es ist transparent auf eine Wirklichkeit, die sich aus eigener Verfügung heraus gibt. Vor einer Ikone verzichtet der Mensch darauf, etwas zu erfassen. Sein Blick verliert sich im unsichtbaren Angesicht, das ihn selbst sichtbar ansieht. Gott und Offenbarung sind demnach allein aus einer ikonischen Haltung heraus zu thematisieren, welche die Distanz der absoluten Transzendenz anerkennt und sich von Anderem und Fremdem wirklich angegangen weiß.[12]

Dass Gott nur durch Gott angemessen erkannt und auf menschliche Begrifflichkeit nicht reduziert werden kann, ist auch eines der Hauptanliegen der theologischen Ästhetik Balthasars.[13] Glaubhaft ist nur Liebe, jene Liebe, die im Antlitz des Gekreuzigten offenbar geworden ist. In der Weise der Durchführung dieses theologischen Apriories aber unterscheidet sich Balthasar von Marion fundamental. Er legt den entscheidenden Punkt im Zusammenhang einer Betrachtung über den trinitarischen Gott selbst dar: „[…] die Unvordenklichkeit der Selbsthingabe oder Selbstentäußerung, die den Vater allererst zum Vater macht, [kann] nicht der Erkenntnis, sondern nur der grundlosen Liebe zugeschrieben werden, was diese als das ‚Transzendentale schlechthin' ausweist."[14] Und er fügt folgende Fußnote an, in der er Marion streng kritisiert: „Diese Aussage […] darf aber nicht zu einer Entrückung Gottes vom Sein weg verleiten (Jean-Luc Marion, Dieu sans l'être, Fayard, Paris, 1982). Die grundlose Liebe ist nicht vor dem Sein, sondern sein höchster Akt, woran seine Begreifbarkeit scheitert: ‚gnōnai tēn hyperballousan tēs gnōseos agapēn' (Eph 3,19)."[15] Die Liebe ist der höch-

---

10 Vgl. zum Ganzen: MARION: Dieu sans l'être. 15-80. Specker verwendet den Vergleich zwischen Idol und Ikone als Schlüssel zu Marions Frühwerk (vgl. DERS.: Einen anderen Gott denken?).

11 Vgl. MARION: Dieu sans l'être. 15-27.

12 Vgl. MARION: Dieu sans l'être. 28-37.

13 Vgl. BALTHASAR: Die Gottesfrage des heutigen Menschen. 84.

14 BALTHASAR: Theologik II. 163.

15 BALTHASAR: Theologik II. 163, Anm. 9. Im darauf folgenden Textabsatz gibt Balthasar einen bemerkenswerten Hinweis: „Dies einzusehen ist nur möglich, wenn man […] mit Ferdinand Ulrich, von der Einheit von ‚Armut' und ‚Reichtum' schon im absoluten Sein [zu sprechen wagt] […]. So kann Liebe als der höchste Modus und darin als die ‚Wahrheit' des Seins gelten, ohne über Wahrheit und Sein ent-

ste Akt des Seins. Als die Fülle und das Wunder des Seins liegt sie dem menschlichen Verstand immer voraus. Doch ist und bleibt der Gedanke der Liebe bei Balthasar die Artikulation eines Verständnisses von Sein, und zwar des *Seins als Liebe/Gabe.*[16] Das Sein selbst als ‚Hauptidolatrie‘ zu denunzieren und Gott damit zum absolut Anderen oder ‚Unmöglichen‘ zu erklären, wie es Marions Absicht ist, kommt einer Aushebelung der gesamten ontologischen Rahmenkonzeption der balthasarschen Theologie gleich und widerspricht völlig deren Auffassung vom Sein als erster Selbstentäußerung Gottes. Während Marion Sein und Gott als zwei radikal verschiedene Dimensionen betrachtet, ist die *analogia entis* für Balthasar gerade die Voraussetzung der Selbstmanifestation und Selbstmitteilung Gottes. Dass Gott sich dem Menschen anbietet und mitteilt, bedeutet, dass der *seiende* Gott sich offenbart. Sein ist der uneingeschränkte offene Raum, in dem Gott erscheint. Es ist dem menschlichen Geist gleichförmig. Das so verstandene und gedeutete Sein aber als etwas von Gott Getrenntes zu denken, als eine unzulässige Bedingung, die Gott einschränkt oder menschlichen Kategorien unterwirft, ist nach Balthasars Verständnis der Ontologie unmöglich.

10.1.2 Eine theologische Wende in der Phänomenologie?

Die in Marions Werk von Anfang an präsente theologische Fragestellung nach der Möglichkeit von Offenbarung lässt bei einigen Interpreten Zweifel am philosophischen Status seiner Phänomenologie aufkommen. Janicaud wirft Marion vor, sich nicht mehr unvoreingenommenen auf die Sachen selbst zu konzentrieren, sondern der Verführung theologischer Modelle verfallen zu sein. Anlass zu dieser Kritik bieten unter anderem die Motive des Frühwerkes, insbesondere die Hintergründe des Gabemotivs.[17]

Der für Marions Denken charakteristische Begriff der Gebung hat seinen werkgeschichtlichen Ursprung in einer theoretischen Erfassung des christlichen Credo, die Maß nimmt an der Trinität und ihrer ökonomischen Auslegung im Kreuzesgeschehen. In *L'idole et la distance* wird das innertrinitarische Leben als wechselseitiges Geben und Empfangen expliziert,[18] Gottes Selbstmitteilung in Christus entsprechend als unbedingte Gebung an den Menschen, die Gott als den vorbehaltlos Liebenden erweist: „La kénose ne met aucune condition à se révéler, parce qu'en cette révélation elle se donne, et ne révèle rien que ce don inconditionné."[19] Das im Bild des Gekreuzigten sich manifestierende trinitarische Geheimnis beansprucht Marion weiterhin als Bezugspunkt, um die Erfahrung von ‚distance‘ als Schlüsselkategorie seines Gottes- und

---

rückt werden zu müssen" (DERS.: Theologik II. 163). Vgl. hierzu meine Ausführungen in den Abschnitten 6.4.2 und 6.4.4.

[16] Vgl. die in Punkt 6.1.2 bereits erwähnte konzise Gesamtdarstellung in BALTHASAR: Herrlichkeit III-1-2. 943-983.

[17] Marion weist die Vorwürfe gegen ihn aber entschieden zurück. Vgl. DERS.: Étant donné. 103-108.

[18] Vgl. MARION: L'idole et la distance. 214.

[19] MARION: L'idole et la distance. 264.

Wirklichkeitsverständnisses zu etablieren und zugleich für jegliche Form universal nachvollziehbarer Vernunft einzufordern. Der Hingabeakt Jesu in Leben und Sterben offenbart ein Geschehen der Liebe zwischen Vater und Sohn, das mit einer vollkommenen Anerkennung von Distanz einher geht. Um den Menschen zu erlösen und ihn auch noch in seiner äußersten Gottesferne einzuholen, überlässt sich der Sohn der Trennung vom Vater, spricht darin sein letztes, liebendes Ja und empfängt so das Leben neu.[20] Wenn Marion also ausgehend von der Ökonomie des göttlichen Heilshandelns in der Welt die immanente Trinität im Modus der Freigebigkeit und der Bejahung bleibender Andersheit bestimmt, legt er dieses Kriterium auch dem Denken von Offenbarung überhaupt zugrunde. So muss das von Gott in seiner Freiheit eröffnete Verhältnis zum Menschen als denkerisch unableitbarer Gebungsakt zur Geltung kommen, in dem der dreieine Gott seinem Geschöpf ganz nahe kommt, dies aber als der überraschend Andere aus der Unzugänglichkeit seines Gottseins heraus beschließt.[21] Dies ist die Relation zwischen dem Sich-selbst-Gebenden und dem Empfänger. Vom Urbild des innertrinitarischen Lebens und des Stiftungsaktes der Eucharistie her sind schließlich auch die kirchlichen Beziehungsformen nach den Gesetzen einer sich dem Abstand zum Anderen überlassenden, liebenden Selbsthingabe zu gestalten, sodass ihr Umgangsstil, der ja Christus bezeugen will, keinen Platz für erdrückende Herrschaftsausübung lässt.[22] Christliches Denken weiß sich je schon vom Gebungsakt der Liebe Gottes umgriffen und getragen, während die Gottesbegriffe säkularer Entwürfe, so Marions kritische Analyse, eben jene Distanz verkennen, aus der heraus der lebendige Gott sich selbst mitteilt.[23]

Das Gabemotiv prägt damit nicht nur die Trinitäts- und Erlösungslehre sowie das Ethos christlicher Existenz, sondern zugleich die theologische Rationalität selbst. Eine Wirklichkeitsanschauung, die sich auf das *Wort vom Kreuz* (1Kor 1,18) beruft, muss nach Marion der grundlegenden Unbegreifbarkeit Gottes gerecht werden, indem sie sprachlich eine über sich hinausweisende Dimension impliziert.[24] Bedenkenswert scheint Marion hier ein dritter Weg[25] zu sein, der sowohl die affirmative als auch die negative Gottrede übersteigt und in christlich-neuplatonischer sowie in frühidealistischer Tradition zu finden ist. Die sprachliche Erfassung der Entzogenheit Gottes in den poetischen Reflexionen Hölderlins und der mystischen Theologie des Dionysios Areopagita weisen eindrücklich diese Ikonizität auf.[26] Besonders der dionysische Lobpreis zeichnet sich durch einen „discours de la distance"[27] aus, der nie eine objektivie-

---

[20] Besonders hinsichtlich dieser kreuzes- und trinitätstheologischen Motive macht sich der Einfluss Balthasars geltend. Vgl. ALFERI: „Worüber hinaus Größeres nicht ‚gegeben' werden kann…". 44, Anm. 5.

[21] Erneut fallen Parallelen zu Balthasar auf; jener deutet die Selbstmitteilung Gottes als ‚Rückhaltlosigkeit der Gabe' (vgl. DERS.: Herrlichkeit III-2-2. 249-252. – DERS.: Theodramatik II-1. 260).

[22] Vgl. MARION: L'idole et la distance. 206f, 241f.

[23] Vgl. z.B. MARION: L'idole et la distance. 40.

[24] Vgl. MARION: Dieu sans l'être. 28-37.

[25] MARION bezeichnet den dionysischen ‚dritten Weg' auch als „passage à l'éminence" (DERS.: L'idole et la distance. 189).

[26] Zur hymnisch-literarischen Sprachform bei Dionysios und Hölderlin vgl. SPECKER: Einen anderen Gott denken? 238-252.

[27] MARION: L'idole et la distance. 178.

rende *Aussage über* etwas, sondern immer eine *Bezugnahme auf* etwas darstellt.[28] Er konstituiert eine Beziehung, in der Unterscheidung und Entfernung zur eigentlichen Form der Nähe werden.[29] Denn im Lobpreis wird der Mensch der von ihm selbst unterschiedenen und ins Dasein rufenden Größe Gottes inne. Er weiß sich bezogen auf eine unendliche Liebe, der er sein Leben, auch seine Vernunft als unvordenkliche Gabe verdankt[30] und deren Herrlichkeit paradoxerweise in der Knechtsgestalt Jesu aufleuchtet.[31] So wird er aus der Enge seiner begreifen wollenden und vor dem Unsagbaren doch versagenden Rationalität geführt. Er tritt in Distanz zu sich selbst und in Beziehung zum Ur-Geber seiner Freiheit.[32]

An Marions Überlegungen fällt ein Zweifaches auf. Alles hat – von den Interpretationen der literarischen Quellen bis hin zu ihrer dogmatischen Einholung – seinen Fluchtpunkt in der *Gebung* und in der *Andersheit Gottes*. Es geht Marion zum einen um die Bestimmung der Grenzen der okzidentalen Vernunft, zum anderen aber auch um das Recht dessen, was in einer von Rationalität bestimmten theologischen Diskursform verschattet und verschwiegen bleibt. Dies sind die Berührungspunkte der theologischen Wissenschaft mit Mystik, Hymnus und eucharistischem Ritus, welche sich für das Unsagbare offen halten. In der Vergegenwärtigung des Göttlichen wird sich das denkende Ich seiner Selbstgegebenheit bewusst, die ihr Urbild in der Ikone Christi als der vollkommenen Hingegebenheit findet. An ihr muss sich alle Gottrede messen lassen.

„Man mag Marions Überlegungen im Genre theosophischer Hymnologie vielleicht ein gewisses Recht einräumen"; *philosophisch* sind seine Aussagen von der Alterität Gottes problematisch, „solange sich eine Theologie verpflichtet sieht, auch auf dem Forum der Vernunft Rechenschaft über den Logos der sie beseelenden Hoffnung zu geben"[33]. Diese Bedenken, die Müller im Blick auf die Gesamtkonzeption Marions formuliert, gelten verschärft für die genannten frühen Schriften, in denen Marion dazu neigt, einer rein binnenkirchlichen Sprachpragmatik vor einem rational vermittelten Diskurs den Vorzug zu geben.[34] Die Annahme, im Binnenraum der Kirche müsse eine eigene, von der allgemeinen Rationalität abgesetzte Hermeneutik praktiziert werden, ist eine mit dem modernen Selbstverständnis der Theologie unvereinbare Engführung, da sie einer heteronomen Bestimmung des Menschen durch die göttliche Of-

---

[28]   Vgl. MARION: In the name. 28.

[29]   Vgl. MARION: L'idole et la distance. 133, 192.

[30]   Vgl. MARION: L'idole et la distance. 231.

[31]   Vgl. hierzu Marions Hölderlinanalyse, in der er das Gedicht *Friedensfeier* mit dem Philipperhymnus (Phil 2,6-11) zusammenliest (DERS.: L'idole et la distance. 139ff). Die Interpretation der sich entäußernden Knechtsgestalt als Widerschein der göttlichen Herrlichkeit dürfte außerdem von Balthasar inspiriert sein: „Si l'on veut, à condition d'entendre le paradoxe comme un certain vision de la gloire et sa venue de bais. La gloire du divin ne nous advient que de biais, dans la figure dépouillée du Fils. Rien de plus proprement divin, que la gloire masquée et l'absence d'immédiate apparition" (141).

[32]   Zu dieser Art der Verwendung von ‚distance' verweist Marion auch auf Balthasars Maximusinterpretation (vgl. DERS.: Intimität durch Abstand. 222).

[33]   Beide Zitate: MÜLLER: Rez. Puntel, Lorenz B.: Sein und Gott. Sp. 314.

[34]   Marion ist wiederholt für seine binnenkirchliche Orientierung kritisiert worden. Vgl. z.B. LACOSTE: Penser à Dieu en l'aimant. – WARD: The theological project of Jean-Luc Marion.

fenbarung Vorschub leistet.[35] Sie markiert damit eine wichtige Differenz zum Denken Hans Urs von Balthasars. Jener ist trotz seines Bemühens, rationale und existenzielle Wahrheit, ,sitzende' und ,kniende' Theologie zusammen zu halten, nie der Versuchung erlegen, sich vom vernunftgemäßen Anspruch der Theologie loszusagen. Im Gegenteil gibt er selbst beredtes Zeugnis davon, dass die Kraft des Glaubens so stark ist, die Auseinandersetzung mit jeglichem Denken zu eröffnen. Gleichwohl sind die Parallelen zwischen ihm und Marion nicht zu übersehen. Insbesondere der kreuzes- und trinitätstheologische Grundtypus der Argumentationen wiederholt sich. Wenn Marion den Leitgedanken einer sich gegebenen und jede autonome Rationalität herausfordernden Vernunft von dem göttlichen Akt der Hingabe und der Distanz zwischen Vater und Sohn her entwickelt, nimmt er Motive sowohl aus der *Herrlichkeit* als auch aus der *Theodramatik* auf. Schon bei Balthasar begegnet der ungewöhnliche trinitätstheologische Terminus der ,Distanz': „Die unendliche Distanz zwischen Welt und Gott gründet in der anderen, urbildlichen Distanz zwischen Gott und Gott."[36]

Dass Marion in seiner frühen Werkphase tatsächlich einem theologischen Engpass verhaftet ist und diesen selbst revidieren will, verrät die Anfang der neunziger Jahre eingetretene Wende in seinem Denken. Mit einer ,phénoménologie de la donation' will er streng philosophisch ansetzen und muss sich dabei der paradoxen Situation stellen, dass die Offenbarung des freien Gottes jedes Fassungsvermögen der menschlichen Vernunft übersteigt, deshalb in deren Begründungsgang nicht aufgehen kann, dass sie zugleich aber die autonome Rationalität nicht unterminiert, sondern von dieser adäquat eingeholt werden kann und muss.

10.2   Das Hauptwerk: *Étant donné*

10.2.1 Die Selbstgebung der Phänomene

Das 1997 erschienene Buch *Étant donné* gilt heute weithin als das Hauptwerk Marions, in dem er seinen viel diskutierten Anspruch formuliert, die Phänomenologie auf ein letztes, unhintergehbares Prinzip zurückzuführen: die Selbstgebung der Phänomene.[37] Er glaubt damit die ursprüngliche Intention Husserls und Heideggers zu vollenden, die jene selbst nur ungenügend einzulösen vermochten. Mit einer solchen Reduktion muss er aber zugleich gegenüber Derrida die Möglichkeit einer ,reinen' Gabe zurück-

---

35   Das Befremden, das Marions Frühwerk teilweise ausgelöst hat, hat nicht zuletzt hier seinen Grund. Vgl. ALFERI: „Worüber hinaus Größeres nicht ,gegeben' werden kann...". 73.

36   BALTHASAR: Theodramatik II-1. 242.

37   Das Werk knüpft an die Analysen der vorausgehenden philosophiehistorischen Studie *Réduction et donation* an. Zu *Étant donné* vgl. ausführlicher ALFERI: „Worüber hinaus Größeres nicht ,gegeben' werden kann...". Bes. 99-131, 285-391.

gewinnen,[38] die im Horizont einer Tauschökonomie nur aporetisch,[39] in einer vom Kausalprinzip geleiteten klassischen Metaphysik hingegen gar nicht erscheinen konnte.[40]

Schon der Titel *Gegeben-sein. Eine Phänomenologie der Gegebenheit/Gebung*[41] artikuliert das zentrale Motiv der Gabe in seiner spezifischen Deutung bzw. in seiner antimetaphysischen Konnotation. ‚Étant – seiend' ist hier nicht im Sinne eines ‚Seienden' zu verstehen, sondern als ein Verb, das im Dienste eines anderen Verbs steht: „Il met en oeuvre ce qui, dès lors, s'avère à la fin ‚donné'. […] Ici ‚étant' prépare ‚donné', qui l'accompli et lui confère la force d'un fait accompli."[42] Der Ausdruck ‚étant' artikuliert das, was sich am Ende als ‚gegeben' erweist. Als Hilfsverb betrachtet verschwindet es selbst im Gegebenen. Die Dimension des Seins/Seienden geht restlos darin auf, das Gegebene *als* das Gegebene zur Erscheinung zu bringen. Somit führt *Étant donné* das Gegebene nicht auf den Status eines Seienden zurück, sondern enthüllt es *als solches*, das niemandem etwas schuldet, in seinem reinen Akt der Gebung. Darin ist Marions erste Absicht zu erkennen, zum reinen Phänomen bzw. zur reinen Phänomenalität zu gelangen.

Mit der Idee der reinen Phänomenalität verfolgt Marion das Projekt, die husserlsche Philosophie zu radikalisieren, zu korrigieren und zur vollen Entfaltung zu bringen, indem er die Subjekt-Objekt-Beziehung einer totalen Umkehrung unterzieht.[43] Er übernimmt zunächst Husserls Ausgangsthese, dass das Phänomen das ist, was in der originären Anschauung gegeben ist.[44] Husserl vertritt wie sein Schüler Heidegger die Auffassung, dass nur das in Erscheinung treten kann, was *sich gibt*, indem es *sich uns zeigt*.[45] Doch hat er dieses Prinzip der Gebung nach Marions Ansicht nicht konsequent zu Ende geführt. „Husserl n'a pas déterminé par concept la donation, qui pourtant détermine la réduction et le phénomène; il pense à partir de la donation, tout en la laissant pour une large part impensée."[46] Das reine Phänomen des Gegebenen ist erst dann erreicht, wenn es nicht mehr auf das transzendentale Ich reduziert und demnach als ein durch das Ego konstituiertes Objekt verstanden wird (Husserl), wenn es auch nicht mehr vom Dasein oder der Welt her begriffen (Heidegger), sondern im Akt seiner von allen Denkhorizonten befreiten Selbstgebung gesehen wird. Marion bricht

---

[38] Vgl. hierzu Punkt 10.2.3 dieser Arbeit.

[39] Derrida bestreitet die Möglichkeit einer ‚reinen' Gabe, da Geben stets bedingten Erwartungshaltungen und intentionalen Abhängigkeiten unterliege (vgl. DERS.: Donner le temps: 1. La fausse monnai. – DERS.: Sauf le nom [Post-Scriptum]. – GONDEK – WALDENFELS: Einsätze des Denkens.).

[40] Die Gegebenheit lässt sich gerade nicht auf ein Ursache-Wirkung-Verhältnis abbilden, weil ‚Geben' von ‚Verursachen' phänomenologisch gänzlich verschieden ist.

[41] Im französischen Original: *Étant donné. Une phénoménologie de la donation.*

[42] MARION: Étant donné. 6.

[43] Die Tragweite dieser Umkehrung wird unter Punkt 10.2.2 eigens bedacht.

[44] Vgl. HUSSERL: Ideen zu einer reinen Phänomenologie und phänomenologischen Philosophie. 52.

[45] Zu beachten sind vor allem Husserls Begriffe der ‚Gegebenheit' und der ‚Selbstgebung', die Marion eigenwillig mit ‚donation' übersetzt; ähnlich HEIDEGGER: Sein und Zeit. 9: „Sein liegt im Dass- und Sosein, in Realität und Vorhandenheit, Bestand, Geltung, Dasein, im ‚es gibt'." Marion führt diese Grundannahme fort: „Ce qui apparaît *se* donne, ce qui *se* donne apparaît, ou mieux *se* montre" (DERS.: Étant donné. 169).

[46] MARION: Étant donné. 42.

sowohl mit der Transzendentalphilosophie als auch mit der Metaphysik, insofern er das Phänomen weder im Horizont der Objektivität/Gegenständlichkeit noch im Horizont des Seins verankern will.[47] Wenn er jedoch nach dem transzendentalen und existenzialen Prinzip eine dritte und letzte Reduktion anvisiert, welche lautet: „autant de réduction, autant de donation"[48], so verwirft er nicht einfach die Idee der Konstitution; stattdessen kehrt er sie um, sodass nun das Subjekt vom Phänomen her konstituiert wird. Das Subjekt ist nicht mehr die weltentwerfende, sondern die empfangende Instanz. Damit wird zwar seine Autonomie bestritten, es selbst jedoch nicht gänzlich geleugnet.

In diesem Zusammenhang führt Marion eine Klassifikation der Phänomene in drei grundlegende Bereiche ein. Kriterium der Unterscheidung ist der zunehmende Anteil der Anschauung.[49] „Car, si tout ce qui *se* donne *se* montre, tout ne se donne pas univoquement."[50] Im *ersten* Bereich der idealen Gegenstände der Mathematik und der Logik ist lediglich eine ‚formale' Anschauung erforderlich bzw. zugelassen. Die *zweite* Sphäre der allgemeinen, gewöhnlichen Phänomene weist Gegebenheiten auf, deren Bedeutung die intuitive Erwartung erfüllen kann, weil ihr Anschauungsgehalt den transzendentalen Begriffen entspricht. Schließlich besteht der *dritte* Bereich aus den sogenannten saturierten (gesättigten) Phänomenen, in denen die Anschauung die intentionale Erwartung immer überschwemmt („submerge"), „où la donation non seulement investit entiérement la manifestation, mais, la surpassant, en modifie les caractéristiques communes"[51].

In der Variation zwischen gebungsarmen und gebungsintensiven Phänomenen stehen damit solche Phänomene an der Spitze, die durch ihr Übermaß an Anschauung jeden transzendentalen Begriff überschreiten und sich der gegenständlichen Konstitution entziehen. Sie überbieten den intentionalen Vorgriff auf Anschauung, sodass sie die kantischen Kategorien, welche sie als Basis voraussetzen, in ihrem Sinn ‚umkehren'.[52] Zu ihnen gehören alle Erfahrungen, deren Eigendynamik unvorhersehbar und überwältigend ist und deshalb vom Denken nur ‚berührt', nicht ‚begriffen' werden kann.[53] Sie treffen das Bewusstsein unverhofft, *durchkreuzen*' regelrecht seine Intentionalität.

In Anlehnung an Ricoeur (und seinen Hauptbegriff des Ereignisses), Henry (Leib), Derrida (Kunstwerk/Idol) und Levinas (der Andere/Ikone) entwickelt Marion vier Typen saturierter Phänomene, die dem Ich immer zuvorkommen und es in Staunen

---

[47] MARION: Étant donné. 439.
[48] MARION: Réduction et donation. 303. Vgl. DERS.: Étant donné. 23.
[49] Vgl. MARION: Étant donné. 251-342.
[50] MARION: Étant donné. 250.
[51] Marion: Étant donné. 314.
[52] Vgl. MARION: Étant donné. 273-280.
[53] Saturierte Phänomene widerstehen jeder Analyse, was sehr schön am Beispiel des musikalischen Erlebnisses deutlich wird. Der ganzheitliche Eindruck eines Musikstückes lässt sich nicht verobjektivieren oder an der Melodie analysieren, er kann nur ‚empfangen/empfunden' werden. Vgl. MARION: Étant donné. 301f.

versetzen:[54] das in die Geschichte einbrechende Ereignis, das in Gewissen und Ge-
dächtnis intensive Spuren hinterlässt und eine unerschöpfliche Hermeneutik hervor-
ruft; die Leiblichkeit als affektiver Ausgangspunkt von Schmerz, Angst und Freude,
Erinnerung und Liebe sowie der Erfahrung der Endlichkeit; das Gemälde – hier als
Idol[55] bezeichnet –, dessen Sichtbarkeit den Blick ‚blendet‘, d.h. ihn ungefragt unterbricht und fesselt. Der vierte Typ erscheint unter dem Aspekt des Unanschaulichen
und Unreduzierbaren, insofern er sich jeder Relation auf das Ich (und damit auf die
Kategorien der Modalität) entzieht. Er wird ‚Ikone‘ genannt und ist mit dem Angesicht des Anderen zu identifizieren, welches vom Ich nicht erfasst wird, sondern seinen eigenen Blick auf den ihm Begegnenden richtet. Wie Levinas gezeigt hat, lädt der
widerständige Blick des Anderen das Subjekt gleichsam vor, konfrontiert es mit einem
unbedingten Anspruch, dem es nicht entkommen kann. In solcher Erfahrung kehrt
sich das Sehen regelrecht um: der Erblickende wird zum Erblickten, zu einem Menschen, dem unverhoffte und verwandelnde Liebe zuteil wird, der aber auch in die
Pflicht genommen ist, für seinen Nächsten Verantwortung zu tragen. Allgemein gesprochen hat diese Umkehrung des Blickes zur Folge, „dass das offenbar werdende
Phänomen sich in ein Phänomen verwandelt, das sich von sich aus offenbart"[56].

Die saturierten Phänomene bewahrheiten den Primat und die Ursprünglichkeit der
Gebung, da sie sich weder auf das transzendentale Subjekt noch auf einen anderen wie
immer gearteten Horizont reduzieren lassen. Sie sind gänzlich unabhängig von jeder
Bedingung der Möglichkeit in dem Sinne, dass die Vernunft nicht vorweg nehmen
kann, was sie in der Anschauung erhält, dass sie sich in keine objektivierende Haltung
retten kann und ihr jede Freiheit des neutralen Abwägens genommen ist. Die den
Phänomenen adäquate Weise der Wahrnehmung ist das Staunen.

10.2.2 Die Umkehrung der Subjekt-Objekt-Struktur in Ruf und Gabe

Die These der ursprünglichen, reinen Phänomenalität beruht auf einem fundamentalen methodischen Prinzip: der *Umkehrung der Subjekt-Objekt-Beziehung*. Diese resultiert
zum einen aus der eingehenden Beschäftigung Marions mit Descartes. Wenn Marion
aber davon spricht, dass die saturierten Phänomene aus einem unbeschreibbaren
Überschuss an Anschauung in Bezug auf den Begriff bestehen, so sind diese Formulierungen zum anderen nur vor einem kantischen Hintergrund verständlich. In seiner
Kritik der reinen Vernunft hat Kant bekanntlich die Leitidee seiner Erkenntnistheorie
formuliert: „Gedanken ohne Inhalt sind leer, Anschauungen ohne Begriff sind

---

54 Vgl. MARION: Étant donné. 318-325.
55 Gegenüber Marions Frühwerk ist auf eine Umbesetzung des Idolbegriffs hinzuweisen, welcher nunmehr das reine Sich-geben von Sichtbarkeit meint. Vgl. dazu auch MARION: Die Öffnung des Sichtbaren, die einzige Monographie des Autors in deutscher Sprache. Sie verdeutlicht Marions Phänomenologie anhand von konkreten Bildbeispielen.
56 GONDEK – TENGELYI: Neue Phänomenologie in Frankreich. 187.

blind."[57] Diese strenge Korrespondenz zwischen Anschauung und Begriff wird nun im Fall des saturierten Phänomens durchbrochen. Damit ist zugleich die durch diese Entsprechung bewirkte Konstitution eines Objekts durch das Subjekt aufgegeben. Das Objekt ist den Kategorien des Verstandes nicht mehr unterworfen; vielmehr ist es das Phänomen, welches das Subjekt als „Empfänger"[58] (*attributaire, allocataire, a-donné*) konstituiert. Das konstituierende Ich wird in das konstituierte Mir/Mich transformiert, welches über keinen Standpunkt und keine dominierende Rolle hinsichtlich der es überschwemmenden Anschauung mehr verfügt.[59]

Durch die Umkehrung der Erkenntnisrelation wird das Subjekt aus der Zentralstellung, die es in der neuzeitlichen Philosophie erhält, vertrieben. Doch wie ist Marions Position vor ihrem frankophonen Hintergrund zu verstehen? Stimmt sie uneingeschränkt mit jenen französischen Dekonstruktivismen überein, die in Anlehnung an Nietzsche, Heidegger und Levinas das selbstbewusste Subjekt von der Bühne postmodernen Denkens radikal verabschieden? Um welches Profil von Subjektivität geht es ihr näherhin?

Marions Phänomenologie ist im Blick auf den gegenwärtigen postmodernen Diskurs sicherlich ambivalent zu beurteilen: als *Schwächung* und zugleich als *Rettung* des transzendentalen Ich. Sie führt die cartesianische Logik und die von Husserl gesehene Polarität im Ich auf eigenwillige Weise fort. Das saturierte Phänomen muss als *sich selbst* zeigend/gebend verstanden werden. Aber: „Le monde ne peut se phénoménaliser qu'en se donnant à moi et me faisant son adonné."[60] Die Welt der Phänomene zeigt/gibt sich *uns*. Auch die reine Phänomenalität bleibt Erscheinendes-für-ein-Bewusstsein. Das Ich behält also eine wesentliche Funktion. Jedoch hat es nur Anteil am Zustandekommen des Gegebenen, indem es sich dem erscheinenden Phänomen *hingibt*. Seine Stellung nimmt es nicht mehr weltentwerfend ein, sondern herausgefordert durch eine es ergreifende Wirklichkeit. Die Welt und die Anderen sind ihm immer schon voraus, auf es hin adressiert und ihm gegeben. Bis in sein Innerstes ist es auf die Selbstgebung der Wirklichkeit hingeordnet. Auf diese Weise wird die Rolle des Subjekts nicht abgeschafft, aber gegenüber den neuzeitlichen Parametern radikal verändert[61] und im Sinne eines ‚präreflexiven Hingegebenseins' umgedeutet. Eine Struktur der Ansprechbarkeit und Empfänglichkeit liegt im selbstbewussten Denken, welches das je individuell Gegebene und dessen Anspruch nicht mehr unter den apriorischen Bedingungen seiner Vernunft erscheinen lässt, sondern so, wie es sich von sich selbst her gibt und zeigt.

„Pour en finir avec le 'sujet', *il ne faut donc pas le détruire, mais le renverser – le retourner*. Il se pose comme un centre: on ne le lui contestera pas; mais on lui contestera le mode d'occupation et d'exercice du centre qu'il revendique [...]; on lui contestera qu'il occupe ce centre comme une origine, un *ego* en première personne, en 'mienneté' transcendantale; on lui opposera qu'il ne

---

57   KANT: Kritik der reinen Vernunft. B 75.
58   MARION – WOHLMUTH: Ruf und Gabe. 9.
59   Vgl. MARION: Le visible et le révélé. 68f.
60   MARION: Le phénomène érotique. 48. Vgl. DERS.: Le sujet en dernier appel. 77-96.
61   Vgl. MARION: Étant donné. 441.

tient pas ce centre, mais qu'il s'y tient seulement comme un allocataire placé là où se montre ce qui se donne; et qu'il s'y découvre lui-même donné à et comme un pôle de donation, où ne cessent d'advenir tous les donnés. Au centre, ne se tient nul 'sujet', mais un adonné; celui dont la fonction consiste à recevoir ce qui se donne sans mesure à lui et dont le privilège se borne à ce qu'il se reçoive lui-même de ce qu'il reçoit."[62]

Indem Marion das Subjekt als notwendigen ‚Pol der Gegebenheit' beschreibt, an dem ‚alles Geschenkte unablässig zum Vorschein kommt', verbleibt er trotz seiner umgekehrten Konstituierung innerhalb der Koordinaten der Subjektivitätsphilosophie.[63] Die Dinge sind zwar nicht *durch* das Bewusstsein, aber *an* das Bewusstsein gegeben. Dabei sucht Marion die neuzeitlich vorherrschenden Begriffe wie Autonomie und Selbstwerdung zu relativieren, indem er sie in der Erfahrung des Gegebenseins phänomenologisch erhellt. Identität ist keine in sich gefestigte und unabhängige Größe, die ich besitze, sondern ich empfange mich selbst im Empfangen der Gabe der Wirklichkeit und der Anerkennung der Anderen. Ich bin mir gegeben und lebe aus dem Mit-Sein mit Anderen. Dieses relational vertiefte Faktum der Selbstgegebenheit erweist sich am deutlichsten in der Ruf-Antwort-Struktur, die phänomenologisch bewusstes Leben durchzieht.[64] Der Mensch findet sich immer schon als Angesprochener (*interloqué*) vor.

„Je me reconnais interloqué bien *avant* d'avoir conscience ou connaissance non seulement de mon éventuelle subjectivité, mais surtout de ce qui me laisse interloqué. L'imprécision, l'indécision, voire la confusion de l'instance revendicatrice atteste bien plutôt qu'à l'origine se trouve la pure forme de l'appel, comme telle. [...] Je me découvre interloqué exactement parce que je ne sais, dans l'instant de la revendication, ni qui, ni quoi. [...] L'autarcie du sujet se découvre initialement blessée par le fait qu'un appel l'a déjà atteint et défaite. Sans savoir ni par qui, ni par quoi, je *me* sais dès l'origine déjà interloqué."[65]

Ich bin von einem Anderen angesprochen und empfange in der Anrede mich selbst. Primär verdanke ich mich einem unvordenklichen Ruf ins Dasein, der ursprünglicher, wenn auch vielleicht weniger bekannt ist als das Selbst. „Jedes Bewusstsein beginnt mit dem Ruf. Die Art und Weise, wie das Bewusstsein weitergeht, ist die Antwort. [...] das Bewusstsein wird seinem Wesen nach erst in der Antwort auf den Ruf aktiv. Der Ruf kommt vor dem Bewusstsein und für das Bewusstsein. Aber das Bewusstsein ist nicht der Urheber des Rufes. Das Bewusstsein ist vielmehr der Urheber der Antwort."[66] Zwischen Ruf und Antwort, Selbstsein und Bezogensein auf den Anderen besteht eine wesenhafte Relationalität, die das transzendentale Ich als seinen eigenen Ermöglichungsgrund mit sich führt.[67] Wenn sich aber der Sinn des Rufes, welcher zu-

---

62 MARION: Étant donné. 442. Hervorhebung von mir.
63 Vgl. PUNTEL: Sein und Gott. 361.
64 Marion knüpft hier ausdrücklich an Heideggers Idee vom ‚Anspruch des Seins' an. Vgl. DERS.: Étant donné.
65 MARION: Réduction et donation. 302.
66 MARION – WOHLMUTH: Ruf und Gabe. 53f.
67 Marion scheint hier nicht weit von Ricoeur zu liegen, der in seinem Alterswerk *Das Selbst als ein Anderer* zu der Schlussfolgerung kommt, „dass die Andersheit nicht von außen her zur Selbstheit hinzu kommt, gleichsam um deren solipsistische Verirrung zu verhindern, sondern dass sie zum Sinngehalt und zur ontologischen Konstitution der Selbstheit gehört" (382).

nächst anonym bleibt, erst in der Antwort erschließt,[68] wenn – um eine Formulierung Schaefflers aufzugreifen[69] – das Vernehmen des Anderen nur im Echo unserer Antwort gelingt, so bleibt auch hier ein gewisses Recht des Selbstbewusstseins gewahrt. Marions Ansatz des reinen Gerufenseins – ohne Woher und Wozu – führt sogar so weit, dass letztlich jedes Ereignis vom individuellen Bewusstsein als Ruf und Gabe interpretiert werden kann.

Nach dieser Skizze wichtiger Grundzüge des Werkes *Étant donné* lassen sich wieder vorsichtig Parallelen zu Balthasar ziehen. Das Vergleichsmoment liegt in der Empfänglichkeit und Antwortfähigkeit des Subjekts. Zweifellos führt der Gedanke der Gabe sowohl bei Balthasar als auch bei Marion zu der vorherrschenden Perspektive, dass einem etwas widerfährt oder zufällt, sich präsentiert oder zugespielt wird. Beide Autoren suchen damit auf ein Defizit der Moderne zu reagieren und das um sich selbst kreisende Denken auf eine von außen kommende Inanspruchnahme hin zu öffnen. Sie sehen den Menschen je schon in die dialogische Situation des Angerufenseins und der Entscheidung hineingestellt. Obwohl sie in unterschiedlicher Intensität und Methode die Vorgängigkeit des Rufes und der Gabe betonen, behält der Begriff des transzendentalen Subjekts dabei eine tragende Funktion. Dies ist insbesondere gegenüber anderen Autoren, die heute global der ‚postmodernen Richtung‘ zugerechnet werden, zu unterstreichen. So deutet für Marion etwa die Tatsache, dass der Ruf sich zunächst nicht klar identifizieren lässt und erst an der je individuellen Antwort entscheidet, auf die unverzichtbare Rolle des Subjekts hin. Der Unvertretbarkeitsgedanke moderner Prägung ist insofern gewahrt, als das Mir-*gegeben*-sein trotz der passiv-sinnlichen Umkehrung des ‚*cogito*' immer ein *Mir*-gegeben-sein bleibt und die entsprechende Antwort je meine ist. Marion geht es jedoch wie Balthasar um ein vertieftes und geweitetes Verständnis des Subjektbegriffs, der nicht auf monologische Selbstmächtigkeit beschränkt sein darf. Subjektivität besteht weder in einer geschlossenen Vertrautheit mit sich selbst noch in einem passiven Erleben eines von außen her einbrechenden Rufes, sondern in der selbstbewussten Öffnung für das Unvordenkliche der Wirklichkeit. Sie erfüllt sich darin, dass der Mensch selbst zur Gabe für Andere wird.

Doch alles hat seinen Preis. Sofern der Ruf dem Bewusstsein voraus liegt, scheint sich für Marion eine eigene Ausarbeitung einer transzendentalen Theorie der Subjektivität zu erübrigen. Der Mensch in seiner *selbstursprünglichen* Fähigkeit des Sich-Verhaltens und des Sich-Entschließens kommt in seinen Schriften kaum vor. Es bleibt insgesamt unterbelichtet, dass die Gabe der Anerkennung in einem Geschehen unbedingter Freiheit gründet. Denn müsste nicht das Wunder des Sich-Gegebenseins gerade Anlass sein, die Gesetze des eigenen Wesens uneingeschränkt anzunehmen, um im Entschluss zu sich selbst umso zwangloser bereit zu sein, anderer Freiheit zu begegnen? Hier liegt die Schwachstelle sowohl bei Marion als auch bei Balthasar, die aus ihren Vorbehalten gegenüber der Moderne resultiert.

---

[68]   Vgl. MARION: Étant donné. 409.
[69]   Vgl. SCHAEFFLER: Die Neubegründung der Metaphysik angesichts ihrer Kritik. 22-25.

10.2.3 Von der Zumutung der Schuld zur Anmut der Gabe

Wenn die Grunderfahrung bewussten Lebens nicht darin liegt, dass ich über mich verfüge, sondern dass ich mich einem Anderen hingebe, so kommt erfülltes Menschsein offenbar von der Zweigestaltigkeit der Gabe her: dem Sich-Gegebensein und dem Sich-Geben. Anders gesagt: Wenn sich der Mensch nur durch den zuvorkommenden Anruf finden und sich der Sinn der Wirklichkeit nur durch den Anderen und insofern als Gabe erschließt, muss sich an die subjektive Erfahrung des Gegebenseins eine entsprechende Gegenbewegung notwendig anschließen: Der Empfangende wird nunmehr selbst zum Gebenden. Das eigene Sein im Mit-Sein mit Anderen realisiert und vervollkommnet sich erst, wenn ich den Zirkel der Selbstbezüglichkeit durchbreche und mich gebe, d.h. wenn ich zu lieben beginne.[70]

Aber was heißt eigentlich Geben?[71] Der sorgfältig gewählte Titel des Werkes *Étant donné* verweist auf die lange Geschichte einer Philosophie der Gabe, die seit Mauss und Derrida im frankophonen Raum diskutiert wird.[72] Die Antwort ist daher verwickelt und zweideutig, denn spätestens seit Derrida weiß man, dass Gaben hoch riskante Phänomene sind. Jener hat gezeigt, dass die Kunst des Schenkens nicht nur faktisch häufig nicht gelingt, sondern prinzipiell nicht ans Ziel kommen *kann*, weil sie Unmögliches versucht.[73] Wenn die Gabe *als* Gabe gegeben wird, trägt sie die Verpflichtung in sich, sie zu erwidern oder weiterzugeben und lädt dem Empfänger damit möglicherweise eine erdrückende Schuld auf. Unwillkommene Gaben werden schnell als Zumutung empfunden, welche die eigene Freiheit beeinträchtigt: eine ‚schöne Bescherung‘. Deshalb hat die Gabe im Horizont der Tauschökonomie die Struktur einer Aporie. Wer gibt, *um* zu geben und eine entsprechende Gegengabe erwartet, annulliert in seinem Tun, was er intendiert. Er pervertiert die Gabe zum Tauschobjekt. Der Tausch aber vernichtet die Gabe.[74]

Diese generelle Bestreitung der Möglichkeit der Gabe versucht Marion dadurch zu widerlegen, dass er die Perspektive wechselt: Nicht im Horizont des Tausches, sondern im Horizont der Selbstgebung lässt sich die Gabe als Gabe fassen.[75] Um sie auf die reine ‚donation‘ zu reduzieren, vollzieht Marion eine dreifache Epoché, d.h. er

---

[70] Vgl. MARION: Étant donné. 443. Die Bedeutung der Liebe bespricht Marion ausführlich in seinem neuesten Werk *Le phénomène érotique*. Vgl. auch DERS.: Erkenntnis durch Liebe. 388: „Die Caritas macht die Gabe präsent, sie präsentiert die Gegenwart als eine Gabe. Sie macht der Gegenwart ein Geschenk und schenkt im Geschenk Gegenwart."

[71] Die Gabe als solche wird nun in einer weiteren Bedeutungsschicht als bestimmtes Phänomen betrachtet.

[72] Die Thematik der Gabe wird in den zwanziger Jahren des letzten Jahrhunderts durch den Soziologen Marcel Mauss eingeleitet (vgl. DERS.: Die Gabe). Sein Buch gilt seither als Schlüsselwerk.

[73] Im Blick auf Marions frühe programmatische Schrift *Réduction et donation* erklärt Derrida jede Phänomenologie der Gabe für unmöglich. Vgl. DERS.: Donner le temps: 1. La fausse monnai. 28.

[74] Vgl. DERRIDA: Donner le temps: 1. La fausse monnai. Ein ähnlich scharfes Problembewusstsein zeigt – in religionskritischer Absicht – auch LUHMANN: Funktion der Religion. 209: „Die Gabe versetzt in Dauerdankbarkeit und Dauerschuld. So zu geben ist moralisch mindestens ambivalent."

[75] Ein diesbezüglicher Vergleich findet sich bei DALFERTH: Alles umsonst. 159-167.

klammert den Geber, den Empfänger und die gegenständliche Gabe selbst ein.[76] Reines Geben ist nur dann möglich, wenn sich der Geber darin selbst vergisst, wenn er sein Geschenk ohne Erwartung einer Gegengabe gleichen Wertes überbringt, wenn also „die linke Hand nicht weiß, was die rechte tut"[77]. Denn die Motivation der Nützlichkeit oder das selbstzufriedene Bewusstsein der eigenen Großzügigkeit mindert die Reinheit der Gabe. Echtes Geben hingegen geschieht interesselos, freimütig von sich aus und um seiner selbst willen. Die Bedeutung des Aktes des Gebens kommt besonders dort zum Vorschein, wo die materielle Dinglichkeit überschritten wird und das Wie des Kommunizierens eine gewichtigere Rolle spielt als Was. Solche zweckfreien personalen Vollzüge der Hingabe liegen etwa im Akt der Ver-gebung, im Einhalten eines Versprechens oder in der Pflege von Freundschaft und Liebe.[78] Sie rufen keine abstrakte Schuld hervor, sondern gewähren ein unverdientes Zuspiel an Lebensmöglichkeiten, die andernfalls verschlossen blieben. Dass sich die Gabe auf ein reines Geben reduzieren lässt, zeigt sich schließlich auch darin, dass sie nicht auf die adäquate Annahme des Empfängers angewiesen ist, so z.B. in der Feindesliebe.[79]

Die Kunst des Schenkens besteht also in ihrer Gratuität und übt als solche eine eigene Anziehungskraft aus. Wenn Geben reicher macht als Nehmen, so muss Selbsthingabe – wohl verstanden – nicht Selbstaufgabe und Verlust bedeuten, sondern ist Ausdruck vitaler Lebenskraft. Indem ich mich selbst gebe, erlebe ich mich als uneigennützig, lebendig und daher freudig. Auf unerwartete Weise beschenkt, wird auch der Andere in seiner Dankbarkeit aufrecht und frei. Darin besteht die Anmut der Gabe.

10.2.4 Das Offenbarungsphänomen

Wenngleich Marion die abendländische Metaphysik mit Entschiedenheit zurückweist, ist seine Phänomenologie von Anfang an eng mit der Gottesfrage verknüpft. In den Frühschriften wird sie sogar in direkte Abhängigkeit zu jener gebracht, sodass eine klare Unterscheidung zwischen philosophischem und theologischem Diskurs für viele Interpreten nicht mehr zu erkennen ist. Im Namen des gekreuzigten und trinitarischen Gottes betreibt Marion Götzenkritik, die sich vor allem auf den Theorierahmen des Seins richtet. Unter Aufnahme einer beliebten postmodernen Chiffre behauptet er, ein im Horizont des Seins konzipierter Gott sei nichts anderes als ein Idol, also ein Götze. Denn schließlich ist Gott keinerlei Voraussetzungen weder des Seins noch des Denkens unterworfen, vielmehr setzt er sich selbst von seiner vor-ontologischen und seiner vor-transzendentalen Freiheit her.

Das Bestreben, jenseits des Seins zu denken, hält Marion auch in seinem Hauptwerk durch. Jedoch modifiziert er seine Kritik an den eingespielten Rationalitätsmus-

---

[76] Vgl. MARION: Étant donné. 121-124.
[77] Mt 6,3. Vgl. MARION: Étant donné. 140f.
[78] Vgl. MARION: Étant donné. 147-161.
[79] Vgl. MARION: Étant donné. 128f.

tern der Philosophie dahingehend, dass er sie nicht mehr aus theologischen Motiven, sondern aus einer inversen Philosophie der Subjektivität heraus begründet.[80] Jenes neuzeitliche Paradigma, „das postmoderne Autoren ansonsten als philosophischen Irrtum schlechthin zu denunzieren pflegen"[81], erfährt durch Marion eine funktionale Umkehrung. Die Phänomene erhalten gegenüber dem Subjekt eine konstituierende Funktion. Das gilt auch für das absolut saturierte Phänomen, das Marion als sogenannten ‚fünften Typ' einführt und unter dem er die Erscheinungsweise Gottes versteht: Es ist das „phénomène de révélation"[82], das *Offenbarungsphänomen*, welches über ein Maximum an saturierter Phänomenalität verfügt und somit die allerletzte Möglichkeit des Phänomens darstellt.[83]

Um dem erneuten Vorwurf der Theologisierung der Phänomenologie vorzubeugen, ist Marion bemüht klarzumachen, er verfahre auch angesichts des Phänomens Jesus Christus „en phénoménologue – décrire une possibilité phénoménologique donnée –, et en philosophe – confronter le Christ visible à son rôle conceptuel possible […], pour l'ériger éventuellement en paradigme"[84]. Als Phänomenologe sieht er sich gehalten, das Offenbarungsphänomen nur in seiner reinen Möglichkeit und in der reduzierten Immanenz seiner Gegebenheit zu beschreiben, nicht jedoch, seiner wirklichen Manifestation oder seinem ontologischen Status vorzugreifen. Letzteres bleibt Aufgabe der Theologie.[85] In dem Aufsatz *Aspekte zur Religionsphilosophie*, welcher als Programmtext zu *Réduction et donation* sowie zu *Étant donné* gelten kann, heißt es: Wenn es der Phänomenologie „gelänge, zu den Sachen selbst zurück zu kehren, käme sie dann nicht *par excellence* darauf, den Gedanken der Offenbarung ganz allgemein frei zu legen?"[86] Was jedoch zunächst nach einem Bemühen um innerphilosophische Kohärenz klingt, bietet zugleich auch Anlass zu der Annahme, dass auch Marions Hauptwerk eine ursprünglich von der Offenbarungsfrage her motivierte Reflexion ist:[87]

„Kann die Theologie nicht kraft ihrer eigenen Erfordernisse und im alleinigen Hinblick darauf, sie zu formulieren, der Phänomenologie gewisse Modifikationen der Methode und der Operation nahe legen? In anderen Worten: Kann man nach (unbedingten) Bedingungen forschen, die die phänomenologische Methode unterschreiben müsste, um zu einem Denken der Offenbarung zu gelangen? Könnten die Forderungen der Theologie der Phänomenologie erlauben, ihre

---

80   Dass Marion trotz seiner Vorbehalte gegenüber der Neuzeit innerhalb des Bezugsrahmens einer Philosophie der Subjektivität verbleibt, bildet einen der Haupteinwände Puntels gegen das vorliegende Konzept. Vgl. PUNTEL: Sein und Gott. 348, 355, 372, 376.
81   MÜLLER: Rez. Puntel, Lorenz B.: Sein und Gott. Sp. 313.
82   MARION: Étant donné. 342.
83   Vgl. MARION: Étant donné. 326f.
84   MARION: Étant donné. 329.
85   Vgl. MARION: Étant donné. 328f.
86   MARION: Aspekte der Religionsphänomenologie. 19.
87   So die These Alferis, der zwar einräumt, dass die offenbarungstheoretische Motivation in Marions Texten nicht explizit hervortrete, aber im Kontext des Frühwerks und des Programmtextes *Aspekte der Religionsphänomenologie* unverkennbar sei (vgl. DERS.: Von der Offenbarungsfrage zu Marions Phänomenologie der Gebung).

eigenen Grenzen zu überschreiten, um am Ende die freie Möglichkeit zu erreichen – die sie von Anfang an vorgibt anzuzielen?"[88]

Nicht zuletzt aus der Ambivalenz seines offenbarungstheoretischen Interesses resultiert die anhaltende Kritik an Marions Phänomenologie der Gebung. Der Autor selbst will seine Methode aber als privilegierte philosophische Möglichkeit verstanden wissen, der Offenbarung als ein Phänomen *sui generis* Raum zu geben und sie damit jenseits des transzendentalen Begriffs als möglich und allgemein zustimmungsfähig zu erweisen. Einer seiner Hinweise zur Religionsphilosophie ist diesbezüglich aufschlussreich: „Die Religion gelangt zu ihrer vollendetsten Gestalt nur, wenn sie sich durch und als eine Offenbarung etabliert, in der eine die Erfahrung transzendierende Instanz sich gleichwohl erfahrbar manifestiert."[89] Die Gestalt der Selbstmitteilung Gottes ist damit paradox beschrieben: das Vernunftvermögen übersteigend und dennoch *in der Erfahrung sich manifestierend*; vom Denken nicht begründbar, aber zugleich in ihm *erscheinend*. Ein philosophisches Konzept, das diesen Anspruch aufgreift, ist nach Marions Ansicht eine Phänomenologie, die den Ursprung ihrer Erkenntnisgewinnung im unmittelbar Gegebenen sieht.[90] Ohne das transzendentale Subjekt zu annullieren, richtet sich ihre Aufmerksamkeit auf das, was *sich* – jenseits der apriorischen Verfügung der Vernunft – als Erscheinung im Bewusstsein *gibt*. Insofern sie die Wirklichkeit nicht als Setzung, sondern als zu erschließende Gegebenheit des Bewusstseins zur Geltung bringt, wird die Phänomenologie der paradoxen Grundstruktur der Offenbarung gerecht, vom Denken nicht entworfen zu sein, gleichwohl aber in ihm aufzuscheinen. Zugleich legt sie die sich immer wieder entziehende phänomenale Gestalt der Offenbarung nicht auf Präsenz und Sichtbarkeit fest. „Kurz, die Phänomenologie wäre in ausgezeichneter Weise die Methode der Manifestation des Unsichtbaren auf dem Weg über seine anzeigenden Phänomene – und somit auch die Methode der Theologie."[91]

Konkret gewendet bedeutet dies: Marion siedelt die Möglichkeit der Offenbarung auf der Linie der saturierten Phänomene an, die sich in ihrer unvertretbaren Individualität selbst geben, und zwar als deren höchste Steigerung: „id quo nihil manifestius donari potest"[92]. Die vier oben genannten Phänomentypen verschmelzen in der Saturiertheit des Offenbarungsphänomens („confondant en elle"[93]), fallen in ihr zusammen. Denn das biblisch bezeugte Christusereignis ist *erstens* ein Geschehen, das unerwartet den Lauf der Geschichte unterbricht und auf einen neuen Sinn hin ausrichtet, das *zweitens* den Anspruch absoluter Leiblichkeit äußert, dessen Erscheinung *drittens* fasziniert, bis an die Grenze des Fassbaren geht und per se jeden Horizont übersteigt – so in der Verklärungsgeschichte und den Zeugnissen von der Auferstehung Christi mit ihren aufrührenden Begleitumständen –, und in dem *viertens* das Ich durch den

---

[88] MARION: Aspekte der Religionsphänomenologie. 31f.
[89] MARION: Aspekte der Religionsphänomenologie. 16.
[90] Vgl. MARION: Réduction et donation. 17.
[91] Vgl. MARION: Aspekte der Religionsphänomenologie. 24.
[92] MARION: Étant donné. 339. Vgl. zum Ganzen: 325-342.
[93] MARION: Étant donné. 327.

Anblick des Gekreuzigten gleichsam vorgeladen und existenziell aufgerüttelt wird, sodass sich – wie vor einer Ikone – die Blickrichtung umkehrt.

Gott steigt ins Fleisch dieser Welt hinab, durchleidet das Skandalon des Kreuzes und offenbart so seine Macht in der Ohnmacht. Seine Zeugen, die sich von ihm angeschaut wissen, werden von einer leiblichen Gestalt beansprucht und zugleich in ihren Bann gezogen. Die Helle der verklärten Christusgestalt ist dabei ein Phänomen, mit dessen Leuchten das Bewusstsein nie fertig wird, über das nur – wie über ein Kunstwerk – zu staunen ist. Zugleich entzieht sich Christus immer wieder der Sichtbarkeit, gibt sich nur indirekt als Spur dessen, der fortgeht.[94] Wer jedoch vor seinen Blick gerät, dem wird eine unverdiente Liebe zuteil, die in die unbedingte Nachfolge ruft: „Ensuite, le Christ constitue ses disciples en témoins en les élisant; il ne le peut légitimement que parce que c'est lui qui le premier les voit – avant qu'ils ne se voient euxmêmes."[95]

Ohne die Stimmigkeit der Thesen Marions über Gott, Offenbarung und Metaphysik im Rahmen dieser Arbeit weiter verfolgen und besprechen zu können, wird doch deren Grundintention deutlich, das Offenbarungsgeschehen mit genuin philosophischen Mitteln als möglich zu erweisen.[96] Gott teilt sich einerseits in all seiner Unverfügbarkeit, andererseits in reiner Bewusstseinsimmanenz mit. Marion artikuliert damit einen fruchtbaren Gegensatz, der schon von Augustinus benannt wurde.[97] In der Vergewisserung seines Glaubens erfährt Augustinus Gott als den immanent Anwesenden, der ihm gegenüber zugleich uneinholbar transzendent bleibt. Gott ist „interior intimo meo" und „superior summo meo"[98], so bekennt er: innerlicher als mein Innerstes und höher als mein Höchstes. Gegenüber diesem „ersten Subjekt-Theologen"[99] der lateinischen Kirche verschieben sich jedoch auch die Akzente. Die ‚*Phänomenologie der durchkreuzten und selbstverständlichen Gebung*' bedingt und fördert ein Offenbarungsverständnis, in dem Gott jenseits aller Horizonte von sich her erscheint, der vermeintlichen Selbstgewissheit der Vernunft zuvorkommt (den Logos ‚durchkreuzt'), sie auf ein je Größeres hin in Anspruch nimmt und zum lebendigen Zeugnis herausfordert, wie es dem Wesen der Kirche entspricht. Mit Balthasar fasst sie die Ungeschuldetheit der Gnade konsequent als ein denkerisch unableitbares, sich vielmehr erfahrbar manifestierendes Gabegeschehen auf.

---

[94] So in der lukanischen Erzählung von den Emmausjüngern (Lk 24, 13-35). Vgl. dazu MARION: They recognized him; and he became invisible to them.

[95] MARION: Étant donné. 334.

[96] Alferi fragt deshalb, ob Marion nicht der fundamentaltheologischen Glaubensbegründung eine fruchtbare Methode zugespielt habe (vgl. DERS.: „Worüber hinaus Größeres nicht ‚gegeben' werden kann...". 34-38, 121-126). Dass dieser zugleich wesentliche Komponente der Soteriologie unterbelichtet lässt, könnte an seiner betonten Distanzierung von der Fachtheologie liegen. Vgl. Alferis kritische Anfragen (388-391).

[97] Marion verweist hier eigens auf die Theologie des Augustinus. Vgl. DERS.: Étant donné. 106, Anm. 1. Auch die transzendentale Ontologie Anselms stimmt in einem Punkt mit der Phänomenologie der Gebung überein, insofern sie Gott jenseits faktischer Gegenständlichkeit bestimmt als ‚etwas, worüber hinaus Größeres nicht gedacht werden kann'. Vgl. zu dieser Parallele MARION: De surcroît. 175.

[98] Beide Zitate: AUGUSTINUS: Confessiones III. 6. 11.

[99] MÜLLER: Das etwas andere Subjekt. 150.

10.3   Christliche Intuitionen unter postmodernen Bedingungen

Im Rückblick auf die vorgestellten Werke fällt auf, dass Marion zum einen postmodernen Fragestellungen verpflichtet ist, zum anderen aber christliche Intuitionen aufgreift, um sie unter nachmetaphysischen Bedingungen zu bewahrheiten. Während er offenkundig Folgerungen aus der cartesianischen Logik, der phänomenologischen Tradition sowie aus einer ‚tragischen‘ Relecture Nietzsches und Hölderlins zieht, gebraucht er balthasarsche Motive als ständige Inspiration, um eine christliche Dynamik in die Phänomenologie einzuführen und diese als Wasserzeichen von Wirklichkeit überhaupt zu erweisen. Sein Verhältnis zu Balthasar verdient besondere Aufmerksamkeit, da sich durch die Parallelität der Motive das phänomenologische Potential der Denkformen Balthasars selbst erheben lässt. Es stellt eine Art Gegenprobe zur These dieser Arbeit dar. Wenn es nochmals abschließend in den Blick genommen wird, sollen zugleich die Chancen und Grenzen der postmodernen Strukturform hervortreten.

Gott ist der sich frei Gebende. Auf Golgotha durchkreuzt er jede selbstgenügsame Logik des Menschen. Seine Offenbarung ist deshalb nicht Setzung der menschlichen Vernunft, sondern Kund-Gabe seiner selbst. In diesem kenotischen und eucharistischen Gottesbegriff, der mit einer Gnoseologie der Empfänglichkeit einher geht, liegt die stärkste Übereinstimmung zwischen Marion und Balthasar. Sie findet einen markanten Ausdruck darin, dass beide Autoren die Christusgestalt unter ästhetischen Gesichtspunkten als die von sich her unbedingt angehende Ikone Gottes vermitteln. Eine theologisch motivierte Destruktion aller Idole führte Marion bereits im Frühwerk zur Erscheinungsweise der Ikone, die alle idolatrischen Fixierungen hinter sich lässt. In *Étant donné* sucht er eine ausdrücklich *gestalt*orientierte Beschreibung der Offenbarung auch unter den strengen Bedingungen der Phänomenologie umzusetzen: „Pourtant […], le phénomène de révélation reste une simple possibilité: nous allons en effet pouvoir le décrire sans présupposer son effectivité, tout en en proposant *une figure précise.*"[100] Somit verknüpft Marion – entsprechend der theologischen Ästhetik Balthasars – den Gabe- und den Gestaltbegriff in der Weise, dass die Gestalt/Ikone die stärkste sichtbare Erscheinung einer transzendenten Gabe ist. Die Gabe erhält durch die Gestalt eine konkret erfahrbare Form und Präsenz, während der Gestalt von der Gabe her Dynamik und Relationalität verliehen wird.

Marion erlaubt dabei jedoch offenere Begriffe als Balthasar, der weitgehend an der traditionellen Ontologie festhält. Sein Grundgedanke der Kenosis/Caritas verbindet sich mit einer Abschwächung starker Geltungsansprüche, wie sie von einer auf objektive und letztgültige Gegebenheiten rekurrierenden Metaphysik vertreten werden.[101] Nicht ein metaphysisches Prinzip, das unhintergehbar ist und vor dem jedes Fragen aufhört, bildet die Mitte christlichen Denkens, sondern die sich selbst entäußernde Liebe Gottes, die Anderes als es selbst sein lässt. So wird die ‚Gebung‘ als ‚letztes‘

---

[100]   MARION: Étant donné. 327. Hervorhebung von mir.
[101]   Insofern ergeben sich auch strukturelle Ähnlichkeiten zu Gianni Vattimo. Vgl. DERS.: Glauben – Philosophieren. – DERS.: Jenseits des Christentums.

Prinzip entdeckt, das nur deshalb die Bedingung der Möglichkeit aller je konkret auftretenden Phänomene ist, weil sein Anspruch gerade darin besteht, die Wirklichkeit als sie selbst gelten zu lassen. Der Denkweg, den Marion diesbezüglich durchläuft, nimmt seinen Ausgang bei der konkreten Kreuzesgestalt des Sich-Gebens, die Christus ist, und weitet sich schließlich zu einer Phänomenologie, in der *alles* als Gegebenheit erscheint. Alles, was ist, gibt sich. Wer diese Gebung tief genug versteht, dem eröffnet sich auch die Möglichkeit, Offenbarung neu zu formulieren.

In dieser Universalität der Gebung liegt heute die Chance, das Christentum unter den Bedingungen einer pluralen Welt als Begegnungs- und Vergebungsgeschehen zu denken. Unvermutet kehrt eine goethesche Denkart wieder, die sich jenseits aller metaphysischen und dogmatischen Festlegungen auf die Großzügigkeit der Gott-Natur beruft. Auch der frühe Balthasar zeigt sich indirekt von dieser universalen Denkweise beeindruckt, wenn er seine Phänomenologie der weltlichen Wahrheit vom Gabecharakter der Wirklichkeit her entwickelt. Er begreift die Gabe des Seins als jene Grundtatsache, *aus der* sich erst Subjekt und Objekt, die Begegnung zwischen Ich und Du und eine ganze Welt *ergeben*, sodass sich alle weltlichen Einzelphänomene als Auswirkungen dieses einen Urphänomens verstehen lassen. Damit vollzieht er eine phänomenologische Reduktion: Alle sekundären Wirklichkeitsinterpretationen werden auf die ursprünglichere – auf das Sein als Gabe und als dialogische Beziehung zum Schöpfer – zurückgeführt. Eine Phänomenologie wird etabliert, welche die Grundstruktur weltlichen Seins von einem schöpfungstheologischen Apriori her erhellt. In Balthasars späteren Werken wird diese nicht zuletzt unter dem Einfluss Ulrichs stärker in ein Verhältnis zur Kreuzes- und Trinitätstheologie gesetzt, bis die Logik des Kreuzes selbst den eigentlichen Mittelpunkt und das Urwort einer kenotischen Erscheinungstheologie bildet. Im Vergleich zu Marion geht Balthasar damit einen umgekehrten Denkweg. Doch nicht in der Entwicklung des Denkens liegen die bedeutendsten Unterschiede, sondern in den folgenden Kriterien.

Für Balthasar sind Sein und Liebe keine Gegensätze. Die Liebe ist vielmehr der höchste Akt des Seins und die Konvertibilität von Sein und Liebe das entscheidende Credo seiner trinitarischen Ontologie. In der methodischen Durchführung des Paradigmas der Liebe treten deshalb gravierende Differenzen zwischen den beiden zu untersuchenden Autoren zutage. *Étant donné* liest sich wie eine *verschärfte* postmoderne Fortschreibung und restlose Formalisierung der Anregungen Balthasars. Wenn Marion allein der Selbstgebung der Phänomene, nicht aber einem Grund, dem die sich gebende Wirklichkeit entspringt, phänomenale Ursprünglichkeit zuschreibt, so muss er einen absoluten Geber des Seins ausschließen – und damit eine metaphysische Hintergrundannahme, die Balthasar mit Ulrich als unbedingte Voraussetzung seiner Theologie annimmt. Während jener von Anfang an die theologische Herkunft seines Gabegedankens offen legt *und* philosophisch vermittelt, haftet Marions Konzept eine gewisse Inkohärenz an. Es anonymisiert das universale Gabegeschehen mit der Konsequenz, dass die Gabe bzw. der Ruf völlig entpersonalisiert und zur abstrakten Leerformel wird. Wenn aber das Ich von einem ersten und letzten Anruf her erst konstituiert wird, müsste dann nicht mit dieser umfassend in Anspruch nehmenden Instanz auch ihr Name genannt oder zumindest die Richtung angezeigt werden, aus welcher der Ruf ertönt? Da bei Marion aber „der Name des letzten Anrufs ebenso anonym bleibt, wie die absolute Gebung formal-leer in ihrer Univozität konzipiert ist, muss sich das unerfüllte Verlangen (*désir*) des Hingegebenen als Ich, Bewusstsein, Dasein etc. in die *Wiederholung* einer Sinnsuche ohne Ende begeben"[102]. Es sucht intuitiv nach der Quelle des unverdienten Begabtwerdens und damit nach einem Adressaten des Dankes, der nur von intentionaler und insofern personaler Natur sein kann, doch dieser bleibt verborgen und ungewiss. So verwundert auch nicht, dass Marion in seiner Einführung des Caritas-Begriffs, welcher eine positive Charakterisierung Gottes artikuliert, stillschweigend einen Sprung von der philosophischen auf die biblisch-theologische Ebene vollzieht. Eine methodologische Rechtfertigung für diesen Schritt bleibt aus, da es sie nicht geben *kann*, hatte er doch zuvor jede begriffliche Bestimmung Gottes abgelehnt.[103]

Die von Marion favorisierte anti-metaphysische Denkform und seine Rede von Gott als dem Ganz-Anderen erweisen sich auch in systematischer Hinsicht als problematisch. Sie gehen vor allem deshalb fehl, weil sie die Selbsterschließung des Logos in der Inkarnation und die Analogie zwischen der menschlichen Vernunft und dem göttlichen Urlogos alles Wirklichen epistemisch ausblenden.[104] Damit tragen sie Züge eines postmodernen Alteritätsdenkens, das Balthasar fern liegt. Sie beruhen auf der radikalen Umkehrung der Subjekt-Objekt-Relation, durch die der Mensch hinsichtlich der Erscheinungsweise Gottes als umgekehrtes Subjekt, als Empfänger der göttlichen Gabe gesetzt wird.[105] Wenn ein ‚Gott ohne das Sein' aber den Menschen als Adressaten und Empfänger seiner Liebe konstituiert, so hat er diesen immer noch ‚neben' oder ‚außer sich' in dem Sinne, dass er ihn nicht umfasst. Er erscheint ja als der Andere-des-Subjekts, als der absolut Andere, absolut Ferne jenseits des Seins, der dem Menschen gegenüber die Beziehung einer sich selbst schenkenden Caritas hat. Nach Puntel könne und/oder wolle Marion nicht sehen, „dass eine fundamentalisierte Alterität [unter Ausschluss eines adäquaten Seinsbegriffs; I.K.] Gottes Transzendenz gerade nicht rettet, sondern relativiert, weil diese nicht mehr erlaubt, Gott als den wahrhaft Unendlichen zu denken"[106]. Das wirft Fragen nach der Tragfähigkeit der phänomenologischen Methode insgesamt auf: „Warum muss die Offenbarung, Gottes Selbstmitteilung, auf *diese* Basis, auf *diesen* Rahmen bzw. Horizont eingeschränkt werden?"[107] Was Marion von Anfang an verwirft – die Begrenzung Gottes durch apriorische Bedingungen – findet sich in weitreichender Form bei ihm selbst wieder. Die

---

[102] KÜHN: Rez. Marion: Étant donné. Vgl. DERS.: Mehr Reduktion – Mehr Gebung. 97, ebenso die Kritik von WALDENFELS: Antwortregister. 581, und OSTER: Mit-Mensch-Sein. 76.

[103] Zu dieser Kritik vgl. PUNTEL: Sein und Gott. 400.

[104] Vgl. MÜLLER: Rez. Puntel, Lorenz B.: Sein und Gott. Sp. 314.

[105] Im Gegensatz dazu betont Werbick in seinen grundsätzlichen fundamentaltheologischen Reflexionen zum Gabe-Diskurs den „interpersonalen Sinn der initiativen Gottes-Gabe" (DERS.: Gottes-Gabe. 22), wonach Gottes ermöglichende Gabe den Menschen gerade zu seinem *Subjektsein* befähigt.

[106] MÜLLER: Rez. Puntel, Lorenz B.: Sein und Gott. Sp. 314. Vgl. PUNTEL: Sein und Gott. 422.

[107] PUNTEL: Sein und Gott. 372.

Gesetze und Grenzen der (saturierten) Phänomenalität sind die Bedingungen, die der Möglichkeit der Offenbarung voraus liegen – und sie dadurch limitieren.[108]

In einen solchen Selbstwiderspruch kann Balthasar nicht fallen. Auch für ihn ist zwar eine Phänomenologie der Liebe die Alternative zur kantischen und hegelschen „Manifestation des Begriffs"[109]. Sein Ausgangspunkt ist jedoch die uneingeschränkte universale Seinsdimension, mit welcher der menschliche Geist koextensiv ist. In thomanischer Tradition betont er die Rezeptivität der *seinserschließenden* Vernunft und begreift den theologischen Grundakt entsprechend als einen geistgewirkten, höchsten Vernunftakt des glaubenden Vernehmens und Verstehens des göttlichen Wortes. Eine Analogie des Seins waltet zwischen Gott und seiner Schöpfung, da die geschaffenen Dinge immer schon in die trinitarische Kenosis als deren Möglichkeitsraum einbezogen und als Ganze bejaht sind. Wo Marion also eine letzte Getrenntheit und Andersheit zwischen Gott und Welt beschreibt, versteht Balthasar die Seinsmitteilung als kenotischen Akt, der dem höchsten Akt der göttlichen Liebe, Gottes Selbstmitteilung in Jesus Christus, notwendig voraus geht. Das Sein erscheint dabei nicht als einschränkende Bedingung, vielmehr ist umgekehrt dessen eigener Grund und letzter Horizont der liebende, sich selbst entäußernde Gott.

Die geistige Verwandtschaft zwischen Marion und Balthasar ist damit ambivalent zu beurteilen. Die Hochschätzung, Wiederaufnahme und Fortentwicklung der balthasarschen Bild- und Gabedynamik durch Marion zeigen, dass sie einerseits weitreichend ist. Balthasars Denkformen können deshalb mit Recht als eine Vorform, wenn nicht sogar als eine originäre Gestalt der ,Phänomenologie' bezeichnet werden. Eine bedeutende Einschränkung ergibt sich jedoch im Gegenüber zur Postmoderne. Sie lässt sich dahingehend zusammenfassen, dass Marion zwar eine Reihe von Motiven aus den Werken seines theologischen Vorbilds aufnimmt (Gabe, Distanz, Trinität, Kreuz, Eucharistie, Offenbarungsevidenz), diese aber zur Überwindung der alten Metaphysik und Mythologie einsetzt, während Balthasar sie genau umgekehrt zur Rettung der Ontologie in eine trinitarische Epiphanielogik verwendet.

---

[108] Vgl. MARION: Étant donné. 328.
[109] MARION: Aspekte der Religionsphänomenologie. 18.

11 Schluss: Gabe und Gestalt –
Motive einer Wahlverwandtschaft

Am Ende dieser Studie gilt es die Fäden noch einmal aufzunehmen, die alle einzelnen Teile durchziehen, und sie in ein abschließendes Resümee zu bringen. Den chronologischen und inhaltlichen Mittelpunkt der Arbeit bildete das Offenbarungsdenken Hans Urs von Balthasars. Durch seine weitreichenden Bezüge zu den Werken Goethes und Jean-Luc Marions wurde es als eine *theologische Phänomenologie* bestimmt, die im Kontext der gegenwärtigen Neubelebung der Phänomenologie in Frankreich[1] sowie der Wiederentdeckung der theologischen Relevanz der Gabe in Deutschland[2] alles andere als verstaubt erscheint. Freilich ist die Verbindung von phänomenologischer Methode und theologischem Erkenntnisinteresse zugleich brisant. Ruft man sich die von den ,Sachen selbst' her gebotene Neutralität der Phänomenologie in Erinnerung, darf die hier aufgezeigte Gleichzeitigkeit beider Disziplinen keineswegs selbstverständlich erscheinen.

Es kommt in der Geistesgeschichte jedoch nicht selten vor, dass eine zunächst eigenständige Tradition Berührungspunkte mit anderen Wissenschaften sucht und sich dadurch ihre Akzente verschieben. Ebenso regelmäßig ist zu beobachten, dass eine schöpferische Denkrichtung oder eine bestimmte Denkfigur, die schon einmal zu Rang und Namen gekommen war, von anderen einflussreichen Ideen eine Zeit lang in den Hintergrund gedrängt wird, um dann doch in verwandelter Form wieder hervorzutreten.[3] Eine solche Renaissance erlebt die in dieser Arbeit nachgezeichnete *Phänomenologie der Gabe und der Gestalt* gleich in zweifacher Weise. Nachdem sie von Goethe als Antwort auf den dualistischen Erfahrungsbegriff Kants und das objektivistische Paradigma Newtons entwickelt wurde, dann aber aufgrund der damals vorherrschenden Philosophien des Idealismus ins Abseits und in Vergessenheit geriet, wird sie von Balthasar unter theologischem Vorzeichen erneut aufgegriffen. In erster Linie macht

---

[1] Vgl. die erst 2011 erschienene Überblicksdarstellung von GONDEK – TENGELYI: Neue Phänomenologie in Frankreich.

[2] Nach der vermeintlichen Verunmöglichung der Gabe durch Derrida beginnt die Theologie gerade, die Fruchtbarkeit dieses Motivs neu zu bedenken und zu entfalten. Davon zeugen zwei Tagungsbände, die einerseits aus katholischer, andererseits aus lutherischer Perspektive die in der Philosophie schon geraume Zeit geführte Diskussion um die Gabe aufgreifen: HOFFMANN (Hg.): Die Gabe. Ein „Urwort" der Theologie? sowie von HOLM – WIDMANN (Hg.): Word – Gift – Being. Nachdem Wohlmuth bereits in kleineren Aufsätzen (vgl. DERS.: „Geben ist seliger als nehmen" [Apg 20,35] – DERS.: Impulse für eine künftige Theologie der Gabe bei Jean-Luc Marion) auf den Entwurf Marions aufmerksam gemacht hat, wird dieser nun auch von Büchner in ihre „Überlegungen zu einer theologischen Hermeneutik des Sich-Gebens" (DIES.: Wie kann Gott in der Welt wirken? 3) einbezogen. Die Unterschiedlichkeit der Ansätze vor allem in den genannten Sammelbänden zeigt, dass die Besinnung auf das theologische Urphänomen der Gabe hierzulande erst am Anfang steht.

[3] Vgl. GONDEK – TENGELYI: Neue Phänomenologie in Frankreich. 9.

Balthasar Anleihen bei Goethes Theorie der ganzheitlichen Wahrnehmung, durch die
er im Diskurs um die dringend notwendig gewordene Modernisierung der Theologie
eine Methode gewinnt, die einerseits die Verkrustungen der Neuscholastik aufbricht,
andererseits aber am Eigenrecht des Erscheinens der göttlichen Offenbarungsgestalt
unbeirrbar festhält. Bestärkt durch den Geist der ignatianischen Exerzitien und durch
die Ontologisierung des Gabe-Motivs bei Ulrich eignet er sich die phänomenologischen Kategorien des Sich-selber-Gebens und des Sich-selber-Zeigens an, um sie für
ein neues Verständnis der Offenbarung Gottes in der Welt theologisch fruchtbar zu
machen. Während die starke Ontologie seines Denkens dem heutigen Leser oftmals
schwer vermittelbar ist, tauchen die für Balthasar entscheidenden Motive mit einem
allerdings deutlich gewandelten Gesicht im Werk des Pariser Philosophen Jean-Luc
Marion ein weiteres Mal auf und prägen damit eine Konzeption, die unter den aktuellen Bestrebungen der Phänomenologie tonangebend ist. Als hochgelehrter und
durchaus origineller Denker gehört Marion jener Generation französischer Intellektu-
eller an, die sich der christlichen Religion wieder eng verbunden fühlen und sich „verschiedentlich dazu gedrängt und genötigt [sehen], die Grenze des unmittelbar Erscheinenden zu überschreiten"[4] und auf Transzendenz hin zu öffnen.

Die hier behandelten Autoren bewegen sich somit aufeinander zu. Während
Balthasar nach goetheschem Vorbild eine phänomenologische Wende in der Theologie vollzieht, treibt Marion eine theologische Wende in der Phänomenologie voran,
indem er christliche Grundintuitionen als die Wasserzeichen von Wirklichkeit überhaupt erweist. In unterschiedlicher Intensität und Ausprägung teilen beide die Überzeugung, dass Wirklichkeit nur existiert und erkannt wird, insofern sie sich gibt. Das
Sich-Geben der Phänomene nehmen sie als das unbedingte Moment ihres Daseins an.
Damit weiten sie den neuzeitlichen Subjektbegriff und setzen ihn ins Verhältnis zum
Erscheinen eines Phänomens/einer Gestalt/einer Ikone, das nicht von vornherein
und ausschließlich auf die Erkenntnisbedingungen des intentionalen Bewusstseins
beschränkt ist. Transzendenz und Immanenz sind keine einander ausschließenden
Gegensätze mehr. Vielmehr gibt sich das Transzendente in der Immanenz, ja es kann
Immanenz überhaupt nur geben, weil es das Sich-Geben des Transzendenten gibt.
Gewiss argumentiert Balthasar aus schöpfungstheologischer und Marion aus nach-
metaphysischer Perspektive. Doch beiden geht es um eine relationale Struktur der
Wirklichkeit, die auch das Hervortreten der göttlichen Offenbarung neu verstehen
lehrt. Der eigentliche Kristallisationspunkt ihres Denkens liegt somit explizit (Balthasar) und implizit (Marion) in der Christologie, die im Letzten das Oxymoron einer als
‚theologisch‘ qualifi'zierten Phänomenologie rechtfertigt.

Von einem modernen Dichter und einem postmodernen Philosophen umrahmt
erscheint Balthasars Denken in einem neuen Licht. Zieht man dessen Affinität zu
Goethe in Betracht, lässt sich nicht mehr von einer generellen Geringschätzung der
Neuzeit sprechen, die Balthasar oftmals unterstellt wird. Nimmt man aber die geistige
Verwandtschaftsbeziehung zwischen Balthasar/Ulrich und Marion hinzu, so fällt auf,

---

[4] GONDEK – TENGELYI: Neue Phänomenologie in Frankreich. 13.

dass die Deutung des Seins als Gabe und der göttlichen Offenbarung als Kenosis in sich schon eine Weiterentwicklung der klassischen Substanzontologie ist, die über die thomanische Tradition hinaus in den (post-)modernen Horizont weist. Balthasar hält zwar am Fundament des Seinsdenkens fest, setzt dieses aber nur als *Rahmen*bedingung einer eigenen Interpretation voraus, die auch die Erfahrungen und die Gebrochenheit des neuzeitlichen Geistes aufnimmt. Die Weite seines Denkens besteht darin, dass er einerseits den Ganzheitsanspruch des Seins aufrecht erhält, andererseits aber eine *Dynamisierung* und eine *Personalisierung* der Kategorien anzielt. Er lässt sich von den Stilgesetzen des Erscheinens und von den Begriffen der Gabe, der Liebe und der Kenosis leiten, die nur deshalb von Marion aufgegriffen und zum Grundprinzip der Phänomenologie gemacht werden können, weil in ihnen bereits eine trans-ontologische Möglichkeit angelegt ist.

Die Motive der Gabe und der Gestalt begründen eine Wahlverwandtschaft zwischen Goethe, Balthasar und Marion, da sie sich auf unterschiedlichen, ineinander liegenden Ebenen auffinden lassen. Die grundsätzliche Gegebenheit von allem, was ist und was erscheint, konkretisiert sich in der interpersonalen Begegnung des Gebens und des Sich-selber-Schenkens und vollendet sich in der unbedingten Selbstmitteilung Gottes an die Menschen, die in Jesus Christus Gestalt angenommen hat. So erweisen die Urworte[5] der Gabe und der Gestalt zugleich ihre Leistungsfähigkeit für eine Theologie der Offenbarung, die Gottes sich schenkendes Wesen als ihren ontologischen Ausgangs- und ihren theologischen Zielpunkt annimmt.

---

[5]   Vgl. die jüngst diskutierte Fragestellung in HOFFMANN (Hg.): Die Gabe. Ein „Urwort" der Theologie?

Literatur

Schriften von Hans Urs von BALTHASAR

Trilogie:

Herrlichkeit. Eine theologische Ästhetik (*zit.: Herrlichkeit I-III*).

- Bd. I: Schau der Gestalt. 2. Aufl. Einsiedeln; Trier 1967.

- Bd. II-1: Fächer der Stile. Klerikale Stile. 2. Aufl. Einsiedeln; Trier 1969.

- Bd. II-2: Fächer der Stile. Laikale Stile. 2. Aufl. Einsiedeln; Trier 1969.

- Bd. III-1-1: Im Raum der Metaphysik. Altertum. 2. Aufl. Einsiedeln; Trier 1965.

- Bd. III-1-2: Im Raum der Metaphysik. Neuzeit. 2. Aufl. Einsiedeln; Trier 1965.

- Bd. III-2-1: Theologie. Alter Bund. Einsiedeln 1967.

- Bd. III-2-2: Theologie. Neuer Bund. Einsiedeln 1969.

Theodramatik (*zit.: Theodramatik I-IV*).

- Bd. I: Prolegomena. Einsiedeln 1973.

- Bd. II-1: Die Personen des Spiels. Der Mensch in Gott. Einsiedeln 1976.

- Bd. II-2: Die Personen des Spiels. Die Personen in Christus. Einsiedeln 1978.

- Bd. III: Die Handlung. Einsiedeln 1980.

- Bd. IV: Das Endspiel. Einsiedeln 1983.

Theologik (*zit.: Theologik I-III*).

- Bd. I: Wahrheit der Welt. Einsiedeln 1985.

  frz.: Phénoménologie de la vérité. La vérité du monde. Paris 1952.

- Bd. II: Wahrheit Gottes. Einsiedeln 1985.

- Bd. III: Der Geist der Wahrheit. Einsiedeln 1987.

Epilog. Einsiedeln; Trier 1987.

Studienausgabe der frühen Schriften, hrsg. von Alois Haas:

Geschichte des eschatologischen Problems in der modernen deutschen Literatur. Abhandlung zur Erlangung der Doktorwürde der philosophischen Fakultät I der Universität Zürich. 2. Aufl. Einsiedeln; Freiburg 1998.

Apokalypse der deutschen Seele. Studien zu einer Lehre von letzten Haltungen (*zit.: Apokalypse I-III*).

- Bd. I: Der Deutsche Idealismus. 3. Aufl. Einsiedeln; Freiburg 1998.

- Bd. II: Im Zeichen Nietzsches. 3. Aufl. Einsiedeln; Freiburg 1998.

- Bd. III: Vergöttlichung des Todes. 3. Aufl. Einsiedeln; Freiburg 1998.

Von den Aufgaben der Katholischen Philosophie in der Zeit. 2. Aufl. Einsiedeln; Freiburg 1998.

Skizzen zur Theologie I-V:

Verbum Caro. Skizzen zur Theologie I. 3. Aufl. Einsiedeln; Freiburg 1990.

- Wort, Schrift, Tradition. 11-27.

- Die Implikationen des Wortes. 48-72.

- Gott redet als Mensch. 73-99.

- Offenbarung und Schönheit. 100-134.

- Merkmale des Christlichen. 172-194.

- Theologie und Heiligkeit. 195-225.

Sponsa Verbi. Skizzen zur Theologie II. 3. Aufl. Einsiedeln; Freiburg 1971.

- Fides Christi. 45-79.

Spiritus Creator. Skizzen zur Theologie III. 3. Aufl. Einsiedeln; Freiburg 1999.

- Der Glaube der Einfältigen. 51-75.

- Zwei Glaubensweisen. 76-91.

- Die Gottesvergessenheit und die Christen. 280-295.

Pneuma und Institution. Skizzen zur Theologie IV. Einsiedeln 1974.

- Die christliche Gestalt. 38-60.

Homo Creatus Est. Skizzen zur Theologie V. Einsiedeln 1986.

- Drei Formen der Gelassenheit. 31-37.

- Vom Schauvermögen der Christen. 52-60.

Andere Schriften und Aufsätze (chronologisch):

Die Metaphysik Erich Przywaras. In: Schweizer Rundschau 33 (1933). 489-499.

Sein als Werden. Eine Untersuchung zur scholastischen Fundamentalontologie (Manuskript 1933). Archiv Hans Urs von Balthasar, Basel (*zit. nach* DISSE, *Jörg: Metaphysik der Singularität. Eine Hinführung am Leitfaden der Philosophie Hans Urs von Balthasars. Wien 1996*).

(Selbstanzeige) ‚Apokalypse der deutschen Seele'. In: Schönere Zukunft 14 (1938). 57-59.

1. Rez. Johannes B. Lotz, Sein und Wert. – 2. Rez. Karl Rahner, Geist in Welt. In: ZKTh 63 (1939). 371-379.

Eros und Agape. In: StZ 69 (1939). 398-403.

Eros und Caritas. In: Seele 21 (1939). 154-157.

Patristik, Scholastik und wir. In: Theologie der Zeit 3 (1939). 65-104.

Geeinte Zwienatur. Eine philosophische Besinnung (Manuskript 1939-1941). Archiv Hans Urs von Balthasar, Basel (*zit. nach* DISSE, *Jörg: Metaphysik der Singularität. Eine Hinführung am Leitfaden der Philosophie Hans Urs von Balthasars. Wien 1996*).

Heideggers Philosophie vom Standpunkt des Katholizismus. In: StZ 137 (1940). 1-8.

Nachwort. In: Goethe: Nänie. Ausw. u. Nachw. von Hans Urs von Balthasar. Basel 1942. 93-94.

Analogie und Dialektik. Zur Klärung der theologischen Prinzipienlehre Karl Barths. In: Divus Thomas 22 (1944). 171-216.

Das Herz der Welt. Zürich 1945.

Exerzitien und Theologie. In: Orientierung 12 (1948). 229-232.

Schleifung der Bastionen. Von der Kirche in dieser Zeit. 2. Aufl. Einsiedeln 1952.

Über Amt und Liebe in der Kirche. Ein offener Brief an Alois Schenker. In: Christliche Kultur. Züricher Nachrichten vom 17.7.1953. Beilage Nr. 29.

Die Gottesfrage des heutigen Menschen. Wien; München 1956.

Theologie der Geschichte. Ein Grundriss. Neue Fassung. 5. Aufl. Einsiedeln 1959.

Das Ganze im Fragment. Aspekte der Geschichtstheologie. Einsiedeln 1963.

Erich Przywara. In: Zimny, Leo (Hg.): Erich Przywara. Sein Schrifttum 1912-1962. Einsiedeln 1963. 5-18.

Wer ist ein Christ? Einsiedeln 1966.

Der Zugang zur Wirklichkeit Gottes. In: MySal II. Einsiedeln; Zürich; Köln 1967. 15-45.

Klarstellungen. Zur Prüfung der Geister. Einsiedeln; Freiburg 1971.

Warum ich noch ein Christ bin. In: Ders. – Ratzinger, Joseph: Zwei Plädoyers. Warum ich noch ein Christ bin. Warum ich noch in der Kirche bin. 2. Aufl. München 1971. 9-53.

Katholisch. Kriterien 36. 2. Aufl. Einsiedeln 1975.

Geist und Feuer. Interview mit Michael Albus. In: HerKorr 30 (1976). 72-82.

Karl Barth. Darstellung und Deutung seiner Theologie. 4. Aufl. Einsiedeln 1976.

Christlicher Stand. Einsiedeln 1977.

Das Selbstbewusstsein Jesu. In: IKaZ 8 (1979). 30-39.

Alle Wege führen zum Kreuz. In: IKaZ 9 (1980). 333-342.

Glaubhaft ist nur Liebe. 6. Aufl. Einsiedeln 2000.

Gott ist sein eigener Exeget. In: IKaZ 15 (1986). 8-13.

Prüfet alles – das Gute behaltet. Ein Gespräch mit Angelo Scola. Ostfildern 1986.

Cordula oder der Ernstfall. 4. Aufl. Einsiedeln 1987.

Cento domande a von Balthasar (Interview hrsg. von Erwin Koller). In: Ders.: La realtà e la gloria. Articoli e interviste 1978-1988. Milano 1988.

Theologie der drei Tage. Neuaufl. Einsiedeln; Freiburg 1990.

Dank des Preisträgers an der Verleihung des Wolfgang Amadeus Mozart-Preises am 22. Mai 1987 in Innsbruck. In: Guerriero, Elio: Hans Urs von Balthasar. Eine Monographie. Freiburg 1993. 419-424.

Warum ich Priester wurde. In: Guerriero, Elio: Hans Urs von Balthasar. Eine Monographie. Freiburg 1993. 399-401.

Romano Guardini. Reform aus dem Ursprung. 2. Aufl. Einsiedeln; Freiburg 1995.

Zu seinem Werk. 2. Aufl. Einsiedeln; Freiburg 2000.

Unser Auftrag. Bericht und Weisung. Einführung in die von Adrienne von Speyr gegründete Johannesgemeinschaft. 2. Aufl. Einsiedeln; Freiburg 2004.

Weitere Literatur

ALFERI, Thomas: „Worüber hinaus Größeres nicht ‚gegeben' werden kann...". Phänomenologie und Offenbarung nach Jean-Luc Marion. Freiburg; München 2007.

– Von der Offenbarungsfrage zu Marions Phänomenologie der Gebung. In: Gabel, Michael – Joas, Hans (Hgg.): Von der Ursprünglichkeit der Gabe. Jean-Luc Marions Phänomenologie in der Diskussion. Freiburg; München. 2007. 210-233.

ARNHEIM, Rudolf: Gestalten – Yesterday and Today. In: Henle, Mary (Hg.): Documents of Gestalt Psychology. Berkeley 1961. 90-96.

ASKANI, Hans-Christoph: Art. Lévinas, Emmanuel. In: Metzler-Philosophen-Lexikon. Von den Vorsokratikern bis zu den Neuen Philosophen. Hrsg. von Bernd Lutz. 2. aktualisierte u. erw. Auflage. Stuttgart; Weimar 1995. 506-510.

AUGUSTINUS, Aurelius: Über die Psalmen. Ausgew. u. übertr. von Hans Urs von Balthasar. Leipzig 1936.

– Confessiones. Eingel., übers. u. erl. von Joseph Bernhart. 3. Aufl. München 1966.

BAATZ, Ursula: Ein Anstoß zur Abendländischen Eschatologie: Hans Urs von Balthasars *Apokalypse der deutschen Seele*. In: Faber, Richard – Goodman-Thau, Eveline – Macho, Thomas (Hgg.): Abendländische Eschatologie. Ad Jacob Taubes. Würzburg 2001. 321-329.

BARTH, Karl: Die Kirchliche Dogmatik. Bd. I-1: Die Lehre vom Wort Gottes. Prolegomena zur Kirchlichen Dogmatik. Erster Teil. 7. Aufl. Zollikon; Zürich 1955.

– Die Kirchliche Dogmatik. Bd. II-1: Die Lehre von Gott. Erster Teil. 4. Aufl. Zollikon; Zürich 1958.

– Die Kirchliche Dogmatik. Bd. IV-1: Die Lehre von der Versöhnung. Erster Teil. 2. Aufl. Zollikon; Zürich 1960.

BARTH, Karl – BULTMANN, Rudolf: Briefwechsel 1922-1966. Hrsg. von Bernd Jaspert. Zürich 1971.

BATLOGG, Andreas R.: Die Mysterien des Lebens Jesu bei Karl Rahner. Zugang zum Christusglauben. Innsbruck; Wien 2001.

BAUER, Emmanuel J.: Hans Urs von Balthasar (1905-1988). Sein philosophisches Werk. In: Coreth, Emerich – Neidl, Walter M. – Pfliegersdorfer, Georg: Christliche Philosophie im katholischen Denken des 19. und 20. Jahrhunderts. Bd. 3: Moderne Strömungen im 20. Jahrhundert. Graz 1990. 285-304.

BIELER, Martin: Freiheit als Gabe. Ein schöpfungstheologischer Entwurf. Freiburg; Basel; Wien 1991.

BINDER, Wolfgang: Das „offenbare Geheimnis". Goethes Symbolverständnis. In: Benedetti, Gaetano – Rauchfleisch, Udo (Hgg.): Welt der Symbole. Internationale Aspekte des Symbolverständnisses. Göttingen 1988. 146-163.

BISER, Eugen, Das göttliche Spiel. Zum Aufbau von Hans Urs von Balthasars ‚Theodramatik'. In: ThRv 76 (1981). 265-276.

BLÄTTLER, Peter: Pneumatologica crucis. Das Kreuz in der Logik von Wahrheit und Freiheit. Ein phänomenologischer Zugang zur Theologik Hans Urs von Balthasars. Würzburg 2004.

BLOCH, Ernst: Subjekt – Objekt. Erläuterungen zu Hegel. In: Ders.: Gesamtausgabe. Bd. 8. Frankfurt a.M. 1962.

BLONDEL, Maurice: L'action. Paris 1993.

BOLLNOW, Otto Friedrich: Rez. Balthasar, Apokalypse der deutschen Seele, Bd. II+III. In: Die Literatur 41 (1938/39). 761-763.

BUBER, Martin: Königtum Gottes. In: Ders.: Werke. Bd. 2. München; Heidelberg 1964.

BÜCHNER, Christine: Wie kann Gott in der Welt wirken? Überlegungen zu einer theologischen Hermeneutik des Sich-Gebens. Freiburg; Basel; Wien 2010.

BUCHWALD, Dagmar: Gestalt. I. Gestalt in der Goethezeit. In: Ästhetische Grundbegriffe. Historisches Wörterbuch in 7 Bdn. Bd. 2. Stuttgart; Weimar 1999. 823-834.

BULTMANN, Rudolf: Die Bedeutung der „dialektischen Theologie" für die neutestamentliche Wissenschaft. In: Ders.: Glauben und Verstehen. Gesammelte Aufsätze. Bd. I. 2. Aufl. Tübingen 1954. 114-133.

– Das Problem der „natürlichen Theologie". In: Ders.: Glauben und Verstehen. Gesammelte Aufsätze. Bd. I. 2. Aufl. Tübingen 1954. 294-312.

– Der Mensch zwischen den Zeiten nach dem Neuen Testament. In: Ders.: Glauben und Verstehen. Gesammelte Aufsätze. Bd. III. Tübingen 1960. 35-54.

– Der Begriff der Offenbarung im Neuen Testament. In: Ders.: Glauben und Verstehen. Gesammelte Aufsätze. Bd. III. Tübingen 1960. 1-34.

– Das Verhältnis der urchristlichen Christusbotschaft zum historischen Jesus. 4. Aufl. Heidelberg 1965.

– Neues Testament und Mythologie. In: Ders.: Das Problem der Entmythologisierung der neutestamentlichen Verkündigung. Nachdruck hrsg. von Eberhard Jüngel. 3. Aufl. München 1988.

CASPER, Bernhard: Angesichts des Anderen. Emmanuel Lévinas – Elemente seines Denkens. Paderborn 2009.

CASSIRER, Ernst: Freiheit und Form. Studien zur deutschen Geistesgeschichte. In: Ders.: Gesammelte Werke. Hrsg. von Birgit Recki. Bd. 7. Hamburg 2001.

– Goethe und die mathematische Physik. Eine erkenntnistheoretische Betrachtung. In: Ders.: Gesammelte Werke. Hrsg. von Birgit Recki. Bd. 9: Aufsätze und kleine Schriften (1902-1921). Hamburg 2001. 268-315.

– Der Begriff der symbolischen Form im Aufbau der Geisteswissenschaften. In: Ders.: Gesammelte Werke. Hrsg. von Birgit Recki. Bd. 16: Aufsätze und kleine Schriften (1922-1926). Hamburg 2003. 75-104.

– Goethe und die geschichtliche Welt. Drei Aufsätze. In: Ders.: Gesammelte Werke. Hrsg. von Birgit Recki. Bd. 18: Aufsätze und kleine Schriften (1932-1935). Hamburg 2004. 355-436.

CORETH, Emerich: Philosophische Grundlagen der Theologie Karl Rahners. In: StZ 212 (1994). 525-536.

COURTH, Franz: Trinität. Von der Reformation bis zur Gegenwart. Freiburg u.a. 1996.

DAHLKE, Benjamin: „Gott ist sein eigener Exeget". Hans Urs von Balthasar und die historisch-kritische Methode. ThGl 96 (2006). 191-202.

DALFERTH, Ingolf U.: Alles umsonst. Zur Kunst des Schenkens und den Grenzen der Gabe. In: Gabel, Michael – Joas, Hans (Hgg.): Von der Ursprünglichkeit der Gabe. Jean-Luc Marions Phänomenologie in der Diskussion. Freiburg; München 2007. 159-191.

DELP, Alfred: Rez. Balthasar, Apokalypse der deutschen Seele I-III. In: Schol 16 (1941). 79-82.

DERRIDA, Jacques: Donner le temps: 1. La fausse monnai. Paris 1991.

– Sauf le nom [Post-Scriptum]. Paris 1993.

DICKENS, William Thomas: Balthasar's biblical hermeneutics. In: Moss, David – Oakes, Edward (Hgg.): The Cambridge Companion to Hans Urs von Balthasar. Cambridge 2004. 175-186.

DISSE, Jörg: Metaphysik der Singularität. Eine Hinführung am Leitfaden der Philosophie Hans Urs von Balthasars. Wien 1996.

– Kleine Geschichte der abendländischen Metaphysik. Von Platon bis Hegel. 2. Aufl. Darmstadt 2004.

DOKE, Tadamichi: Subjekt-Objekt-Problem in Goethes Dichten und Denken. In: Weimarer Beiträge 6 (1960). 1077-1090.

DÖRING, Heinrich: Paradigmenwechsel im Verständnis der Offenbarung. Die Fundamentaltheologie in der Spannung zwischen Worttheologie und Offenbarungsdoktrin. In: MThZ 36 (1985). 20-35.

EHRENFELS, Christian von: Kosmogonie. Jena 1916.

–   Über ‚Gestaltqualitäten'. In: Psychologie, Ethik, Erkenntnistheorie. Philosophische Schriften. Bd. 3. München; Wien 1988. 128-167.

EICHER, Peter: Die anthropologische Wende. Karl Rahners philosophischer Weg vom Wesen des Menschen zur personalen Existenz. Fribourg 1970.

–   Offenbarung. Prinzip neuzeitlicher Theologie. München 1977.

ENDERS, Markus: „Alle weltliche Schönheit ist für den antiken Menschen die Epiphanie göttlicher Herrlichkeit". Zur vorchristlichen Wahrnehmung des Schönen in der heidnischen Antike nach Hans Urs von Balthasar. In: Kasper, Walter Kardinal (Hg.): Logik der Liebe und Herrlichkeit Gottes. Hans Urs von Balthasar im Gespräch. Festgabe für Karl Kardinal Lehmann zum 70. Geburtstag. Ostfildern 2006. 26-44.

ESCOBAR, Pedro: Das Universale Concretum Jesu Christi und die ‚eschatologische Reduktion' bei Hans Urs von Balthasar. In: ZKTh 100 (1978). 560-595.

FABER, Eva-Maria: Universale Concretum bei Hans Urs von Balthasar. In: IKaZ 29 (2000). 258-273.

–   Künder der lebendigen Nähe des unbegreiflichen Gottes. Hans Urs von Balthasar und Erich Przywara. In: Striet, Magnus – Tück, Jan-Heiner (Hgg.): Die Kunst Gottes verstehen. Hans Urs von Balthasars theologische Provokationen. Freiburg 2005. 384-409.

FELLMANN, Ferdinand: Phänomenologie zur Einführung. Hamburg 2006.

FIGURA, Michael: Das Geheimnis des Übernatürlichen. Hans Urs von Balthasar und Henri de Lubac. In: Striet, Magnus – Tück, Jan-Heiner (Hgg.): Die Kunst Gottes verstehen. Hans Urs von Balthasars theologische Provokationen. Freiburg 2005. 350-366.

FULLER, Andrew R.: Insight into Value. An Exploration of the Premises of a Phenomenological Psychology. New York 1990.

GABEL, Michael – JOAS, Hans (Hgg.): Von der Ursprünglichkeit der Gabe. Jean-Luc Marions Phänomenologie in der Diskussion. Freiburg; München 2007.

GENN, Felix: Eine Theologie aus dem Geist der Exerzitien. In: IKaZ 34 (2005). 186-201.

GERL-FALKOVITZ, Hanna-Barbara: Endliches und ewiges Sein. Der Mensch als Abbild der Dreifaltigkeit nach Edith Stein. In: IKaZ 27 (1998). 548-562.

–   Unerbittliches Licht. Edith Stein. Philosophie – Mystik – Leben. 2. Aufl. Mainz 1998.

– Freiheit im Blick auf Edith Stein und Emmanuel Levinas. In: IKaZ 37 (2008). 155-161.

GIBELLINI, Rosino: Handbuch der Theologie im 20. Jahrhundert. Regensburg 1985.

GOETHE, Johann Wolfgang von: Werke. Hrsg. im Auftrage der Großherzogin Sophie von Sachsen. Abt. I-IV. 133 Bde. in 143 Tln. Weimar 1887-1919 (*zit.: WA*).

– Bilder einer Landschaft. Basel 1942.

– Nänie. Ausw. u. Nachw. von Hans Urs von Balthasar. Basel 1942.

– Ein Füllhorn von Blüten. Ausw. u. Nachw. von Hans Urs von Balthasar. Basel 1951.

– Goethes Werke. Nachträge zur Weimarer Ausgabe. Briefe/Erläuterungen/ Gesamtregister. Hrsg. von Paul Raabe. München 1990.

– Goethes Werke auf CD-Rom. Weimarer Ausgabe. Cambridge u.a. 1995.

Goethe-Handbuch in vier Bdn. Hrsg. von Bernd Witte u.a. Stuttgart; Weimar 1996-1998.

Goethe-Lexikon. Hrsg. von Gero von Wilpert. Stuttgart 1998.

Goethe-Wörterbuch. Hrsg. von der Deutschen Akademie der Wissenschaften zu Berlin, der Akademie der Wissenschaften in Göttingen und der Heidelberger Akademie der Wissenschaften. Bd. I. Berlin; Stuttgart 1978.

GONDEK, Hans-Dieter – TENGELYI, László: Neue Phänomenologie in Frankreich. Frankfurt a.M. 2011.

GONDEK, Hans-Dieter – WALDENFELS, Bernhard (Hgg.): Einsätze des Denkens. Zur Philosophie von Jacques Derrida. Frankfurt a.M. 1997.

GREISCH, Jean: Eine phänomenologische Wende in der Theologie? In: Kasper, Walter Kardinal (Hg.): Logik der Liebe und Herrlichkeit Gottes. Hans Urs von Balthasar im Gespräch. Festgabe für Karl Kardinal Lehmann zum 70. Geburtstag. Ostfildern 2006. 371-385.

GUARDINI, Romano: Der Ausgangspunkt der Denkbewegung Sören Kierkegaards. In: Hochland 24 (1927). Heft 2. 12-33.

– Von Goethe, und Thomas von Aquin, und vom klassischen Geist. In: Ders.: In Spiegel und Gleichnis. Bilder und Gedanken. 1932. 21-26.

– Glaubenserkenntnis. Versuche zur Unterscheidung und Vertiefung. Freiburg 1983.

– Briefe über Selbstbildung. 14. Aufl. Mainz 1985.

– Welt und Person. Versuche zur christlichen Lehre vom Menschen. 6. Aufl. Mainz 1988.

–   Berichte über mein Leben. In: Ders.: Stationen und Rückblicke. Berichte
     über mein Leben. 2. Aufl. Mainz; Paderborn 1995. 9-115.

GUERRIERO, Elio: Hans Urs von Balthasar. Eine Monographie. Freiburg 1993.

HAAS, Alois M.: Zum Geleit. In: Balthasar, Hans Urs von: Apokalypse der deutschen
     Seele. Studien zu einer Lehre von letzten Haltungen. Bd. I: Der deutsche
     Idealismus. 2. Aufl. Einsiedeln 1998. XXV-XLVIII.

HABERMAS, Jürgen: Nachmetaphysisches Denken. Philosophische Aufsätze. 2. Aufl.
     Frankfurt a.M. 1997.

HAEFFNER, Gerd: Rez. Ulrich: Gegenwart der Freiheit. In: ThPh 51 (1976). 122.

HANSEN, Frank-Peter: Georg F.W. Hegel: ‚Phänomenologie des Geistes'. Ein einfüh-
     render Kommentar. Paderborn 1994.

HARTMANN, Stefan: Zum Gang der Balthasar-Rezeption im deutschen Sprachraum.
     In: FoKTh 21 (2005). 48-57.

HAUPT, Sabine: Vom Geist zur Seele. Hans Urs von Balthasars theologisierte Geistes-
     geschichte im Kontext der zeitgenössischen Germanistik und am Beispiel
     seiner Novalis-Auslegung. In: Hallensleben, Barbara – Vergauwen, Guido
     (Hgg.): Letzte Haltungen. Hans Urs von Balthasars „Apokalypse der deut-
     schen Seele" – neu gelesen. Fribourg 2006. 40-62.

HEGEL, Georg Wilhelm Friedrich: Acht Briefe Hegels an Goethe. In: Goethe-
     Jahrbuch XVI (1895). 56-79.

–   Enzyklopädie der philosophischen Wissenschaften im Grundrisse. 3. Teil.
     In: Ders.: Werke in 20 Bdn. Bd. 10. Frankfurt a.M. 1970.

–   Glauben und Wissen oder die Reflexionsphilosophie der Subjektivität in der
     Vollständigkeit ihrer Formen als Kantische, Jacobische und Fichtesche Phi-
     losophie. In: Ders.: Werke in 20 Bdn. Bd. 2: Jenaer Schriften 1801-1807.
     Frankfurt a.M. 1970. 287-433.

–   Grundlinien der Philosophie des Rechts oder Naturrecht und Staatswissen-
     schaft im Grundbegriffe. In: Werke in 20 Bdn. Bd. 7. Frankfurt a.M. 1970.

–   Phänomenologie des Geistes. In: Ders.: Werke in 20 Bdn. Bd. 3. Frankfurt
     a.M. 1970.

–   Das älteste Systemprogramm des deutschen Idealismus. In: Ders.: Werke in
     20 Bdn. Bd. 1: Frühe Schriften. Frankfurt a.M. 1971. 234-236.

HEIDEGGER, Martin: Nur ein Gott kann uns retten. Interview mit Martin Heidegger.
     In: Der Spiegel 30(1976). Heft 23. 193-219.

–   Vom Wesen des Grundes. In: Ders.: Gesamtausgabe. Bd. 9. Hrsg. von
     Friedrich-Wilhelm von Herrmann. Frankfurt a.M. 1976. 123-176.

–   Sein und Zeit. In: Ders.: Gesamtausgabe. Bd. 2. Hrsg. von Friedrich-
     Wilhelm von Herrmann. Frankfurt a.M. 1977.

– Unterwegs zur Sprache. In: Ders.: Gesamtausgabe. Bd. 12. Hrsg. von Friedrich-Wilhelm von Herrmann. Frankfurt a.M. 1985.

– Identität und Differenz. In: Ders.: Gesamtausgabe. Bd. 11. Hrsg. von Friedrich-Wilhelm von Herrmann. Frankfurt a.M. 2006.

HENRICH, Dieter: Wohin die deutsche Philosophie? In: Ders.: Konzepte. Essays zur Philosophie in der Zeit. Frankfurt a.M. 1987. 66-75.

HENRICI, Peter: Art. Immanenzapologetik. In: SM Bd. 3. Freiburg; Basel; Wien 1967. Sp. 173-174.

– Der Tod Gottes beim jungen Hegel. In: Gregorianum 64 (1983). 538-559.

– Zur Philosophie Balthasars. In: Lehmann, Karl – Kasper, Walter (Hgg.): Hans Urs von Balthasar. Gestalt und Werk. Köln 1989. 237-259.

HOEPS, Reinhard: Das Gefühl des Erhabenen und die Herrlichkeit Gottes. Studien zur Beziehung von philosophischer und theologischer Ästhetik. Würzburg 1989.

HOFFMANN, Veronika (Hg.): Die Gabe. Ein „Urwort" der Theologie? Frankfurt a.M. 2009.

HOFMANN, Peter: Goethes Theologie. Paderborn 2001.

– Balthasar liest Goethe. Die Apokalypse der deutschen Seele als theologische divina comedia. In: Hallensleben, Barbara – Vergauwen, Guido (Hgg.): Letzte Haltungen. Hans Urs von Balthasars „Apokalypse der deutschen Seele" – neu gelesen. Fribourg 2006. 83-100.

HÖHN, Hans-Joachim: Zerstreuungen. Religion zwischen Sinnsuche und Erlebnismarkt. Düsseldorf 1998.

HOLM, Bo – WIDMANN, Peter (Hgg.): Word – Gift – Being. Justification – Economy – Ontology. Tübingen 2009.

HORATIUS FLACCUS: Briefe. Erkl. von Adolf Kiessling. Berlin 1889.

HORNER, Robyn: Jean-Luc Marion. A Theo-logical Introduction. Aldershot 2005.

HUBER, Peter: Art. Polarität/Steigerung. In: Goethe-Handbuch. Bd. 4/2: Personen, Sachen, Begriffe L-Z. Hrsg. von Bernd Witte u.a. Stuttgart; Weimar 1997. 863-865.

HÜBNER, Kurt: Eule – Rose – Kreuz. Goethes Religiosität zwischen Philosophie und Theologie. In: Dieter Borchmeyer (Hg.): Goethe im Gegenlicht. Kunst, Musik, Religion, Philosophie, Natur, Politik. Heidelberg 2000. 59-83.

HUSSERL, Edmund: Ideen zu einer reinen Phänomenologie und phänomenologischen Philosophie. In: Ders.: Husserliana. Gesammelte Werke. Bd. 3: Erstes Buch. Allgemeine Einführung in die reine Phänomenologie. Hrsg. von Walter Biemel. Den Haag 1950.

– Logische Untersuchungen. In: Ders.: Husserliana. Gesammelte Werke. Bd. 18: Erster Band. Prolegomena zur reinen Logik. Text der 1. und der 2. Auflage. Hrsg. von Elmar Holenstein. Den Haag 1975. – Bd. 19/1+2: Zweiter Band. Untersuchungen zur Phänomenologie und Theorie der Erkenntnis. Hrsg. von Ursula Panzer. The Hague; Boston; Lancaster 1984.

IDE, Pascal: Etre et mystère. La philosophie de Hans Urs von Balthasar. Bruxelles 1995.

IGNATIUS VON LOYOLA: Der Bericht des Pilgers. Übers. u. erl. von Burkhart Schneider. Mit einem Vorwort von Karl Rahner. 3. Aufl. Freiburg; Basel; Wien 1977.

– Die Exerzitien. Übertr. von Hans Urs von Balthasar. 11. Aufl. Einsiedeln; Freiburg 1993.

IMHOF, Beat W.: Edith Steins philosophische Entwicklung. Leben und Werk. Basel 1987.

IRENÄUS VON LYON: Adversus haereses. Bd. 4. Hrsg. von William Wigen Harvey. Cambridge 1857.

JANICAUD, Dominique: Le tournant théologique de la phénoménologie française. Combas 1991.

JANSSEN, Paul: Art. Phänomenologie. In: LThK Bd. 8. 3. Aufl. Freiburg u.a. 1999. Sp. 200-202.

JOAS, Hans: Einleitung: Von der Ursprünglichkeit der Gabe. In: Gabel, Michael – Ders. (Hgg.): Von der Ursprünglichkeit der Gabe. Jean-Luc Marions Phänomenologie in der Diskussion. Freiburg; München 2007. 7-12.

JURGENSEN, Manfred: Symbol als Idee. Studien zu Goethes Ästhetik. Bern; München 1968.

KANT, Immanuel: Kritik der reinen Vernunft (1. Aufl.). In: Ders.: Kant's gesammelte Schriften. Hrsg. von der Königlich Preußischen Akademie der Wissenschaften. Bd. IV. Berlin 1911. 1-252.

– Kritik der reinen Vernunft (2. Aufl.). In: Ders.: Kant's gesammelte Schriften. Hrsg. von der Königlich Preußischen Akademie der Wissenschaften. Bd. III. Berlin 1911. 1-552.

– Prolegomena zu einer jeden künftigen Metaphysik, die als Wissenschaft wird auftreten können. In: Ders.: Kant's gesammelte Schriften. Hrsg. von der Königlich Preußischen Akademie der Wissenschaften. Bd. IV. Berlin 1911. 253-383.

– Kritik der praktischen Vernunft. In: Ders.: Kant's gesammelte Schriften. Hrsg. von der Königlich Preußischen Akademie der Wissenschaften. Bd. V. Berlin 1913. 1-163.

- Kritik der Urteilskraft. In: Ders.: Kant's gesammelte Schriften. Hrsg. von der Königlich Preußischen Akademie der Wissenschaften. Bd. V. Berlin 1913. 165-485.

- Beantwortung der Frage: Was ist Aufklärung? In: Ders.: Kant's gesammelte Schriften. Hrsg. von der Königlich Preußischen Akademie der Wissenschaften. Bd. VIII. Berlin; Leipzig 1923. 33-42.

KÄSEMANN, Ernst: Jesu letzter Wille nach Johannes 17. 3. Aufl. Tübingen 1971.

KASPER, Walter: Die Methoden der Dogmatik. München 1967.

- Jesus der Christus. In: Gesammelte Schriften. Bd. 3. Freiburg; Basel; Wien 2007.

KEHL, Medard: Kirche als Institution. Zur theologischen Begründung des institutionellen Charakters der Kirche in der neueren deutschsprachigen katholischen Ekklesiologie. 2. Aufl. Frankfurt a.M. 1978.

KELLER, Werner: Goethes dichterische Bildlichkeit. Eine Grundlegung. München 1972.

KNAUER, Peter: Hinführung zu Ignatius von Loyola. Freiburg u.a. 2006.

KNIEPS-PORT LE ROI, Thomas: Zum nach-neuzeitlichen Ort der Theologie. Überlegungen zum Verhältnis von Glaube und Vernunft nach Karl Rahners „Hörer des Wortes". In: Siebenrock, Roman A.: Karl Rahner in der Diskussion. Erstes und zweites Innsbrucker Karl-Rahner-Symposion: Themen – Referate – Ergebnisse. Innsbruck; Wien 2001.

KÖRNER, Bernhard: Fundamentaltheologie bei Hans Urs von Balthasar. In: ZKTh 109 (1987). 129-152.

- Wort Gottes, das das Wort Gottes bezeugt. Hans Urs von Balthasar zur Schriftauslegung. In: ZKTh 124 (2002). 397-415.

KÖSTER, Peter: „Letzte Haltungen?" Hans Urs von Balthasars ,Apokalypse der deutschen Seele' – nach über 60 Jahren wieder erschienen. In: Ders.: Kontroversen um Nietzsche. Untersuchungen zur theologischen Rezeption. Zürich 2003. 365-378.

KOVACH, Francis Joseph: Die Ästhetik des Thomas von Aquin. Eine genetische und systematische Analyse. Berlin 1961.

KRECK, Walter: Analogia fidei oder Analogia entis? In: Antwort: Festschrift zum 70. Geburtstag von Karl Barth. Zürich 1956. 272-286.

KREUTZER, Karsten: Transzendentales versus hermeneutisches Denken. Zur Genese des religionsphilosophischen Ansatzes bei Karl Rahner und seiner Rezeption durch Johann Baptist Metz. Regensburg 2002.

- Subjektivität als Beisichsein. Zur philosophischen und theologischen Tragweite und Problematik von Karl Rahners (frühem) Subjektverständnis. In: Batlogg, Andreas R. – Delgado, Mariano – Siebenrock Roman A. (Hgg.):

Was den Glauben in Bewegung bringt. Fundamentaltheologie in der Spur Christi. Festschrift für Karl H. Neufeld SJ. Freiburg; Basel; Wien 2004. 34-49.

KREUTZER, Karsten – NERI, Marcello: Art. Symbol. In: Franz, Albert – Baum, Wolfgang – Kreutzer, Karsten (Hgg.): Lexikon philosophischer Grundbegriffe der Theologie. Freiburg; Basel; Wien 2003. 392-394.

KÜHN, Rolf: Rez. Jean-Luc Marion: Etant donné. Essai d'une phénoménologie de la donation. In: Philosophischer Literaturanzeiger 51/4 (1998). 378-382.

–   Mehr Reduktion – Mehr Gebung. Zur Diskussion eines phänomenologischen Prinzips bei J.-L. Marion. In: SJP 43 (1998). 73-114.

KUNZ, Erhard: Wie erreicht der Glaube seinen Grund? Modelle einer „analysis fidei" in der neuzeitlichen katholischen Theologie. In: ThPh 62 (1987). 352-381.

LACOSTE, Jean-Yves: Penser à Dieu en l'aimant. Philosophie et Theologie chez Jean-Luc Marion. In: Archives de Philosophie 50 (1987). 245-270.

LAMBRECHT, Werner: Anschauende und begriffliche Erkenntnis. Eine vergleichende und erkenntnistheoretische Analyse der Denkweisen Goethes und Kants. In: ZSTh 23 (1954). 16-38.

LASSON, Georg: Kreuz und Rose. Ein Interpretationsversuch. In: Ders.: Beiträge zur Hegel-Forschung. Berlin 1909. 43-70.

LEMBECK, Karl-Heinz: Einführung in die phänomenologische Philosophie. Darmstadt 1994.

LESSING, Gotthold Ephraim: Die Erziehung des Menschengeschlechts. In: Ders.: Werke. Hrsg. von Herbert G. Göpfert. Bd. 8. München 1979.

–   Über den Beweis des Geistes und der Kraft. In: Ders.: Werke. Hrsg. von Herbert G. Göpfert. Bd. 8. München 1979. 9-14.

LEVINAS, Emmanuel: Die Spur des Anderen. Untersuchungen zur Phänomenologie und Sozialphilosophie. Freiburg 1983.

–   Totalität und Unendlichkeit. Versuch über die Exteriorität. Übers. von Wolfgang Nikolaus Krewani. 4. Aufl. Freiburg; München. 2003.

LOCHBRUNNER, Manfred: Analogia Caritatis. Darstellung und Deutung der Theologie Hans Urs von Balthasars. Freiburg 1981.

–   Guardini und Balthasar: Auf der Spurensuche nach einer geistigen Wahlverwandtschaft. In: FoKTh 12 (1996). 229-246.

–   Gustav Siewerth im Spiegel von Hans Urs von Balthasar. In: Bäumer, Remigius (Hg.): Im Ringen um die Wahrheit. Festschrift der Gustav-Siewerth-Akademie zum 70. Geburtstag ihrer Gründerin und Leiterin Prof. Dr. Alma von Stockhausen. Weilheim-Bierbronnen 1997. 257-272.

LÖSEL, Steffen: Kreuzwege. Ein ökumenisches Gespräch mit Hans Urs von Balthasar. Paderborn 2001.

LÖSER, Werner: Das Sein – ausgelegt als Liebe. Überlegungen zur Theologie Hans Urs von Balthasars. In: IKaZ 4 (1975). 410-424.

–   Im Geiste des Origenes. Hans Urs von Balthasar als Interpret der Theologie der Kirchenväter. Frankfurt a.M. 1976.

–   Dimensionen der Auslegung des Neuen Testaments. Zum Gespräch Heinrich Schliers mit Rudolf Bultmann. In: ThPh 57 (1982). 481-497.

–   „Universale Concretum" als Grundgesetz der Oeconomia Revelationis. In: Kern, Walter – Pottmeyer, Hermann Josef – Seckler, Max: Handbuch der Fundamentaltheologie. Bd. 2: Traktat Offenbarung. Freiburg; Basel; Wien 1985. 108-121.

–   Unangefochtene Kirchlichkeit – universaler Horizont. Weg und Werk Hans Urs von Balthasars. In: HerKorr 42 (1988). 472-479.

–   Die ignatianischen Exerzitien im Werk Hans Urs von Balthasars. In: Lehmann, Karl – Kasper, Walter (Hgg.): Hans Urs von Balthasar. Gestalt und Werk. Köln 1989. 152-174.

–   Wort und Wort Gottes in der Theologie Hans Urs von Balthasars. In: ThPh 80 (2005). 225-248.

–   Hans Urs von Balthasar und Ignatius von Loyola. In: Kasper, Walter Kardinal (Hg.): Logik der Liebe und Herrlichkeit Gottes. Hans Urs von Balthasar im Gespräch. Festgabe für Karl Kardinal Lehmann zum 70. Geburtstag. Ostfildern 2006. 94-110.

–   „Prüfet alles und behaltet das Gute". Von Balthasars Apokalypse der deutschen Seele als geschichtstheologisches Werk. In: Hallensleben, Barbara – Vergauwen, Guido (Hgg.): Letzte Haltungen. Hans Urs von Balthasars „Apokalypse der deutschen Seele" – neu gelesen. Fribourg 2006. 22-39.

LÖWITH, Karl: Von Hegel zu Nietzsche. Der revolutionäre Bruch im Denken des neunzehnten Jahrhunderts. Marx und Kierkegaard. 5. Aufl. Stuttgart 1964.

LUBAC, Henri de: Ein Zeuge Christi in der Kirche: Hans Urs von Balthasar. In: IKaZ 4 (1975). 390-409.

–   Surnaturel. Études historiques. Nouv. éd. avec la traduction intégrale des citations latines et grecques. Paris 1991.

LUHMANN, Niklas: Funktion der Religion. Frankfurt a.M. 1977.

MARCHESI, Giovanni: La cristologia di Hans Urs von Balthasar. La figura di Gesù Cristo espressione visibile di Dio. Roma 1977.

MARECHAL, Joseph: Le point de départ de la métaphysique. Leçons sur le développement historique et théorique du problème de la connaissance. Vol. 1-5. Bruxelles 1922-1947.

MARION, Jean-Luc: Intimität durch Abstand. Grundgesetz christlichen Betens. In: IKaZ 4 (1975). 218–227.

–   L'idole et la distance. 5 études. Paris 1977.

–   Dieu sans l'être: hors-texte. Paris 1982.

–   Réduction et donation. Recherches sur Husserl et Heidegger. Paris 1989.

–   God without Being. Chicago 1991.

–   Le sujet en dernier appel. In: Revue Métaphysique et Morale 96 (1991). 77-95.

–   Erkenntnis durch Liebe. In: IKaZ 23 (1994). 387-399.

–   Le croisée du visible. Paris 1996.

–   Étant donné. Essai d'une phénoménologie de la donation. Paris 1997.

–   In the name. How to avoid speaking of negative theology. In: John D. Caputo – Michael J. Scanlon (Hgg.): God, the gift and postmodernism. Indianapolis 1999.

–   De surcroît. Études sur les phénomènes saturés. Paris 2001.

–   They recognized him; and he became invisible to them. In: Modern Theology 18 (2002). 145-152.

–   Le phénomène érotique. Six méditations. Paris 2003.

–   Das „Phänomen Christi" nach H. U. von Balthasar. In: Striet, Magnus – Tück, Jan-Heiner (Hgg.): Die Kunst Gottes verstehen. Hans Urs von Balthasars theologische Provokationen. Freiburg 2005. 49-53.

–   Die Öffnung des Sichtbaren. Eingel. u. aus d. Franz. übers. von Géraldine Bertrand und Dominik Bertrand-Pfaff. Paderborn u.a. 2005.

–   Le visible et le révélé. Paris 2005.

–   Aspekte der Religionsphänomenologie: Grund, Horizont und Offenbarung. In: Gabel, Michael – Joas, Hans (Hgg.): Von der Ursprünglichkeit der Gabe. Jean-Luc Marions Phänomenologie in der Diskussion. Freiburg; München. 2007. 15-36.

–   Das Erotische: ein Phänomen. Aus d. Franz. übers. von Alwin Letzkus. Freiburg 2010.

MARION, Jean-Luc – WOHLMUTH, Josef: Ruf und Gabe. Zum Verhältnis von Phänomenologie und Theologie. Bonn 2000.

MAUSS, Marcel: Die Gabe. Form und Funktion des Austausches in archaischen Gesellschaften. (1923/24). Frankfurt a.M. 1990.

MEHRA, Marlis Helene: Die Bedeutung der Formel ‚Offenbares Geheimnis' in Goethes Spätwerk. Michigan; London 1979.

MENKE, Karl-Heinz: Einziger Erlöser aller Menschen? Die Heilsuniversalität Christi und der Kirche bei Hans Urs von Balthasar. In: Striet, Magnus – Tück, Jan-Heiner (Hgg.): Die Kunst Gottes verstehen. Hans Urs von Balthasars theologische Provokationen. Freiburg 2005. 146-180.

–   Jesus ist Gott der Sohn. Denkformen und Brennpunkte der Christologie. Regensburg 2008.

METZ, Johann Baptist: Erlösung und Emanzipation. In: Scheffczyk, Leo (Hg.): Erlösung und Emanzipation. Freiburg; Basel; Wien 1973. 120-140.

–   Karl Rahner – ein theologisches Leben. Theologie als mystische Biographie eines Christenmenschen heute. In: StZ 192 (1974). 305- 316.

MOMMSEN, Katharina: Goethe warum? Eine repräsentative Auslese aus Werken, Briefen und Dokumenten. Hrsg. u. mit einem Nachw. versehen von Katharina Mommsen. Frankfurt a.M. 1984.

Monumenta Ignatiana. Series secunda. [I]: Exercitia spiritualia Sancti Ignatii di Loyola et eorum Directoria. Madrid 1919.

MÜLLER, Klaus: Wenn ich ‚ich' sage. Studien zur fundamentaltheologischen Relevanz selbstbewusster Subjektivität. Frankfurt a.M. u.a. 1994.

–   Subjektivität und Theologie. Eine hartnäckige Rückfrage. In: ThPh 70 (1995). 161-186.

–   Das etwas andere Subjekt. Der blinde Fleck der Postmoderne. In: ZKTh 120 (1998). 137-163.

–   Glauben – Fragen – Denken. Bd. II: Weisen der Weltbeziehung. Münster 2008.

–   Glauben – Fragen – Denken. Bd. III: Selbstbeziehung und Gottesfrage. Münster 2010.

–   Rez. Puntel, Lorenz B.: Sein und Gott. In: ThRv 106 (2010). 312-314.

NAUMANN-BEYER, Waltraud: Art. Anschauung. In: Goethe-Handbuch. Bd. 4/1: Personen, Sachen, Begriffe A – K. Hrsg. von Bernd Witte u.a. Stuttgart; Weimar 1996. 50-52.

–   Art. Ästhetik. In: Goethe-Handbuch. Bd. 4/1: Personen, Sachen, Begriffe A – K. Hrsg. von Bernd Witte u.a. Stuttgart; Weimar 1998. 8-13.

NEIDL, Walter M.: Der Dialogische Personalismus Martin Bubers in Lichte Christlicher Philosophie. In: Auer, Johann (Hg.): Gottesherrschaft – Weltherrschaft.

Festschrift Bischof Rudolf Graber zum Abschied von seiner Diözese Regensburg. Regensburg 1980. 143-157.

NEUFELD, Karl-Heinz: Die Brüder Rahner. Eine Biographie. Freiburg; Basel; Wien 2004.

NIETZSCHE, Friedrich: Die fröhliche Wissenschaft. In: Werke in drei Bänden. Hrsg. von Karl Schlechta. Bd. II. Darmstadt 1997. 7-274.

–   Aus dem Nachlass der Achtziger Jahre. In: Werke in drei Bänden. Hrsg. von Karl Schlechta. Bd. III. Darmstadt 1997. 415-925.

ORIGENES: Geist und Feuer. Ein Aufbau aus seinen Schriften. Von Hans Urs von Balthasar. Salzburg 1938.

OSTER, Stefan: Mit-Mensch-Sein. Phänomenologie und Ontologie der Gabe bei Ferdinand Ulrich. Freiburg; München 2004.

OTTMANN, Henning: Die „Rose im Kreuze der Gegenwart". In: Hegel-Jahrbuch 1999: Hegels Ästhetik. Die Kunst der Politik – die Politik der Kunst. Erster Teil. Berlin 2000. 142-148.

PATZIG, Günther: Art. Form. In: RGG Bd. II. 3. völlig neu bearb. Aufl. Tübingen 1958. Sp. 991-992.

PETERS, Günter: Art. Auge. In: Goethe-Handbuch. Bd. 4/1: Personen, Sachen, Begriffe A-K. Hrsg. von Bernd Witte u.a. Stuttgart; Weimar 1996. 89-92.

PETERSEN: Julius: Die Wesensbestimmung der deutschen Romantik. Eine Einführung in die moderne Literaturwissenschaft. Leipzig 1926.

PIEPER, Josef: Begeisterung und göttlicher Wahnsinn. Über den platonischen Dialog „Phaidros". München 1962.

PIUS X: Enzyklika *Pascendi dominici gregis*. In: ASS 40 (1907). 593-650.

PLATON: Phaidros. In: Ders.: Werke. Übersetzung und Kommentar. Bd. III/4. Hrsg. von Ernst Heitsch. 2., erw. Aufl. Göttingen 1997.

PÖGGELER, Otto: Martin Heidegger. Die Philosophie und die Problematik der Interpretation. In: Große Philosophen. Mit einer Einl. von Andreas Graeser. Darmstadt 2001. 744-762.

PRZYWARA, Erich: Analogia Entis. München 1932. 2. Aufl. Einsiedeln 1963.

PUNTEL, Lorenz Bruno: Sein und Gott. Ein systematischer Ansatz in Auseinandersetzung mit M. Heidegger, E. Lévinas und J.-L. Marion. Tübingen 2010.

RAD, Gerhard von: Art. Doxa. C. Im AT. In: ThWNT II. Stuttgart 1935. 240-245.

RAFFELT, Albert: Art. Karl Rahner. In: Metzler-Philosophen-Lexikon. Von den Vorsokratikern bis zu den Neuen Philosophen. Hrsg. von Bernd Lutz. 2. aktualisierte u. erw. Auflage. Stuttgart; Weimar 1995. 723-725.

RAHNER, Hugo: Die Christologie der Exerzitien. In: Ders.: Ignatius als Mensch und Theologe. Freiburg 1964. 251-311.

RAHNER, Karl: Über die Erfahrung der Gnade. In: Ders.: Schriften zur Theologie. Bd. III. Einsiedeln; Zürich; Köln 1956. 105-126.

- Bemerkungen zum Begriff der Offenbarung. In: Karl Rahner – Joseph Ratzinger: Offenbarung und Überlieferung. Freiburg; Basel; Wien 1965. 11-24.

- Der dreifaltige Gott als transzendenter Urgrund der Heilsgeschichte. In: MySal II. Einsiedeln; Zürich; Köln 1967. 317-347.

- Theologie und Anthropologie. In: Ders.: Schriften zur Theologie. Bd. VIII. Einsiedeln; Zürich; Köln 1967. 43-65.

- Überlegungen zur Methode der Theologie (1972). In: Ders.: Schriften zur Theologie. Bd. IX. Einsiedeln; Zürich; Köln 1972. 79-126.

- Die Gnade als Mitte der menschlichen Existenz. Ein Gespräch mit Karl Rahner aus Anlass seines 70. Geburtstages. HerKorr 28 (1974). 77-92.

- Visionen und Prophezeiungen. Freiburg 1989.

- Geist in Welt. In: Ders.: Sämtliche Werke. Bd. 2. Düsseldorf u.a. 1996. 5-300.

- Hörer des Wortes. In: Ders.: Sämtliche Werke. Bd. 4. Düsseldorf u.a. 1997. 2-281.

- Über die Verkündigungstheologie: Eine kritisch-systematische Literaturübersicht. In: Ders.: Sämtliche Werke. Bd. 4. Düsseldorf u.a. 1997. 337-345.

- Über den Versuch eines Aufrisses einer Dogmatik. In: Ders.: Sämtliche Werke. Bd. 4. Düsseldorf u.a. 1997. 404-448.

- Grundkurs des Glaubens. Einführung in den Begriff des Christentums. In: Ders.: Sämtliche Werke. Bd. 26. Düsseldorf u.a. 1999. 3-445.

- Art. Kerygma. II. Systematisch. In: Ders.: Sämtliche Werke. Bd. 17/1. Freiburg; Basel; Wien 2002. 311-313.

- Das Dynamische in der Kirche. In: Ders.: Sämtliche Werke. Bd. 10. Freiburg; Basel; Wien 2003. 322-420.

- Die ewige Bedeutung der Menschheit Jesu für unser Gottesverhältnis. In: Ders.: Sämtliche Werke. Bd. 12. Freiburg; Basel; Wien 2005. 251-260.

- Probleme der Christologie von heute. In: Ders.: Sämtliche Werke. Bd. 12. Freiburg; Basel; Wien 2005. 261-308.

- Zur Theologie der Menschwerdung. In: Ders.: Sämtliche Werke. Bd. 12. Freiburg; Basel; Wien 2005. 309-322.

- Betrachtungen zum ignatianischen Exerzitienbuch. In: Ders.: Sämtliche Werke. Bd. 13. Freiburg; Basel; Wien 2006. 37-268.

- Einübung priesterlicher Existenz. In: Ders.: Sämtliche Werke. Bd. 13. Freiburg; Basel; Wien 2006. 267-437.

- Im Heute glauben. In: Ders.: Sämtliche Werke. Bd. 14. Freiburg; Basel; Wien 2006. 3-25.

- Gotteserfahrung heute. In: Ders.: Sämtliche Werke. Bd. 23. Freiburg; Basel; Wien 2006. 138-149.

- Selbsterfahrung und Gotteserfahrung. In: Ders.: Sämtliche Werke. Bd. 23. Freiburg; Basel; Wien 2006. 179-187.

- Erfahrung des Heiligen Geistes. In: Ders.: Sämtliche Werke. Bd. 29. Freiburg; Basel; Wien 2007. 38-57.

- Rede des Ignatius von Loyola an einen Jesuiten von heute. In: Ders.: Sämtliche Werke. Bd 25. Freiburg; Basel; Wien 2008. 299-329.

- Priesterliche Existenz. In: Ders.: Sämtliche Werke. Bd. 20. Freiburg; Basel; Wien 2010. 196-216.

- Das Problem der ‚Entmythologisierung' und die Aufgabe der Verkündigung. In: Ders.: Sämtliche Werke. Bd. 24/1. Freiburg; Basel; Wien 2011. 119-133.

RATZINGER, Joseph: Nachwort. In: Balthasar, Hans Urs von – Hegenbarth, Josef: Der Kreuzweg. Hans Urs von Balthasar betrachtet Zeichnungen von Josef Hegenbarth. 5. neugest. Aufl. Leipzig 1996. 39.

- Verwundet vom Pfeil des Schönen. Das Kreuz und die neue Ästhetik des Glaubens. In: Ders.: Unterwegs zu Jesus Christus. 3. Aufl. Augsburg 2005. 31-40.

RENTSCH, Thomas: Art. Husserl, Edmund. In: Metzler-Philosophen-Lexikon. Von den Vorsokratikern bis zu den Neuen Philosophen. Hrsg. von Bernd Lutz. 2. aktualisierte u. erw. Auflage. Stuttgart; Weimar 1995. 412-419.

RICOEUR, Paul: Das Selbst als ein Anderer. Aus d. Franz. von Jean Greisch in Zusammenarbeit mit Thomas Bedorf u. Birgit Schaaff. München 1996.

ROMBACH, Heinrich: Phänomenologie des gegenwärtigen Bewusstseins. Freiburg u.a. 1980.

- Strukturanthropologie. „Der menschliche Mensch". 2. Aufl. Freiburg u.a. 1993.

RÖMELT, Josef: Personales Gottesverständnis in heutiger Moraltheologie auf dem Hintergrund der Theologien von K. Rahner und H. U. v. Balthasar. Innsbruck; Wien 1988.

RULANDS, Paul: Menschsein unter dem An-Spruch der Gnade. Das übernatürliche Existential und der Begriff der natura pura bei Karl Rahner. Innsbruck; Wien 2000.

SALMANN, Elmar: Offenbarung und Neuzeit. Christologische Überlegungen zur geistesgeschichtlichen Situation. In: FZPhTh 31 (1984). 109-154.

– Urverbundenheit und Stellvertretung. Erwägungen zur Theologie der Sühne. In: MThZ 35 (1984). 17-31.

– Neuzeit und Offenbarung. Studien zur trinitarischen Analogik des Christentums. Roma 1986.

– Der geteilte Logos. Zum offenen Prozess von neuzeitlichem Denken und Theologie. Roma 1992.

– Hans Urs von Balthasar. Ein einsamer Denker der Communio. In: Pauly, Stephan (Hg.): Theologen unserer Zeit. Stuttgart 1997. 35-46.

SCHAEFFLER, Richard: Die Wechselbeziehungen zwischen Philosophie und katholischer Theologie. Die wissenschaftlichen Bemühungen des 20. Jahrhunderts. Darmstadt 1980.

– Die Neubegründung der Metaphysik angesichts ihrer Kritik – eine philosophische Aufgabe im Dienst der katholischen Theologie. In: Otto Muck (Hg.): Sinngestalten. Metaphysik in der Vielfalt menschlichen Fragens (FS Emerich Coreth). Innsbruck 1989. 13-28.

– Erfahrung als Dialog mit der Wirklichkeit. Eine Untersuchung zur Logik der Erfahrung. Freiburg; München 1995.

– Philosophische Einübung in die Theologie. Bd. I: Zur Methode und zur theologischen Erkenntnistheorie. Freiburg; München 2004.

SCHÄRTL, Thomas: Art. Gestalt. In: Franz, Albert – Baum, Wolfgang – Kreutzer, Karsten (Hgg.): Lexikon philosophischer Grundbegriffe der Theologie. Freiburg; Basel; Wien 2003. 169-173.

SCHINGS, Hans-Jürgen: Art. Religion/Religiosität. In: Goethe-Handbuch. Bd. 4/2: Personen, Sachen, Begriffe L – Z. Hrsg. von Bernd Witte u.a. Stuttgart; Weimar 1998. 892-898.

SCHMIDT, Alfred: Goethes herrlich leuchtende Natur. Philosophische Studie zur deutschen Spätaufklärung. München; Wien 1984.

– Art. Natur. In: Goethe-Handbuch. Bd. 4/2: Personen, Sachen, Begriffe L – Z. Hrsg. von Bernd Witte u.a. Stuttgart; Weimar 1997. 755-776.

SCHMITZ, Hermann: Goethes Altersdenken im problemgeschichtlichen Zusammenhang. Bonn 1959.

SCHNACKENBURG, Rudolf: Johannesevangelium, Teil II. 2. Aufl. Freiburg; Basel; Wien 1977.

SCHNEIDER, Michael: „Unterscheidung der Geister". Die ignatianischen Exerzitien in der Deutung von E. Przywara, K. Rahner und G. Fessard. 2. Aufl. Innsbruck; Wien 1987.

SCHÖNE, Albrecht: Goethes Farbentheologie. München 1987.

SCHRIMPF, Hans Joachim (Hg.): Auswahl aus Moritzens Schriften zur Ästhetik und Poetik. Tübingen 1962.

– Goethe. Spätzeit, Altersstil, Zeitkritik. Pfullingen 1966.

SCHULZ, Michael: Sein und Trinität. Systematische Erörterungen zur Religionsphilosophie G. W. F. Hegels im ontologiegeschichtlichen Rückblick auf J. Duns Scotus und I. Kant und die Hegel-Rezeption in der Seinsauslegung und Trinitätstheologie bei W. Pannenberg, E. Jüngel, K. Rahner und H. U. v. Balthasar. St. Ottilien 1997.

– Die Logik der Liebe und die List der Vernunft. Hans Urs von Balthasar und Georg Wilhelm Friedrich Hegel. In: Kasper, Walter Kardinal (Hg.): Logik der Liebe und Herrlichkeit Gottes. Hans Urs von Balthasar im Gespräch. Festgabe für Karl Kardinal Lehmann zum 70. Geburtstag. Ostfildern 2006. 111-133.

SCHWERDTFEGER, Nikolaus: Gnade und Welt. Zum Grundgefüge von Karl Rahners Theorie des „anonymen Christen". Freiburg; Basel; Wien 1982.

SCOLA, Angelo: Hans Urs von Balthasar. Ein theologischer Stil. Eine Einführung in sein Werk. Paderborn 1995.

SECKLER, Max: Art. Glaube. IV. Systematisch-theologisch und theologiegeschichtlich. In: LThK Bd. 4. 3. Aufl. Freiburg u.a. Sp. 672-685.

SERVAIS, Jacques: Einleitung. In: Balthasar, Hans Urs von: Texte zum ignatianischen Exerzitienbuch. Ausw. u. Einl. von Jacques Servais. 13-46.

SIEWERTH, Gustav: Metaphysik der Kindheit. 2. Aufl. Einsiedeln 1957.

SILLER, Hermann Pius: Transzendentale Erfahrung in der Theologie Karl Rahners. In: Pröpper, Thomas (Hg.): Mystik – Herausforderung und Inspiration: Gotthard Fuchs zum 70. Geburtstag. Ostfildern 2008. 209-222.

SIMMEL, Georg: Kant und Goethe. In: Ders.: Gesamtausgabe. Bd. 5: Aufsätze und Abhandlungen 1894-1900. Hrsg. von Otthein Rammstedt. Frankfurt a.M. 1992. 445-478.

– Goethe. In: Ders.: Gesamtausgabe. Bd. 15: Goethe; Deutschlands innere Wandlung; Das Problem der historischen Zeit; Rembrandt. Hrsg. von Uta Kösser, Hans Martin Kruckis u. Otthein Rammstedt. Frankfurt a.M. 2003. 7-270.

SIMONIS, Walter: Zum Problem der Analysis Fidei heute. In: MThZ 23 (1972). 151-172.

SPAEMANN, Heinrich: Orientierung am Kinde. Düsseldorf 1967.

SPANGENBERG, Volker: Herrlichkeit des Neuen Bundes. Die Bestimmung des biblischen Begriffs der ‚Herrlichkeit' bei Hans Urs von Balthasar. Tübingen 1993.

SPECKER: Tobias: Einen anderen Gott denken? Zum Verständnis der Alterität Gottes bei Jean-Luc Marion. Frankfurt a.M. 2002.

SPINOZA, Baruch de: Tractatus theologico-politicus. Theologisch-Politischer Traktat. In: Ders.: Opera – Werke (lateinisch und deutsch). Bd. I. Hrsg. von Günter Gawlick und Friedrich Niewöhner. 3. Aufl. Darmstadt 2008.

STAIGER, Emil: Goethe. 3 Bde. 3. Aufl. Zürich u.a. 1960-1963.

–   Goethe und das Licht. In: Ders.: Vier Vorträge zum Goethe-Jahr 1982. München 1982.

STEIN, Edith: Husserls Phänomenologie und die Philosophie des hl. Thomas von Aquin. Versuch einer Gegenüberstellung. In: Jahrbuch für Philosophie und phänomenologische Forschung. Ergänzungsband 1929 (Festschrift zum 70. Geburtstag von Edmund Husserl). 315-338.

–   Endliches und ewiges Sein. Versuch eines Aufstiegs zum Sinn des Seins. In: Dies.: Edith Stein Gesamtausgabe. Bd. 11/12. Freiburg; Basel; Wien 2006.

–   Kreuzeswissenschaft. Studie über Johannes vom Kreuz. In: Dies.: Edith Stein Gesamtausgabe. Bd. 18. 3. Aufl. Freiburg; Basel; Wien 2007.

STRIET, Magnus: Wahrnehmung der Offenbarungsgestalt. Annäherungen an die theologische Ästhetik Hans Urs von Balthasars. In: Ders. – Tück, Jan-Heiner (Hgg.): Die Kunst Gottes verstehen. Hans Urs von Balthasars theologische Provokationen. Freiburg 2005. 54-81.

STRÖKER, Elisabeth: Edmund Husserls Phänomenologie. Philosophia Perennis in der Krise der europäischen Kultur. In: Dies.: Profile der Phänomenologie. Zum 50. Todestag von Edmund Husserl. München 1989. 11-38.

SUDBRACK, Josef: Mystik des Konkreten. Die Anwendung der Sinne in den Exerzitien des heiligen Ignatius. In: GuL 63 (1990). 367-372.

SZILASI, Wilhelm: Einführung in die Phänomenologie Edmund Husserls. Tübingen 1959.

TAPKEN, Andreas: Der notwendige Andere. Eine interdisziplinäre Studie im Dialog mit Heinz Kohut und Edith Stein. Mainz 2003.

TAUBES, Jacob: Abendländische Eschatologie. Bern 1947.

THEUNISSEN, Michael: Der Andere. Studien zur Sozialontologie der Gegenwart. 3., um eine Vorrede verm. Aufl. [Nachdr.]. Berlin 1981.

THOMAS VON AQUIN: Sancti Thomae Aquinatis Opera Omnia. Ut sunt in Indice Thomistico additis 61 scriptis ex aliis medii aevi auctoribus. 7 Bde. Hrsg. von Roberto Busa. Stuttgart; Bad Cannstadt 1980.

THÜSING, Wilhelm: Die Erhöhung und Verherrlichung Jesu im Johannesevangelium. 2. Aufl. Münster 1970.

TRUNZ, Erich: Das Vergängliche als Gleichnis in Goethes Dichtung. In: Neue Folge des Goethe-Jahrbuchs 16 (1954). 36-56.

TÜCK, Jan-Heiner: „Glaubhaft ist nur Liebe". In: IKaZ 34 (2005). 145-163.

ULRICH, Ferdinand: Das theologische Apriori des neuzeitlichen Atheismus. In: Il problema dell' attesimo. Atti del XVI. Convegno internaz. del Centro di studi filosofici. Gallarate 1961. Berescia 1962. 341-377.

–   Zur Ontologie des Menschen. Salzburg 1963.

–   Über die spekulative Natur des philosophischen Anfangs. In: Pöggeler, Franz (Hg.): Innerlichkeit und Erziehung. In Memoriam Gustav Siewerth. Zum Gespräch zwischen Pädagogik, Philosophie und Theologie. Freiburg 1964. 27-72.

–   Begriff und Glaube. Über Hegels Denkweg ins ‚absolute Wissen'. In: FZPhTh 17 (1970). 344-399.

–   Der Mensch als Anfang. Zur philosophischen Anthropologie der Kindheit. Einsiedeln 1970.

–   Ethos als ontologische Struktur der Mitmenschlichkeit. In: Salzburger Jahrbuch für Philosophie 15/16 (1971/72). 179-229.

–   Homo Abyssus. Das Wagnis der Seinsfrage. Hrsg. u. eingel. von Martin Bieler. 2. Aufl. Einsiedeln; Freiburg 1998.

–   Leben in der Einheit von Leben und Tod. Hrsg. u. eingel. von Martin Bieler u. Stefan Oster. Einsiedeln; Freiburg 1999.

–   Erzählter Sinn. Ontologie der Selbstwerdung in der Bilderwelt des Märchens. Hrsg. von Martin Bieler u. Stefan Oster. 2. durchges. Aufl. Einsiedeln; Freiburg 2002.

VATTIMO, Gianni: Glauben – Philosophieren. Aus d. Ital. von Christiane Schultz. Stuttgart 1997.

–   Jenseits des Christentums. Gibt es eine Welt ohne Gott? Aus d. Ital. von Martin Pfeiffer. München u.a. 2004.

VIETTA, Silvio: Art. Heidegger, Martin. In: Metzler-Philosophen-Lexikon. Von den Vorsokratikern bis zu den Neuen Philosophen. Hrsg. von Bernd Lutz. 2. aktualisierte u. erw. Auflage. Stuttgart; Weimar 1995. 358-371.

VODERHOLZER, Rudolf: Die Bedeutung der so genannten „Nouvelle Théologie" (insbesondere Henri de Lubacs) für die Theologie Hans Urs von Balthasars. In: Kasper, Walter Kardinal (Hg.): Logik der Liebe und Herrlichkeit Gottes. Hans Urs von Balthasar im Gespräch. Festgabe für Karl Kardinal Lehmann zum 70. Geburtstag. Ostfildern 2006. 204-228.

WACHSMUTH, Andreas B.: Die Entwicklung von Goethes naturwissenschaftlicher Denkweise und Weltanschauung von den Anfängen bis zur Reife. In: Ders.:

Geeinte Zwienatur. Aufsätze zu Goethes naturwissenschaftlichem Denken. Berlin; Weimar 1966. 5-25.

– Goethes naturwissenschaftliche Lehre von der Gestalt. In: Ders.: Geeinte Zwienatur. Aufsätze zu Goethes naturwissenschaftlichem Denken. Berlin; Weimar 1966. 57-85.

– Goethes Naturforschung und Weltanschauung in ihrer Wechselbeziehung. In: Ders.: Geeinte Zwienatur. Aufsätze zu Goethes naturwissenschaftlichem Denken. Berlin; Weimar 1966. 140-156.

– Goethes naturwissenschaftliches Denken im Spiegel seiner Dichtungen seit 1790. In: Ders.: Geeinte Zwienatur. Aufsätze zu Goethes naturwissenschaftlichem Denken. Berlin; Weimar 1966. 246-266.

WALDENFELS, Bernhard: Antwortregister. Frankfurt a.M. 1984.

– Einführung in die Phänomenologie. München 1992.

WALLNER, Karl-Josef: Gott als Eschaton. Trinitarische Dramatik als Voraussetzung göttlicher Universalität bei Hans Urs von Balthasar. Wien 1992.

WARD, Graham: The theological project of Jean-Luc Marion. In: Blond, Phillip (Hg.): Post-Secular Philosophy. Between philosophy and theology. London; New York 1998. 229-239.

WEINFELD, Moshe: Art. Kabod. In: ThWAT Bd. IV. Sp. 23-40.

WEINHANDL, Ferdinand: Die Metaphysik Goethes. Berlin 1932.

WENZEL, Manfred: Art. Naturwissenschaften. In: Goethe-Handbuch. Bd. 4/2: Personen, Sachen, Begriffe L-Z. Hrsg. von Bernd Witte u.a. Stuttgart; Weimar 1997. 781-797.

WERBICK, Jürgen: Das Medium ist die Botschaft. In: Ders. (Hg.): Offenbarungsanspruch und fundamentalistische Versuchung. Freiburg; Basel; Wien. 1991. 187-245.

– Art. Erfahrung. II. Systematisch-theologisch. In: LThK Bd. 3. 3. Aufl. Freiburg u.a. 1995. Sp. 754-756.

– Gottes Dreieinigkeit denken? Hans Urs von Balthasars Rede von der göttlichen Selbstentäußerung als Mitte des Glaubens und Zentrum der Theologie. In: ThQ 176 (1996). 225-240.

– Den Glauben verantworten. Eine Fundamentaltheologie. Freiburg; Basel; Wien 2000.

– Gottes-Gabe. Fundamentaltheologische Reflexionen zum Gabe-Diskurs. In: Hoffmann, Veronika (Hg.): Die Gabe. Ein „Urwort" der Theologie? Frankfurt a.M. 2009. 15-32.

WIERCINSKI, Andrzej: Hermeneutik der Gabe. Die Wechselwirkung von Philosophie und Theologie bei Hans Urs von Balthasar. In: Kasper, Walter Kardinal

(Hg.): Logik der Liebe und Herrlichkeit Gottes. Hans Urs von Balthasar im Gespräch. Festgabe für Karl Kardinal Lehmann zum 70. Geburtstag. Ostfildern 2006. 350-370.

WIRZ, Christian: Der gekreuzigte Odysseus. "Umbesetzung" als Form des christlichen Verhältnisses zur Welt als dem Anderen. Regensburg 2005.

WOLF, Kurt: Philosophie der Gabe. Meditationen über die Liebe in der französischen Gegenwartsphilosophie. Stuttgart 2006.

WOHLMUTH, Josef: „Geben ist seliger als nehmen" (Apg 20,35). Vorüberlegungen zu einer Theologie der Gabe. In: Dirscherl, Erwin u.a. (Hgg.): Einander zugewandt. Die Rezeption des jüdisch-christlichen Dialogs in der Dogmatik. Paderborn u.a. 2005.

–   Impulse für eine künftige Theologie der Gabe bei Jean-Luc Marion. In: Gabel, Michael – Joas, Hans (Hgg.): Von der Ursprünglichkeit der Gabe. Jean-Luc Marions Phänomenologie in der Diskussion. Freiburg; München. 2007. 252-272.

ZAHLAUER, Arno: Karl Rahner und sein produktives Vorbild Ignatius von Loyola. Innsbruck; Wien 1996.

ZECHMEISTER, Martha: Mystik und Sendung. Ignatius von Loyola erfährt Gott. Würzburg 1985.

ZOLLNER, Hans: Trost – Zunahme an Hoffnung, Glaube und Liebe. Zum theologischen Ferment der in ignatianischen „Unterscheidung der Geister". Innsbruck; Wien 2004.

ratio fidei

Beiträge zur philosophischen Rechenschaft der Theologie

www.verlag-pustet.de   **Verlag Friedrich Pustet**